U0541310

中国社会科学院文库
历史考古研究系列
The Selected Works of CASS
History and Archaeology

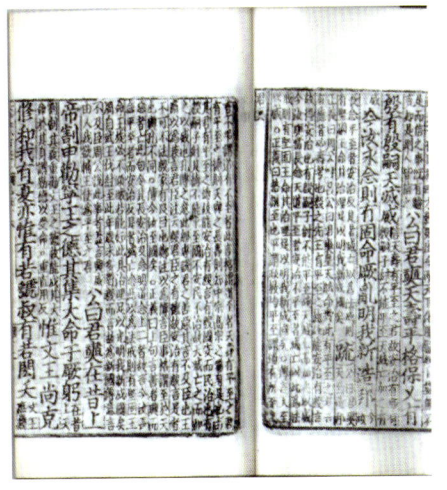

图一 《附释尚书注疏》 元刻明修本

图二 多友鼎铭文

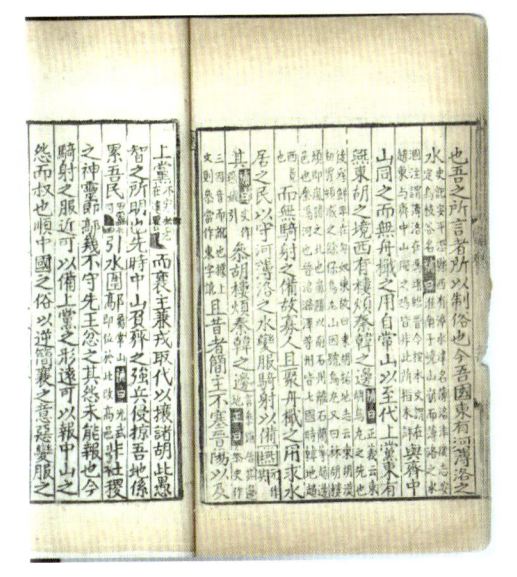

图三 《战国策》 元至正刻明修本

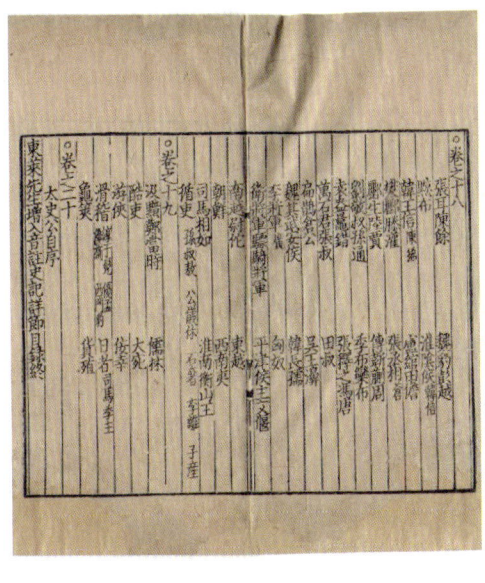

图四 《正义音注史记详节》 宋刻本

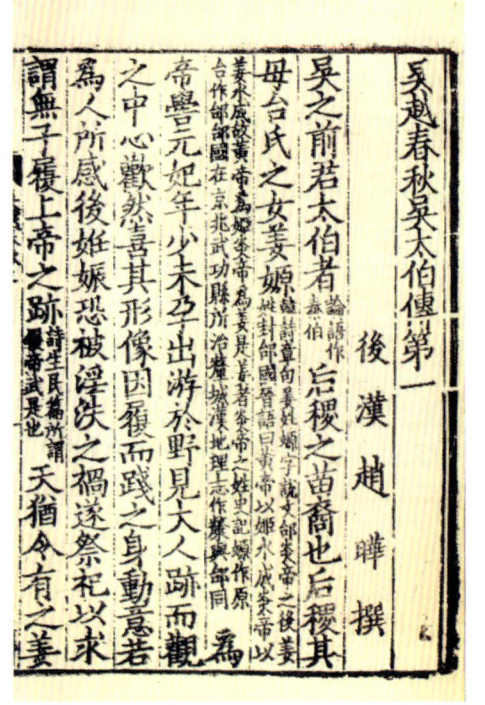

图五　《吴越春秋》元刻明修本

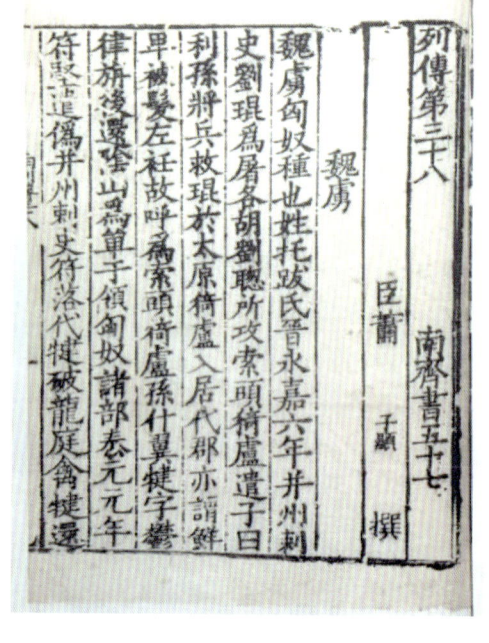

图六　《南齐书》宋刻元明递修本

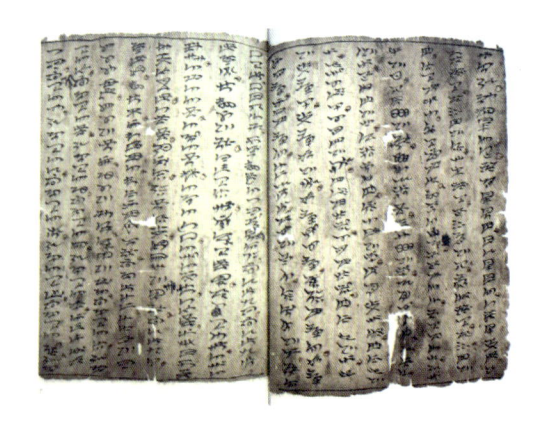

图七　彝文《六祖源流》清抄本

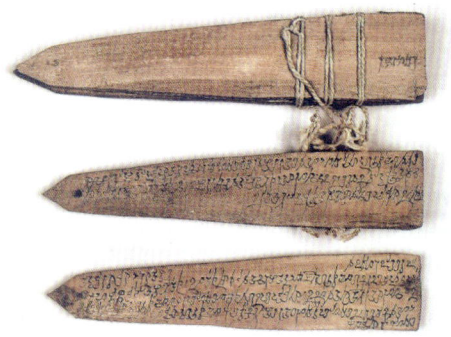

图八　佉卢文木简《国王敕谕》

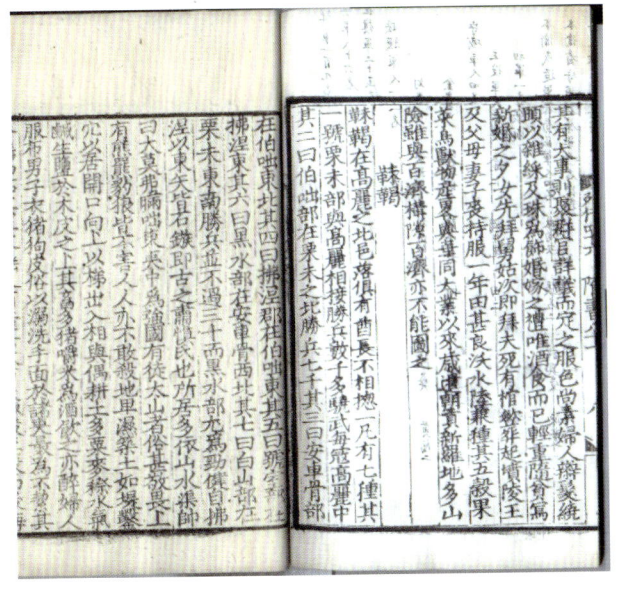

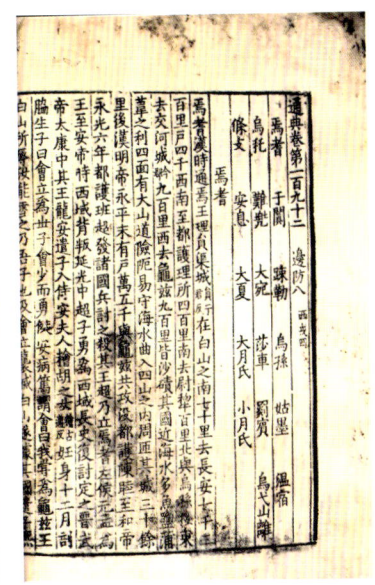

图九　《隋书》　元刻明修本

图十　《通典》　宋刻宋元递修本

图十一
唐　阎立本
《步辇图》

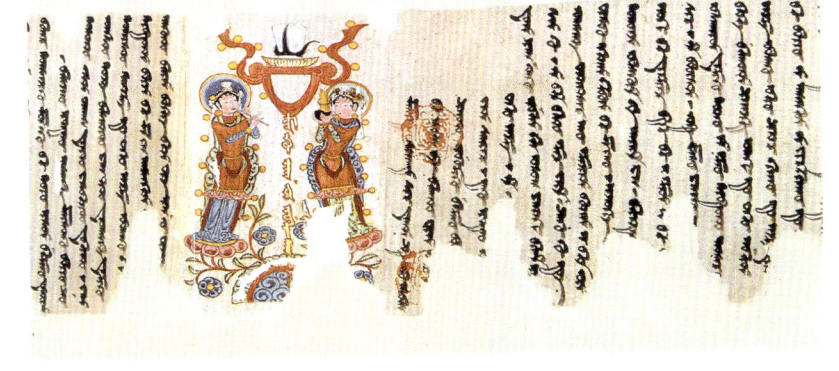

图十二
粟特文书信

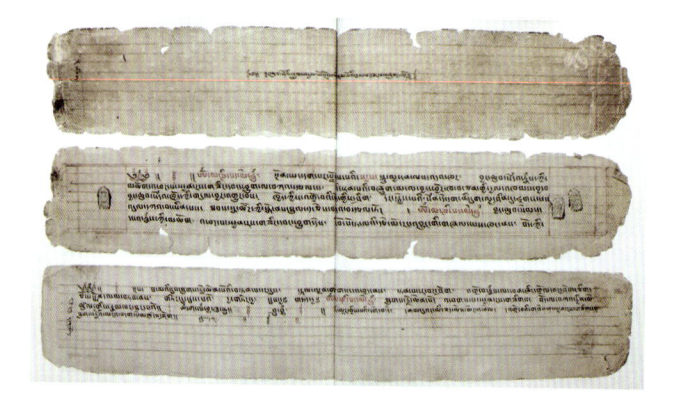

图十三
藏文《松赞干布传》 明末抄本

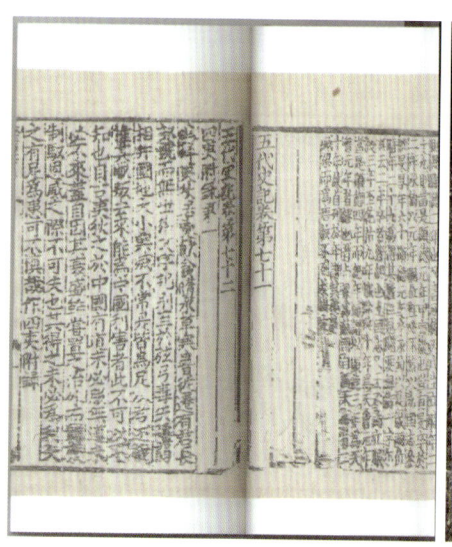

图十四 《五代史记》 宋刻明修本

图十五 契丹大字耶律习涅墓志铭

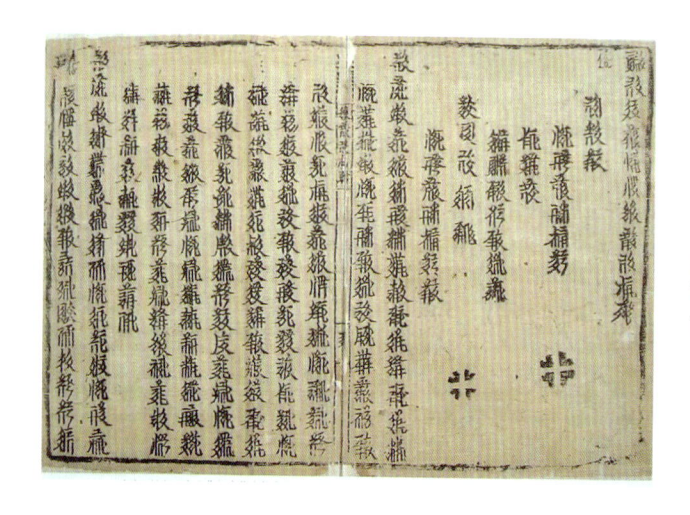

图十六
西夏文《天盛改旧新定律令》
西夏刻本

图十七 《辽史》 明嘉靖刻本

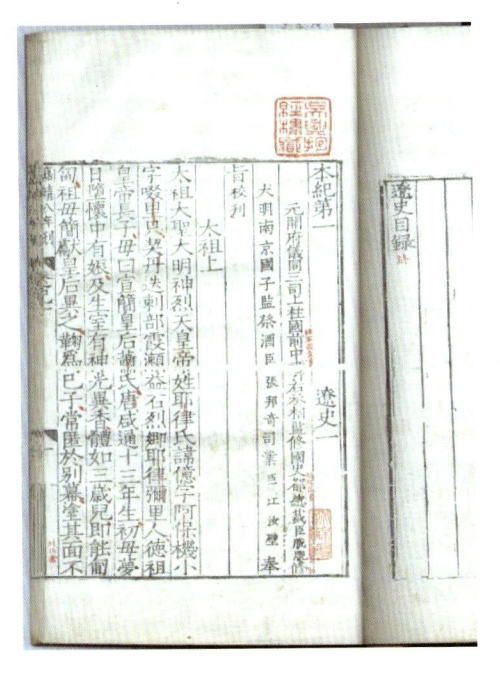

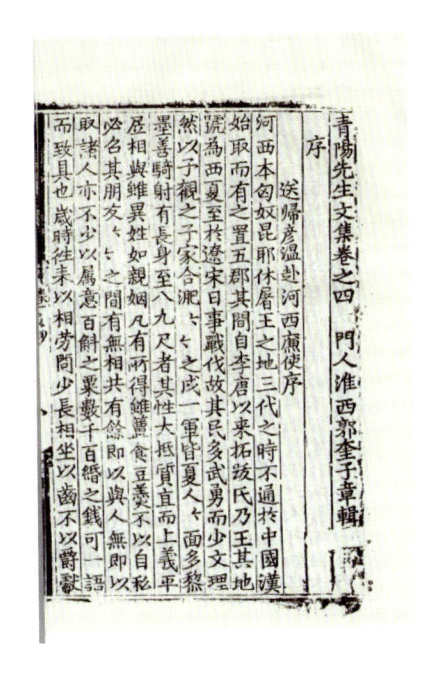

图十八 《青阳先生文集》 明刻本

图十九 蒙古文《蒙古秘史》清抄本

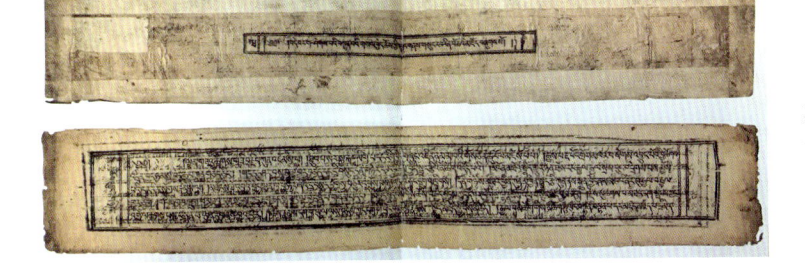

图二十 藏文《布顿佛教史》清刻本

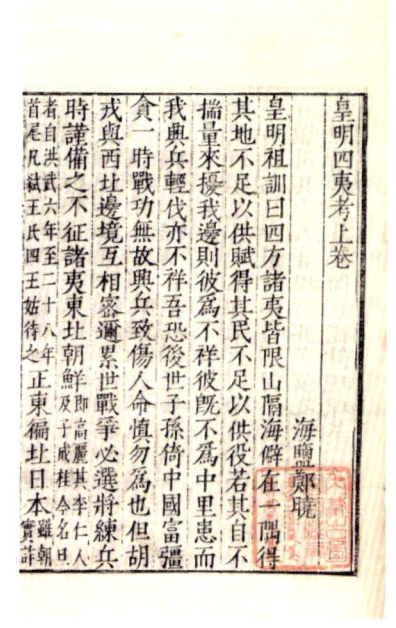

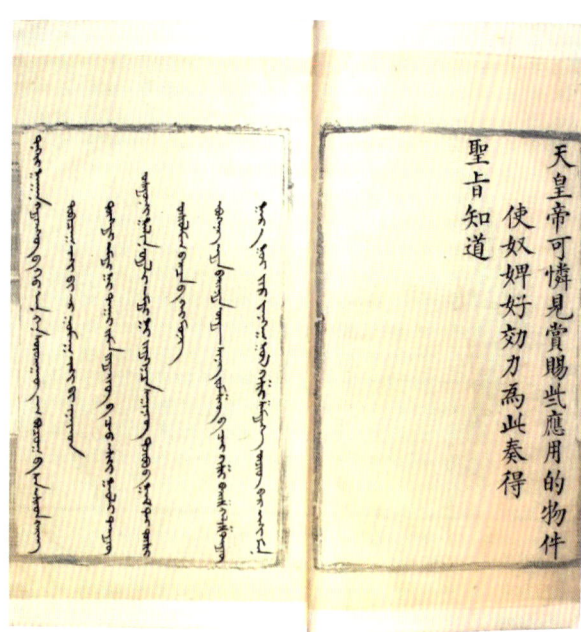

图二十一　《四夷考》　明刻本

图二十二　《华夷译语》　明抄本

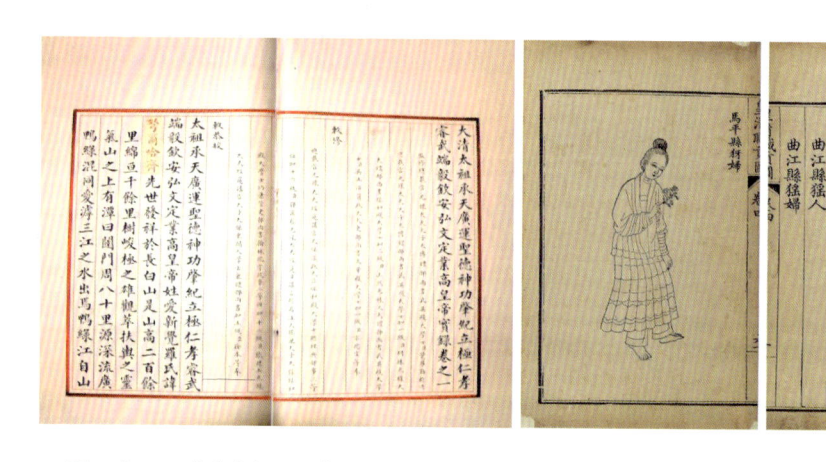

图二十三　《清太祖实录》　清内府抄本

图二十四　《皇清职贡图》

图二十五　《蒙兀儿史记》　　　　图二十六　满文《清太祖实录》　清抄本

图二十八　纳西东巴文《创世纪》

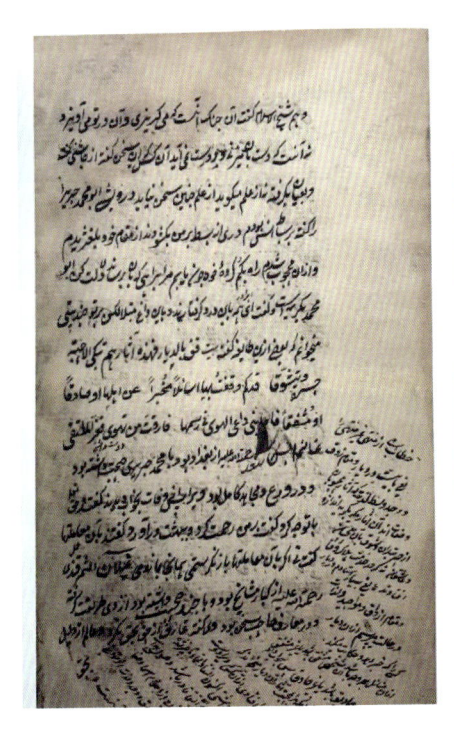

图二十七　察合台文《和卓传》
　　　　　清抄本

图二十九　林惠祥著《中国民族史》

图三十　王国维笺证《蒙鞑备录黑鞑事略笺证》

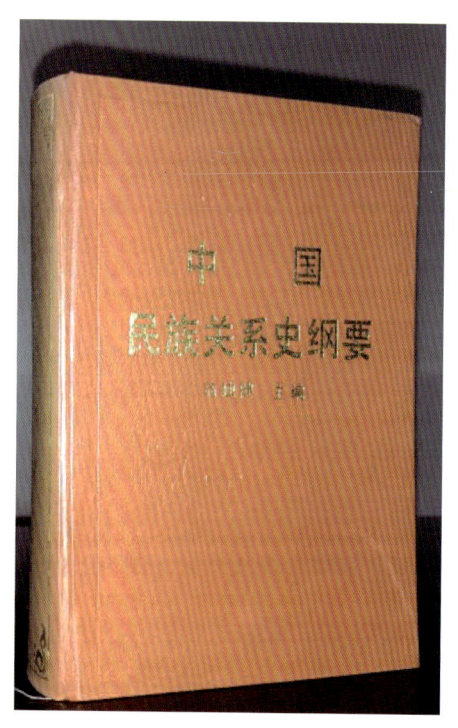

图三十一　翁独健主编
《中国民族关系史纲要》

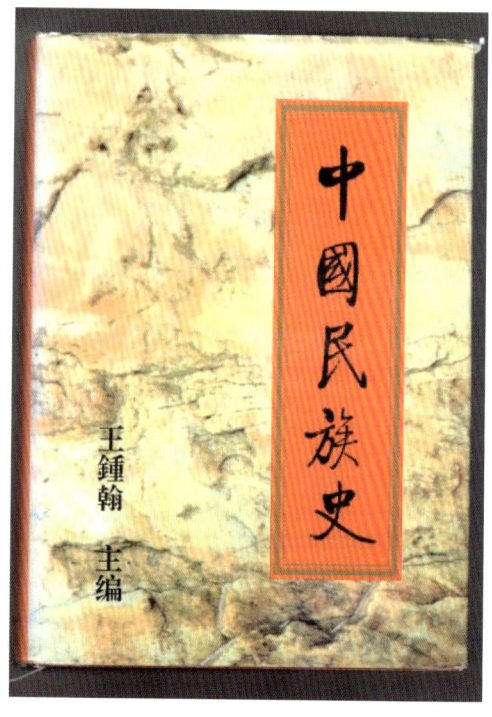

图三十二　王钟翰主编《中国民族史》

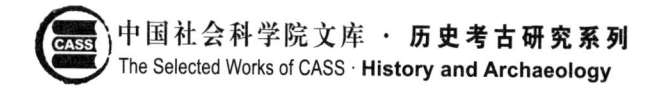

中国社会科学院创新工程学术出版资助项目

中国社会科学院文库·历史考古研究系列
The Selected Works of CASS · History and Archaeology

中国民族史学史纲要

THE OUTLINE OF THE HISTORY OF CHINESE ETHNIC HISTORIOGRAPHY

史金波 关志国 著

中国社会科学出版社

图书在版编目(CIP)数据

中国民族史学史纲要 / 史金波，关志国著 . —北京：中国社会科学出版社，2018.8
ISBN 978-7-5203-1349-0

Ⅰ.①中… Ⅱ.①史…②关… Ⅲ.①中华民族-民族历史-史学史-研究 Ⅳ.①K28

中国版本图书馆 CIP 数据核字（2017）第 273378 号

出 版 人	赵剑英
责任编辑	任　明
特约编辑	乔继堂
责任校对	赵雪姣
责任印制	李寡寡

出　　版	中国社会科学出版社
社　　址	北京鼓楼西大街甲 158 号
邮　　编	100720
网　　址	http://www.csspw.cn
发 行 部	010-84083685
门 市 部	010-84029450
经　　销	新华书店及其他书店
印刷装订	北京君升印刷有限公司
版　　次	2018 年 8 月第 1 版
印　　次	2018 年 8 月第 1 次印刷
开　　本	710×1000　1/16
印　　张	34.5
插　　页	2
字　　数	559 千字
定　　价	128.00 元

凡购买中国社会科学出版社图书，如有质量问题请与本社营销中心联系调换
电话：010-84083683
版权所有　侵权必究

《中国社会科学院文库》出版说明

《中国社会科学院文库》（全称为《中国社会科学院重点研究课题成果文库》）是中国社会科学院组织出版的系列学术丛书。组织出版《中国社会科学院文库》，是我院进一步加强课题成果管理和学术成果出版的规范化、制度化建设的重要举措。

建院以来，我院广大科研人员坚持以马克思主义为指导，在中国特色社会主义理论和实践的双重探索中做出了重要贡献，在推进马克思主义理论创新、为建设中国特色社会主义提供智力支持和各学科基础建设方面，推出了大量的研究成果，其中每年完成的专著类成果就有三四百种之多。从现在起，我们经过一定的鉴定、结项、评审程序，逐年从中选出一批通过各类别课题研究工作而完成的具有较高学术水平和一定代表性的著作，编入《中国社会科学院文库》集中出版。我们希望这能够从一个侧面展示我院整体科研状况和学术成就，同时为优秀学术成果的面世创造更好的条件。

《中国社会科学院文库》分设马克思主义研究、文学语言研究、历史考古研究、哲学宗教研究、经济研究、法学社会学研究、国际问题研究七个系列，选收范围包括专著、研究报告集、学术资料、古籍整理、译著、工具书等。

中国社会科学院科研局
2006 年 11 月

序

由史金波、关志国两位先生所著《中国民族史学史纲要》，可以说是现代学术意义上第一部完整系统的中国民族史学史专著。

史学史是研究和阐述史学本身发展历史的一个学术体系，一般来讲，它包括对历史文献和记载的分析评价，对历史知识和特点积累的梳理，对史学思想与源流的探索，对史学本身发展规律的概括，以及对历史编纂理论与方法的总结等。史学的发展，必然引发史学史的研究，并逐步形成自己的学术规范；史学史研究的深入，又必然推动史学本身的发展和提升。史学史的研究，是史学领域中不可缺少的组成部分。

在我国悠久的治史传统中，对周边各民族历史的记载，一直是不可或缺的内容。自有文字记载以来，在包括甲骨文、金文，以及后来的儒家经典、正史记述、少数民族文字文献、地方史志文献、宗教文献、专史论著和国外的著述中，都留下了有关中国各民族历史状况的记载和描述，大量的历史遗址遗迹和出土文物实证着多元民族文化的存在及其交往关系。对这些丰富历史遗产的发现、整理和认识归纳，到了20世纪初，逐步形成了中国民族史的独立学科体系。近百年来，随着民族史研究的扩展与深入，各类成果不断呈现，这一学科的发展轨迹、主要特征、撰述方法和整体面貌逐渐显现，这个时候，关于中国民族史学史的研究开始引起关注。但相当一段时间，对民族史学史的涉及多局限于一个时期、一个地域、一个民族或一个方面，还缺乏宏观的架构、整体和系统的论述，理论与方法的探讨也不够深入，民族史学史的学术体系尚不清晰，还没有一部系统的中国民族史学史专著。

20世纪80年代以来，中国民族史研究出现了新的局面。在白寿彝先生的倡导和关注下，中国民族史学史的专题研究有了新的进展，形成了一批基础性的研究成果。对中国民族史学史的全面系统研究并形成专著成果，成为民族史学界的期待。同时，学界也意识到，这是一项艰巨的学术任务，因为厘清中国民族史学史，必须以整体上把握民族史学的发展脉络、全面了解民族史研究的文献资料和研究成果为基础，也就是说，要有充分的学术积淀和学术准备。

史金波先生是我国资深的民族史专家，1962年考入中国科学院民族研究所西夏学研究生，也是新中国第一位西夏学研究生。半个世纪以来，他一直坚守于民族史研究的领域，曾师从王静如、翁独健、冯家昇、陈述等前辈大家，在民族历史文献、民族历史文化、民族史辞书、民族古文字等多个方面深入探究，取得丰硕成果，尤其在西夏文字、西夏文献、西夏历史文化研究及培养西夏学人才方面，做出了突出贡献，是我国西夏学建设的重要学科带头人。其间，他多次深入少数民族地区，考察历史，调查遗存，勘察遗址，了解现状，不仅积累了丰富的实践经验，也培育了对少数民族历史文化的深厚感情。这样的经历和成就，为他全面观察认识中国民族史以及民族史研究的发展历程，打下了厚实的基础，提供了必备的条件。

从20世纪90年代开始，史金波先生就提出编写《中国民族史学史纲要》的意向，并进行了前期理论和资料的准备，编制提纲，逐步搭建了书稿框架，撰写了部分书稿。进入21世纪后，资料的收集和研究工作一直持续着。2012年《中国民族史学史纲要》申报为中国社会科学院民族所创新工程项目，同时，进入该所博士后流动站的关志国博士加入该项目，在原来的基础上，他们共同合作完成了《中国民族史学史纲要》的编著。

这本新著新意颇多，对我有诸多启发：

对民族史学史的定位更加明确。该著"绪论"指出："中国民族史学史是研究中国民族史学形成和发展过程、各时期特点以及人们对它的认识、史学成果的社会影响的学问，着重研究民族历史编纂学的发展史，探究历史学家、政治家等对民族史学的评论，也包括对民族史学自身的反思、总结和前瞻。"这是在现代学术视角下对民族史学史内涵的定位，抓住了民族史学史研究的主要对象，是认识中国民族史学科的基本途径。该著作在提纲设置、内容安排、结构体例上就是按照这样的要求设计并完成的，因此具有完整性、系统性、规范性的特点。

注重对各个历史时期民族观的分析。每个历史时期如何认识和记录民族历史，其理论基础在于当时的民族观，特别是统治者的民族观，决定了对一个民族历史采取何种态度及对其地位、作用的褒贬评价，这是民族史学史研究必然面对的一个重要问题。《中国民族史学史纲要》在论述每个历史时期民族史研究发展状况时，首先分析的是当时的民族观以及对民族史研究的影响，从而对各类民族历史著作有了一个基本评判的依据。在民族观的分析中，又紧紧抓住"华""夷"关系和"大一统"观念这个关键，梳理了在不同时期的演进变化，勾勒出最终走向多元一体的中国民族格局的轨迹，这也是中国民族史研究走过的一个基本路径。

力求全面展示有关民族史的典籍文献。史学史的一个重要任务是介绍、评价每个时期有代表性的史学论著。《中国民族史学史纲要》对从先秦开始的主要历史典籍，包括儒家经典、正史及正史以外的各类典籍、地方史志、专门论著和各种民族文字的著述中有关民族历史记载的主要内容作了选择、介绍和评价，这是一次较为全面的集中梳理，它不仅展现了中国民族史极其丰富的文献资料遗产，也展现了中国民族史研究有着广阔的前景，任重道远。

充分肯定了改革开放以来民族史研究蓬勃发展的成就，提出了新的希望。《中国民族史学史纲要》在论述改革开放以来民族史研究的成就时，特别强调的是，民族史学理论研究的深入和突破是一个重要标志，从对专题理论问题的辨析到指导思想的升华和新的理论模式的出现，特别是关于统一多民族国家的认同、中华民族多元一体格局、中华民族凝聚力等重大理论问题的深入探讨和取得重大进展，不仅指导民族史的撰述和研究进入一个新阶段，而且对新的时代条件下新的民族问题研究也做出了积极响应。指出这一点对民族史学今后的建设很重要，加强民族史学理论研究仍然是一项重要任务。在"结语"中，作者希望注意研究中国民族史的多元传统、注意研究与民族史密切关联的宗教问题、注重民族史研究成果的普及、注意周边国家的研究，以及在尊重历史事实的同时也要有现实的政治考虑等，这些问题的确是当前民族史研究中应给予特别的关注和加强。

以上简要的评论，难以对《中国民族史学史纲要》做出全面的学术评价，主要表达的是对这部新著出版的由衷祝贺，这部新著不仅是史金波、关志国两位先生长期从事民族史研究的新探索、新成果，也是中国民族史研究一项填补空白的重要学术成就，对于更多青年学者来讲，完成这部新著所彰显的"十年磨一剑"的学术精神更值得学习和传承。

陈育宁
2016 年 6 月

目　录

前言 ·· (1)
绪论 ·· (1)
 一　中国民族史学史的任务和功能 ······································ (1)
 二　中国民族史学基本发展脉络 ··· (3)
 三　中国民族史学的特点 ·· (8)
 四　民族史观的演变和撰述方式的改变 ······························ (10)
 五　中国民族史记述中的相关概念 ···································· (12)
 六　中国民族史学史的研究现状 ······································· (16)

第一章　先秦时期民族史学的萌芽 ·· (19)
 第一节　先秦时期的夷夏之辨 ·· (19)
  一　先秦时期的夷与夏 ··· (19)
  二　《春秋公羊传》的夷夏之辨 ······································ (22)
 第二节　四夷记述体系化的雏形 ······································· (25)
 第三节　《尚书》《诗经》的民族记述 ································· (31)
 第四节　《左传》的民族记述 ··· (35)
 第五节　《国语》的民族记述 ··· (40)
 第六节　《战国策》的民族记述 ·· (43)
 小结 ·· (45)

第二章　秦汉时期的民族史学 ··· (46)
 第一节　秦汉民族史观的进展 ·· (46)
 第二节　《史记》对一统民族格局的叙述 ··························· (51)
 第三节　《史记》的民族列传 ··· (55)

第四节　《汉书》的民族列传 ……………………………… (59)
　　第五节　《风俗通义》的民族记述 …………………………… (64)
　　第六节　专门民族史著作《哀牢传》 ………………………… (66)
　　小结 ……………………………………………………………… (68)

第三章　三国两晋南北朝时期的民族史学 ……………………… (69)
　　第一节　三国两晋南北朝时期民族史观的发展 ……………… (69)
　　　一　华夷之别 ………………………………………………… (69)
　　　二　正统之争 ………………………………………………… (71)
　　第二节　《三国志·乌丸鲜卑东夷传》的编纂 ……………… (72)
　　第三节　南朝诸正史的民族列传 ……………………………… (73)
　　　一　《后汉书》的民族列传 ………………………………… (73)
　　　二　《宋书》的民族列传 …………………………………… (77)
　　　三　《南齐书》的民族列传 ………………………………… (78)
　　第四节　北魏的《代歌》《代记》与《国书》 ……………… (79)
　　第五节　《魏书》的民族史撰述 ……………………………… (82)
　　　一　《魏书·序纪》 ………………………………………… (82)
　　　二　《魏书》的民族列传 …………………………………… (84)
　　第六节　各民族政权史的撰述 ………………………………… (87)
　　第七节　《华阳国志》的民族史撰述 ………………………… (90)
　　第八节　少数民族文字的民族史撰述 ………………………… (92)
　　　一　彝文历史记述 …………………………………………… (94)
　　　二　佉卢文历史记述 ………………………………………… (98)
　　小结 ……………………………………………………………… (100)

第四章　隋唐五代的民族史学 …………………………………… (102)
　　第一节　隋唐五代的民族史观 ………………………………… (102)
　　　一　华夷观与正统观 ………………………………………… (102)
　　　二　民族政权史的"霸史"地位 …………………………… (104)
　　　三　刘知幾的民族史观 ……………………………………… (105)
　　第二节　正史中的民族史记述 ………………………………… (106)
　　　一　正史民族列传编纂体例的变化 ………………………… (107)

二 《隋书·四夷传》……………………………………………（108）
三 《晋书》的《四夷传》及《载记》…………………………（109）
四 《梁书·诸夷传》……………………………………………（113）
五 《周书·异域传》……………………………………………（114）
六 《南史·蛮貊列传》…………………………………………（116）
七 《北史》的《僭伪附庸传》与《四夷传》…………………（117）
八 《旧唐书》的民族列传………………………………………（119）
第三节 专门的民族史著述………………………………………（120）
一 专门民族史的撰述……………………………………………（120）
二 《蛮书》………………………………………………………（124）
第四节 《通典·边防典》…………………………………………（127）
一 《边防典》的主旨……………………………………………（127）
二 《边防典》的编纂体例………………………………………（129）
三 《边防典》的基本史料来源…………………………………（131）
第五节 少数民族文字的民族史撰述……………………………（132）
一 于阗文历史文献记述…………………………………………（133）
二 粟特文历史文献记述…………………………………………（135）
三 突厥文历史文献记述…………………………………………（138）
四 藏文历史文献记述……………………………………………（140）
小结…………………………………………………………………（145）

第五章 辽、宋、夏、金时期的民族史学…………………………（146）
第一节 多民族政权并立时代的民族史观………………………（146）
第二节 正史中的民族史撰述……………………………………（151）
一 《旧五代史·外国传》………………………………………（151）
二 《新五代史·四夷附录》……………………………………（152）
三 《新唐书》的民族列传………………………………………（153）
第三节 宋代会要的民族史记述…………………………………（155）
第四节 使臣见闻录及笔记中的民族史记述……………………（157）
第五节 南方民族史撰述…………………………………………（161）
一 《桂海虞衡志》………………………………………………（161）
二 《岭外代答》…………………………………………………（162）

三　《溪蛮丛笑》…………………………………………（162）
第六节　《太平寰宇记·四夷》……………………………（163）
第七节　《册府元龟·外臣部》……………………………（166）
第八节　《通志·四夷传》…………………………………（168）
第九节　纪传体史书的民族史撰述…………………………（169）
第十节　少数民族文字的民族史撰述………………………（171）
　　一　契丹文历史文献记述………………………………（172）
　　二　西夏文历史文献记述………………………………（175）
　　三　女真文历史文献记述………………………………（181）
　　四　回鹘文历史文献记述………………………………（183）
　　五　藏文历史文献记述…………………………………（186）
　　六　傣文历史文献记述…………………………………（187）
小结……………………………………………………………（190）

第六章　元代的民族史学……………………………………（191）

第一节　元代的民族史观……………………………………（191）
第二节　正史中的民族史撰述………………………………（194）
　　一　《宋史》的《外国传》与《蛮夷传》……………（194）
　　二　《辽史》的民族史记述……………………………（197）
　　三　《金史》的民族史记述……………………………（200）
第三节　《文献通考·四裔考》……………………………（201）
第四节　西南地方志对民族史的撰述………………………（204）
第五节　民族人物传记与家传………………………………（205）
　　一　《元朝名臣事略》…………………………………（206）
　　二　《高昌偰氏家传》…………………………………（206）
　　三　《赛氏家传》………………………………………（208）
第六节　笔记、游记中的民族史记述………………………（208）
　　一　《长春真人西游记》………………………………（208）
　　二　《南村辍耕录》……………………………………（209）
　　三　《西使记》…………………………………………（209）
　　四　《大理行记》………………………………………（210）
第七节　少数民族文字的民族史撰述………………………（212）

一　回鹘式蒙古文历史文献记述 …………………………………… (213)
　　二　八思巴文历史文献记述 ……………………………………… (217)
　　三　回鹘文历史文献记述 ………………………………………… (220)
　　四　藏文历史文献记述 …………………………………………… (221)
　　五　西夏文历史文献记述 ………………………………………… (223)
　小结 ……………………………………………………………………… (226)

第七章　明代的民族史学 …………………………………………… (228)
　第一节　明代的民族史观 ……………………………………………… (228)
　第二节　《元史》的民族史记述 ……………………………………… (231)
　第三节　明人所修明史中的民族史撰述 ……………………………… (233)
　　一　《吾学编·皇明四夷考》 …………………………………… (233)
　　二　《名山藏·王享记》 ………………………………………… (235)
　第四节　综合性民族史著述 …………………………………………… (237)
　　一　《殊域周咨录》 ……………………………………………… (237)
　　二　《咸宾录》 …………………………………………………… (239)
　　三　《四夷考》 …………………………………………………… (240)
　第五节　《万历武功录》的民族人物列传 …………………………… (241)
　第六节　蒙古史、女真史撰述 ………………………………………… (243)
　　一　蒙古史撰述 …………………………………………………… (243)
　　二　女真史撰述 …………………………………………………… (245)
　第七节　西南地区民族史撰述 ………………………………………… (248)
　第八节　西域民族史记述 ……………………………………………… (251)
　第九节　方志中的民族史撰述 ………………………………………… (252)
　　一　地理志中的民族史记述 ……………………………………… (252)
　　二　方志中的民族史记述 ………………………………………… (253)
　第十节　少数民族文字的民族史撰述 ………………………………… (258)
　　一　《华夷译语》中的历史记述 ………………………………… (259)
　　二　蒙古文历史文献记述 ………………………………………… (260)
　　三　察合台文历史文献记述 ……………………………………… (263)
　　四　藏文历史文献记述 …………………………………………… (265)
　　五　彝文历史文献记述 …………………………………………… (269)

  六　女真文历史文献记述 (272)
  七　西夏文历史文献记述 (272)
  八　傣文历史文献记述 (273)
 小结 (274)

第八章　清代前中期的民族史学 (276)
第一节　清代的民族史观 (276)
  一　满族统治上层的华夷之辨 (276)
  二　关于辽、金、元的正统地位之争 (279)
  三　对部分民族史著作的禁毁 (280)
第二节　《清实录》的民族史记述 (281)
第三节　官修私修明史中的民族史撰述 (284)
  一　《明史》的民族史记述 (284)
  二　私修明史中的民族列传 (286)
第四节　《古今图书集成·边裔典》 (288)
第五节　乾隆时期的满洲史撰述 (292)
  一　《满洲源流考》 (292)
  二　《八旗满洲氏族通谱》 (295)
第六节　藩部史的撰述 (297)
  一　《蒙古回部王公表传》 (298)
  二　《皇朝藩部要略》 (300)
第七节　南方民族史的撰述 (302)
  一　《蛮司合志》 (303)
  二　《峒溪纤志》 (304)
  三　《楚南苗志》 (304)
第八节　民族图册 (306)
  一　《皇清职贡图》 (307)
  二　苗图 (308)
第九节　方略中的民族史记述 (309)
第十节　方志中的民族史记述 (312)
  一　《大清一统志》中的民族史撰述 (312)
  二　西南地区方志中的民族史撰述 (313)

三　新疆方志中的民族史记述 …………………………………………（314）
　　四　西藏方志的撰述 ……………………………………………………（317）
　　五　府县志中的民族史撰述 ……………………………………………（318）
第十一节　笔记中的民族史记述 ……………………………………………（319）
　　一　《秦边纪略》 …………………………………………………………（319）
　　二　《西域闻见录》 ………………………………………………………（321）
　　三　《黔记》 ………………………………………………………………（322）
小结 ……………………………………………………………………………（323）

第九章　晚清的民族史学 …………………………………………………（325）
第一节　晚清民族史观的变化 ………………………………………………（325）
　　一　华夷观的解体 ………………………………………………………（325）
　　二　中国观的变化 ………………………………………………………（327）
　　三　"民族"观的引进与阐释 ……………………………………………（329）
　　四　中国民族西来说 ……………………………………………………（331）
第二节　革命派的民族史观及民族史撰述 …………………………………（333）
　　一　革命派的民族史观 …………………………………………………（333）
　　二　革命派的民族史撰述 ………………………………………………（336）
第三节　边疆民族史及蒙元史撰述 …………………………………………（338）
　　一　《蒙古游牧记》 ………………………………………………………（339）
　　二　《朔方备乘》 …………………………………………………………（340）
　　三　《康輶纪行》 …………………………………………………………（341）
　　四　其他边疆史地著作 …………………………………………………（342）
　　五　晚清蒙元史研究 ……………………………………………………（343）
第四节　方志中的民族史记述 ………………………………………………（345）
　　一　省志中的民族史记述 ………………………………………………（346）
　　二　府县厅志的民族史记述 ……………………………………………（347）
第五节　民族史撰述体例的变革 ……………………………………………（349）
第六节　清代少数民族文字的民族史撰述 …………………………………（352）
　　一　满文历史文献记述 …………………………………………………（352）
　　二　蒙古文历史文献记述 ………………………………………………（358）
　　三　察合台文历史文献记述 ……………………………………………（363）

四　藏文历史文献记述……………………………………………（366）
　　五　纳西东巴文历史文献记述…………………………………（368）
　　六　彝文历史文献记述…………………………………………（370）
　　七　傣文历史文献记述…………………………………………（373）
　　八　回族史学……………………………………………………（375）
小结……………………………………………………………………（378）

第十章　中华民国时期的民族史学…………………………………（380）
第一节　对"民族"概念理解的深化与中国民族史学科
　　　　的建立……………………………………………………（380）
　　一　对"民族"概念理解的深化………………………………（380）
　　二　中国民族史学科的建立……………………………………（384）
　　三　中国通史中的民族史记述…………………………………（390）
第二节　中国民族史理论的蓬勃发展……………………………（391）
　　一　中国民族的起源……………………………………………（392）
　　二　中国民族的构成……………………………………………（394）
　　三　中国民族的主干……………………………………………（396）
　　四　中国民族的演进与融合……………………………………（397）
第三节　传统史学的民族史撰述…………………………………（400）
　　一　《清史稿》的《土司传》《藩部传》与《属国传》………（400）
　　二　《新元史》的民族列传……………………………………（401）
　　三　地方志中的民族记述………………………………………（402）
第四节　中国民族通史的编纂……………………………………（405）
第五节　中华民族史的撰述………………………………………（407）
第六节　马克思主义民族史学的形成……………………………（412）
第七节　族别史研究………………………………………………（416）
　　一　中国古代民族史的考证……………………………………（416）
　　二　族别史的研究………………………………………………（419）
第八节　边疆及区域民族史的研究………………………………（425）
第九节　少数民族文字的民族史撰述与文献整理………………（429）
　　一　蒙古文历史文献的记述与整理……………………………（430）
　　二　藏文历史文献的记述与整理………………………………（430）

三　彝文历史文献的整理……………………………………………(433)
　　四　纳西东巴文历史文献的整理……………………………………(434)
　小结………………………………………………………………………(435)

第十一章　中华人民共和国时期民族史学的新进展………………(437)
第一节　新的科学民族史理论的确立………………………………(437)
　　一　马克思主义民族理论对中国民族史学的指导…………………(437)
　　二　"统一的多民族国家"理论的探讨………………………………(442)
　　三　"中华民族多元一体"理论的提出………………………………(443)
　　四　中华民族凝聚力问题的讨论……………………………………(446)
第二节　民族社会历史调查与《中国少数民族简史丛书》的
　　　　　编纂…………………………………………………………(447)
　　一　民族识别工作……………………………………………………(447)
　　二　民族社会历史调查………………………………………………(449)
　　三　《中国少数民族简史丛书》的编纂………………………………(451)
第三节　中国民族史学科的发展……………………………………(454)
　　一　中国民族史专业的设立…………………………………………(454)
　　二　中国民族史研究机构的设立……………………………………(455)
　　三　学术界对民族史学科建设的探讨………………………………(456)
　　四　民族史研究与现实热点问题……………………………………(460)
第四节　各类民族史的编纂…………………………………………(461)
　　一　中国民族通史的编纂……………………………………………(462)
　　二　区域民族史的编纂………………………………………………(465)
　　三　族别史的编纂……………………………………………………(466)
第五节　中华民族史研究与撰述的深化……………………………(468)
第六节　民族史研究的繁荣…………………………………………(471)
　　一　民族史文献资料的整理工作……………………………………(471)
　　二　华夏与汉族史研究………………………………………………(474)
　　三　古代民族史研究…………………………………………………(476)
　　四　近现代民族史研究………………………………………………(481)
　　五　中国民族关系史的研究与撰述…………………………………(482)
　　六　民族宗教史、经济史、法制史、文化史研究的进展………………(485)

第七节　当代民族志的编纂 …………………………………（490）
第八节　少数民族文字历史文献的整理和研究 ……………（491）
　一　藏文历史文献的整理和研究 ……………………………（492）
　二　回鹘文历史文献的整理和研究 …………………………（494）
　三　西夏文历史文献的整理和研究 …………………………（496）
　四　蒙古文历史文献的整理和研究 …………………………（497）
　五　察合台文历史文献的整理和研究 ………………………（498）
　六　满文历史文献的整理和研究 ……………………………（499）
　七　彝文历史文献的整理和研究 ……………………………（501）
小　结 …………………………………………………………（503）

结语 ……………………………………………………………（505）

参考文献 ………………………………………………………（510）

后记 ……………………………………………………………（527）

前　言

中国民族史学史是中国民族史和中国史学史领域内的一个新课题，是学习和研究中国民族史、完善民族史学科不可或缺的一项重要内容。

我自1962年大学毕业后，考入中国科学院哲学社会科学部（中国社会科学院前身）民族研究所的研究生，后一直在民族所的历史研究室学习和工作。"文化大革命"结束后，我参与历史研究室的领导工作，参加组织有关民族史的科研项目和学科建设。1983年成立中国民族史学会后，作为学会常务副会长，我先后协助翁独健先生、白寿彝先生两位会长工作多年，做学会日常工作和历届研讨会组织工作。

改革开放以后，民族史研究与其他学科一样，出现了蓬勃发展的新局面，新的研究成果不断推出，先后出版了各民族专史、地方民族史、民族关系史和全国性的民族史，民族史学有了显著的、长足的进展。民族研究所的历史研究室除出版了多种少数民族简史外，还出版了由翁独健先生主编的《中国民族关系史纲要》和由多位专家撰写的中国各断代民族史等重要著作。

虽然我在西夏研究方面所费精力较多，但民族史研究和民族史学科建设也是我工作的主业之一。在民族史研究方面，除西夏史和与之相关的宋辽金史外，也想从民族史学科建设和发展的角度考虑一些带有学科宏观性的问题，我在20世纪90年代先后发表过一些相关论文，如《中国民族史研究四十年的重要贡献》《中国民族史学的社会功能》《十年来中国民族史研究的理论与实践》（合作）《要重视和加强少数民族法制史研究》《试论中国历史上的民族政策》《论少数民族近现代史研究》《积极开展历史上的民族政策研究　认真总结经验教训》《把中国民族史研究引向深入》《振奋精神　勇于探索　开创民族史研究的新局面》等。

自20世纪90年代，我感到很需要编写一部《中国民族史学史纲要》。我认为学习、研究中国民族史学史可以使我们更深刻地了解我们五千年的中华文明史，更准确地认识、总结中国民族史研究，用科学的观点审视中国历史上的民族问题，从民族的角度审视历史和现实，从而更有力地促进和发展中国民族史研究，丰富中国史学史的研究内涵，为发展和繁荣中国史学做出贡献，同时也可作为历史镜鉴，或有补于民族问题的考量。近些年来，中国民族史学史的研究有了很多进展，但就其内容而言，多属于某一个民族的史学史、某一阶段史学史或某一项史学史的研究，还没有一部系统的中国民族史学史专著。为此我曾和多位专家交换意见，大家都感到很有必要编写这样一部书，以填补民族史研究的空白。

同时我也清楚地知道，完成这样的任务有很高的要求，要克服很多困难。研究史学史要论从史出，进行民族史的撰述，需要掌握大量的资料。中国民族史学史涉及的资料范围宽，历时长，散杂于各种史书之中，搜集梳理、考镜源流的工作量很大。史学史研究更需要马列主义史学理论基础，要在大量资料的基础上，从史学史的角度进行深入的理论分析、概括和总结，探求意蕴，提出有依据的认识。面对这样一项新的课题，使我感到任务的繁重性和艰巨性。

20世纪90年代中期，我便着手对民族史学史研究进行构建，首先是搜集基本资料，并做了一些前期的研究工作，搭建书稿框架，撰写了近十万字的大纲。后因出国讲学和其他研究任务的交叉而暂时搁浅。然而对这一课题的思考和准备并未停止。

与此同时，我高兴地看到中国史学史的研究在白寿彝等老一辈专家的成果的基础上（白寿彝《中国史学史》，1988年版），不断取得新的成就，特别是瞿林东先生对中国史学史的研究做出了进一步的重要贡献（瞿林东《中国史学史纲》，1999年版）。十多年前我与瞿先生交谈时曾提出希望他关注民族史学史，瞿先生则提出民族史研究专家们对民族史比较熟悉，希望民族史研究专家们更多研究民族史学史问题。后来瞿先生还专门组织过有关中国少数民族史的学术研讨会议，会上发表了《中国少数民族史学发展的几个阶段》的重要论文。这些中国史学史的研究成果无疑对《中国民族史学史纲要》的编撰起到了重要指导和推动作用。

进入21世纪后，民族史研究又有新的进展，撰写中国民族史学史的念头再次涌动于心，我抽空便做些资料搜集工作，但终因业务繁杂，难以集中时间完成此项任务。2011年，时在社会科学文献出版社工作的关志国博士与我联系，希望进入民族所的博士后流动站，请我做合作导师。他是历史科班出身，从本科、硕士生到博士生，以及其间参加的工作，都没有离开过民族史。关志国博士有很好的史学理论功底，熟悉史学研究方法，也积累了很多资料，曾发表多篇研究民族史的论文。我征求他的意见，愿不愿意和我一起做中国民族史学史研究，他欣然答应，于是志国博士于 2012 年顺利进入民族所博士后流动站。

志国博士进站后，和我一起制订了工作计划书，研究方向即是中国民族史学史。我将我原来的提纲和资料都交给他参考。志国在站期间几乎全力以赴地进行民族史学史资料搜集和研究工作。

2012 年，中国社会科学院实行创新工程，民族研究所将《中国民族史学史纲要》正式纳入创新工程计划，由我和关志国承担此项目。此后我们更加集中精力投入此项工作，并多次参加有关民族史的研讨会和审稿会，先后报告和发表了数篇关于民族史学史的文章，如《晚清以来中华民族史观的形成、演进及影响》（关志国，2013 年）、《论中国古代史籍对四夷的体系化记述模式》（关志国，2014 年）、《中国民族史学史刍议》（史金波，2014 年）、《中国近现代民族史学史刍议》（史金波、关志国，2016 年）、《辽宋夏金时期的民族和文化》（史金波，2016 年）、《中国历史上民族关系刍议》（史金波，2017 年）等。

志国博士在两年的博士后期间，勤奋努力，认真查阅史书，广泛搜集资料，深入钻研思考，参加学术研讨，于 2014 年完成了 25 万字的《中国民族史学史述论》博士后出站报告，以优等的成绩顺利出站。

此后，我们继续合作撰写书稿，进一步挖掘、补充资料，调整结构，增加内容，提炼观点，寻求规律性认识，努力完成书稿，以期达到结项水平。其间我们研究并确定了三个颇费思量的问题。一是在民族史资料中，有相当一部分是少数民族文字著述，对民族史学史是非常重要的文献，但少数民族文字种类很多，难以把握和利用。我们考虑作为民族史学史，应该在重视汉文文献的同时，更要扩充学术资源，注重利用各少数民族文字的文献资料，使资料更加全面、更具特色。好在我自己熟悉西夏文及其文献，并长期参与中国民族古文字研究会的组织工作，对各种民族文献比较熟悉，也有很多专门研究各类民族文字的专家朋友，并撰写过《中国历代民族古文字文献探幽》等著述，有一定的基础。于是我们决定在各历史时段撰写并加强少数民族历史撰述的内容。二是一般通史性著作多写至清代或民国时期，因为撰写有关当代的问题，由于历史积淀不够而可能增加难度。我们这部书要不要撰写当代的民族史学史？我们考虑到，民族史学基本上是一个新兴的学科，新中国成立后确立了马克思主义民族史理论，民族史学得到空前的大发展，民族史学研究硕果累累，对中国民族史学的重大问题，如中华民族的形成和发展、历史上的民族关系和民族政策，重要事件和重要人物的评价等都有突破性的进展，不写当代的民族史学史会造成重大缺憾。因此，我们确定不避疑难，将中华人民共和国时期的民族史学作为重点篇章撰写，以便将历史感和时代感进行更紧密的结合。三是史学史的著作要论述和引用不少史书，如果将一些与民族史学有关的古籍书影插印在书中，使读者在阅读本书时，同时也能一睹相关古籍的风采，对难得一见的史书有具体而形象的认识，岂不更好？因此我们确定书中收入适量的古籍图版。无疑这将会加大工作分量和难度，但我们觉得这样可以增加新的知识点，多下一番功夫也很值得。

又经过近两年的补充、修订，于 2015 年 12 月召开了《中国民族史学史纲要》结项会。出席会议的十多位专家对书稿都给予了肯定的评价，给予优秀等级结项，同时也提出了不少建设性的修改建议。

此后，我们一方面根据专家们的意见集中精力修改、补充书稿，另一方面又请一些专家对书稿进行审阅，征求意见。可以说，我们这部著作渗透着很多同行专家的心血。

本书仅是在系统研究中国民族史学史方面迈出了第一步，只能算是引玉之砖，希望今后在这一领域有更好的研究成果。限于作者的学识、水平，本书一定会有不少缺点乃至错误，敬请方家、读者批评指正。

史金波

2017 年 5 月

绪　论

　　中国自古以来就是一个多民族国家，汉族和各少数民族为祖国的缔造与发展都做出了重要贡献。中国的历史是中国各民族，包括历史上存在后来已经消亡的民族形成、发展、共同前进的历史。中国民族史研究领域相当广泛，内容十分丰富，它研究中国各民族的历史，包括现在中国境内各民族和历史上古代民族兴衰、变迁的历史，各民族政治、经济、军事、文化专史，以及各民族之间的关系史等。

　　中国民族史学源远流长，先秦时期就形成了民族历史撰述的理论雏形，汉代《史记》《汉书》确立了民族列传撰述的典范，而后历代都重视民族史撰述，形成了古代民族史的撰述模式。随着近代民族观的建立，中国民族史作为一个学科得到了发展，在近代国家建构中发挥了重要作用。中华人民共和国成立后，实施民族平等政策，中国民族史得到蓬勃发展。系统梳理中国民族史学发展史，对其发展、功能、特征等进行综合研究，将有助于理解中国民族史的相关问题，也可为中国民族史学的进一步发展提供参考。

一　中国民族史学史的任务和功能

　　中国民族史学史是研究中国民族史学形成和发展过程、各时期特点以及人们对它的认识、史学成果的社会影响的学问，着重研究民族历史编纂学的发展史，探究历史学家、政治家等对民族史学的评论，也包括对民族史学自身的反思、总结和前瞻。

　　中国民族史学史可以帮助我们深刻认识中国民族史，告诉我们中国的史学家怎样记录民族史，怎样认识、评价、研究、总结民族史，怎样从民族的发展、兴衰中借鉴经验。研究中国民族史学史可以更准确地认识、总结中国民族史研究，从而更有力地促进和发展中国民族史研究，为繁荣中国史学、维护祖国统一和中华民族的团结做出积极贡献。①

中国民族史学与时代发展密切相关，受到时代变革的深刻影响，同时也反映了时代的特征，其功能也随时代而变化。

在中国古代，民族史的撰述一般体现了以下的功能：（1）申明中央王朝的正统地位，严夷夏之防，或体现出民族政权之间的正统之争；（2）宣扬中央王朝的武功，如唐代《通典·边防典》、明代边政著作、清代方略中的民族史记述，其作用为"所以示招徕之大，明鞭挞之威也"②；（3）了解边疆各民族情况，加强边政管理，为军事活动提供参考，即总结所谓"圣王制御蛮夷之常道"③；（4）民族政权加强本民族凝聚力的需要，把编纂民族史作为寻求民族认同的一种方式，如清朝修纂《八旗通志》《满洲源流考》《八旗满洲氏族通谱》等；（5）有文字的少数民族用本民族文字记述历史，形成本民族的历史观念，促进了本民族的历史文化传承。

中国近现代民族史学更加突出维护祖国统一、加强中华民族认同的作用。鸦片战争后，在清廷腐败日甚、列强侵华日深的政治形势下，中国各族人民产生了强烈的民族危机感，史学界逐渐出现救亡图存的强烈倾向。当时无论官方还是民间，都为应对现实的民族问题而注重民族史研究。传统的华夷观受到了强烈冲击并逐步解体。在民族史观上，传统的"华夷之别"观念开始向"中华一体"观念过渡，"中华民族"的概念为学术界所普遍接受。为了加强民族认同，学界也致力于宣传"中华民族"一体的观念。当时出版的中华民族史著作中，都把"中华民族"看作一个整体，通过对中华民族的起源、构成和历史发展的叙述，以唤起中国人共同的民族意识，加强"中华民族"的认同感，凝聚团结抗战的力量。近代以来学术界对"中华民族"观念的认识不断深化，学术界积极建构中华民族史，在现代国家建设中发挥重要作用。

中国共产党以马克思主义民族理论为指导处理民族问题，也指导了民族史的研究。中华人民共和国成立后，中国共产党实施了新的民族政策，并开始进行民族识别工作。而后，学术界以识别出的民族为研究单元，并系统撰述民族史，同时，各民族也认同了"中华民族"。当代，中国民族史研究对

---

① 参见史金波《中国民族史学史刍议》，《云南社会科学》2014年第6期。
② （明）何乔远：《名山藏》卷一百五《王享记》序，福建人民出版社2010年版，第2932页。
③ 《汉书》卷九十四《匈奴传》，中华书局1962年版，第3834页。

提高民族素质、维护民族团结、制定民族政策方面都发挥了重要的作用。①

中国民族史学是一门既古老又年轻的学科。说它古老，是因为源远流长的、传统的中国史学从来就是记录和研究汉族和各少数民族及其先民历史的；说它年轻，是因为专家们自觉地从民族历史的角度进行研究，并取得有影响的成果，使民族史学成为一个专门的学科，还是近百年的事。近代意义的史学史是从20世纪20年代开始的。中华人民共和国成立以来，中国民族历史研究受到重视，在马克思主义历史唯物主义理论指导下进入崭新的阶段。然而历史学家摆脱旧史学的影响，树立唯物史观指导下民族平等的观点，需要一个过程。而培养一代民族历史学家，撰写出有丰富内容的民族史学著述，再在此基础上研究中国民族史学史，那就需要更长时期的积累。近几十年来，民族史研究有了长足的发展，有关中国民族史的专著不断推出。先后出版了各民族专史、地方民族史、民族关系史和全国性的民族史。中国民族史学形成了蓬勃发展的局面。然而作为其中一个分支的中国民族史学史的研究却显得滞后，系统的研究似乎仍是一项空白。

本书叙述中国民族史学的发展史，与中国史学史有密切的关系，应该是中国史学史的一个分支，是在整个中国史学的大传统下介绍民族史学的发展情况，同时也体现出作为专门史学史的个性。在叙述过程中，对中国史学史比较常见的内容略而不书，以突出中国民族史学史的特色。

二 中国民族史学基本发展脉络

本书叙述中国民族史学的发展历程，分古代、近代及现代三大部分。

1. 中国古代民族史学

中国古代民族史学发展呈现出阶段性。在这些大的时段之下，民族史学的发展具有一定的共性，也呈现了不同时段的特点。不同民族的统治集团具有不同民族观，决定了不同时段民族史记述的特征，当然也有共同的观念，那就是对正统地位的追求。少数民族统治集团都接受了中原的政治体制，接受了中原的文化，包括其中的史学。中国古代的朝代因民族因素，可分为几种类型，有汉族统一王朝如汉、唐，有少数民族建立的统一王朝如元、清，还有并立的多民族王朝如南北朝，宋、辽、西夏、金。中国民族史发展阶段

---

① 参见史金波《中国民族史学的社会功能》，《民族研究》1990年第1期；史金波《中国民族史研究四十年的重要贡献》，《云南社会科学》1990年第2期。

与中原王朝基本吻合。本书的古代部分按历史朝代顺序分先秦、秦汉、魏晋南北朝、隋唐、辽宋夏金、元代、明代、清前中期论述。

在中国原始社会，中国尚未有民族之分，但后来民族的先民早就有了历史传说。商、周时期已进入阶级社会，关于民族史的记载也渐增多。在殷商的甲骨文和周代的金文中都有关于民族史的记载。春秋战国时期，诸侯割据，华夏族从黄河中下游向东北、西北、西南延伸，少数民族先民在中国历史舞台上也显露出实力。在先秦史籍中，这一时期有丰富的民族活动记录，华夷尊卑贵贱的观念已很明显，中原王朝如何对待四夷已是当时统治者的重要研判内容。

秦汉时期，秦朝统一了中原，北部、西北都有较大势力的少数民族。汉朝版图扩大，沟通西域，设西域都护府管辖西北少数民族地区。这一时期多民族中国的统一有了新的发展，形成了各民族密切交往、相互依存的主流。司马迁的《史记》开中国"正史"之先河。其中在记载皇帝编年的《本纪》中，就有关于中原政府与少数民族关系的重要史料。而人物传记中那些少数民族人物以及涉及少数民族治理、少数民族关系、少数民族地区的人物传记，也有很丰富的民族历史资料。特别是《匈奴列传》《南越列传》《东越列传》《朝鲜列传》《西南夷列传》《大宛列传》等，为各民族撰写专门的传记，这种体例开创了中国史学的一个良好先例。《汉书》继承了《史记》的传统，有很多民族史的精彩内容。《后汉书》中把少数民族列传集中在一起，扩大了内容，这反映了中国是一个多民族国家的现实，少数民族占据越来越重要的地位，也反映出史学家们对民族问题重要性的认识。

三国两晋南北朝时期，少数民族在中国政治舞台上的影响扩大，地位提高。十六国中有十三个是少数民族政权。这些王朝时间短暂，但在中国民族史上有重大意义。南北朝时期，南朝的辖地为南方，北朝则建立了影响很大的以鲜卑族为统治民族的北魏。这一时期虽然国家处于分裂局面，但修史的意识很强烈。少数民族长期管领北方，以正统自居，这种格局对历史的认识和史书的撰述起了决定作用。少数民族政权撰述历史已蔚成风气。

隋唐统一中国，历经三个多世纪，再一次反映出中国这个多民族国家强大的凝聚力。大一统的政治局面促进了"天下一家"思想的发展。这一时期中原对少数民族了解增多，认识加深。史学家们对少数民族的记录、研究著作更加丰厚。唐初正式设立史馆，在"禁中"修史，纂修梁、陈、齐、周、隋五代史，后又下诏新修《晋书》。《晋书》包含了十六国的历史，以《载记》的方式记录，对少数民族政权的记载认识上有了新的发展，比较客观地按编年叙述。《南史》《北史》认识到过去写少数民族历史的偏颇与失实，撰述思想很有创建。《史通》虽未专门论述民族历史，但其史学思想和史学理论，如"戎羯称制，各有国家，实同王者"的认识，影响着包括民族史在内的整个中国史学史。《通典》分门立目，以类相从，在"边防"类中记录了大量少数民族资料，其"古之中华，多类今之夷狄"的观点，渗透着朴素的进化论和民族平等的思想，是难能可贵的进步民族史观。

辽、宋、西夏、金时期，是汉族和少数民族王朝分立时期。宋朝未能统一中国，统治者和史学家有强烈的屈辱感和忧患意识，史书的撰述热情高涨，大型史书不断问世，如司马光的《资治通鉴》、范祖禹的《唐鉴》、李焘的《续资治通鉴长编》、徐梦莘的《三朝北盟会编》、李心传的《建炎以来系年要录》等。宋朝也遵循历代传统编写前朝正史，重视少数民族历史和现状的记载。辽、西夏、金朝和中原王朝一样对修史十分重视，都设专门修史机构记史、修史，延续中国修史传统。辽、西夏、金都不自外于中国，推行儒学，以中国正统自居，编写本朝历史。这一时期少数民族以新的姿态出现，虽政权分据，"中国"意识并未削弱。

元朝以蒙古族首领成吉思汗及其继承者建立的蒙、元朝，结束了中国的分立，中国历史上第一次出现了由少数民族掌握全国政权的局面，这大大影响了人们对民族关系的认识，大汉族主义受到极大冲击。元朝继承中国编写"正史"传统，编写宋、辽、金三史，其体例确定为"各国称号等事，准南、北史"，"金、宋死节之臣，皆合立传，不须避忌"①。把宋、辽、金视为平等的王朝，正式确立了少数民族王朝的历史地位。元代少数民族史学家编纂的著作有突出的成就。第一部全面反映蒙古族历史的著作《蒙古秘史》问世，是研究蒙古族前期最重要的资料。藏族史、回鹘史学家用民族文字撰写历史，保存了很多珍贵史料。

明朝并未完全统一中国，北方仍由势力颇大的蒙古族统治。明代官修《明实录》《大明会典》都保存了很多民族历史资料。明初修《元史》，将境外的国家列为"外夷"，明确了修史区分境内外民族的观念。明朝相当一部分汉族人认为是从中原驱逐了"夷狄"，这种认识也反映在一些史书中，是民族史观的倒退，引起史学界的异议。明朝与少数民族关系密切，编撰《华

---

① （元）脱脱等：《三史》"凡例"，载《辽史》附录，中华书局1974年版，第1557页。

夷译语》，保存了很多重要民族史料。藏族、蒙古族史学家撰著了不少民族史学著作。

清朝继承中华传统文化，重视史学，反对轻视夷狄，冲击了大汉族主义观念。但其对夷狄的忌讳，特别是对满族的回护造成民族主义的高压政策，影响了史学的发展。满族进关前创制了满文，以满文记录了很多珍贵历史资料。官修《清实录》分别以汉、满、蒙三种文字缮写，民族历史资料是其重要部分。此外有大量清代档案传世，多方面记载了清代历史，其中有大量满文档案，十分珍贵。官修史书中还有续"三通"和清"三通"，其中保存了大量民族史资料。清朝也重视修撰前代史，《明史》中关于民族史的内容很丰富，特别是湖广、四川、云南、贵州、广西土司传，详细记载了西南部地区少数民族的历史和现状。清代编纂了多种与民族地区有关的《方略》，记载了对少数民族地区的重大军事行动和民族关系。清代蒙古族史学家编纂的蒙文史书《蒙古源流》利用多种蒙、藏文献，结合亲见亲闻，叙述了蒙古族历史以及蒙古与各族的关系，为史家所重。藏族又有《西藏王臣记》等史书问世，详载西藏从传说时代至清初顾实汗历代王统和王朝事迹，于藏族史贡献很大。彝族用彝文撰写的《西南彝志》记录了彝族来源、发展、风俗习惯，内容丰富，史料价值巨大。

2. 近现代民族史学

自1840年第一次鸦片战争后，面对列强的分裂活动，学术界对边疆民族问题展开了深入的研究，形成了新的民族史观及民族史撰述方式。从整体上看，在中国古代民族史学的基础上，步入了新的发展轨道，形成新时期的特点。传统的华夷观逐渐解体，新的民族观、国家观及世界观开始形成并迅速传播。士大夫群体开始从"中国"的角度来撰述民族史，过去与"中国"相对的"四夷"，开始成为"中国"之内的民族，同时，以"中国"为单位叙述历史及民族史的著作不断涌现。新民族史观的确立，使历史上区别不同人群的表述开始统一到"民族"这一词语上，并出现了"民族史"这一史学的门类。西方"民族国家"意识形态在中国知识界的传播和影响，也促使当时的学术界从构建"民族历史"的角度来增强中国凝聚力，以防止国家的分裂。

这一时期，中国民族史逐渐形成了独立的学科，建立了自己的理论与方法，及系统的学术传承方式。同时，受民族学理论的影响，中国民族史研究突出了族称、族源、族属、族系等问题，学术界重新构建了现代的中国民族史知识体系。

民族史的撰述方式开始多样化。传统史学的编纂方式仍然延续。晚清蒙元史的研究与撰述取得了突出的成就，民国时期《清史稿》修纂完成，地方志在记述民族时出现了新的门类，如谱系、语言、礼俗等方面。同时，新史学的撰述体例在孕育、形成。学术界开始以全新的民族史观为指导，采用新的体例及历史分期方法重新叙述中国民族史。民国建立后，"五族共和"观念开始广泛传播，此后的民族史研究与撰述逐渐摆脱了华夷之辨之下的狭隘的大汉族主义，开始注意阐述中华民族的多元性发展历程，构建民族国家的统一发展史。20世纪二三十年代，学界开始按新的体例编纂中国民族史，专门的中国民族史著作不断涌现。民国时期的学术界也注重探讨中国民族史的编纂宗旨、体例、方法等问题，先后出现了多部叙述中华民族史的著作。

这一时期，接受马克思主义的学者或共产党人，开始把马克思主义理论应用到史学研究之中，有力地促进了当时中国民族史的撰述与研究。中华民族观念逐渐深入人心，成为一个强有力的政治符号。中国民族史开始作为一个独立的学科发展起来，学术界明确了民族史研究的地位及意义。一些掌握了西方史学方法的学者，开始尝试将这些方法与中国传统的考据方法结合起来。同时，中国民族史学界还深入民族地区进行田野调查，收集各民族的民间文献、口述史料等。民族史学研究积极借鉴了民族学、人类学的研究方法。

民国时期，在五族共和、民族平等观念下，学术界开始了族别史的研究，主要研究当时人口较多的民族，如汉族、满族、蒙古族、藏族、苗族、回族等，另外还进行了"中华民族"的研究及"中华民族史"的撰述。

3. 当代民族史学

当代民族史学指中华人民共和国成立后的民族史学。这一时期，中国共产党推行了新的民族政策，强调民族平等、民族团结，施行民族区域自治制度。20世纪50年代，进行了民族识别，确定了56个民族，除了人口占绝大多数的"汉族"，其他的成为"少数民族"，而后，已识别的民族都成为一个民族史记述单元，学术界也在此基础上进行各族历史的撰述。[1] 20世纪50—70年代，组织了民族社会历史调查，编写各民族简史，促进了民族史的研究。学术界也针对现实的民族问题，以马克思主义民族理论为指导进行了民族史理论的探

---

[1] 史金波、关志国：《中国近现代民族史学史刍议》，《云南社会科学》2016年第1期。

讨。民族史学的明显进展成为中国史学发展的一个重要方面。

"文化大革命"期间，中国民族史的研究基本停滞，只是民族文物与文献整理工作还有所进展。

20世纪80年代后，随着思想的解放，中国民族史研究蓬勃发展，学术界对民族史学科性质的认识不断深化，出现了新的理论模式，指导了民族史的撰述与研究。学术界先后探讨了统一多民族国家的认同、中华民族多元一体格局、中华民族凝聚力等理论。中国民族史学科建设也得以全面发展，建立了人才培养机制，成立了相关的学术机构和学术团体。学术界对中国民族史学中出现的问题也进行了系统的理论反思。

民族史的编纂体例日益完善，编纂了多部中国民族通史、断代民族史、区域民族史、族别史，民族关系史、古代民族史，对中华民族的研究也有了新的进展。民族史研究方法也不断完善，文献考证、考古学、语言学、人类学等方法都得到应用。进入21世纪，中国民族史的研究出现新的发展趋势，研究的领域不断拓宽，对新的民族问题与民族理论都做出了积极的回应。中华民族史的研究与撰述取得了巨大进展，民族经济史、民族法制史、民族文化史、民族宗教史等领域也取得了丰硕的成果。

三 中国民族史学的特点

中国民族史学是中国史学的重要组成部分，既有中国史学的一般特征，也有自己的特点。

1. 民族史学与民族的发展变化密切关联

中国民族史学的发展与历史上各民族的发展、所处地位相契合，与民族实力的消长、政权的存废相关联。民族史学在先秦时期随着民族先民的活动而显露萌芽，渐被重视；秦汉时期在汉族形成过程中，少数民族也登上舞台，民族史学逐步形成；三国两晋南北朝时期少数民族纷纷建立王朝，特别是鲜卑族所建北魏影响很大，促进了民族史学的发展；隋唐时期的大一统局面和统治者较为和缓的民族政策，使民族史学活跃并稳步发展；辽宋夏金时期少数民族建立的王朝与宋朝并立，皆承中国德运，以中国正统自居，各自修史，民族史学进一步发展；元代以少数民族为主体，实行民族等级压迫，冲击了大汉族主义史观，不仅自修历史，还将前代多民族王朝分撰"正史"，推动民族史学新的繁荣发展；明代统一了中国大部，北部仍是蒙古政权，史学家关注民族地区，不少民族史书问世，蒙古族、藏族史学家纷纷著书立说，民族史学呈现繁荣局面；清代中国一统，少数民族又一次成为统治民族，虽有对少数民族的回护，但民族史学著述丰硕，特别是满、蒙、藏文史籍大幅度增加，民族史学进一步繁荣。可见，民族史学随着时代的进步、各民族不断发展、民族间交往增多而逐步发展、成熟、繁荣。

2. 民族史的记述模式丰富多样

历代史籍如正史、类书、政书、地理志、方志、笔记都对民族史予以记述，因此也形成了不同的撰述模式，较为突出的是四夷的体系化记述模式。这一模式在先秦典籍中就已出现，"中国"与"四夷""四方""四土"的关系，在秦汉时期得以确立，这一模式强调"中国"与"四夷"的关系，分地区记述各民族的历史发展，并总结各民族的特点、与中央王朝的关系、中央王朝民族政策的得失等。各类史书中的民族史记述也有一定的同构关系，每一种记述体例都被后来的修史者不断传承和完善。在中国古代既有专门的民族史著述，如《蛮书》《楚南苗志》，也有民族图册，如隋《西域图记》、唐《王会图》、清《皇清职贡图》及各类苗图，这些著作以图文结合的形式记述各民族的历史。各民族政权通过历史记述加强本民族认同，如北魏的《国书》、清代的《满洲源流考》。晚清，中国民族史开始采用章节体的撰述体例，民国时期出现了数十部中国民族史、中华民族史著述，在这些著述中，撰者基本认为中国史是各民族共同的历史。中华人民共和国成立后，随着民族平等政策的落实，由政府组织专家学者进行了大规模的民族识别和民族社会历史调查工作，统一编纂了少数民族简史丛书，确立了民族史编纂的范例，而后各类大型的民族通史也先后出版。

3. 民族史学资料丰富而分散

民族史学资料十分丰富，但也十分分散。过去中国历史记载的主要是汉族历史或中原地区的王朝历史，但有关少数民族历史的记载也掺杂其中，内容丰富多彩而星散各处。不仅在"正史"中有大量民族史料，在其他很多典籍中如政书、类书、志书、别史、杂史等都有丰富的史料，在各民族的口碑资料中也有重要的历史叙述，近代考古发现的资料中也包含着不少有关民族史的实物。其中有些资料比较集中，但大部分资料支离分散。因此需要在各种类型的史籍中爬梳拣选，有的还需要在少数民族地区调查搜寻，有的则需要在少数民族生活过的地区进行考古发掘。此外，过去史书中不少是官方或汉族学者编撰的间接资料，需要认真的核对和甄别。

4. 用少数民族文字记载民族历史资料

用少数民族文字记载民族历史资料，是民族史学的一大特点。中国古代各少数民族中有的创制、使用过民族文字，形成了数量不等的民族文字文献。以本民族文字撰写本民族历史，多是第一手资料。如敦煌石室发现的藏文历史文书、黑水城发现的西夏王朝法典和社会文书，都是真实反映当时历史的珍贵史料。一些少数民族如蒙古族、维吾尔族、藏族等，在本民族历史的叙述中受佛教、伊斯兰教观念的影响，往往渗透了浓厚的宗教观念，这也是一种特色。

过去由于对少数民族文字史料缺乏重视，不少民族文字史书遗失，如用契丹文、女真文撰写的文献多未传世。存世的少数民族文字史料需要翻译、注释，特别是有些死文字的解读需要漫长时日，利用这些资料困难重重。近代史学家对民族文字史料越来越重视，特别是中华人民共和国成立后，民族文字史料的整理、译释和利用有了长足的进展，取得了丰硕的成果。但大量民族文字史料的解读和利用还需要史学家做出更多的努力。

四　民族史观的演变和撰述方式的改变

历代民族史观、民族史研究及撰述的方式，是研究民族史发展的重要问题。

1. 民族史观的演变及影响

中国古代的民族史观包括天下观、华夷观、一统观、正统观等，是中国古代民族史编纂的观念基础。

春秋时期的华夷观得到确立，在此基础上形成的民族记述的四夷体系，在观念和体例上主导着民族史的编纂，这一体系直到晚清才受到冲击。

民族史记述的政治环境及记述者的政治倾向，决定了民族史记述方式，及对民族的认识，产生了不同的影响。民族史的编纂者有不同的主体类型，包括中原王朝、少数民族政权及周边的各少数民族。编纂主体的立场不同，其民族史观也各有差异。汉族为主体的王朝编纂民族史，意在突出华夏的地位，并总结制夷之道；而少数民族建立的王朝则对本民族历史进行美化处理，通过民族史撰述证明统治的合法性，或对不利于自身统治的历史撰著进行篡改或销毁。如清代禁毁书中就有很多民族史著作，《四库全书》修纂过程中对民族史著作进行删改。另外，清代出于维护统治民族的考虑，禁止私自编纂民族史。历代王朝基于政治原因记述民族史，民族史以多种形式表现出来。有的史家在史书分类中，把民族政权的历史称为伪史、别史、杂史、秽史、霸史等。

汉籍民族史多为中原王朝所记述，受经学思想的影响，体现了大一统、华夷一体、天下一家思想，同时也有华夷之辨。少数民族对本民族或以本民族为主体建立政权的记述，注重本民族的历史传承，宣扬民族英雄，也借鉴了中原史学的因素，往往还将本民族的先祖与中原地区的帝王贵胄挂钩，以抬高本民族的地位，反映出中国民族史观的多样性特征。

近代的自强保种、排满革命等观念同样影响到民族史的研究与编纂，而民国时期"中华民族"的建构贯穿于民族史撰述之中。中华人民共和国成立以后，马克思主义民族理论对民族史研究产生了重要的影响，决定了民族史研究的重点问题。

2. 中国民族史的撰述方式

商代文献中开始把周边族群与四方对应起来，以突出商的中心位置。西周时期，中原诸侯形成了诸夏意识，至春秋时期，对华夏的认同感进一步增强，同时在以华夏为主体的历史记述中开始以夷、蛮、戎、狄泛称周边民族。战国时期，在"中国""四夷"及"五方之民"等观念的基础上，夷、蛮、戎、狄开始与四方相配，并形成了对四夷体系化、类型化的记述模式。这为历代修史者所传承，影响了历代正史以及其他体例史籍对民族历史的记述。历代正史中的民族史撰述有共通性，如正史中民族列传附于全书之末，表明其在中央王朝政治秩序中的边缘地位。

民族史撰述形式多样化，有官修、私修之分，有正史、野史、杂史之别，有专门的民族史著述，还有游记、笔记一类的民族记述，以及地理志、地方志等典籍。某一类型史书的民族史撰述方式具有一定的传承的脉络，不同类型的史籍之间也有某种同构的关系。民族史撰述也在发展中形成了不同形式的撰述典范，并被后世不断传承、发展。

此外，还有图册类典籍，如南朝梁元帝绘《职贡图》、唐阎立本绘《王会图》、明王圻父子编绘《三才图会·人物》、乾隆上谕绘《皇清职贡图》及地方官员绘制的各种苗图等，以图像与文字结合的方式记述了各民族的形象，各民族的分布、风俗习惯情况，是宝贵的文献资料，也体现了民族史形式的多样性。在民族史籍的撰述中，第一手的民族史资料在撰入正史或其他史书中有一个加工的过程，修史者会根据自身的政治观念、需要对史料进行裁剪，这个过程反映出很多问题。民族史的基础资料在不同时代有一个传抄脉络，不同体例的民族史对材料的采择也有一定的规律，如《史记》《汉书》所确立的民族列传，直至 2000 年后的《清史稿》仍被遵循。其他体例史书之间的编撰也有渊源关系，促使了民族史学的传统的形成。纪传体王朝史基本上以"四夷"部分来记述各民族历史，成为固定的体例。民族史的原始材料在传抄中也会发生变异。

历代少数民族运用民族文字进行的民族史撰述更具特色，蒙古族、藏族、彝族、傣族等都形成了本民族的史学传统。[①] 少数民族历史叙述一般经历了由口头史诗的形式流传，再到文字记录的发展过程。历史记述的文学性较强，并与传说、神话相结合，如蒙古族的早期历史文本应该是说唱结合的形式。以民族首领的世系为中心编纂本民族史，也是各少数民族史学的基本特征。

晚清民国时期，出版业的发达对民族观念的传播与民族史的撰述产生了重要的影响。民国时期，先后出版了十余种《中国民族史》，还有多部"中华民族史"出版。20 世纪 50—70 年代民族识别工作完成之后，开始了大规模的族别史编纂，出现了多种形式的民族史，并运用多种方法对民族史进行研究。

五　中国民族史记述中的相关概念

在中国民族史的研究与撰述中，很多概念因时代不同而有所变化，如"中国""民族""外国"等。这些概念对中国民族史学的考察具有重要影响，需要对其内涵演变予以说明。

1."中国"

"中国"作为一个历史叙述单元，具有一个形成、发展过程，这在民族史的叙述中尤为重要。"中国"概念的发展与民族的发展密切相关。

"中国"是一个发展的概念，不同的历史时期所指疆域不同。先秦时期，"中国"与"四夷"往往相对提出，而后"中国"的范围不断扩大，"四夷"逐渐被边缘化，一般以文化或地理的角度来区分二者。晚清，"中国"逐渐成为清朝治下领土的称呼，在外交文件中开始正式出现。史学界开始以"中国"为单位撰述历史，《中国史叙论》等著作先后出现。从内容上看，中国

---

① 参见史金波《中国少数民族文字文献的史料价值》，载中国社会科学院民族研究所编《中国民族史研究》，中国社会科学出版社 1987 年版。

包括了清朝领土内的所有民族。民国时期出版的十余种《中国民族史》，都在新的国家观及中国范围下看待民族问题。

民国时期即有学者对"中国"一词的含义予以考证，如叶梦雨撰《中国称号通考》(《中华月报》1944年第8卷第3期)。20世纪80年代，这一问题再次引起学术界的关注，出现了一系列论文，探讨"中国"的内涵及演变，以及古代中国疆域与民族问题。[①] 近年来，"中国"内涵问题的讨论再度成为学术界的热点，学术探讨的角度与观点更加多元，涉及"中国"观念的演变、古代中国国家结构及疆域、近现代民族国家建构等问题，这些探讨都不同程度地涉及民族史的理论问题。[②]

在当代的国际法体系下，"中国"是指中华人民共和国，作为一个主权国家，其疆域基本确定，境内包括56个民族。本书以中华人民共和国的疆域为基准追溯各历史时期民族史学的发展。在考察古代民族史撰述时，"我们既不能以古人的'中国'为历史上的'中国'，也不能拿今天的中国范围来限定我们历史上的中国范围。我们应该采用整个历史时期，整个几千年来历史发展所自然形成的中国为历史上的中国"[③]。这样，中国古代民族史记述中的民族也并不局限于当前中国疆域之内。因此，在古代朝贡体系中，与中央王朝形成朝贡关系的域外民族和国家也应是民族史学史考察的对象。

2. "民族"

"民族"在古代典籍中作为一个词而出现，但与现代"民族"概念含义

[①] 参见于省吾《释中国》(《中华学术论文集》，中华书局1981年版)，顾颉刚、王树民《"夏"和"中国"——祖国古代的称号》(《中国历史地理论丛》，陕西人民出版社1981年版)，葛方文《中国名称考》(《华东师大学报》1981年第6期)，于溽春《"中国"一词的由来、演变及其与民族的关系》(《内蒙古社会科学》1986年第2期) 等。一些学者也考察了中国疆域的演变与民族问题，以现代中国为单元研究历史上的民族，如陈连开的《论中国历史上的疆域和民族》(《中央民族学院学报》1981年第4期)，周伟洲的《历史上的中国及其疆域、民族问题》(《云南社会科学》1989年第2期) 等。

[②] 参见葛兆光《重建关于"中国"的历史论述——从民族国家中拯救历史，还是在历史中理解民族国家?》(香港《二十一世纪》2005年8月)，郭成康《清朝皇帝的中国观》(《清史研究》2005年第4期)，杨建新《"中国"一词和中国疆域形成再探讨》(《中国边疆史地研究》2006年第2期)，李大龙《"中国"与"天下"的重合：古代中国疆域形成的历史轨迹》(《中国边疆史地研究》2007年第3期)，赵永春《从复数"中国"到单数"中国"——中国历史疆域理论研究》(黑龙江教育出版社2014年版) 等。

[③] 谭其骧：《历史上的中国和中国历代疆域》，《中国边疆史地研究》1991年第1期。

不同，现代的"民族"概念在近代被译介到国内后①，其内涵就面临着各种争议，并随着时代发展而不断变化。

今天在叙述古代民族史时会涉及一个概念对应问题。在古代民族史学中有专门的表述方法，如先秦时期以华夏为主体来记述蛮、夷、戎、狄的情况，在对民族的记述方面，掌握了文字记录的华夏占主导方面，民族更多地表现为华夷之别，以"中国"与"四夷"相对应。关于民族记述的单元，在历代典籍中先后采用了"服""方""夷""国""部""域""种""族""番""虏"等文字，而在中央王朝的历史记述中，相对于民族自称"中国""上国""国朝""皇朝""天朝"等。先秦时期的观念，以华夏为本位表述了对不同人群的认识，如"非我族类，其心必异"，"我诸戎饮食衣服不与华同，贽币不通，言语不达"，"故诸夏之国同服同仪，蛮夷戎狄之国同服不同制"，这在整体上呈现出单向的民族认知模式，也决定了古代民族史的撰述方式。这些表述都难以与近代以来的"民族"概念完全对应，我们在民族史学史的叙述中，应按照史籍原来的记述模式来研究，而不是用现代民族观念来割裂这些表述。

中国古代民族史记述的主体既有中央王朝，也有各民族建立的王朝，中央王朝的民族史记述占主要方面。受中央王朝民族管理体制的影响，历代在民族地区设置了属国、羁縻府州、土司、藩部等，这些行政设置单位都对民族记述有直接影响。相应地，正史中少数民族列传也名为"四夷""边防""四裔""边裔""外国""外臣""外藩"等，这些记述单元及记述体例因时代发展而有所变化，如《四夷传》《蛮貊传》《西域传》《外国传》《异域传》等。若以"四夷"来记述，可能因地理远近而有层次上的区别，有内外之分，但要明确的是"外国""外臣""外藩"不是今天的外国概念，在考察民族史编纂时，应介绍相关民族史著作的原貌，不能简单以今天民族、国家理论对古代民族记述的内容进行割裂。

---

① 近代民族观的引入，有学者从"族类"一词来看到民族问题，认为"族类"与"民族"多为血缘关系的宗族，与先秦的人群区分意识并不能完全对应，当时从华夏的角度看待不同的人群，对不同人群划分的几个标准，包括政治、地理、礼俗、血缘等因素。原来有的专家认为"民族"一词，在中国古代典籍中未出现。参见韩锦春、李毅夫《汉文"民族"一词的出现及其初期使用情况》(《民族研究》1984年第2期)；后邸永君认为，《南齐书》中的"民族"与当前我们经常应用的民族的含义几乎相同，南北朝时期在区别不同民族时，已运用以文化本位为基础的"华夷之辨"的认同标准，证明了"民族"一词是中国古文献中固有的词。见邸永君《"民族"一词见于〈南齐书〉》(《民族研究》2004年第3期)。

3. "外国"

中国古代，"外国"的内涵也有一个发展过程，在历代民族历史记述中，既强调"天下一家"，也区分"内外之别"，二者互相矛盾，同时也互相补充。

历代史籍常称民族地区为"边鄙""徼外""边外""塞外""化外""海外"等，虽宣扬华夷之分，但华夷往往是杂居状态，不断变化，有交往，有融合，有迁徙，华夷之分逐渐向地域之分发展，也就是产生了内外之分，中国与四夷并立的观念逐渐形成。关于夷夏的内外问题，从中央的角度来看，由一个中心向边缘逐渐延展的过程，孔子云："裔不谋夏，夷不乱华。"（《左传·定公十年》）①"内其国而外诸夏，内诸夏而外夷狄。"（《春秋公羊传·成公十五年》）②周王室是诸夏的中心，诸夏对夷狄而言是内，对王室而言又是外。中国古代关于天下秩序具有两个思想传统，一方面是天下一统，不分内外，如"四海之内皆兄弟也"（《论语·颜渊》）③，"四海之内若一家，故近者不隐其能，远者不疾其劳，无幽闲隐僻之国，莫不趋使而安乐之"（《荀子·王制》）④，"今天下为一，万里同风，故《春秋》'王者无外'"（《汉书·终军传》）⑤。另一方面是区分内外，尤其从地理环境来论证内外之分的必然性，如"隔以山谷，雍以沙幕，天地所以绝外内也"（《汉书·匈奴传下》）⑥，"天设山河，秦筑长城，汉起塞垣，所以别内外，异殊俗也"（《后汉书·乌桓鲜卑列传》）⑦，"雁海龙堆，天所以绝夷夏也；炎方朔漠，地所以限内外也"（《周书·异域上》）⑧。

中国古代的内外之别往往是指文化、地域或制度上的，也有基于政权的角度分内外的，如《资治通鉴·唐纪三十八》载："安有中国储君向外国可汗拜舞乎！"⑨《明史·朝鲜传》载："朝鲜在明虽称属国，而无异域内。"⑩

---

① （战国）左丘明撰，（西晋）杜预集解：《左传（春秋经传集解）》，上海古籍出版社1997年版，第1675页。
② 刘尚慈译注：《春秋公羊传译注》，中华书局2010年版，第417页。
③ 金良年：《论语译注》，上海古籍出版社2004年版，第134页。
④ （清）王先谦撰，沈啸寰、王星贤点校：《荀子集解》，中华书局1988年版，第161页。
⑤ 《汉书》卷六十四下《终军传》，中华书局1962年版，第2818页。
⑥ 《汉书》卷九十四下《匈奴传下》，中华书局1962年版，第3834页。
⑦ 《后汉书》卷九十《乌桓鲜卑列传》，中华书局1965年版，第2992页。
⑧ 《周书》卷四十九《异域上》，中华书局1971年版，第883页。
⑨ 《资治通鉴》卷二百二十二，肃宗宝应元年，中华书局1956年版，第7133页。
⑩ 《明史》卷三百二十《外国一》，中华书局1974年版，第8307页。

《明史·外国》载:"柯枝国远在西南,距海之滨,出诸蕃国之外,慕中华而歆德化久矣。"[①]

古代中外及内外观念在发展过程中逐渐有了层次上的区分。如清代对民族地区建立了藩属管理体制,清朝的外藩有内属和外属的区别,内属是指在中国疆域之内的边疆民族,如蒙古、西藏、回部等,清朝与这些外藩是中央与地方关系,这些外藩受清王朝的管辖。外属一般又称藩属国,如朝鲜、琉球、苏禄、安南、缅甸、南掌、浩罕、巴达克山等。[②] 直至晚清宗藩体系受到了前所未有的冲击,朝野上下开始接受了新的世界秩序,逐渐形成了明确的国界意识。

在民族史学的考察中,有学者不考虑古代修史者的观念、史书的体例,按现在的中国疆域对古代史籍有关民族的记载进行切割,把同一部史书同时记载的民族,在目前边境内作为中国民族,在边境外则作为外国民族,这一做法是不客观的。本书在考察古代民族史著作时,以其所处时代的民族史观及撰述体例来进行评析,尽量保持著作的原貌。

六 中国民族史学史的研究现状

中国史学史的研究从民国时期就开始了,但民国时期的学者对民族史学史还没有太多关注,只在某些史学史著作中稍有提及。对中国民族史学史的研究从20世纪80年代才开始发展起来,白寿彝等史学大家开始关注中国民族史学史的研究,并进行了初步的探索,形成了基础性的研究成果,对中国民族史学史的研究具有开拓意义。

1985年3月5日,在第一次全国史学史座谈会上的讲话中,白寿彝先生就提出了加强多民族史学研究的问题。他说:"就中国史学讲,现在中国史学史的研究实际上还逗留在汉族史学史的研究阶段。有的书里,也讲了《契丹国志》《蒙古秘史》,那太有限了,中国的五十几个民族,不能说每个民族都有它长久的史学,但有不少的民族确实是在这方面有很多积累,像蒙古族、维吾尔族、藏族、壮族、白族,历史储藏很富,研究还很不够,现在还刚开始。"[③] 1987年,白寿彝发表《民族史工作的历史传统》(《史学史研

---

① 《明史》卷三百二十六《外国七》,中华书局1974年版,第8442页。
② 参见张永江《清代藩部研究——以政治变迁为中心》,黑龙江教育出版社2001年版。
③ 白寿彝:《座谈会上的开场白》,《史学史研究》1985年第2期。

究》1987年第1期)一文,对民族史学的发展进行了理论总结。

早在20世纪90年代开始,民族史学界就对中华人民共和国成立后的中国民族史学的发展进行了总结,其中有杜荣坤、华祖根的《新中国民族史学的回顾与展望》(《民族研究》1984年第6期),林幹的《建国三十五年来古代北方民族史研究的回顾与展望》(《北方文物》1985年第3期),史金波的《中国民族史研究四十年的重要贡献》(《云南社会科学》1990年第2期),并提出了"民族史观"的概念①,此后一些专家进一步诠释"民族史观"②。还有陈连开的《中国民族史研究的基本特点和发展三阶段》(《西北民族研究》1993年第2期),罗贤佑的《中国民族史研究二十年》(《民族研究》1998年第5期),李珍的《近五十年来的中国民族史学研究》(《北京师范大学学报》2000年第1期),方素梅的《最近十余年的中国民族史研究》(《民族研究》2005年第2期),潘先林的《20世纪50年代以来中国近代民族史研究述要》(《学术探索》2007年第4期),汪受宽、屈直敏的《建立全民族的中国史学史》[《兰州大学学报》(社会科学版)2007年第1期],屈直敏的《近百年来中国少数民族史学理论研究》[《西北第二民族学院学报》(哲学社会科学版)2008年第3期],达力扎布主编《中国民族史研究60年》(中央民族大学出版社2010年版),史金波的《中国民族史学史刍议》(《云南社会科学》2014年第6期),史金波、关志国的《中国近现代民族史学史刍议》(《云南社会科学》2016年第1期),管彦波的《百余年来中国民族史学的发展及当代走向》(《青海民族研究》2016年第3期)等。

关于民族史学史的研究专著有陈育宁等著《中华民族凝聚力的历史探索——民族史学理论问题研究》(云南人民出版社1994年版)、陈育宁著《民族史学概论》(宁夏人民出版社2001年版)、施芳与李艳峰著《中国民族史史学研究述论》(云南大学出版社2013年版)。王明珂对典范的民族史研究进行了反思,对民族史学中的基本问题进行了研究,他的《华夏边缘:历史记忆与族群认同》(社会科学文献出版社2006年版)、《英雄祖先与弟兄民族:根基历史的文本与情境》(中华书局2009年版)两书对近代以来中国民族史的理论与方法进行了反思。特别是近期出版了陈育宁主编的《中国

---

① 史金波:《中国民族史研究四十年的重要贡献》,《云南社会科学》1990年第2期。
② 李珍:《中国古代民族史观的几个特点》,《史学史研究》2012年第3期;崔明德、马晓丽、曹鲁超:《中国民族思想的学科建设与创新》,齐鲁书社2007年版。

民族史学理论新探索》（中国社会科学出版社 2015 年版）一书，全面、系统地探讨了中国民族史诸多领域的重要理论问题，深化了民族史学的理论研究，对中国民族史学史的研究具有重要参考价值。

  中国古代很多民族创制了文字，并用来记述本民族的历史，形成了本民族的史学传统，正如白寿彝说："史学史的工作，是很艰巨的科学工作。单就中国史学史来说，汉文史书浩如烟海，整理出来一条发展的线索，已经很不容易。国内的兄弟民族，如蒙古族、维吾尔族、藏族、傣族、白族等，也都有他们的史学，现在我们知道得还很少。把中国史学史写成一部多民族的中国史学史，需要一个长期的过程。不写兄弟民族的史学史，中国史学史就不算完整。"[①] 关于少数民族的史学传统，学术界也有了深入的研究，并形成了一批成果，如留金锁著《13—17 世纪蒙古历史编纂学》（内蒙古人民出版社 1979 年版），孙林著《藏族史学发展史纲要》（中国藏学出版社 2006 年版），乌兰著《卫拉特蒙古文献及史学——以托忒文历史文献研究为中心》（社会科学文献出版社 2012 年版），张纯德、朱琚元、白兴发著《彝文古籍与西南边疆历史》（社会科学文献出版社 2013 年版）等。

  中国民族史学史在中国史学史中具有重要的地位，开始为学术界所重视，已经形成了一些学术成果，这些成果为本书的完成提供了必要的基础。

[①] 白寿彝：《中国史学史》第 1 册，上海人民出版社 1986 年版，第 178 页。

第 一 章

先秦时期民族史学的萌芽

汉字的发明与普遍使用是史学产生的基本前提，在汉字产生之前，各民族历史口耳相传，在汉字产生之后，又对这些口耳相传的历史予以追述。先秦时期，所见的民族先民情况都是由汉字记述的，即便是少数民族自身的民族认同观念，也是修史者站在华夏的立场上转述的。而使用汉字的人群对不同人群的区别观念决定了记载其他民族的方式，华夏或中央王朝对其他族群历史的记述是民族史学的主导方面。在先秦时期，关于各族群的中心与边缘、文明与野蛮等区分基本形成，并在这一整体框架下来叙述民族史。先秦时期形成的民族观念及民族史记述方式成为清末以前中国古代民族史记述的基本框架。

第一节 先秦时期的夷夏之辨

一 先秦时期的夷与夏

夏、商、周三代，生活在中原地区的人群逐渐形成了稳定的华夏共同体，他们以农业为主的生产方式，确立了中央化的政治组织，并不断向周边地区扩展，不断融合其他人群，在此基础上，"华夏"意识也逐渐形成。

周人的祖先后稷原为夏部落联盟的一员，商灭夏后，周人窜入戎狄之间，但周人以夏自称，克商后，封建武王兄弟之国及姬姓之国有数十个，这些封国遍及中央平原地区，它们有共同意识，自称"有夏""区夏"，如《尚书·康诰》云："惟乃丕显考文王……用肇造我区夏，越我一二邦以修。"[1]《尚书·

---

[1] （汉）孔安国传，（唐）孔颖达正义，黄怀信整理：《尚书正义》，上海古籍出版社2007年版，第532页。

君奭》云："惟文王尚克修和我有夏。"①《尚书·立政》云："……帝钦罚之，乃伻我有夏，式商受命，奄甸万姓。"② 可以说，西周国家是一个由不同成分构成的综合体，它不仅仅包含了周，同时还接纳了有着不同种族背景和文化传统的人群。在周人看来，未纳入分封体系、不尊周人礼仪的人群都可能是异类，相对周边族群，诸夏共同体意识逐渐形成并不断强化。

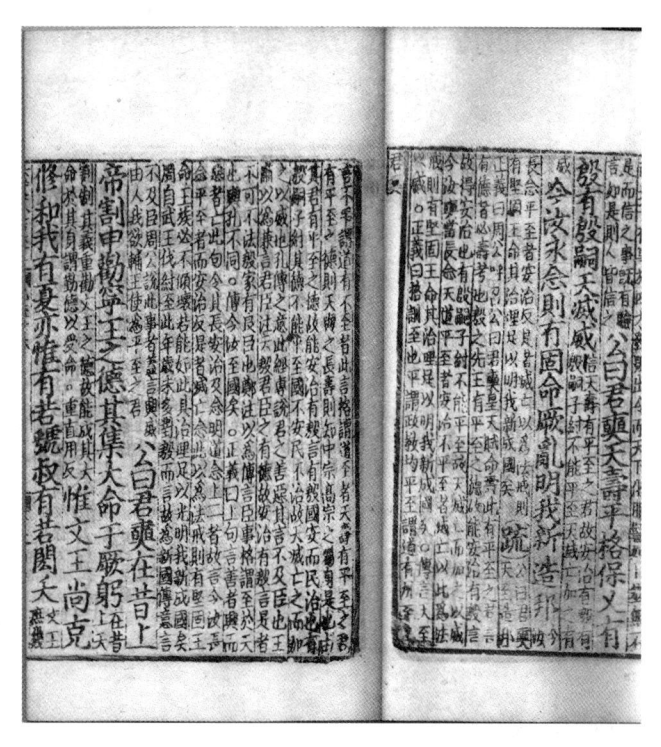

图1-1 《附释尚书注疏》 元刻明修本

西周时施行分封制，周王室及诸侯国不断扩展其统治区域，加强了与周边民族的联系。周人自认为是夏的后裔，春秋时期，各诸侯有意识地追溯共同的祖先，在文化与种族上加强了与周边人群的区别，基于共同的文化或经济形态，认为各封国区域之外的都是蛮、夷、戎、狄等人群。春秋前期，诸夏与蛮、夷、戎、狄是交错杂居的，并没有截然分开。

---

① （汉）孔安国传，（唐）孔颖达正义，黄怀信整理：《尚书正义》，上海古籍出版社2007年版，第651页。

② 同上书，第688页。

春秋时期，各诸侯国逐渐形成了诸夏共同体意识，文献中出现了"华""夏""诸华""诸夏""华夏"等词语，诸夏在应对戎狄的侵袭时结成稳定的联盟。虽然周初至春秋由周王所分封的诸侯国的来源并不完全相同，但都逐渐认同了夏、商、周而来的文化传统，尊崇宗周的诗书、礼乐，强调华夷之别，极端的观点甚至认为华夷之别是人禽之别。

春秋时期，中原地区一度是华夷杂居的状态，随着周王室控制力的衰弱，一些诸侯国开始通过战争扩展自己的疆域，并提出了"尊王攘夷"的口号，华夏的集体认同意识不断强化，华夏与周边族群战争频仍，这些少数族群或被同化，或被驱逐到边远之地，同时，华夏的认同需要一些"敌对的他者"来强化其边缘。[①] 华夷的地域之分逐渐清晰起来，华夏势力也逐渐向周围延伸，四夷在空间上逐渐被边缘化，在此基础上，当时的华夏诸侯开始有意识地建构记述民族历史的理论体系。

春秋时期，北方的戎狄逐渐强盛，不断对诸夏进行袭扰，一度形成诸夏"不绝如线"的危险局面，而诸夏之人恪守夷夏之别，力图维护西周的华夷秩序。孔子云："裔不谋夏，夷不乱华。"（《左传·定公十年》）[②] 孔子曾经盛赞齐国管仲的功业，"管仲相桓公，霸诸侯，一匡天下，民到于今受其赐。微管仲，吾其被发左衽矣"（《论语·宪问》）[③]。认为管仲辅佐齐桓公成就霸业，对于诸夏来说有攘夷之功，如果没有管仲，恐怕要沦为落后族群了。战国时期，中原基本上形成了同质的华夏，在面积和实力上相对于四夷取得了绝对的优势，大体上确立了古代民族分布的基本格局，而后"用夷变夏"成为主导思想，孟子云："吾闻用夏变夷者，未闻变于夷也。"（《孟子·滕文公上》）[④]

相对于华夏，蛮、夷、戎、狄的社会形态相对简单，没有形成类似于华夏的中央化、阶层化的政治结构。华夏对蛮、夷、戎、狄的负面评论也多指其"无君"状态，尤其是西、北方的戎、狄从事畜牧业，与华夏以农业为主的经济形态有着明显区别。战国时期的思想家，以华夏文化的角度明确区分了"诸夏之国"与"蛮夷戎狄之国"，如荀子云："故诸夏之国同服同仪，

---

① 王明珂：《华夏边缘》（增订本），浙江人民出版社2013年版，第168页。
② （战国）左丘明撰，（西晋）杜预集解：《左传（春秋经传集解）》，上海古籍出版社1997年版，第1675页。
③ 金良年：《论语译注》，上海古籍出版社2004年版，第168页。
④ 杨伯峻编著：《孟子译注》，中华书局1960年版，第125页。

蛮、夷、戎、狄之国同服不同制。"(《荀子·正论》)①

先秦诸子对不同人群进行客观的认识，如荀子云："于、越、夷、貉之子，生而同声，长而异俗，教使之然也。"(《荀子·劝学》)② 还说："越人安越，楚人安楚，君子安雅。"(《荀子·荣辱》)③ "居楚而楚，居越而越，居夏而夏，是非天性也，积靡使然也。"(《荀子·儒效》)④

先秦时期，区分华夷的标准是文化和族类，但文化是主要方面。⑤ 秦穆公时，戎王派由余出使秦国，与秦国大臣讨论政事，双方言论一定意义上表明了各自的文化认同。

> （秦穆公）问曰："中国以诗书礼乐法度为政，然尚时乱，今戎夷无此，何以为治，不亦难乎？"由余笑曰："此乃中国所以乱也。夫自上圣黄帝作为礼乐法度，身以先之，仅以小治。及其后世，日以骄淫。阻法度之威，以责督于下，下罢极则以仁义怨望于上，上下交争怨而相篡弑，至于灭宗，皆以此类也。夫戎夷不然。上含淳德以遇其下，下怀忠信以事其上，一国之政犹一身之治，不知所以治，此真圣人之治也。"⑥

借由余之口，概述了戎族对华夏的礼乐、法度的态度，表明了彼此在文化上的认同感。

春秋晚期，吴王寿梦与鲁成公会于钟离，"深问周公礼乐，成公悉为陈前王之礼乐，因为咏歌三代之风。寿梦曰：'孤在夷蛮，徒以椎髻为俗，岂有斯之服哉！'因叹而去，曰：'於乎哉，礼也！'"(《吴越春秋·吴王寿梦传》)⑦ 这表现了吴国习俗与中原礼乐文化的差别。

二 《春秋公羊传》的夷夏之辨

战国时期，在对编年体史书《春秋》的注释中形成了不同的学派，这些学派都是各有学术传承的学术群体。其中，战国晚期形成的公羊学派注重研

---

① （清）王先谦撰，沈啸寰、王星贤点校：《荀子集解》，中华书局1988年版，第329页。
② 同上书，第2页。
③ 同上书，第62页。
④ 同上书，第144页。
⑤ 参见周庆智《试析先秦"大一统"民族观》，《云南社会科学》1992年第5期。
⑥ 《史记》卷五《秦本纪》，中华书局1959年版，第192—193页。
⑦ 张觉校注：《吴越春秋校注》，岳麓书社2006年版，第17页。

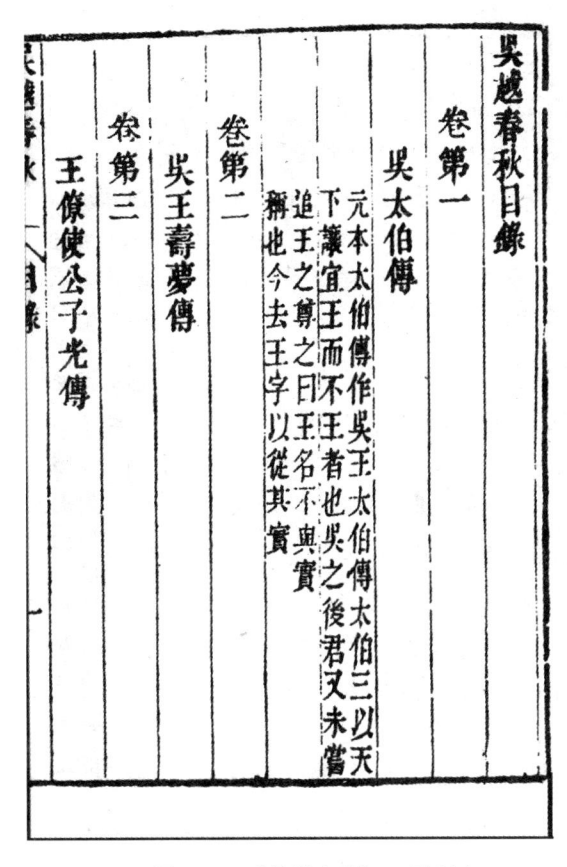

图 1-2 《吴越春秋》 元刻本

究《春秋》撰述的"书法",力求发挥《春秋》中蕴含的微言大义。公羊学家以西周的礼制为标准,对《春秋》进行解释,从中发展出一套"大一统"及"夷夏之辨"的思想,形成了系统的《公羊传》。

春秋时期,诸夏与吴、越、楚、秦等国交往频繁,《春秋》在记述这些情况时,表现了明确的夷夏之别的色彩,《公羊传》以此强调夷夏的内外之别,如《春秋·成公十五年》载:"冬十有一月,叔孙侨如会晋士燮、齐高无咎、宋华元、卫孙林父、郑公子鰌、邾娄人会吴于钟离。"《公羊传》解释说:"曷为殊会吴?外吴也。曷为外也?《春秋》内其国而外诸夏,内诸夏而外夷狄。王者欲一乎天下，曷为以外内之辞言之？言自近者始也。"①

《春秋·僖公四年》载："楚屈完来盟于师，盟于召陵。"《公羊传》解释说："屈完者何？楚大夫也。何以不称使？尊屈完。曷为尊屈完？以当桓公也。其言盟于师、盟于召陵何？师在召陵也。师在召陵，则曷为再言盟？喜服楚也。何言乎喜服楚？楚有王者则后服，无王者则先叛，夷狄也，而亟病中国。南夷与北狄交，中国不绝若线。桓公救中国而攘夷狄，卒怗荆，以此为王者之事也。其言来何？与桓为主也。前此者有事矣，后此者有事矣，则曷为独于此焉与桓公为主，序绩也。"② 公羊学家认为齐桓公"救中国而攘夷狄"，使作为夷狄的楚国屈服，维护了华夷秩序，是真正的"王者"。

《公羊传》关于夷夏地位问题的立场是"内诸夏而外夷狄"，因而注重褒扬维护"中国"，贬斥四夷对"中国"的侵扰。认为这体现在春秋笔法上，就是"不与夷狄之获中国""不与夷狄之执中国""不与夷狄之主中国"，所以《春秋》对夷狄获胜事例的记载尽量简略，或通过隐去其名字的方式来记录。例如《春秋·庄公十年》载："秋，九月，荆败蔡师于莘，以蔡侯献舞归。"《公羊传》解释说："荆者何？州名也。州不若国，国不若氏，氏不若人，人不若名，名不若字，字不若子。蔡侯献舞何以名？绝。曷为绝之？获也。曷为不言其获？不与夷狄之获中国也。"③《春秋·僖公二十一年》载："秋，宋公、楚子、陈侯、蔡侯、郑伯、许男、曹伯会于霍，执宋公以伐宋。"《公羊传》解释说："孰执之？楚子执之。曷为不言楚子执之？不与夷狄之执中国也。"④《春秋·哀公十三年》载："公会晋侯及吴子于黄池。"《公羊传》解释说："吴何以称子？吴主会也。吴主会则曷为先言晋侯？不与夷狄之主中国也。其言及吴子何？会两伯之辞也。不与夷狄之主中国，则曷为以会两伯之辞言之？重吴也。曷为重吴？吴在是，则天下诸侯莫敢不至也。"⑤

公羊学家们认为华夷之别是诸侯共同遵守的政治原则，不许夷狄"执中国""获中国""主中国"，公羊学不是从血缘、地域、种族上区分华夷，而

---

① 刘尚慈译注：《春秋公羊传译注》，中华书局2010年版，第417页。
② 同上书，第203页。
③ 同上书，第130页。
④ 同上书，第241页。
⑤ 同上书，第647页。

是以中原的礼义文化为标准,通过这种区分,用中原先进的礼义文化去同化周边落后的民族。

《穀梁传》对《春秋》的理解与《公羊传》有所不同,但总体来看,在对民族历史的认识上也反映了"内夏外夷""尊王攘夷""用夏变夷"等观念。

第二节　四夷记述体系化的雏形

从传世及出土的文献来看,商人关于周边各族群的记述就已经与地理方位联系起来。商人称周边民族政权为"方",商人的记述中有"多方",包括土方、羌方、鬼方、人方、井方等①,这些"方"是相对于"中商""中土"而言的。在商甲骨卜辞中还出现了"四方""四土""四单"等词②,与中央的大邑商相对应,这大致构成了五方的轮廓,成为商人观念中的政治空间结构。商的政治中心地位通过"方"或"多方"来突出、体现,商的"王族祖先"通过异族世系来进行对比、衬托,"方与四方明确了商之政治、宗教中心性,把'中心'和'异类''外部''边缘'区分开"③。周人继承了商的宇宙观,强化了中心对四方政治统御的观念。在先秦典籍所记载的以周王室为中心的五服制、九服制④中,蛮夷、戎狄也被安置在边缘的位置,对五服制较典型的记述如《国语·周语》云:"夫先王之制,邦内甸服,邦外侯服,诸卫宾服,蛮夷要服,戎狄荒服。甸服者祭,侯服者祀,宾服者享,要服者贡,荒服者王,日祭、月祀、时享、岁贡、终王,先王之训也。"⑤虽然周时现实的政治空间未必如此整齐,但可以确定的是,周人以周

---

① 孙淼:《夏商史稿》,文物出版社1987年版,第603—617页。

② 如《甲骨文合集》36975曰:"己巳王卜,贞……岁商受……王卜曰吉,东土受年? 南土受年? 吉。西土受年? 吉。北土受年? 吉。"《甲骨文合集》36976曰:"乙未卜,贞。今岁受年? 不受年? 南受年? 东受年?"

③ 参见王爱和《中国古代宇宙观与政治文化》,金蕾、徐峰译,第二章"四方与中心:晚商王族的宇宙观",上海古籍出版社2011年版,第91页;另见邢义田《从古代天下观看秦汉长城的象征意义》,载《天下一家:皇帝、官僚与社会》,中华书局2011年版,第86—94页。

④ 参见(汉)孔安国传,(唐)孔颖达正义,黄怀信整理:《尚书正义》,上海古籍出版社2007年版,第240—247页;(汉)郑玄注,(唐)贾公彦疏,彭林整理:《周礼注疏》卷三十九《职方氏》,上海古籍出版社2010年版,第1279页。

⑤ 徐元诰撰,王树民、沈长云点校:《国语集解》,中华书局2002年版,第6—7页。

王室为中心建构了一个以礼制为表现形式的等级化政治体系，而蛮、夷、戎、狄等异族则被置于这个体系的边缘。①

西周早期的青铜器何尊铭文中已出现"中国"一词，表明了西周统治上层明确的"中国"意识。春秋晚期，"中国"观念进一步发展，诸夏相对于

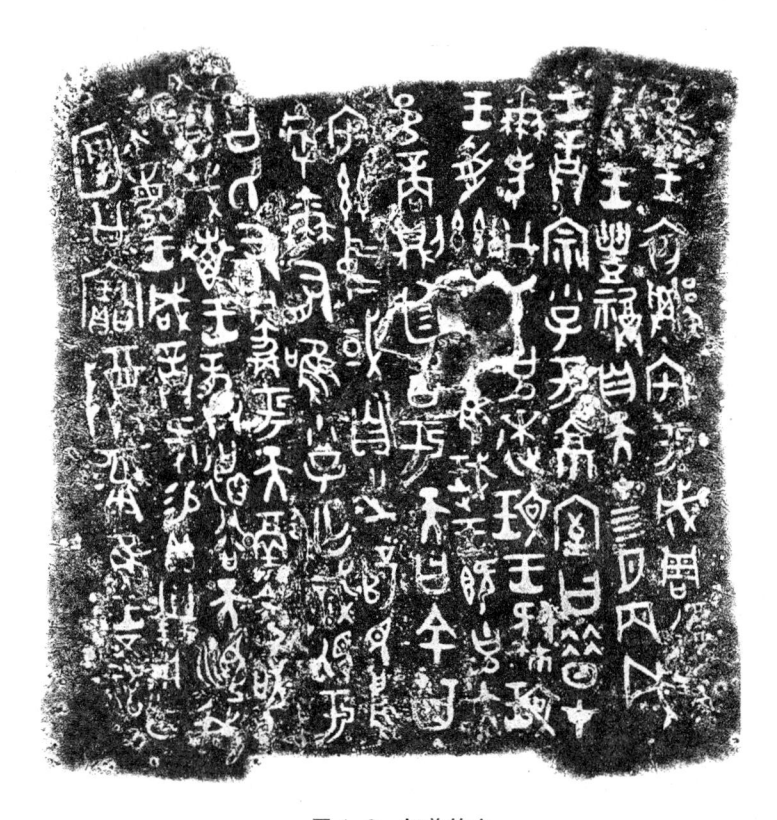

图1-3 何尊铭文

周边民族有了优越意识，四方与四夷逐渐相配。至战国时期，与"中国"相对的概念有"四方""四夷""四海""四极""四荒""四表"等，这些都是与周边民族有密切联系的概念。如《礼记·中庸》云："是以声名洋溢乎中国，施及蛮夷。"②《孟子·梁惠王上》云："欲辟土地，朝秦、楚，莅中

---

① 参见罗志田《先秦的五服制与古代的天下中国观》，载《学人》第10辑，江苏文艺出版社1996年版。

② （汉）郑玄注，（唐）孔颖达正义，吕友仁整理：《礼记正义》，上海古籍出版社2008年版，第2044页。

国，而抚四夷也。"① 文献中介绍各民族与中央王朝关系时多用"宾""服""献""奉""来朝""来宾""来王""来享"等文字，以突出中央王朝的崇高地位。

从战国至西汉，在商周时期宇宙观的基础上，关于中央与四方的政治观念进一步完善。在典籍的表述中，占据中央位置是正统地位的象征，如《吕氏春秋·慎势》云："古之王者，择天下之中而立国，择国之中而立宫，择宫之中而立庙。"② 相对于中央的是四方、四极、四荒、四海等，而这些边缘地带都是与民族相联系的，如《尔雅·释地》云："东至于泰远，西至于邠国，南至于濮铅，北至于祝栗，谓之四极；觚竹、北户、西王母、日下，谓之四荒；九夷、八狄、七戎、六蛮，谓之四海。"③

春秋时期，"中国"观念开始出现，"中国"是相对"四方""四夷""四土"而言的。《尚书·梓材》云："皇天既付中国民。"④《诗经·大雅·民劳》云："惠此中国，以绥四方。"⑤ 周王室具有"四土"意识，"四土"应包括各地区不同的民族。鲁昭公九年，周景王派詹桓伯对晋平公说："我自夏以后稷，魏、骀、芮、岐、毕，吾西土也。及武王克商，蒲姑、商奄，吾东土也。巴、濮、楚、邓，吾南土也。肃慎、燕、亳，吾北土也。"⑥（《左传·昭公九年》）

战国时期，"中国"观念进一步发展，居于中原的人群有较强的文化优越感，他们认为"中国"的文化是先进的，蛮夷应该向"中国"学习诗书、礼乐、技艺等，如《战国策·赵策》云："中国者，聪明睿智之所居也，万物财用之所聚也，贤圣之所教也，仁义之所施也，诗书礼乐之所用也，异敏技艺之试也，远方之所观赴也，蛮夷之所义行也。"⑦

战国时期的诸侯兼并愈演愈烈，中原地区的诸侯都有一统天下的政治抱

---

① 杨伯峻编著：《孟子译注》，中华书局1960年版，第16页。
② 许维遹撰，梁运华整理：《吕氏春秋集释》，中华书局2009年版，第460页。
③ （晋）郭璞注，（宋）邢昺疏，李传书整理：《尔雅注疏》，北京大学出版社1999年版，第198—199页。
④ （汉）孔安国传，（唐）孔颖达正义，黄怀信整理：《尚书正义》，上海古籍出版社2007年版，第567页。
⑤ 周振甫：《诗经译注》，中华书局2002年版，第443页。
⑥ （战国）左丘明撰，（西晋）杜预集解：《左传（春秋经传集解）》，上海古籍出版社1997年版，第1320页。
⑦ 张清常、王延栋：《战国策笺注》，南开大学出版社1993年版，第469页。

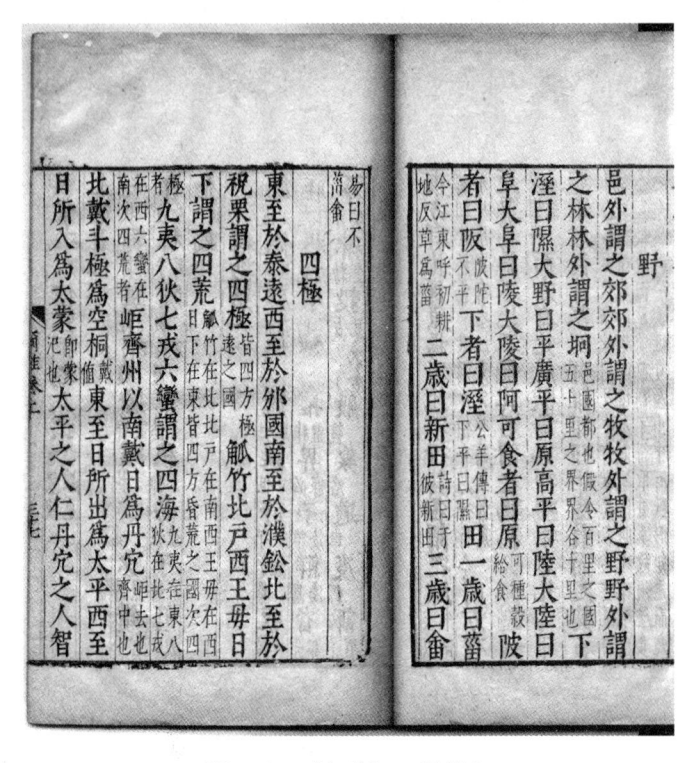

图1-4 《尔雅》 明刻本

负,能对四夷进行有效的统治,使四夷宾服,是当时各诸侯政治功业的象征。孟子又通过对舜及文王迁徙活动的叙述,来说明历史上中国与四夷的关系,孟子说:"舜生于诸冯,迁于负夏,卒于鸣条,东夷之人也。文王生于岐周,卒于毕郢,西夷之人也。地之相去也,千有余里,世之相后也,千有余岁,得志行乎中国,若合符节。先圣后圣,其揆一也。"① (《孟子·离娄下》)

战国时期,中原地区已不存在蛮、夷、戎、狄等民族,它们或被同化,或被驱逐,以中原地区为中心,"四夷"与"四方"相配的观念日趋固定化、体系化。关于周边民族的记述中,夷、蛮、戎、狄的称谓逐渐固定,并与东、南、西、北四个方位搭配起来,成为华夏共同体认识及记述周边族群的基本框架,在先秦典籍中,"中国"与"四夷"往往相提并论,这逐渐成为华夏进行各民族历史叙述的观念基础,如《墨子·节葬下》云:"昔者尧

---

① 杨伯峻编著:《孟子译注》,中华书局1960年版,第184页。

北教乎八狄……舜西教乎七戎……禹东教乎九夷。"① 《管子·小匡》云："东夷、西戎、南蛮、北狄、中国诸侯，莫不宾服。"② 在战国时期的观念中，中国、诸夏、蛮夷、禽兽、昆虫，是一个由高到低的等级序列，如《管子·小称》云："尝试往之中国、诸夏、蛮夷之国，以及禽兽昆虫，皆待此而为治乱。"③ 从"中国"与"四夷"相对应的角度记述各民族，以四夷分类来记述民族史的方式具备了雏形。

《礼记》中"五方之民"的概念及其描述，是对当时民族认知及记述的总结，具有一定的典范意义，成为后世史家关于民族历史记述的基本框架。《礼记·王制》云：

> 凡居民材，必因天地寒暖燥湿，广谷大川异制。民生其间者异俗，刚柔、轻重、迟速异齐，五味异和，器械异制，衣服异宜。修其教，不易其俗；齐其政，不易其宜。中国戎夷，五方之民，皆有性也，不可推移。东方曰夷，被发文身，有不火食者矣。南方曰蛮，雕题交趾，有不火食者矣。西方曰戎，被发衣皮，有不粒食者矣。北方曰狄，衣羽毛穴居，有不粒食者矣。中国、夷、蛮、戎、狄，皆有安居、和味、宜服、利用、备器。五方之民，言语不通，嗜欲不同。达其志、通其欲：东方曰寄，南方曰象，西方曰狄鞮，北方曰译。④

《王制》以"中国"的视角，对周边人群进行明确的分类，其标准涉及饮食、服饰、居处、语言等方面，并分析了造成这些差别的气候及地理方面的原因，这一民族记述方式及其所体现的思想观念，对后世的民族史撰述产生了深远的影响。

先秦典籍着力探讨一个理想的政治秩序，那就是以礼的原则按一定阶序安排各种政治群体，当然也包括"中国"周边的人群。《礼记·明堂位》记述了一个围绕明堂而举行的政治仪式，在天子、三公、诸侯、诸伯、诸子、诸男之后，是九夷、八蛮、六戎、五狄、九采，即"九夷之国，东门之外，

---

① （清）孙诒让撰，孙启治点校：《墨子间诂》，中华书局2001年版，第181—185页。
② 黎翔凤撰，梁运华整理：《管子校注》，中华书局2004年版，第425页。
③ 同上书，第605页。
④ （汉）郑玄注，（唐）孔颖达正义，吕友仁整理：《礼记正义》，上海古籍出版社2008年版，第537—538页。

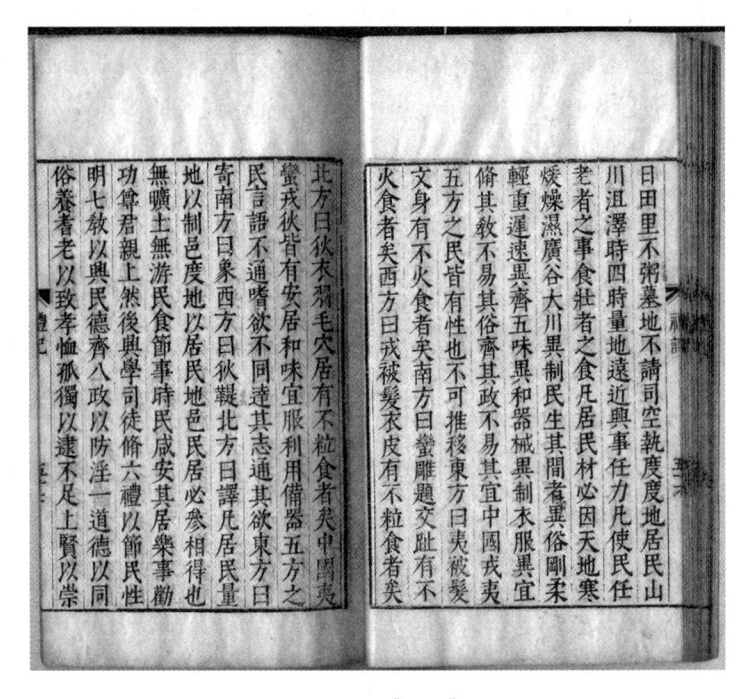

图 1-5 《礼记》

西面，北上。八蛮之国，南门之外，北面，东上。六戎之国，西门之外，东面，南上。五狄之国，北门之外，南面，东上"①。在这个秩序中，夷、蛮、戎、狄与东、南、西、北相配，可见，华夏基于自身的文化优越意识，通过对礼仪的描述表达了一个理想的、严密的政治等级体系，也更加明确了"四夷"在这一政治秩序中的边缘位置。②

---

① （汉）郑玄注，（唐）孔颖达正义，吕友仁整理：《礼记正义》，上海古籍出版社 2008 年版，第 1258—1259 页。

② 另见《逸周书·王会解》中的《四方献令》，根据地理方位记述了每一地区的民族及所贡方物："伊尹受命，于是为四方令，曰：臣请正东：符娄、仇州、伊虑、沤深、九夷、十蛮、越沤、剪发文身，请令以鱼支之鞞、乌鰂之酱、鲛瞂、利剑为献。正南：瓯邓、桂国、损子、产里、百濮、九菌，请令以珠玑、玳瑁、象齿、文犀、翠羽、菌鹤、短狗为献。正西：昆仑、狗国、鬼亲、枳己、闟耳、贯胸、雕题、离丘、漆齿，请令以丹青、白旄、纰罽、江历、龙角、神龟为献。正北：空同、大夏、莎车、姑他、旦略、貌胡、戎翟、匈奴、楼烦、月氏、孅犁、其龙、东胡，请令以橐驼、白玉、野马、駒騢、駃騠、良弓为献。"参见黄怀信、张懋镕、田旭东《逸周书汇校集注》，上海古籍出版社 1995 年版，第 970—983 页。

第三节 《尚书》《诗经》的民族记述

文字的发明和使用加强了文化交流，也促进了文化共同体形成。西周时王室设置了专门的史官，形成了完善的历史记述系统。春秋时期，诸侯都设有史官，记述自己的历史，在历史记述中加强了华夏的历史认同。

值得注意的是，西周史官在搜集史料时，也注意有关民族的资料，如"职方氏掌天下之图，以掌天下之地，辨其邦国、都鄙、四夷、八蛮、七闽、九貉、五戎、六狄之人民，与其财用、九谷、六畜之数要，周知其利害"（《周礼·职方氏》）①。这些关于民族的知识不断积累，并被记入史书之中。

《尚书》《诗经》是先秦早期的典籍，记述了夏、商、周等王朝的政治情况，也涉及了早期的民族情况，这些关于民族历史的记述可与出土的甲骨文与金文文献相印证。

《尚书》所收文件多是典、谟、训、诰、誓、命等文书，上起唐尧、下至秦穆公，是上古时期重要的政治文献。《尚书》记载了尧、舜、禹系统的历史，由记述的内容可见当时中央国家也是由不同人群构成的。如《尧典》云："克俊明德，以亲九族。九族既睦，平章百姓。百姓昭明，协和万邦。"这里的"万邦"应包括各种人群，这说明上古时代，中央国家逐渐确立了处理各种人群关系的基本原则。②

《尚书》记载了上古时代中央国家与周边民族的战争情况。《尚书·舜典》载："流共工于幽州，放驩兜于崇山，窜三苗于三危，殛鲧于羽山，四罪而天下咸服。"③ 这说明，随着中央国家的强大及扩张，其他人群被驱逐至边缘地带。④《尚书·牧誓》还记载参与克商的庸、蜀、羌、髳、微、卢、彭、濮等部族的情况。

---

① （汉）郑玄注，（唐）孔颖达正义，吕友仁整理：《礼记正义》，上海古籍出版社2008年版，第1271页。

② 参见安介生《中国古史的"万邦时代"——兼论先秦时期国家与民族发展的渊源与地理格局》，《复旦学报》（社会科学版）2003年第3期。

③ （汉）孔安国传，（唐）孔颖达正义，黄怀信整理：《尚书正义》，上海古籍出版社2007年版，第88—89页。

④ 另见《孔传》云："幽州，北裔；崇山，南裔；三危，西裔；羽山，东裔。"《左传·文公十八年》载："舜臣尧，宾于四门，流四凶族混沌、穷奇、梼杌、饕餮，投诸四裔，以御魑魅。"

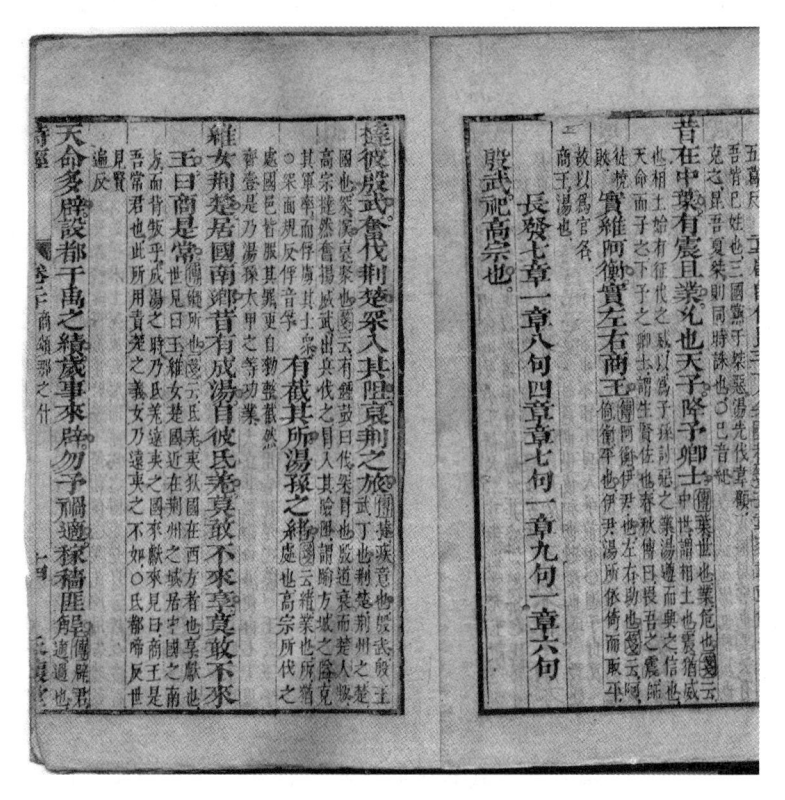

图 1-6 《尚书》 元刻明修本

《尚书·旅獒》载："惟克商,遂通道于九夷、八蛮。"① 《禹贡》载："冀州……岛夷皮服,夹石碣石,入于河……青州……莱夷作牧。……徐州……淮夷蠙珠暨鱼……梁州……和夷底绩……雍州……织皮、昆仑、析支、渠搜,西戎既叙。"② 《禹贡》记述了"九州"的情况,每一地区都生活着不同的族群。

《尚书》对周边民族的记述更多地以歌颂中央王朝的威仪为目的,记述内容多为征伐夷狄的武功,或四夷来宾的盛况。如"柔远能迩,惇德允元,而难任人,蛮夷率服"(《尚书·舜典》)③,"无怠无荒,四夷来王"(《尚

---

① (汉)孔安国传,(唐)孔颖达正义,黄怀信整理:《尚书正义》,上海古籍出版社 2007 年版,第 485 页。
② 同上书,第 191—225 页。
③ 同上书,第 96 页。

书·大禹谟》)①,"明王慎德,四夷咸宾"(《尚书·旅獒》)②,"四夷左衽,罔不咸赖"(《尚书·毕命》)③。

《诗经》为商、周王官搜集整理的诗集,其雅、颂部分很多篇章都有关于民族的记述。关于商族及周族的来源,《诗经·大雅·生民》《诗经·大雅·緜》《诗经·商颂·玄鸟》等篇有所记述。《诗经》还记述了周族的迁徙历史,西周王室与周边民族的交往情况,也记述了诸侯征伐周边各族的武功。

《诗经》具有浓厚的华夏意识,以中央的角度来看待周边人群,在文化上有强烈的优越感,很多篇章描述各民族来朝贡的盛况。《诗经·商颂·殷武》云:"昔有成汤,自彼氐羌,莫敢不来享,莫敢不来王,曰商是常。"④《诗经·鲁颂·閟宫》云:"泰山岩岩,鲁邦所詹。奄有龟蒙,遂荒大东。至于海邦,淮夷来同。莫不率从,鲁侯之功。保有凫绎,遂荒徐宅。至于海邦,淮夷蛮貊,及彼南夷,莫不率从。"⑤

《诗经·小雅》中的《采薇》《出车》《六月》《采芑》《江汉》《常武》记述了周与猃狁、蛮荆、淮夷、徐方的战争。其中,《小雅·六月》记述了周宣王时北伐猃狁并取得胜利的情况:

六月栖栖,戎车既饬。四牡骙骙,载是常服。猃狁孔炽,我是用急。王于出征,以匡王国。

比物四骊,闲之维则。维此六月,既成我服。我服既成,于三十里。王于出征,以佐天子。

四牡修广,其大有颙。薄伐猃狁,以奏肤公。有严有翼,共武之服。共武之服,以定王国。

猃狁匪茹,整居焦获。侵镐及方,至于泾阳。织文鸟章,白旆央央。元戎十乘,以先启行。

戎车既安,如轾如轩。四牡既佶,既佶且闲。薄伐猃狁,至于大

---

① (汉)孔安国传,(唐)孔颖达正义,黄怀信整理:《尚书正义》,上海古籍出版社2007年版,第125页。
② 同上书,第486页。
③ 同上书,第757页。
④ 周振甫:《诗经译注》,中华书局2002年版,第553页。
⑤ 同上书,第540页。

原。文武吉甫，万邦为宪。

　　吉甫燕喜，既多受祉。来归自镐，我行永久。饮御诸友，炰鳖脍鲤。侯谁在矣，张仲孝友。①

《诗经》关于狎狁的记载可以与出土的虢季子白盘、兮甲盘、不娶簋及多友鼎等的铭文相印证，由此可见《诗经》的记载具有重要的史料价值。②

图 1-7　多友鼎铭文

《尚书》《诗经》作为古代经典，是上古时期政治、文化的沉淀，凝聚了当时对民族的基本认识，成为后世民族史记述中观念的来源。历代修史者通过引述《尚书》《诗经》的文字来论证自己的民族观念，成为民族史观表述的基本方法。

---

①　周振甫：《诗经译注》，中华书局 2002 年版，第 262—264 页。
②　参见王国维《鬼方昆夷狎狁考》，《观堂集林》，中华书局 1959 年版；甘露《〈诗经〉和金文中的猃狁》，《新疆大学学报》（哲学社会科学版）2002 年第 4 期。

第四节 《左传》的民族记述

春秋时期，各诸侯皆修有国史，如晋之《乘》、楚之《梼杌》、鲁之《春秋》等。孔子修《春秋》，时在春秋末期，他参考周王室所藏文献，博览诸国史籍，以鲁国史事为中心编纂成书。孔子所修《春秋》文字简略，对一些史事语焉不详。《春秋》成书之后，即有学者对其进行注释，其中以《左传》的内容最为丰富，《左传》取材王室档案、鲁史策书与诸侯国史对《春秋》进行注解，是最早的编年体史书。它以诸侯关系为主，或集中记一件史事本末原委，或集中写一个人物活动经历。《左传》在华夏的主体意识下，也记述了大量的民族情况。

《左传》从地域、文化上区分华夷之别。《左传·定公十四年》借孔子之口云："裔不谋夏，夷不乱华。"① 中原的华夏族具有明确的自我认同感，面对戎狄的侵扰，华夏主张团结抵御，维持这种格局。春秋时期，文化是区分华夏与戎狄的重要标准，文化大概而言包括两个方面：（1）语言、习俗、生活方式等外在方面。（2）包括思维方式、行为方式、价值尺度和情感意向等内在的思想方面，后者往往以周礼作为评判的标准。礼的内容主要包括婚姻、饮食、丧祭和聘觐等方面。

西周及春秋早期，诸夏虽然占据中原地区，但一定程度上还处于与戎狄交错杂居的状态，在地域上并未截然分开，《左传·僖公二十二年》载："初，平王之东迁也，辛有适伊川，见被发而祭于野者，曰：不及百年，此其戎乎！其礼先亡矣。……秋，秦、晋迁陆浑之戎于伊川。"②

《左传》通过对戎狄的记述，表明了诸夏的文化优越感，以及对戎狄的某种蔑视。如《左传·闵公元年》记载，狄人伐邢，管仲对齐桓公说："戎狄豺狼，不可厌也。诸夏亲昵，不可弃也。宴安鸩毒，不可怀也。《诗》云：'岂不怀归，畏此简书。'简书，同恶相恤之谓也。请救邢以从简书。"③ 于是齐桓公发兵救邢，管仲通过引用《诗经》，以表达诸夏共同的西周传统以

---

① （战国）左丘明撰，（西晋）杜预集解：《左传（春秋经传集解）》，上海古籍出版社1997年版，第1675页。
② 同上书，第323—324页。
③ 同上书，第214页。

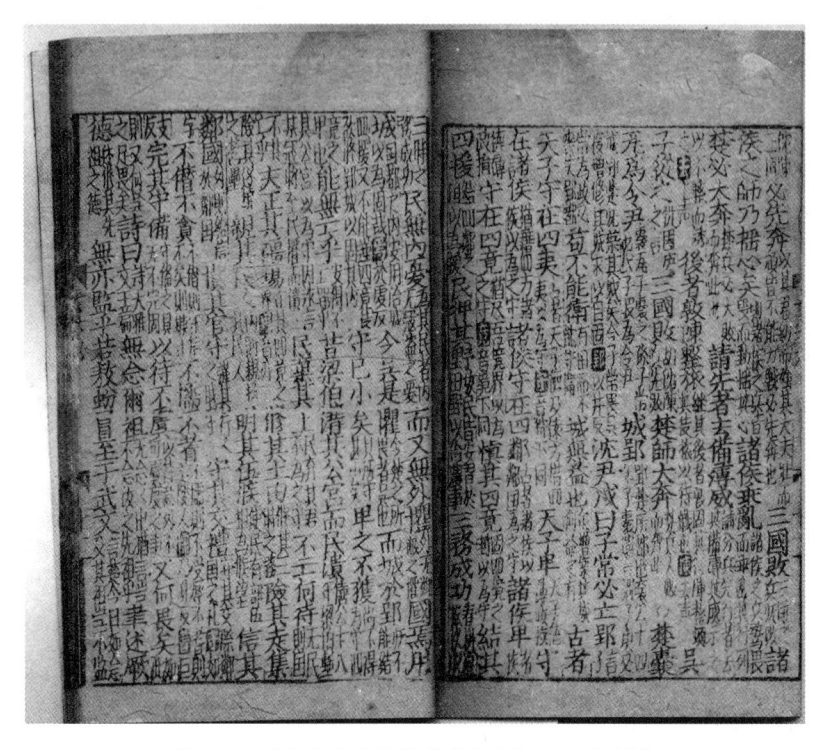

图 1-8 《音点春秋左传详节句解》 明初刻本

加强凝聚。而戎狄文化则不符合礼义的基本要求,《左传·僖公二十四年》载:"耳不听五声之和为聋,目不别五色之章为昧,心不则德义之经为顽,口不道忠信之言为嚚,狄皆则之,四奸具矣。"[1]

春秋时期,戎、狄不断袭扰诸夏,对诸夏构成威胁,《左传》记录了诸夏共同抗击戎、狄的情况。如《左传·隐公九年》记载,公元前714年,北戎侵郑,郑伯十分忧虑,公子突曰:"戎轻而不整,贪而无亲,胜不相让,败不相救。先者见获必务进,进而遇覆必速奔。后者不救,则无继矣。"果然,"戎人之前遇覆者奔",郑人于后逐之,"衷戎师,前后击之,尽殪。戎师大奔"[2]。这也说明戎人没有有效的军事组织与作战策略,在制度方面较为原始。

---

[1] (战国)左丘明撰,(西晋)杜预集解:《左传(春秋经传集解)》,上海古籍出版社1997年版,第345页。

[2] 同上书,第50页。

《左传》也记载了华夏与戎狄友好往来的一面，如晋与戎狄相邻，由于地缘关系，与戎狄有着频繁往来，甚至互通婚姻。《左传·庄公二十八年》（公元前666年）载："（晋献公）娶二女于戎，大戎狐姬生重耳，小戎子生夷吾。晋伐骊戎，骊戎男女以骊姬。归生奚齐，其娣生卓子。"① 晋献公先后娶了四位戎女。

晋悼公四年（公元前569年），魏绛向晋悼公提出一项重要策略，即和戎。《左传·襄公四年》记载：

> 无终子嘉父使孟乐如晋，因魏庄子纳虎豹之皮，以请和诸戎。
> 晋侯曰："戎狄无亲而贪，不如伐之。"魏绛曰："诸侯新服，陈新来和，将观于我，我德则睦，否则携贰。劳师于戎，而楚伐陈，必弗能救，是弃陈也，诸华必叛。戎，禽兽也，获戎失华，无乃不可乎！……"
> 公曰："然则莫如和戎乎？"对曰："和戎有五利焉：戎狄荐居，贵货易土，土可贾焉，一也。边鄙不耸，民狎其野，穑人成功，二也。戎狄事晋，四邻振动，诸侯威怀，三也。以德绥戎，师徒不勤，甲兵不顿，四也。鉴于后羿，而用德度，远至迩安，五也。君其图之。"②

魏绛提出的和戎政策得到落实，并取得了积极的效果，晋国在诸夏中的地位不断上升，八年之后，晋悼公以女乐歌钟赐魏绛说："子教寡人和诸戎狄，以正诸华。八年之中，九合诸侯，如乐之和，无所不谐。请与子乐之。"（《左传·襄公十一年》）③

《左传》记述了秦、吴、越、楚等国与诸夏的交往及华夏化的过程。关于楚国与诸夏的关系，《左传·襄公十三年》载，楚共王卒，子囊议其谥号云："赫赫楚国，而君临之，抚有蛮夷，奄征南海，以属诸夏，而知其过，可不谓共乎？"④《左传·昭公十二年》载："昔我先王熊绎，辟在荆山，筚

---

① （战国）左丘明撰，（西晋）杜预集解：《左传（春秋经传集解）》，上海古籍出版社1997年版，第198页。
② 同上书，第817—818页。
③ 同上书，第887页。
④ 同上书，第898页。

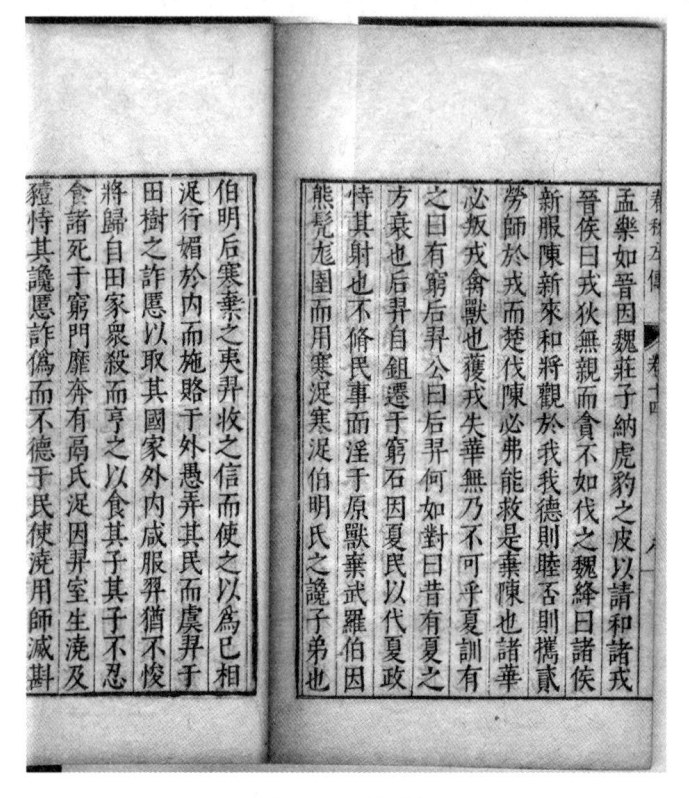

图 1-9 《左传》

路篮缕,以处草莽。跋涉山林,以事天子。唯是桃弧、棘矢,以共御王事。"①

春秋时期,诸戎在与诸夏的交往中也形成了一定的民族意识,《左传》对此也有明确的记述。公元前559年,晋与诸侯"会于向",商讨伐楚之事,晋国执政范宣子命人逮捕了与会的戎子驹支,斥责他向诸侯泄露秘密,想借此树立晋国威望,《左传·襄公十四年》记载:

将执戎子驹支。范宣子亲数诸朝。曰:"来!姜戎氏,昔秦人迫逐乃祖吾离于瓜州,乃祖吾离被苫盖,蒙荆棘,以来归我先君。我先君惠公有不腆之田,与女剖分而食之。今诸侯之事我寡君,不如昔者,盖言

---

① (战国)左丘明撰,(西晋)杜预集解:《左传(春秋经传集解)》,上海古籍出版社1997年版,第1356—1357页。

语漏泄，则职女之由。诘朝之事，尔无与焉！与将执女！"

对曰："昔秦人负恃其众，贪于土地，逐我诸戎。惠公蠲其大德，谓我诸戎是四岳之裔胄也，毋是翦弃。赐我南鄙之田，狐狸所居，豺狼所嗥。我诸戎除翦其荆棘，驱其狐狸豺狼，以为先君不侵不叛之臣，至于今不贰。昔文公与秦伐郑，秦人窃与郑盟而舍戍焉，于是乎有殽之师。晋御其上，戎亢其下，秦师不复，我诸戎实然。譬如捕鹿，晋人角之，诸戎掎之，与晋踣之，戎何以不免？自是以来，晋之百役，与我诸戎相继于时，以从执政，犹殽志也，岂敢离逷？今官之师旅，无乃实有所阙，以携诸侯，而罪我诸戎。我诸戎饮食衣服不与华同，贽币不通，言语不达，何恶之能为？不与于会，亦无瞢焉。"赋《青蝇》而退。

宣子辞焉，使即事于会，成恺悌也。①

对于范宣子的不实之词，戎子驹支据理力争，通过叙述诸戎与晋的友好历史，最终说服了范宣子。《左传》正面记述了戎族首领的良好形象，并没有受到华夷之别的局限，这是《左传》民族史记述的一个亮点。可见，春秋时期，民族认同的标准通过民族史的追溯得到加强。戎族相对于华夏有自己的民族认同感，这在以华夏为撰述主体的先秦文献中是相当少见而精彩的记载。

《左传》记载了诸侯国祖先的源流，反映了各氏族早期情况。鲁昭公十七年秋，郯国国君郯子来朝，昭公宴请郯子。宴会上叔孙昭子问郯子："少皞氏鸟名官，何故也？"郯子答道：

> 吾祖也，我知之。昔者黄帝氏以云纪，故为云师而云名。炎帝氏以火纪，故为火师而火名。共工氏以水纪，故为水师而水名。大皞氏以龙纪，故为龙师而龙名。我高祖少皞挚之立也，凤鸟适至，故纪于鸟，为鸟师而鸟名。凤鸟氏，历正也。玄鸟氏，司分者也。伯赵氏，司至者也。青鸟氏，司启者也。丹鸟氏，司闭者也。祝鸠氏，司徒也。鴡鸠氏，司马也。鸤鸠氏，司空也。爽鸠氏，司寇也。鹘鸠氏，司事也。五鸠，鸠民者也。五雉，为五工正，利器用、正度量，夷民者也。九扈为

---

① （战国）左丘明撰，（西晋）杜预集解：《左传（春秋经传集解）》，上海古籍出版社1997年版，第902页。

九农正,扈民无淫者也。自颛顼以来,不能纪远,乃纪于近。为民师而命以民事,则不能故也。(《左传·昭公十七年》)①

鲁国封在少皞之墟,郯子为少皞之后,所以叔孙昭子向郯子询问其祖先的历史。郯子提及的黄帝氏、炎帝氏、共工氏、大皞氏、少皞氏都是各氏族的名称,"以云纪""以火纪""以水纪""以龙纪""纪于鸟"说明各氏族以云、火、水、龙、鸟作为自己的图腾。《左传》通过郯子的叙述说明早期氏族的发展情况,对理解先秦时期的民族认同具有一定的意义。

第五节 《国语》的民族记述

《国语》是记春秋时期史事的又一部史书,但《国语》在编撰体裁上却不是编年记事,而是分国记言。《国语》是战国早期的私人历史撰述,是汇集周与各诸侯国所录之"语"编纂起来的。《国语》共21卷,其中以周语3卷、鲁语2卷、齐语1卷、晋语9卷、郑语1卷、楚语2卷、吴语1卷、越语2卷的顺序编次而成。这显然是以周王室为中心,以各诸侯国及周边民族与周王室关系的亲疏为编撰的指导思想。

《国语》以周天子所辖地区为中心,记述了服制体系中不同族群的地位。《国语·周语上》云:"夫先王之制:邦内甸服,邦外侯服。诸卫宾服,蛮夷要服,戎狄荒服。甸服者祭,侯服者祀,宾服者享,要服者贡,荒服者王。日祭、月祀、时享、岁贡、终王。先王之训也。"② 先秦的诸子均有类似的表述方式,成了当时进行民族识别与记述的理论标准。

先秦戎族的发饰与服饰是被发左衽,不同于华夏的冕服采章,饮食方面也有不同,这造成了诸夏对他们的蔑视,如《国语·周语中》载,周定王曾说:"戎狄冒没轻儳,贪而不让,其血气不治,若禽兽焉。其适来班贡,不俟馨香嘉味,故坐诸门外,而使舌人体委与之。"③ 他把戎狄比作禽兽,采取了极端蔑视的态度。《国语·周语中》又载:"夫狄无列于王室,郑伯南也,王而卑

---

① (战国)左丘明撰,(西晋)杜预集解:《左传(春秋经传集解)》,上海古籍出版社1997年版,第1420—1421页。
② 徐元诰撰,王树民、沈长云点校:《国语集解》,中华书局2002年版,第6—7页。
③ 同上书,第58页。

之，是不尊贵也。狄，豺狼之德也，郑未失周典，王而蔑之，是不明贤也。"①

《国语》记述了华夏的祖先，还有其他各氏族的情况。记述黄帝氏族的发展源流时，确定了区分族类的标准，强调："异姓则异德，异德则异类。""类""德""姓"成为区分各氏族的基本标准。《国语·晋语》云：

> 公子欲辞，司空季子曰："同姓为兄弟。黄帝之子二十五人，其同姓者二人而已，唯青阳与夷彭皆为己姓。青阳，方雷氏之甥也。夷彭，肜鱼氏之甥也。其同生而异姓者，四母之子，别为十二姓。凡黄帝之子二十五宗，其得姓者十四人，为十二姓，姬、酉、祁、己、滕、箴、任、苟、僖、姞、儇、依是也。唯青阳与苍林氏同于黄帝，故皆为姬姓。同德之难也如是。昔少典娶于有蟜氏，生黄帝、炎帝。黄帝以姬水成，炎帝以姜水成。成而异德，故黄帝为姬，炎帝为姜。二帝用师以相济也，异德之故也。异姓则异德，异德则异类，异类虽近，男女相及，以生民也。同姓则同德，同德则同心，同心则同志，同志虽远，男女不相及，畏黩敬也。黩则生怨，怨乱毓灾，灾毓灭性。是故娶妻避其同姓，畏乱灾也。故异德合姓，同德合义，义以导利，利以阜姓，姓利相更，成而不迁，乃能摄固，保其土房。今子于子圉，道路之人也，取其所弃，以济大事，不亦可乎？"（《国语·晋语四》）②

《国语》还记述了虞、夏、商、周祭祀祖先的情况，《国语·鲁语》云："有虞氏禘黄帝而祖颛顼，郊尧而宗舜。夏后氏禘黄帝而祖颛顼，郊鲧而宗禹。商人禘舜而祖契，郊冥而宗汤。周人禘喾而郊稷，祖文王而宗武王。"③司马迁撰《史记·五帝本纪》就参考了《春秋》《国语》的资料。

西周时期，华夏与蛮、夷、戎、狄交错杂居，并没截然分开，《国语》通过太史史伯的话对当时的情况进行了总结，史伯云："王室将卑，戎狄必昌，不可偪也。当成周者，南有荆蛮、申、吕、应、邓、陈、蔡、随、唐，北有卫、燕、狄、鲜虞、潞、洛、泉、徐蒲，西有虞、虢、晋、隗、霍、杨、魏、芮，东有齐、鲁、曹、宋、滕、薛、邹、莒，是非王之支子母弟甥

---

① 徐元诰撰，王树民、沈长云点校：《国语集解》，中华书局2002年版，第49页。
② 同上书，第333—338页。
③ 同上书，第159页。

舅也，则皆蛮夷戎狄之人也。"①

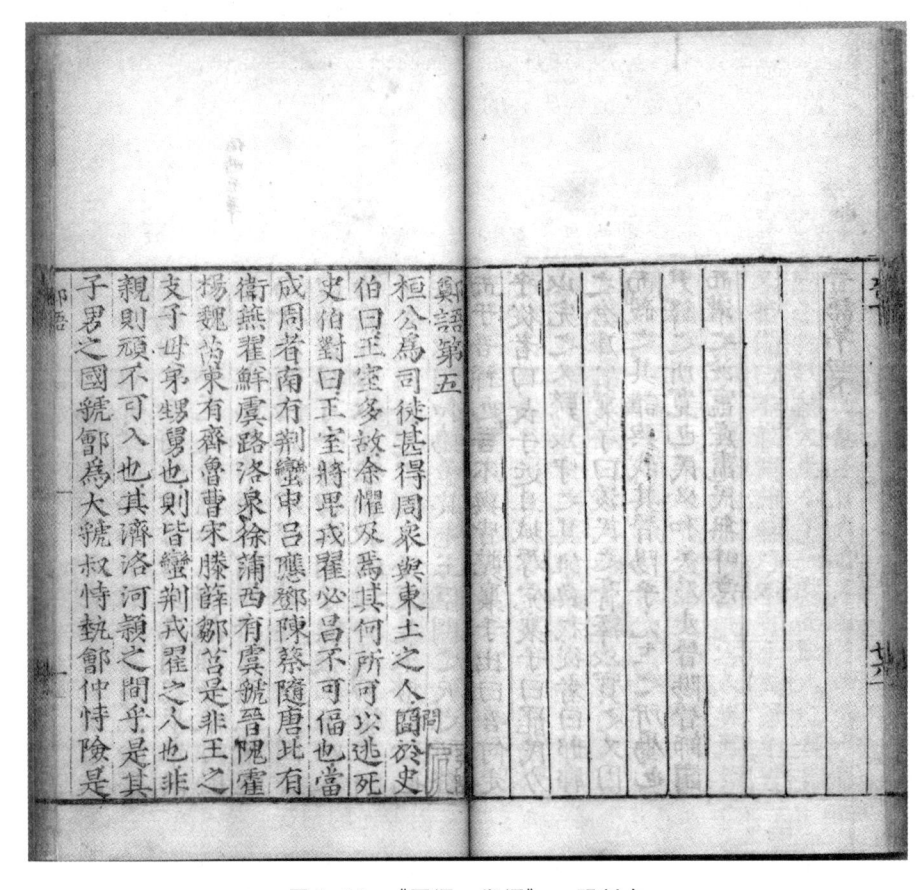

图1-10 《国语·郑语》 明刻本

春秋时期，实力较强的诸侯以"尊王攘夷"为名对周边民族发动战争，不断驱逐或吞并周边各民族，以扩展自己的领地，这在一定意义上，也体现出华夏势力的扩张。《国语·齐语》记述了齐桓公的"攘夷"活动，反映了春秋霸主兼并周边各民族的情况：

> 即位数年，东南多有淫乱者，莱、莒、徐夷、吴、越，一战帅服三十一国。遂南征伐楚，济汝，逾方城，望汶山，使贡丝于周而反，荆州诸侯莫敢不来服。遂北伐山戎，刜令支、斩孤竹而南归，海滨诸侯莫敢

---

① 徐元诰撰，王树民、沈长云点校：《国语集解》，中华书局2002年版，第460—462页。

不来服。与诸侯饰牲为载，以约誓于上下庶神，与诸侯戮力同心。西征攘白狄之地，至于西河，方舟设泭，乘桴济河，至于石枕，悬车束马，逾太行与辟耳之溪拘夏，西服流沙、西吴。南城于周，反胙于绛。岳滨诸侯莫敢不来服，而大朝诸侯于阳谷。兵车之属六，乘车之会三，诸侯甲不解累，兵不解翳，弢无弓，服无矢。隐武事，行文道，帅诸侯而朝天子。①

春秋时期，在诸侯的政治角逐中，戎狄周旋于诸夏之间，成为不可忽视的力量。《国语》对各民族的记载基本上附属于各诸侯关系之中，虽受到华夷之别观念的影响，但还是留下了很多珍贵的民族史资料。

第六节 《战国策》的民族记述

《战国策》是一部记述战国时期各国纵横之士的计谋权变及军政大事和各国关系的文献汇编。该书为战国时人所撰，并非出于一时一人之手，战国末年成编，后经西汉刘向重新整理，编为33篇，定名为《战国策》。今存《战国策》33卷（含497章），与刘向校订后总数相符。其编次是：东周1卷，西周1卷，秦5卷，齐6卷，楚4卷，赵4卷，魏4卷，韩3卷，燕3卷，宋、卫1卷，中山1卷。

春秋时期，戎狄是农人、牧人，或农牧兼营，生产方式与华夏差别不大，经过春秋时期各诸侯的"尊王攘夷"运动，戎狄或融入华夏之中，或被驱逐至华夏之外。战国时期，列国的范围内已没有戎狄了，但在华夏北方逐渐形成了一个新型的人群——胡，他们以游牧业为主，擅长骑射，对中原诸侯构成很大的威胁。

《战国策》记述了北方诸侯与戎狄的交往及战争情况，秦国、齐国、燕国、赵国等北边诸侯都与北方民族有所往来，胡服骑射是一个典型，表明了民族文化的交融。《战国策·赵策》载："今吾国东有河、薄洛之水，与齐、中山同之，而无舟楫之用。自常山以至代、上党，东有燕、东胡之境，西有楼烦、秦、韩之边，而无骑射之备。故寡人且聚舟楫之用，求水居之民，以

---

① 徐元诰撰，王树民、沈长云点校：《国语集解》，中华书局2002年版，第232—237页。

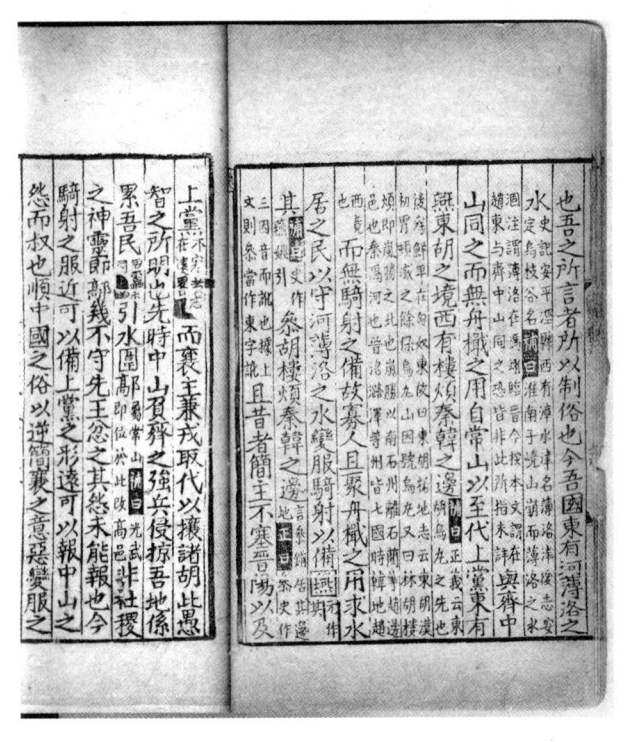

图 1-11 《战国策》 元至正刻明修本

守河、薄洛之水；变服骑射，以备其参胡、楼烦、秦、韩之边。"① 《战国策》也记载了三苗的地理范围，"昔者三苗之居，左有彭蠡之波，右有洞庭之水，文山在其南，而衡山在其北"②。

但中原人士认为"中国"的文化优越于蛮夷，是蛮夷学习的对象。《战国策·赵策》："中国者，聪明睿智之所居也，万物财用之所聚也，贤圣之所教也，仁义之所施也，诗书礼乐之所用也，异敏技艺之试也，远方之所观赴也，蛮夷之所义行也。"③

战国时期，秦、赵、燕等北方诸侯紧邻匈奴、东胡、林胡，都不同程度地吸纳了北方民族文化，进行了军事、风俗改革，这些举措虽然出于扩张军事实力的功利性的目的，其对戎狄的文化不一定完全认同，但客观上加深了

---

① 张清常、王延栋：《战国策笺注》，南开大学出版社 1993 年版，第 470—471 页。
② 同上书，第 559 页。
③ 同上书，第 469 页。

华夷的文化融合。

小　结

（1）先秦时期，在夏、商、周三族的基础上，华夏共同体逐渐凝聚形成，华夏民族具有较强的自我认同意识，以礼义、地域、饮食、居处、语言等标准，区分了诸夏与蛮、夷、戎、狄，并形成了"内诸夏而外夷狄""裔不谋夏，夷不乱华""用夏变夷"等思想，这些成为民族叙述的基本理论基础，对后世的民族史撰述产生了深远的影响。

（2）先秦时期典籍出现了"中国"与"四夷""五方之民"等概念，华夏以自己的标准记述中央王室与各民族的关系，以此申明中央王室的地位，在各种社会群体中确立了尊卑有等的秩序，各民族往往处于边缘地位，在民族记述中形成了对"四夷"的分类记述模式的雏形。

（3）在《尚书》《诗经》《国语》《战国策》等典籍都记述了各民族的情况，重点是记述这些民族与周王室的关系，总结华夏防御周边民族的经验。民族记述更多地以歌颂中央政权的威仪为目的，多记述征伐夷狄的武功或四夷来宾的盛况。通过文献也看到了各民族相对于华夏的自我认同意识，他们参与各诸侯的政治活动，在中原诸侯的政治角逐中发挥着自身的影响。

第二章

秦汉时期的民族史学

秦灭六国，一统天下，通过推行郡县制等措施加强了中原地区的同质性。汉朝沿袭了秦的郡县制，并逐渐向民族地区推进，中原的民族逐渐融合为一体，统治集团也强调"大一统"的政治秩序。通过对匈奴等民族的战争，汉朝扩展了疆域，中国的主体民族——汉族形成了。汉武帝时期，对周边民族用兵，通西域、西南夷，对民族的了解更为详细。到武帝晚年，随着北方匈奴远遁，东北朝鲜降附，西南夷"请吏入朝"，西北平氐、羌，西征大宛、经营西域等重大举措卓有成效，中国与四夷的格局进一步稳定。这一时期，《史记》《汉书》等史书确立了正史民族列传的体例，成为后世正史民族列传效仿的典范，其他类型的史籍对民族也多有记述，出现了专门记述民族历史的专著。

第一节　秦汉民族史观的进展

秦朝完成了天下的统一，推行书同文、车同轨、行同伦政策，中原地区民族的同质化进一步加强，华夏共同体基本稳定下来。从战国末期至秦，中原地区形成了中央集权的君主制，这一政治形态成为中原人士区分华夷的标准，他们认为君主制是先进的、文明的，蛮夷多无君，尚未形成稳定的政治秩序，还没有脱离野蛮的状态。关于这些周边的民族，《吕氏春秋·恃君览》记载：

> 非滨之东，夷、秽之乡，大解、陵鱼、其、鹿野、摇山、扬岛、大人之居，多无君。扬、汉之南，百越之际，敝凯诸、夫风、馀靡之地，缚娄、阳禺、骥兜之国，多无君。氐、羌、呼唐、离水之西，僰人、野

人、篇笮之川，舟人、送龙、突人之乡，多无君。雁门之北，鹰隼、所鸷、须窥之国，饕餮、穷奇之地，叔逆之所，儋耳之居，多无君。此四方之无君者也。其民麋鹿禽兽，少者使长，长者畏壮，有力者贤，暴傲者尊，日夜相残，无时休息，以尽其类。①

秦朝建立君主专制制度，战国以来形成的"大一统"观念在具体政治上得到体现，所谓"六合之内，皇帝之土。西涉流沙，南尽北户。东有大海，北过大夏。人迹所至，莫不臣者"②。

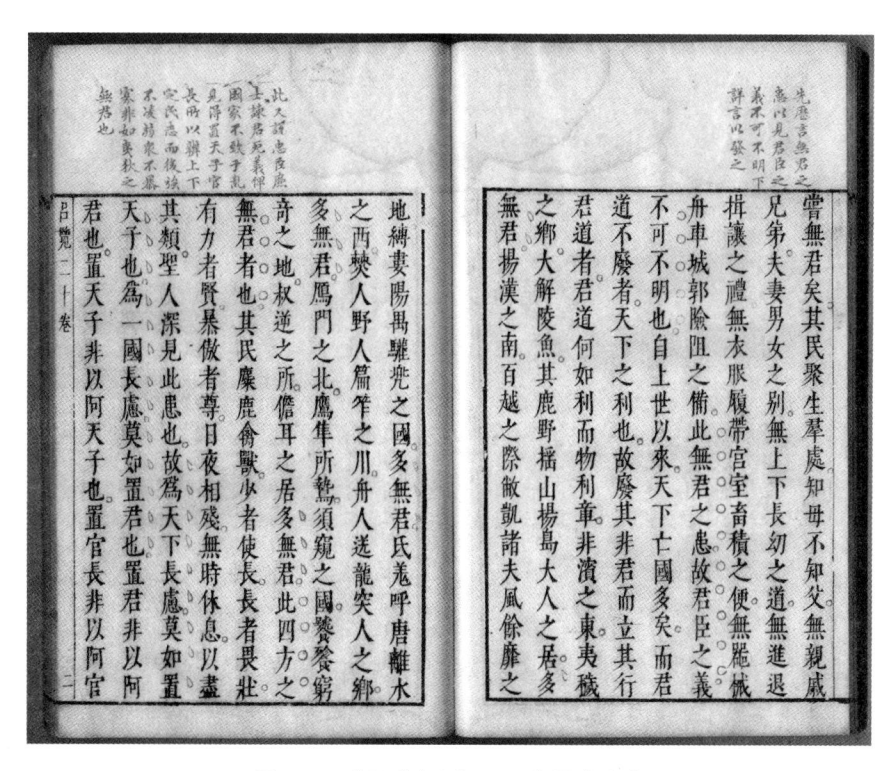

图 2-1 《吕氏春秋》 明朱墨套印本

西汉建立后，郡县制得到巩固并不断向周边地区推进，汉朝人的"中国"意识更加突出，"天汉""皇汉""大汉""强汉"意识逐渐形成。在文化观念上，儒学的地位得以确立，华夷之别观念继续发展。随着汉朝国力的

---

① 许维遹撰，梁运华整理：《吕氏春秋集释》，中华书局 2009 年版，第 545—546 页。
② 《史记》卷六《秦始皇本纪》，中华书局 1959 年版，第 245 页。

增强，民族意识更加高涨。在汉朝人的意识里，汉朝基本实现了天下一家的状态，"诸侯宾服，威振四夷，连四海之外以为席，安于覆盂，天下平均，合为一家"①。

汉代的一统政治秩序基本稳定，在中原地区以君主制组织起来一个庞大的民族共同体。其具有发达的文字记述系统，具有一个史官群体和完善的修史制度，历史编纂技术也更加完备。汉代的思想家在周边民族的认识上也进行了理论上的建构，《淮南子》对周边各种人群进行了体系化、类型化的描述，甚至认为五方之人与五官、五脏、五色等是相匹配的，主要表现在这些人群的体质也因地域环境具有不同特征，这是继《逸周书·王会解》《礼记·王制》等文献之后对"五方之民"更为系统性的表述，《淮南子·坠形训》云：

> 东方川谷之所注，日月之所出，其人兑形小头，隆鼻大口，鸢肩企行，窍通于目，筋气属焉，苍色主肝，长大早知而不寿；其地宜麦，多虎豹。
>
> 南方阳气之所积，暑湿居之，其人修形兑上，大口决眦，窍通于耳，血脉属焉，赤色主心，早壮而夭；其地宜稻，多兕象。
>
> 西方高土，川谷出焉，日月入焉，其人面末偻，修颈卬行，窍通于鼻，皮革属焉，白色主肺，勇敢不仁；其地宜黍，多旄犀。
>
> 北方幽晦不明，天之所闭也，寒水之所积也，蛰虫之所伏也，其人翕形短颈，大肩下尻，窍通于阴，骨干属焉，黑色主肾，其人蠢愚，禽兽而寿；其地宜菽，多犬马。
>
> 中央四达，风气之所通，雨露之所会也，其人大面短颐，美须恶肥，窍通于口，肤肉属焉，黄色主胃，慧圣而好治；其地宜禾，多牛羊及六畜。②

中原地区的汉人取得了主体地位，民族史记述中的正统观有了更加稳固的政治基础。战国时期的一统观念在秦汉得到落实，并在修史活动中，不断强化，在民族史的撰述中也逐渐突出，并增添了新的内涵。

---

① 《史记》卷一百二十六《滑稽列传》，中华书局1959年版，第3206页。
② 刘文典撰，冯逸、乔华点校：《淮南鸿烈集解》，中华书局1989年版，第145—146页。

汉代，儒学取得正统地位，儒学以礼义作为区分华夷的标准，强调华夷之别。汉代的春秋公羊学继《公羊传》之后，对夷夏关系进行了深刻的论述。董仲舒精于春秋公羊学，尊崇春秋"大一统""王者无外"思想，注重发掘《春秋》的微言大义。他强调华夷的内外之别，并在理论上系统化，他说："远夷之君，内而不外。"(《春秋繁露·奉本》)① "故《春秋》之于偏战也，犹其于诸夏也，引之鲁则谓之外，引之夷狄则谓之内。"(《春秋繁露·竹林》)② "亲近以求远，故未有不先近而致远者也。故内其国而外诸夏，内诸夏而外夷狄，言自近者始也。"(《春秋繁露·王道》)③ 董仲舒对战国时期的公羊学进行了发挥，他说："《春秋》慎辞，谨于名伦等物者也。是故小夷言伐而不得言战，大夷言战而不得言获，中国言获而不得言执，各有辞也。有小夷避大夷而不得言战，大夷避中国而不得言获，中国避天子而不得言执，名伦弗予，嫌于相臣之辞也。是故大小不逾等，贵贱如其伦，义之正也。"(《春秋繁露·精华》)④ 董仲舒认为《春秋》注重通过遣词来明辨夷夏之别，将夷夏辨别为三等，即中国、大夷和小夷，强调小夷避大夷、大夷避中国、中国避天子。他认为辨别夷夏为三等，其目的是"明伦"，即为了维护纲常等级秩序和辨明尊卑关系。⑤

汉昭帝时，围绕着是否继续执行汉武帝时的盐铁专卖及相关政策，以桑弘羊为首的公卿大夫与贤良文学进行了辩论，其中涉及对各民族尤其是匈奴采取的政策问题。公卿大夫主张对匈奴应加强武备，盐铁专卖是为了解决军费问题；贤良文学强调对匈奴应修文德、行仁政，应取消盐铁专卖。二者总结了中央国家与周边民族关系史，各自提出了政治主张。大夫主张对夷狄应采取强硬措施，说："《春秋》不与夷、狄之执中国，为其无信也。匈奴贪狼，因时而动，乘可而发，飙举电至。而欲以诚信之心，金帛之宝，而信无义之诈，是犹亲跖、蹻而扶猛虎也。"(《盐铁论》卷四十七《世务》)⑥ 大夫又说："中国与边境，犹支体与腹心也。夫肌肤寒于外，腹心疾于内，内外之相劳，非相为助也！唇亡则齿寒，支体伤而心憯怛。故无手足则支体

---

① （汉）董仲舒著，（清）凌曙注：《春秋繁露》，中华书局1975年版，第349页。
② 同上书，第49—50页。
③ 同上书，第136页。
④ 同上书，第95—96页。
⑤ 汪高鑫：《论汉代公羊学的大一统思想》，《安徽大学学报》（哲学社会科学版）2006年第5期。
⑥ （汉）桓宽撰，王利器校注：《盐铁论校注》，天津古籍出版社1983年版，第518—519页。

废，无边境则内国害。昔者戎狄攻太王于邠，逾岐、梁而与秦界于泾、渭，东至晋之陆浑，侵暴中国，中国疾之。今匈奴蚕食内侵，远者不离其苦，独边境蒙其败。"(《盐铁论》卷八《诛秦》)① 贤良文学则有不同的看法，他们主张行仁政，认为："秦之用兵，可谓极矣，蒙恬斥境，可谓远矣。今逾蒙恬之塞，立郡县寇虏之地，地弥远而民滋劳。朔方以西，长安以北，新郡之功，外城之费，不可胜计。非徒是也，司马、唐蒙凿西南夷之涂，巴、蜀弊于邛、筰；横海征南夷，楼船戍东越，荆、楚罢于瓯、骆；左将伐朝鲜，开临屯，燕、齐困于秽貉，张骞通殊远，纳无用，府库之藏，流于外国；非特斗辟之费，造阳之役也。由此观之：非人主用心，好事之臣为县官计过也。"(《盐铁论》卷四《地广》)② 文学又说："匈奴处沙漠之中，生不食之地，天所贱而弃之，无坛宇之居，男女之别，以广野为闾里，以穹庐为家室，衣皮蒙毛，食肉饮血，会市行，牧竖居，如中国之麋鹿耳。好事之臣，求其义，责之礼，使中国干戈至今未息，万里设备，此《兔罝》之所刺，故小人非公侯腹心干城也。"(《盐铁论》卷三十八《备胡》)③

东汉王充在《论衡》中为宣扬汉朝威德，也叙述了各民族的发展情况。王充认为从西周至汉，各民族不断加强与中央王朝的交往，华夏化是各民族发展的主流。

> 武王伐纣，庸、蜀之夷，佐战牧野。成王之时，越常献雉，倭人贡畅。幽、厉衰微，戎、狄攻周，平王东走，以避其难。至汉，四夷朝贡。孝平元始元年，越常重译，献白雉一，黑雉二。夫以成王之贤，辅以周公，越常献一，平帝得三。后至四年，金城塞外，羌良桥桥种良愿等，献其鱼盐之地，愿内属汉，遂得西王母石室，因为西海郡。周时戎、狄攻王，至汉内属，献其宝地。西王母国在绝极之外，而汉属之。德孰大？壤孰广？
>
> 方今哀牢、鄯善、诺（婼）降附归德。匈奴时扰，遣将摛讨，获虏生口千万数。夏禹倮入吴国。太伯采药，断发文身。唐、虞国界，吴为荒服，越在九夷，屩衣关头，今皆夏服，褒衣履舄。巴、蜀、越嶲、郁

---

① （汉）桓宽撰，王利器校注：《盐铁论校注》，天津古籍出版社1983年版，第497—498页。
② 同上书，第206—207页。
③ 同上书，第453页。

林、日南、辽东、乐浪，周时被发椎髻，今戴皮弁；周时重译，今吟《诗》《书》。(《论衡·恢国篇》)[1]

王充通过梳理西周以来与中央王朝周边民族关系的历史，论述了汉朝统治地域不断扩大、各民族纷纷归附汉朝的史实。指出周边各民族发展也是华夏化的过程，是接受华夏的生活方式、文化典籍的过程。

第二节 《史记》对一统民族格局的叙述

面对西汉一统政治格局的形成，史学家司马迁在撰述《史记》过程中，力图在观念上构造一统的民族世系，并以民族首领的谱系为中心构造系统的华夏历史。

早在春秋战国时期，诸夏的王室都认同自己是黄帝的子孙，开始有意识地将原属不同部落的祖先加以合并，归纳成同出黄帝的统一谱系。当时撰述这种谱系的不止一家，诸子都进行了相关的理论探讨，出现了"百家言黄帝"的局面，但各家均以自己的立场对民族源流进行归纳，故各国早期出现的谱系世次众说纷纭。所谓五帝，即最早进入文明状态的五位古帝王，他们分别是黄帝、颛顼、帝喾、尧和舜。关于这些民族首领排列顺序的早期文献是战国晚期的《世本·帝系》及《大戴礼记》中的《五帝德》《帝系姓》诸篇，但相关记载纷杂，并没有统一。

《史记·五帝本纪》是司马迁对华夏历史的追溯与构造，叙述了华夏一统的世系，加强了华夏的民族意识。司马迁对先秦谱系文献进行了梳理和改造，不仅把黄帝列在了所有帝王之首，而且把其他几位古帝都说成是黄帝的直系子孙，甚至夏、商、周三代王朝的始祖也都是黄帝的后裔。

《五帝本纪》根据当时所见到的资料，塑造了黄帝的形象：

> 黄帝者，少典之子，姓公孙，名曰轩辕。生而神灵，弱而能言，幼而徇齐，长而敦敏，成而聪明。
>
> 轩辕之时，神农氏世衰。诸侯相侵伐，暴虐百姓，而神农氏弗能

---

[1] 黄晖：《论衡校释》，中华书局1990年版，第831—833页。

征。于是轩辕乃习用干戈，以征不享，诸侯咸来宾从。而蚩尤最为暴，莫能伐。炎帝欲侵陵诸侯，诸侯咸归轩辕。轩辕乃修德振兵，治五气，艺五种，抚万民，度四方，教熊罴貔貅䝙虎，以与炎帝战于阪泉之野。三战，然后得其志。蚩尤作乱，不用帝命。于是黄帝乃征师诸侯，与蚩尤战于涿鹿之野，遂禽杀蚩尤。而诸侯咸尊轩辕为天子，代神农氏，是为黄帝。天下有不顺者，黄帝从征之，平者去之，披山通道，未尝宁居。

东至于海，登丸山，及岱宗。西至于空桐，登鸡头。南至于江，登熊、湘。北逐荤粥，合符釜山，而邑于涿鹿之阿。（《史记·五帝本纪》）[1]

司马迁认为各少数民族与华夏族同源，都有一个共同的祖先——黄帝。《五帝本纪》记述了其他四帝与黄帝的血缘关系：颛顼为黄帝之孙，帝喾为黄帝之曾孙，帝尧为帝喾之子。《五帝本纪》和《三代世表》还记述夏王朝的开创者大禹和商、周始祖契、后稷都是黄帝的后代。周时的诸侯，包括诸夏周边的吴、越、楚、秦等，也都是黄帝的后代。

司马迁在《五帝本纪》赞语中说明了写作过程：

学者多称五帝，尚矣。然尚书独载尧以来；而百家言黄帝，其文不雅驯，荐绅先生难言之。孔子所传《宰予问五帝德》及《帝系姓》，儒者或不传。余尝西至空桐，北过涿鹿，东渐于海，南浮江淮矣，至长老皆各往往称黄帝、尧、舜之处，风教固殊焉，总之不离古文者近是。予观《春秋》《国语》，其发明《五帝德》《帝系姓》章矣，顾弟弗深考，其所表见皆不虚。《书》缺有间矣，其轶乃时时见于他说。非好学深思，心知其意，固难为浅见寡闻道也。余并论次，择其言尤雅者，故著为本纪书首。[2]

可见司马迁时《五帝德》《帝系姓》等文献存在，司马迁结合这些文献的记载与自己的实际考察，对五帝的材料进行梳理，形成了新的诸侯王室的

---

[1] 《史记》卷一《五帝本纪》，中华书局1959年版，第1—6页。
[2] 同上书，第46页。

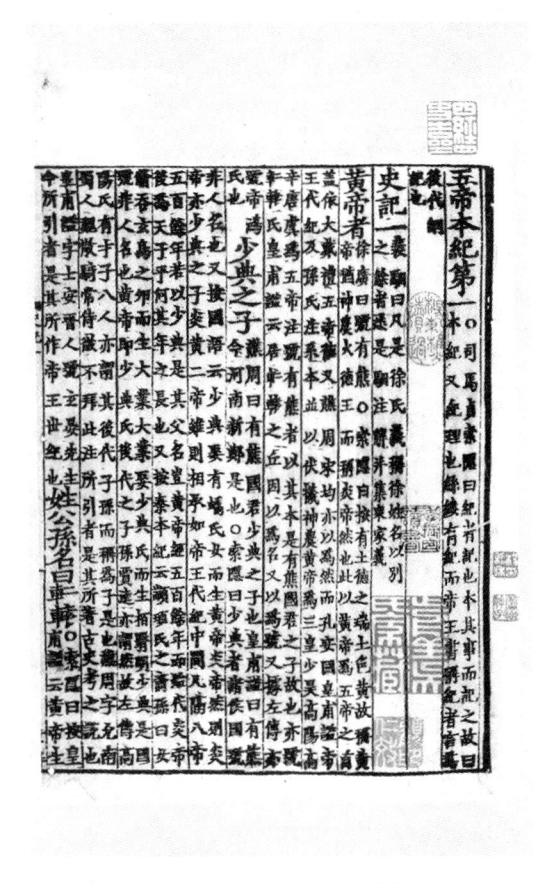

图 2-2 《史记》 宋刻本

世系系统。

《史记》记述了周边各族与华夏的亲缘关系,如《吴太伯世家》云:"中国之虞与荆蛮句吴兄弟也。"①《越王勾践世家》云:"越王勾践,其先禹之苗裔,而夏后帝少康之庶子也。"②《楚世家》云:"楚之先祖出自帝颛顼高阳。"③ 民族列传所记各族也是黄帝的后代,或中原人士,如《匈奴列传》"匈奴,其先祖夏后氏之苗裔也,曰淳维"④,《朝鲜列传》"朝鲜王满者,故

---

① 《史记》卷一《五帝本纪》,中华书局 1959 年版,第 1475 页。
② 《史记》卷四十一《越王勾践世家》,中华书局 1959 年版,第 1739 页。
③ 《史记》卷四十《楚世家》,中华书局 1959 年版,第 1689 页。
④ 《史记》卷一百《匈奴列传》,中华书局 1959 年版,第 2879 页。

燕人也"①,《南越列传》"南越王尉佗者,真定人也,姓赵氏"②,《东越列传》"闽越王无诸及越东海王摇者,其先皆越王勾践之后也,姓驺氏"③。

《史记》叙述了五帝同宗、诸族同祖的历史,同时,《史记》也认为"四夷"都是中央地区的罪人之后,是被驱逐到华夏的边缘地带的,如《五帝本纪》云:"于是舜归而言于帝,请流共工于幽陵,以变北狄;放驩兜于崇山,以变南蛮;迁三苗于三危,以变西戎;殛鲧于羽山,以变东夷:四罪而天下咸服。"④ 这表明"华夏"和"四夷"虽是同祖,但他们之间是不平等的,有着贵贱尊卑的区别。

《史记》在叙述各民族早期历史时,开始有了明确的空间意识,如叙述黄帝对周边人群频繁征伐,不断向四周扩展领地,"东至于海,登丸山,及岱宗。西至于空桐,登鸡头。南至于江,登熊、湘。北逐荤粥,合符釜山,而邑于涿鹿之阿"⑤。《史记》继承了先秦时期五服等理论模型,称五千里之外为荒服,而荒服的东、南、西、北居住着不同的民族,"唯禹之功为大,披九山,通九泽,决九河,定九州,各以其职来贡,不失厥宜。方五千里,至于荒服。南抚交阯、北发,西戎、析枝、渠廋、氐、羌、北山戎、发、息慎、东长、鸟夷,四海之内咸戴帝舜之功。于是禹乃兴《九招》之乐,致异物,凤皇来翔。天下明德皆自虞帝始"⑥。《史记》在记述各民族历史时,延续了先秦时期形成的对"四夷"的体系化记述模式。

《史记》对各民族渊源进行了重构,认为各族同源共祖,形成了统一的民族史观。《史记》对吴、越、秦、楚王室的族源的记述就体现了这一点。《五帝本纪》《夏本纪》《殷本纪》《周本纪》《秦本纪》《齐世家》《楚世家》,记述了各民族的演变、融合,尤其注重记述周边民族的诸侯向华夏的演进过程,以及中原文化向民族地区传播的情况。《史记》的民族列传《匈奴列传》《南越列传》《东越列传》《朝鲜列传》《西南夷列传》《大宛列传》,塑造了一个环绕中原王朝的少数民族系列,成为后世民族史记述的范例。

---

① 《史记》卷一百一十五《朝鲜列传》,中华书局1959年版,第2985页。
② 《史记》卷一百一十三《南越列传》,中华书局1959年版,第2967页。
③ 《史记》卷一百一十四《东越列传》,中华书局1959年版,第2979页。
④ 《史记》卷一《五帝本纪》,中华书局1959年版,第28页。
⑤ 同上书,第6页。
⑥ 同上书,第43页。

对于在一统政治秩序中各少数民族的地位及作用，司马迁总结说："汉兴以来，至明天子，获符瑞，封禅，改正朔，易服色，受命于穆清，泽流罔极，海外殊俗，重译款塞，请来献见者，不可胜道。臣下百官力诵圣德，犹不能宣尽其意。"①《史记》民族史的记述体现了宣扬汉朝大一统政治秩序的需要。

《史记》对西汉建立以来有重要影响的民族立《匈奴列传》《南越列传》《东越列传》《朝鲜列传》《西南夷列传》《大宛列传》六列传，开始按地域划分系统撰述各民族历史。《史记》为少数民族立传的标准，表现了司马迁把周边民族历史看作大一统帝国、大一统历史之有机组成部分，体现了其"中国一统"的理想政治观念。

第三节 《史记》的民族列传

《史记》开创了纪传体通史的体例，分为本纪、表、书、世家、列传五体。《史记》正式为民族立传，包括匈奴、南越、东越、朝鲜、西南夷、大宛等，开创了民族列传的撰述体例，在这几部传记中，《匈奴列传》最具有代表性。

《史记》民族史的撰述具有一定的政治考虑，是司马迁对政治秩序的探求，其在理论上进行合理的解释，形成了记述民族历史的框架。司马迁交代了民族各传的撰述目的，《太史公自序》云：

  自三代以来，匈奴常为中国患害；欲知强弱之时，设备征讨。作《匈奴列传》第五十。②

  汉既平中国，而佗能集杨越以保南藩，纳贡职。作《南越列传》第五十三。③

  吴之叛逆，瓯人斩濞，葆守封禺为臣。作《东越列传》第五十四。④

---

① 《史记》卷一百三十《太史公自序》，中华书局1959年版，第3299页。
② 同上书，第3317页。
③ 同上。
④ 同上。

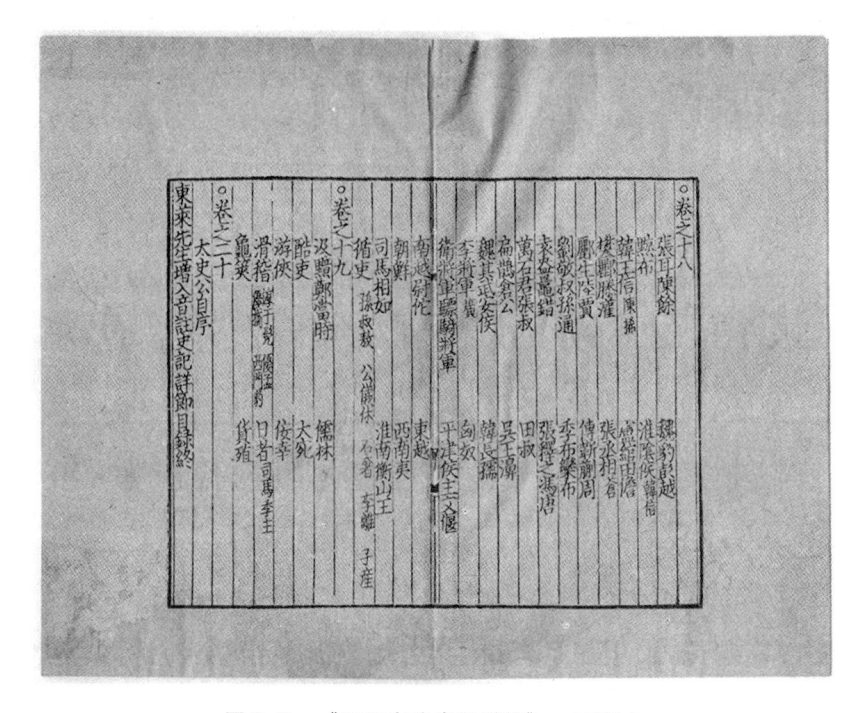

图 2-3 《正义音注史记详解》 宋刻本

燕丹散乱辽间，满收其亡民，厥聚海东，以集真藩，葆塞为外臣，作《朝鲜列传》第五十五。①

唐蒙使略通夜郎，而邛筰之君请为内臣受吏。作《西南夷列传》第五十六。②

汉既通使大夏，而西极远蛮，引领内乡，欲观中国。作《大宛列传》第六十三。③

可知司马迁为少数民族立传的标准：一是对"为中国患害"者的察其盛衰强弱以"设备征讨"，即为武力威胁中央皇朝统治的少数民族立传，以达到"知彼"，为中央皇朝用武力解除威胁做准备；二是"保藩""纳贡"者，即为自愿或被迫为中央皇朝藩臣并尽纳贡义务的少数民族立传；三是"为

---

① 《史记》卷一百三十《太史公自序》，中华书局 1959 年版，第 3317 页。
② 同上。
③ 同上书，第 3318 页。

臣"者，即为不论是"内臣"还是"外臣"，都为之立传；四是"引领内乡"的"来献见者"，即为地处边远但愿与中央皇朝进行交往的少数民族或外国立传。

司马迁著《史记》时，西汉与匈奴及北方其他游牧民族交往已有60余年，通过战争、商贸以及外交等途径获得有关民族的大量信息。司马迁青年时期广泛游历，亲自调查了民间的口头讲述，获得了关于各民族的一手资料。《太史公自序》称："南游江淮，上会稽，探禹穴，浮于沅、湘，北涉汶、泗，讲业齐、鲁之都，观孔子之遗风。乡射邹、峄；厄困鄱、薛、彭城，过梁、楚以归。"① 司马迁后被任命为郎中，到巴、蜀以南，以及邛、笮、昆明等地，亲身考察了当地的民族情况。此外，司马迁多次随汉武帝出巡，远及北方边地，考察了边疆地区的民族情况。

西汉时期，匈奴是汉朝北边最主要的威胁，出于军事上的需要，汉朝也注意搜集关于匈奴的信息。汉初几十年，汉朝通过外交、贸易、战争等途径积累了大量关于匈奴的资料。

司马迁根据当时所能获得的文献，对北方民族历史进行了梳理，为匈奴构建了一段早期发展史。叙述了夏至秦的千余年北方民族的历史，记述了戎狄的种类、发展过程及其与华夏的关系。虽然司马迁没有明确说明这些民族与匈奴的关系，但通过对史料的梳理，使北方民族史有了比较清晰的框架，而不同于先秦的零散记载。在这一历史过程中，既有戎狄对华夏的侵扰，也有华夏扩张对戎狄的驱逐。《史记·匈奴列传》曰：

> 秦穆公得由余，西戎八国服于秦，故自陇以西有绵诸、绲戎、翟、豲之戎，岐、梁山、泾、漆之北有义渠、大荔、乌氏、朐衍之戎。而晋北有林胡、楼烦之戎，燕北有东胡、山戎。各分散居溪谷，自有君长，往往而聚者百有余戎，然莫能相一。②

汉初人对各民族有所歧视，汉武帝时大臣主父偃谏伐匈奴的奏章中就有这种观念："夫匈奴难得而制，非一世也。行盗侵驱，所以为业也，天性固

---

① 《史记》卷一百三十《太史公自序》，中华书局1959年版，第3293页。
② 《史记》卷一百《匈奴列传》，中华书局1959年版，第2883页。

然。上及虞夏殷周，固弗程督，禽兽畜之，不属为人。"① 相对来说，《史记》的《匈奴列传》中对匈奴记述较为客观，蔑视性的记述较少。

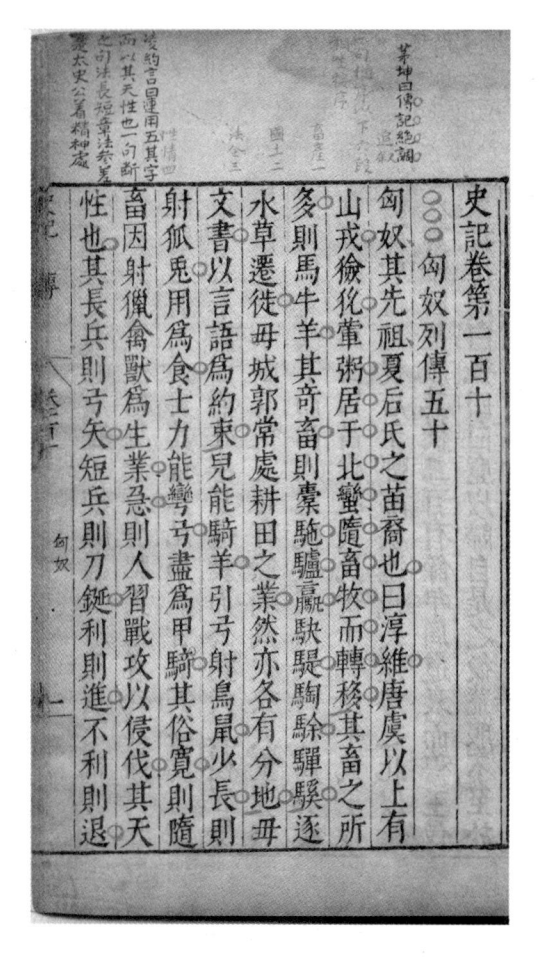

图 2-4　《史记》　明刻本

《史记》对匈奴的社会组织、习俗、生活方式进行了详细的记载。《匈奴列传》记述了匈奴内部的组织："诸大臣皆世官。呼衍氏，兰氏，其后有须卜氏，此三姓其种也。……各有分地，逐水草移徙。而左右贤王、左右谷蠡王最为大，左右骨都侯辅政。诸二十四长亦各自置千长、百长、什长、裨

---

① 《史记》卷一百一十二《平津侯主父列传》，中华书局 1959 年版，第 2955 页。

小王、相、封都尉、当户、且渠之属。"①

《匈奴列传》还记述了匈奴的游牧生活、畜产种类、丧葬方式、纠纷解决、作战方法等，以及在此基础上形成的民族性格，"其俗，宽则随畜，因射猎禽兽为生业，急则人习战攻以侵伐，其天性也"。司马迁以中原地区的礼义为标准对匈奴的民族性格进行了评价："利则进，不利则退，不羞遁走。苟利所在，不知礼义。"②

文帝时，宫中宦者中行说随和亲使团至匈奴，后投靠匈奴，成为匈奴的谋士。后汉使至匈奴，就匈奴的文化与中行说展开辩论，《匈奴列传》通过转述中行说的议论来说明匈奴的文化特征，这表明司马迁作为史家的客观态度。中行说云：

> 匈奴明以战攻为事，其老弱不能斗，故以其肥美饮食壮健者，盖以自为守卫，如此父子各得久相保，何以言匈奴轻老也？……匈奴之俗，人食畜肉，饮其汁，衣其皮；畜食草饮水，随时转移。故其急则人习骑射，宽则人乐无事，其约束轻，易行也。君臣简易，一国之政犹一身也。父子兄弟死，取其妻妻之，恶种姓之失也。故匈奴虽乱，必立宗种。③

《匈奴列传》对匈奴史的记述成为后世民族历史撰述的典范，其观念和表述方式为后世正史民族列传所效仿。后世修史者对《史记》的叙事模式或结构不仅是一般的模仿，而是制度化模仿。在历代王朝支持下的历史编修制度下，《史记》成为正史的典范。④

第四节　《汉书》的民族列传

经过西汉末期王莽篡汉及农民战争的动乱后，刘秀称帝，稳定了局势，

---

① 《史记》卷一百《匈奴列传》，中华书局1959年版，第2890—2891页。
② 同上书，第2879页。
③ 同上书，第2899—2900页。
④ 参见王明珂《英雄祖先与弟兄民族：根基历史的文本与情境》，中华书局2009年版，第168页。

汉朝的天下得以延续。东汉班固撰写《汉书》的时代，汉朝正统意识进一步加强。《汉书》的记述在民族史观上相对于《史记》有所变化，历史撰述受经学思想的影响较大，更注重华夷之别，旨在歌颂汉朝的威德。

《汉书》，东汉班固撰，包括12本纪、8表、10志、70列传，共100篇。卷六十四至卷六十六为《匈奴传》《西南夷两越朝鲜传》《西域传》，体现了"分州域，物土疆，穷人理，该万方"的撰述旨趣。①

《汉书》为纪传体断代史，班固本着"先京师而后诸夏，先诸夏而后夷狄"②的叙述顺序，将少数民族的列传视为"外纪"，放在全书相对靠末的位置，这种编撰方法体现出班固相对保守的民族观。与《史记》比较，《汉书》的华夷观更为严苛，对民族习俗的记述上，措辞尖刻，比如直斥匈奴是"夷狄之人贪而好利，被发左衽，人面兽心"③。

东汉与周边各民族交往得到加强，汉朝频繁向民族地区派出使臣，使臣回朝后会留下相关文字记录，成为民族史撰述的珍贵史料。班固曾任兰台令史，能见到皇室藏书及宫廷档案。《汉书》的民族列传就引用了当时的档案、文书、奏疏等。如张骞根据出使行程见闻撰《出关志》④，该书应是《史记·大宛列传》《汉书·张骞传》与《汉书·西域传》的重要史料来源。东汉时班超、班勇父子都曾任职于西域，为维护东汉在西域的利益起了重要的作用，后来班勇将其见闻写成报告，报告中记述了西域各国的地理、物产、风土人情以及政治、历史等方面的情况。

《汉书》对民族列传纂修进行了理论上的探讨，《汉书·叙传》阐明了立民族列传的标准：

> 于惟帝典，戎夷猾夏！周宣攘之，亦列《风》《雅》。宗幽既昏，淫于褒女，戎败我骊，遂亡酆鄠。大汉初定，匈奴强盛，围我平城，寇侵边境。至于孝武，爰赫斯怒，王师雷起，霆击朔野。宣承其末，乃施洪德，震我威灵，五世来服。王莽窃命，是倾是覆，备其变理，为世典式。述《匈奴传》第六十四。⑤

---

① （东汉）班固：《汉书》卷一百《叙传》，中华书局1962年版，第4271页。
② （东汉）班固：《汉书》卷八《宣帝纪》，中华书局1962年版，第270页。
③ 《汉书》卷九十四下《匈奴传下》，中华书局1962年版，第3834页。
④ 《隋书·经籍志》载有张骞《出关志》一卷。
⑤ 《汉书》卷一百《叙传》，中华书局1962年版，第4267页。

西南外夷，种别域殊。南越尉佗，自王番禺。攸攸外寓，闽越、东瓯。爰洎朝鲜，燕之外区。汉兴柔远，与尔剖符。皆恃其岨，乍臣乍骄，孝武行师，诛灭海隅。述《西南夷两越朝鲜传》第六十五。①

西戎即序，夏后是表。周穆观兵，荒服不旅。汉武劳神，图远甚勤。王师驒驒，致诛大宛。姎姎公主，乃女乌孙，使命乃通，条支之濒。昭、宣承业，都护是立，总督城郭，三十有六，修奉朝贡，各以其职。述《西域传》第六十六。②

可见班固为民族立传主要有三个标准：一是"备其变理，为世典式"；二是"种别域殊"；三是"修奉朝贡"。这些与《史记》民族列传的立传标准相比，基本是一致的。

在历史记述中，也表明了汉与匈奴的彼此认识，根据外交文书的原始文献，记述较为客观，《史记·匈奴列传》记载，汉文帝遗书匈奴曰："先帝制：长城以北，引弓之国，受命单于；长城以内，冠带之室，朕亦制之。"③《汉书·匈奴传上》记载单于遗汉书云："南有大汉，北有强胡。胡者，天之骄子也。"④

《汉书》在民族史撰述中注意总结制御四夷的基本方法与原则，这也是其民族列传撰述的基本目的之一。如《汉书·匈奴传》后赞语云：

是以春秋内诸夏而外夷狄。夷狄之人贪而好利，被发左衽，人面兽心，其与中国殊章服，异习俗，饮食不同，言语不通，辟居北垂寒露之野，逐草随畜，射猎为生，隔以山谷，雍以沙幕，天地所以绝外内也。是故圣王禽兽畜之，不与誓约，不就攻伐；约之则费赂而见欺，攻之则劳师而招寇。其地不可耕而食也，其民不可臣而畜也，是以外而不内，疏而不戚，政教不及其人，正朔不加其国。来则惩而御之，去则备而守之。其慕义而贡献，则接之以礼让，羁縻；不绝，使曲在彼，盖圣王制御蛮夷之常道也。⑤

---

① 《汉书》卷一百《叙传》，中华书局1962年版，第4268页。
② 同上。
③ 《史记》卷一百《匈奴列传》，中华书局1959年版，第2902页。
④ 《汉书》卷九十四上《匈奴传上》，中华书局1962年版，第3780页。
⑤ 《汉书》卷九十四《匈奴传》，中华书局1962年版，第3834页。

班固在记述民族历史过程中强调诸夏与夷狄在章服、习俗、饮食、语言、地域上的根本区别，并认为汉朝对于周边民族应该保持内外有别，采取适当的防备与羁縻的政策。

《史记》成书之后，关于周边民族的史料不断积累，因此《汉书》尽可能地采集了当时所能见到的新资料，继续扩充了民族史传的内容。《汉书·匈奴传》与《史记·匈奴列传》相比，更加系统地叙述了匈奴由三代至更始时期的历史，全面地揭示了匈奴盛衰的轨迹以及匈奴与中央政权的关系，大约新增五分之三的篇幅，如增加猃狁与周的战争的叙述。《汉书·西南夷两越朝鲜传》有关西南夷的史事大约扩充了一半，如将昭帝以后西南夷事续写至王莽时。

《史记》中关于西域的记载见于《大宛列传》及与西域有关的人物列传中，《史记》成书后，汉朝又获得了更多西域的信息，如班固云："自宣、元后，单于称藩臣，西域服从，其土地、山川、王侯、户数、道里远近翔实矣。"① 在关于西域丰富资料的基础上，《汉书》增加了专门的《西域传》，叙述了西域53国之情形，大多内容为《史记》所无，不仅详细记述了西域各民族政治、经济状况及风土人情，还反映了安息、大月氏、大夏、犁靬、条支等中亚、西南亚各国历史，以及它们之间的经济、文化交流情况。

《汉书》对西域的定义：

> 西域以孝武时始通，本三十六国，其后稍分至五十余，皆在匈奴之西，乌孙之南。南北有大山，中央有河，东西六千余里，南北千余里。东则接汉，厄以玉门、阳关，西则限以葱岭。其南山，东出金城，与汉南山属焉。其河有两原：一出葱岭山，一出于阗。于阗在南山下，其河北流，与葱岭河合，东注蒲昌海。蒲昌海，一名盐泽者也，去玉门、阳关三百余里，广袤三百里。其水亭居，冬夏不增减，皆以为潜行地下，南出于积石，为中国河云。②

《西域传》实际记述的西域诸国要超出这个范围，远及中亚锡尔河、阿姆河流域。

《西域传》以"国"为单位，记述了西域的绿洲城邦国家，包括婼羌、

---

① 《汉书》卷九十六上《西域传》，中华书局1962年版，第3874页。
② 同上书，第3871页。

鄯善国、且末国、小宛国、精绝国、戎卢国、扜弥国、渠勒国、于阗国、皮山国、乌秅国、西夜国、蒲犁国、依耐国、无雷国、难兜国、罽宾国、乌弋山离国、安息国、大月氏国、康居国、大宛国、桃槐国、休循国、捐毒国、莎车国、疏勒国、尉头国、乌孙国、姑墨国、温宿国、龟兹国、乌垒国、渠犁国、尉犁国、危须国、焉耆国、乌贪訾离国、卑陆国、卑陆后国、郁立师国、单桓国、蒲类国、蒲类后国、西且弥国、东且弥国、劫国、狐胡国、山国、车师前国、车师后国。《西域传》在记述这些国家时，主要强调其距汉远近、人口、胜兵等情况。

《西域传》在记述西域各民族的基本特征时，使用了"种""类"的概念，记述了西域人的外貌、风俗与经济生活，"西域诸国大率土著，有城郭田畜，与匈奴、乌孙异俗，故皆役属匈奴"①。也对民族源流予以记载，"蒲犁及依耐、无雷国皆西夜类也。西夜与胡异，其种类羌氐行国，随畜逐水草往来"②。"昔匈奴破大月氏，大月氏西君大夏，而塞王南君罽宾。塞种分散，往往为数国。自疏勒以西北，休循、捐毒之属，皆故塞种也。"③

汉武帝时期，为攻匈奴而通西域，西域在汉代政治格局中有重要作用。《汉书·西域传》开创了区域民族史的撰述体例，为后世正史所效法。《后汉书·艺文志》著录了班超撰《西域风土记》。

《汉书·西域传》后赞语中，通过对西域各国的记述，总结了西汉对西域的整体政策："西域诸国，各有君长，兵众分弱，无所统一，虽属匈奴，不相亲附。匈奴能得其马畜旃罽，而不能统率与之进退。与汉隔绝，道里又远，得之不为益，弃之不为损。盛德在我，无取于彼。故自建武以来，西域思汉威德，咸乐内属。唯其小邑鄯善、车师，界迫匈奴，尚为所拘。而其大国莎车、于阗之属，数遣使置质于汉，愿请属都护。圣上远览古今，因时之宜，羁縻不绝，辞而未许。虽大禹之序西戎，周公之让白雉，太宗之却走马，义兼之矣，亦何以尚兹。"④

《汉书·西域传》开创了西域传独特的撰述方式，并被历代正史，如《后汉书》《魏书》《隋书》《北史》《新唐书》《明史》所遵循，诸正史皆立《西域传》。

---

① 《汉书》卷九十六上《西域传》，中华书局1962年版，第3872页。
② 同上书，第3884页。
③ 同上书，第3883页。
④ 同上书，第3930页。

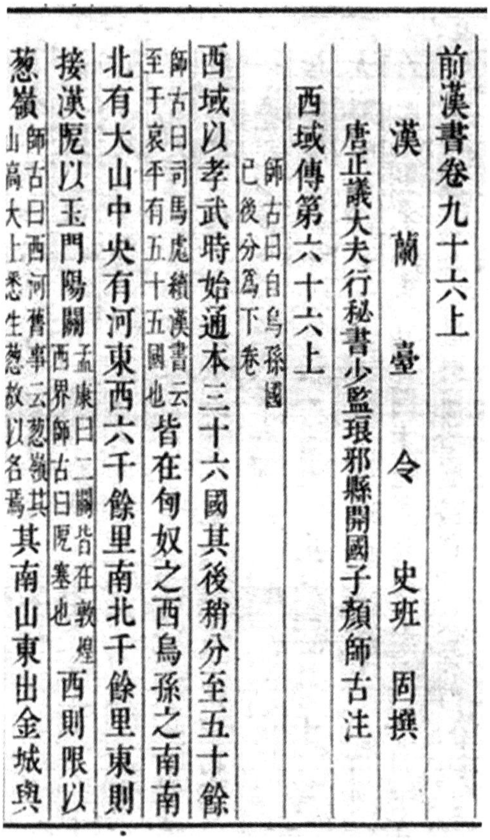
前漢書卷九十六上
漢　蘭臺令史班固撰
唐正議大夫行秘書少監琅邪縣開國子顏師古注
西域傳第六十六上
師古曰自烏孫國已後分爲下卷
西域以孝武時始通本三十六國其後稍分至五十餘師古曰司馬彪續漢書云至于哀平有五十五國也皆在匈奴之西烏孫之南南北有大山中央有河東西六千餘里南北千餘里東則接漢阸以玉門陽關孟康曰二關皆在敦煌西界師古曰阸塞也西則限以葱嶺師古曰西河舊事云葱嶺其山高大上悉生葱故以名焉其南山東出金城與

图 2-5　《汉书·西域传》清乾隆武英殿版

第五节　《风俗通义》的民族记述

《风俗通义》，应劭撰。[①] 该书记载史事从传说中的三皇五帝至东汉，涉及汉代礼仪、先秦皇王侯伯、声音乐器、神异鬼怪、山泽河薮等，对当时社会民俗、民情、人物、史实、典制、名物、地理、狱法等方面进行了详尽的

① 应劭，东汉汝南南顿（今河南省项城市）人，生于官宦世家。汉灵帝时，应劭被举为孝廉，担任车骑将军何苗的属官。中平六年（189 年），升任泰山太守。汉献帝建安二年（197 年），担任袁绍的军谋校尉。最后卒于邺（今河北省临漳县西南）。著有《风俗通》《驳议》《汉仪》《汉宫礼仪故事》《状人纪》《中汉辑序》《汉书集解》等。见《后汉书》卷四十八《杨李翟应霍爰徐列传》，中华书局 1965 年版，第 1609—1614 页。

阐述。今存《风俗通义》佚文，记载了南蛮、哀老夷、羌族、鲜卑族的起源传说，及其与中原的关系。

应劭在《风俗通义》中的民族记述，以中原王朝为中心，按照东夷、南蛮、西戎、北狄的地理方位详细记载了当时东汉政权周边少数民族的种类和名称：

> 东方曰夷者，东方仁，好生，万物抵触地而出。夷者，抵也，其类有九：一曰玄菟，二曰乐浪、三曰高骊，四曰满饰，五曰凫臾，六曰索家，七曰东屠，八曰倭人，九曰天鄙；
>
> 南方曰蛮者，君臣同川而浴，极为简慢。蛮者，慢也，其类有八：一曰天竺，二曰垓首，三曰僬侥，四曰跂踵，五曰穿胸，六曰儋耳，七曰狗轵，八曰旁脊；
>
> 西方曰戎者，斩伐杀生，不得其中。戎者，凶也，其类有六：一曰侥夷，二曰戎夷，三曰老白，四曰耆羌，五曰鼻息，六曰天刚；
>
> 北方曰狄者，父子叔嫂，同穴无别。狄者，辟也，其行邪辟，其类有五：一曰令支，二曰秽貊，三曰匈奴，四曰单于，五曰白屋。[①]

这一记述模式具有重要的理论意义，是对商周以来民族认识的理论总结，按地理区域对民族类别进行划分，形成了民族史的记述体例，为后世正史的民族列传提供了理论依据，这表明了中国古代民族史撰述中的四夷体系基本形成。

应劭在《风俗通义》中还记载了各地区民族的风俗习惯和生活习性，如羌"羌本西戎，卑贱者也，主牧羊，故羌字从羊人，因以为号。无君臣上下，健者为豪，不能相一，种别部分，强者陵弱，转相抄盗，男子战死以为吉，病终者谓之凶"[②]；氐族"至死好利。乐在山溪，本西南夷，别种号曰白马"[③]；貊族"无礼法，不知送往劳来，无宗庙粢盛，赋敛轻薄也"[④]；胡族"被发左衽，言语赘币，事殊互也"[⑤]；巴蜀地区賨人"剽勇"，"输布一

---

① （东汉）应劭撰，王利器校注：《风俗通义校注》，中华书局1981年版，第487—488页。
② 同上书，第488页。
③ 同上。
④ 同上书，第488—489页。
⑤ 同上书，第489页。

匹二丈，是谓賨布，廪君之巴氏，出嫁布八丈"①。

第六节 专门民族史著作《哀牢传》

《哀牢传》为东汉时期杨终所撰，是一部专门记述西南地区哀牢历史的专著，表明随着民族史学的发展，出现了专门民族史撰述。

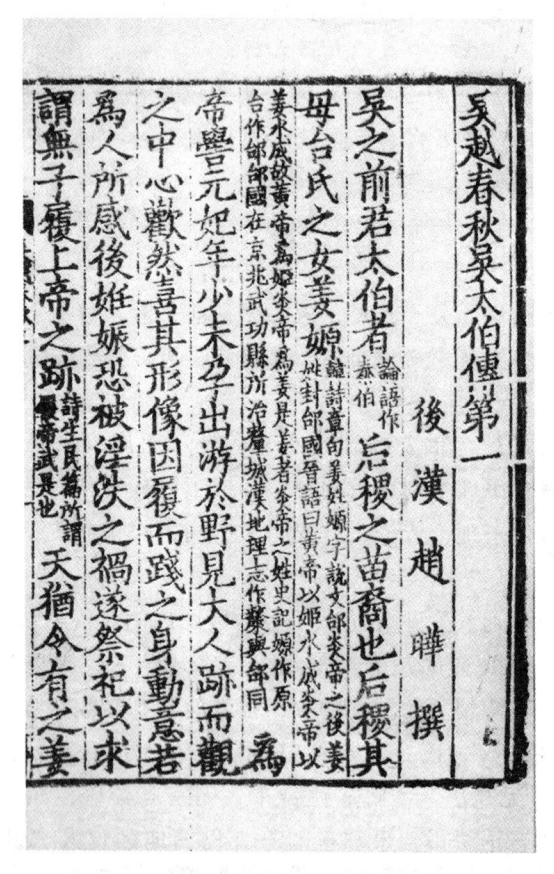

图 2-6 《吴越春秋》 元刻明修本

《后汉书》有《杨终传》，专记其生平事迹，但对杨终何时撰写《哀牢传》一事没有叙述。杨终撰写《哀牢传》的情况，在王充《论衡·佚文篇》

---

① （东汉）应劭撰，王利器校注：《风俗通义校注》，中华书局 1981 年版，第 491 页。

中可以看到大致梗概，该篇云："杨子山为郡上计吏，见三府为《哀牢传》

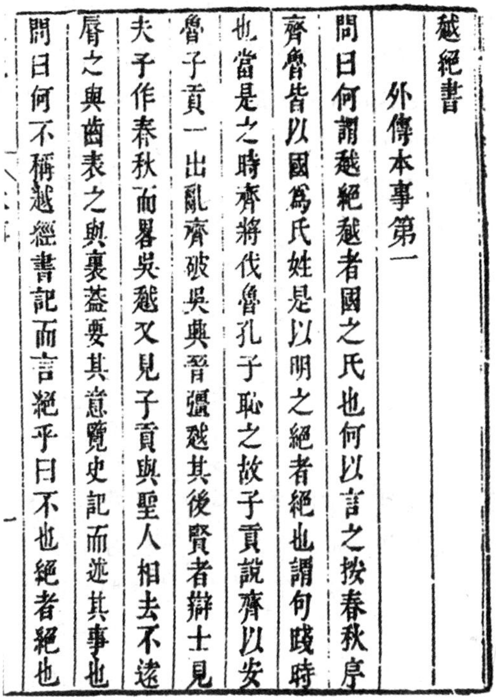

越絕書

外傳本事第一

問曰何謂越絕越者國之氏也何以言之按春秋序齊魯皆以國爲氏姓是以明之絕者絕也謂句踐時也當是之時齊將伐魯孔子恥之故子貢說齊以安魯子貢一出亂齊破吳興晉彊越其後賢者辯士見夫子作春秋而略吳越又見子貢與聖人相去不遠脣之與齒表之與裏蓋要其意覽史記而述其事也

問曰何不稱越經書記而言絕乎曰不也絕者絕也

图 2–7　《越绝书》　明刻本

不能成，归郡作上，孝明奇之，征在兰台。夫以三府掾吏，丛积成才，不能成一篇。子山成之，上览其文。子山之《传》，岂必审是？传闻依为之有状，会三府之士，终不能为，子山为之，斯须不难。"① 《后汉书・西南夷列传》记载，东汉明帝时期，是云南哀牢历史上的重要转折点，明帝永平十二年（公元 69 年）哀牢王柳貌遣子率种人内属，于是东汉王朝在哀牢地设永昌郡，从这时起，自西汉开始经营西南夷的事业基本完成。杨终作《哀牢传》正是在这一重要的历史时期，那么《哀牢传》当与哀牢王内属及东汉置永昌郡有关，杨终写此传的材料来源于"传闻"，应是根据当时哀牢人传说写成，

① 黄晖：《论衡校释》，中华书局 1990 年版，第 863 页。

书中记叙了哀牢地区的民族传说、世系、风土、物产等方面情况。

《哀牢传》一书在隋唐时已佚，只有唐李贤注《后汉书》中引有一条，共68个字，叙述了哀牢人古老的沙壹、九隆传说，以及九隆传世的情况。或许这条材料亦系转引自他书，后世各书所引均出此。九隆以后的哀牢世系，各书都不曾记载，幸赖此书得以保存。因此，至今《哀牢传》虽然只剩一条材料，但却是研究哀牢地区的种族、物产、风俗、疆域和历史的重要原始资料。而且这本书的问世，代表着专记云南民族历史的专门史书之发端，可以说是云南最早的一部地方志，也是一部专门的民族史著作。

汉代还有其他史书如《越绝书》《吴越春秋》《异物志》中都对民族历史有所记述。

小 结

（1）汉代民族史观受到儒学的强烈影响，如春秋公羊学对民族史观产生了重要影响。修史者在历史叙述中往往强调夷夏内外有别，这也体现在正史的编纂中，如班固撰《汉书》更加强调"先诸夏而后夷狄"的原则。

（2）汉代思想家发展了先秦"五方之民"的论述，结合新收集的民族资料，进行了理论上的完善，形成了对四夷的体系化记述模式，表现在《淮南子·坠形训》《风俗通义·佚文》的民族记述方式上。

（3）司马迁通过对《世本》《五帝德》《帝系姓》的重新梳理，在观念上构造一统的民族世系，黄帝是诸夏的共祖，各民族也与诸夏具有同源的关系。司马迁对少数民族列传的并列编排方法，反映了他将汉和少数民族的历史都看作一统政治秩序的有机组成部分，充分体现了司马迁的民族大一统思想。

（4）司马迁采取了理性的方法，以大量的文献材料和实地考察、搜集民间口述史料相结合，对民族、地理的真实性进行考辨，在此基础之上撰成民族列传，民族史已经形成了一种专门的知识形态，标志着民族史学的正式形成。司马迁修史的态度比较客观，如在《匈奴列传》中对中行说的论述予以引用。《汉书·匈奴传》则通过对匈奴历史的记述总结了"圣王制御蛮夷之常道"。《汉书》在《史记·大宛列传》的基础上立《西域传》，记述了西域各国的情况及各民族的迁徙与分布，开创了正史《西域传》的先河。

第三章

三国两晋南北朝时期的民族史学

东汉末出现了封建割据的局面，后形成魏、蜀、吴三国鼎立局面。曹操北征乌桓，稳定了北方局势，各民族纷纷内属，有的安置在边郡，有的居于内地。蜀国也平定了西南夷。西晋内乱，使各民族有了新的发展机会。进入中原的五胡先后建立了十余个政权，这些民族的统治上层接受了中原地区的文化。在南北朝对峙的局面下，南朝强调华夷之分，在正史中称北朝为"虏"，北朝通过历史记述自己是黄帝之后，与华夏有亲缘关系，称南朝为"岛夷"。南北朝皆通过修史来争夺正统地位，在对民族历史记述上也反映了各自的正统意识。

第一节 三国两晋南北朝时期民族史观的发展

一 华夷之别

魏晋时期，结束了汉末以来的割据状态，但各民族纷纷内徙，逐渐成了不可忽视的地方势力，严重威胁了魏、晋的政治稳定。早在三国曹魏时，邓艾就提出："羌胡与民同处者，宜以渐出之，使居民表崇廉耻之教，塞奸宄之路。"[1] 晋武帝太康年间，匈奴等少数民族数次反叛，侍御史郭钦上疏提出徙汉民实边的主张："夷不乱华，渐徙平阳、弘农、魏郡、京兆、上党杂胡，峻四夷出入之防，明先王荒服之制，万世之长策也。"[2] 西晋连年内乱，致使国力衰微，无力控制民族地区，北方民族势力迅速崛起，这引起了西晋统治

---

[1] 《三国志》卷二十八《邓艾传》，中华书局1971年版，第776页。
[2] 《晋书》卷九十七《四夷传》，中华书局1974年版，第2549页。

阶层的忧虑。晋惠帝元康时,平息氐帅齐万年叛乱之后,江统上奏的《徙戎论》更是进一步论述了这种观点。

江统推崇《春秋》的华夷观,并以之为标准看待各民族历史,他说:"夫夷蛮戎狄,谓之四夷,九服之制,地在要荒。《春秋》之义,内诸夏而外夷狄。以其言语不通,贽币不同,法俗诡异,种类乖殊;或居绝域之外,山河之表,崎岖川谷阻险之地,与中国壤断土隔,不相侵涉,赋役不及,正朔不加,故曰:天子有道,守在四夷。"① 江统由此总结出华夷隔绝的重要意义,"非我族类,其心必异,戎狄志态,不与华同"②。

江统在严华夷之别的主旨下对自西周至魏晋的民族史进行了概述,认为这一时期是"中国"与"四夷"战争的历史,应从历史上汲取应对民族侵扰问题的经验,严格维护华夷之别,尤其是地域上的区别,民族杂居是有违《春秋》经义的。江统认可了秦始皇统一后的政策,认为"始皇之并天下也,南兼百越,北走匈奴,五岭长城,戎卒亿计。虽师役烦殷,寇贼横暴,然一世之功,戎虏奔却,当时中国无复四夷也"③。江统重点论述了西北地区的羌、北方的匈奴等少数民族对中国的威胁。江统在考察历史上的民族战争及民族政策基础上,提出了解决少数民族侵扰的方法:"当今之宜,宜及兵威方盛,众事未罢,徙冯翊、北地、新平、安定界内诸羌,著先零、罕开、析支之地;徙扶风、始平、京兆之氐,出还陇右,著阴平、武都之界。廪其道路之粮,令足自致,各附本种,反其旧土,使属国、抚夷就安集之。戎晋不杂,并得其所,上合往古即叙之义,下为盛世永久之规。纵有猾夏之心,风尘之警,则绝远中国,隔阂山河,虽为寇暴,所害不广。"④

在西晋关于民族内徙的议论中,江统《徙戎论》的民族史观较有代表性。江统作《徙戎论》时,晋朝内乱频仍,已无力应对各民族的袭扰。实际上,无论是西周、秦汉还是魏晋,一直都没有解决内部政治稳定问题,西晋因分封制等问题引起的八王之乱等战乱不断,中原地区生灵涂炭,内政不修,给各少数民族提供了发展的机会。

---

① 《晋书》卷五十六《江统传》,中华书局1974年版,第1529页。
② 同上书,第1531—1532页。
③ 同上书,第1530页。
④ 同上书,第1532页。

二 正统之争

南北朝时期是汉族与少数民族政权并立的时期，各民族政权此消彼长，既有冲突激荡，也有交流融合。在这一形势下，修史者的华夷观有了重大改变，民族史的撰述也取得大发展，先后出现了各种不同的民族史观。

后赵的建立者刘渊，本匈奴后裔，因先祖曾尚汉宗室公主，自称汉朝外孙，冒姓刘氏。刘渊于晋永安元年（304年）称汉王，永嘉二年（308年）称帝，国号汉。永嘉四年刘渊死，子刘聪立。刘聪于次年攻破洛阳，晋建兴四年（316年）占领长安，灭西晋。由此开始了"五胡乱华"的局面。刘曜杀刘聪自立，建立前赵，羯人石勒灭前赵，建后赵，后赵亡后，民族政权兴灭不常，后赵官员姚弋仲告诫诸子说："今石氏已灭，中原无主，自古以来未有戎狄作天子者。我死，汝便归晋，当竭尽臣节，尤为不义之事。"① 姚弋仲认识到了民族政权兴灭不常，认为戎狄称帝不能长久，只有东晋才能维持原有的华夷秩序。

北方民族王朝的统治者也有统一天下的愿望，后秦皇帝苻坚云："今四海事旷，兆庶未宁，黎元应抚，夷狄应和，方将混六合为一家，同有形于赤子。"② 苻坚统一北方后欲攻东晋，苻融进谏："国家本夷狄也，正朔会不归人。江东虽微弱仅存，然中华正统，天意必不绝之。"苻坚曰："帝王历数，岂有常邪，惟德之所在耳！刘禅其非汉之苗裔邪，终为魏所灭。汝所以不如吾者，正病不达变通耳！"③ 北朝统治上层的正统观念发生了变化，认为占据中原地区的政权就是正统，东魏时高欢说："江东复有一吴儿老翁萧衍者，专事衣冠之乐，中原士大夫之以为正朔所在。"④ 此语道出了北方少数民族政权高层对南方汉文化的认同和仰慕。

南北朝时期，各民族政权在修史过程中互相攻击，欲通过修史来争取本朝的正统地位。南朝梁沈约修纂《宋书》，以《索虏传》记载北魏的历史，以"索虏"名北魏，具有明显的正统之争意识。萧子显在《南齐书》中虽然承认了北魏政权，但仍称北魏为"魏虏"。北宋司马光对这一时期的修史特点概括得较为准确，他说："及汉室颠覆，三国鼎跱。晋氏失驭，五胡云

---

① 《晋书》卷一百十六《姚弋仲载记》，中华书局1974年版，第2961页。
② 《晋书》卷一百十三《苻坚载记上》，中华书局1974年版，第2896页。
③ 《资治通鉴》卷一百四，孝武帝太元七年，中华书局1956年版，第3304页。
④ 《北齐书》卷二十四《杜弼传》，中华书局1972年版，第347页。

扰。宋魏以降,南北分治,各有国史,互相排黜,南谓北为索虏,北谓南为岛夷。"①

在南北朝的交往中,士人群体也就正统问题展开争辩。北魏孝庄帝永安二年(529年),南朝梁武帝曾派侍中陈庆之护送魏北海王元颢回洛阳。北魏车骑将军张景仁主持招待宴会,席间中原士族甚多。陈庆之酒酣之际,宣称:"魏朝甚盛,犹曰五胡。正朔相承,当在江左,秦朝玉玺,今在梁朝。"北魏中大夫杨元慎予以反驳:"我魏膺箓受图,定鼎嵩洛,五山为镇,四海为家。移风易俗之典,与五帝而并迹;礼乐宪章之盛,凌百王而独高。岂卿鱼鳖之徒,慕义来朝,饮我池水,啄我稻粱;何为不逊,以至于此?"及陈庆之从北魏南归梁,又以亲身见闻批评了南朝的民族偏见,他说:"自晋宋以来,号洛阳为荒土,此中谓长江之北,尽是夷狄。昨至洛阳,始知衣冠士族并在中原。礼仪富盛,人物殷阜,目所不识,口不能传。"②

第二节 《三国志·乌丸鲜卑东夷传》的编纂

《三国志》,西晋陈寿撰。全书65卷,其中《魏书》30卷,《蜀书》15卷,《吴书》20卷,记载了从魏文帝黄初元年(220年)到晋武帝太康元年(280年),魏、蜀、吴三国鼎立时期的历史。《三国志》还注重记述那些对中原政权的稳定造成重大影响的民族,陈寿专门在《魏书》最后一卷记载了各民族的历史,包括乌桓、鲜卑、东夷等民族。

东汉末叶,朝政衰败,军阀割据,战乱不绝,最后形成三国鼎立局面,但对于中原的士人来说这仍然是华夏内部问题,在三国所辖区域之外的还是"四夷"。乌丸、鲜卑、东夷在汉末三国时代十分活跃,与中原政权交往、冲突频繁。《三国志·乌丸鲜卑东夷传》分乌丸、鲜卑与东夷各族3部分,陈寿在小序中对为各民族立传的原因进行了说明:"乌丸、鲜卑即古所谓东胡也。其习俗、前事,撰汉记者已录而载之矣。故但举汉末魏初以来,以备四夷之变云。"③《乌丸鲜卑东夷传》卷末评语云:"《史》《汉》著朝鲜、两

---

① 《资治通鉴》卷六十九,文帝黄初二年,中华书局1956年版,第2186页。
② (魏)杨衒之撰,范祥雍校注:《洛阳伽蓝记校注》,上海古籍出版社1978年版,第117—119页。
③ 《三国志》卷三十《乌丸鲜卑东夷传》,中华书局1971年版,第832页。

越,《东京》撰录西羌。魏世匈奴遂衰,更有乌丸、鲜卑,爰及东夷,使译时通,记述随事,岂常也哉。"① 表明了汉朝民族史的撰述是根据时代的特征而有所变化的。

"东夷"包括夫余、高句丽、沃沮、挹娄、濊人、韩人与倭人等。陈寿为东夷各民族立传,主要是由于汉末魏初东夷各族与中原政权有着密切的关系,而这些情况都是"前史之所未备"。陈寿认为东夷与中原具有文化上的联系,这是前代史书没有注意到的情况,"虽夷狄之邦,而俎豆之象存。中国失礼,求之四夷,犹信。故撰次其国,列其同异,以接前史之所未备焉"②。陈寿对东夷的历史评价是较高的,认为东夷是礼仪之邦,与中原在文化上具有渊源关系。

第三节 南朝诸正史的民族列传

南朝宋、齐、梁、陈虽偏安一隅,但南朝修史者并不承认各民族政权,尤其是北朝的正统地位。修史者从华夏正统的视角出发,把民族政权作为"虏""僭伪"来记述。南朝编纂的正史有《后汉书》《宋书》《南齐书》,三书都立有民族列传。

一 《后汉书》的民族列传

《后汉书》,南朝宋范晔所撰,是关于东汉历史的断代纪传体正史。今本《后汉书》120卷,其中本纪10卷,列传80卷,为范晔撰,另有八志共30卷,为晋司马彪撰,是后人附加上去的。由于本纪和列传中某些内容较多的篇章,又分上下卷,因此实际上范著为100卷,加上志30卷,全书共为130卷。

《后汉书》卷一百十五至卷一百二十为民族列传,范晔将关于少数民族的记载置于列传最末的位置,按照东、南、西、北的方位顺序,设置了《东夷列传》《南蛮西南夷列传》《西羌传》《西域传》《南匈奴列传》和《乌桓鲜卑列传》六个部分的少数民族列传。与此前记载少数民族的列传相比,其

---

① 《三国志》卷三十《乌丸鲜卑东夷传》,中华书局1971年版,第858页。
② 同上书,第840—841页。

记载的民族种类有所增加。关于这些少数民族入传的原因,范晔指出:"自中兴之后,四夷来宾,虽时有乖畔,而使驿不绝,故国俗风土,可得略记。"① 正因为这些少数民族与东汉政权的交往活动十分密切,所以,范晔可以获得更为丰富的史料,详尽记述了上述各地区少数民族及其分支的族源、历代沿革、地理位置、风俗人情、政权更迭等情况。

范晔在民族列传的叙述中,反复强调中原民族与周边各少数民族的同源关系。如《东夷列传》记载了三韩中的辰韩"耆老自言秦之亡人,避苦役,适韩国,马韩割东界之地与之"②,以此说明三韩民众的祖先是秦朝时因逃避劳役之苦而逃亡之人,与中原民族存在深厚的血缘关系;《南蛮西南夷列传》记载了蛮是五帝之一高辛帝(帝喾)女婿盘瓠之后的传说;《西羌列传》记载"西羌之本,出自三苗,姜姓之别也。其国近南岳。及舜流四凶,徙之三危,河关之西南羌地是也"③,等等。这些记载无疑是以天下一统、华夷一体思想为出发点的。

《后汉书·东夷列传》记述了东夷民族由尧时至秦的发展史,尤其是其华夏化的过程,"秦并六国,其淮、泗夷皆散为民户"④。同时,对东沃沮言语、饮食、居处、衣服进行了更为细致的描述,载其"言语、饮食、居处、衣服有似句骊"⑤。

《后汉书》以礼义的标准来评价四夷,认为东夷文化与"中国"一脉相承,承认历史上的蛮、夷、戎、狄具有与中原诸侯一样的地位。《后汉书·东夷列传》云:"东夷率皆土著,憙饮酒歌舞,或冠弁衣锦,器用俎豆。所谓中国失礼,求之四夷者也。凡蛮、夷、戎、狄总名四夷者,犹公、侯、伯、子、男皆号诸侯云。"⑥ 范晔对东夷民族文化的赞许,表明了其民族观的包容性。

南北朝时期,中原民众南迁,此时他们心目中的"盘瓠子孙"较明确地指湘西一带的山居人群。可能因本地诸大姓家族原来就有以神犬为祖源的传说,汉晋的华夏作者们将此本土族源与汉文献记载中的"犬封国""盘瓠"

---

① 《后汉书》卷八十五《东夷列传》,中华书局1965年版,第2810页。
② 同上书,第2819页。
③ 《后汉书》卷八十七《西羌传》,中华书局1965年版,第2869页。
④ 《后汉书》卷八十五《东夷列传》,中华书局1965年版,第2809页。
⑤ 同上书,第2816页。
⑥ 同上书,第2810页。

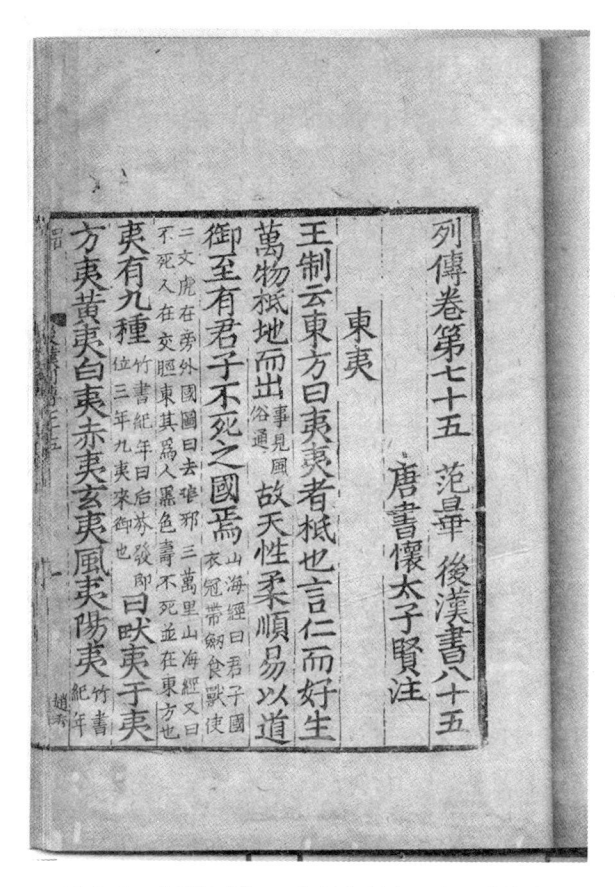

图3-1 《后汉书》 宋绍兴刻本 宋元递修本

等传说结合，显示出了当时本地华夏对"蛮夷"之鄙视。

《后汉书·南蛮传》第一次系统地记述了南蛮的历史，这些史料或许采自南方民族地区的传说，也可能是转抄应劭《风俗通义》的记载。这些记载保留了南方民族的民俗史料，表明了南方民族的认同方式，南蛮的风俗、服饰、语言、居住、社会组织等发展情况，《南蛮传》成为以后南方民族史记述的典范。

鉴于东汉羌乱对政局稳定造成的重要影响，《后汉书》对西羌的记述较为详细，并力图总结汉朝治羌的经验与教训。如《西羌传》后论云："昔先王疆理九土，判别畿荒，知夷貊殊性，难以道御，故斥远诸华，薄其贡职，唯与辞要而已。若二汉御戎之方，失其本矣。何则？先零侵境，赵充国迁之内地；煎当作寇，马文渊徙之三辅。贪其暂安之势，信其驯服之情，计日用之权宜，忘经世之远略，岂夫识微者之为乎？"① 修史者认为汉朝将西北民族内徙是造成羌乱的原因，强调应在地域上隔绝"夷貊"与"诸华"。又如《南匈奴传》主张"因其时执，及其虚旷，还南虏于阴山，归（河）西（河）于内地，上申关武权宜之略，下防戎羯乱华之变"②。

《后汉书·西域传》的后论，是范晔对前人有关西域记述所做的梳理与评述：

> 西域风土之载，前古未闻也。汉世张骞怀致远之略，班超奋封侯之志，终能立功西遐，羁服外域。自兵威之所肃服，财赂之所怀诱，莫不献方奇，纳爱质，露顶肘行，东向而朝天子。故设戊己之官，分任其事；建都护之帅，总领其权。先训则籯金而赐龟绶，后服则系头颡而衅北阙。立屯田于膏腴之野，列邮置于要害之路。驰命走驿，不绝于时月；商胡贩客，日款于塞下。其后甘英乃抵条支而历安息，临西海以望大秦，拒玉门、阳关者四万余里，靡不周尽焉。若其境俗性智之优薄，产载物类之区品，川河领障之基源，气节凉暑之通隔，梯山栈谷绳行沙度之道，身热首痛风灾鬼难之域，莫不备写情形，审求根实。至于佛道神化，兴自身毒，而二汉方志莫有称焉。张骞但著地多暑湿，乘象而战，班勇虽列其奉浮图，不杀伐，而精文善法导达之功靡所传述。余闻之后说也，其国则殷乎中土，玉烛和气，灵圣之所降集，贤懿之所挺生，神迹诡怪，则理绝人区，感验明显，则事出天外。而骞、超无闻者，岂其道闭往运，数开叔叶乎？不然，何诬异之甚也！汉自楚英始盛斋戒之祀，桓帝又修华盖之饰。将微义未译，而但神明之邪？详其清心释累之训，空有兼遣之宗，道书之流也。且好仁恶杀，蠲敝崇善，所以贤达君子多爱其法焉。然好大不经，奇谲无已，虽邹衍谈天之辩，庄周蜗角之论，尚未足以概其万一。又精灵起灭，因报相寻，若晓而昧者，故通人多惑焉。盖导俗无方，适物异会，取诸同归，措夫疑说，则大道通矣。③

---

① 《后汉书》卷八十五《西羌传》，中华书局1965年版，第2901页。
② 《后汉书》卷八十五《南匈奴传》，中华书局1965年版，第2967页。
③ 《后汉书》卷八十八《西域传》，中华书局1965年版，第2931—2932页。

范晔概述了汉代经营西域的历史，也兼及佛教流传的情况。他充分肯定了《汉书·西域传》对西域情况的记述，说明了自己所撰《西域传》与《汉书·西域传》的承接关系。

汉安帝时，班超之子班勇为西域长史，他曾联合西域各国击破北匈奴。班勇一生久居西域，足迹遍及西域各地。至安帝末，他将亲身见闻记述成书，成为后来《西域传》的主要史料。《后汉书·西域传》云："班固记诸国风土人俗，皆已详备前书。今撰建武以后其事异于先者，以为《西域传》，皆安帝末班勇所记云。"①

二 《宋书》的民族列传

《宋书》为南朝齐、梁间沈约撰，是记载南朝刘宋60年史实的纪传体断代史书。《宋书》共100卷，其中本纪10卷，志30卷，列传60卷。卷九十五至卷九十八为民族列传，记载的民族包括索虏、鲜卑吐谷浑、夷蛮、氐胡。

《宋书·索虏列传》记述了拓跋鲜卑的发展过程，及北魏与刘宋的和战情况。沈约认为南朝才是正统的华夏政权，"元康以后，风雅雕丧，五胡递袭，翦覆诸华"②，《宋书》对北魏记述时称之为"索虏"，《宋书·索虏列传》云："索头虏姓托跋氏，其先汉将李陵后也。陵降匈奴，有数百千种，各立名号，索头亦其一也。"③ 李陵是西汉名将李广之孙，汉武帝时随二师将军李广利击匈奴，兵败投降。尽管沈约贬拓跋为"索虏"，只承认拓跋氏为中原李陵之后，但他仍然承认北魏拓跋氏与中原民族有着密不可分的血缘关系。稍后，萧子显撰《南齐书》中北魏也以《魏虏列传》的形式出现，这一正统观念成为南朝编修国史的基本指导思想，南朝国史民族列传的结构形式大体奠定。

《鲜卑吐谷浑列传》记述了吐谷浑的迁徙发展情况；《夷蛮列传》记述了南夷林邑国、扶南国，西南夷诃罗陁国、呵罗单国、媻皇国、媻达国、阇婆婆达国、师子国、天竺迦毗黎国；《东夷列传》记述高句丽国、百济国、倭国，荆、雍州蛮，豫州蛮等；《氐胡列传》记述了清水氐杨氏、卢水胡且

---

① 《后汉书》卷八十八《西域传》，中华书局1965年版，第2912—2913页。
② 《宋书》卷九十五《索虏列传》，中华书局1974年版，第2358页。
③ 同上书，第2321页。

渠氏的情况。

《宋书》为沈约根据刘宋时期的史书编纂而成，所以书中的民族观念一定程度上代表着东晋、刘宋以来史官群体对民族问题的认识。

三 《南齐书》的民族列传

《南齐书》为南朝梁萧子显所撰，是接续《宋书》的一部纪传体断代史，记载了南朝齐代自高帝建元元年至和帝中兴二年间的历史。原书名为《齐书》，为与李百药所著《齐书》相区别，改名为《南齐书》。现存59卷，其中帝纪8卷，志11卷，列传40卷。该书卷五十七至卷五十九为民族列传，记载的民族包括魏虏、蛮、东南夷、芮芮虏、河南（吐谷浑氏）、氐（仇池杨氏）、羌（宕昌）等。

《南齐书》以华夏政权为正统，其称北魏为魏虏，"魏虏，匈奴种也，姓托跋氏……被发左衽，故呼为索头"[①]。《南齐书》评论北方各民族政权的地位云：

> 氐、胡犷盛，乘运迭起，秦、赵僭差，相系覆灭，余类蠢蠢，被西疆而奄北际。芮芮地穷幽都，戎马天隔。氐杨密迩华、夷，分民接境，侵犯汉、漾，浸逼狼狐，疆场之心，窥望威德，梁部多难，于斯为梗。残羌遗种，际运肇昌，尽陇凭河，远通南驿，据国称蕃，并受职命。晋氏衰败，中朝沦覆，灭余四夷，庶雪戎祸，授以兵杖，升进军麾，后代因仍，贪广声教，绥外怀远，先名后实。贸易有无，世开边利，羽毛齿革，无损于我。若夫九种之事，有□□至于此也。[②]

修史者通过民族列传对西晋以来民族政权历史的更迭情况进行了概述，认为各民族的兴起是"中朝"的"戎祸"，各民族所建立的政权也属僭越，颠覆了既有的华夷秩序，这寄托了修史者恢复华夏正统地位的愿望。

[①] 《南齐书》卷五十七《魏虏传》，中华书局1972年版，第983页。
[②] 《南齐书》卷五十九《芮芮虏河南氐羌传》，中华书局1972年版，第1033页。

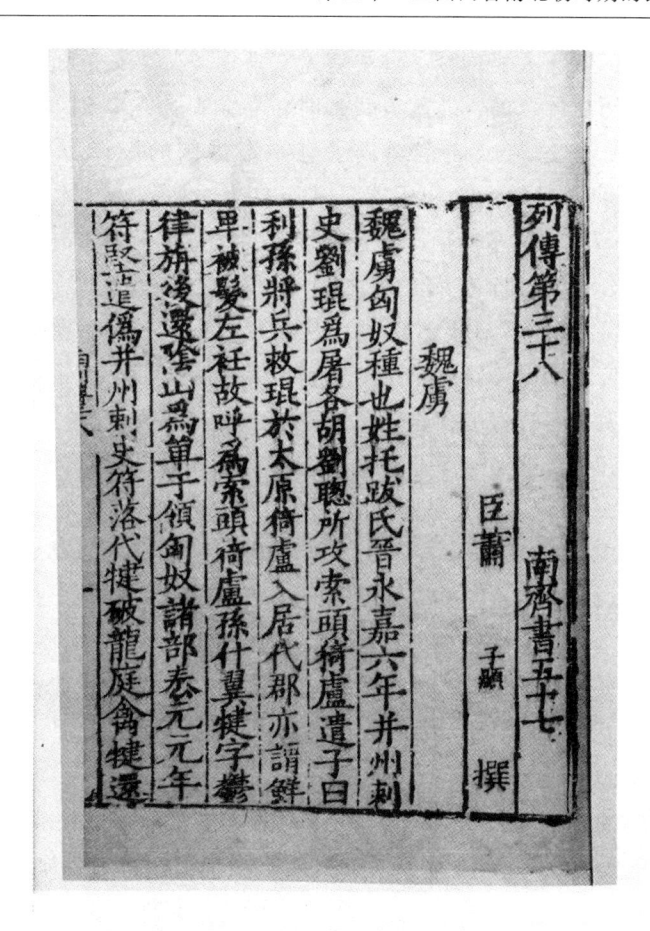

图 3-2 《南齐书》 宋刻元明递修本

第四节 北魏的《代歌》《代记》与《国书》

自西晋永嘉以后，北方各族政权蜂起，但兴灭不常，史书编纂情况不详。拓跋鲜卑统一了北方，建立了北魏，北魏的统治上层偏重于鲜卑族历史的记述。早期的拓跋鲜卑史记述有一个从口述到文字，从《代歌》《代记》到《国书》的发展过程。

拓跋鲜卑没有文字，其历史借助口耳相传的方式来记述，如《魏书·序纪》所说："畜牧迁徙，射猎为业，淳朴为俗，简易为化，不为文字，刻木纪契而已，世事远近，人相传授，如史官之纪录焉。"① 当时在鲜卑族内流传着各种记述民族历史的歌谣，北魏道武帝时，邓渊奉命在"刻木纪契""口耳相传"基础上，将这些歌谣整理成了有一定体例的汉译鲜卑史诗《代歌》。②《魏书·乐志》载："凡乐者乐其所自生，礼不忘其本，掖庭中歌《真人代歌》，上叙祖宗开基所由，下及君臣废兴之迹，凡一百五十章，昏晨歌之，时与丝竹合奏。郊庙宴飨亦用之。"③《隋书·经籍志》亦著录北魏《国语真歌》10卷、《国语御歌》11卷。从文献的记载来看，在当时代北地区以歌唱形式流传着大量拓跋族早期的史诗。北魏建立后，为了编订宫乐的需要，曾组织人力搜集过代歌，这才出现史歌总集《真人代歌》。

道武帝天兴五年（402年）七月之后，邓渊又奉诏编纂了《代记》。史载"太祖诏渊撰《国记》，渊造十余卷，惟次年月起居行事而已，未有体例"④，"太祖诏尚书郎邓渊著《国记》十余卷，编年次事，体例未成"⑤，"始魏初邓渊撰《代记》十余卷……"⑥ 可见，《代记》在体裁上采用了编年体。天兴三年十二月，道武帝曾下诏颂扬以西汉皇朝为代表的"《春秋》之义，大一统之美"，贬斥"吴楚僭号"之辈，认为"自非继圣载德，天人合会，帝王之业，夫岂虚应"⑦。《代记》对于大一统的追求，正是北魏初年拓跋鲜卑建国方略的史学表现。

其后，北魏的史官继续完善邓渊所开创的修史方法。太武帝神䴥二年（429年），"诏集诸文人撰录国书，浩及弟览、高谠、邓颖、晁继、范亨、黄辅等共参著作，叙成《国书》三十卷"⑧。至此，崔浩等人奉命接续邓渊《代记》，完成了编年体的《国书》。太武帝太延五年（439年），崔浩再次"综理史务"，"监秘书事"，同高允等人"续成前纪"，而"损益褒贬，折中润色，浩所总焉"⑨。其后有人建议"请立石铭，刊载《国书》，并勒所注

---

① 《魏书》卷一《序纪》，中华书局1974年版，第1页。
② 田余庆：《〈代歌〉、〈代记〉和北魏国史——国史之狱的史学史考察》，《历史研究》2001年第1期。
③ 《魏书》卷一百九《乐志》，中华书局1974年版，第2828页。
④ 《魏书》卷二十四《邓渊传》，中华书局1974年版，第635页。
⑤ 《魏书》卷三十五《崔浩传》，中华书局1974年版，第815页。
⑥ 《魏书》卷一百四《自序》，中华书局1974年版，第2326页。
⑦ 《魏书》卷二《太祖纪》，中华书局1974年版，第37页。
⑧ 《魏书》卷三十五《崔浩传》，中华书局1974年版，第815页。
⑨ 同上书，第824页。

《五经》。浩赞成之。恭宗善焉,遂营于天郊东三里,方百三十步,用功三百万乃讫"①。将"石史"与"石经"并举,"用垂不朽,欲以彰浩直笔之迹"②。这种勒石记史的方法开创了中国传统史学的一种新形式。

魏孝文帝时,秘书令高祐与丞李彪等上奏称:"惟圣朝创制上古,开基《长发》,自始均以后,至于成帝,其间世数久远,是以史弗能传。臣等疏陋,忝当史职,披览《国记》,窃有志焉。愚谓自王业始基,庶事草创。皇始以降,光宅中土,宜依迁、固大体,令事类相从,纪传区别,表志殊贯,如此修缀,事可尽矣。……著作郎已下,请取有才用者,参造国书,如其得人,三年有成矣。"③ 高祐等比较准确地概述了拓跋鲜卑的先祖历史,从"披览《国记》"主要即邓渊《代记》而来,其内容与以后编成的魏收《魏书·序纪》所见一致,可见《国记》与《序纪》之间的渊源关系。《序纪》应当主要就是根据《真人代歌》中"祖宗开基所由""君臣废兴之迹"的内容,经过邓渊《代记》的译释解读整理,才得以流传下来。《代歌》与《代记》同源,《代记》主要出于《代歌》。辑集《代歌》、撰成《代记》的邓渊,也是《序纪》实际上的第一作者。④

在北魏国史的编纂过程中,拓跋鲜卑的统治上层与汉族史学家的观念发生了激烈的碰撞与冲突,史学家往往处于危险的境地。由于触动了北魏皇室的禁忌,邓渊与崔浩先后被处死,尤其是崔浩之死是中国史学史上有名的"国史之狱"。北魏自天兴元年诏修国史后,又于太武帝在神䴥二年(429年)、太延五年(439年)两次诏令崔浩等人对国史重加修撰。太平真君十一年(450年)国史修成后,崔浩在路衢旁立石碑,将国史刊刻于其上,因此惹怒了鲜卑统治集团,结果"清河崔氏无远近,范阳卢氏、太原郭氏、河东柳氏皆浩之姻亲,尽夷其族"⑤。崔浩在处理拓跋鲜卑先世的史料时,使鲜卑统治上层产生了疑忌,罪名是"备而不典""暴扬国恶",如献明帝死后贺后被其父昭成帝收娶,所以贺后先后所生既有献明帝之子,又有昭成帝之子,诸人行辈既为兄弟,又为叔侄。这在早期拓跋鲜卑族中并不是大事,如

---

① 《魏书》卷三十五《崔浩传》,中华书局1974年版,第825页。
② 《魏书》卷四十八《高允传》,中华书局1974年版,第1070页。
③ 《魏书》卷五十七《高祐传》,中华书局1974年版,第1260页。
④ 田余庆:《〈代歌〉、〈代记〉和北魏国史——国史之狱的史学史考察》,《历史研究》2001年第1期。
⑤ 《魏书》卷三十五《崔浩传》,中华书局1974年版,第826页。

果《代歌》中有此等内容，也不一定会受到注意，可是记入《代记》，受中原礼教的影响就突出了问题。当拓跋鲜卑对中原的礼义并无详细了解时，其先人事迹无涉荣辱，并无大的问题，而一旦皇权在握时，中原的礼法成为衡量准则时，所谓实录就关乎皇室的形象。否则，皇权就要裁剪史料，约束史家。经过邓渊、崔浩两案以后，《序纪》中的资料一定有不少删削，在相当程度上已失去从鲜卑语翻译为汉语时的原始面貌。

第五节 《魏书》的民族史撰述

北齐魏收等人于天保五年（554年）撰成《魏书》，包括12纪、92列传、10志，共130卷。《魏书》是第一部以占据中原的少数民族王朝的立场所修的正史。北齐由北魏分裂而来，所以作者在对《魏书》历史记述的观念上具有一致性。在前几部正史之后，历史编纂体例也基本成熟，但从少数民族为统治者的王朝角度来纂修王朝的历史还是前所未有的，所以《魏书》在民族史记述方面具有鲜明特点。《魏书》在整体结构上经过了精心谋划，如以《序纪》追述拓跋氏的远祖上至20余代的史事，虽未可尽信，但大致阐述了拓跋氏的历史渊源。如《魏书》称东晋为"僭"，意在说明北魏是正统皇朝；称宋、齐、梁为"岛夷"，意在说明北魏是中原先进文化的继承者。前者是从政治上着眼的，后者是从文化传统上考虑的，二者有不同的含义。

一 《魏书·序纪》

《序纪》是《魏书》12篇帝纪的引言，叙述了北魏建国前28代君长的事迹。作为少数民族建立的政权，北魏及其后的北周、北齐统治上层一直面对如何确立自己的合法性问题，修史者通过追溯拓跋鲜卑的早期历史，为其正统性寻找历史依据。《序纪》云：

> 昔黄帝有子二十五人，或内列诸华，或外分荒服，昌意少子，受封北土，国有大鲜卑山，因以为号。其后，世为君长，统幽都之北，广漠之野，畜牧迁徙，射猎为业，淳朴为俗，简易为化，不为文字，刻木纪契而已，世事远近，人相传授，如史官之纪录焉。黄帝以土德王，北俗

谓土为托,谓后为跋,故以为氏。其裔始均,入仕尧世,逐女魃于弱水之北,民赖其勤,帝舜嘉之,命为田祖。爰历三代,以及秦汉,獯鬻、猃狁、山戎、匈奴之属,累代残暴,作害中州,而始均之裔,不交南夏,是以载籍无闻焉。

积六十七世,至成皇帝讳毛立。聪明武略,远近所推,统国三十六,大姓九十九,威振北方,莫不率服。①

通过对拓跋鲜卑早期历史的追溯,修史者确认其与华夏同为黄帝后裔,这就为拓跋氏入主中原提供了有力的历史依据,以便争取到更多汉人的支持,使拓跋氏入主中原名正言顺。《序纪》又说:"帝王之兴也,必有积德累功博利,道协幽显,方契神祇之心。有魏奄迹幽方,世居君长,淳化育民,与时无竞。神元生自天女,桓、穆勤于晋室。灵心人事,夫岂徒然。昭成以雄杰之姿,包君子之量,征伐四克,威被荒遐,乃立号改都,恢隆大业。终于百六十载,光宅区中。其原固有由矣。"②

《魏书·序纪》关于拓跋鲜卑起源的记述结构是经过精心设计的,修史者将拓跋部的先世史与中原古史连接起来,这一重构具有明显的汉化色彩。③《序纪》所记拓跋鲜卑民族的早期历史,确系其后来在中原发展的前奏,其信史地位因鲜卑石室的发现得到了进一步证实。④《序纪》从传说中的黄帝时代一直讲到昭成帝什翼犍建国三十九年(376年),建构了拓跋鲜卑的完整历史。《序纪》体现了深刻的正统意识,修史者认为拓跋鲜卑是中原文化始祖黄帝的后代。"昔黄帝有子二十五人,或内列诸华,或外分荒服。昌意少子,受封北土,国有大鲜卑山,因以为号。其后,世为君长";族名"拓跋"也与黄帝有关;其后裔始均,曾经"入仕尧世",由于"始均之裔,不交南夏,是以载籍无闻焉"。《序纪》所述可分为三个阶段:第一阶段历六十七世;第二阶段凡十四代,无确切纪年,但纪事有连续性;第三阶段,从始祖神元皇帝力微元年(174年)至昭成帝什翼犍建国三十九年,有了明确而连续的纪年。尤其是第三阶段的纪事,于每代首领统治起始之年,名为"元年",依春夏秋冬时序记录拓跋鲜卑史事,而有关十六国东晋南朝者必冠

---

① 《魏书》卷一《序纪》,中华书局1974年版,第1页。
② 同上书,第16—17页。
③ 姚大力:《论拓跋鲜卑部的早期历史——读〈魏书·序纪〉》,《复旦学报》2005年第2期。
④ 米文平:《鲜卑石室的发现与初步研究》,《文物》1981年第2期。

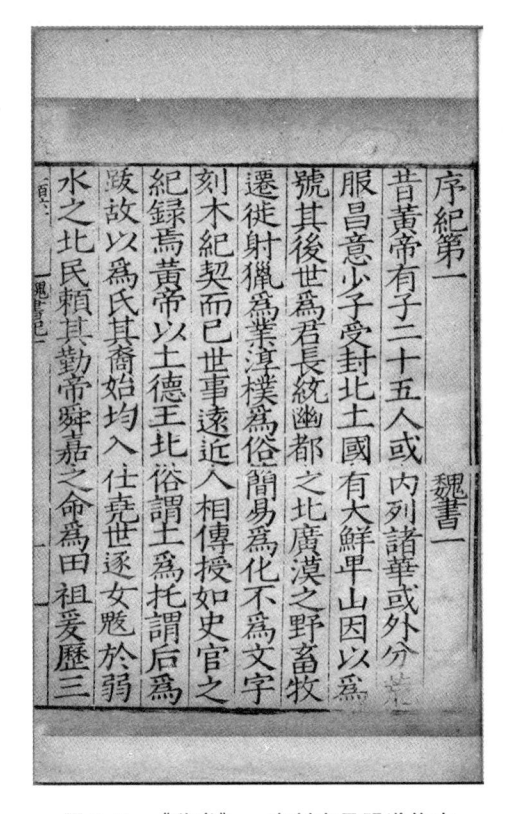

图3-3 《魏书》 宋刻宋元明递修本

以"僭"等字词,均显示了以拓跋鲜卑为叙述主体的正统立场。

《序纪》是正史中民族史记述体例的创新,它追溯了拓跋鲜卑悠久、曲折的历史发展过程,颂扬了北魏皇室先祖的丰功伟绩,体现了民族政权在历史编纂中争取正统地位的强烈意识。后来,元代修《金史》,于本纪之首设《世纪》篇,叙述了金人的早期历史,即是借鉴了《魏书·序纪》的做法,这一体例在历代民族政权所撰的正史当中是十分突出的。

二 《魏书》的民族列传

《魏书》是第一部以少数民族为统治上层的王朝史,因编纂者魏收曾任北魏、东魏史官,担负皇家的修史工作,所以在史学观念上提供了全新的视角,民族史记述较之于前朝具有鲜明的特征。

北魏统治上层一直关注北魏继承哪一王朝的统绪问题,这在《魏书·礼志》中叙述得比较具体,表明了拓跋统治集团争取自身统治合法性的过程。

太和十四年（490年），孝文帝下诏令群臣议北魏德运，中书监高闾上疏云：

> 臣闻居尊据极，允应名命者，莫不以中原为正统，神州为帝宅。……故以魏承秦，魏为土德，又五纬表验，黄星耀彩，考氏定实，合德轩辕，承土祖未，事为著矣。……非若鼪鼯边方，僭拟之属，远如孙权、刘备，近若刘裕、道成，事系蛮夷，非关中夏。伏惟圣朝，德配天地，道被四海，承乾统历，功侔百王。……正位中境，奄有万方。今若并弃三家，远承晋氏，则蔑中原正次之实。……臣愚以为宜从尚黄，定为土德。①

为论证北魏的正统地位，高闾以地域作为判定王朝正统性的标准，认为占据中原的王朝才是正统，奏疏中先后使用"中原""中夏""中境"等文字，并认为北魏尚黄，应为土德，也就是黄帝之德，与拓跋为黄帝之后相对应。可见，北魏的拓跋鲜卑族统治集团在礼义、修史等文化建设方面不断强化自己为黄帝之后的观念。

在各民族人物列传的序言中，魏收对东汉末以来的政治形势进行了分析，认识到民族政权迭起的原因，"晋年不永，时逢丧乱，异类群飞，奸凶角逐，内难兴于戚属，外祸结于藩维。刘渊一唱，石勒继响，二帝沉沦，两都倾覆。徒何仍衅，氐羌袭梗，夷楚喧聒于江淮，胡虏叛换于瓜凉，兼有张赫山河之间，顾恃辽海之曲。各言应历数，人谓迁图鼎。或更相吞噬，迭为驱除；或狼戾未驯，俟我斧钺"②。

《魏书》卷九十五至卷九十九为各民族人物列传，记述人物包括匈奴刘聪、羯胡石勒、铁弗刘虎、徒何慕容廆、临渭氐苻健、羌姚苌、略阳氐吕光、僭晋司马睿、賨李雄、岛夷桓玄、海夷冯跋、岛夷刘裕、岛夷萧道成、岛夷萧衍、私署凉州牧张寔、鲜卑乞伏国仁、鲜卑秃发乌孤、私署凉王李暠、卢水胡沮渠蒙逊。卷一百至卷一百三为民族列传，记述的民族包括氐、吐谷浑、宕昌、高昌、邓至、蛮、獠、西域、蠕蠕、匈奴宇文莫槐、徒何段就六眷、高车、高句丽、百济、勿吉、失韦、豆莫娄、地豆于、库莫奚、契丹、乌洛侯等。

---

① 《魏书》卷一百八《礼志一》，中华书局1974年版，第2744—2745页。
② 《魏书》卷九十五《匈奴刘聪等传序》，中华书局1974年版，第2042页。

《魏书》的民族列传突出反映了以北魏为正统的观念。《魏书》所记十六国东晋南朝史事附于诸传之末，存其大概，旨在突出北魏皇朝的正统地位。魏收所作序论认为"天无二日，土无二王"，强烈表达了突出"皇魏"的大一统立场。序论以汉—曹魏—西晋为正统，概述了当时的"僭伪"政权，说汉末曹魏时期，"伪孙假命于江吴，僭刘盗名于岷蜀"，讥讽它们"论土不出江汉，语地仅接褒斜"，而竟敢"比踪王者"。由于"晋年不永，时逢丧乱"，致使十六国时期"异类群飞，奸凶角逐"，"各言应历数，人谓迁图鼎"。另一方面则是对皇魏的正面礼赞，认为"自二百许年，僭盗多矣，天道人事，卒有归焉，犹众星环于斗极，百川之赴溟海。今总其僭伪，列于国籍，俾后之好事，知僭盗之终始焉"。① 有关各卷的"史臣曰"也与序论遥相呼应，使否定"僭伪君臣"、张大皇魏正统之义更为彻底。魏收认为，西晋灭亡后，北方出现的少数民族政权是不合法的，把它们视为"僭伪"。这表明北朝统治上层认同了《春秋》等经典中的华夷观，并用以指导民族史的叙述。

　　《魏书》以拓跋鲜卑为主体记述了各民族历史，其中的正统之争表现得比较突出。《魏书》称北魏是"中国""皇魏""大魏"，并宣称魏乃"神州之上国"，而称东晋为"僭晋"，称南朝宋、齐、梁为"岛夷"，称十六国诸政权为"私署""自署"等，从名义上标榜拓跋魏的正统地位，这反映了《魏书》民族列传的撰写宗旨。魏收以正统观来看待各民族政权，民族史编纂迎合了现实的政治需要。如评价东晋政权云："司马睿之窜江表，窃魁帅之名，无君长之实，跼天蹐地，畏首畏尾，对之李雄，各一方小盗，其孙皓之不若也。"② 评后赵等政权云："夷狄不恭，作害中国，帝王之世，未曾无也。刘渊等假窃名目，狼戾为梗，污辱神器，毒螫黎元，丧乱鸿多，一至于此。怨积祸盈，旋倾巢穴。天意其俟大人乎？"③

　　同时，《魏书》分析了历史上的统一与分裂大势，及少数民族在其中的作用，强调各民族的统一，《魏书·地形志》云："《夏书·禹贡》、周氏《职方》中画九州，外薄四海，析其物土，制其疆域，此盖王者之规摹也。战国分并，秦吞海内，割裂都邑，混一华夷……魏定燕赵，遂荒九服，夷翦

----

①　《魏书》卷九十五《匈奴刘聪等传序》，中华书局1974年版，第2043页。
②　《魏书》卷九十六《僭晋司马睿传》，中华书局1974年版，第2113页。
③　《魏书》卷八十三《匈奴刘聪等传序》，中华书局1974年版，第2087页。

逋伪，一国一家，遗之度外，吴蜀而已。"①

第六节　各民族政权史的撰述

十六国时期，各民族政权兴灭不常，但各民族政权的统治上层皆重视修纂各类史书，这些史书多已散佚，《隋书·经籍志》著录了这些史书的基本情况。

《赵书》十卷，一曰《二石集》，记石勒事。伪燕太傅长史田融撰。
《二石传》二卷，晋北中郎参军王度撰。
《二石伪治时事》二卷，王度撰。
《汉之书》十卷，常璩撰。
《华阳国志》十二卷，常璩撰。梁有《蜀平记》十卷，《蜀汉伪官故事》一卷，亡。
《燕书》二十卷，记慕容儁事。伪燕尚书范亨撰。
《南燕录》五卷，记慕容德事。伪燕尚书郎张诠撰。
《南燕录》六卷，记慕容德事。伪燕中书郎王景晖撰。
《南燕书》七卷，游览先生撰。
《燕志》十卷，记冯跋事。魏侍中高闾撰。
《秦书》八卷，何仲熙撰。记苻健事。
《秦记》十一卷，宋殿中将军裴景仁撰，梁雍州主簿席惠明注。
《秦纪》十卷，记姚苌事。魏左民尚书姚和都撰。
《凉记》八卷，记张轨事。伪燕右仆射张谘撰。
《凉书》十卷，记张轨事。伪凉大将军从事中郎刘景撰。
《西河记》二卷，记张重华事。晋侍御史喻归撰。
《凉记》十卷，记吕光事。伪凉著作佐郎段龟龙撰。
《凉书》十卷，高道让撰。
《凉书》十卷，沮渠国史。
《托跋凉录》十卷。

---

① 《魏书》卷一百六上《地形志二》，中华书局1974年版，第2455页。

《敦煌实录》十卷，刘景撰。

《十六国春秋》一百卷，魏崔鸿撰。

《纂录》十卷。

《战国春秋》二十卷，李概撰。

《汉赵记》十卷，和苞撰。

《吐谷浑记》二卷，宋新亭侯段国撰。梁有《翟辽书》二卷，《诸国略记》卷，《永嘉后纂年记》二卷，《段业传》一卷，亡。

《天启纪》十卷，记梁元帝子谞据湘州事。

以上凡二十七部，三百三十五卷。通计亡书，合三十三部，三百四十六卷。①

魏晋南北朝时期还有其他史籍对民族史予以记述，如曹魏鱼豢所撰《魏略》立有《西戎传》，对西北的风土人情及民族状况多有叙述，史料价值极为珍贵。曹魏王沈所撰《魏书》记载了关于乌丸与鲜卑的情况，该书还对东夷与西戎各族立有专传。

关于各民族政权的史书以崔鸿撰《十六国春秋》、萧方等撰《三十国春秋》最具有代表性。

《十六国春秋》，崔鸿撰。崔鸿在北魏后期任史官，曾参与、主持了当时起居注和国史的编撰。所著《十六国春秋》，历时20多年，整合了十六国史官及后人所写有关十六国的史书，是一部通记十六国历史的著作。

崔鸿在北魏宣武帝年间典起居之职，曾向皇帝上表述其史学志趣："自晋永宁以后，虽所在称兵，竞自尊树，而能建邦命氏成为战国者，十有六家。善恶兴灭之形，用兵乖会之势，亦足以垂之将来，昭明劝戒。但诸史残缺，体例不全，编录纷谬，繁略失所，宜审正不同，定为一书。……区分时事，各系本录；破彼异同，凡为一体；约损烦文，补其不足。"②

崔鸿撰述《十六国春秋》的宗旨是"仰表皇朝统括大义"，从体例上看主要表现在史书定名、年表之设、改书为录、改纪为传等方面。以"春秋"为名，是因为据孔子作《春秋》之义，十六国的"自相君长"反映在编纂体例上应受一统的规范和制约。这个一统就是北魏纪年。崔鸿曾经"别作序

---

① 《隋书》卷三十三《经籍志二》，中华书局1973年版，第962—963页。
② 《魏书》卷六十七《崔光传》，中华书局1974年版，第1503—1504页。

例一卷、年表一卷"，以"仰表皇朝统括大义，俯明愚臣著录微体"，体现了鲜明的以拓跋鲜卑为正统的思想。此外，刘知幾认为"崔鸿著表，颇有甄明，比于《史》《汉》群篇，其要为切者矣"（《史通·表历》）①，强调了崔鸿设年表的史学价值。同时，从史表的发展看，自《史记》《汉书》以下，至《新唐书》，其间鲜有作者，崔鸿即是其中之一，由此也可见他的史识。十六国旧史，本来多以"书""记"为名，意在自居其正，而崔鸿则"易其国书曰录，主纪曰传"（《史通·古今正史》）②。这些体例上的变化，承继北魏名臣李彪"从迁固之体"的主张，进一步确立了纪传体作为北魏国史专用体裁的地位，反映了太和改革以来北魏历史认同的进展。

《十六国春秋》依前赵、后赵、前燕、前秦、后秦、蜀、前凉、西凉、北凉、后凉、后燕、南凉、南燕、西秦、北燕、夏等所立国为次序，加以排比编纂。它的体例比较全备，改各国"书"为"录"，君主为"记"，臣为"传"，共计100卷。又有序例1卷，年表1卷，合计102卷。今存残本。

该书改变了视十六国为"偏霸""群盗"的民族偏见，同时在尊重客观现实、承认各族政权的前提下，把十六国作为一个历史发展时期，作为一些区域性政权加以考察记述，不把东晋、宋、齐作为"僭伪"附于十六国，也不推崇北魏政权为正统，而是将它们放在同等的地位上，互不统摄，分国立史。

《十六国春秋》，将十六国各民族纷繁复杂的历史，写成了一部在统一年号下地位平等的发展史，从而突破了民族和政权的界限。《史通·古今正史》称："魏世黄门侍郎崔鸿，乃考核众家，辨其同异，除烦补阙，错综纲纪。易其国书曰录，主纪曰传，都谓之《十六国春秋》……勒为一百二卷。"③由此看来，《十六国春秋》不是将十六国逸史简单拼合，而是经历了细密考辨和增减褒贬的改写，将分裂的汉胡各族国史撰写成一部记述各民族建国及其兴衰的历史。

《三十国春秋》，南朝梁萧方等撰，是记述两晋各少数民族政权及其他割据政权的一部编年史。该书共30卷，以晋为主，附录魏、汉（刘渊）、前赵、成汉、前凉、后赵、前燕、前秦、后燕、后秦、西秦、后凉、南凉、南

---

① （唐）刘知幾撰，（清）浦起龙通释：《史通通释》，上海古籍出版社1978年版，第54页。
② 同上书，第360页。
③ 同上。

燕、西凉、北凉、胡夏、北燕、前仇池、后仇池、宕昌、邓至、冉魏（冉闵建国）、西蜀、桓楚、翟魏、代、西燕、北魏29个民族政权历史。郑樵《通志·二十略》云："《三十国春秋》，三十卷。梁湘东王世子萧方等撰，起汉建安，迄晋元熙，凡一百五十六年事，以晋为主，包吴孙、刘渊等三十国事。"① 此书不同于分国纪事的《十六国春秋》，其统一思想尤为突出，它以两晋为主，用其年号编年记事，将刘渊以下29国政事人物分记其中。萧方等在当时民族矛盾十分尖锐的情况下，承认各族政权客观存在的事实，同时突破分国立史的做法，主要从各族统一的角度去写各民族的历史，是具有深刻的史识的。

第七节 《华阳国志》的民族史撰述

魏晋南北朝时期，各政权分裂割据，地方史志撰述出现繁荣景象，推动了地方史学的发展。地方史志往往包含了丰富的民族史内容。这一时期一些有关民族地区的史籍后来多散佚了，如《西南异方志》《南中八郡志》等。② 现存的东晋常璩所撰《华阳国志》在记述民族历史方面具有重要的代表性。

《华阳国志》共12卷。著者常璩，字道将。他出生于晋蜀郡江原（今四川省崇庆县），成汉李势时官散骑常侍，掌著作；入晋，为桓温参军。据今人考证，常璩撰成《华阳国志》当在东晋穆帝永和四年（348年）至永和十年（354年）之间。

关于《华阳国志》的性质，《隋书·经籍志》把它列入"霸史"类，《史通·杂述》则把它归于地理书。其实，它兼记一方的历史、地理、人物，涉及民族、风俗、物产，是一部内容丰富的地方史。"华阳"之名取自《禹贡》说的"华阳黑水惟梁州"，《华阳国志》因所记为《禹贡》九州之一梁州地区的历史，因此命名。

该书卷一至卷四是《巴志》《汉中志》《蜀志》《南中志》，记述梁、益、宁三州的历史概况，以地理建置、自然状况为中心，详述各州郡的山川、交通、风土、物产、民族、民俗、族姓、吏治、文化以及同秦汉、三国、两晋

---

① （宋）郑樵：《通志》，中华书局1995年版，第1537页。
② （宋）王溥：《唐会要》卷一百《骠国》，中华书局1955年版，第1794页。

历代王朝的密切关系。卷五至卷九是《公孙述刘二牧志》《刘先主志》《刘后主志》《大同志》《李特雄期寿势志》。卷十（上、中、下）至卷十一是《先贤士女总赞》和《后贤志》。卷十二是《序志并士女目录》。

图 3-4 《华阳国志》 明刻本

《华阳国志》在编撰上自成体系，它把三州地区的历史发展、政治变迁、不同时期的人物传记由远而近编纂成书，集中记述了东晋初年以前梁、益、宁三州（包括今四川、云南、贵州三省以及甘肃、陕西、湖北三省部分地区）的历史，可称得上是这个时期地方史撰述中的杰作。

《华阳国志》关于西南各民族历史的记述十分丰富，在卷一至卷四中，它不但记载了 30 多个少数民族或部落的名称和分布，而且对其中一些主要的部族或部落如巴、蜀、氐、羌、叟、濮、夜郎、哀牢等的历史、传说、风俗及其同中原地区的关系，做了较多的叙述，很多记载是其他史籍中所未见的。还有一些记载对研究民族的族源、迁徙历史，提供了很有价值的线索和根据。

在《巴志》诸郡中，巴郡、巴西郡、宕渠郡只记世家大姓，而无蛮夷的具体记载。巴郡"有濮、賨、苴、共、奴、獽、夷蜑之蛮"①；"诸县北有獽、蜑，又有蟾夷也"②。《华阳国志》卷四《南中志》详细记述了该地区的民族历史。《南中志》开篇写道："南中在昔盖夷越之地，滇濮、句町、夜郎、叶榆、桐师、嶲唐侯王国以十数，编发左衽，随畜迁徙，莫能相雄长。"③ 可见《南中志》所记，多为少数民族史之内容。

《华阳国志》还记述了南中地区各族的风俗，反映了当时西南地区各民族社会生活的一般情况，例如《南中志》云：

> 夷人大种曰"昆"，小种曰"叟"。皆曲头木耳，环铁裹结，无大王，如汶山、汉嘉夷也。夷中有桀黠能言议屈服种人者，谓之"耆老"，便为主。论议好譬喻物，谓之"夷经"。今南人言论，虽学者亦半引"夷经"，与夷为姓曰"遑耶"，诸姓为"自有耶"，世乱犯法，攀辄依之藏匿。或曰：有为官所法，夷或为报仇。与夷至厚者谓之"百世遑耶"，恩若骨肉，为其逋逃之薮。故南人轻为祸变，恃此也。其俗征巫鬼，好诅盟，投石结草，官常以盟诅要之。诸葛亮乃为夷作图谱，先画天地、日月、君长、城府；次画神龙，龙生夷，及牛、马、羊；后画部主吏乘马幡盖，巡行安恤；又画（夷）牵牛负酒，赍金宝诣之之象，以赐夷。夷甚重之，许致生口直。又与瑞锦、铁券，今皆存。每刺史、校尉至，赍以呈诣，动亦如之。④

对民族情况记述得如此细致，表明作者亲身进行了具体的调查，具有良好的史家素养，《华阳国志》为后世地方志记述民族历史方面确立了典范。

第八节 少数民族文字的民族史撰述

中国的文字起源很早，汉字历史悠久，商代的甲骨文已是很成熟的文

---

① （晋）常璩撰，刘琳校注：《华阳国志校注》，巴蜀书社1980年版，第28页。
② 同上书，第89页。
③ 同上书，第333页。
④ 同上书，第364页。

字，后来中国的历史文献绝大多数以汉文记载。殷商时代，中原地区已使用甲骨文。当时少数民族先民在中国历史舞台上也显露出实力。但目前还找不到那时周边少数民族先民使用文字的记载。

在还没有创造记录语言的符号文字之前，社会中出现了简单地以物件记事的方法，如结绳记事、刻木记事、以图画记事的方法。一些少数民族同样经历了结绳、刻木记事的阶段。古代乌桓"刻木为信，虽无文字，而部众不敢违犯"[1]。"芮芮虏，塞外杂胡也……刻木记事，不识文书"[2]。鲜卑族"畜牧迁徙，射猎为业，淳朴为俗，简易为化，不为文字，刻木纪契而已"[3]。突厥族也有同样习俗，"突厥之先，平凉杂胡也，姓阿史那氏……无文字，刻木为契"[4]。南方民族也同样刻木记事。岭南"俚人则质直尚信，诸蛮则勇敢自立……刻木以为符契，言誓则至死不改"[5]。

古代多数少数民族没有本民族的文字，因此口传历史成为一种普遍的方式，即便拥有本民族文字与史籍的少数民族中，口传史学同样占有优势，且口传内容还是许多文字型资料的来源。[6]

一些少数民族随着社会的不断进步，政治、经济、文化的发展，社会以及人与人之间的交往趋向频繁，后来创制出了记录有声语言、可以诵读的符号，即记录本民族语言的文字。

虽然一些民族较早使用汉字来记述本民族历史，但民族文字的创制与使用是各民族史学形成的基本条件。在文字的基础上，系统的历史记述成为可能，并逐渐形成了各民族的史学传统。有了文字后，各民族也加强了与中原王朝的文化交流，互相翻译文献，提高了各民族的文化，各民族史学也不同程度地受到中原史学的影响。正如中华民族的多元性一样，中国古代民族史学也呈现了多元性，不但有中央王朝的史学撰述传统，同时还有各民族的史学传统，少数民族史学同样是中国史学的组成部分，其民族史有自己的特色，有的深受宗教的影响，有的记述体例也别具一格，丰富了中国民族史的编纂。

---

[1] 《后汉书》卷九十《乌桓鲜卑列传》，中华书局1965年版，第2979页。
[2] 《南齐书》卷五十九《芮芮虏等列传》，中华书局1972年版，第1023页。
[3] 《魏书》卷一《帝纪第一》，中华书局1974年版，第1页。
[4] 《隋书》卷八十四《突厥列传》，中华书局1973年版，第1864页。
[5] 《隋书》卷三十一《地理志下》，中华书局1973年版，第888页。
[6] 参见东人达《试论中国少数民族史学》，《史学理论研究》2008年第1期。

一 彝文历史记述

彝族先民在长期形成与发展中，活动范围曾遍及今云南、四川、贵州三省腹心地带及广西的一部分，其核心地区应是三省毗连的广大地区。彝族有悠久的历史、发达的文化。彝族先民创制了记录本民族语言的文字，汉文史籍中称之为"夷经""爨文""题书""倮倮文"等，后称为彝文。关于彝文的起源时间，学术界观点颇有歧义，影响较大的说法认为创始于汉代。《华阳国志》卷四《南中志》记载：

> 夷中有桀黠能言议屈服种人者，谓之"耆老"，便为主。论议好譬喻物，谓之"夷经"。今南人言论，虽学者亦半引"夷经"。[1]

又《滇系》称："汉时有纳垢之后阿畸者，为马龙州人，弃职隐山谷，撰爨字如蝌蚪。"[2] 所谓"爨字"即彝族文字。又根据后世编纂的彝文古籍《西南彝志》的记载，彝族先人从远古的"哎哺时代"，就开始使用彝文记载历史。古彝文的创造者吐实楚伊阿伍和恒本阿鲁，在"六祖"即蜀洪水之前，各支系已经编写了很多族谱形式的史书。[3]

史书记载古代将彝文写刻在木牍、竹简上。《尼苏夺节》记载彝族古代创造文字的情况："三千金银花，变成三千字。写在竹片上，编成六本书。伙伴六兄弟，每人拿一本。来到注生寺，住在房屋中。白天写理书，夜晚读理书。铁板生了锈，竹片永不锈。千年不变色，万年字变黑。六个好伙伴，要成六贝神。生长在天上，六个好伙伴，辛苦了一番，把文字首创。"[4]

彝文书籍一般都缺乏作者或整理者的生卒年代，多数也没有写作或成书年代。有些书籍从内容看可能是在一定历史时期编写完成后，在后来流传过程中，又不断增补，形成内容更丰富的书籍。有的时段很长，增加了新时代的事物，书中反映出不同时代的内容。因此很多彝文书籍难以断代，对彝文

---

[1] （西晋）常璩撰，刘琳校注：《华阳国志校注》，巴蜀书社1980年版，第364页。
[2] （清）师范：《滇系·杂载》，清光绪十三年云南通志局刻本。
[3] 毕节地区彝文翻译组：《西南彝志》，贵州民族出版社1988年版。另见王运权主编《西南彝志》1—20卷，贵州民族出版社2011年版。参见东人达《中国彝族古代史学概述》，《史学理论研究》1995年第1期。
[4] 云南省少数民族古籍整理出版规划办公室编，李八一昆、白祖文、白刊宁译：《尼苏夺节》，云南民族出版社1985年版，113—114页。

书籍中史料的应用也因此受到一定的限制。

图 3-5　彝文《六祖源流》　清抄本

彝族书籍的产生与宗教有极密切的关系，书籍的使用范围主要在宗教领域。早期的彝族书籍主要由主持宗教仪式的布摩（也称毕摩）创编、掌握，布摩对彝族书籍的形成起了重大而关键的作用。在彝族的各部落中，布摩担当着史官的职责，如《彝族源流·布摩根源》云："有布就有字，有布摩就有书，有布就有文，有布就有史。优阿武写文，啻赫哲编史。吐姆伟掌文，舍娄斗掌史，布摩创文史。"[1] 布摩整理前人著述，并不断增补历史记录，布摩子继父业，代代相承，形成了不见于汉文史籍所记载的大量彝文典籍。现存传世的各地彝文古籍估计在一万册以上，记载了彝族先民社会及相关民族几千年的发展演化过程。

彝族先民善于观察和思考，写作出富有哲理、有朴素唯物观点的书籍，表明了对宇宙人文的基本看法。《宇宙人文论》是早期彝文著作。彝语名"妥鲁历咪署"。就书中内容与汉文记载比较，有的专家认为似为先秦作品，

---

[1]　王明贵、王显编译：《彝族源流》，民族出版社 2005 年版，第 12 卷《布摩根源》。

后辗转传抄。全书以布慕笃仁和布慕鲁则兄弟对话的方式,详尽地论述了彝族先民对宇宙、人类起源以及万物产生和发展变化的认识,对阴阳五行、天干地支、人体部位和气血、经络及天文历算方面的认识。书中还记述了人们认识天地万物,区分宇宙方位的过程。① 这部著作表明了当时彝族先民在历史著述中的朴素史观。

  彝族的史学思想源远流长。南北朝时期,彝族学者举奢哲,是著名的大毕摩,也是著名的诗人、作家和文艺理论家。他著有《彝族诗文论》,具体讲述了关于彝族历史、诗歌、故事、经书、医史的写法,涉及历史和文学作品的关系,指出作品应反映和表现社会生活和作家的思想感情。举奢哲在《论历史和诗的写作》中指出:"在这人世间,自从有文字,人们就用它,来记天下事。可是到如今,凡用文字写,写的这一切,却都不相似——写法有不同,传授各异趣,记录有分歧,记事也不一。"他还认为历史具有严格的学科特征,"凡是真历史,与摩师讲唱,大大不相象"。而"所有写史人,千万要记住"。他强调"史事"的世系要准确。"第一写史事,人物身世明,代数要叙清,时间要弄准。"因为"世系"是古代彝族史家记时间的基本依据。对"史事"要"鉴别"。"所有写史者,人人须做到:记录要真实,鉴别要审慎。这样写下的,才算是历史,史实才算真。"他还提出要记录经济方面,"再来把他们,繁荣昌盛史,一一记周详。这些君长们,繁荣到怎样?牛羊有多少,家底强不强?马匹有多少?家声旺不旺?通通都记上,记得要真实,写得要恰当。这才叫写史,千古凭传唱"。又指出要"真实"地写"真史",在方法上不同于文学创作,"不能任意呀,任意去编造","所以历史家,不能靠想象。不像写诗歌,不像写故事"。他还认为,在主导思想上,写史"要把忠实讲"。这对于统治者亦不例外,"君长和百姓,他们二者间,有着大关系,怎样相处的,百姓信服吗?君长残暴吗?都要记清楚。这样记下的,才算是真史"。真正的史笔在于多方的深刻观察。对于包括"君长""平民""工匠"以及"奴"在内的社会各阶层的真正了解,"所以每一个,每一个布摩,每一个史家,凡事多注意,才真能写出,最好的历史;才真能作好,深刻的记录。才能千古传,流传于人世。这样的写法,才算真正的,

---

① 陈英译、马学良审订:《宇宙人文论》,民族出版社1984年版。

真正的史笔"①。

南北朝时期另一位彝族的大毕摩、女诗人阿买妮,也是彝族的思想家、学者,她在所著《彝语诗律论》中认为,历史著述属于彝文文献中书写诗、叙事诗、记事诗的范畴,不同于文学创作。②

图 3-6　彝文《西南彝志》　清抄本

有的彝文文献直接记载彝族和蜀汉关系的事实,具有重要史学价值。在贵州省大方县发现有彝文残碑一方,名为《妥阿哲纪功碑》(又称《济火纪功碑》或《济火受封碑》),记三国时期彝族与蜀汉孔明结盟出征得胜事,

---

① 举奢哲、阿买妮原著,康健、王子尧等翻译整理:《彝族诗文论》,贵州人民出版社 1988 年版。
② 东人达:《彝文古籍与彝族史学理论评述》,《史学史研究》2005 年第 1 期。

碑末记载"到了建兴丙午年，封彝君国爵以表酬谢"①。建兴丙午年为三国蜀后主建兴四年（226年）。据《西南彝志》记载："妥阿哲之世，孔明先生来临，出兵南征，祖先妥阿哲，率兵随汉王，背军粮给他们吃，紧紧跟随。汉皇帝说：妥阿哲为人，真是位忠臣，爵禄和顶子，给予妥阿哲。"② 可与碑文相互印证。彝文碑刻和文献内容，反映了当时彝族先民与蜀汉政权的密切关系，并载诸史册、镌刻于碑石。③

二 佉卢文历史记述

在西域有三十六国。到魏晋南北朝时期，三十六国已合并为六个大国：疏勒、龟兹、于阗、焉耆、鄯善和高昌。西域居民族别很多，有汉、月氏、柔然、铁勒、吐谷浑、羌、塞人和吐火罗人等。

19世纪末至20世纪初以来，在新疆和敦煌等地发现了大量用婆罗米字体书写的文献，根据语言学家的研究，这些文献记载的是属于印欧语系伊朗语族的几种方言，是古代塞人和吐火罗人的语言。对于塞人，《汉书·西域传》中有多处记载，称为"塞种"。自先秦或汉初，分布在中亚锡尔河以北地区，后大部分南下，约3世纪逐渐进入中国和田等处。塞人信仰佛教，居住在塔里木盆地南缘的绿洲上，包括龟兹、焉耆、鄯善以及吐鲁番等地。塞人和吐火罗人在历史上创造了很高的文明，留下了很多文献。

鄯善王国是丝绸之路上一个重要的王国，与汉朝有着友好密切的关系。其民族有吐火罗人、羌人和月氏人，吐火罗人占统治地位。3世纪时，随着佛教的传播，佉卢字的书写符号也广泛被鄯善国人使用。④ 佉卢文字至少在2世纪中已传入于阗地区，3世纪中传入鄯善（尼雅）地区。⑤ 著名的和田马钱，就是2世纪在于阗铸造的。这种钱币一面用汉文篆字标明币值，另一面正中为一马或骆驼图案，钱币上王的名字因铸造时代不同而有所不同，表

---

① 黄建明：《彝族古籍文献概要》，云南民族出版社1993年版，第26—28页。
② 毕节地区彝文翻译组翻译，贵州省少数民族古籍整理领导小组、毕节地区民族事务委员会审定：《西南彝志》（第八卷），贵州民族出版社1988年版。
③ 史金波、黄润华：《中国历代民族古文字文献探幽》，中华书局2008年版，第6—11页。
④ 马雍：《古代鄯善、于阗地区佉卢文字资料综考》，载《中国民族古文字研究》，中国社会科学出版社1984年版，第6—49页。
⑤ 黄振华：《佉卢字》，载《中国民族古文字图录》，中国社会科学出版社1990年版，第1页。

明了当时汉族和少数民族的密切关系,是对当时民族历史的真实记录。[1]

佉卢字的文献主要是佛教典籍,也有不少国王诰敕、账册、契约和文书。[2] 新疆出土的佉卢字文献分属于阗王国和鄯善王国。佉卢字在鄯善王国得到了广泛的使用。[3] 佉卢字文献的材质较多,有桦树皮、皮革、绢和纸等,个别也有写在壁画上的题记。最常见的是木牍,大量公文信函都用墨笔写在木片上。佉卢字木牍中有一种楔形木牍,是鄯善国王的诏令,发送对象主要是地方行政长官州长,其余还有督军、税监、监察、祭司等重要官员。诏令内容广泛,涉及财政、税收、军事、司法等社会生活的各个方面,真实地记录了当时的社会历史。

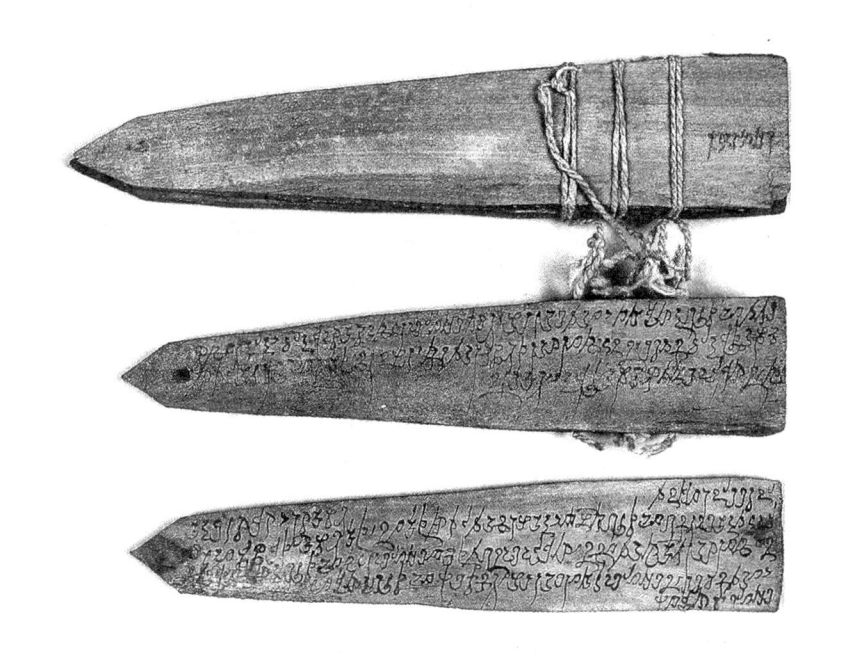

图 3-7　佉卢文木简《国王敕谕》

---

[1] 夏鼐:《和阗马钱考》,《文物》1962 年第 7、8 期合订本。参见马雍《古代鄯善、于阗地区佉卢文字资料综考》,载《中国民族古文字研究》,中国社会科学出版社 1984 年版,第 20 页。

[2] 林梅村:《汉唐西域与中国文明》,文物出版社 1998 年版,第 151 页。

[3] 马雍:《古代鄯善、于阗地区佉卢文字资料综考》,载《中国民族古文字研究》,中国社会科学出版社 1984 年版,第 6 页。

此外，还有用羊皮制作的佉卢字文书，书写的都是鄯善国王诏令，用黑色墨汁书写，用事先在羊皮上剪出的一根与羊皮相连的细皮条捆扎好，写上收件人姓名、地址，再钤上官印。

从19世纪末发现佉卢字文献到20世纪80年代，大约共出土佉卢字文献1000多件，分别收藏在英、俄、印、日、美、瑞典等国。中华人民共和国成立后，佉卢字文献还时有发现，国内收藏较多的是新疆博物馆和甘肃省博物馆，有200种以上。

佉卢字文献对研究西域诸国的政治、经济、文化、宗教等方面都有十分重要的意义，可以填补汉文历史记载中的空白，是研究鄯善国乃至西域史的重要资料。

小　结

（1）南北朝时期，第一次有了少数民族王朝的正史，通过历史撰述争夺正统地位。南朝为晋室的延续，自以为正统所在，北朝占据中原，自以为中国。《魏书》称北魏是"中国""皇魏""大魏"，并宣称魏乃"神州之上国"，而称东晋为"僭晋"，称南朝宋、齐、梁为"岛夷"，称十六国诸政权为"私署""自署"等，从名义上标榜拓跋魏的正宗地位。而南朝正史则视北魏为"虏"，如撰《宋书·索虏列传》《南齐书·魏虏列传》。在北魏民族史的编纂过程中，由于拓跋鲜卑的统治上层与汉族观念的碰撞、冲突，造成了"国史之狱"。

（2）南北朝时期的史家以本民族为正统，在民族记述中较重视评价民族政权史的历史地位。南朝梁时期的阮孝绪所著《七录》所录史部之书分为12部，其中第七部为伪史部，有26种161卷，专指记述北方民族割据政权的史书。

（3）史学家认识到民族史撰述的重要性，论述了少数民族入正史列传的原因，如《三国志·乌丸鲜卑东夷传》卷末评语云："《史》《汉》著朝鲜、两越，《东京》撰录西羌。魏世匈奴遂衰，更有乌丸、鲜卑，爰及东夷，使译时通，记述随事，岂常也哉。"《后汉书·东夷列传》指出："自中兴之后，四夷来宾，虽时有乖畔，而使驿不绝，故国俗风土，可得略记。"

（4）民族历史的编纂形式更加丰富，出现了表、职贡图等体例。

（5）用少数民族文字记载历史是中国史学的重要组成部分，使中国古代民族史学呈现多元性，丰富了中国史学内涵。少数民族史学有自己的特色，有的受宗教影响，有的记述体例别具一格。西南地区彝族创制文字很早，南北朝时期形成了史论著作。在西域用佉卢文字记载了于阗国和鄯善国的社会历史。

第四章

隋唐五代的民族史学

隋唐统治地域广阔，其民族政策颇具包容性，周边各民族纷纷归附。唐朝对各民族施行羁縻制度，把更多的民族纳入唐朝的政治体系之中。为处理民族事务，了解各民族的情况，统治上层十分重视民族史的编纂。正史中民族列传主要记述与中央王朝朝聘册命的关系。因突厥、回鹘、吐蕃、南诏等对隋唐的政治格局产生了巨大的影响，所以其列传也比较详细。唐代对外经济、文化交流活动增多，中原到印度求法僧人的行记对西域民族有更全面的记载。

第一节 隋唐五代的民族史观

一 华夷观与正统观

隋唐时期，中央王朝国力强大，建立了稳定的华夏政权。这一时期，华夷观发生了一些变化，华夷一体的观念较为突出。贞观二十一年（647年），唐太宗谈到自己处理民族问题的成就时说："自古帝王虽平定中夏，不能服戎、狄。朕虽才不逮古人而成功过之。"同时，唐太宗也认识到其服戎狄的原因是"自古皆贵中华，贱夷狄，朕独爱之如一，故其种落皆依朕如父母"①，唐初统治集团具有一统华夷的政治理想，对各民族也具有一定的包容性，看待历史上的民族问题也较为开明。

但就整体而言，唐代的官僚群体基本上还是强调华夷之别，这对民族史记述产生了重要影响。贞观年间，西北道安抚大使李大亮上疏云："中国百

---

① 《资治通鉴》卷一百九十八，太宗贞观二十一年，中华书局1956年版，第6247页。

姓，天下本根；四夷之人，犹于枝叶。"① 总章二年（669年），鸾台侍郎狄仁杰上表，对民族政策提出建议，认为汉武帝定朝鲜，讨西域，平南越，击匈奴，常年用兵，造成国家财政紧张，盗贼蜂起，百姓流离失所，造成了西汉中衰，他认为："天生四夷，皆在先王封疆之外，故东据沧海，西隔流沙，北横大漠，南阻五岭，此所以限夷狄而隔中外也。"②

唐代也有官员及学者具有比较进步的民族观，他们认为华夷之分是各历史发展形成的。如杜佑《通典》序提出"缅惟古之中华，多类今之夷狄"③，认为华夷在一定的历史条件下是可以转化的。

唐代杰出文学家、政治家韩愈从文化的角度看待华夷，认为华夏文化应在夷狄之上，他说："孔子作《春秋》也，诸侯用夷礼，则夷之；夷而进于中国，则中国之。《经》曰：'夷狄之有君，不如诸夏之亡也。'《诗》曰：'戎狄是膺，荆舒是惩。'今也举夷狄之法加之先王之教之上，几何其不胥而为夷也！"④ 韩愈结合《春秋》大义，以文化作为区分华夷的标准，对佛教凌驾于周孔名教之上的现象进行批驳。晚唐，士人群体对这一思想又有所发挥，以儒家"礼义""仁义忠信"作为区分华夷的标准。唐宣宗大中元年（847年），文学家陈黯称："夫华夷者，辨在乎心，辨心在察其趣向。有生于中州，而行戾乎礼义，时形华而心异也；生于夷域而行合乎礼义，是形夷而心华也。"⑤ 唐昭宗乾宁年间（894—898年），被昭宗誉为"深穷体物之能"的程晏云："四夷之长有重译而至，慕中华之仁义忠信，虽身出异域，能驰心于华，吾不谓之夷矣。中国之民长有倔强王化，忘弃仁义忠信，虽身出于华，反窜心于夷，吾不谓之华矣。"⑥

隋唐时期，一些学者也针对北魏的正统地位问题展开讨论。隋时王通对南北朝的正统问题进行了较为深入的理论探讨，其"修《元经》以断南北

---

① 《旧唐书》卷六十二《李大亮传》，中华书局1975年版，第2388页。
② 《旧唐书》卷八十九《狄仁杰传》，中华书局1975年版，第2889页。
③ （唐）杜佑撰，王文锦等点校：《通典》，中华书局1988年版，第4980页。
④ （唐）韩愈：《原道》，载《韩愈全集》，上海古籍出版社1997年版，第121页。
⑤ （唐）陈黯：《华心》，载李昉等编《文苑英华》卷三百六十四《辩论二》，中华书局1966年版，第1868页。
⑥ （唐）程晏：《内夷檄》，董诰等辑：《全唐文》卷八百二十一，上海古籍出版社1990年版，第3834页。

之疑"①。王通弟子董常曾问："《元经》之帝元魏，何也？"王通说："乱离斯瘼，吾谁适归？天地有奉，生民有庇，即吾君也。且居先王之国，受先王之道，予先王之民矣，谓之何哉？"② 王通以"天地有奉，生民有庇"作为标准，承认了北魏的正统地位。

唐皇甫湜却注重华夷之别，他撰《东晋元魏正闰论》一文，明确以夷夏标准来论正统，他认为北魏虽然占据了原来华夏的疆域，但仍不是正统。他说：

> 所以为中国者，以礼义也；所谓夷狄者，无礼义也。岂系于地哉？杞用夷礼，杞即夷矣；子居九夷，夷不陋矣；沐纣之化，商士为顽人矣；因戎之迁，伊川为陆浑矣。非系于地也。晋之南渡，人物攸归，礼乐咸在，流风善政，史实存焉。魏氏恣其暴强，虐此中夏。斩伐之地，鸡犬无余。驱士女为肉蒿，委之戕杀；指衣冠为刍狗，逞其屠刈。种落繁炽，历年滋多。此而帝之，则天下之士，有蹈海而死；天下之人，有登山而饿，忍食其粟而立其朝哉？至于孝文，始用夏变夷，而易姓更法，将无及矣。且授受无所，谓之何哉？③

此文以华夏的礼义为标准，认为东晋延续了礼乐文化，应该为正统，北魏虽占据中原，但不行仁政，不得为正统，北魏孝文帝的汉化政策并没有改变其实质。

二 民族政权史的"霸史"地位

北周权臣杨坚代周建隋，隋完成了统一，结束了西晋末以来近三百年的分裂局面。唐初在修隋朝正史过程中，如何评价这一时期各民族建立的政权，是统治上层及修史者不可回避的重要问题，唐初所修的《隋书》对这一问题有了明确的认识。《隋书·经籍志》史部著录之书，上起先秦，下迄隋朝，然其中大多数史书则出于魏晋南北朝时期。在《隋书·经籍志》史部所著录的史书有13类，依次为正史（纪传体）、古史（编年体）、杂史、霸

---

① （隋）王通：《中说》卷下《礼乐篇》，丛书集成初编本第534册，中华书局1985年版，第22—23页。

② 同上书，第29页。

③ （唐）皇甫湜：《东晋元魏正闰论》，《皇甫持正文集》卷二，四部丛刊初编本。

史、起居注、旧事篇、职官篇、仪注篇、刑法篇、杂传、地理、谱系篇、簿录篇。其中民族史列在"霸史"之中。关于什么是"霸史",《隋书》编者作了这样的解释:

> 《传》曰:"不有君子,其能国乎?"自晋永嘉之乱,皇纲失驭,九州君长,据有中原者甚众。或推奉正朔,或假名窃号,然其君臣忠义之节,经国字民之务,盖亦勤矣。而当时臣子,亦各记录。后魏克平诸国,据有嵩、华,始命司徒崔浩,博采旧闻,缀述国史。诸国记注,尽集秘阁。尔朱之乱,并皆散亡。今举其见在,谓之霸史。①

自晋永嘉之乱后,北方各少数民族纷纷进入中原,先后建立政权,各民族政权的统治集团都注重对本朝历史的修纂,以争取正统地位。唐初修史者统称这些史书为"霸史",不具有正史的地位。

五代刘昫等所修的《旧唐书》卷四十六《经籍志》认同了《隋书·经籍志》的撰述模式,将图书分为甲、乙、丙、丁四部,称:"乙部为史,其类十有三:一曰正史,以纪纪传表志。二曰古史,以纪编年系事。三曰杂史,以纪异体杂纪。四曰霸史,以纪伪朝国史。五曰起居注,以纪人君言动。六曰旧事,以纪朝廷政令。七曰职官,以纪班序品秩。八曰仪注,以纪吉凶行事。九曰刑法,以纪律令格式。十曰杂传,以纪先圣人物。十一曰地理,以纪山川郡国。十二曰谱系,以纪世族继序。十三曰略录,以纪史策条目。"② 这完全继承了《隋书·经籍志》的史书分类体系,所谓"霸史,以纪伪朝国史"的记述确定了各民族政权史的地位。

三 刘知幾的民族史观

唐代史学家刘知幾撰《史通》一书③,对魏晋南北朝时期的政权及历史编纂进行了全面的评价,其中涉及对民族历史的记载,表明了他认为民族政权都是僭伪的民族史观。

《魏书》是首部从民族政权的角度修纂的断代史,刘知幾评《魏书》

---

① 《隋书》卷三十三《经籍志二》,中华书局1973年版,第964页。
② 《旧唐书》卷四十六《经籍志上》,中华书局1975年版,第1963页。
③ 刘知幾(661—721年),字子玄,彭城(今江苏省徐州市)人,担任史官,撰起居注,后辞去史职,私撰《史通》,详论史书之体例及内容,阐述自己对史学的见解。

云:"自五胡称制,四海殊宅。江左既承正朔,斥彼魏胡,故氐、羌有录,索虏成传。魏本出于杂种,窃亦自号真君。其史党附本朝,思欲凌驾前作,遂乃南笼典午,北吞诸伪,比于群盗,尽入传中。但当有晋元、明之时,中原秦、赵之代,元氏膜拜稽首,自同臣妾,而反列之于传,何厚颜之甚邪!又张、李诸姓,据有凉、蜀,其于魏也,校年则前后不接,论地则参、商有殊,何预魏氏而横加编载?"(《史通·断限》)①

刘知幾认为偏安一隅的东晋是天下正朔所在,而其他南北各民族政权都是僭伪,记述各政权的史书也应列入"伪史"。他认为:"魏收著书,标榜南国,桓、刘诸族,咸曰岛夷。是则自江而东,尽为卉服之地。至于《刘昶》《沈文秀》等传,叙其爵里,则不异诸华。岂有君臣共国,父子同姓,阖闾、季札,便致土风之殊;孙策、虞翻,乃成夷夏之隔。求诸往例,所未闻也。"(《史通·因习》)②"当晋宅江、淮,实膺正朔,嫉彼群雄,称为僭盗。故阮氏《七录》,以田、范、裴、段诸记,刘、石、苻、姚等书,别创一名,题为伪史。及隋氏受命,海内为家,国靡爱憎,人无彼我,而世有撰《隋书·经籍志》者,其流别群书,还依阮《录》。案国之有伪,其来尚矣。如杜宇作帝,勾践称王,孙权建鼎峙之业,萧詧为附庸之主,而扬雄撰《蜀纪》,子贡著《越绝》,虞裁《江表传》,蔡述《后梁史》。考斯众作,咸是伪书,自可类聚相从,合成一部,何止取东晋一世十有六家而已乎?"(《史通·因习》)③

刘知幾对《魏书》多有批评,指斥该书在标目上的烦琐,主要是在历代史书中的华夷秩序方面,"其有魏世邻国编于魏史者,于其人姓名之上,又列之以邦域,申之以职官,至如江东帝主则云僭晋司马睿、岛夷刘裕,河西酋长则云私署凉州牧张寔,私署凉王李暠。此皆篇中所具,又于卷首具列"。(《史通·题目》)④

第二节 正史中的民族史记述

隋唐时期,官方主持修纂了南北朝时期的六部正史。修史者的正统观念

---

① (唐)刘知幾撰,(清)浦起龙释:《史通通释》,上海古籍出版社1978年版,第97页。
② 同上书,第138页。
③ 同上书,第138—139页。
④ 同上书,第93页。

发生转变，只按朝代和政权来编纂，改变了过去"索虏"与"岛夷"的视角，在一定程度上消除了歧视少数民族的观念，对少数民族记述得更加翔实。修史活动贯彻了李渊"胡越一家"和李世民"爱之如一"的更具包容性的民族思想，做到了南北一体和中外一家，反映了唐作为大一统王朝的恢宏气度和充分的自信。

一 正史民族列传编纂体例的变化

在隋唐时期所修的"正史"中，只有《陈书》和《北齐书》没有少数民族列传，这是因为梁、陈、北齐、北周、隋"五代史"，均为唐初史家所撰，在令狐德棻统一筹划下，南朝史《梁书》《陈书》前后时代相接，且其存在年代不长，故于《梁书》设有少数民族史专篇，而《陈书》则省去相关内容，以避免重复累赘；北朝史《北齐书》《周书》，因其大致存在于相同时间，且北齐灭于北周，故于《周书》中设有少数民族史专篇，而《北齐书》则可省去相关内容，自然也是为了避免史文重复累赘。[①]

从民族列传撰述体例的发展来看，魏晋到隋唐所修正史中关于四夷的体系化记述模式逐渐形成。南宋范晔撰《后汉书》，开始突出各民族的方位次序，以此为标准对各民族进行了分类记述，如《后汉书》卷一百一十五至卷一百二十记述的民族依次为东夷、南蛮、西羌、西域、南匈奴、乌桓、鲜卑。《梁书》卷五十四为"诸夷"，分海南诸国、东夷、西北诸戎三部分来记述。《南史》卷七十八"夷貊"上记述了海南诸国、西南夷，卷七十九"夷貊"下记述了东夷、西戎、蛮、西域诸国、北狄。《北史》卷九十四至卷九十九为民族列传，其按语称："自魏至隋，市朝屡革，其四夷朝享，亦各因时。今各编次，备《四夷传》云。"[②] 其卷九十四为高丽、百济、新罗、勿吉、奚、契丹、室韦、豆莫娄、地豆于、乌洛侯、流求、倭；卷九十五为蛮、獠、林邑、赤土、真腊、婆利；卷九十六为氐、吐谷浑、宕昌、邓至、白兰、党项、附国、稽胡；卷九十七为西域；卷九十八为蠕蠕、匈奴宇文莫槐、徒何段就六眷、高车；卷九十九为突厥、铁勒。

在唐代的正史修纂中，正式确立了对四夷的体系化记述模式。《晋书》卷九十七为民族列传，修史者首次把这一记述民族历史的部分称为"四夷"，

[①] 瞿林东：《论魏晋隋唐间的少数民族史学（下）》，《河北学刊》2008 年第 4 期。
[②] 《北史》卷九十四《四夷传》，中华书局 1974 年版，第 3110 页。

其中东夷包括夫余国、马韩、辰韩、肃慎氏、倭人、裨离；西戎包括吐谷浑、焉耆国、龟兹国、大宛国、康居国、大秦国；南蛮包括林邑、扶南；北狄即匈奴。值得注意的是，在汉代才开始接触的西域各城邦国家，已逐渐纳入既有的四夷框架之中。《隋书》卷八十一至卷八十四分别为东夷、南蛮、西域、北狄。正史对西夷的体系化记述模式的确立，说明在汉末以后300余年的分裂后，重新完成统一，隋唐是一元化天下秩序的再建与定型时期[①]，为在意识形态上强化一元化天下秩序，正史修纂者也有意识地在观念上建构了一个四夷体系。

这一时期的正史民族列传在体例上逐渐固定，分为四夷，按东夷、南蛮、西戎、北狄来划分各族，按这一体系来叙述各民族历史。

二 《隋书·四夷传》

唐魏徵等编纂的《隋书》共有85卷，其中帝纪5卷，志30卷，列传50卷，记载开皇元年（581年）至恭帝义宁二年（618年）的史事。《隋书》卷八十一至卷八十四为民族列传，正式以四夷并述体例记述民族历史，所记民族包括东夷、南蛮、西域、北狄，每卷末都附有"史臣曰"，对本卷所记民族特点进行概述，同时总结中原王朝处理与这些民族关系的经验与教训。

值得注意的是，《隋书》不再单列《西域传》，而是把西域各国纳入统一的民族史记述体系之中。《隋书·西域》包括吐谷浑、党项、高昌、康国、安国、女国、焉耆、龟兹、疏勒、于阗、铗汗、吐火罗、挹怛、米国、史国、曹国、何国、乌那曷、穆国、波斯、漕国、附国（附国者，蜀郡西北两千余里，即汉之西南夷也）等。《隋书·西域》所附"史臣曰"总结了隋朝经营西域的教训："古者哲王之制，方五千里，务安诸夏，不事要荒。岂威不能加，德不能被？盖不以四夷劳中国，不以无用害有用也。是以秦戍五岭，汉事三边，或道殣相望，或户口减半。隋室恃其强盛，亦狼狈于青海。此皆一人失其道，故亿兆罹其毒。若深思即叙之义，固辞都护之请，返其千里之马，不求白狼之贡，则七戎九夷，候风重译，虽无辽东之捷，岂及江都之祸乎。"[②] 修史者认为隋朝对民族地区的征伐，恶化了民族关系，严重损害

[①] 高明士：《天下秩序与文化圈的探索——以东亚古代的政治与教育为中心》，上海古籍出版社2008年版，第132页。

[②] 《隋书》卷八十三《西域列传》，中华书局1973年版，第1860页。

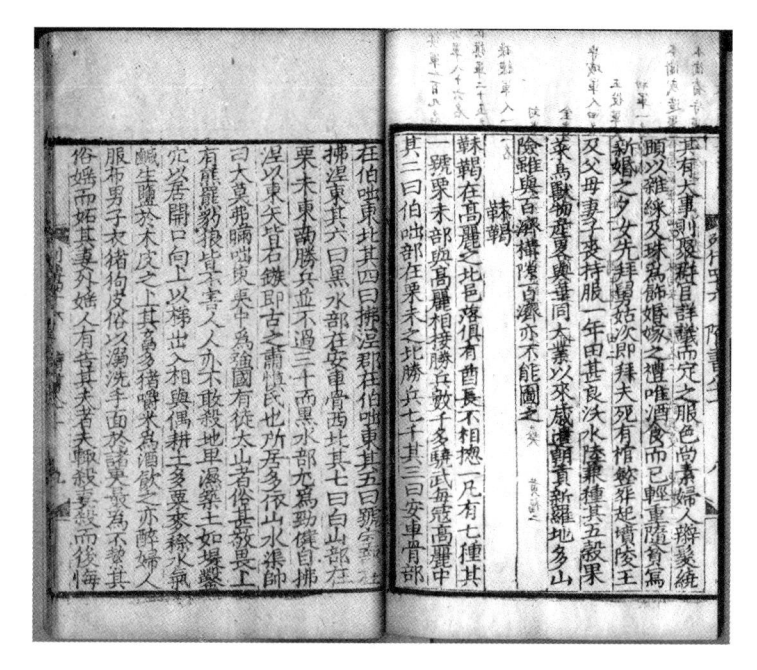

图 4-1 《隋书》 元刻明修本

了国力，最终导致了隋朝的灭亡。

三 《晋书》的《四夷传》及《载记》

贞观二十年（646 年），太宗诏令房玄龄、褚遂良、许敬宗担任监修，组织一批史臣纂修《晋书》，至贞观二十二年（648 年）成书。《晋书》共130 卷，其中帝纪 10 卷、志 20 卷、列传 70 卷、载记 30 卷，原有叙例和目录两卷，但今二者皆已失传。该书记述西晋、东晋共 155 年历史，其中包括与东晋并存的北方十六国的历史，上起三国司马懿（晋宣帝），下至东晋恭帝元熙二年（420 年）刘裕代晋为止。

《晋书》卷九十七为《四夷传》，这在中国古代正史修纂中正式确立了对民族的体系化记述方式，按明确的方位次序记述各民族的历史。其中，东夷包括夫余国、马韩、辰韩、肃慎氏、倭人、裨离等十国；西戎包括吐谷浑、焉耆国、龟兹国、大宛国、康居国、大秦；南蛮包括林邑国、扶南国；北狄为匈奴。

《晋书·四夷传》序说明了为四夷立传的目的：

>　　夫恢恢乾德，万类之所资始；荡荡坤仪，九区之所均载。考羲轩于往统，肇承天而理物；讯炎昊于前辟，爰制地而疏疆。袭冠带以辨诸华，限要荒以殊遐裔，区分中外，其来尚矣。九夷八狄，被青野而亘玄方；七戎六蛮，绵西宇而横南极。繁种落，异君长，遇有道则时遵声教，钟无妄则争肆虔刘，趋扇风尘，盖其常性也。详求遐议，历选深谟，莫不待以羁縻，防其猾夏。
>
>　　武帝受终衰魏，廓境全吴，威略既申，招携斯广，迷乱华之议，矜来远之名，抚旧怀新，岁时无怠，凡四夷入贡者，有二十三国。既而惠皇失德，中宗迁播，凶徒分据，天邑倾沦，朝化所覃，江外而已，聘贡之礼，于兹殆绝，殊风异俗，所未能详。故采其可知者，为之传云。北狄窃号中壤，备于载记；在其诸部种类，今略书之。①

《四夷传》是正史中四夷体系化记述的新进展，展现了修史者大一统的民族观，相对于南北朝时期的偏安政权，唐代民族史观上有了很大的进展。

《晋书》卷一百一至卷一百三十为载记，其资料的来源主要是"伪史十六国书"，为南北朝时期北方各少数民族政权的重要人物的传记，共30载记，包括刘元海、刘聪、刘曜、石勒、石季龙、慕容廆、慕容皝、慕容儁、慕容暐、苻洪、苻健、苻生、苻坚、苻丕、苻登、姚弋仲、姚襄、姚苌、姚兴、姚泓、李特、李流、李雄、李班、李期、李寿、李势、吕光、吕纂、吕隆、慕容垂、慕容宝、慕容盛、慕容熙、慕容云、乞伏国仁、乞伏乾归、乞伏炽磐、冯跋、秃发乌孤、秃发利鹿孤、秃发傉檀、慕容德、慕容超、沮渠蒙逊、赫连勃勃。《晋书》的"载记"专记与东晋对峙的五胡十六国历史，该体例大致相当于《史记》的世家，但世家记载的是贵族建立的诸侯国历史。

"载记"的名称源于《东观汉记》，不过《东观汉记》只是用载记载录平林、新市及公孙述的事迹，突出的是汉族割据政权，而《晋书》载记所载的是少数民族割据政权，这与《史记》与《东观汉记》都不相同，表明了它的创新性。刘知幾对此表示赞赏："唯《东观》以平林、下江诸人列为载记。顾后来作者，莫之遵效。逮《新晋》始以十六国主持载记表名，可谓择

---

① 《晋书》卷九十七《四夷传》，中华书局1974年版，第2531页。

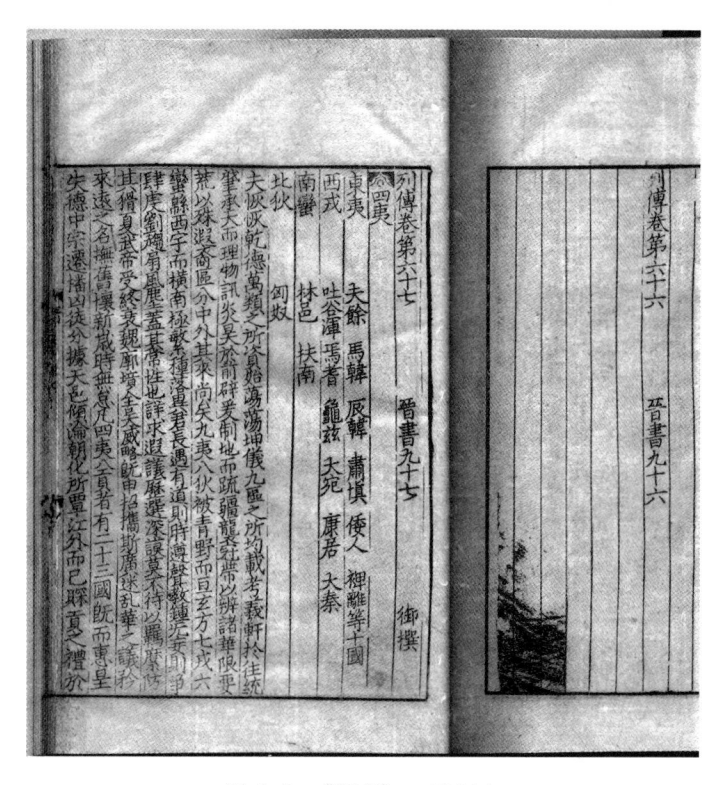

图 4-2 《晋书》 宋刻本

善而行，巧于师古者矣。"(《史通·题目》)① 《晋书》通过创立载记这一体例，系统记录了十六国政权在中原割据的始末，给匈奴、鲜卑、羯、氐、羌等少数民族政权以适当的历史地位，比较恰当地解决了同一部史书同时记载正统皇朝与并立的少数民族政权的难题。唐初史家尚能见到一部分关于十六国的历史文献，并能参考《十六国春秋》及魏收《魏书》等前代史书，故《晋书·载记》具有较高的史学价值，它虽是《晋书》的组成部分，却也可以看作是一部相对独立的少数民族史撰述。

《晋书》修纂者设置一种地位卑于列传的体例，同时将十六国政权区别对待，一部分归入列传，另一部分归入载记，可见对于进入载记部分的十六国时期的各民族政权持否定态度，《载记》序云："提封天下，十丧其八，

---

① （唐）刘知幾，（清）浦起龙释：《史通通释》卷四《题目》，上海古籍出版社 1978 年版，第 92 页。

莫不龙旌帝服，建社开祊，华夷咸暨，人物斯在。或篡通都之乡，或拥数州之地，雄图内卷，师旅外并，穷兵凶于胜负，尽人命于锋镝，其为战国者一百三十六载，抑元海为之祸首云。"①

《晋书·载记》记各民族人物史事都以晋的年号纪年，记述他们的卒年和政权灭亡的年月，也以晋的年月为依据，他们称位号为"膺称"，死后封谥则为"伪谥"；如这些国家与晋发生战争，则晋为"征"，称它们为"寇"，晋军为"王师"。"载记"所附的史臣评论对民族人物及民族政权进行了评价，具有一定的理论意义。

《晋书》追溯了各民族首领的先世，认为他们或出于华夏，或与中原民族有深厚的渊源关系，如《慕容廆载记》云："慕容廆，字弈洛瑰，昌黎棘城鲜卑人也。其先有熊氏之苗裔，世居北夷，邑于紫蒙之野，号曰东胡。"②《苻洪载记》云："其先盖有扈氏之苗裔，世为西戎酋长。"③《姚弋仲载记》称："其先有虞氏之苗裔。禹封舜少子于西戎，世为羌酋。"④《赫连勃勃载记》云："自以匈奴夏后氏之苗裔也，国称大夏。"⑤ 同时，《晋书》也强调了东晋的正统地位，称其他各民族政权为"夷狄之邦"，如《刘曜载记》所附史臣评论云："彼戎狄者，人面兽心，见利则弃君亲，临财则忘仁义者也。……虽复石勒称藩，王弥效款，终为夷狄之邦，未辨君臣之位。至于不远儒风，虚襟正直，则昔贤所谓并仁义而盗之者焉。"⑥ 而《慕容暐载记》所附史臣评论云："观夫北阴衍气，丑虏汇生，隔阂诸华，声教莫之渐，雄据殊壤，贪悍成其俗，先叛后服，盖常性也。"⑦ 从整体上，修史者对各民族的评价还是负面的，将其隔绝于华夏的声教之外。

前凉、西凉建立者张轨、李暠不入《晋书》的《载记》，而且《晋书》对张轨、李暠的评价也较高，《晋书》的《张轨传》与《凉武昭王传》的赞语已经说得很明确，两者虽然也建立了割据政权，但"归诚晋室"⑧，"王室

---

① 《晋书》卷一百一《载记》"序"，中华书局1974年版，第2644页。
② 《晋书》卷一百八《慕容廆载记》，中华书局1974年版，第2803页。
③ 《晋书》卷一百十二《苻洪载记》，中华书局1974年版，第2867页。
④ 《晋书·卷一百十六《姚弋仲载记》，中华书局1974年版，第2959页。
⑤ 《晋书》卷一百三十《赫连勃勃载记》，中华书局1974年版，第3202页。
⑥ 《晋书》卷一百三《刘曜载记》，中华书局1974年版，第2702页。
⑦ 《晋书》卷一百十一《慕容暐载记》，中华书局1974年版，第2862页。
⑧ 《晋书》卷八十六《张轨传》，中华书局1974年版，第2253页。

虽微，乃诚无替"①，前凉尊奉晋朔，而西凉也尊奉晋室为正统，甚至李暠被尊为李唐的始祖，所以与其他民族政权的创建者不可同日而语。

四 《梁书·诸夷传》

《梁书》是姚察、姚思廉父子两代人完成的。其纂修跨越三代皇帝，先后五次奉诏，用了50余年时间才最后撰成。《梁书》记载了萧梁自梁武帝萧衍建国至梁敬帝萧方智亡国55年间的历史，共56卷，其中本纪6卷，列传50卷。

《梁书》卷五十四为《诸夷传》，记述了海南诸国包括林邑、扶南、盘盘、丹丹、干陁利、狼牙修、婆利、中天竺、师子；东夷包括高句丽、百济、新罗、倭、文身、大汉、扶桑；西北诸戎包括河南、高昌、滑、周古柯、呵拔檀、胡蜜丹、白题、龟兹、于阗、渴盘陁、末、波斯、宕昌、邓至、武兴、芮芮。

《诸夷传》首列《海南传》，记海南诸国历史情况，尤其突出梁与海南诸国的频繁交往关系，这是前代史书所没有的。《海南传》序云：

> 海南诸国，大抵在交州南及西南大海洲上，相去近者三五千里，远者二三万里，其西与西域诸国接。汉元鼎中，遣伏波将军路博德开百越，置日南郡。其徼外诸国，自武帝以来皆朝贡。后汉桓帝世，大秦、天竺皆由此道遣使贡献。及吴孙权时，遣宣化从事朱应、中郎康泰通焉。其所经及传闻，则有百数十国，因立记传。晋代通中国者盖鲜，故不载史官。及宋、齐，至者有十余国，始为之传。自梁革运，其奉正朔，修贡职，航海岁至，逾于前代矣。今采其风俗粗著者，缀为《海南传》云。

在传后评语中，修史者对《诸夷传》的记述宗旨进行说明，认为："海南东夷西北戎诸国，地穷边裔，各有疆域。若山奇海异，怪类殊种，前古未闻，往牒不记，故知九州之外，八荒之表，辩方物土，莫究其极。高祖以德怀之，故朝贡岁至，美矣。"② 修史者主要强调这些民族与梁的朝贡关系，以

---

① 《晋书》卷八十七《凉武昭王李玄盛传》，中华书局1974年版，第2271页。
② 《梁书》卷五十四《诸夷传》，中华书局1971年版，第818页。

此来突出梁的大国地位。

五 《周书·异域传》

《周书》由令狐德棻与岑文本等主修，魏徵与房玄龄担任监修。《周书》共50卷，其中本纪8卷，列传42卷。北周只存在了24年，但《周书》却记载了从北周实际建立者宇文泰发迹到被隋朝灭掉共76年间的历史。这一时期，随着各民族接触的增多和联系的加强，中原地区对各民族有了更详细的了解，这就使《周书》的民族史记述中所记史实更加详细准确。

《异域传》更加认为地理环境对不同的人群产生重要的影响，强调"华夏"与"荒裔"因不同地理环境形成了"仁义"与"凶德"的不同，《周书·异域传上》云："凡民肖形天地，禀灵阴阳，愚智本于自然，刚柔系于水土。故雨露所会，风流所通，九州为纪，五岳作镇，此之谓诸夏。生其地者，则仁义出焉。昧谷、嵎夷、孤竹、北户，限以丹徼紫塞，隔以沧海交河，此之谓荒裔。感其气者，则凶德成焉。若夫九夷八狄，种落繁炽；七戎六蛮，充牣边鄙。虽风土殊俗，嗜欲不同，至于贪而无厌，狠而好乱，强则旅拒，弱则稽服，其揆一也。斯盖天之所命，使其然乎。"①

《周书》通过追溯北周皇室的世系，交代了鲜卑族宇文氏的早期发展史。《周书》帝纪开篇就说明了周始祖源于炎帝，炎帝败于黄帝后，其部众迁徙北方。《周书》写道："太祖文皇帝姓宇文氏，讳泰，字黑獭，代武川人也。其先出自炎帝神农氏，为黄帝所灭，子孙退居朔野，有葛乌菟者，雄武多算略，鲜卑慕之，奉以为主，遂总十二部落，世为大人。其后曰普回，因狩得玉玺三纽，有文曰皇帝玺，普回心异之，以为天授。其俗谓天曰宇，谓君曰文，因号宇文国，并以为氏焉。"②

《周书·异域传上》序言称："其四夷之来朝聘者，今并纪之于后。"③ 主要记述与北周有交往的各民族。

北周虽为鲜卑族所建政权，唐代史官采取中原王朝的华夷观来记述其周边民族，《周书·异域传上》史臣曰：

---

① 《周书》卷四十九《异域传上》，中华书局1971年版，第899页。
② 《周书》卷一《文帝纪上》，中华书局1971年版，第1页。
③ 《周书》卷四十九《异域传上》，中华书局1971年版，第884页。

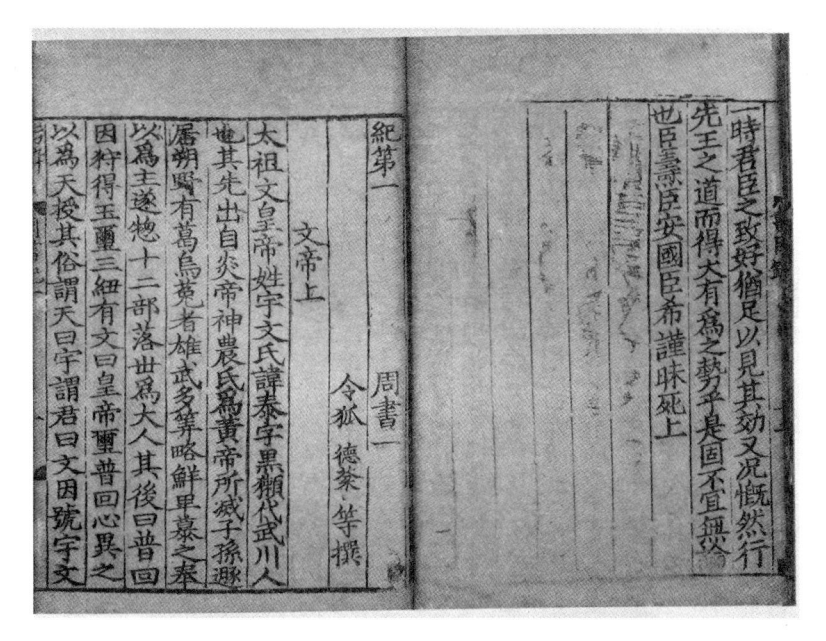

图 4-3 《周书》 宋刻 宋元明递修本

四夷之为中国患也久矣，而北狄尤甚焉。昔严尤、班固咸以周及秦汉未有得其上策，虽通贤之宏议，而史臣尝以为疑。

夫步骤之来，绵自今古；浇淳之变，无隔华戎。是以反道德，弃仁义，凌替之风岁广；至泾阳，入北地，充斥之衅日深。爰自金行，逮乎水运，戎夏离错，风俗混并。夷裔之情伪，中国毕知之矣；中国之得失，夷裔备闻之矣。若乃不与约誓，不就攻伐，来而御之，去而守之；夫然则敌有余力，我无宁岁，将士疲于奔命，疆场苦其交侵。欲使偃伯灵台，欧世仁寿，其可得乎？是知秩宗之雅旨，护军之诚说，实有会于当时，而未允于后代也。

然则易称"见几而作"，传云"相时而动"。夫时者，得失之所系；几者，吉凶之所由。况乎诸夏之朝，治乱之运代有；戎狄之地，强弱之势无恒。若使臣畜之与羁縻，和亲之与征伐，因其时而制变，观其几而立权，则举无遗策，谋多上算，兽心之虏，革面匪难，沙幕之北，云撤何远。安有周、秦、汉、魏优劣在其间哉。①

---

① 《周书》卷四十九《异域传上》，中华书局1971年版，第921页。

通过叙述各民族历史,以充分了解"夷裔之情伪",《周书》修史者力求探讨"中国"防备"四夷"的策略,这体现了史学的资治功能。

六 《南史·蛮貊列传》

《南史》《北史》二书为李延寿在其父旧稿的基础上撰成的。《南史》共80卷,其中本纪10卷,列传70卷,记述了南朝宋、齐、梁、陈四代169年的历史,始于南朝宋武帝刘裕永初元年(420年),迄于陈后主陈叔宝祯明三年(589年)。其中,本纪包括宋本纪3卷、齐本纪2卷、梁本纪3卷、陈本纪2卷。列传分后妃、宗室、循吏、儒林、文学、孝义、隐逸、恩倖、夷貊、贼臣等类传,除宗室分列宋、齐、梁、陈四朝外,其余皆打破朝代界限,而以整个南朝为断限。

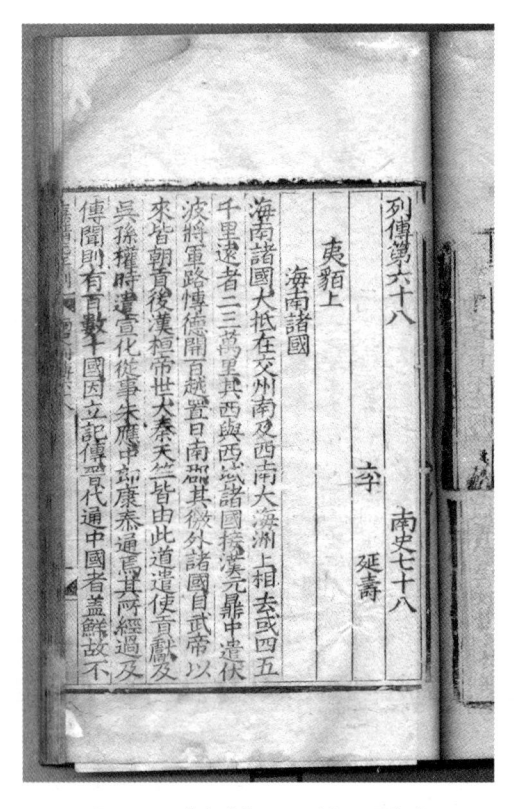

图4-4 《南史》 元刻 明修本

《南史》卷七十八至卷七十九为《蛮貊列传》,所记民族包括海南诸国:

林邑国、扶南国；西南夷：诃罗陁国、呵罗单国、婆皇国、婆达国、阇婆达国、槃槃国、丹丹国、干陁利国、狼牙修国、婆利国、中天竺国、天竺迦毗黎国、师子国；东夷：高句丽、百济、新罗、倭、文身、大汉、扶桑；西戎：河南、宕昌、邓至、武兴；诸蛮：荆雍州蛮、豫州蛮；西域：高昌、滑国、呵拔檀、周古柯、胡蜜丹、白题、龟兹、于阗、渴盘陁、末、波斯；北狄：蠕蠕。《南史》对各民族记述的内容多转抄《梁书》，只是结构有所调整。

《南史》和《北史》是分别删节宋、南齐、梁、陈四书和魏、北齐、周、隋四书而成，同时也参考了当时所见各种杂史，增补了不少史料。由于南北朝正史的编纂者基于区域性政权的角度，对当时各民族记述并不详细，这一状况在南北朝史的修纂中得以改变。李延寿在《北史·序传》中特意称赞其父："大师少有著述之志，常以宋、齐、梁、陈、魏、齐、周、隋南北分隔，南书谓北为索虏，北书指南为岛夷。又各以其本国周悉，书别国并不能备，亦往往失实。常欲为改正，将拟《吴越春秋》，编年以备南北。"[①] 李延寿撰写《南史》《北史》实际上体现了其父的主张，在书中他取消了"索虏""岛夷"的称谓，对于北魏之前建立了政权的少数民族，他也不以四夷称之，而将之编为《僭伪附庸列传》加以记述。李延寿给南北政权以同样的历史地位，不因北朝的少数民族身份而加以贬黜，这种承认南北分立的事实、反对民族敌视与歧视的做法是很难得的。

七 《北史》的《僭伪附庸传》与《四夷传》

《北史》共100卷，其中本纪12卷，列传88卷，记载北魏、东魏、西魏、北齐、北周和隋六朝232年的历史，始于北魏登国元年（386年），迄于隋义宁二年（618年）。本纪包括魏本纪5卷、齐本纪3卷、周本纪2卷、隋本纪2卷，列传分后妃、宗室、外戚、儒林、文苑、孝行、节义、循吏、酷吏、隐逸、艺术、列女、恩幸、僭伪附庸等类传。

《北史》卷九十三《僭伪附庸传》，记述了北方民族政权的历史，包括夏（赫连氏）、燕（慕容氏）、后秦（姚氏）、北燕（冯氏）、西秦（乞伏氏）、北凉（沮渠氏）、梁（萧氏）。《僭伪附庸传》是历代正史中民族历史编纂体例上的发展，《僭伪附庸传》序云：

---

① 《北史》卷一百《序传》，中华书局1974年版，第3343页。

晋自永嘉之乱，宇县瓜分，胡羯凭陵，积有年代，各言膺运，咸居大宝。竟而自相吞灭，终为魏臣。然魏自昭成已前，王迹未显，至如刘石之徒，时代不接，旧书为传，编之四夷，有欺耳目，无益缃素。且于时五马浮江，正朔未改，《阳秋》记注，具存纪录。虽朝政丛脞，而年代已多。太宗文皇帝爱动天文，大存刊勒，其时事相接，已编之《载记》。今断自道武已来所吞并者，序其行事，纪其灭亡。其余不相关涉，皆所不取。至如晋、宋、齐、梁虽曰偏据，年渐三百，鼎命相承。《魏书》命曰《岛夷》，列之于传，亦所不取。故不入今篇。萧詧虽云帝号，附庸周室，故从此编，次为《僭伪附庸传》云尔。①

这段序言评论了自《魏书》到《晋书》等正史民族列传的体例，把正统问题与民族问题区别开来，在一定程度上超越了夷夏之辨的束缚。

《北史》卷九十四至卷九十九为《四夷传》，其传序云："自魏至隋，市朝屡革，其四夷朝享，亦各因时。今各编次，备《四夷传》云。"②《北史》卷九十四记高丽、百济、新罗、勿吉、奚、契丹、室韦、豆莫娄、地豆干、乌洛侯、流求、倭；卷九十五记蛮、獠、林邑、赤土、真腊、婆利；卷九十六记氐、吐谷浑、宕昌、邓至、白兰、党项、附国、稽胡；卷九十七记西域；卷九十八记蠕蠕、匈奴宇文莫槐、徒何段就六眷、高车；卷九十九记突厥、铁勒。《四夷传》每卷末都有"论"，用以总结此卷所记各民族的特征，及与中原王朝的关系，具有一定的理论价值。

《北史》民族列传与《周书》民族列传中"序"与"赞"的内容基本相同，修史者认可了《周书》民族史撰述的方法与认识，也说明了当时民族史编纂的渊源关系。如《北史》卷九十四民族列传序言云："盖天地之所覆载至大，日月之所照临至广。万物之内，生灵寡而禽兽多；两仪之间，中土局而殊俗旷。人寓形天地，禀气阴阳，愚智本于自然，刚柔系于水土。故霜露所会，风气所通，九川为纪，五岳作镇，此之谓诸夏，生其地者，则仁义所出；昧谷嵎夷，孤竹北户，限以丹徼紫塞，隔以沧海交河，此之谓荒裔，感其气者，则凶德所禀。若夫九夷、八狄，种落繁炽，七戎、六蛮，充牣边鄙，虽风土殊俗，嗜欲不同，至于贪而无厌，狠而好乱，强则旅拒，弱则稽

---

① 《北史》卷九十三《僭伪附庸传》，中华书局1974年版，第3061—3062页。
② 《北史》卷九十四《四夷传》，中华书局1974年版，第3110页。

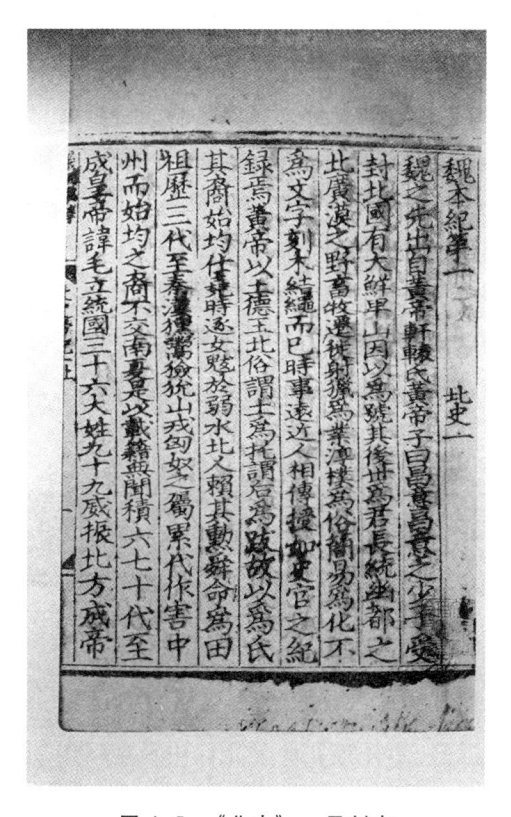

图 4-5 《北史》 元刻本

服,其揆一也。"① 此段序言基本是转抄了《周书》卷四十九《异域传上》所附"史臣曰"的内容。

八 《旧唐书》的民族列传

《旧唐书》为五代后晋时刘昫等撰,全书共 200 卷,其中本纪 20 卷、志 30 卷、列传 150 卷。卷一百九十四至卷一百九十六记突厥、回纥、吐蕃;卷一百九十七记南蛮与西南蛮,包括林邑、扶南、盘盘、真腊、陀洹、诃陵、堕和罗、堕婆登、东谢蛮、西赵蛮、牂牁蛮、南平獠、东女国、南诏蛮、骠国;卷一百九十八记西戎,包括泥婆罗、党项羌、高昌、吐谷浑、焉耆、龟兹、疏勒、于阗、天竺、罽宾、康国、波斯、拂菻、大食;卷一百九十九上记东夷,包括高丽、百济、新罗、倭国、日本;卷一百九十九下记北狄,包

---

① 《北史》卷九十四《高丽等传》,中华书局 1974 年版,第 3109 页。

括铁勒、契丹、奚、室韦、靺鞨、渤海靺鞨、霫、乌罗浑。

《旧唐书》民族列传重点记述了对唐朝产生重要影响的突厥、回纥及吐蕃的历史。修史者较为理性地分析了民族之间的盛衰变化，认为"戎狄之为患也久矣！自秦、汉已还，载籍大备，可得而详也。但世罕小康，君无常圣，我衰则彼盛，我盛则彼衰，盛则侵我郊圻，衰则服我声教。怀柔之道，备预之方，儒臣多议于和亲，武将唯期于战胜，此其大较也"①。修史者通过民族列传总结了唐朝处理民族关系的经验，如"但患己之不德，不患人之不来。何以验之？贞观、开元之盛，来朝者多矣"②。"当修文德以来之，被声教以服之，择信臣以抚之，谨边备以防之，使重译来庭，航海入贡，兹庶得其道也。"③ 这些认识都是较为客观的。

第三节　专门的民族史著述

一　专门民族史的撰述

隋唐时期完成了统一并不断扩张领土，中原地区与周边民族接触也日益频繁。为加强对民族地区的管理，官方需要系统了解边疆地区的民族情况，出于资政的需要，出现了很多民族历史著述。这一时期，民族史史料的搜集整理、撰述体例及分类等方面都有巨大的发展。

唐代在民族史资料的搜集和民族历史的编纂方面形成了稳定的制度。唐朝兵部的职方郎中负责收集民族史资料，这些资料既有民间的口碑资料，也包括在民族地区生活过的中原人或出使民族政权的使节的叙述。这些资料经过史官系统的整理，成为当时正史修纂的主要史料来源。《唐六典》卷五《兵部》载："职方郎中、员外郎掌天下之地图，及城隍、镇戍、烽堠之数，辨其邦国都鄙之远迩，及四夷之归化者。凡地图委州府，三年一造，与板籍偕上省。其外夷每有番客到京，委鸿胪讯其本人本国山川风土为图以上奏焉。"在每次平定某一边疆地区之后，朝廷专门派人到民族地区去调查当地

---

① 《旧唐书》卷一百九十六《吐蕃传下》，中华书局1975年版，第5266—5267页。
② 《旧唐书》卷一百九十七《西南蛮传》，中华书局1975年版，第5286页。
③ 《旧唐书》卷一百九十九下《北狄传》，中华书局1975年版，第5364页。

的风俗物产、历史沿革并编纂图书，上奏皇帝，这使民族史的修纂制度更加完备。

隋朝出现了一些专门的民族史籍，如常骏撰《赤土国记》、韦节撰《西蕃记》、佚名撰《天竺记》、佚名撰《大隋西国传》、佚名撰《诸蕃国记》、佚名撰《诸蕃风俗记》等。

唐代的民族史志撰述空前发达，出现了数十部专门的民族史志，从内容上看这些著作可以概括为两个类型：一类为关于中原与四夷的关系史，主要有李德裕的《异域归忠传》、高少逸的《四夷朝贡录》等；另一类是关于少数民族地区的社会历史，这类著作数量很多，其中关于云南地区社会历史的撰述最为突出，主要有韦齐休的《云南行记》、李德裕的《西南备边录》、窦滂的《云南别录》、徐云虔的《南诏录》、卢携的《云南事状》、达奚洪的《云南风俗录》、樊绰的《蛮书》等，这些书大都撰于武宗至僖宗年间。

李德裕撰《异域归忠传》两卷，成书于武宗会昌二年（842年）。他在该书的序中讲到了撰述的起因和该书的内容："今圣主以嗢没斯忠，爰采武功贞烈之事，以为《归忠传》，则圣人善诱之道，又何以加于此乎！乃集秦汉以来至圣朝，去绝域归中国、以名节自著功业保忠者三十人，勒成上下两卷。其不自献款、无迹可称者，今并不载。"①

高少逸撰《四夷朝贡录》十卷，也在会昌年间，而且是在李德裕的指示下撰写的。关于这部书的内容，陈振孙记载："会昌中，宰相李德裕以黠戛斯朝贡，莫知其国本源，诏为此书。凡二百十一国，本二十卷，合之为十卷。"② 高少逸，生平事迹见两唐书《高元裕传》附传。史称其在会昌年间"为给事中，多所封奏"③，可见他对当朝政事颇有见解。宣宗时，他官至工部尚书。高少逸撰这部书，说明他对民族事务的熟悉和在民族关系史上具有相当的知识，也反映出他跟李德裕在民族关系问题上的共同见解。

唐代贾耽爱好研究地理学，他通过使臣、商人及边民的口述搜集了有关各民族的史料，并进一步系统整理成书。《旧唐书·贾耽传》载："耽好地理学，凡四夷之使及使四夷还者，必与之从容，讯其山川土地之终始。是以九州之夷险，百蛮之土俗，区分指画，备究源流。"④ 这里的地理学当包括了

---

① （唐）李德裕：《异域归忠传》"序"，（清）董诰编《全唐文》卷七百七。
② （宋）陈振孙：《直斋书录解题》卷四，上海古籍出版社1987年版，第147页。
③ 《旧唐书》卷一百七十一《高元裕传》，中华书局1975年版，第4453页。
④ 《旧唐书》卷一百三十八《贾耽传》，中华书局1975年版，第3784页。

民族史的内容。贾耽曾自述其搜集民族史料的过程云："臣弱冠之岁，好闻方言，筮仕之辰，注意地理，究观研考，垂三十年。绝域之比邻，异蕃之习俗，梯山献琛之路，乘舶来朝之人，咸究竟其源流，访求其居处。阛阓之行贾，戎貊之遗老，莫不听其言而掇其要；闾阎之琐语，风谣之小说，亦收其是而芟其伪。"①

大历年间，贾耽绘有《陇右山南图》。贞元十四年（798年），又撰成《皇华四达记》10卷②，记载了由唐朝边州至民族地区的道路，共计海路两条、陆路五条。

贞元十七年（801年），贾耽又绘《海内华夷图》，并撰《古今郡国道县四夷述》40卷。③《海内华夷图》"广三丈，从三丈三尺，率以一寸折成百里。别章甫左衽，奠高山大川；缩四极于纤缟，分百郡于作绘。宇宙虽广，舒之不盈庭；舟车所通，览之咸在目"。贾耽撰写《古今郡国道县四夷述》，广泛搜集资料，"旧史撰录，十得二三，今书搜补，所获太半"，并厘正了史书中的舛误，记述了汉代以来各民族的盛衰历史，称："中国以《禹贡》为首，外夷以《班史》发源；郡县纪其增减，蕃落叙其衰盛。"④ 把历代郡县地区和民族地区都包括在内。南宋王应麟撰《玉海》卷十五引用《左仆射贾耽神道碑》对贾耽的学术成就相当高的评价："通夷裔之风俗，尽山川之险易，历代沿革之自，百王废置之由，关塞通塞之因，牧圉盛衰之异，道程疏密之准，要荒享献之数，聚米画地，成于指掌。"⑤

南朝梁萧绎曾绘《职贡图》，描绘12位使者朝贡时的形象，依次为滑国、波斯、百济、龟兹、倭国、狼牙修、邓至、周古柯、呵跋檀、胡密丹、白题、末国的使者。⑥ 这是民族记述的新形式。

隋唐时期，关于民族的图像编绘更为兴盛，这类著作以图文结合的形式，形象地记述了当时的民族情况。隋大业三年（607年），裴矩上奏《西域图记》，关于其撰述过程，《北史》卷三十八《裴矩传》载："时西域诸蕃

---

① 《旧唐书》卷一百三十八《贾耽传》，中华书局1975年版，第3785页。
② （宋）王应麟纂：《玉海》卷十五，江苏古籍出版社、上海书店1990年版，第289页。
③ 《旧唐书》卷十三《德宗纪下》，中华书局1975年版，第395页。
④ 《旧唐书》卷一百三十八《贾耽传》，中华书局1975年版，第3786页。
⑤ （宋）王应麟纂：《玉海》卷十五，江苏古籍出版社、上海书店1990年版，第289页。
⑥ （唐）张彦远：《历代名画记》载："（梁元帝萧绎）任荆州刺史日，画《蕃客入朝图》，帝极称善。又画《职贡图》，并序，盖外国来献之事。"见（唐）张彦远撰，俞剑华注释《历代名画记》，上海人民美术出版社1964年版，第147页。

多至张掖与中国交市，帝令矩掌其事。矩知帝方勤远略，诸胡至者，矩诱令言其国俗山川险易，撰《西域图记》三卷，入朝奏之。"① 裴矩为了迎合隋炀帝好大喜功的心理而撰《西域图记》，编写的资料来源主要是西域诸国使者或商人的口述。《裴矩传》引《西域图记》"序"云："臣既因抚纳，监知关市，寻讨书籍，访采胡人，或有所疑，即详众口，依其本国服饰仪形，王及庶人各显容止，即丹青摸写为《西域图记》，共成三卷，合四十五国。仍别造地图，穷其要害，从西顷以去，北海之南，纵横所亘，将二万里。谅由富商大贾，周游经涉，故诸国之事，罔不遍知。复有幽荒远地，卒访难晓，不可凭虚，是以致阙。而二汉相踵，西域为传，户人数十，即称国王，徒有名号，有乖其实。今者所编，皆余千户，利尽西海，多产珍异。见山居之属，非有国名及部落小者，多亦不载。"②

唐代继承了裴矩《西域图记》的编绘传统。唐太宗时期，许敬宗主持编纂了《西域图志》，据《唐会要》卷三十六《修撰》载："其年五月九日，以西域平，遣使分往康国及吐火罗等国，访其风俗、物产，及古今废置，画图以进。令史官撰《西域图志》十卷，许敬宗监领之。书成，学者称其博焉。"③ 该书以图文结合的方式对边疆民族历史、风俗、物产进行了记载，得到了后世学者的赞誉。

唐代还有多幅涉及当时各民族的图像作品，如阎立德所绘《王会图》。《旧唐书·东谢蛮传》载："贞观三年，元深入朝，冠乌熊皮冠，若今之髦头，以金银络额，身披毛帔，韦皮行縢而著履。中书侍郎颜师古奏言：'昔周武王时，天下太平，远国归款，周史乃书其事为《王会篇》。今万国来朝，至于此辈章服，实可图写，今请撰为《王会图》。'"④ 实际上，颜师古只是创作此图的建议者，此图为后阎立德所绘。宋代最著名的图画总谱《宣和画谱》卷一称："唐贞观中，东蛮谢元深入朝，颜师古奏言：昔周武时远国归款，乃集其事为《王会图》。今卉服鸟章，俱集蛮邸，实可图写。乃命立德等图之。"⑤ 这非常明确地说明，阎立德绘《王会图》。⑥ 立德弟阎立本也精

---

① 《北史》卷三十八《裴矩传》，中华书局1974年版，第1388页。
② 同上书，第1389页。
③ 《唐会要》卷三十六《修撰》，中华书局1955年版，第656页。
④ 《旧唐书》卷一百九十七《东谢蛮传》，中华书局1975年版，第5274页。
⑤ 岳仁译注：《宣和画谱》，湖南美术出版社1999年版，第27—28页。
⑥ 参见汤开建《唐〈王会图〉杂考》，《民族研究》2011年第1期。

于绘画，他绘《步辇图》，用图像记述了唐太宗接见来迎娶文成公主的吐蕃使臣禄东赞的情景，对研究唐朝与吐蕃关系史具有重要意义。① 另外，唐代吕述撰有《黠戛斯朝贡图传》一书。据《新唐书·艺文志》载："吕述《黠戛斯朝贡图传》一卷。吕述，字修业，会昌秘书少监，商州刺史。"②

图 4-6　阎立本绘《步辇图》

二　《蛮书》

唐代，西南地区的南诏迅速兴起，成为一支不可忽视的地方势力。与南诏的交往事务受到朝廷的重视，关于云南地区的著作也出现多部。一些在云南任职的官员记述了亲身见闻，涉及了当地的民族情况。可惜这些著作自南宋以后大多亡佚，幸存至今的只有樊绰《蛮书》一书系后世从《永乐大典》辑出。

《蛮书》，唐樊绰撰。樊绰自定书名曰《蛮志》，还有其他几种名称，如《云南志》《云南记》《云南史记》《蛮书》《南夷志》《南蛮志》《南蛮记》，名称繁多，实为一书异名。③ 晁公武《郡斋读书志》卷七《伪史类》著录："《云南志》十卷，唐樊绰撰。咸通中，南诏数寇边，绰为安南宣慰使，纂

---

① 《步辇图》绢本，设色，纵38.5厘米，横129.6厘米，现存于北京故宫博物院。
② 《新唐书》卷五十八《艺文志二》，中华书局1975年版，第1508页。
③ 方国瑜：《樊绰〈云南志〉考说》，《思想战线》1981年第1期。

入诏始末、名号、种族、风俗、物产、山川险易、疆场连接,闻于朝。"①

唐懿宗咸通三年(862年),朝廷以湖南观察使蔡袭代王宽为安南经略使,樊绰任安南从事,是蔡袭的幕僚。咸通四年二月初七,南诏攻陷交趾,蔡袭及家人随从70多人战死。樊绰长男樊韬及家属奴婢14人也一并遇难。樊绰于城陷时携经略使印信渡富良江逃脱,后于咸通五年任夔州都督府长史,其他情况史书无载。

咸通五年,樊绰撰成《蛮书》10卷,并委托张守忠转呈朝廷,其奏疏说:"臣去年正月二十九日,已录蛮界程途及山川城镇、六诏始末、诸种名称、风俗条教、土异物产、六赆名号、连接诸蕃,共纂录成十卷,于安南郡州江口,附襄州节度押衙张守忠进献。"该书的撰述宗旨是为唐朝廷和剑南道、岭南西道地方官处理南诏问题提供参考。

唐代,巍山地区共分六诏,即蒙巂、浪穹、越析、邆赕、施浪、蒙舍。蒙舍即南诏。开元以后,南诏得到唐朝的支持统一了六诏。天宝年间,唐朝开始积极经营云南,和南诏发生了冲突。于是,南诏阁罗凤投靠吐蕃,建国称王,并接受了吐蕃的封号。此后,南诏发展成大国,经常派兵进攻临近的唐朝州县,并进攻安南,给唐朝西南边疆造成了很大的威胁。樊绰随蔡袭到云南时,正是世隆嗣位,其自称皇帝,国号大礼。并进攻唐朝的播州(今贵州省遵义市)、邕州(今广西壮族自治区)、巂州(今四川省西昌市一带)。自咸通元年至四年,南诏三次进攻安南,两次攻陷交趾,据有其地。樊绰到云南,正值南诏第三次进攻安南,形势非常危急。他认识到南诏对于唐朝西南边疆安全的重要性,于是对南诏进行了一些调查工作。樊绰根据自己的调查资料,并参考《云南记》《云南行记》《后汉书》、王通明《广异记》《夔城图经》等书,写成《蛮书》。宋以后研究云南情况的学者都重视此书,《新唐书·南蛮传》即取材此书。李昉等纂《太平御览》所收《南夷志》就是此书的别名。

《蛮书》共10卷,各卷的内容:"云南界内途程"记当时由内地进入云南的交通及其途程;"山川江源"记云南境内的主要山脉河流的名称、方位或流向和其他自然条件;"六诏"记六诏的由来及其与唐的关系。"名类"记云南境内其他各族概况。分东西两爨,东爨为乌蛮,西爨为白蛮。乌蛮包括独锦蛮、长裈蛮、施蛮、磨蛮、粟栗两姓蛮、雷蛮、梦蛮、寻传蛮、裸形蛮;白蛮包括弄栋蛮、青蛉蛮、河蛮。其他民族还有顺蛮、磨些蛮、朴子

---

① (宋)晁公武:《郡斋读书志》卷七《伪史类》。

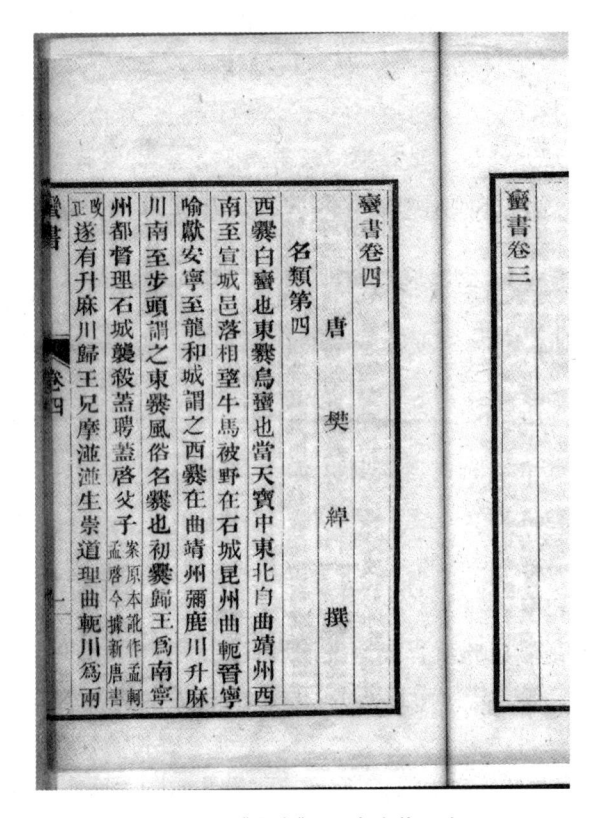

图4-7 《蛮书》 清武英殿本

蛮、望苴子蛮、黑齿蛮、金齿蛮、银齿蛮、绣脚蛮、绣面蛮、穿鼻蛮、长鬃蛮、栋峰蛮、茫蛮、丰巴蛮、崇魔蛮、桃花人等。本地化的汉族称"裳人"。书中还记载了各族间的源流关系。"六赆"记云南各州概况;"云南城镇"记主要城镇的建置、布局、兵防以及居民、交通、自然形势等;"云南管内物产"记农时、耕稼方法、手工技艺、特产及其分布;"蛮夷风俗"记云南各族的服饰、仪容、婚俗、节日、度量、房舍、丧俗、葬式、语言等;"蛮夷条教"(一作"南蛮条教")记南诏的政治制度和军事制度;"南蛮疆界接连诸番夷国名"记与南诏毗邻的地区之概况。

可见六诏、名类、蛮夷风俗、蛮夷条教等内容记载民族情况较为丰富。书中关于唐朝与南诏的关系史的叙述则占有明显的位置。清《四库全书总目提要》称此书"于六诏种族、风俗、山川、道里及前后措置始末,撰次极详,实舆志中最古之本"①。

第四节 《通典·边防典》

《通典》,唐代著名史学家杜佑撰。② 全书共 200 卷,卷一百八十五至卷二百为《边防典》,主要记述了唐朝周边的各民族情况及与唐朝的战争、往来等情况。

一 《边防典》的主旨

杜佑在《通典自序》中指出修纂《边防典》的目的是"遏戎狄焉",即探讨遏制周边民族侵扰的策略,这充分体现了民族史学的资治功能,即"前事之元龟,足为殷鉴者矣"③。

唐玄宗时,对各民族将领极尽笼络之事,但并未有效维持边疆的安定。安史之乱爆发,唐朝经过八年时间,借助回纥的力量,平定了这场叛乱,但唐朝的边防力量遭到严重的破坏。唐朝的外患日益严重,形成了北有回纥,西有吐蕃,南有南诏,东北有契丹、室韦、奚、靺鞨等族的包围之势。杜佑亲身经历了唐朝的这一巨变,面对唐朝严峻的边防形势,他也表现出了强烈的边患意识。杜佑在《边防典》"北狄序略"中说:"自三代以还,北狄盛衰可略而纪。其小国者,时有侵扰不为大患者,则不暇录焉。唯契丹,武太后万岁通天初,其帅李尽忠、孙万荣陷营州,自称为可汗,司农卿麻仁节等二十八将,败于西峡石黄獐谷,仁节死焉。贼又陷冀州,刺史陆宝积死之。夏官尚书平章事王孝杰率兵十八万,又败没于东峡石。又令御史大夫娄师德率兵二十万拒之。万荣为家奴所杀,其党遂溃。"④ 杜佑指出在三代以来,北狄对中原王朝虽时有侵扰,但不足为患,唯独契丹自武则天万岁通天初开始

---

① 《四库全书总目提要》卷六十六,商务印书馆 1931 年版,第 7 页。
② 杜佑(735—812 年),京兆万年(今陕西省西安市)人,是唐朝中期著名的政治家和史学家。杜佑出生于关中望族京兆杜氏,祖辈皆任高官。杜佑以荫入仕,补济南郡参军、剡县丞,先后历任工部、金部、度支郎中及江西青苗使、水陆转运使、和籴使、户部侍郎判度支等理财官员,又曾任容管经略使、岭南节度使、淮南节度使等封疆大吏,从德宗末年历顺、宪两朝都位居宰辅,并曾兼理盐铁等使。《旧唐书》卷一百四十七《杜佑传》,中华书局 1975 年版,第 3978—3983 页。
③ (唐)杜佑撰,王文锦等点校:《通典》,中华书局 1988 年版,第 4981 页。
④ 同上书,第 5302 页。

就对边防造成很大的隐患,应加强对契丹的了解与防御。历史也证明了自唐以后,中国的边患也逐渐由西北转移到了东北。

杜佑还对历史上中原王朝对周边少数民族武力征伐的消极影响进行了总结:"秦平六国,恃其兵力,北筑长城,以拒匈奴,西逐诸羌,出于塞外。劳力扰人,结怨阶乱,中国未静,白徒竞起,海内云扰,实生谪戍。汉武因文、景之富,命将兴师,遂至户口减半,竟下哀痛之诏,罢田轮台。"① 杜佑主张以德怀柔,反对过多地使用武力,因为当时唐朝的国力已经大不如前,国内藩镇割据,内政混乱,已经没有办法再像太宗时期那样发动大规模的边境战争。因此,以德怀柔,对周边民族施以德化,使其归附或是不再侵扰唐边境,无疑是一个好办法。

杜佑在《边防典》"序"中详细列举了历代武力拓边给国家带来的严重后果,他指出:"历代观兵黩武,讨伐戎夷,爰自嬴秦,祸患代有。始皇恃百胜之兵威,既平六国,终以事胡为弊。汉武资文景之积蓄,务恢封略,天下危若缀旒。王莽获元始之全实,志灭匈奴,海内遂至溃叛。隋炀帝承开皇之殷盛,三驾辽左,万姓怨苦而亡。"② 杜佑还指出唐代的武力拓边,破坏了民族关系,损耗了民力,造成了危险局面,"我国家开元、天宝之际,宇内谧如,边将邀宠,竞图勋伐。西陲青海之戍,东北天门之师,碛西怛逻之战,云南渡泸之役,没于异域数十万人。向无幽寇内侮,天下四征未息,离溃之势岂可量耶!"③

杜佑从边防的角度对各民族进行记述,尤其针对"安史之乱"的教训。唐玄宗时期,频繁对外用兵,兵力大都部署在边境地区,造成"外重内轻"的局面。同时任用胡人担任边镇的节度使,安禄山身兼平卢、范阳、河东三镇节度使,势力很大,后来安禄山发动叛乱,引发了"安史之乱",使唐朝由盛而衰。杜佑对此也有总结:"开元二十年以后,邀功之将,务恢封略,以甘上心,将欲荡灭奚、契丹,翦除蛮、吐蕃,丧师者失万而言一,胜敌者获一而言万,宠锡云极,骄矜遂增。哥舒翰统西方二师,安禄山统东北三师,践更之卒,俱授官名;郡县之积,罄为禄秩。于是骁将锐士、善马精金,空于京师,萃于二统。边陲势强既如此,朝廷势弱又如彼,奸人乘便,

---

① 《旧唐书》卷一百四十七《杜佑传》,中华书局1975年版,第3979页。
② (唐)杜佑撰,王文锦等点校:《通典》,中华书局1988年版,第4980页。
③ 同上书,第4980—4981页。

乐祸觊欲，胁之以害，诱之以利。禄山称兵内侮，未必素蓄凶谋，是故地逼则势疑，力侔则乱起，事理不得不然也。"①

杜佑按照东、南、西、北地理方位记述各民族，将华夏作为各民族记述的中心，也客观记述了周边各民族史的发展历程。他说："覆载之内，日月所临，华夏居土中，生物受气正。其人性和而才惠，其地产厚而类繁，所以诞生圣贤，继施法教，随时拯弊，因物利用。三王以降，代有其人。君臣长幼之序立，五常十伦之教备，孝慈生焉，恩爱笃焉。主威张而下安，权不分而法一。生人大赍，实在于斯。……然人之常情，非今是古，其朴质事少，信固可美；而鄙风弊俗，或亦有之。缅惟古之中华，多类今之夷狄。有居处巢穴焉，有葬无封树焉，有手团食焉，有祭立尸焉，聊陈一二，不能遍举。其地偏，其气梗，不生圣哲，莫革旧风，诰训之所不可，礼义之所不及，外而不内，疏而不成，来则御之，去则备之，前代达识之士亦已言之详矣。"②其中"古之中华，多类今之夷狄"的观点，具有进步的民族史观。

二 《边防典》的编纂体例

《边防典》共16卷，所记民族史事上起唐虞之世，下迄唐天宝末年，分东夷、南蛮、西戎、北狄四部分叙述，每部分都有"序略"，概述该区域各民族的发展源流及基本特点。杜佑继承了《礼记·王制》"五方之民"的记载体例，在唐初正史确立的四夷体例基础上，完整地确立了民族史撰述的体例。在中原王朝这一中心的四周的其他民族，杜佑按照每个民族所处的地理位置将处于同一方位的民族归为一个区域范围，划分了东、西、南、北四个方位，分别对应夷、戎、蛮、狄，即《边防典》中的东夷、西戎、南蛮、北狄四个系统。

东夷：朝鲜、濊、马韩、辰韩、弁辰、百济、新罗、倭、夫余、虾夷、高句丽、东沃沮、挹娄、勿吉（又曰靺鞨）、扶桑、女国、文身、大汉、流求、闽越。

南蛮：盘瓠种、廪君种、板楯蛮、南平蛮、东谢、西赵、牂牁、兖州、獠、夜郎国、滇、邛都、筰都、冉駹、附国、哀牢、焦侥国、槃国、西爨、昆弥国、尾濮、木绵濮、文面濮、折腰濮、赤口濮、黑㒒濮、松外诸蛮、岭

---

① （唐）杜佑撰，王文锦等点校：《通典》，中华书局1988年版，第3780页。
② 同上书，第4979—4980页。

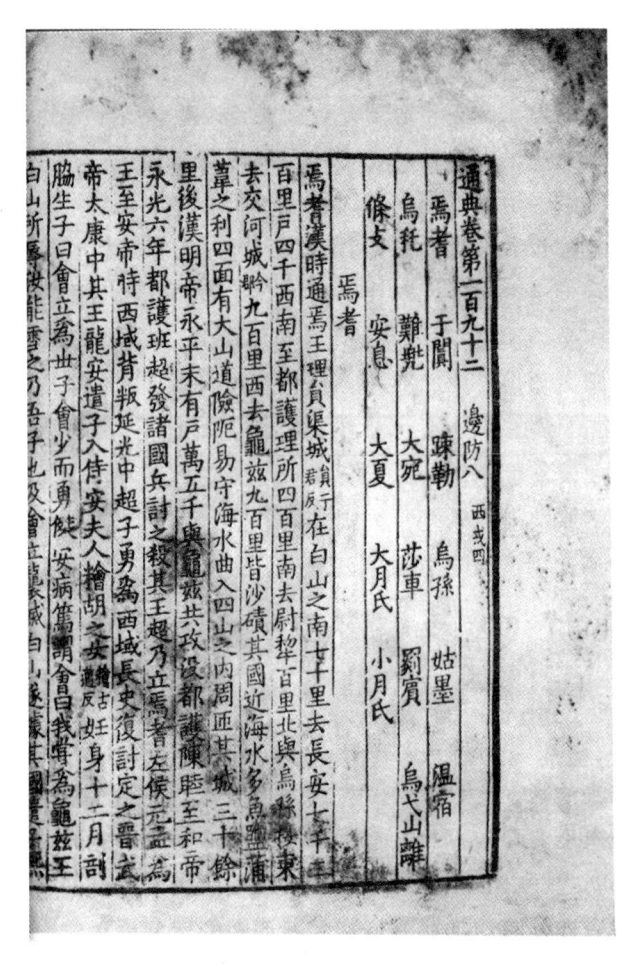

图4-8 《通典》 宋刻 宋元递修本

南蛮獠、（海南）黄支、哥罗、林邑、扶南、顿逊、毗骞、干陀利、狼牙修、婆利、盘盘、赤土、真腊、罗刹、投和、丹丹、边斗、杜薄、薄刺、敦焚、火山、无论、婆登、乌笃、陀洹、诃陵、多蔑、多摩长、哥罗舍分。

西戎：羌无弋、湟中月氏胡、氐、葱茈羌、吐谷浑、乙弗敌、宕昌、邓至、党项、白兰、吐蕃、大羊同、悉立、章求拔、泥婆罗、楼兰、且末、扜弥、车师高昌附、龟兹、焉耆、于阗、疏勒、乌孙、姑墨、温宿、乌秅、难兜、大宛、莎车、罽宾、乌弋山离、条支、安息、大夏、大月氏、小月氏、康居、曹国、何国、史国、奄蔡、滑国、嚈哒（挹怛同）、天竺、车离、师子国、高附、大秦、小人、轩渠、三童、泽散、驴分、坚昆、呼得、丁令、短人、波斯、悦般、伏卢尼、朱俱波、渴盘陀、粟弋、阿钩羌、副货、叠伏罗、赊弥、石国、女国、吐火罗、劫国、陀罗伊罗、越底延、大食。

北狄：匈奴、南匈奴、乌桓、鲜卑、轲比能、宇文莫槐、徒河段、慕容氏、拓跋氏、蠕蠕、高车、稽胡、突厥、铁勒、薛延陀、仆骨、同罗、都波、拔野古、多滥葛、斛薛、阿跌、契苾羽、鞠国、俞析、大漠、白霫、库莫奚、契丹、室韦、地豆于、乌洛侯、驱度寐、霫、拔悉弥、流鬼、回纥、骨利干、结骨、驳马、鬼国、盐漠念。

杜佑对民族的分类是有文献依据的，他对不同地区的民族发展史进行了考证，例如《东夷序略》云："昔尧命羲仲宅嵎夷，曰旸谷，盖日之所出也。夏后氏太康失德，夷人始叛，其后至后发即位，宾于王门，献其乐舞。桀为暴虐，诸夷内侵。商汤革命，伐而定之。至于仲丁，蓝夷作寇。自是或服或叛，三百余年。武乙衰弊，东夷浸盛，遂分迁淮、岱，渐居中土。周初封商太师国于朝鲜。时管、蔡畔周，乃招诱淮夷作乱，周公征定之。"[1]《南蛮序略》云："南蛮，其在唐虞，与之要质，故曰要服。夏商之时，渐为边患。暨于周代，党众弥盛。"[2]《西戎序略》云："西羌本出三苗，盖姜姓也。其国近衡山。及舜，徙之三危，汉金城之西南羌地是也。"[3] 还有《北狄序略》云："唐虞则山戎，夏则獯鬻。周则猃狁，懿王时德衰，侵暴及泾阳，人被其苦。"[4] 四夷体系有坚实的理论依据，是认识民族史的基本框架，是对《后汉书》以来民族史编纂的一个总结，完全固定了这一体例，并对后世产生了深远的影响。

《边防典》共收入民族百余种，确定了典制体史书民族史编纂的模式，以后的典制体基本延续了这一撰述模式。宋郑樵《通志·四夷考》、元马端临《文献通考·四裔典》，直到清代的《古今图书集成·边裔典》，都是遵循了这一编纂模式。

三 《边防典》的基本史料来源

杜佑修纂《边防典》的史料来源十分丰富，除当时唐朝的国史、实录、诏敕等外，还引述了当时的口述史料，如杜环的《经行记》。杜环为杜佑族

---

[1] （唐）杜佑撰，王文锦等点校：《通典》，中华书局1988年版，第4984页。
[2] 同上书，第5040页。
[3] 同上书，第5125页。
[4] 同上书，第5298页。

侄,在怛罗斯之役中,被俘虏至康国,并在阿拉伯国家生活多年,后从海路返国。杜佑记载:"族子环随镇西节度使高仙芝西征,天宝十年至西海。宝应初,因贾商船舶自广州而回,著《经行记》。"(《通典》卷一百九十一《边防典七》)① 杜环所记的内容都是亲身经历,为修史者提供了西域各民族可信的记录。《边防典》还采纳了当时"群士议论得失",主要是历代的奏疏和文集著作等,这些都荟萃了丰富的思想成果。例如在有关"匈奴"的记载中,杜佑引用了西汉贾谊的论边事疏、晁错的言兵事疏和守边备塞疏等相关奏疏。在"西戎一"中有关"氐"的记载中,杜佑引用了晋朝人江统的《徙戎论》,还有太宗朝国相房玄龄的谏伐高句丽疏等。

杜佑在《边防典》中还引用了历代许多史书、文集等著作,例如佚名撰《突厥本末记》、佚名撰《林邑国记》、韦节撰《西蕃记》、刘璠撰《梁典》、竺法维撰《佛国记》、法盛撰《历诸国传》、法明撰《游天竺记》、支僧撰《载外国事》、道安撰《西域志》、昙勇撰《外国传》、智猛撰《外国传》、支昙谛撰《乌山铭》、翻经法师撰《外国传》等。这些著作有的早已散佚,其中的一些民族史料通过《边防典》的引述得以保存。

第五节 少数民族文字的民族史撰述

隋、唐时期各民族之间的政治、经济和文化联系,比过去更为紧密。唐初对少数民族政策以安抚、羁縻为主,在大部分少数民族地区设立羁縻府、州,有时还采取和亲的手段加强与少数民族的关系。唐朝先后统一了北方和西北的突厥、回鹘。公元840年,回鹘汗国灭亡,有一支回鹘人迁至西域,建立了高昌回鹘王国。在东北地区的契丹、漠河、室韦也设立了都督府。在西南地区,彝族和白族联合建立了南诏国,受到唐朝的册封。居住在中南和西南地区的俚、僚、蛮等族,分属岭南等道。

这一时期中国少数民族在国内政治、经济、文化各方面都发挥了越来越大的作用,北方的于阗、突厥、回鹘,南方的吐蕃(藏族)发展较快,先后创制了自己的民族文字,形成了很多文献,中国少数民族历史文献大量增加,少数民族史学呈现出进一步发展的局面。

---

① (唐)杜佑撰,王文锦等点校:《通典》,中华书局1988年版,第5199页。

一 于阗文历史文献记述

于阗王国历史悠久,是西域一大强国。早在西汉时期就与中原王朝有联系,三国至南北朝时期与中原来往频繁,隋唐时常遣使进贡,是唐代安西四镇之一,其国王领安西节度副使名号。8 世纪末于阗被吐蕃占领。9 世纪中叶左右,吐蕃内乱,于阗乘机独立,在西域与喀喇汗王朝和高昌回鹘汗国鼎足而立。

于阗国深受唐朝文化影响,国内通行汉文,年号、纪年都仿汉制。内地的州县制、里甲制也在于阗境内推行。五代时这些行政体系仍然沿用不废。国王自比唐朝宗室,改为国姓,名李圣天。从敦煌供养人画像看,李圣天身穿着汉族皇帝衣饰。其子李从德,亦用汉名。隋唐时期的于阗国信奉佛教,是塔里木绿洲大乘佛教的中心。①

一般认为于阗国的主体民族是塞人,但学界还有很多说法。对于阗国的情况不仅现在众说纷纭,早在北宋欧阳修撰修《新五代史》时,对于阗国的王统世系已不清楚:"于阗,国地、君世、物俗见于唐。五代乱世,中国多故,不能抚来四夷。其尝自通于中国者仅以名见,其君世、终始,皆不可知。"② 于阗国的国号、年号只有"大宝国""同庆二十九年"见于汉文史籍。③

于阗文记录的是于阗语或称于阗塞语,又称东伊朗语或北雅利安语,属印欧语系伊朗语族。于阗文存世的文献多为 7—10 世纪的遗物。④ 从后来发现的文献来看,公元 6 世纪以前,于阗国流行汉文与佉卢字,6 世纪以后,通行汉文与于阗文。在于阗文中有大量汉语借词,有的文献还在于阗文中夹写汉字。已发现的《汉语—于阗语词汇》《突厥语—于阗语词汇》等书籍,表明了当时各民族文化交流和使用双语的实际情况。

于阗文文献对了解和田历史有着重要意义,可以填补汉文史籍中的空白。著名的"钢和泰藏卷"就是具有代表性的一件。此件原出敦煌,从内容

---

① (唐)玄奘、辩机著,季羡林等校注:《大唐西域记校注》卷十二,中华书局 1985 年版,第 1002 页。
② 《新五代史》卷七十四《四夷附录·于阗》,中华书局 1974 年版,第 917 页。
③ 张广达、荣新江:《关于唐末宋初于阗国的国号、年号及其王家世系问题》,《敦煌吐鲁番文献研究论集》,中华书局 1982 年版。
④ 牛汝极:《维吾尔古文字与古文献导论》,新疆人民出版社 1997 年版,第 109 页。

上看应定名《于阗沙州纪行》，20世纪20年代俄国人钢和泰（A. Von Stael-Holstein）在北京购得。原件为纸质，一面书写汉文佛经，另一面书写于阗文和古藏文。于阗文共73行，古藏文41行。于阗文1—51行内容是于阗王使者赴沙州的行记，记录了沿途村镇国家、山川地理、种族部落等，以及在沙州佛寺施财建塔、装修佛像等情况，53—73行为韵文。经蒲立本（E. G. Pulleyblank）考定为公元925年所写。此件数十年来已有十多位各国学者进行研究。此文献以纪行的体裁书写历史、地理，为于阗国历史和当时的西北地区历史研究提供了新的资料。

图 4-9 于阗文木函

于阗文文献大多数是佛教典籍，这些佛典大多数直接译于梵文原著，这对研究西域佛教史和佛经流传史有很重要的意义。

英国贝利教授（H. W. Bailey）从1945年起将各国所藏大部分于阗文文献影印刊布，并进行了转写，计有《于阗文文献》六册（1945—1967年），《于阗文佛教文献》一册（1951年），影印原件《塞克文献》六册（1960—1973年），《于阗文抄本》一册（1938年），《塞克文献译文集》一册（1968年）等。① 中华人民共和国成立后，在新疆有一些于阗文文献出土，国内也

---

① ［英］贝利（H. W. Bailey）：《于阗文文献》（六册），剑桥，1945—1967年；《于阗文佛教文献》，伦敦出版社1951年版。

有一些专家进行研究,发表了有价值的论著。① 于阗文文献中的有关社会历史文书有:

1. 使臣致于阗王奏报
2. 尉迟释帝王赞颂
3. 于阗王致曹元忠书
4. 致金汗书信和奏报
5. 七王子致于阗王书
6. 朔方王子致于阗王书
7. 朔方王子禀母书
8. 致于阗王奏报甘州突厥情势
9. 于阗—伽湿弥罗行程
10. 于阗沙州纪行
11. 其他账目、牒状、铭文、练字作业等②

上述出土的于阗文文献中有关历史的记载,反映了于阗王国乃至与其相关的西北地区的历史、文化,以及与河西一带政权的密切来往,在少数民族史学史上有新的贡献。③

二 粟特文历史文献记述

粟特人是古代丝绸之路上的一个很活跃的民族,其故乡在中亚阿姆河与锡尔河之间的扎拉夫尚河流域,中国史书称之为"昭武九姓"。居住在这里的粟特人属东伊朗人,与我国新疆的塞人、咸海周围的花剌子模人有血缘关系。中国史书中很早就出现过他们的名字,《魏略·西戎传》作"属繇",《晋书》称为"粟弋"④,《大唐西域记》作"窣利",另有"速利""孙邻""苏哩"等译名。粟特人自称Sogd,《北史》译为"粟特"⑤。

---

① 黄振华:《于阗文贤劫经千佛名号考证》,《中国民族古文字研究》第2辑,天津古籍出版社1993年版。黄盛璋:《敦煌于阗文书中河西部族考证》,《敦煌学辑刊》1990年第1期。林梅村:《新疆和田出土汉文于阗文双语文书》,《考古学报》1993年第1期。
② 黄振华:《于阗文研究概述》,《中国民族古文字研究》,中国社会科学出版社1984年版,第64页。
③ 史金波、黄润华:《中国历代民族古文字文献探幽》,中华书局2008年版,第25—31页。
④ 《三国志》卷三十《魏书·乌丸鲜卑东夷传》引《魏略·西戎传》,中华书局1982年版,第862页;《晋书》卷九十七《四夷传》,中华书局1974年版,第2544页。
⑤ 《北史》卷二《魏本纪二》,中华书局1974年版,第69页。

粟特人擅长经商,《新唐书》记载:"善商贾,好利,丈夫年二十,去旁国,利所在无不至。"① 粟特人富于冒险精神,又对其他民族的文化善于吸收、传授。粟特人与单一信仰佛教的塞人不同,其宗教信仰也是多元的,佛教、基督教、摩尼教、祆教在粟特人中都有各自的信徒。自南北朝以来,粟特商人在河西走廊、长安、洛阳等地形成了大小不等的聚居点。粟特人的经商和移民,加强了西域和中原地区的经济文化交流,对西域的繁荣发展做出了重要的贡献。

粟特商人的驼队带来了西域的特产,也传进了他们独特的文化。粟特人有很高的文化,他们的语言属印欧语系伊朗语族。当时在丝绸之路上粟特文是广为使用的文字之一。由于地理的分割、不同的宗教信仰,粟特人使用不同的方言和文字。其文字属于阿拉米字母系统。《大唐西域记》中最早提到这种文字,说:"字源简略本二十余言,转而相生,其流浸广。粗有书记,竖读其文,递相传授,师资无替。"② 粟特字母对我国其他少数民族文字产生过重要影响,回鹘人使用这种文字创造了回鹘文,其后,蒙古文、满文也传承了这种文字。

1906年斯坦因(Marc Aurel Stein,1862—1943年)从敦煌以西的烽燧中发现了6封粟特文信件,其中第二封长达63行,提到洛阳被匈奴人所破,中国皇帝逃亡等事。有的研究者将这批文献的时间定为4世纪,有的则认为在公元196年左右。与这批粟特文献一起出土的汉文文献则属于公元2世纪。大多数粟特文文献的时代约在6—11世纪,大都是纸质抄本,也有一些木牍和羊皮书,多为宗教经典。

德国皇家吐鲁番考察队在20世纪初连续四次到新疆考察,掠走了大量文物,其中有粟特文文献。③

1932年在塔吉克斯坦的穆塔山发现了94件文书,引起了许多学者的浓厚兴趣。其中有5件粟特文书背面有汉文。这些文书属于8世纪,是研究当时粟特与唐朝、大食和突厥关系的重要文献。

粟特文的摩尼体主要用于书写摩尼教经文。唐宝应二年(763年),回

---

① 《新唐书》卷二百二十一下《西域传下》,中华书局1975年版,第6244页。

② (唐)玄奘、辩机原著,季羡林等校注:《大唐西域记校注》,中华书局1985年版,第72页。

③ [德]阿尔伯特·冯·勒柯克:《新疆的地下文化宝藏》,陈海涛译,新疆人民出版社1990年版,第12—13页。

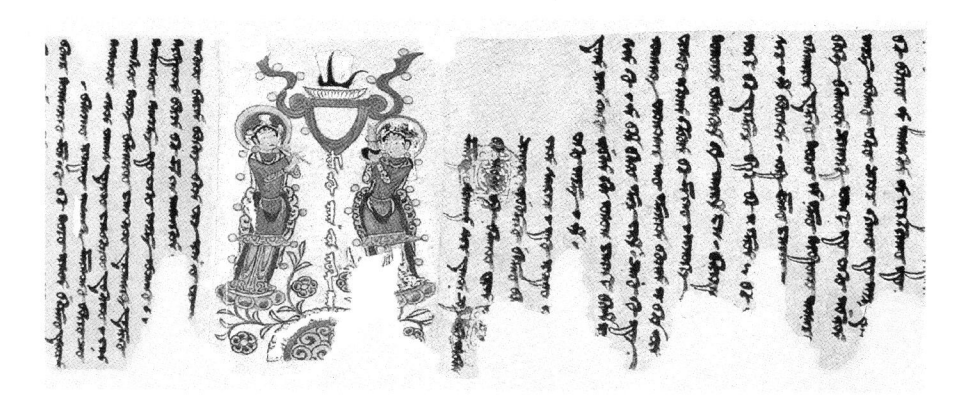

图 4-10　粟特文书信

鹘牟羽可汗从洛阳延请睿容等四名回鹘法师到漠北回鹘都城，牟羽可汗放弃了原来信奉的萨满教，改奉摩尼教，并将摩尼教尊为国教，从此摩尼教在回鹘王国广为流行，回鹘西迁后，摩尼教在回鹘王国还兴盛一时，直到宋太平兴国七年（982年），王延德出使高昌，还见到当地"复有摩尼寺，波斯僧各持其法，佛经所谓外道也"[①]。有的史料还提到当时的回鹘国王还信奉摩尼教。粟特文文献反映了摩尼教在新疆一带流行情况，真实地反映了当时粟特人的宗教信仰史实。

此外还有一些粟特文的碑铭，其中最重要的是蒙古布古特发现的6世纪的碑铭和1899年在蒙古国杭爱省的哈拉巴勒嘎斯城址（黑虎城）内发现的9世纪九姓回鹘可汗碑。布古特碑铭正面及左右两侧均刻粟特文29行，记突厥第一汗国土门、木杆、佗钵和沙钵略可汗事迹。今藏蒙古国杭爱地区博物馆。[②]

粟特文文献大都藏于国外，我国新疆也有粟特文文献出土，如1975年新疆博物馆考古队在哈喇和卓古墓中发掘出17枚木牌，其中9枚正面写"代人"二字，背面则用朱笔书写粟特文。[③] 粟特文文献在中西文化交流史上起了重要作用，对研究中国古代的政治、经济、宗教、文化等方面提供了

[①] 《宋史》卷四百九十《高昌传》，中华书局1977年版，第14112页。

[②] 龚方震：《粟特文》，《中国民族古文字图录》，中国社会科学出版社1990年版，第54—56页。

[③] 新疆博物馆考古队：《吐鲁番哈喇和卓墓群发掘简报》，《文物》1978年第6期。

珍贵的资料。①

三 突厥文历史文献记述

公元6—8世纪，在蒙古高原上建有突厥汗国。据《周书·突厥传》记载，突厥作为一个部落，大约出现于5世纪中叶，居住在今新疆阿尔泰山南麓，受制于柔然。6世纪中，突厥迁至蒙古高原，逐渐强大，建立了突厥汗国，最盛时疆域东至辽河以西，西至里海，北至贝加尔湖，西南至中亚阿姆河以南，形成一个领土广袤的国家。公元583年，突厥分裂为东、西两个汗国。直至唐天宝四年（745年），在唐朝军队和回纥等民族联合攻击下，突厥退出了中国北方的历史舞台。

突厥有自己的文字。北齐有一名叫刘世清的人通晓少数民族语言。齐后主命刘世清将《涅槃经》翻译成突厥语送给突厥佗钵可汗。②在《周书·突厥传》中也记载"其书字类胡"③。但这种文字一直未被发现，直至19世纪末叶以后，研究者解读了在西伯利亚发现的碑铭，才揭开了这种文字的谜底。原来这是一种拼音文字，被称为突厥文。很多这种文字的碑铭发现于鄂尔浑河流域和叶尼塞河流域。因此又称为"鄂尔浑—叶尼塞文"。从现存的文献来看，突厥文使用时间大约在7—10世纪之间。

现存的突厥文文献大部分是突厥文碑铭。1889年，俄国人雅德林采夫为首的蒙古考古队在蒙古鄂尔浑河流域的和硕柴达木湖畔发现了两块石碑，分别是《阙特勤碑》和《毗伽可汗碑》。

阙特勤是后突厥汗国可汗阿史那骨咄禄之子，其父公元691年死时，其叔默啜自立为可汗。默啜被部下所杀，阙特勤拥立其兄默棘连为后突厥汗国国王，即为毗伽可汗。毗伽可汗重用其岳父暾欲谷，与唐保持良好关系。毗伽可汗在位期间，是突厥与唐朝关系最好的时期，毗伽可汗及其弟左贤王阙特勤为此作出了贡献。唐开元十九年（731年）三月，阙特勤去世。开元二十年（732年）七月，唐玄宗敕命为其立碑，并亲撰碑文。④毗伽可汗于开

---

① 史金波、黄润华：《中国历代民族古文字文献探幽》，中华书局2008年版，第31—36页。
② 《北齐书》卷二十《斛律羌举传》，中华书局1972年版，第267页。
③ 《周书》卷五十《异域传·突厥》，中华书局1971年版，第910页。
④ 《新唐书》卷二百一十五下《突厥下》，中华书局1975年版，第6053—6054页。

元二十二年（734年）十月被害，唐玄宗闻讯为其辍朝三日表示哀悼。① 玄宗又派大臣前往后突厥汗国，为毗伽可汗立碑建庙。开元二十三年（735年）《毗伽可汗碑》立，唐起居舍人兼史馆修撰奉敕撰写碑文，唐玄宗亲笔御书。阙特勤的侄子药利特勤为了纪念这两位先人的英雄伟绩，在这两块御制碑的背面和侧面，用突厥文铭刻了死者生平事迹和显赫武功。这两块碑与另一块位于蒙古巴颜楚克图的《暾欲谷碑》，因记录了7—8世纪突厥民族的重要历史，且碑文保留较为完整，史料价值特别重要，而被称为突厥文三大碑铭，是研究突厥历史以及突厥与唐朝关系的重要文献，在突厥史学史上占有重要地位。

图4-11 突厥文毗伽可汗碑拓片

在发现《阙特勤碑》和《毗伽可汗碑》之后，1891年在翁金河畔发现了《翁金碑》，1896年在塔拉斯河流域发现了《塔拉斯碑》，1897年在乌兰

---

① （宋）王钦若撰，周勋初等校订：《册府元龟》卷九百七十五《外臣部·褒义第二》，凤凰出版社2006年版，第11287页。

巴托附近发现了《暾欲谷碑》，1909年在蒙古希乃乌苏发现了《回纥英武威远毗伽可汗碑》，此外还有《苏吉碑》《塔里亚特碑》《塞乌列依碑》等。在叶尼塞河和中亚七河流域还发现了一些文字简短的墓碑。现在发现的突厥文碑铭大约有200块。这些碑文表明，突厥汉国注重历史记载，注重与唐朝的关系，其中有很多汉文文献未载的历史事实，有突出的史料价值。众多的突厥文碑铭所载的史料，成为突厥史学中的资料亮点。

突厥文有纸质文献，也有占卜书和《突厥格言》等，亦为斯坦因在敦煌发现，现藏于英国国家图书馆。

突厥文文献包括碑铭和写本，绝大部分都保存在国外，国内一些单位如国家图书馆收藏部分碑铭的拓片。这些文献由于其内容涉及历史、宗教、语言、文字等，对研究突厥、回鹘、黠戛斯、骨利干等突厥民族的历史、语言、文化有十分重要的意义。[①]

四　藏文历史文献记述

居住在青藏高原的藏族，古代称吐蕃，主要从事农牧业。公元7世纪初期，藏族著名赞普松赞干布以卓越的政治远见和军事才能，统一了西藏高原，正式建立了吐蕃王朝，定都逻娑（今西藏自治区拉萨市）。松赞干布大力加强吐蕃同唐朝的友好往来，努力汲取唐朝的先进文化和生产技术。唐朝在8世纪中期发生"安史之乱"后，吐蕃趁唐朝西部军事力量空虚，占据唐朝的河西、陇右地区，并一度占领长安。9世纪中期，赞普朗达玛改变以前的崇佛政策，开始毁灭佛教，恢复苯教势力。9世纪后半期，王室争位，贵族混战，奴隶起义，吐蕃王朝发生分裂，唐僖宗乾符四年（877年）吐蕃王朝灭亡，西藏长期处于内战局面。

藏族在松赞干布时期以前无文字，"其俗刻木结绳"[②]。松赞干布十分注重文化事业，其大臣通米桑布扎参照印度梵文设计出一套字母，创制了藏文，成为记录藏族语言的文字。藏族使用藏文记事、编撰书籍。保存至今的藏文文献十分丰富。在中国的古籍中，藏文文献的数量仅次于汉文文献。

[①] 史金波、黄润华：《中国历代民族古文字文献探幽》，中华书局2008年版，第36—42页。
[②] （宋）王钦若等编纂，周勋初等校订：《册府元龟》卷九百六十一《外臣部·土风三》，凤凰出版社2006年版，第11196页。

吐蕃王朝重视历史记载，专门设立"记事官"。吐蕃的宫廷也设有"执掌宫廷内府文书"，专门负责记录赞普本人的起居情况，并把记录存入档案库，形成了一定文本规范的王统史。这一时期，藏族史学逐渐发展成熟。

藏族早期的历史观体现在其神话与传说中。与历史相关的神话是起源神话，最著名的就是"猕猴变人神话""非人统治时期的传说"及"赞普起源与世系传说"。而后佛教的价值观、伦理观贯穿于历史记述之中，成为编纂历史的指导思想，历史事实与宗教传说相混同，甚至把王统史、家族世系史当成弘扬佛教的工具，出现历史事实让位于宗教神话的情况。在历史叙述中，首先是佛教史，其次是王统世系史，最后才是其他平民的历史。在内容上侧重对历史所说的"法王祖孙三代"，及松赞干布、赤松德赞、赤热巴布的历史事迹，对于松赞干布的历史尤其重视。

现存古藏文文献主要是敦煌发现的写卷，此外还有古代的金石铭刻，新疆若羌、米兰遗址出土的手卷、简牍等。其中以在莫高窟16窟发现的藏经洞，即著名的敦煌石室（今编号17窟）所出藏文文献数量最多。敦煌古藏文文献主要藏于英、法两国。收藏在法国巴黎国家图书馆东方手稿部的藏文写卷在2500—3000卷，收藏在英国城市国家图书馆的藏文写卷在2000卷左右，种类繁多，价值巨大。国内北京、甘肃等地也有不少入藏。[①]

古藏文文献以佛经数量最多，还有一部分是吐蕃历史社会文献，有重要的史学价值。其中受到学术界重视的有《吐蕃历史文书》，记述吐蕃之前青藏高原各部落邦国情况，它们之间互相征战吞并的情况，涉及17个部落邦国和地区的17位君长、23名辅臣，对研究吐蕃以前青藏高原历史、地理及邦国关系有重要价值。[②]

敦煌吐蕃文献中还有与其他相关民族的历史书。如《吐谷浑大事记年》，记载吐蕃灭掉吐谷浑后附蕃的吐谷浑王室和国家在706—715年（一说634—643年）间发生的大事，涉及莫贺吐浑可汗、吐蕃赤邦公主、唐朝金城公主（一说文成公主）的活动，以及王室婚娶、会盟议事、蕃使朝觐、封赏臣民、征役赋税等事，记录了当时吐谷浑历史和邻近的民族关系，反映了当时吐蕃

[①] 《藏族简史》编写组：《藏族简史》，西藏人民出版社1985年版，第83—85页。罗秉芬：《藏文》，见《中国民族古文字》，天津古籍出版社1987年版。

[②] 王尧、陈践译：《敦煌本吐蕃历史文书》（增订本），民族出版社1992年版。

图 4-12　藏文《松赞干布传》　明末抄本

的历史观。

吐蕃时期曾制定律法，敦煌所出古藏文卷子中有法律文书，如《狩猎伤人赔偿律》，对狩猎时各级有告身之官吏及平民百姓之间上伤上、上伤下、上伤民、平伤平、下伤上、下伤民、民伤上、民伤民等分情节等级，都有严格明细的处置规定。此文书不仅可了解当时的法律，还可透视其社会生活和等级制度，是研究吐蕃社会历史的重要资料。

敦煌藏文写卷中还有相当数量的诏书、盟会告牒、官吏述职状、驿递文书、过所文书、纳粮牒、赋税名牒、财产账等社会文书。[①]

藏文文献中有译自中原地区的经典著作，如敦煌石室藏文文献中的《今文尚书》《战国策》藏文译本。[②] 还有用古藏文音译汉字的写本，如《千字文》本、《大乘中宗见解》。这些反映了吐蕃王朝与中原汉族地区的文化交往。

吐蕃时期的藏文文献资料中还有十分珍贵的碑文和钟铭，如《唐蕃会盟碑》《达札鲁恭纪功碑》《第穆萨摩崖刻石》《谐拉康碑》《赤松德赞墓碑》

[①] 黄明信、东主才让:《敦煌藏文写卷〈大乘无量寿宗要经〉及其汉文本之研究》,《中国藏学》1994 年第 2 期。

[②] 王尧主编:《法藏敦煌藏文文献解题目录》,民族出版社 1999 年版。

《桑耶寺兴佛证盟碑》《楚布江浦建寺碑》《桑耶寺钟》等。

唐朝和吐蕃在唐长庆元年（821年）会盟于长安，翌年又会盟于逻些，三年在逻些立《唐蕃会盟碑》，又称《甥舅和盟碑》。碑四面刻字，有汉、藏文两体，内容有吐蕃与盟官员名单、唐廷与盟官员名单，还有盟词。碑文赞美了汉、藏之间的友谊，追溯了唐朝的历史，记录了会盟的经过，表明了当时的唐朝和吐蕃对双方关系十分满意。

图 4-13　唐蕃会盟碑拓片

在拉萨布达拉宫前有《达札鲁恭纪功碑》，达札鲁恭是赞普赤松德赞的重要大臣，位居大论（大相）要职。该碑为表彰达札鲁恭功绩而立，赞扬其才能与功劳，为此赤松德赞不仅赏赐给他奴隶、土地、牧场，还给他及其后代以种种特权。该碑为赤松德赞赞普在位时所立,对于研究吐蕃奴隶制政治制度以及吐蕃与唐朝关系史提供了重要史料。

在西藏琼结县的藏王墓是公元7—9世纪各代吐蕃赞普的陵墓群,在藏王墓前有吐蕃时期的石碑二方。一方为《赤松德赞墓碑》,有人考证,赤松德赞(754—797年在位)为吐蕃王朝第五代赞普,他的文治武功仅次于松赞干布,故碑文全是歌功颂德之词:"赞普赤松德赞,天神化身,四方诸王,无与伦比……"另一方为《赤德松赞墓碑》,碑文内容主要记述了赤德松赞(798—815年在位)一生的业绩,称颂他是一位"足智多谋,宽宏大度,勇毅不拔,骁武娴文"的赞普。

古藏文文献还有竹木简牍,多出土于新疆的若羌、米兰军事古堡遗址,甘肃省、青海省境内也有发现。20世纪初,一批外国探险家,如英人斯坦因、俄人科兹洛夫各有所得,分藏于伦敦和圣彼得堡。1959年以后,特别是1973年,新疆博物馆考古队又组织科学发掘,获得大量古藏文简牍。这些简牍内容反映了公元670年以后,吐蕃军旅长期驻扎南疆至河西走廊一线进行屯戍的历史、经济、社会、军事等事实,可与敦煌藏文文书、金石碑铭相互补充、印证,有重要的史料价值。[①]

唐代由于少数民族政权更迭、民族迁徙、宗教信仰变化等原因,有多种不同民族语言文字、多种不同的宗教信仰共存,互相碰撞、互相交融、互相影响,民族文化多元化现象十分突出,构成了这一时期文献丰富多彩的特色。

中原地区和边疆少数民族地区联系、交流在这一时期更加密切,在少数民族文字文献中有明显的反映,如用少数民族文字翻译中原地区的典籍数量增加,范围扩大。少数民族文字和汉文对照的词典,以及两种文字合璧的文献也层出不穷。

这一时期还有一些少数民族政权,以汉文为自己的官方文字。如南方的南诏国,其统治者是乌蛮,境内民族众多,与中原王朝关系密切,受汉族文化影响很深。南诏推行儒学,使用汉文。如南诏王阁罗凤时所立著名的《南诏德化碑》,就是以汉字镌刻的。又南诏王舜化贞授意绘制的《南诏图传》款识和题记都是汉字。再如南诏王异牟寻与唐王朝使者会盟的誓文也用汉字书写。此外,南诏王给朝廷和剑南节度使的表奏、书信都是用汉字书写。这

---

① 王尧、陈践:《吐蕃简牍综录》,文物出版社1986年版。

时虽然已经开始出现用汉字改造的"白文",但仍是个别现象。①

小　结

（1）隋朝结束了西晋末期三百余年的分裂局面,但隋炀帝即位后,三征高句丽,政治动荡,旋即灭亡。唐初国力强盛,形成了四夷宾服的局面,统治上层有华夷一体思想,如唐太宗云"自古皆贵中华,贱夷狄,朕独爱之如一",但唐代更多的士大夫坚持华夏正统论和华夷之别观念。在民族史观方面,对各民族政权的修史多有评论,在《隋书·经籍志》中列民族政权史为"霸史",刘知幾在《史通》对《魏书》等史书进行了评论。

（2）隋唐时期,如唐代所修正史基本立有民族列传,如《隋书·四夷传》《晋书·四夷传》《梁书·诸夷传》《周书·异域传》《南史·蛮貊列传》《北史·四夷传》等,基本按东夷、南蛮、西戎、北狄来记述各民族历史,正史中的四夷体系化记述模式最终确立。

（3）隋唐出现"图记""图志"等民族史记述形式,如隋裴矩撰《西域图记》、唐许敬宗主持编纂《西域图志》、唐贾耽撰《海内华夷图》。唐代的职方郎中、员外郎专门负责收集有关民族史料,并注重编纂民族史。杜佑撰《通典》中的《边防典》分东夷、南蛮、西戎、北狄四部分叙述,在唐初正史确立的四夷体例基础上,完整地确立了民族史撰述的体例,成为后世典制体史书记述民族史的典范。此外,唐樊绰编撰的《蛮书》是专门的民族史著述,记录了重要史料,对后世影响很大。

（4）这一时期,我国在西北地区更多的少数民族有了民族文字,形成了很多文献,如于阗文、粟特文、突厥文、回鹘文文献。在这一过程中操印欧语言的民族逐渐衰落,使用突厥族语言的民族崛起,其文字的使用、文献的形成也反映了这一历史过程。地处西部的藏族在这一时期文化迅速发展,创造了文字,形成了大量文献。敦煌石室藏文文献的发现,使存世的古藏文文献变得十分丰富、十分重要。

---

① 史金波、黄润华:《中国历代民族古文字文献探幽》,中华书局 2008 年版,第 59 页。

第五章

辽、宋、夏、金时期的民族史学

唐末,中原地区出现藩镇割据的局面,至五代时期,政权频繁更迭,无力控制周边民族。周边民族迅速发展,契丹、党项、女真族先后建立政权。宋朝建立后一直面临巨大的民族政权压力,更加强调夷夏观、正统观。在多民族政权并立时期,民族之间交流增多,往来的使节对行程见闻进行记录,在此基础上也形成了民族史撰述的新形式,正史中民族史的撰述也注重采集各种资料,记述更加详备。这一时期出现了专门的民族史著述。

第一节 多民族政权并立时代的民族史观

宋、辽、西夏、金多民族政权并立,各政权的统治集团皆注重修史,历史编纂成为民族政权争夺正统地位的基本方式。

北宋结束了晚唐以来的藩镇割据局面,但已无力控制周边各民族,其统治地域也相对局促,面临来自各民族的巨大压力。在这一情况下,宋朝的华夷之辨空前严格,士大夫群体有强烈的民族情绪。北宋初学者、思想家石介著的《中国论》说:"夫天处乎上,地处乎下,居天地之中者,曰中国。居天地之偏者,曰四夷。四夷外也,中国内也。天地为之乎内外,所以限也。夫中国者,君臣所自立也,礼乐所自作也,衣冠所自出也,冠昏祭祀所自用也,缞麻丧泣所自制也,果瓜菜茹所自殖也。……各人其人,各俗其俗,各教其教,各礼其礼,各衣服其衣服,各居庐其居庐,四夷处四夷,中国处中国,各不相乱,如斯而已矣。"[①]

[①] (宋)石介撰,陈植锷点校:《徂徕石先生文集》卷十《中国论》,中华书局1984年版,第116—117页。

第五章 辽、宋、夏、金时期的民族史学

北宋史学家、政治家司马光在《资治通鉴》中结合南北朝史事表述了自己的民族史观。他客观地总结了南北朝时期各族政权对正统地位的争夺，他说："及汉室颠覆，三国鼎峙。晋氏失驭，五胡云扰。宋、魏以降，南、北分治，各有国史，互相排黜，南谓北为索虏，北谓南为岛夷。朱氏代唐，四方幅裂，朱邪入汴，比之穷、新，运历纪年，皆弃而不数，私己之偏辞，非大公之通论也。"① 司马光认为当时的几种正统之说都有其理论上的局限性，又说："虽华夷仁暴，大小强弱，或时不同，要皆与古之列国无异，岂得独尊奖一国谓之正统，而其余皆为僭伪哉！若以自上相接受者为正邪，则陈氏何所受？拓跋氏何所受？若以居中夏者为正邪，则刘、石、慕容、苻、姚、赫连所得之土，皆五帝三王之旧都也。若以有道德者为正邪，则蕞尔之国，必有令主，三代之季，岂无僻王？是以正闰之论，自古及今，未有能通其义，确然使人不可移夺者也。"② 司马光以政治功业为标准，承认了民族政权的正统地位。但北宋也有学者认为南朝才是正统所在，如张栻云："由魏而降，南北分裂，如元魏北齐后周皆夷狄也，故统独系于江南。"③

实际上，在宋辽及宋金对峙时期，南北政权的统治上层都十分重视修史，欲通过修史活动争取本朝的正统地位，这在正史民族列传的编纂中体现出来。欧阳修撰《新五代史》时，列契丹于《四夷附录》，引起辽朝君臣的激烈反应，辽寿昌二年（1096年），史臣刘辉向道宗建议："宋欧阳修编五代史，附我朝于四夷，妄加贬訾。且宋人赖我朝宽大，许通和好，得尽兄弟之礼。今反令臣下妄意作史，恬不经意。臣请以赵氏初起事迹，详附国史。"④ 道宗对刘辉的建议十分赞许，升任其为礼部郎中，任史馆修撰。这与魏晋时期各民族政权通过史书修撰来争夺正统地位的思路基本相同，而这一思路在辽朝本民族文化有长足发展的背景之下，从更典型的意义上反映了辽朝汉族史家对"正统"的全新解释。

在宋代大规模的民族史撰述中，皆以中原政权为正统，北宋《太平寰宇记》卷一百七十二《四夷总序》云："自是以降，唐史所书，推其土域所

---

① 《资治通鉴》卷六十九，魏文帝黄初二年，中华书局1956年版，第2186页。
② 同上书，第2187页。
③ （宋）张栻：《经世纪年序》。参见马端临《文献通考》卷一百九十三《经籍考二十》，中华书局2011年版，第5608页。
④ 《辽史》卷一百四《刘辉传》，中华书局1974年版，第1455—1456页。

存，记其名号之变，载于国史之末，以备华夏之文。"① 强调"中国"与"四夷"在地域上的区别，以及其历史情况载在"国史之末"的地位。《册府元龟·外臣·征讨》又云："夫要荒之外，声教罕暨，鸷猛以成性，贪惏而无厌，自非内敦乎！德义外施乎！"

在宋元易代之际，南宋的士大夫具有强烈的夷夏之防思想，其中以郑思肖最为突出。郑思肖极力强调华夷之辨，他认为："四裔之外，素有一种孽气，生为夷狄，如毛人国、猩猩国、狗国、女人国等，其类极异，决非中国人之种类，开辟以后即有之，谓黄帝之后、夏后氏之后则非也。"这是从种族与历史渊源、历史认识上割断华夷联系，以少数民族为天生之"异类"。他评论《南史》《北史》的地位云："其曰《北史》，是与中国抗衡之称，宜黜曰《胡史》，仍修改其书，夺其僭用天子制度等语。其曰《南史》，实以偏方小之，然中国一脉系焉，宜崇曰《四朝正史》。"② 郑思肖认为夷狄之国，不论其得天下与否，不得予"中国"之列，更不得称"正统"，只可以"僭""贼"称之。"得天下者，未可以言中国；得中国者，未可以言正统；得正统者，未可以言圣人。唯圣人始可以合天下、中国、正统而一之。"③"圣人也，为正统，为中国；彼夷狄，犬羊也，非人类，非正统，非中国。……苟容夷狄大乱，当不复生。"④

在辽、宋对峙的情况下，当时互称南北朝已是双方都承认的事实，如澶渊之盟后，宋辽双方有关边地关南十县的交涉，宋遣富弼等到辽谈判，辽兴宗耶律宗真说："南朝违约，塞雁门，增塘水，治城隍，籍民兵，意将何为？群臣请举兵，吾止之，故遣使求地而已。"宋使富弼说："北朝忘章圣皇帝之大德乎？澶渊之役若从诸将言，北兵无得脱者，且与中国通好，则主专所利，而臣下无所获，若用兵，则利归于臣下，而主受其祸。故欲用兵者，皆为身谋，非国计也。"⑤ 辽、宋互称南北朝，多见于《续资治通鉴长编》《宋史》，《辽史》偶尔也见记载。从当时宋辽盟约和君臣的言论看，南北分治

---

① （宋）乐史撰，王文楚等点校：《太平寰宇记》卷一百七十二《四夷·四夷总序》，中华书局2008年版，第3296页。
② （宋）郑思肖撰，陈福康点校：《郑思肖集·古今正统大论》，上海古籍出版社1991年版，第133页。
③ 同上书，第135页。
④ （宋）郑思肖撰，陈福康点校：《郑思肖集·久久书》，上海古籍出版社1991年版，第103—104页。
⑤ （元）马端临：《文献通考》卷三百四十六《四裔考》，浙江古籍出版社1988年版。

是双方都认可的事实,客观地说,更是宋辽势均力敌的结果。

辽朝,在南下中原的问题上,辽太宗耶律德光和述律太后之间产生了分歧,太宗主张积极进取,而太后则极力反对,他们辩论道:

述律太后谓帝曰:"使汉人为胡主,可乎?"曰:"不可。"太后曰:"然则汝何故欲为汉帝?"曰:"石氏负恩,不可容。"后曰:"汝今虽得汉地,不能居也;万一蹉跌,悔所不及。"又谓群下曰:"汉儿何得一饷眠?自古但闻汉和番,不闻番和汉。汉儿果能回意,我亦何惜与和。"①

北宋洪皓《松漠纪闻》卷上载:"大辽道宗朝,有汉人讲《论语》至'北辰居其所而众星拱之',道宗曰:'吾闻北极之下为中国,此岂其地邪?'至'夷狄之有君',疾读不敢讲。则又曰:'上世獯鬻、猃狁,荡无礼法,故谓之夷。吾修文物彬彬,不异中华,何嫌之有!'卒令讲之。"② 辽代统治上层已接受中原地区的文化,认为自身已位列中华,具有文化上的自信,对历史上的华夷之辨也采取较为宽容的态度。

西夏的统治上层,也通过对历史渊源的追溯,来论证自身的合法性。元昊给宋朝所上表文中就用简练的语言表述了其前代的历史:"臣祖宗本出帝胄,当东晋之末运,创后魏之初基。远祖思恭,当唐季率兵拯难,受封赐姓。祖继迁,心知兵要,手握乾符,大举义旗,悉降诸部。临河五郡,不旋踵而归;沿边七州,悉差肩而克。父德明,嗣奉世基,勉从朝命。真王之号,凤感于颁宣;尺土之封,显蒙于割裂。臣偶以狂斐,制小蕃文字,改大汉衣冠。衣冠既就,文字既行,礼乐既张,器用既备,吐蕃、塔塔、张掖、交河,莫不从服,称王则不喜,朝帝则是从,辐辏屡期,山呼齐举,伏愿一垓之土地,建为万乘之邦家。"③ 这里元昊首先将本族历史接续后魏的正统,再强调先祖于唐代拯难之功,又讲述祖、父的丰功伟业,最后宣扬了自己改弦更张的业绩和称帝的意愿,提纲挈领地撰写了西夏前期的历史。

宋金并立时期,金朝统治上层也有统一天下的意愿,较有代表性的为海

---

① (宋)叶隆礼撰,贾敬颜、林荣贵点校:《契丹国志》卷三《太宗嗣圣皇帝下》,上海古籍出版社1985年版,第29页。
② (北宋)洪皓撰,翟立伟标注:《松漠纪闻》,吉林文史出版社1986年版,第22页。
③ 《宋史》卷四百八十五《夏国传上》,中华书局1977年版,第13995—13996页。

陵王完颜亮，他曾明确表示："自古帝王混一天下，然后可为正统。"① 完颜亮认可了南北朝时民族政权的正统地位，对《晋书》列民族政权为列传深感不平，史载其"读《晋书》至《苻坚传》，废卷失声而叹：'雄伟如此，秉史笔者不以正统帝纪归之，而以列传第之，悲夫！'"② 金熙宗说："四海之内，皆朕臣子，若分别待之，岂能致一。"③

金代史家的正统观念以更为理性的方式体现出来。德运说成为当时流行的思潮，金代学者如赵秉文、黄裳、完颜乌楚、王仲元、吕子羽、张行信、田庭芳等都参与讨论，其讨论结果被辑为《大金德运图说》六册，今已佚。金代，对辽朝的正统性普遍持否定态度，在《大金德运图说》所列历代王朝德运图中，根本就没有辽朝的位置，该书引章宗泰和二年（1202 年）十月二十五日尚书省上奏说："辽据一偏，宋有中原，是正统在宋。"否定辽朝的正统地位，实际上是强调金朝灭宋，俘其二主，据有中原，应继宋火德而为土德，争取正统地位。金人欲通过德运的讨论解决金朝的正统问题，力图使金朝从北方民族王朝的立场转向中国帝制王朝。④

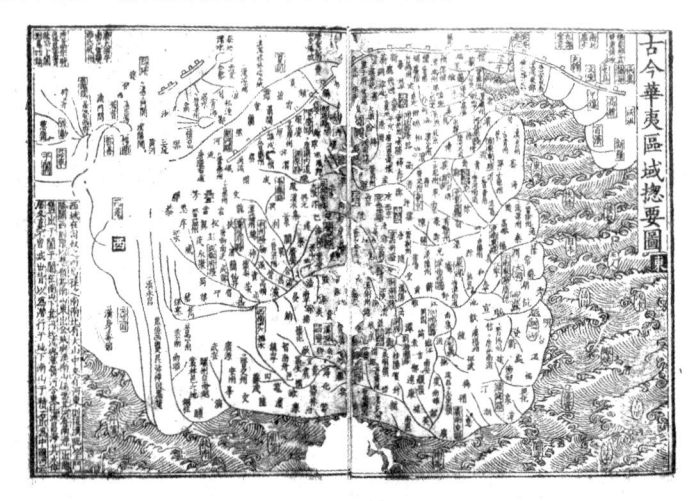

图 5-1　《古今华夷区域总要图》　宋绘本

---

① 《金史》卷八十四《耨怨温敦思忠传》，中华书局 1975 年版，第 1883 页。
② （南宋）徐梦莘：《三朝北盟会编》卷二百四十二引张棣《正隆事迹记》，上海古籍出版社影印本 1987 年版，第 1740 页。
③ 《金史》卷四《熙宗纪》，中华书局 1975 年版，第 85 页。
④ 参见刘浦江《德运之争与辽金王朝的正统性问题》，《中国社会科学》2004 年第 2 期。

宋代绘制的地图反映了当时各民族王朝分立的实际情况。《历代地理指掌图》是中国现存最早的一部历史地图集，北宋税安礼撰，南宋赵亮夫增补，共有图44幅，图后均附说明。其中的《古今华夷区域总要图》中宋朝北部有"契丹"，西北部有"夏国"以及西域诸部，西部有"西羌"，西南有"西南夷"，体现出地图绘制者的民族观。

第二节　正史中的民族史撰述

宋代官方修纂《旧五代史》《新五代史》《新唐书》三部正史，正史修纂者更强调地区华夷之别及内外之分，民族列传被列于史书的"外国"或"附录"的地位，这较前代是一个显著的变化。

一　《旧五代史·外国传》

《旧五代史》，撰于北宋初年。太祖开宝六年（973年）四月，诏修《五代史》。由薛居正监修，于次年闰十月完成全书，仅用了一年半的时间。《旧五代史》原名《五代史》（也称《梁唐晋汉周书》），欧阳修《新五代史》修成后，后人便于此书前加"旧"字，以便与欧书相区别。《旧五代史》全书共150卷，包括纪61卷，志12卷，传77卷。按五代断代为书，分梁书、唐书、晋书、汉书和周书，诸书下各分本纪、列传，计梁书24卷、唐书50卷、晋书24卷、汉书11卷、周书22卷，既各为断代史，又合为五代史。

《旧五代史》以五代梁、唐、晋、汉、周为正统，故在全书的结构安排上，在五代之外，以"十国"及其他汉人建立的割据政权为"世袭""僭伪"，而又以少数民族政权为"外国"。该书卷一百三十七及卷一百三十八为《外国列传》，记载了契丹、吐蕃、回鹘、高丽、渤海靺鞨、黑水靺鞨、新罗、党项、昆明部落、于阗、占城、牂牁蛮等周边民族历史。宋代以前曾有《外国传》的出现[①]，但《旧五代史》还是第一次在正史中立外国传，这

[①]　（三国）吴康泰撰：《外国传》，记述他和朱应出使南海时经历和传闻的各国情况。原书已佚，现散见各书。《水经注》作《康泰扶南记》或《扶南传》；《艺文类聚》作《吴时外国志》或《扶南记》；《通典》作《扶南传》；《太平御览》作《吴时外国传》《吴时外国志》或《扶南土俗》。

是当时严格华夷之别的表现,与现代国家的"中外"含义不同。《外国传》对后来正史民族列传体例产生了影响,而后正史如《宋史》《金史》《明史》均立有《外国传》。

二 《新五代史·四夷附录》

北宋中期,欧阳修撰成《五代史记》一书,即后人所称的《新五代史》。该书共74卷,其中本纪12卷、列传45卷、考3卷、世家及世家年谱11卷、四夷附录3卷。《四夷附录》所记述的民族有契丹、奚、吐浑、达靼、党项、突厥、吐蕃、回鹘、于阗、高丽、渤海、新罗、黑水靺鞨、南诏蛮、牂牁蛮、昆明、占城等。

欧阳修具有十分强烈的华夏正统观,他在修史中极力强调夷夏之辨,并把各民族列传作为《新五代史》的附录部分,较之于前代正史中的各民族列传的地位又有所降低。

欧阳修在《四夷附录》序中交代了编纂的目的:

> 呜呼,四夷居处饮食,随水草寒暑徙迁,有君长部号而无世族、文字记别,至于弦弓毒矢,强弱相并,国地大小,兴灭不常,是皆乌足以考述哉。惟其服叛去来,能为中国利害者,此不可以不知也。自古四夷之于中国,有道未必服,无道未必不来,盖自因其衰盛。虽尝置之治外,而羁縻制驭恩威之际,不可失也。其得之未必为利,失之有足为患,可不慎哉。作《四夷附录》。

《四夷附录》序还概述了自上古三代至五代时期中央政权周边的各民族的变迁情况,尤其注重记载对中原政权构成威胁的各民族历史,《四夷附录》序云:"夷狄,种号多矣。其大者自以名通中国,其次小远者附见,又其次微不足录者,不可胜数。其地环列九州之外,而西北常强,为中国患。三代猃狁,见于《诗》《书》。秦、汉以来,匈奴著矣。隋、唐之间,突厥为大。其后有吐蕃、回鹘之强。五代之际,以名见中国者十七八,而契丹最盛。"[①]这种认识与北宋与辽、西夏、吐蕃、大理并立,面临来自民族政权的压力有关。

---

① 《新五代史》卷七十二《四夷附录》,中华书局1974年版,第885页。

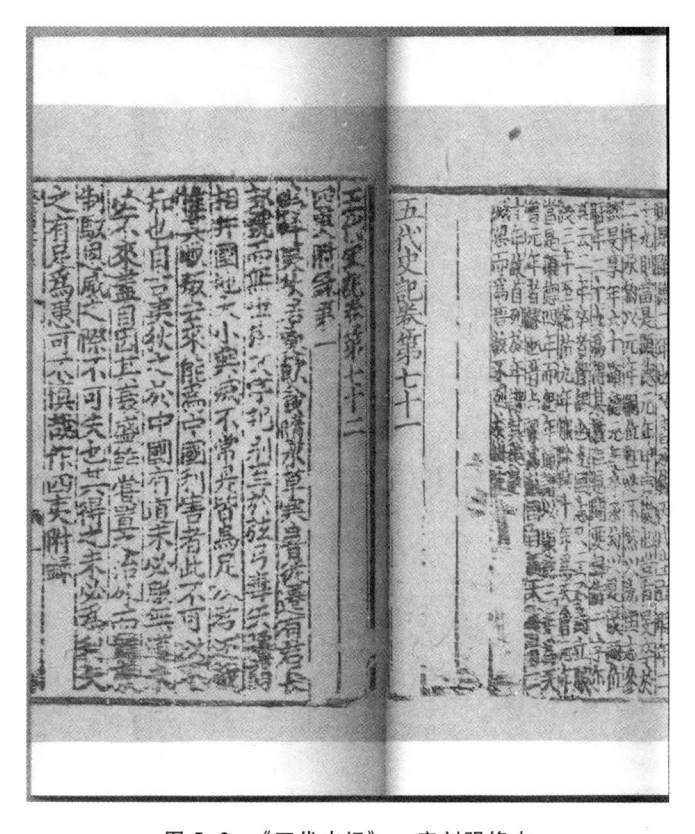

图 5-2 《五代史记》 宋刻明修本

三 《新唐书》的民族列传

宋仁宗对后晋时刘昫等修成《唐书》并不满意，于庆历四年（1044年）下令设立书局，抽调文人学士重撰唐史。由宋祁、欧阳修主持纂修，历时17年，于嘉祐五年（1060年）完成。《新修唐书表》称其为新书，"其事则增于前，其文则省于旧"。《新唐书》共225卷，包括本纪10卷，志50卷，表15卷，列传150卷。

《新唐书》的卷二百一十五至卷二百二十二为民族列传，其总序交代了撰述的宗旨及方法：

> 夷狄为中国患，尚矣。在前世者，史家类能言之。唐兴，蛮夷更盛衰，尝与中国亢衡者有四：突厥、吐蕃、回鹘、云南是也。……凡突

厥、吐蕃、回鹘以盛衰先后为次；东夷、西域又次之，迹用兵之轻重也；终之以南蛮，记唐所繇亡云。①

修史者欲通过民族列传探讨各民族的盛衰次序及与唐朝兴亡的关系，体现了修史者对多民族历史的理性思考。

《新唐书》卷二百一十五至卷二百一十八为突厥、吐蕃、回鹘、沙陀；卷二百一十九为北狄，包括契丹、奚、室韦、黑水靺鞨、渤海；卷二百二十为东夷，包括高丽、百济、新罗、日本、流鬼；卷二百二十一为西域，包括泥婆罗、党项、东女、高昌、吐谷浑、焉耆、龟兹、疏勒、于阗、天竺、摩揭陀、罽宾、康、宁远、大伯律、吐火罗、谢䴥、识匿、个失密、骨咄、苏毗、师子、波斯、拂菻、大食；卷二百二十二为南蛮，包括南诏（蒙嶲诏、越析诏、浪穹诏、邆赕诏、施浪诏）、环王、盘盘、扶南、真腊、诃陵、投和、瞻博、室利佛逝、名蔑、单单、骠、两爨蛮、南平獠、西原蛮。

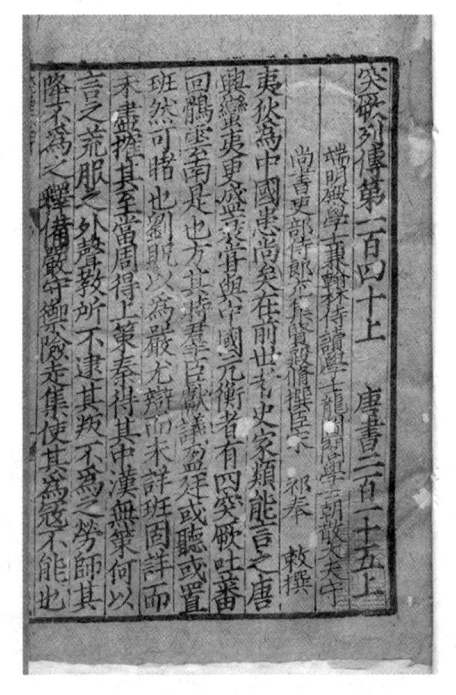

图 5-3 《唐书》 元刻明修本

---

① 《新唐书》卷二百一十五《突厥传》，中华书局 1975 年版，第 6023—6028 页。

《新唐书》卷二百一十六为《吐蕃传》，分上下篇。与《旧唐书·吐蕃传》一样，讲述了吐蕃的族源、居地、风俗、制度、物产，以及吐蕃的发展、鼎盛与衰落，尤重唐蕃交往史，是研究唐代吐蕃史的基本史料。与《旧唐书·吐蕃传》相比，它自身有一些特点，如文中增补了吐蕃赞普世系、官职名称等，这都是利用第一手材料，即参考藏文文献的结果，对于吐蕃制度史的研究，价值很大。修史者还提出了自己对某些重大问题的看法，最突出者如族源问题，与《旧唐书·吐蕃传》倾向于吐蕃来自拓跋鲜卑说不同，《新唐书·吐蕃传》主张吐蕃源于西羌说。① 在材料取舍上，省去了诏、旨、表、疏等原始文献资料，增补了许多重要史事及材料。

《新唐书·南蛮传》取材于《蛮书》，清乾隆年间修《四库全书》时从《永乐大典》中辑出。

第三节　宋代会要的民族史记述

中唐时期苏冕曾纂《会要》，晚唐杨绍复纂《续会要》，这两部会要记唐代的典章制度，成为一种史书体例。在前两部会要的基础上，宋代出现多部"会要"。每部"会要"一般分若干门，其中通常列有"蕃夷"或"四夷"门，对一代的民族历史进行系统编纂，这也是民族史编纂的一种新的体例。

《唐会要》，王溥撰。② 该书始修于五代末年，王溥于宋建隆二年（961年）上奏朝廷进呈。该书共100卷，卷九十四至卷一百为《四夷》，包括北突厥、西突厥、沙陀突厥、高昌、高句丽、百济、契丹、奚、室韦、渤海、铁勒、薛延陀、吐蕃、回纥、西爨、昆弥国、林邑国、真腊国、白狗羌、曹国、殊奈国、拔野古国、霫殌国、党项羌、东谢蛮、西赵蛮、牂牁蛮、南平蛮、南诏蛮、东女国、婆利国、倭国、大羊同国、乌罗浑国、女国、石国、吐火罗国、昙陵国、康国、盘盘国、朱俱婆国、甘棠国、罽宾国、流鬼国、史国、拂菻国、乌苌国、褥陀洹国、瑟匿国、悉立国、求拔国、俱兰国、骨

---

① 参见张云《两唐书·吐蕃传及其史料价值》，《中国国藏》1998年第3期。
② 王溥（922—982年），字齐物，并州祁县（今属山西）人。后汉乾祐时甲科进士，任秘书郎；后周时官至中书侍郎平章事、右仆射；入宋后，封祁国公，位至司空，监修国史。

利干国、诃陵国、婆登国、波斯国、都播国、结骨国、天竺国、葛逻禄国、尼婆逻国、大食国、火辞弥国、金利毗迦国、多摩苌国、虾夷国、哥罗舍分国、日本国、师子国、多蔑国、多福国、耽罗国、拘蒌蜜国、骠国、占卑国等。

《五代会要》，王溥撰。该书继《唐会要》记五代史事，共 30 卷，卷二十八至卷三十记回鹘、土浑谷、奚、契丹、党项羌、于阗、突厥、吐蕃、高丽、渤海、新罗、黑水靺鞨、南诏蛮、牂柯蛮、昆明国、占城国等。

《西汉会要》，徐天麟撰。[①] 该书撰成于作者任抚州教授时，宁宗嘉定四年（1211 年）表进于朝。全书共 70 卷，分帝系、礼、乐、舆服、学校、运历、祥异、职官、选举、民政、食货、兵、刑法、方域、蕃夷共 15 门，共 367 目。卷六十八至卷七十"蕃夷"记匈奴、西南夷、南粤、闽粤、朝鲜、西域等。

《东汉会要》，徐天麟撰。系撰者官武学博士时续成，于宋理宗宝庆二年（1226）奏呈，上距前书撰成已历 15 年。全书共 40 卷，亦分为帝系、礼、乐、舆服、文学、历数、封建、职官、选举、民政、食货、兵、刑法、方域、蕃夷共 15 门，共 384 目。卷三十九至卷四十为"蕃夷"，记东夷、南蛮、西南夷、西羌、西域、南匈奴（北匈奴附）、乌桓、鲜卑等。

宋朝统治者十分重视纂修本朝会要，于秘书省专设会要所，派官员修纂会要，先后修有《六朝会要》《中兴会要》等多种，原书均散佚。清人徐松从《永乐大典》中辑出宋修会要 500 余卷，为今本《宋会要辑稿》，其中列有《蕃夷门》。记述的内容包括辽、女真、真腊、回鹘、龟兹、于阗、拂菻国、交趾、大理国、占城、天竺国、大食、蒲端、阇婆国、真里富国、佛泥国、渤海国、邈黎国、瓜沙二州、雅州西山野川路蛮、安化州、西南蕃、黎峒、黎州诸蛮、侬氏、南蛮、唃厮啰、吐蕃等。[②]

宋以后，历代修史者延续了"会要"这一编纂体例，形成了编纂"会要"的传统，如清杨晨纂《三国会要》、清李调元纂《春秋左传会要》、清王兆镛纂《晋会要》、清朱铭盘撰《南朝宋会要》《南朝齐会要》《南朝梁会要》《南朝陈会要》、清龙文彬撰《明会要》、清孙楷撰《秦会要》依然沿袭

[①] 徐天麟（生卒不详），南宋临江（今江西省清江县）人，宋宁宗开禧元年（1205 年）进士，多任地方官职，晚年谢官归里。其事迹见《宋史·徐梦莘传》。

[②] 参见（清）徐松辑录，郭声波点校：《宋会要辑稿·蕃夷道释》，四川大学出版社 2010 年版。

了这一体例①,《明会要》列周边民族为"外蕃",集中记述各民族历史。

第四节　使臣见闻录及笔记中的民族史记述

辽、宋、西夏、金多民族政权先后并立,各政权之间建立了交聘关系,互派使臣。宋朝的使臣归国后,要把出使见闻上奏朝廷,并在此基础上撰成专门的著作,名为"奉使录""行程录""使北记""使北录""语录"等。这一时期,一些中原士人因战乱等原因迁徙至民族地区,有的也根据亲身见闻撰写了笔记。

这些关于民族地区的见闻记录具有很高的史料价值,是后世正史民族列传的主要史料来源,如欧阳修《新五代史·四夷附录》就收入胡峤的《陷虏记》。胡峤在后晋时期为同州郃阳县令,后入辽为辽将萧翰掌书记。耶律德光死后,胡峤随萧翰北归,萧翰被杀后,胡峤居契丹七年,于后周广顺三年南归,后将见闻写成《陷虏记》,记述了契丹、铁甸、女真、渤海、奚、突厥、回鹘、妪厥律、辖戛、黑车子、室韦等族的情况。北宋王延德撰《使高昌记》又名《西州使程记》,此书为王延德根据出使高昌的亲身见闻所述,《宋史》载:"太平兴国初,(王延德)补殿前承旨,再迁供奉官。六年,会高昌国遣使朝贡,太宗以远人输诚,遣延德与殿前承旨白勋使焉。自夏州渡河,经沙碛,历伊州,望北庭万五千里。雍熙二年,使还,撰《西州程记》以献,授崇仪副使,掌御厨。"② 元修《宋史》时,将王延德《使高昌记》录入《外国传·高昌》。《使高昌记》记录了高昌境内的民族情况,载高昌"所统有南突厥、北突厥、大众熨、小众熨、样磨、割禄、黠戛司、末蛮、格哆族、预龙族之名甚众"③。

宋、辽、西夏、金时期有代表性的见闻录还有以下几种。

《松漠纪闻》,共三卷,北宋洪皓撰。建炎三年(1129年),洪皓以徽猷阁待制、假礼部尚书为大金通问使,出使金朝,金人迫其入仕伪齐,洪皓不从,

---

① 杨宽、吴浩坤主编:《战国会要》(上海古籍出版社2005年版)共160卷,卷一百五十七至卷一百六十为"民族"。陈述、朱子方主编:《辽会要》(上海古籍出版社2009年版)共20卷,卷十五为"部族"。

② 《宋史》卷三百九《王延德传》,中华书局1977年版,第10157页。

③ 《宋史》卷四百九十《外国传·高昌》,中华书局1977年版,第14112页。

被流放到冷山。洪皓后来辗转迁徙到燕京（今北京），前后留金15年。归宋后因忤秦桧，贬官英州（今广东省英德），后徙袁州（今江西省宜春市），行至雄州（今广东省南雄市）病死。该书为洪皓留金时所记见闻杂事，归宋后，洪皓曾焚毁书稿，被谴谪后，又追忆成书。当时禁私史，故书稿秘不得传。绍兴末，其长子洪适校订为正、续两卷。乾道中，次子洪遵又增补所遗11事，合为三卷。该书虽是追记，因作者久留金地，均是亲自见闻，书中有关金国的政治及女真风土民情等，都是研究女真族的金史的重要资料。

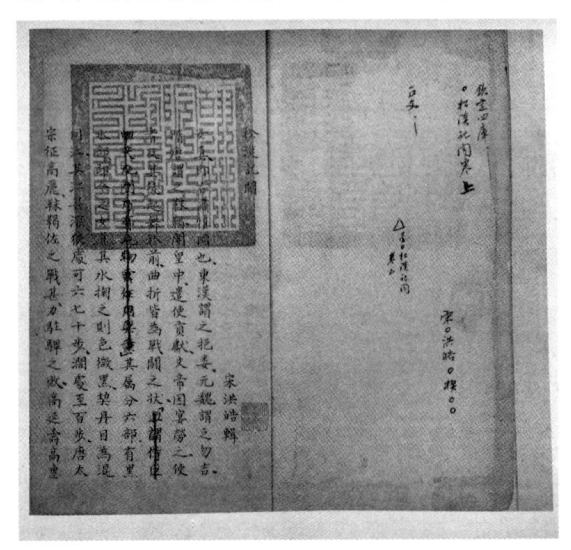

图 5-4 《松漠纪闻》 清抄本

《宣和乙巳奉使金国行程录》，北宋许亢宗撰。许亢宗，饶州乐平（今属江西）人，生活在南北宋之际，曾任著作郎。宋徽宗宣和六年（1124年），朝廷差其充贺金主登位使（实则金太宗完颜晟已于上年即位）。次年正月出发，八月回京。书中详记了这次出使的道里、沿途宋辽遗迹、风土人情、接待礼仪等内容，对研究早期宋金关系有重要参考价值。原书已佚，徐梦莘《三朝北盟会编》、宇文懋昭《大金国志》和确庵、耐庵《靖康稗史》均有收录。

《蒙鞑备录》，南宋赵珙撰。① 宋宁宗嘉定十四年（1221年），赵珙奉淮东制置使贾涉之命，往河北蒙古军前议事，至燕京，见到总领蒙古大军攻金

---

① 原题"宋孟珙撰"，王国维《蒙鞑备录笺证》已辨正。

的木华黎国王。他将自己出使期间的见闻著录成书。全书分立国、鞑主始起、国号年号、太子诸王、诸将功臣、任相、军政、马政、粮食、征伐、官制、风俗、军装器械、奉使、祭祀、妇女、燕聚舞乐共17目。

《黑鞑事略》，南宋彭大雅撰。绍定六年（1233年），蒙古使臣王檝至宋议联合攻金事，京湖制置使史嵩之遣邹伸之报聘，彭大雅为书状官，次年春至蒙古，归来后彭大雅将见闻记录成书。端平元年（1234年）底，蒙使王檝再来，邹伸之奉朝命复使蒙古，徐霆以随员从行，至窝阔台斡耳朵（宫帐），归来后亦"编叙其风土习俗"。后彭、徐二人于鄂州相遇，各出所撰以相互参考，遂以彭著为定本，把徐霆的不同记载作为"疏"置于各事项下，合成一书。全书共分"其主""其子"等48条，从多方面介绍了蒙古国的主要人物、地理气候、游牧围猎、衣食住行、风俗习惯、语言文字、历法和占筮、差发赋税、贸易贩贾、官制和习惯法、军事装备、行军扎营、布阵破敌、作战方法、军马将帅以及所属各投下状况等。

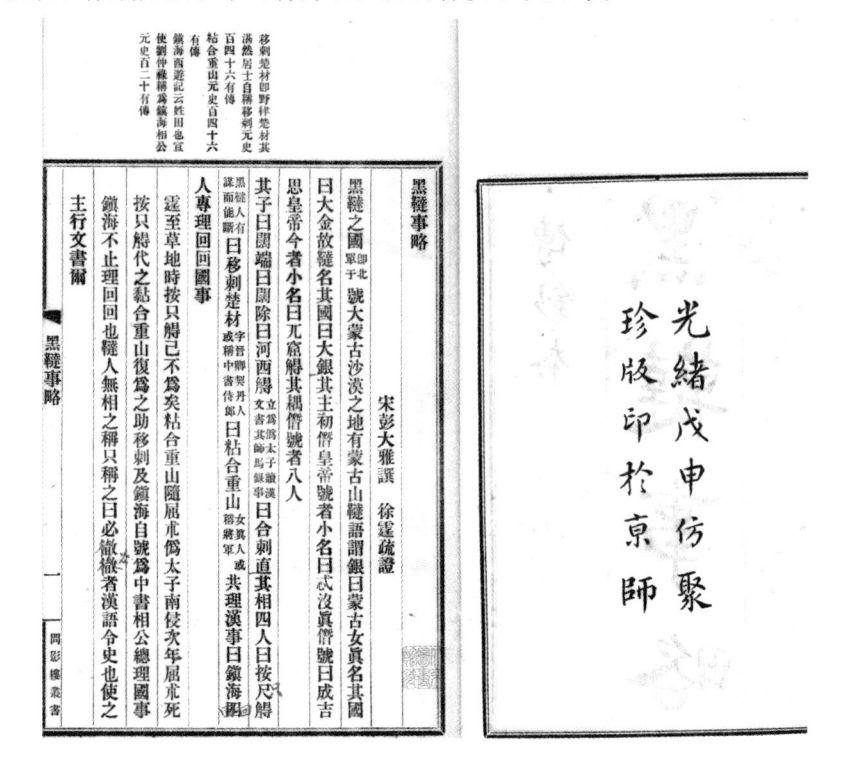

图 5-5 《黑鞑事略》 清光绪活字印本

《北风扬沙录》，南宋陈准撰。陈准奉使命来到女真族居地，并根据见闻写下了此书。原书已佚，今存涵芬楼《说郛》删节本。《北风扬沙录》留传至今的文字不过千余字，但记载熟女真、生女真的情况十分详细。对于女真的语言，作者还用汉字记录了五六组，成为研究早期女真语言的第一手资料。例如，记载女真人称"好"为"臧"；"不好"为"刺撒"；"酒"为"勃苏"等，这与契丹语、蒙古语、满语可以互相比较。在《北风扬沙录》中，记录了女真人的战术："凡用兵，戈为前行，号曰'硬军'。人马皆金甲。刀棓自副，弓矢在后，设而不发，非五十步不射，弓力不过也。"又载女真人"国有大事，适野环坐，画灰而议，自卑者始，议毕即漫灭之，不闻人声，其密如此。军将行，大会而饮，使人献策，主帅听而择焉，其合者即为将，任其事。师还，有大会，问有功者随功高下与之金，举以示众。众以为薄，复增之"①。

《北使记》，为吾古孙仲端口授而由刘祁笔录之游记，记述了兴定四年（1220年）七月，金宣宗派礼部侍郎吾古孙仲端出使蒙古，向成吉思汗请和之事。当时成吉思汗正在远征花刺子模和印度，驻扎于今阿富汗兴都库什山一带。吾古孙仲端万里乞和，直至成吉思汗驻跸处，朝见成吉思汗，于次年十二月归国，历时一年半。《北使记》对沿途的民族情况予以记录，如对回纥国的描述："其回纥国，地广袤，际西不见疆畛。四五月百草枯如冬。其山，暑伏有蓄雪。日出而燠，日入而寒。至六月，衾犹绵。夏不雨，追秋而雨，百草始萌。及冬，川野如春，卉木再华。其人种类甚众，其须髯拳如毛，而缁黄浅深不一。面唯见眼、鼻。其嗜好亦异。有没速鲁蛮回纥者，性残忍，肉必手杀而啖，虽斋亦酒脯自若。有遗里诸回纥者，颇柔懦，不喜杀，遇斋则不肉食。有印都回纥者，色黑而性愿，其余不可殚记。"②

南宋时期，一些笔记类著作记录了女真族及金朝的情况，主要有文维简撰《虏廷事实》、苗耀撰《神麓记》、张汇撰《金节要》、张棣撰《金图经》、马扩撰《茅斋自叙》、范仲熊撰《北记》、石茂良撰《避戎夜话》等，这些笔记原书基本散佚，佚文散见于徐梦莘撰《三朝北盟会编》、李心传撰《建炎以来系年要录》等书中。近年有学者进行了辑佚工作，使我们可以了解这

---

① （南宋）陈准撰，李澍田辑注：《北风扬沙录》，见傅朗云编注《金史辑佚》，吉林文史出版社1990年版，第3页。

② 刘祁撰：《北使记》，载《归潜志》，中华书局1983年版，第168页。

些文献的基本内容。①

这些见闻录及笔记均来自作者亲身经历，具有很高的史料价值，成为后世修史的重要史料来源，有的记述还被直接录入正史。

第五节 南方民族史撰述

南宋时期，南方民族地区得到了进一步开发，中原人士与南方民族接触也较为频繁，对南方民族的发展情况也增进了了解。一些在民族地区任职的官员根据亲身经历对南方各民族情况予以记载，形成了一批专门记述南方民族史的专著，代表著作有《桂海虞衡志》《岭外代答》《溪蛮丛笑》等。

一 《桂海虞衡志》

《桂海虞衡志》一卷，北宋范成大撰。范成大（1126—1193 年），字致能，号石湖居士，南宋吴县（今苏州市）人，绍兴二十四年（1154 年）进士。曾任礼部员外郎，兼崇政殿说书，假资政殿大学士，充国信使使金，不辱使命而还，除中书舍人。乾道九年（1173 年）任知静江府、广西经略安抚使，在桂林任职两年。淳熙二年（1175 年），除敷文阁待制、四川制置使知成都府。该书所记均广西事，为范成大自广西至成都途中追忆昔游而作②，故可定成书于淳熙二年（1175 年）。

范成大在序中写道："登临之处与风物土宜，方志所未载者，萃为一书，蛮陬绝徼，可闻可纪者，亦附著之。"③ 共 13 篇，依次为志岩洞、志金石、志香、志酒、志器、志禽、志兽、志虫鱼、志花、志果、志草木、杂志、志蛮。《志蛮》篇，专记宋代广西诸族。其记述内容："广西经略使所领二十五郡，其外则西南诸蛮。蛮之区落，不可悉记，姑记其声问相接、帅司常有事于其地者数种，曰羁縻州洞、曰猺、曰獠、曰蛮、曰黎、曰蜑，通谓之蛮。"④ 详细记述了宋代广南西路地区的诸族风俗、物产，反映了当地各民族的社会经济、生活习俗，是研究广西少数民族的重要资料。

---

① 参见傅朗云《女真民族族源史史料考释》，《图书馆学研究》1984 年第 5、6 期。
② 《桂海虞衡志》序，载《范成大笔记六种》，中华书局 2002 年版，第 81 页。
③ 同上书，第 81 页。
④ 同上书，第 134 页。

二 《岭外代答》

《岭外代答》10卷，周去非撰。周去非，字直夫，永嘉（今浙江省温州市）人。隆兴元年（1163年）进士。淳熙中通判桂林。据作者在《岭外代答》序中说：从桂林归来后，本范成大《桂海虞衡志》，而益以耳目听治，有问岭外事者，倦于应酬，书此示之，故曰《代答》。该书成于淳熙五年（1178年），"所记皆广西事"[1]。

该书分10卷20门。其中，卷二，外国门上，记述的国家包括安南国、海外黎蛮、占城国、真腊国、蒲甘国、三佛齐国、阇婆、故临国、注辇；卷三，外国门下，记述的国家为大秦国、大食诸国、木兰皮国、昆仑层期国、西天南尼华啰国、波斯国、蜑蛮、三佛驮。

该书还记述了宋代岭南民族的情况。其中，"黎母山""海外黎蛮""瑶人""蜑蛮"诸条记载宋代黎族、瑶族、蜑人的社会状况；"沿边兵""土丁戍边""峒丁戍边""田子甲""峒丁""寨丁""土丁保丁"诸条反映了宋代壮族武装力量与社会情况；"西南夷"条记载了西南五蕃的进贡制度；"铜鼓"条叙述了当时广西出土铜鼓的形状和纹饰。此外，"风土""蛮俗""志异"诸门保留了当时岭外诸族的居住、婚姻、记事、巫诸方面反映社会生活和习俗的珍贵历史资料。

三 《溪蛮丛笑》

《溪蛮丛笑》一卷，朱辅撰。朱辅于淳熙十三年（1186年）中进士，时年40岁。其后，历任沅州（治所在今湖南省芷江侗族自治县）通判、严州通判、封州知州。因朱辅曾任沅州通判，根据见闻，写作该书专记"溪蛮"。"溪蛮"即"五溪蛮"，或称"武陵蛮"，指在辰州（今湖南沅陵县）一带的"蛮人"。全书共分79条，每条记事简要，从数字至数十字不等。所记可分为两大类：一为习俗，二为物产。其中，左右押衙条、专事条、队小条反映当时"溪蛮"的社会组织；骨债条、狗奴条反映"溪蛮"的社会结构；辰砂条、粉红水银条记当地特产；仡佬裙条、不蓝带条、娘子布条、点蜡幔条、圈布条记织物及服饰；椎结条记发式；葫芦笙条、踏歌条、舞枚条记音乐、舞蹈形式，固项条、筒环条记装饰物；门款条、仇杀条、洗面条记复仇

---

[1] （宋）陈振孙撰：《直斋书录解题》，上海古籍出版社1987年版，第260页。

遗习；木契条记刻木记事俗；钓藤酒条、不乃羹条记其特殊食品；羊棲条、打寮条记其居住形式；例牛条记占卜形式；铜鼓条记述铜鼓的纹饰与形状；爬船条反映了五溪蛮与楚俗的关系。该书较早记述五溪蛮的具体习俗，不仅无荒诞不经之说，而且可征之于后世民族习俗。《四库全书总目提要》卷七十一说："所记诸蛮风土物产颇备，如阑干布之传于汉代，三脊茅之出于包茅山，数典亦为详赡。至其俗尚之异，种类之别，曲折纤悉，胪列明晰，事虽鄙而词颇雅，可谓工于叙述，用资考证，多益见闻，固不容以琐屑废焉。"① 如书中所载"溪蛮"的门款制度、点蜡幔（蜡染）、六管芦笙、刻木记事、杀牛祭祖等习俗，都与后世苗族实际情况相符。

第六节 《太平寰宇记·四夷》

唐朝出于加强国家一统秩序建设的需要，官方开始组织修纂大规模地理总志，周边各民族是地理总志中重要的记述内容，修史者通过对周边各民族历史的系统撰述，来彰显中央王朝一统的盛况。李泰撰《括地志》开唐宋总志编纂的先河，该书末记述了"西域""北狄""东夷"等周边各民族情况。宋代的地理总志编纂也相当繁荣，著名的有王存《元丰九域志》、乐史《太平寰宇记》、欧阳忞《舆地广记》、王象之《舆地纪胜》、穆祝《方舆胜览》等。

《太平寰宇记》，乐史撰。② 太平兴国四年（979年），宋灭北汉，结束了中原地区长期分裂的局面。乐史觉得"郡县之书罔备"，无法歌颂全国一统之盛世，于是在宋太宗太平兴国年间（976—983年）撰成此书。原书200卷，现存193卷，记载了太平兴国年间宋朝疆域内的地理和风土情况。前171卷依据宋初所置河南、关西、河东、河北、剑南西、剑南东、江南东、江南西、淮南、山南西、山南东、陇右、岭南13道，记载各道各州府的沿革、领县、州府境、四至八到、户口、风俗、姓氏、人物、土产及所属各县之概况、山川湖泽、古迹要塞等情况，幽云十六州也在记叙之列，以表明恢复的决心。卷一百

---

① 《四库全书总目提要》第15册，商务印书馆1931年版，第6页。
② 乐史，字子正，抚州宜黄（今属江西省）人，历仕南唐和北宋。在宋朝担任过知州、三馆编修、水部员外郎等职。

七十二至卷二百共 29 卷为"四夷",记载中央王朝周边的各民族。

《太平寰宇记》卷一百七十二《四夷总序》引用先秦典籍及《太演十二次分野图》论证了中国与四夷的关系,交代了记述四夷的基本宗旨:

> 自是以降,唐史所书,推其土域所存,记其名号之变,载于国史之末,以备华夏之文。至于战伐之情,朝贡之数,事此非礼,不复具焉。凡今地理之说,盖定其方域,表其山川,而四夷之居,本在四表,虽狁犹之整居焦获,陆浑之处于伊川,其人则夷,其地则夏,岂可以周原、洛邑谓之夷裔乎!昔唐开元、天宝之盛也,南至越裳,北至云朔,东穷辽石,西及河湟,皆为郡县,罩于风教,既编九州之记,岂可具之于四夷。两汉之制,县有蛮夷曰道,而其总述皆九牧之所领矣,是以今四夷之所说,皆其裔荒之本土焉。①

《太平寰宇记》的《四夷志》分东夷、南蛮、西戎、北狄四部分叙述各族情况,每部分前都有一段"总述",论述该地区民族的基本特征与中原王朝的基本关系,中原王朝对其实施的政策,如《北狄总序》开篇即云:"北狄之域,其与中国侵糅尚矣,盖最甚焉。"②

《四夷志》所记述的民族情况如下:

东夷包括朝鲜、濊国、百济国、三韩国、高句丽国、新罗、倭国、夫余、虾夷、东沃沮、挹娄、勿吉、扶桑、女国、文身、大汉、流求。

南蛮分为徼外南蛮和徼内南蛮,徼外南蛮包括黄支、哥罗、林邑、扶南、顿逊、毗骞、于陀利、狼牙修、婆利、盘盘、赤土、真腊、罗刹、投和、丹丹、边斗四国、社薄、薄刺洲、火山、无论、婆登、乌笃、褥陀洹、诃陵、多蔑、多摩长、哥罗舍分、松外诸蛮、殊奈、甘棠、金利毗逝、骠国、占卑;徼内南蛮包括盘瓠、廪君、板楯、南平、东谢、西赵、牂牁、獠、夜郎、滇国、邛都、莋都、冉駹、附国、东女、哀牢、焦侥、槃国、西爨、昆弥、尾濮、木棉濮、文面濮、赤口濮、折腰濮、黑僰濮、占城、渤泥。

西戎包括车师、葱嶍羌、楼兰、且末、扜弥、龟兹、焉耆、于阗、疏

---

① (宋)乐史撰,王文楚等点校:《太平寰宇记》,中华书局 2008 年版,第 3296 页。
② 同上书,第 3619 页。

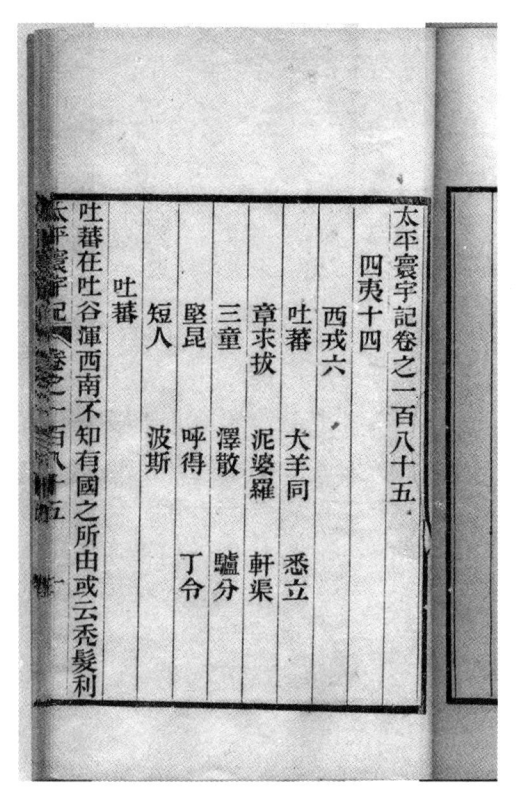

图 5-6 《太平寰宇记》 清刻本

勒、迷密、判汗、乌孙、姑墨、温宿、乌秅、难兜、大宛、莎车、罽宾、康居、曹国、米国、何国、史国、奄蔡、滑国、嚈哒、天竺、乌苌、车离、师子、高附、大秦、小人、乌弋山离、条支、安息、小安息、大夏、大月氏、小月氏、党项、白兰、白狗、吐蕃、大羊同、悉立、章求拔、泥婆罗、轩渠、三童、泽散、驴分、坚昆、呼得、丁令、短人、波斯、悦般、伏卢尼、朱俱波、渴盘陀、粟弋、阿钩羌、副货、叠伏罗、赊弥、石国、瑟匿、女国、吐火罗、俱兰、劫国、陀罗伊罗、越底延、大食、塞内六国、羌无弋、湟中月氏胡、吐谷浑、乙弗敌、宕昌、邓至羌。

北狄包括匈奴、南匈奴、乌桓、鲜卑、托跋氏、蠕蠕、轲比能、宇文莫槐、徒河段、慕容氏、高车、稽胡、突厥、铁勒、薛延陀、歌逻禄、仆骨、同罗、都波、拔野古、多滥葛、斛薛、阿跌、契苾羽、鞠国、榆柠、大漠、白霫、库莫奚、契丹、室韦、地豆于、乌洛侯、驱度寐、霫、拔悉弥、流鬼、回纥、黠戛斯、室韦、骨利干、驳马、鬼国、突越失。

《太平寰宇记》记述"四夷"的方式为后世地理总志所继承,元明清三朝所修《大元大一统志》《明一统志》《大清一统志》都继承了这一撰述模式。

第七节 《册府元龟·外臣部》

宋代,朝廷组织史官编纂了多部类书,如《太平广记》《太平御览》《册府元龟》《玉海》等,各类书都有专门部分记述各民族历史,引述史料丰富,篇幅也较大,是民族史撰述的重要成就,其中以《册府元龟》的记述最具代表性。

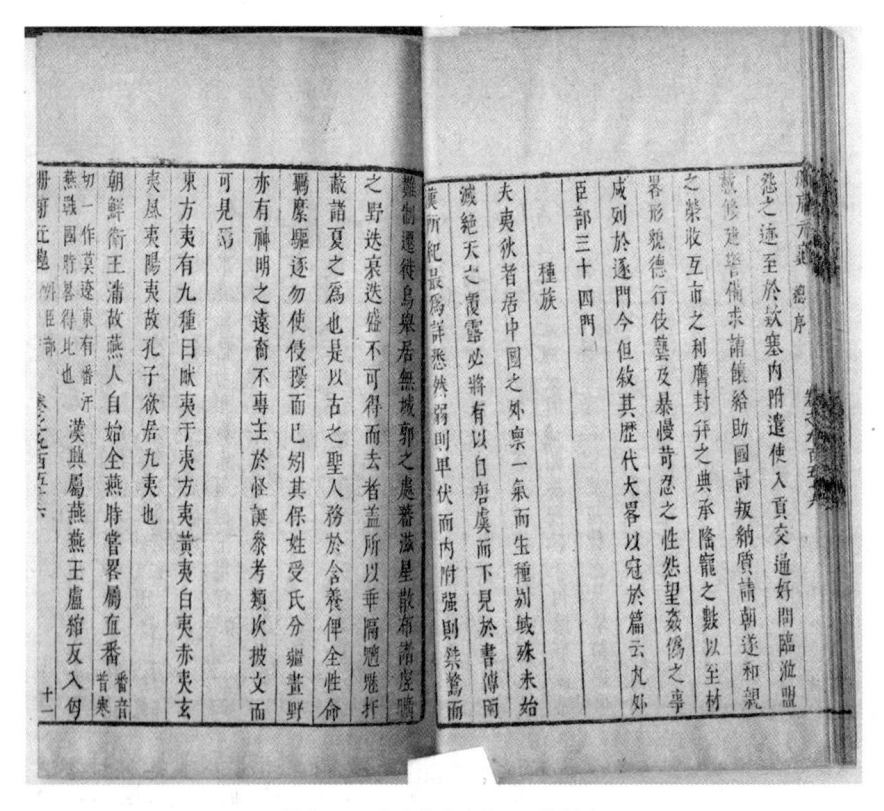

图 5-7 《册府元龟》 明刻本

《册府元龟》,王钦若、杨亿等编纂。该书体例为编年体和列传体相结合，共勒成1104门。门有小序，述其指归。分为帝王、闰位、僭伪、列国君、储宫、宗室、外戚、宰辅、将帅、台省、邦计、宪官、谏诤、词臣、国史、掌礼、学校、刑法、卿监、环卫、铨选、贡举、奉使、内臣、牧守、令长、宫臣、幕府、陪臣、总录、外臣31部。部有总序，言其经制。历八年成书，总计有1000卷，诏题名"册府元龟"。"册府"是帝王藏书的地方，"元龟"是大龟，古代用以占卜国家大事，以喻此书作为后世帝王治国理政的借鉴。

《册府元龟》卷九百五十六至卷一千为《外臣部》，共45卷，记述了各民族历史，时间跨度上起三代，下至唐宋。与其他著作相比，《册府元龟·外臣部》记述的唐、五代民族情况为他书所不载，史料价值较高。其中民族记述的分类比较完善，在体例上也丰富了民族史记述的形式，可与正史或其他民族史著作相参照。《外臣部》序中交代了该书的编纂宗旨：

> 若夫种类之起，国邑之建，风土之异，职位之别，承袭之次，象译之等，盛衰叛服之状，交侵仇怨之迹，至于款塞内附，遣使入贡，交通好问，临莅盟载，修建警备，求请饷给，助国讨叛，纳质请朝，遂和亲之荣，收互市之利，膺封拜之典，承隆宠之数，以至材略形貌，德行伎艺，及暴慢苛忍之性，怨望奸伪之事，咸列于逐门，今但叙其历代大略，以冠于篇云。凡外臣部三十四门。①

《外臣部》以中央王朝处理民族事务作为分类标准，在民族史中较为独特，其整体结构：总序，种族1卷，国邑2卷，土风3卷，官号、才智、贤行1卷，封册3卷，继袭2卷，朝贡5卷，助国讨伐1卷，褒异3卷，降附1卷，和亲2卷，通好1卷，盟誓1卷，征讨6卷，备御7卷，交侵1，鞮译、纳质、责让1卷，状貌、技术、勇鸷、悖慢、怨怼、残忍1卷，奸诈1卷，入觐1卷，强盛1卷。修史者比较重视册封、朝贡、征讨、备御等方面，把这些门作为记述的重点内容，故卷数多于其他部分。

《外臣部》除总序外，每门之前也有序，交代了该门的撰述宗旨，具有一定的理论意义。如《种族》序云："夫四裔者，居中国之外，禀一气而生，性别域殊，未始灭绝，天之覆露，必将有以。自唐虞而下见于

---

① （宋）王钦若等编纂，周勋初等校订：《册府元龟》，凤凰出版社2006年版，第11063页。

《书》《传》，两《汉》所记最为详悉。然弱则卑伏而内附，强则桀骜而难制。迁徙雾举，居无城郭之处；蕃滋星散，布诸虚旷之野。迭衰迭盛，不可得而去者，盖所以乖隔方隅，扦蔽诸夏之为也。是以古之圣人务于含养，俾列要荒，俾全性命，羁縻不绝，勿使侵扰而已。矧其保姓受氏，分疆画野，亦有神明之远裔，不专主于怪诞。参考类次，披文而可见焉。"①《土风》序云："夫五方之民言语不通，衣服殊制，至于居处饮食，固亦异宜；寒燠气候，谅非一贯。是故先王设象胥之官，以掌其鞮译；命辀轩之使，分采于方言。声教之所暨，羁縻而弗绝。若乃藁街之攸舍，秘阁之所记，参考乎殊俗，增广乎异闻，稽之载籍，灼然惟叙，诠次其说以著于篇，将使戎索者，轨制可征；纳职贡者，名物斯辨。庶以参司籍之记，备有司之传云。"②修史者认为关于民族风俗的记载，能为当政者处理民族关系提供参考。

第八节 《通志·四夷传》

《通志》，南宋史学家、目录学家郑樵撰。③绍兴三十一年（1161年），郑樵撰成《通志》，全书200卷，有帝纪18卷、皇后列传2卷、年谱4卷、略51卷、列传125卷。卷一百九十四至卷二百为《四夷传》。分东夷、西戎、南蛮、北国四部分，西戎又分为西羌、西域，南蛮分为南蛮、西南夷、岭南、海南。每部分都有"序略"，概述本部分各民族的历史情况。

东夷：朝鲜、濊、马韩、辰韩、弁辰、百济、新罗、倭、夫余、高句丽、东沃沮（北沃沮附）、挹娄、勿吉（又曰靺鞨）、扶桑（女国附）、文身（大汉附）、流求、闽粤。

西戎：西羌，包括羌无弋、湟中月氏胡、氐、葱茈羌、吐谷浑、乙弗敌（契翰、可兰、女王国附）、宕昌、邓至、党项、白兰、吐蕃；西域，包括婼羌、鄯善、且末、小宛、精绝、戎卢、扜弥、渠勒、于阗、皮山、乌秅、西夜、蒲犁、依耐、无雷、难兜、罽宾、乌弋山离、条支、安息、大月氏（大

---

① （宋）王钦若等编纂，周勋初等校订：《册府元龟》，凤凰出版社2006年版，第11063—11064页。
② 同上书，第11107页。
③ 郑樵（1104—1162），字渔仲，南宋兴化军莆田人，于夹漈山读书著述30年。

夏附)、小月氏、康居、米国、史国、曹国、何国、乌那遏、穆国、大宛、桃槐、休循、天竺、莎车、疏勒、尉头、乌孙、姑墨、温宿、龟兹（乌垒、渠犁附)、尉犁、危须、焉耆、乌贪訾离、卑陆、卑陆后国、郁立师、单桓、浦类、蒲类后国、移支、西且弥、东且弥、劫国、狐胡、山国、车师、滑国（阿跋檀、周古柯、胡密丹、白题附)、车离、高附、大秦、奄蔡、小人、轩渠、三童、泽散、驴分、坚昆、呼得、丁令、短人、波斯、伏卢尼、悦般、朱俱波、渴槃陀、钵和、波知、赊弥、乌苌、乾陀、阿钩羌、副货、叠伏罗、拔豆、者至拔、密迷、悉万斤、忸密、石国、女国、拨汗、吐火罗、劫国、陁罗伊罗、越底延、大食。

南蛮：南蛮，包括巴郡南郡蛮、板楯蛮、獠、南平蛮、东谢蛮、西赵蛮、牂柯蛮、兖州蛮、西爨蛮、昆弥蛮、尾濮、木绵濮、文面濮（折腰濮、赤口濮附)、黑僰濮、松外诸蛮；西南夷，包括夜郎、滇、邛都、筰都、冉駹、哀牢（樿国、僬侥夷附)、附国；岭南，为南粤；海南，包括黄支、哥罗、林邑、扶南、顿逊、毗骞、干陀利、狼牙修、婆利、槃槃、赤土、真腊、罗刹、投和、丹丹、边斗、杜薄、薄剌、敦焚、火山、无论。

北国：匈奴（南匈奴附)、乌桓、鲜卑、轲比能、宇文莫槐、徒河段（务勿尘附)、蠕蠕、高车、稽胡、突厥、西突厥、铁勒、库莫奚、契丹、室韦、地豆于、乌洛侯、驱度寐、霅、拔悉弥。

《通志·四夷传》继承了《通典·边防典》的撰述体例，所记述民族根据时代的变化有所增加。

第九节　纪传体史书的民族史撰述

宋人还撰有几部关于宋、辽、金各朝历史的纪传体史书，如王偁撰《东都事略》、叶隆礼撰《契丹国志》与宇文懋昭撰《大金国志》等，各书都有专门部分记述各民族历史。

《东都事略》，南宋王偁撰。[①] 该书是一部纪传体北宋史，记载从太祖赵

[①] 王偁，字季平，南宋眉州人。父王赏，绍兴中为实录修撰。偁承其家学，遍搜九朝事迹，采辑成编。

匡胤至钦宗赵桓共九朝的历史。全书130卷，其中本纪12卷，世家5卷，列传共105卷，附录8卷，包括辽国2卷，金国2卷，西夏2卷，西蕃、交趾各1卷。每一部分有"臣称曰"的史论。在《附录》序中云，记录对宋朝造成巨大威胁的民族，"其他四夷在祖宗时率皆慕义向化，且不为中国利害者，则皆阙而不书"①。

《契丹国志》，南宋末年叶隆礼撰。叶隆礼，字士则，号渔林，嘉兴人，淳祐七年进士。于南宋任官多年，南宋末谪居袁州。入元以后不知所终。全书共27卷，其中帝纪12卷，列传7卷，辽、宋往来文书1卷，各国馈贡礼物数1卷，地理1卷，风俗及各种制度1卷，行程录及使北记2卷，诸番杂记1卷，岁时杂记1卷，还选录了契丹世系、地图等内容，资料来源多为当事人的有关记述。叶隆礼说明他撰述《契丹国志》的宗旨："载观大辽之纪号，其谁小朝以自居。八际洪流，顿起兴亡之慨；九州重雾，忍无夷夏之嗟。其契丹国自阿保机初兴，迄于天祚之亡，立统乘家，凡二百余载。"② 即通过记载契丹二百余年兴亡的历史，以总结其盛衰的教训。

《契丹国志》记载辽代史事，虽然不乏舛误，但是正如《四库全书总目提要》所说："诸家目录所载《辽庭须知》《使辽图钞》《辽遗事》《契丹疆宇图》《契丹事迹》诸书，隆礼时尚未尽佚，故所录亦颇有可据。"这一评价，显然是公允的。因此从事辽史及契丹史研究不应忽视这部书的史料价值：一是可补证《辽史》之缺误，二是可考见《辽史》资料的来源。

《大金国志》，题宋宇文懋昭撰。全书共40卷，分纪26卷，开国功臣1卷，文学翰苑2卷，伪楚国张邦昌录和伪齐国刘豫录各1卷，册文等1卷，天文、地理、制度、风俗等7卷，许奉使行程录1卷。该书卷前"金国初兴本末"，卷三十九"初兴风土""男女冠服""婚姻""饮食"记述了女真族的情况。附录有《女真传》《金虏图经》《金志》《族帐部曲录》等。

关于《契丹国志》《大金国志》二书的真伪，学界一直争论不已，但无论如何，二书中关于民族史的记载可补其他文献的不足，具有重要的史料价值。

---

① 《东都事略》卷一百二十三《附录一》。
② （宋）叶隆礼：《契丹国志》卷首《经进契丹国志表》，清嘉庆二年扫叶山房刻本。

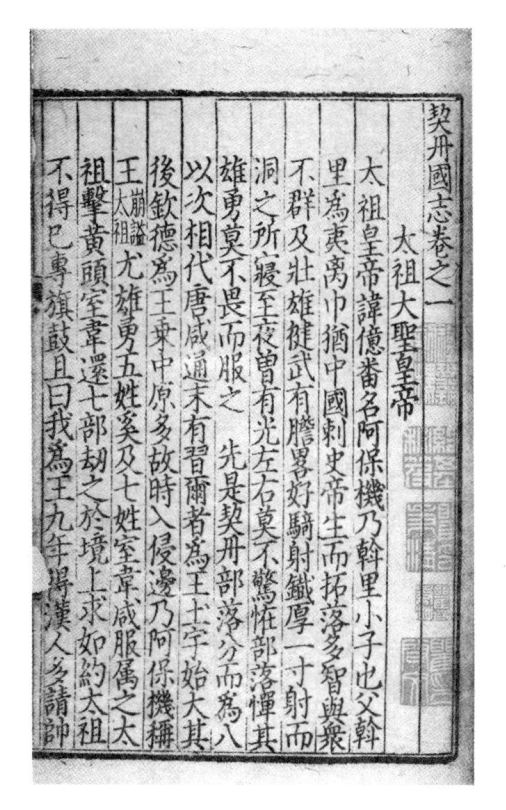

图 5-8 《契丹国志》 元刻本

第十节 少数民族文字的民族史撰述

宋朝没有真正建立像汉、唐那样的大一统王朝。这一时期中国的少数民族在政治舞台上扮演了更为重要的角色。在宋朝北部早于宋朝建国的契丹国、西北部的党项族于 11 世纪初建立了夏国，后来崛起于东北的女真族建立的金国，形成了新的三分局面。当时在西部尚有回鹘于阗李氏王朝和黑汗王朝，在西部和南部则有吐蕃、大理等少数民族政权。宋朝在岭南的部分地区授予当地少数民族首领世袭知州、知府、知峒等官职。

这一时期少数民族在文化上也有新的建树。建立强大政权的契丹族、党项族、女真族先后创制自己的民族文字，形成了大量文献。回鹘文和藏文继续使用。南方的傣族随着经济、文化的发展，也逐步创制使用自己的民族文字——傣文。用这些民族文字撰著的历史文献，反映着当时少数民族史学的发展情况。

一　契丹文历史文献记述

辽朝，文化发达，不仅具有契丹族的文化特点，还大量吸收了汉族的先进文化，重视儒学。在辽朝的文化建设中，最具特色的是创制和使用契丹文字。契丹人"本无文字，惟刻木为信"①。辽太祖耶律阿保机称帝后，于神册五年（920年）正月，命耶律突吕不和耶律鲁不古等创制契丹文字。陶宗仪《书史会要》记载"辽太祖多用汉人，教以隶书之半增损之，制契丹字数千，以代契木之约"②。《辽史》记载，神册五年春正月乙丑，"始制契丹大字"③。契丹大字并不适合契丹语词音节较多、语法中有黏着词尾的特点，所以至天赞年间（922—926年）辽太祖之弟迭剌创制了另一种契丹文字，史称契丹小字。④ 契丹小字是一种借鉴汉字笔画的拼音文字，从回鹘语中学习了拼音法规则。

契丹大、小字创制后，与汉文同时流行于辽国，但契丹文使用的范围并不广泛，很多契丹文人使用汉文。

辽太祖主张创制契丹大字，直接目的也是为了用本族文字记本族历史。《辽史》载："太祖制契丹国字，鲁不古以赞成功，授林牙、监修国史。"⑤可见辽朝十分重视历史的修纂。辽朝还仿照宋朝成立国史院，设国史监修官。所修国史包括起居注、日历、实录等。辽朝继承了中原王朝重视编纂历史的传统。

当时还用契丹文翻译了很多汉文书籍。据《辽史》记载，萧韩家奴译《贞观政要》《五代史》《通历》，耶律倍译《阴符经》，耶律庶成译《方脉书》等，其中史书占很大比重。⑥ 其他文献中也有以契丹文翻译汉文典籍的记载，如曾译《辨鴂录》。⑦ 甚至辽朝皇帝也参加译书，辽圣宗耶律隆绪曾

---

① （宋）王溥：《五代会要》卷二十九，契丹条。
② （明）陶宗仪：《书史会要》卷八。
③ 《辽史》卷二《太祖纪》，中华书局1974年版，第16页。
④ 《辽史》卷六十四《皇子表》，中华书局1974年版，第968—969页。
⑤ 《辽史》卷七十六《耶律鲁不古传》，中华书局1974年版，第1246—1247页。
⑥ 《辽史》卷一百三《萧韩家奴传》，第1450页；《辽史》卷七十二《宗室传》，第1211页；《辽史》卷八十九《耶律庶成传》，第1349页。
⑦ （宋）陈振孙：《直斋书录题解》卷五，上海古籍出版社1987年版，第140页。

翻译白居易的《讽谏集》。① 契丹字还用于外交书函、著诸部乡里之名、书写诗歌、刻石记功,甚至还用于考试。这些书籍中包含有大量史料,可惜上述文献皆已失传。

辽朝还用汉文出版了大量书籍,其中包括很多史书。咸雍十年(1074年)印刷《史记》《汉书》等。② 此外,还印刷有蒙书、医书和佛经,特别是以汉文刻印了著名的《契丹藏》。

辽国存世200多年,在中国北方产生了深刻影响,但在有关辽代的史料与其历世的时间和产生的影响相比显得十分单薄。辽代编纂、印制的汉文、契丹文图书除辽藏等个别印本后来被发现外,其他都没有流传下来。元代编纂《辽史》草草编就,错漏很多。因此辽代的文物资料和契丹文文献更显出其重要价值。近代考古发现了不少契丹文字石刻,成为研究辽代历史的重要资料。

1922年,比利时传教士凯尔在内蒙古巴林右旗庆陵发现辽兴宗及仁懿皇后哀册,1930年又发现了道宗皇帝和宣懿皇后的哀册,契丹字的真容方被了解。近几十年来,契丹文铭刻时有发现,大部分为墓志,这些墓志是研究辽史、契丹史的原始资料,具有填补史料的重要价值。

原来的契丹大字文献有:《大辽大横帐兰陵郡夫人建静安寺碑》(漫漶不清)、《故太师铭石记》(存照片,原石与拓片均失)、《萧孝忠墓志》《耶律延宁墓志》《北大王墓志》《萧袍鲁墓志》《耶律习涅墓志》等。契丹小字文献更为丰富,有:《兴宗皇帝哀册》《仁懿皇后哀册》《道宗皇帝哀册》并盖、《宣懿皇后哀册》并盖、《萧令公墓志》(残)、《故耶律氏铭石》《萧仲恭墓志》《许王墓志》《郎君行记》《耶律仁先墓志》等。③ 另有铜镜、钱币等器物铭刻以及壁画及洞壁题字等契丹小字资料。④

近些年又先后出土了不少契丹文石刻,契丹大字有《永宁郡公主墓志》《耶律昌允墓志》等。契丹小字石刻发现的更多,其中有契丹小字造像碑、《防御使墓志》残石、《耶律宗教墓志》《泽州刺史墓志》残

---

① (宋)叶隆礼撰,贾敬颜、林荣贵点校:《契丹国志》卷七,上海古籍出版社1985年版,第71页。
② (清)李有棠:《辽史纪事本末》卷六《西北部族属国叛服》。
③ 清格尔泰、刘凤翥、陈乃雄、于宝林、邢复礼:《契丹小字研究》,中国社会科学出版社1985年版。
④ 刘凤翥、于宝林:《契丹字研究概况》,《中国民族古文字研究》,中国社会科学出版社1984年版,第318页。

石、《耶迪烈教墓志铭》《耶律奴墓志铭》《耶律智生墓志铭》《韩高十墓志》《耶律永宁郎君墓志铭》《韩迪烈墓志铭》《皇太叔祖哀册文》《宋魏国妃墓志铭》《耶律弘用墓志铭》《萧大山和永清公主墓志铭》《萧特每·阔哥驸马第二夫人韩氏墓志铭》《萧图固辞墓志铭》《耶律副部署墓志铭》《耶律慈特墓志铭》《撒懒·室鲁太师墓志碑》《梁国太妃墓志铭》等。

契丹字研究专家对上述墓志铭作了研读，发表了一系列研究成果，取得了令人瞩目的成果，引起了国内外学术界的注意。① 一些墓主人的生平、履历和亲属情况大致能够了解，一些契丹语人名地名的含义也得以解读，契丹文字研究已逐步达到补史记史的水平，说明近十余年来契丹文字总体研究水平已提升到一个历史新阶段。②

这些契丹文石刻不仅提供了很多有价值的史料，还证明当时契丹贵族重视历史记载，希望将自己的功绩、作为镌刻于碑石，留存于后世的史学观念。

金灭辽后，契丹字还通行了一段时间，直到金明昌二年（1191年），金章宗下令废止契丹字。此后，西辽地区仍使用这种文字，蒙古灭掉西辽后终被废弃。后成为死文字。③

因契丹文字尚未被完全解破，上述契丹文字史料利用受到限制。契丹文字资料有待进一步发掘。

---

① 刘凤翥等：《契丹小字解读五探》（台北）《汉学研究》第13卷1995年第3期。卢迎红、周峰：《契丹小字"耶律迪烈教墓志铭"考释》，《民族语文》2001年第1期。石金民、于泽民：《契丹小字"耶律奴墓志铭"考释》，《民族语文》2001年第2期。赵志伟、包瑞军：《契丹小字"耶律智先墓志铭"考释》，《民族语文》2001年第3期。刘凤翥：《契丹小字"韩高十墓志"考释》，见《揅芬集——张政烺先生九十华诞纪念文集》，社会科学文献出版社2002年版。郑晓光：《契丹小字"耶律永宁郎君墓志铭"考释》，《民族语文》2002年第2期。唐彩兰、刘凤翥等：《契丹小字"韩敌烈墓志铭"考释》，《民族语文》2002年第6期。清格勒、刘凤翥：《契丹小字"皇太叔祖哀册文"考释》，《民族语文》2003年第5期。刘凤翥、清格勒：《契丹小字"宋魏国妃墓志铭"和"耶律弘用墓志铭"考释》，《文史》2003年第4期。刘凤翥等：《契丹小字萧乌卢本等三人的墓志铭考释》，《文史》2004年第2期。袁海波、刘凤翥：《契丹小字"萧大山和永清公主墓志铭"考释》，《文史》2005年第1期。刘凤翥、清格勒：《辽代"韩德昌墓志铭"和"耶律（韩）高十墓志铭"考释》，《国学研究》第15卷，2005年。刘凤翥、清格勒：《契丹小字"萧特每·阔哥驸马第二夫人韩氏墓志铭"考释》，《金启孮先生逝世周年纪念文集》，日本京都，2005年。

② 刘凤翥：《遍访契丹文字话拓碑》，华艺出版社2005年版；《契丹文字研究类编》，中华书局2014年版。

③ 史金波、黄润华：《中国历代民族古文字文献探幽》，中华书局2008年版，第61—72页。

图 5-9　契丹大字　耶律习涅墓志铭

二　西夏文历史文献记述

西夏主体民族党项族原居住在西南地区青藏高原东麓，后迁徙到西北地区，11 世纪初期建立了西夏王朝。在西夏的文化事业中，创制和推行记录党项族语言的西夏文字具有突出的民族特点。西夏文字创制于西夏正式立国前两年（1036 年），在西夏景宗元昊的倡导和支持下，由大臣野利仁荣制成。西夏文制成后便有了西夏文书籍。《宋史》载："元昊自制蕃书，命野利仁荣演绎之，成十二卷，字形体方整，类八分，而画颇重复。教国人记事用蕃书，而译《孝经》《尔雅》《四言杂字》为蕃语。"[1] 所谓"蕃书"就是西夏文。当时既用西夏文记事，又用它翻译汉文典籍。在西夏境内，西夏文作为国字广泛流行，汉文也同时使用，在一定范围内也使用藏文、回鹘文。西夏灭亡后，党项族历经元、明逐渐消亡，西夏文也成为无人可识的死文字。

西夏初期就设有掌管文字的番汉二字院，应对修撰本国历史有所作为，至少会积累、搜集相关的资料。西夏毅宗谅祚于嘉祐七年（1062 年）向宋

---

[1]　《宋史》卷四百八十五《夏国传上》，中华书局 1977 年版，第 13995 页。

朝求赐《九经》《唐史》《册府元龟》，但宋朝只赐予《九经》而不给《唐史》，因为其中记载了有关少数民族史实，宋朝统治者不愿让西夏知晓。① 当时西夏求赐中原史书应有参考借鉴编辑本国历史的用意。记载西夏正式编次史书是仁孝时期。天盛十三年（1161年），仁宗"立翰林学士院，以焦景颜、王签等为学士，俾修《实录》"②。然而西夏编辑的《实录》也未流传下来。仁宗时三次出使金朝的官员李师白尽得金国民风土俗，著《奉使日记》三卷。③ 内容当有夏金关系和金国社会状况，可惜此书也未传世。西夏晚期罗世昌曾编撰《夏国世次》。罗世昌在西夏晚期三朝为官，桓宗时任观文殿大学士，献宗时曾出使金国，后辞官"谱《夏国世次》二十卷藏之"④。看来这部重要西夏史书当时没有印行，也未流传到后世。

元朝编修前朝正史时，编纂了《宋史》《辽史》《金史》，而未编西夏史，仅于三史中将西夏史以列传的形式记述，内容简略，当时有关西夏史的资料，如实录等也随之散佚、淹没，致使后世治西夏史者皆感到资料匮乏。

20世纪初期，大批西夏文献在中国的黑水城被发现，其中主要是西夏文文献。此后宁夏、甘肃、内蒙古又陆续出土不少西夏文文献，使西夏文献更加丰富。这些文献中不乏有关历史的资料，凸显出这些出土文献对研究西夏历史的重要文献价值，在一定程度上弥补了元代未修西夏史的缺憾。

出土的西夏文献中有一部分是西夏的史书。一件出土于黑水城的西夏文文献中对西夏历代帝王都有简单记述，并赞扬他们的功绩，如称德城皇帝，即太宗德明时期"国民富足，母卧儿安""山河坚固，战争不行，羌汉恭敬，兵器不用"，概括地反映出德明时期的国势特点。又评价景宗元昊是"意才深广，如海广大；巧行志明，如山高耸"⑤。

西夏统治者深知中原王朝有源远流长的文化，有丰富的典籍，要提高和发展西夏的文化，必须大力吸收、借鉴中原地区的文化营养。因此，翻译中原地区的著作成为西夏文献的重要组成部分。西夏在翻译了诸如《论语》《孟子》《孝经》等儒学经典著作的同时，还翻译了不少史书、类书和兵书，

---

① 《宋史》卷四百八十五《夏国传上》，中华书局1977年版，第14002页。
② 同上书，第14025页。
③ 《西夏书事》卷三十七。
④ 《西夏书事》卷四十二。
⑤ 俄罗斯科学院东方研究所圣彼得堡分所、中国社会科学院民族研究所、上海古籍出版社编，史金波、魏同贤、克恰诺夫主编：《俄藏黑水城文献》第10册，上海古籍出版社1999年版，第189—194页。

如唐代吴兢编撰的《贞观政要》被西夏人节译为西夏文本，名为《德事要文》，刻印出版。① 西夏后期的另一部重要书籍是番大学院教授曹道安编译的西夏文《德行集》。根据节亲嵬名渊计的序言可知，此书是奉敕命为登基不久的桓宗皇帝治国参考而编辑，有直接为治国需要的目的，使统治者"引古代言行以为本"，以明治国之道，利维护治。② 还将记述春秋时代历史的史书《十二国》也编译成西夏文刻印流行。此外，还编译了引用20多种汉文古籍的佚名著作。③

《类林》是唐代于立政编撰的一部重要类书，分类记古人事迹，分10卷50目，每一目下包括若干故事。此书在西夏时期被全部译成西夏文刻印出版。后中原汉文原书失传，西夏文本《类林》发现并转译成汉文本，恢复了古《类林》本。④《类林》以儒学纲常为标准评价历史人物和史实，成为传播历史知识、宣扬封建历史观的教科书。西夏以官府刻字司的名义刊行此书，显示出西夏统治者对待历史的态度。《类林》卷四有"四夷篇"，包括东夷夫余国、马韩、辰韩、肃慎氏、倭人、裨离等十国、西戎、乌耆国、大宛、康居国、大秦国、南蛮、扶南、北狄，保存了唐代类书中的民族史资料。

西夏有自己编辑的本朝法典，在黑水城遗址出土了西夏王朝法典《天盛改旧新定律令》，西夏仁宗时期修订的《天盛律令》是一部系统完备的王朝法典。⑤ 此外又有以《天盛律令》为基础的《新法》《法则》等。《天盛律令》是中国历史上继《宋刑统》以后又一部刻印流行的王朝法典，也是第一部用少数民族文字刻印、颁行的法典。《天盛律令》20卷，现保存约为全书六分之五。⑥《天盛律令》从形式到内容都接受了中原王朝成文法的成熟经验，特别是《唐律疏义》和《宋刑统》都对西夏《天盛律令》产生了重

---

① 《俄藏黑水城文献》第11册，上海古籍出版社1999年版，第133—141页；[俄]克恰诺夫：《吴兢〈贞观政要〉西夏译本残叶考》，《国家图书馆学刊》增刊（西夏研究专号），2002年版。
② 《俄藏黑水城文献》第11册，上海古籍出版社1999年版，第142—155页。参见聂鸿音《德行集研究》，甘肃文化出版社2002年版。
③ 《俄藏黑水城文献》第11册，上海古籍出版社1999年版，第82—111页。
④ 史金波、黄振华、聂鸿音：《类林研究》，宁夏人民出版社1993年版；《俄藏黑水城文献》第11册，上海古籍出版社1999年版，第221—232页。
⑤ 史金波、聂鸿音、白滨译注：《西夏天盛律令》，《中国珍稀法律典籍集成》甲编第五册，科学出版社第1994年版。
⑥ 史金波、聂鸿音、白滨：《天盛改旧新定律令》，《中华传世法典》之一，法律出版社2000年版。史金波、魏同贤、克恰诺夫主编：《俄藏黑水城文献》第8册，上海古籍出版社1998年版。

大影响。然而西夏是以少数民族为主体建立的王朝，所修律令在内容和形式上也有自己的特点。① 此外还有军事法典《贞观玉镜统》，此书是西夏贞观年间的一部专门的军律，其制定为正军令、明赏罚，规范将帅至士卒在用兵、行军、作战时的行为。② 西夏的法典从政治、经济、文化、军事、宗教等多方面记录了西夏的法律条文，多角度地反映了西夏社会历史，是研究西夏历史的重要资料。西夏的法律文献反映出西夏统治者在治理国家时，主要是以儒学思想为主导的理念。

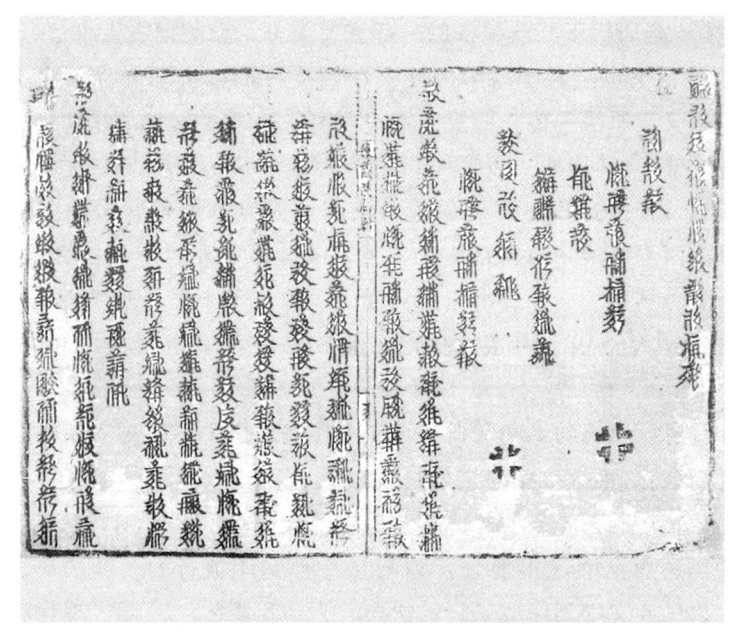

图 5-10　西夏文《天盛改旧新定律令》　西夏刻本

西夏有一种大型西夏文类书《圣立义海》，它记录了西夏的自然状况和现实社会制度与生活。该书为5册15卷，每卷分为不同的类，共计142类，每类中有若干词语，每一词语下有双行小字为之注释。这样内容丰富的类书，特别是其中有西夏的山川地理和包括皇室在内的典章制度，为西夏历史研究提供了珍贵史料，也显示出西夏时期历史记录求实，提倡仁、孝的历

---

① 史金波：《西夏〈天盛律令〉及其法律文献价值》，《法律史论集》（第一卷），法律出版社1998年版。

② 《俄藏黑水城文献》第9册，上海古籍出版社1999年版，第345—365页；[俄] E.I.克恰诺夫、H.弗兰克：《十一十三世纪西夏和中国军事法典的渊源》，1990年版；陈炳应：《贞观玉镜将研究》，宁夏人民出版社1995年版。

史观。

　　由于西夏社会教育的需要，除官修的经、史、类书外，又有多种蒙书出版。其中西夏文—汉文双解词语集《番汉合时掌中珠》很有特点。全书以天、地、人分类，将社会上常用词语分为九类，其中以人事下内容最多，有不少反映西夏社会的词语，为研究西夏社会历史的学者所重。西夏文《新集碎金置掌文》也是蒙书的一种，简称《碎金》，书中包括帝族官爵、番姓和汉姓、婚姻家庭、财务百工、禽兽家畜、社会杂项，反映了西夏的社会、民族、习俗、文学状况。① 西夏文《三才杂字》（简称《杂字》）内容包括西夏语的常用词语，除天象、动植物等内容外，还包括族姓、人名、汉族姓、节亲等与社会关系很大的内容。② 西夏还编辑了一种汉文本《杂字》，是以事门分类的词语集，分为20部，有汉姓、番姓、衣物、斛豆、果子、农田、诸匠、身体、音乐、药物、器用物、居舍、论语、禽兽、礼乐、颜色、官位、司分、地分、亲戚长幼等，反映了西夏的民族姓氏、生活用品、生产活动、文化生活、政治生活等西夏社会生活的方方面面，为了解西夏社会提供了第一手资料。③

　　20世纪90年代中国社会科学院与俄罗斯科学院圣彼得堡东方学研究所合作共同整理、出版《俄藏黑水城文献》，其间发现有一批西夏文社会文书，计有1000余号、1500余件，包括户籍、账册、契约、军籍、告牒、书信等。这些原始资料是一批十分难得的珍贵历史资料，对研究、认识西夏社会历史具有极高的价值。④

　　西夏的金石碑刻中也有关系到西夏历史的资料。碑刻最为集中的是西夏帝陵中的西夏文、汉文石碑。西夏皇帝陵园坐落在银川以西、贺兰山下，是西夏皇帝和陪葬大臣们的墓葬地，有帝陵9座、陪葬墓250余座。每座帝陵和部分陪葬墓都有碑亭，各陵所建碑亭数目两座、三座不等，共有碑亭16座，碑亭中原立有石碑，碑文有西夏文和汉文两种。这些碑刻记录着西夏帝王将相的事迹，负载着西夏的历史文化。可惜这些碑刻被进攻西夏的蒙古军

---

① 史金波、聂鸿音：《西夏文本〈碎金〉研究》，《宁夏大学学报》1995年第2期。
② 聂鸿音、史金波：《西夏文〈三才杂字〉考》，《中央民族大学学报》1995年第6期；史金波：《敦煌莫高窟北区出土西夏文文献初探》，《敦煌研究》2000年第3期。
③ 史金波：《西夏汉文本杂字初探》，《中国民族史研究》（二），中央民族学院出版社1988年版，第167—185页。
④ 史金波：《西夏社会文书简论》，见《宋史研究论文集》（2012），河南大学出版社2014年版，第149—167页。

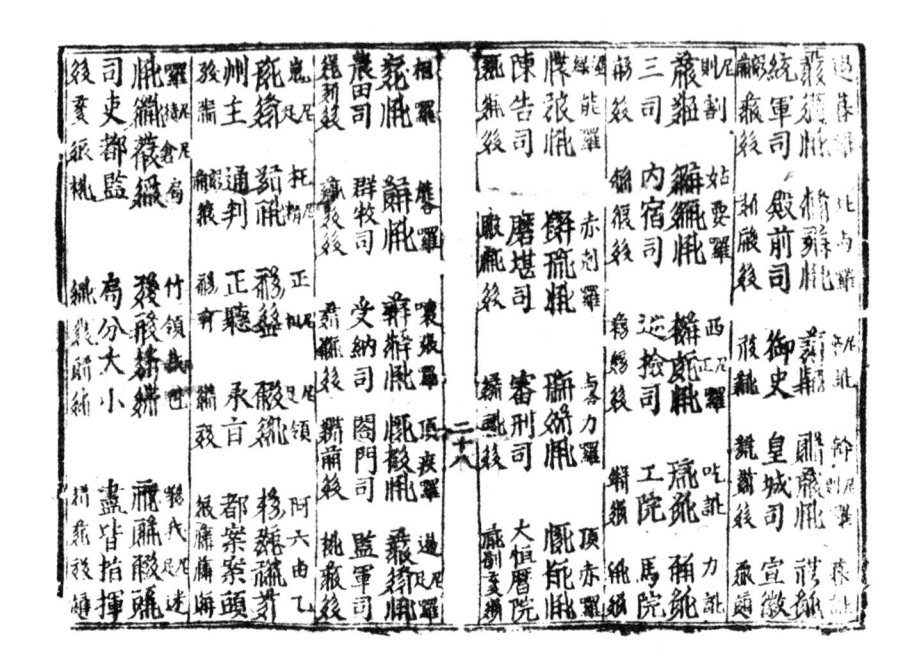

图 5-11 《番汉合时掌中珠》 西夏刻本

击打成碎块。20世纪70年代初期以后，在西夏陵园进行了考古发掘，共收集到西夏文、汉文3700多块残碑块。这些残碑仍显示出重要的学术价值和文物价值。比如对考证陵墓主人以及西夏的人物、民族、官职、封号、地名、纪年等，都能起到印证历史、拾遗补缺、填补空白的作用。如西夏文残碑中有很多职官名称可补其他文献所缺载，或相参照，如金紫光禄大夫、银青光禄大夫、谏议大夫、上柱国、柱国、节亲主、国公、宣徽使、府尹、学士、博士等。一陪葬墓的汉文残碑墓主嵬名安惠的职衔是尚父太师中书令知枢密院事梁国正献王，他是毅宗、惠宗、崇宗时的朝中大臣，最后位居枢要，掌管军政大事，但这一重要人物不见史书记载。①

清朝著名西北史地学者张澍，于嘉庆甲子年（1804年）游大云寺，发现一碑亭前后砌砖，封闭已久。拆开碑亭砌封砖后，见碑阳所刻文字体形方整，无一字可识。碑阴刻有汉文，其中有建碑年款："天祐民安五年岁次甲

---

① 宁夏博物馆发掘整理、李范文编释：《西夏陵墓出土残碑粹编》，文物出版社1984年版；史金波：《西夏陵园出土残碑译释拾补》，《西北民族研究》试刊号，1986年6月。

戌十五年戊子建"，知为西夏年号，张澍以此断定碑前所刻不识文字为西夏国字。① 这是有名的《重修凉州护国寺感通塔碑》。碑文记西夏崇宗天祐民安四年（1093年），由皇帝、皇太后发愿重修凉州感通塔及寺庙，第二年完工后立碑赞庆，记建塔后的感应故事和西夏重修塔寺的经过，由西夏中书相梁乙埋主持，是研究西夏佛教史的重要资料。②

西夏仁宗乾祐七年（1176年），于甘州（今甘肃省张掖市）城西十里的黑水河建桥，仁宗亲临祭神并立碑纪念，《黑水河建桥碑》阳面刻汉文13行，阴面刻藏文21行。河西走廊是吐蕃居住比较集中的地区。建桥碑镌刻汉、藏两种文字，说明这一地区在西夏时期复杂、多元的历史文化现象。碑铭中记述了西夏贤觉帝师兴建此桥及仁宗祭神经过。③

西夏官印和符牌多有发现。④ 西夏印背年款可校正西夏纪年，众多的人名有补于西夏人名，特别是党项族人名的研究，对西夏社会家族势力强弱以及互相之间关系的研究都有重要意义。

三 女真文历史文献记述

金朝是女真族建立的多民族强大的封建王朝。建立金国的女真族不仅有强大的军事力量，还迅速发展了文化事业，大量吸收汉文化，创制民族文字女真文，形成了不少女真文文献。

女真族原无文字，在与辽、宋交战过程中一些人学会了契丹文和汉文。⑤完颜阿骨打建国后，命丞相完颜希尹创制文字。女真文字是在契丹文字的直接影响下，在汉文字的间接影响下创制而成的。⑥ 据史载，女真字有大字、小字两种，但传世的女真字只有一种。女真字制成后与契丹字、汉字在金朝境内同时流通，后只准用女真字和汉字，在科举考试中使用女真字。⑦

金代对文化典籍十分重视，早在金太祖天辅五年（1121年），阿骨打便

---

① （清）张澍：《书天祐民安碑后》，《养素堂文集》卷十九，1837年。
② 史金波：《西夏佛教史略》，宁夏人民出版社1988年版，第241—254页。
③ 同上书，第19—20页。
④ 罗福颐等：《西夏官印汇考》，1982年版。李范文为之译文，后史金波作《西夏官印姓氏考》多有纠正，见《中国民族古文字研究》第二集，天津古籍出版社1993年版。
⑤ 《金史》卷六十六《宗室列传》，中华书局1975年版，第1558页。
⑥ 《金史》卷七十三《完颜希尹传》，中华书局1975年版，第1684页。
⑦ 《金史》卷五十一《选举志》，中华书局1975年版，第1130页。

下令"若克中京，所得礼乐图书文籍，并先次津发赴阙"①。天会四年（1126年）攻下北宋首都开封，阿骨打将北宋国子监所藏图书、书版尽数劫去。金朝立国后中央政府直接刻印图书，金天德三年（1115年）设国子监，除培养士子外，还负责出版教学用的儒家经典，如九经、十四史，还有《老子》《荀子》《扬子》等书。

由于文化教育的需要，女真文字图书的翻译也十分兴盛，从编译的女真文图书内容来看，大多为儒家经典，这与金代对女真人进行儒学教育是分不开的。为了使不懂汉文的女真人学习儒家经典，金朝特地建立了译经所。弘文院也是负责译书的机构。② 当时用女真文翻译了不少史籍类图书，如《史记》《汉书》《贞观政要》《新唐书》《伍子胥书》等。女真文图书大多是金世宗在位时（1161—1189年）翻译和刻印的。尽管世宗竭力维护女真的语言文字、风俗习惯，但汉族的先进文化对女真人有强大吸引力，女真族的民族文化逐渐式微。

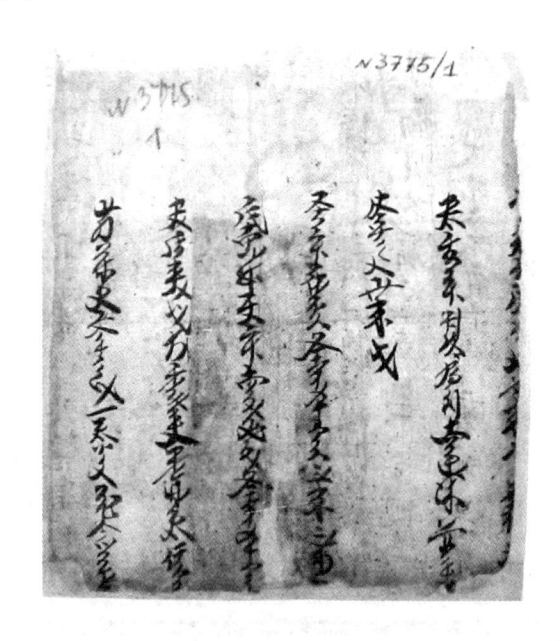

图 5-12　女真文残页

---

① 《金史》卷七十六《完颜杲传》，中华书局1975年版，第1737页。
② 《金史》卷五十六《百官志》，中华书局1975年版，第1279页。

女真文文献通行于世 100 多年,但留存至今的文献屈指可数。这些文献绝大多数是金石资料,如《海龙女真国书摩崖》《大金得胜陀颂碑》《北青摩崖》《女真进士题名碑》《庆源碑》《奥屯良弼诗石碑》《昭勇大将军同知雄州节度使墓碑》等。此外西安碑林出土《女真字书》,内容是抄录完颜希尹编撰的《女真字书》,是学习女真文字启蒙读物的练习之作。其内容和分类与明代编的《女真译语》的杂字部分极相近似。[①] 这些女真文文献在一定程度上反映了女真族历史,为了解金朝和女真族历史增添了新的资料。

四 回鹘文历史文献记述

回鹘是一个有着悠久历史的民族,是维吾尔族的先民。其起源可追溯至公元前的丁零,秦汉时代主要分布在贝加尔湖一带,隋大业元年(605 年)始称回纥,唐贞元四年(788 年)改称回鹘,分布在现蒙古国色楞格河流域。在漠北时期,先后依附于柔然汗国和突厥汗国。东突厥亡后,回鹘与薛延陀两部称雄漠北。公元 646 年,回鹘联合唐朝灭薛延陀,唐天宝三年(744 年),回鹘首领骨力裴罗统一九姓乌古斯,建立了回鹘汗国,与唐朝保持友好的关系,回鹘派兵协助唐朝平定安史之乱,唐朝曾几次与回鹘联姻。840 年,黠戛斯乘机攻入,回鹘汗国灭亡,回鹘人分部西迁。一支成为甘州回鹘(河西回鹘),11 世纪时大部分为西夏占据。一支进入七河流域,建立了喀喇汗王朝。还有一支迁到西州(高昌),以吐鲁番盆地为中心,成为"西州回鹘",后来建立了高昌回鹘汗国,在丝绸之路上是重要的政治、经济、商贸中心,也是中外文化交融渗透、互相影响的地方。回鹘在漠北时期,主要信奉萨满教,西迁至河西、高昌后,因当地盛行佛教,大批回鹘人也接受了这一宗教,此外摩尼教也在回鹘人中流行。

回鹘人使用的文字,在漠北时期与突厥相同,在西迁后逐渐废弃突厥文,开始流行一种新的文字——回鹘文。回鹘文是一种拼音文字,它以粟特文字母草体拼写回鹘语。考古发现的 8 世纪用这种字母铸成的突骑施钱币,说明居住在七河流域的突骑施人早已使用这种文字。20 世纪 50 年代在蒙古国乌兰巴托发现了一块碑铭,上面有 8 行回鹘文,记载布哈孜特勤王子生平

---

① 金启孮:《陕西碑林发现的女真字文书》,《内蒙古大学学报》1979 年第 1、2 期合刊;乌拉熙春:《西安碑林女真文字书新考》,见《碑林集刊》第 5 辑,陕西人民美术出版社 1998 年版。

武功，证明回鹘人在西迁之前已在使用这种文字。①

在9世纪前后，回鹘人用这种文字记录、创作了不少作品，翻译了很多经典。许多借据、地契合同等社会经济文书都用此种文字写成。如20世纪30年代著名考古学家黄文弼在新疆发现了早期草书体回鹘文书信残文，约为9—10世纪的遗物。黄文弼还发现了早期写经体回鹘文摩尼教寺院文书，上有汉字篆文朱色方印11处，为高昌回鹘王国颁给吐鲁番地区摩尼教寺院的正式文书，其中规定了该寺院的种种特权，时代为9—10世纪。这些文书反映了当时回鹘王国的社会情况，以及摩尼教的流行和管理的史实。

回鹘西迁后，回鹘文得到更广泛的使用，不但高昌王国使用，而且甘州回鹘王国、喀喇汗王朝都普遍使用回鹘文，不仅在图书传抄、刻印时使用回鹘文，而且日常社会生活中的文书契约和纪念性的碑铭上也使用回鹘文。

分辨回鹘文文献的所属时代很困难，有部分文献还可根据其他特点作为判定其时代早晚的参考。如敦煌藏经洞出土的文献，由于藏经洞封闭的时间在11世纪中期（一说初期），因此这些文献应属11世纪初、中期以前的遗存。②

一些回鹘文碑刻有关历史方面的内容。如《土都木萨里修寺碑》记载了安姓僧和土都木萨里捐出土地和财产重修一座已圮的庙宇，是现存唯一直接反映高昌王国寺院经济的回鹘文碑刻，很有研究价值。从所用的回鹘文字体、书写特点和语言特点来看，是属于10—12世纪的遗物。③

喀喇汗王朝是10世纪中叶（约940年）至13世纪初（1211年）在新疆南部与中亚一带建立的封建汗国。喀喇汗王朝境内，同时流行多种语言，回鹘语是王朝的通用语，由于受葛逻禄人的影响，其语言逐渐成为回鹘—葛逻禄方言。此外还有粟特语、波斯语和阿拉伯语，相应的文字也同时应用。最有代表性的是《福乐智慧》《真理的入门》《警言集》等作品。

《福乐智慧》是喀喇汗王朝的一部经典之作，作者是著名的诗人和思想家优素甫·哈斯·哈吉甫。传世有三个抄本，其中一种为回鹘文抄本。此书于1169—1170年在喀什噶尔写成，一说在1069—1070年写成。全书由两篇序言、85章正文及两个附篇组成，共13000余行。作者在书中塑造了一个理想王国，通过日出国王、月圆和贤明两大臣及隐士觉醒的对话、辩论，讨论

---

① 耿世民：《回鹘文》，《中国民族古文字研究》，中国社会科学出版社1984年版。
② 冯家昇：《回鹘文写本菩萨大唐三藏法师传研究报告》，《考古学专刊》丙种一号，1953年第6期。杨富学：《回鹘文献与回鹘文化》，民族出版社2003年版，第36页。
③ 耿世民：《维吾尔古代文献研究》，中央民族大学出版社2003年版，第422页。

图 5-13　回鹘文《十姓回鹘王及其疆域记录》

了如何安邦治国，抒发了作者宏大的政治抱负。此书内容十分广泛，涉及政治、经济、军事、法律、哲学、宗教、文化、教育、天文、地理、数学等各个方面，为研究中世纪突厥民族的社会生活提供了十分丰富、生动的历史资料。特别是这部著作主张由有学识的人借助于明确的法律来治理国家，认为如果让昏昧无知的人治理国家，就必然会导致国家和人民的不幸；还认为民族的领袖们的道德品质和整个社会的道德风尚对法律的贯彻或废弛具有决定性的意义，而文化、知识是求得社会发展和国家强大的必要因素。同时指出，如果知识不是用来为社会和人民造福，它们就会像河滩里的石头一样得不到人们的珍视。这些认识反映出进步的史学观。[①]

《真理的入门》是回鹘文文学中另一部有代表性的作品。它成书于12世纪末或13世纪初。作者阿合买提·玉格乃克是一位盲人，他对动荡不安的现实十分厌恶，向往安定富裕的幸福生活，作者用伊斯兰教的伦理道德来劝诫世人，希望以此达到理想、安定的社会。此书是古代回鹘文的重要文献之

[①] 1942—1943年土耳斯语言学会将《福乐智慧》回鹘文和阿拉伯文三个抄本分别影印出版。此书已有多种文字的译本。中国出版了此书的拉丁字母标音转写和现代维吾尔语的会译本。民族出版社1984年版（维文版）。参见优素甫·哈斯·哈吉甫著，郝关中、张宏超、刘宾译《福乐智慧》，民族出版社1986年版。

一，它为研究喀喇汗王朝末期的历史、语言、文化等提供了丰富的资料。[①]

专门的史学著作有《喀什噶尔史》，作者是阿勒马伊，为11世纪喀什人，这部史书已经失传，但其中一些片断在14世纪维吾尔历史学家杰马尔·卡尔西编著的《苏拉赫词典补编》中得到保留，成为今天研究早期喀喇汗王朝的第一手资料，具有较高的史料价值。

五　藏文历史文献记述

吐蕃王朝灭亡后，西藏有约400年的时间处于各政权的分裂割据状态。在西藏阿里和拉达克建立了古格王朝、拉达克王朝。另一吐蕃部落首领唃厮啰在青唐（今青海省西宁市）一带建立地方政权，被宋朝封为宁远大将军，抗衡西夏。藏族与中原的政治、经济、文化关系仍在继续发展。

当时除藏文佛经外，还形成了很多其他重要古籍，如史学、文学、哲学、医学著作等。藏族文献中，往往文史不分。随着藏传佛教的发展，藏族历史著作多以叙述佛教传入藏区的过程为主线，突出提倡和推行佛教的领袖人物以及对佛教的传入和发展有过重大贡献的上层僧侣。

这一时期编纂的史籍主要有《松赞干布遗训》《柱下遗教》《柱间史》《娘若教法史》《莲花生大师传》等。

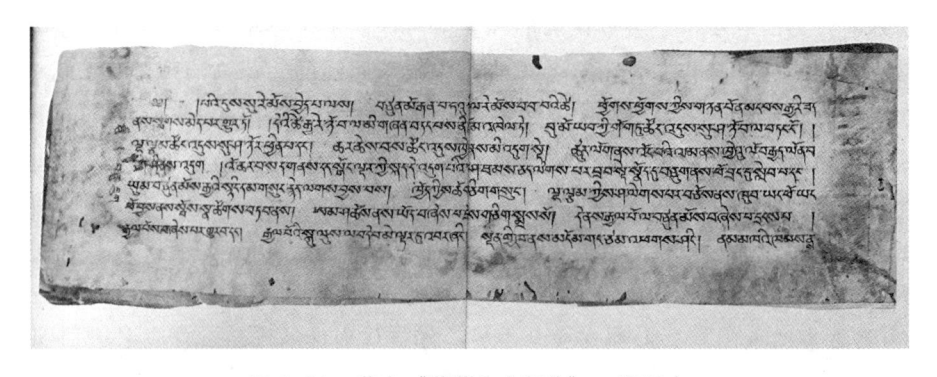

图 5-14　藏文《莲花生大师传》　明写本

在当时的史学著作中有一种叙述苯教历史的著作《本教源流宏扬明灯》，作者是芭·丹杰桑布，成书于11—12世纪。系统地叙述了苯教的起源、发

[①] 1915年经整理后在土耳其出版。1981年分别译成现代维吾尔文和汉文在中国出版。参见阿合买提·玉格乃克著，魏萃一译《真理的入门》，新疆人民出版社1981年版。

展、教义、佛苯之争和苯教兴衰时期的断代年限，其中对苯教在吐蕃的发展和苯教史上五大伏藏的形成和发掘过程等记述尤详，有很多鲜为人知的资料，对后世对苯教史的研究和撰述产生了很大影响。①

藏族的文学著作很多。其中《萨迦格言》在西藏文学史上占有重要地位。它不仅在藏族中广为流传，且在国内外都有一定的影响。书中虽不乏宣扬佛教的内容，但也有不少触及时政，抨击社会弊端的内容，是研究当时社会历史的重要参考资料。

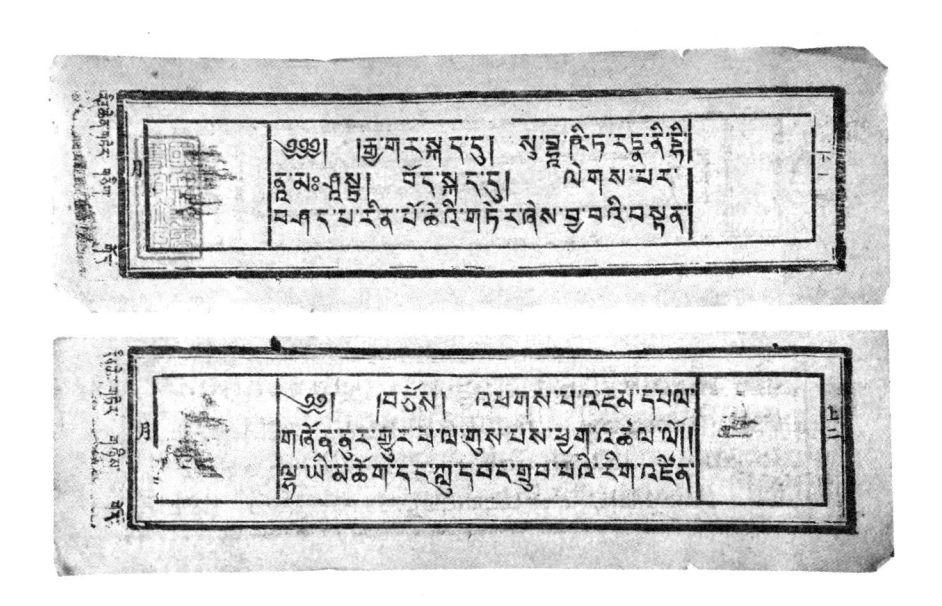

图 5-15　藏文《萨迦格言》　清刻本

六　傣文历史文献记述

傣族有悠久的历史，有发达而富有特点的民族文化。傣族源于云贵高原西部，最早有傣族先民记载的是汉文文献，先后被称为"哀牢""掸""乌蛮""白蛮""白衣""金齿""黑齿""僰夷""摆夷"。傣族曾多次建立政权。11—15世纪曾以瑞丽为中心建立称雄于世的王国。

包括傣族在内的西双版纳各民族，原无文字。元朝李京《云南志略》

---

①　芭·丹杰桑布：《本教源流宏扬明灯》，中国藏学出版社1991年版。

记:"金齿百夷,记识无文字,刻木为约。"① 意大利旅行家马可·波罗在元初路经"金齿国"时,对当地少数民族刻木为约有细致的描述。② 傣语属汉藏语系壮侗语族壮傣语支。记录傣语的文字傣文源于印度巴利文。傣文开始使用的时间并无定论,有的专家认为西双版纳一带在 8 世纪即已使用傣文,傣文更多的使用可能在宋代及其以后时期。③ 元初文献记载,元使忽剌丁于延祐元年(1314 年)出使八百媳妇国,即傣族地区,归国前,其国主:

  浑乞滥手书白夷字奏章,献二象。合部曲浑乞漏、浑八剌、我董赛、爱章阑随使者赴阙。④

  八百媳妇国即当时泰国北部的景线王国,与西双版纳的傣族车里境域相接、民族相同、语言相通,曾是西双版纳的属国,那时八百媳妇国国主已在奏章上使用"白夷字",即傣文,当时的车里也必已使用傣文。既然当时官方文书中已使用傣文,则傣文之创始年代还应更早。以傣文记录历史的材料为贝、叶、纸张,傣文史籍大多以抄本的形式传世。
  傣族在长期发展中形成了自己的历史观。傣文的史诗《巴塔麻嘎捧尚罗》《天地万物的来历》《英叭开天辟地》等讲述了开天辟地、创造万物、繁衍人类、火烧天地和洪水泛滥的历史过程,充满了神话内容,但也有傣族先民社会生产、生活状况的痕迹。
  傣族有丰富的古代文献,其著作多不注明著者和写作年代。现只能据其内容所反映的时代特点和文字上所反映的语言情况,考定或推测其写作年代。傣文古籍内容广泛,包括政治历史、法律道德、宗教经典、天文历法、农田水利、占卜问卦、故事唱词以及语文学、军事学、文身技术等,还有一部分是译自汉文和译自印度的文学作品。现存的傣文史籍以土司的世系谱牒为主,这些史籍主要记述土司世系源流、任职袭替、功勋业绩以及配偶、儿女、封地、疆域、俸禄等历史情况,并对土司地区的机构组织、典章制度、重大历史事件、同境内外邻近土司的友好与纷争关系多有述及,内容涉及傣

---

① (元)李京撰,王叔武校注:《云南志略辑校》,云南民族出版社 1986 年版。
② 冯承钧译:《马可波罗行记》,上海书店出版社 2000 年版,第 293 页。
③ 张公瑾:《傣族文化》,吉林教育出版社 1986 年版,第 37—43 页;张公瑾主编:《民族古文献概览》,民族出版社 1997 年版,第 267 页。
④ 元文宗敕编:《经世大典》"招捕总录"八百媳妇条,见《元文类》卷四十二。

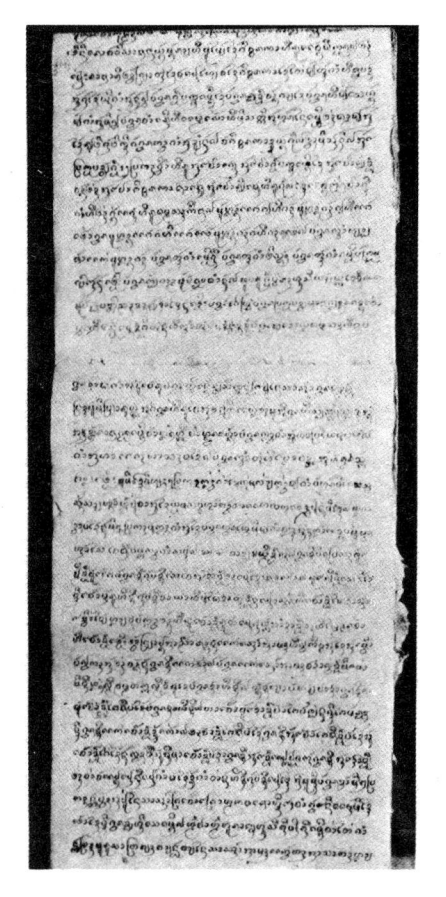

图 5-16　傣文《芒莱法典》

族社会历史发展的各个方面。

傣族最早的一部法典是《芒莱法典》，也是以西双版纳傣文书写，为 13—14 世纪作品。芒莱是西双版纳第四代召片领的外孙，曾在景线为王，先后建都于今泰国的清莱和清迈。该法典是当时制定的法规，在西双版纳地区有法律效力。此书有棉纸写本，每页长 41 厘米，宽 21.5 厘米，共有 21 页，现存中央民族大学，抄本年代不清。[1]

---

[1] 张公瑾:《傣族文化》，吉林教育出版社 1986 年版，第 54—55 页。

小　结

（1）宋朝的华夷之辨空前的严格，士人群体有强烈的民族情绪，集中表现在北宋石介《中国论》、南宋郑思肖《心史》等论著中，民族史的地位有所降低，如欧阳修撰《新五代史》民族列传列为《四夷附录》，薛居正等撰《旧五代史》民族列传列为《外国传》。

（2）宋代出现了多种民族史撰述体例，如宋代有多部会要，一般全书分若干门，都有"蕃夷"或"四夷"门；使臣所撰有关民族史著作多名为"奉使录""行程录""使北记""使北录""语录"等，此外还有王钦若等撰《册府元龟·外臣部》、乐史撰《太平寰宇记·四夷志》等。

（3）宋代南方民族史的撰述增多，一些在民族地区任职的官员，根据亲身经历，对宋代南方民族情况予以记载，主要有《桂海虞衡志》《岭外代答》《溪蛮丛笑》等。

（4）这一时期无论是辽、金，还是西夏，接近或进入中原地区后，都逐渐产生了不自外于中国的华夏正统观念，以中国正统自居，并以中国传统的"德运"之说进行解释和争辩，以此表明自己的正统地位。特别是辽朝与宋朝成为平等的兄弟之国，而金朝使南宋称臣，取得前所未有的政治地位，更以正统相标榜。

（5）这一时期，契丹、党项、女真等民族先后建立了王朝，在统治集团的倡导下分别创制了民族文字契丹文、西夏文、女真文。三种民族文字都形成了关于史学的文献，尤以西夏文史学资料最为丰富。回鹘文和藏文史学继续发展。南方民族中傣文走上中国文字舞台，并以历史谱牒的形式记录历史。

第六章

元代的民族史学

蒙古崛起后，灭金、西夏、南宋，后建立元朝。中国第一次出现由少数民族掌握全国政权的局面，这大大影响了当时对中国民族关系的认识，大汉族主义受到极大冲击。元朝疆域空前辽阔，境内民族众多，民族交流十分频繁，相应的，元代的民族史记载形式和内容都有所发展。由于统治上层为蒙古族，所以在元代民族观上具有新的因素，统治上层的民族观念与民族政策对民族史撰述有很大影响。由于元代地理范围的扩大，相关民族史著作记述的民族范围得到了空前的扩展。

第一节 元代的民族史观

元朝统治集团对历代民族政权的看法较为开放，承认历史上民族政权的正统地位，如元朝政治家、思想家郝经云："虽然，中国而既亡矣，岂必中国之人而后善治哉？圣人有云：'夷而进于中国则中国之。'苟有善者，与之可也，从之可也，何有于中国于夷。故苻秦三十年而中国称治，元魏数世而四海几平。……呜呼！后世有三代两汉之地与民，而不能为苻秦、元魏之治者，悲夫！"[1] 杨奂认为南北朝时期应以北魏为正统，他解释说："舍刘宋而取元魏何也，痛诸夏之无主也。大明之日，荒淫残忍抑甚矣。中国而用夷礼则夷之，夷而进于中国，则中国之也。"[2]

元统治集团具有大一统意识，通过纂修史书宣扬元朝的一统秩序，以此来确立自身的正统地位。至元二十二年（1285年），元世祖命修《元一统

---

[1] （元）郝经：《陵川集》卷十九，文渊阁《四库全书》本。
[2] （元）杨奂：《正统八例总序》，载苏天爵编《元文类》卷三十二，商务印书馆1936年版，第418页。

志》，纂修宗旨是"大集万方图志而一之，以表皇元疆理无外之大"①。成书后藏于秘府，后由杭州刻版。翰林学士许有壬撰《大元一统志序》云："我元四极之远，载籍之所未闻，振古之所未属者，莫不涣其群而混于一。"② 天历二年（1329年），官修《经世大典》，修史者称："四海之混一，若夫北庭、回纥之部，白霫、高丽之族，吐蕃、河西之疆，天竺、大理之境，蚕屯蚁聚，俯伏内向。"③

关于宋、辽、金的历史地位，元朝士大夫群体进行了激烈的争论，这在一定程度上反映了当时的民族史观。

金朝灭亡当年（1234年）九月十五日，修端与几位友人聚会。当谈到金朝的历史地位时，有人提出："金有中原百余年，将来国史何如？"有人认为："金于《宋史》中，亦犹刘、石、苻、姚一载记尔。"④ 对于这一问题，修端则主张应仿效《南史》《北史》，以北宋为《宋史》，南宋为《南宋史》，辽、金为《北史》。他说："辽自唐末保有北方，又非篡夺，复承晋统，加之世数名位，远兼五季，与前宋相次而终，当为《北史》。宋太祖受周禅，平江南，收西蜀，白沟迤南，悉臣于宋，传至靖康，当为《宋史》。金太祖破辽克宋，帝有中原百余年，当为《北史》。自建炎之后，中国非宋所有，宜为《南宋史》。"⑤

元朝建立后，官方修宋、辽、金史的动议不断，但三史修纂直到元末方才告成，杨维桢一语道破其原因："延祐、天历间，屡勤诏旨，而三史卒无成书者，岂不以三史正统之议未决乎？"⑥ 围绕宋、辽、金三国何者为正统的问题，元朝史臣们进行了一场大辩论，以杨维桢为代表的尊宋派，认为应以《春秋》和《通鉴纲目》的正统观为依据，建议仿《晋书》体例，以两宋年号纪年，将辽、金列入《宋史》中的"载记"部分，"挈大宋之编年，包辽金之纪载"⑦。因为"正统之义，立于圣人之经"，"不得以割据之地、强梁

---

① （元）王士点、商企翁合撰，高荣盛点校：《秘书监志》，浙江古籍出版社1992年版，第87页。
② （元）许有壬：《至正集》卷三十五，文渊阁《四库全书》本。
③ （元）赵世延等：《经世大典序录·帝号》，载苏天爵编《元文类》卷四十。
④ （元）修端：《辨辽宋金正统》，载苏天爵编《元文类》卷四十五，商务印书馆1936年版，第650页。
⑤ 同上书，第651页。
⑥ （元）杨维桢：《正统辨》，载陶宗仪编《南村辍耕录》卷三，中华书局1959年版，第34页。
⑦ 同上书，第33页。

之力、僭伪之名而论之也",因而独尊宋为"正统",视辽为"边夷",金为"篡国",将之斥入"荒夷非统"之列。关于元朝的正统来自宋还是辽、金的问题,杨维桢认为:"中华之统,正而大者,不在辽金,而在于天付生灵之主也昭昭矣。然则论我元之大一统者,当在平宋,而不在平辽与金之日,又可推矣。"①

杨维桢还说:"吾尝究契丹之有国矣,自灰牛氏之部落始广。其初,枯骨化形,戴猪服豕,荒唐怪诞,中国之人所不道也。……夫辽,固唐之边夷也。乘唐之衰,草窃而起。……而议者以辽承晋统,吾不知其何统也?再考金之有国矣,始于完颜氏,实又臣属于契丹者也。至阿骨打,苟逃性命于道宗之世,遂敢萌人臣之将,而篡有其国,僭称国号于宋重和之元……而议者以金之平辽克宋,帝有中原,而谓接辽宋之统,吾又不知其何统也。议者又谓完颜氏世为君长,保有肃慎,至太祖时,南北为敌国,素非君臣。辽祖神册之际,宋祖未生,辽祖比宋前兴五十余年。而宋尝遣使卑辞以告和,结为兄弟,晚年且辽为翁,而宋为孙矣,此又其说之曲而陋者也。"②

元末至正三年(1343年),诏修三史之际,翰林待制王理承袭修端的正统观,他"著《三史正统论》,欲以辽金为《北史》,建隆至靖康为《宋史》,建炎以后为《南宋史》"③。相比之下,元朝前期"正统"之辨,以宋为正统的观点处于主导地位,但随着政治形势的发展,到了元代中后期,"华夷"并为"正统"的新正统观越来越受到重视。虞集就表明自己的态度:"间与同列议三史之不得成,盖互以分合论正统,莫克有定。今当三家各为书,各尽其言而核实之,使其事不废可也。乃若议论,则以候来者。诸公颇以为然。"④虞集抛开"夷夏大防"的观念,率先提出宋、辽、金"三家各为书,各尽其言"的修史主张,受到"同列诸公"的赞同。

元人修史以宋为正统,又修《辽史》《金史》,宋朝修史列有《女直传》,因为修有《金史》,所以不再列入,但夏的地位不如辽、金,所以附于"外国",《宋史·夏国传上》云:"女真在宋初屡贡名马,他日强大,修怨于辽,其索叛臣阿疎,责还所掠宋诏,犹知以通宋为重;及渝海上之盟,寻构大难,宋遂为所绌辱,岂非自取之过乎!前宋旧史有《女直传》,今既

---

① (元)杨维桢:《正统辨》,载陶宗仪《南村辍耕录》卷三,中华书局1959年版,第36页。
② 同上书,第34页。
③ 《续资治通鉴》卷二百八元顺帝至正三年三月,中华书局1957年版,第5675页。
④ (元)虞集:《道园学古录》卷三十二《送墨庄刘叔熙远游序》四部备要本。

作《金史》，义当削之。夏国虽俪乡不常，而视金有间，故仍旧史所录存焉。"① 认为西夏处于宋、辽、金的藩属地位，从政治功业的角度未修专史。

同样，在对西夏历史的评价方面，《金史·夏国传下》的总结为："五代之际，朝兴夕替，制度礼乐荡为灰烬，唐节度使有鼓吹，故夏国声乐清厉顿挫，犹有鼓吹之遗音焉。然能崇尚儒术，尊孔子以帝号，其文章辞命有可观者。立国二百余年，抗衡辽、金、宋三国，俪乡无常，视三国之势强弱以为异同焉。"②

第二节　正史中的民族史撰述

元末官方修纂完成《宋史》《辽史》《金史》，由于纂修者站在蒙古族统治集团的立场上，三部正史在涉及民族历史方面较前代各史的体例与观念都发生了很大的变化。

一　《宋史》的《外国传》与《蛮夷传》

《宋史》全书共496卷，其中本纪47卷，志162卷，表32卷，列传255卷。《宋史》卷四百八十五至卷四百九十六为《外国传》与《蛮夷传》，是专门的民族史记述部分。元代修史者将"外国"和"蛮夷"分别立传，辨明了国内民族和国外邻邦的差异，相对于"夷夏之辨"是一个巨大进步，修史者从政治影响和文化发展程度来看待民族政权，把实力较为雄厚的民族政权列为《外国传》，其他的民族仍列入《蛮夷传》，这在一定程度上超过了前代正史中的《四夷传》。设《外国传》也和元朝蒙古族统治集团的观念有关，蒙古族以过去正史所载的北狄入主中原，不想在史书中把与自己有深厚渊源的北方民族列入四夷之中。

《宋史》卷四百八十五至卷四百九十二为《外国传》，记述的内容包括夏国、高丽、交阯、大理、占城、真腊、蒲甘、邈黎、三佛齐、阇婆（南毗附）、勃泥、注辇、丹眉流、天竺、于阗、高昌、回鹘、大食、层、檀、龟兹、沙州、拂菻、流求国、定安国、渤海国、日本国、党项、吐蕃（唃厮

---

① 《宋史》卷四百八十五《夏国传上》，中华书局1977年版，第13982页。
② 《金史》卷一百三十四《夏国传下》，中华书局1975年版，第2877页。

啰、董毡、阿里骨、瞎征、赵思忠)。

西夏虽立于西北一隅,但一度与宋、辽、金抗衡,具有重要的历史地位,但元代没有修专门的西夏史,《宋史》说明了将西夏纳入《外国传》的原因。《夏国传》的史料来源于西夏所修史书,"今史所载追尊谥号、庙号、陵名,兼采《夏国枢要》等书,其与旧史有所抵牾,则阙疑以俟知者焉"[①]。而《高昌传》的史料主要采自南宋王明清《挥麈录·前录》中所录《使高昌记》,是对其加以删改而形成的。[②]

《宋史》卷四百九十三至卷四百九十六为《蛮夷传》,专门记述宋境内南方各少数民族历史,包括西南溪峒诸蛮、梅山峒、诚徽州、南丹州、抚水州、广源州、黎峒、环州、西南诸夷、黎州诸蛮、叙州三路蛮、威茂渝州蛮、黔涪施高徼外诸蛮、泸州蛮等。南宋对南方地区进行了开发,对南方少数民族的了解有所加强,在对这些民族进行管理过程中,留下了大量的文字资料,使《蛮夷传》的内容十分具体,超出了前代正史记述南方民族史的内容。

《蛮夷传》序中说明了立传的宗旨,主要是通过叙述宋朝对南方各民族治理的历史,来总结处理南方民族问题的经验,即"先王制荒服之道":

> 古者帝王之勤远略,耀兵四裔,不过欲安内而捍外尔,非所以求逞也。西南诸蛮夷,重山复岭,杂厕荆、楚、巴、黔、巫中,四面皆王土。乃欲揭上腴之征以取不毛之地,疲易使之众而得梗化之氓,诚何益哉!树其酋长,使自镇抚,始终蛮夷遇之,斯计之得也。然无经久之策以控驭之,狉獉之性便于跳梁,或以仇隙相寻,或以饥馑所逼,长啸而起,出则冲突州县,入则负固山林,致烦兴师讨捕,虽能殄除,而斯民之荼毒深矣。宋恃文教而略武卫,亦岂先王制荒服之道哉![③]

南宋时期,迫于北方金朝的压力,致力向南方发展,中原人士得以与南方各民族有了深入的交往,对南方各民族了解更为详细,搜集了各民族的居住、服饰、习俗等情况,留下了许多珍贵的资料。因此,修史者对南方民族

---

① 《宋史》卷四百八十六《夏国传下》,中华书局1977年版,第14030页。
② 程溯洛:《〈宋史·高昌传〉笺证》,载《唐宋回鹘史论集》,人民出版社1993年版。
③ 《宋史》卷四百九十三《蛮夷一》,中华书局1977年版,第14171页。

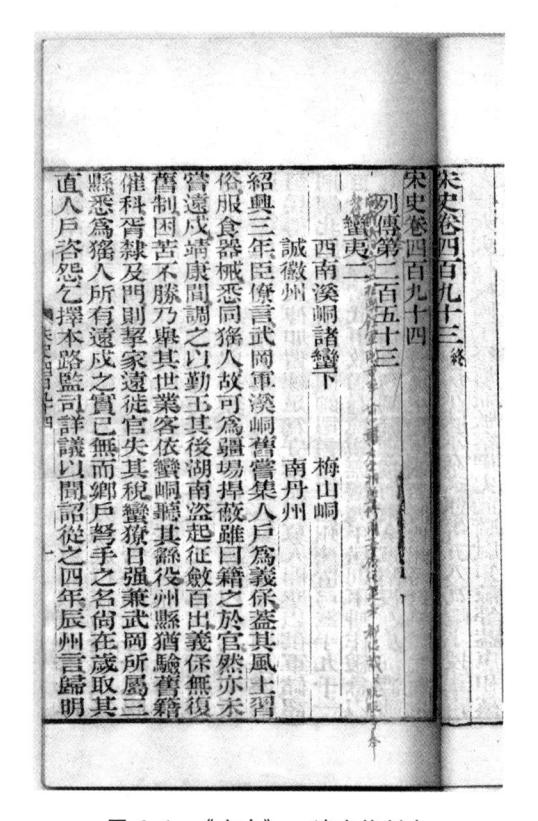

图 6-1 《宋史》 清光绪刻本

进行了更详细的记载，如卷四百九十五记述抚水州云：

> 诸蛮种类不一，大抵依阻山谷，并林木为居，椎髻跣足，走险如履平地。言语侏离，衣服褊斓。畏鬼神，喜淫祀。刻木为契，不能相君长，以财力雄强。每忿怒则推刃同气，加兵父子间，复仇怨不顾死。出入腰弓矢，匿草中射人，得牛酒则释然矣。亲戚比邻，指授相卖。父子别业，父贫则质身于子，去禽兽无几。其族铸铜为大鼓，初成，悬庭中，置酒以召同类，争以金银为大钗叩鼓，去则以钗遗主人。相攻击，鸣鼓以集众，号有鼓者为"都老"，众推服之。①

关于诸蛮的这些风俗，没有亲身的观察是无法记述得如此详细的，修史

---

① 《宋史》卷四百九十五《蛮夷传三》，中华书局 1977 年版，第 14209 页。

者搜集了原始记录,这是研究南方民族社会生活不可多得的资料。

二 《辽史》的民族史记述

《辽史》共116卷,其中本纪30卷,志32卷,表8卷,列传45卷,另附国语解1卷。《辽史》记载了上起公元907年耶律阿保机任契丹部落"夷离堇"(军事首领)之时,下迄辽天祚帝保大五年(1125年)辽朝灭亡,共200多年的历史,并兼及耶律大石所建西辽的部分历史。

《辽史》记载了契丹族的源流,同时也记述了契丹、汉人、女真、渤海、奚等各民族的历史情况。《辽史》的修史者认为契丹族是炎帝的后人,与中原民族有深厚的渊源,《辽史·太祖本纪》赞语云:"辽之先,出自炎帝,世为审吉国,其可知者盖自奇首云。"① 而《辽史·世表》的记载:"庖牺氏降,炎帝氏、黄帝氏子孙众多,王畿之封建有限,王政之布濩无穷,故君四方者,多二帝子孙,而自服土中者本同出也。考之宇文周之《书》,辽本炎帝之后,而耶律俨称辽为轩辕后。俨《志》晚出,盍从周《书》。盖炎帝之裔曰葛乌菟者,世雄朔陲,后为冒顿可汗所袭,保鲜卑山以居,号鲜卑氏。既而慕容燕破之,析其部曰宇文,曰库莫奚,曰契丹。契丹之名,昉见于此。"② 无论源于黄帝还是源于炎帝,这些都表明辽统治集团认可与中原的渊源关系。

《辽史》中关于各民族记载比较集中的是卷三十一《营卫志》,该志记载了契丹族的社会组织、风俗习惯等。《辽史·营卫志》载:"并、营以北,劲风多寒,随阳迁徙,岁无宁居,旷土万里,寇贼奸宄乘隙而作。营卫之役,以为常然。其势然也。有辽始大,设制尤密。居有宫卫,谓之斡鲁朵;出有行营,谓之捺钵;分镇边圉,谓之部族。有事则以攻战为务,闲暇则以畋渔为生。无日不营,无在不卫。立国规模,莫重于此。"③ 营卫包括宫卫、行营、部族三部分,反映了游牧民族建立的政权在营卫制度方面的特点。《营卫志·部族》的资料采自辽朝编纂的部族志,"旧史有《部族志》,历代之所无也"④。编纂者对"部"与"族"进行了说明,"部落曰部,氏族曰族。契丹故俗,分地而居,合族而处。有族而部者,五院、六院之类是也;

---

① 《辽史》卷二《太祖本纪》,中华书局1974年版,第24页。
② 《辽史》卷六十三《世表》,中华书局1974年版,第949页。
③ 《辽史》卷三十二《营卫志上》,中华书局1974年版,第361页。
④ 《辽史》卷三十二《营卫志下·部族下》,中华书局1974年版,第383页。

有部而族者，奚王、室韦之类是也；有部而不族者，特里特勉、稍瓦、曷术之类是也；有族而不部者，遥辇九帐、皇族三父房是也"①。《营卫志·部族》载："《旧志》曰：'契丹之初，草居野次，靡有定所。至涅里始制部族，各有分地……'"② 此处的《旧志》，学者们多认为是指耶律俨书。《辽史·营卫志》《辽史·礼志》等则提供了契丹部落的建置、分布，以及游牧民族风俗习惯的材料。辽代宫卫（斡鲁朵）、行营（捺钵）等具有契丹游牧民族特点的制度在《辽史·营卫志》中得以记载。

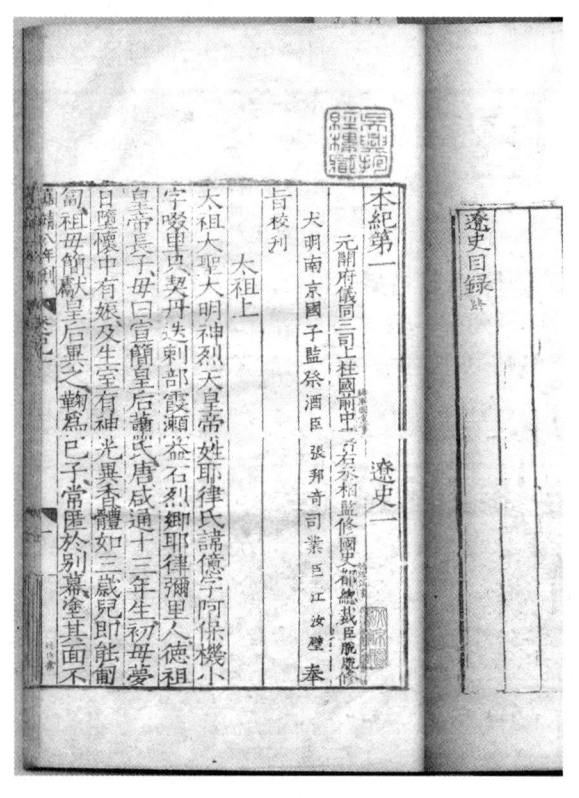

图 6-2　《辽史》　明嘉靖刻本

《部族表》以表的形式记述了与辽朝有往来的各民族，这在古代正史中民族史的编纂体例上也独树一帜，修史者交代了《部族表》的撰述宗旨，其序云：

---

① 《辽史》卷三十二《营卫志中·部族上》，中华书局1974年版，第376页。
② 同上书，第377页。

司马迁作《史记》，叙四裔于篇末。秦、汉以降，各有其国，彼疆此界，道里云邈。不能混一寰宇，周知种落，邻国聘贡往来，焉能历览。或口传意记，模写梗概耳。

辽接五代，汉地远近，载诸简册可考。西北沙漠之地，树艺五谷，衣服车马礼文，制度文为，土产品物，得其粗而失其精。部落之名，姓氏之号，得其音而未得其字。历代踵讹，艰于考索。

辽氏与诸部相通，往来朝贡，及西辽所至之地，见于《纪》《传》亦岂少也哉。其事则书于《纪》，部族则列于《表》云。①

同样，《属国表》也记述了与辽朝有朝贡关系的各民族，《属国表》序称："辽居松漠，最为强盛。天命有归，建国改元。号令法度，皆尊汉制。命将出师，臣服诸国。人民皆入版籍，贡赋悉输内帑。东西朔南，何啻万里。视古起百里国而致太平之业者，亦几矣。故有辽之盛不可不著。作《属国表》。"② 表明辽朝的兴盛。《属国表》记述了高丽、党项、阻卜、回鹘、新罗、吐蕃、沙陀、铁骊、靺鞨等民族向辽进贡的情况。而《部族表》记载的对象为辽朝腹地的部族，如乌古、敌烈、室韦等，室韦又分黑车子室韦和黄室韦，黄室韦中又分述大、小黄室韦。《部族表》与《属国表》也存在界限不清的情况，有的内容混杂在一起。

《辽史》的其他部分也都繁简不同地记载了境内各民族的历史，以及与其属国和境外国家交往、联系的情况。如《辽史·仪卫志》包含了"国舆"与"汉舆""国服"与"汉服""国仗""渤海仗"和"汉仗"等内容；《辽史·百官志》则记录了"辽国官制，分北、南院"，因俗而治的情况。

再如《辽史》共为305人立传，其中234人为契丹人，58人为汉人，7人为奚人，4人为渤海人，1人为回鹘人，1人为吐谷浑人。③ 其内容很多是辽代民族史方面的重要资料。

《辽史》卷一百一十五为"外纪"，记高丽和西夏史，其中对西夏风俗和西夏与辽国关系记载颇详，为研究西夏前期历史提供了重要资料。

---

① 《辽史》卷六十九《部族表序》，中华书局1974年版，第1077页。
② 《辽史》卷七十《属国表》"序"，中华书局1974年版，第1125页。
③ 参见漆侠《从对〈辽史〉列传的分析看辽国家体制》，《历史研究》1994年第1期。

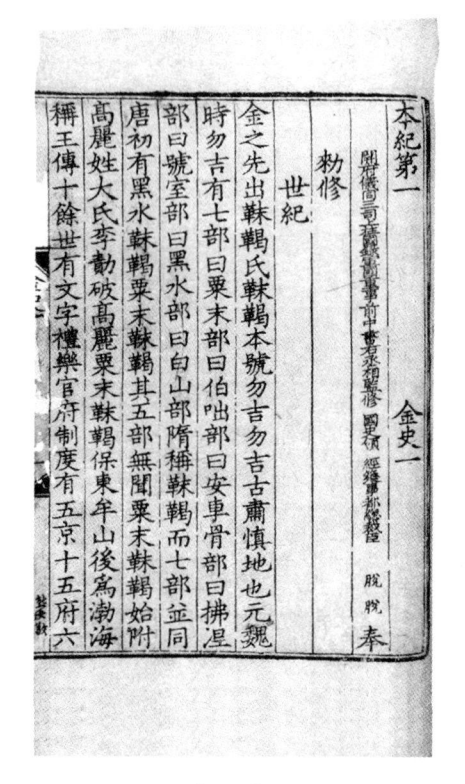

图 6-3 《金史》 明刻本

三 《金史》的民族史记述

《金史》全书共 135 卷，其中本纪 19 卷，志 39 卷，表 4 卷，列传 73 卷。记载了上自金太祖收国元年（1115 年）阿骨打称帝，下迄金哀宗天兴三年（1234 年）蒙古灭金，共 120 年的历史。

元代修史者仿《魏书·序纪》以《世纪》作为《金史》开端，追述了阿骨打十代先祖的事迹，使女真族的源流清晰可见。本纪的末卷则以《世纪补》结尾，用以记述追封的皇帝，如熙宗的父亲景宣帝、世宗的父亲睿宗、章宗的父亲显宗。这一编纂体例，使女真族的历史和金朝的发展有了大致完整的记述。

《金史·世纪》记载：

> 金之先，出靺鞨氏。靺鞨本号勿吉。勿吉，古肃慎地也。元魏时，

勿吉有七部：曰粟末部，曰伯咄部，曰安车骨部，曰拂涅部，曰号室部，曰黑水部，曰白山部。隋称靺鞨，而七部并同。唐初，有黑水靺鞨、粟末靺鞨，其五部无闻。

粟末靺鞨始附高丽，姓大氏。李勣破高丽，粟末靺鞨保东牟山。后为渤海，称王，传十余世。有文字、礼乐、官府、制度。有五京、十五府、六十二州。

黑水靺鞨居肃慎地，东濒海，南接高丽，亦附于高丽。尝以兵十五万众助高丽拒唐太宗，败于安市。开元中，来朝，置黑水府，以部长为都督、刺史，置长史监之。赐都督姓李氏，名献诚，领黑水经略使。其后渤海盛强，黑水役属之，朝贡遂绝。五代时，契丹尽取渤海地，而黑水靺鞨附属于契丹。其在南者籍契丹，号熟女直；其在北者不在契丹籍，号生女直。生女直地有混同江、长白山，混同江亦号黑龙江，所谓"白山、黑水"是也。①

《金史》相关部分比较系统地记载了女真族的发展历史，尤其是关于女真及其有关各族早期的情况，多不见于其他史籍。另外《金史》设有《交聘表》也为前史所无，记录了金与宋、西夏、高丽等的交往、聘问的情况。辽、金二史都有《国语解》，以解辽金两朝官制、部族、地理、姓氏等国语之称号，也是最具民族特色的部分。《金史》对有影响的汉人、渤海、契丹等族人也都立了传。

《金史》卷一百三十四、卷一百三十五为"外国传"，分记西夏和高丽。在"西夏传"中记载了西夏后期历史和金、夏关系。传末"赞曰"对西夏政治、经济、文化给予很高评价。

第三节 《文献通考·四裔考》

《文献通考》，马端临撰。② 全书共348卷，分24门，记事起自上古，迄

---

① 《金史》卷一《世纪》，中华书局1975年版，第1—2页。
② 马端临（约1254—1323年），字贵与，饶州乐平（今江西省乐平市）人。其父马廷鸾为南宋右丞相。马端临以荫补承事郎，宋亡，隐居不仕，历20余年著《文献通考》。

于南宋宁宗嘉定时期。《文献通考》是《通典》之后的又一部典章制度通史。《文献通考》共 28 考，其中《四裔考》共 25 卷，马端临基本继承了唐杜佑《通典·边防典》的编纂方式，对一些民族的历史进行了续写，又记述了《通典》以后出现的民族。

马端临在《文献通考》自序中说明了撰《四裔考》的宗旨：

> 昔先王疆理天下，制立五服，所谓蛮夷戎狄，其在要、荒之内，九州之中者，则被之声教，疆以戎索。唐虞三代之际，其详不可得而知矣。《春秋》所录，如蛮夷荆、舒之属也，夷则莱夷之属也，戎则山戎、北戎、陆浑、赤驹之属也，狄则赤狄、白狄、皋落、鲜虞之属也。载之经传，如齐桓之所攘，魏绛之所和，其种类虽曰戎狄，而皆错处于华地，故不容不有以制服而羁縻之。至于沙碛之滨、瘴海之外，固未尝穷兵黩武，绝大漠、逾悬度，必欲郡县其部落、衣冠其旃毳，以震耀当时，而夸示后世也。秦始皇既并六国，始北却匈奴，南取百粤。至汉武帝时，东并朝鲜，西收甘、凉，南辟交趾、珠厓，北斥朔方、河南，以至车师、大宛、夜郎、昆明之属，俱遣信使，赍重贿，招来而羁置之，俾得通于上国，窥其广大，割齐民以附夷狄，弊所恃以事无用。自是之后，世谨梯航，历代载记所叙，其风气之差殊，习俗之诡异，可考而索，至其世代传授之详，则故不能以备知也。作《四裔考》。①

《四裔考》记述了宋以前周边各民族的史事，所记的民族分东、南、西、北四个部分来叙述，继承了《通典·边防典》四夷分述的编纂体例。

东方：朝鲜、濊、马韩、辰韩、弁辰、夫馀、倭、高句丽、豆莫娄、百济、新罗、沃沮、挹娄、勿吉（黑水靺鞨）、渤海、虾夷、扶桑、女国、文身、大汉、侏儒国、长人国、琉球、女真、定安。

南方：盘瓠种、廪君种、板楯蛮、南平蛮、东谢、西赵、牂牁、充州、獠、夜郎国、滇、邛都、筰都、冉駹、附国、哀牢、南诏、骠国、西原蛮、焦侥国、禅国、两爨蛮、松外诸蛮、尾濮、木绵濮、文面濮、折腰濮、赤口濮、黑僰濮、交趾、南丹州蛮、抚水蛮、黎峒、黄支、哥罗、林邑、扶南、顿逊、毗骞、干陀利、狼牙脩国、婆利国、槃槃、赤土国、真腊、罗刹、投

---

① （元）马端临：《文献通考》"自序"，载《文献通考》，中华书局 1986 年版，第 10 页。

和、阇婆、阿罗紞、呵罗单、婆皇、婆达、丹丹、边斗、杜薄、薄利、敦焚、火山、无论、堕婆登、乌笃、诃陵、多蔑、多摩长、哥罗舍分、占城、三佛齐、勃泥、注辇、州眉流、蒲甘、南毗、层檀。

西方：羌无弋、姚氏、湟中月氏胡、氏、符氏、葱茈羌、吐谷浑、乙弗敌、宕昌、邓至、党项、白兰、吐蕃、大羊同、悉立、章求拔、泥婆罗、大勃律、个失蜜、骨咄、苏毗、沙州、西夏、（西域）楼兰、且末、扜弥、车师前后王（即高昌）、龟兹、且弥、焉耆、于阗、疏勒、乌孙、姑墨、温宿、乌秅、难兜、大宛、莎车、罽宾、吐呼罗、拔豆、谢䫻、识匿（似没、役槃、俱蜜、护蜜附）、乌弋山离、条支、安息、大夏、大月氏、小月氏、康居（安者、东安附）、钹汗、米国、乌那遏国、穆国、曹国（东曹、西曹、中曹附）、何国、史国、奄蔡、滑国匧阿、跋檀、周古柯、胡密丹、白题、嚈哒、钵和、波知、赊弥、乌苌、乾陀、挹怛国、天竺、摩揭它（那揭、乌茶、大食、章求拔、悉立附）、车离、狮子国、高附、大秦、小人、轩渠、三童、泽散、驴分、坚昆、呼得、丁令、短人、波斯、悦般、伏卢尼、朱俱波、渴槃陀、粟弋、阿钩羌、副货、叠伏罗、石国、东女、西女、吐火罗、劫国、㚇罗焓罗、越底延、大食、拂菻、邈黎。

北方：匈奴、刘渊、石勒、沮渠、赫连、乌桓、鲜卑、轲比能、乞伏、秃发、宇文莫槐、徒河段、慕容氏、拓跋氏、蠕蠕、高车、稽胡、突厥、铁勒、薛延陀、仆骨、同罗、都波、拔野古、多滥葛、斛薛、阿跋、契苾羽、鞠国、俞枅、大漠、白霫、库莫奚、契丹、室韦、地豆于、乌洛侯、驱度寐、雷、拔悉弥、流鬼、回纥、沙陀、骨利干、黠戛斯、仆骨、葛逻禄、驳马、鬼国、盐漠念等。

马端临的《文献通考》以《四裔考》述民族史事，对前代与当时所见民族史传作了全面的整理，在叙事范围上更为广泛与具体。从民族史观的角度来看，它的积极之处在于，对曾经建立过政权、有过较大历史影响的少数民族，从史书立目、史料编次方面加以重视。如女真族事迹没有列入《四裔考》，其原因是"自晟至守绪凡八世而亡，其事迹具见国史，以其既窃有中原，故事迹不入四裔之录"[①]。契丹族于北宋政局具有举足轻重的影响，《四裔考》仅以两卷的篇幅叙述其史事。然而，他将鲜卑拓跋、慕容部及契丹族都列入"四裔"之内，就又表现出明显的华夷之辨色彩，这与杜佑《通典》

---

① （元）马端临：《文献通考》卷三百二十七《四裔考》，中华书局1986年版，第327页。

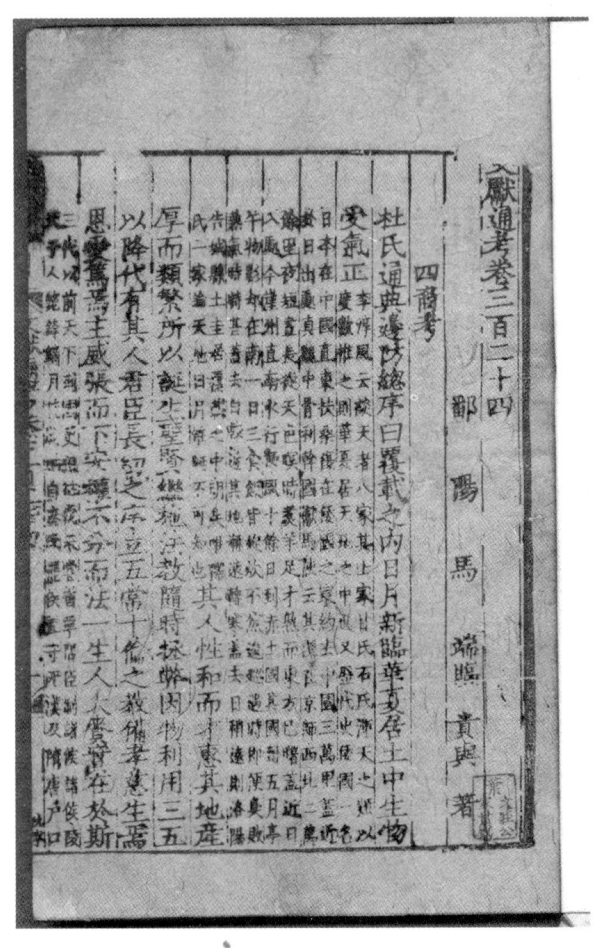

图 6-4 《文献通考》 元刻元明递修本

的史目安排相比，无疑是一种倒退。

《通典·边防》《通志·四夷》《文献通考·四裔》三者具有明确的承袭关系，基本确立了典制体史书的民族史记述方式，后来续三通、清三通基本延续了这一撰述体例，成为中国古代民族史记述的一种专门的类型。

第四节 西南地方志对民族史的撰述

元代，对西南民族地区管理加强，对各民族了解也逐渐增多，记载云南民族史的著作有多种，如郝天挺《云南实录》、张道宗《纪古滇说集》《六诏通说》、张立道《云南风土记》，这些著作多已散佚，现存的只有郭松年撰《大理行记》、李京撰《云南志略》。

《云南志略》，元李京撰。① 原书已佚，现存本是从《永乐大典》中辑出，《说郛》和《云南备征志》收入此书。据明李元阳修《云南通志·艺文志》所载李京《云南志略》序云："盖尝览乐史《寰宇记》、樊绰《云南志》及郭松年《南诏纪行》，窃疑多载怪诞不经之说。大德五年（1301年），奉命宣慰乌蛮，比到任，值缅事无成，诸蛮拒命，屡被省檄办军储事，乌蛮、六诏、金齿、百夷，二年之间，奔走几遍。于是山川、地理、土产、风俗，颇得其详，始悟前人记载之失，盖道听途说，非身所经历故也。自以所见，参考众说，编集《云南志略》四卷。"又据虞集《道园学古录》卷五载《云南志略》序说，李景山"周履云南，悉其见闻，为《志略》四卷，因报政上之"。

《云南志略》是元代有关云南诸族情况的唯一较为详尽的史籍，也是云南最早的志书。该书原有四卷，但今本仅存《云南总叙》与《诸夷风俗》两篇，尚不足一卷。《云南总叙》又分"云南通中国史""爨人之名始初""云南建国称王始此"三条，系统而简要地叙述了从秦至元代的云南历史，其中《诸夷风俗》分述了"白人"（僰人）、"罗罗"（乌蛮）、"金齿百夷""末些蛮""土獠蛮""野蛮""斡泥蛮""蒲蛮"诸族的情况。

第五节　民族人物传记与家传

元代各民族交流频繁，统治集团也注意吸收各民族人物，很多民族人物在元代政治中具有巨大的影响。元人的文集、碑铭中收录了大量的民族人物传记、家传，这是一种独特的民族史记述方式。

---

① 李京，河间（今河北省河间市）人。元成宗大德五年（1301年），由枢密宣慰乌蛮等地，寻升乌撒乌蒙道宣慰副使，佩虎符，兼管军万户府。见《滇系·职官》。

一 《元朝名臣事略》

《元朝名臣事略》原名《国朝名臣事略》，苏天爵撰。① 该书记述了元朝开国功臣、文臣、武将、学者等的生平事迹，前四卷收蒙古、色目12人，后11卷收汉人35人。该书根据元代诸家文集所载墓碑、墓志、行状、家传撰述而成。该书前有天历二年（1329年）序，故成书当不晚于此时。

该书仿南宋杜大珪撰《名臣碑传琬琰集》的体例，直接摘录诸家文集中的碑传等文献成篇，但又不像杜书那样全文照录，而是按年按事选辑有关人的行状、碑文、墓志、家传及其他记载，分段注明出处，对原文适当裁剪，使文字首尾一贯。每传前有提要，概述传主的氏族、籍贯、简历、年岁等。传主祖先功业卓著者，在正文下用小字摘注其事迹，文中涉及的事件、人物有他书可补充的，也用小字注出。这是中国传记类史籍中一种创新的体裁。该书所收录之人的事迹均辑于有关人的碑铭、墓志、行状、家传及时人文集和其他记载。全书引文达123篇，都是第一手资料，有不少散佚的文献篇章靠该书得以保存。

在《元朝名臣事略》记载的民族人物中，蒙古人、色目人包括木华黎、安童、王伯颜、阿术、阿里海涯、吕禄那演、月赤察儿、土土哈、完泽、答剌罕、不忽木、彻理、楚材、惟中、世显、实、柔、弘范、秉忠、天泽、希宪、文谦。本书除了47人传记外，属于附传性质的还有速不台、兀良合台、博尔术、博尔忽、土薛、启昔礼6人。

韩儒林在《影印元刊本〈国朝名臣事略〉序》中指出："此书四十七篇事略，都是元朝前期的名臣，除前四卷所录都是蒙古人、色目人外，其余都是汉人105人，其中没有南人，而《元史·列传》前三十二卷都是蒙古人和色目人，三十三卷以下都是汉人和南人，可见《元史》连列传的编次也是仿照此书的。"②

二 《高昌偰氏家传》

《高昌偰氏家传》，元欧阳玄撰。欧阳玄曾为《辽史》《金史》《宋史》

---

① 苏天爵，字伯修，真定人，由国子学生试第一，释褐授从仕郎，苏州判官，终浙江行省参知政事。

② 韩儒林：《影印元刊本〈国朝名臣事略〉序》，《元朝名臣事略》卷首，中华书局1962年版。

总纂官。应偰文质之邀而作《高昌偰氏家传》,该传收录在欧阳玄的《圭斋文集》中。

偰氏家族为蒙古元朝时期高昌畏兀儿世家巨户。该家传追根溯源,详记了偰氏家族数百年的发展演变历史。作者欧阳玄云:"敬撮其实,为作家传,后之秉笔。伸金匮石室之书者,则若有征于斯文。"①

家传称畏兀儿偰氏家族先世居蒙古草原的偰辇杰河(色楞格河),"因以偰为姓";以突厥的暾欲谷为始祖,"偰氏,伟兀人也,其先世曰暾欲谷,本中国人"。暾欲谷为后突厥权臣,其女为墨棘连可汗可敦,回鹘代突厥后,暾欲谷子孙及偰后人一直是回纥的权臣。至克里普尔时为回鹘国相,"总管内外藏事,故国人称之曰藏赤立",子岳弼仍袭国相,岳弼之孙仳俚伽帖穆尔仍任国相,当时西辽国势正盛,向高昌回鹘等西域诸国派驻少监,以监国政。高昌王向仳俚伽帖穆尔问计,在仳俚伽帖穆尔的建议下,高昌王杀掉西辽少监,然后举部归附蒙古。事成之后,仳俚伽帖穆尔被封为仳俚杰忽底,有人嫉妒其功,遂向回鹘王进谗言,诬陷仳俚伽帖穆尔藏匿先王珥珠,仳俚伽帖穆尔无奈投靠蒙古,受到成吉思汗的赏赐。

自岳璘及堂弟撒吉思一代,高昌偰氏入居中原。岳璘为仳俚伽帖穆尔之弟,曾为成吉思汗之弟斡真的老师,随蒙古军队入中原后,曾任河南等处军民都达鲁花赤,太宗窝阔台即位后,任命为保定大断事官。岳璘有子10人,其中以都尔弥势和合剌普华名著于世,二人都于元朝任官。合剌普华有二子,长子偰文质,次子偰伦质。偰文质有五子,为偰玉立、偰直坚、偰哲笃、偰朝吾、偰列篪。偰哲笃子偰百辽逊同知制诰兼国史院编修,迁宣政院断事官经历。偰文质时因始祖居于偰辇杰河,因以偰为姓。从暾欲谷至元代,高昌偰氏绵延不绝,"遂为中州著姓"。偰氏子孙随其仕宦迁徙也遍布于河南、河北、广西、山东、广东、大都等地。

《家传》记述了9世纪中叶漠北回鹘汗国灭亡,偰氏后人西迁高昌(今吐鲁番)地区,继续维持在高昌回鹘政权中的显要地位。后来在高昌畏兀儿(元代对回鹘的音译)归顺蒙古汗国的过程中起了重要作用。本书对蒙古西征以前、西辽时期开始的偰氏家族历史记述尤详,还具体记述了偰氏家族入仕元朝的几十个重要人物,如政治家仳俚伽帖穆尔、岳璘帖穆尔、撒吉思,理财能手合剌普华,以及文学家偰玉立、偰哲笃、偰伯僚逊等人的生平

---

① 《高昌偰氏家传》,载(元)欧阳玄撰《圭斋文集》卷十一,四部丛刊本。

履历。

这一高昌畏兀儿家族的传记对研究突厥、回鹘历史和元代部分畏兀儿入居中原的历史具有典型意义。

三 《赛氏家传》

《忠惠咸阳王赛氏家传》不分卷,元代番东明纂,后经清赛宣、赛灼等增辑,写本藏山东省博物馆。

该家传记述的是赡思丁孙纳速剌丁之子乌马儿一支的谱系。它有回鹘文和汉文两个部分,一册,计132页。首有一道元代圣旨的残件两页:第1页题"恩赐"两个大字,第2页钤有八思巴字蒙古文皇帝印玺,上题:"敕命之宝　大元大德三年六月　日。"回鹘文部分有序言2篇,世系图1份,计20余页;汉文部分主要有元至清序跋诗赞,附有《赛氏古今宗派》《赛氏宗支世系图》及《赛氏官职表》等。[①]

第六节　笔记、游记中的民族史记述

元代有相当多的游记、笔记类著作对民族史进行记述,这些著作虽不是专门的民族史著作,但其作者根据亲身见闻记述了各地区的民族情况,是研究元代民族状况不可或缺的资料,涉及民族记述较多的主要有李志常撰《长春真人西游记》、耶律楚材撰《西游录》、张德辉撰《岭地纪行》、郭松年撰《大理行记》、周达观撰《真腊风土记》、汪大渊撰《岛夷志略》、徐明善撰《安南纪行》等。

一　《长春真人西游记》

《长春真人西游记》,共2卷,李志常撰。李志常是金元之际全真道领袖丘处机的弟子。1219年冬,成吉思汗派遣侍臣刘仲禄持诏至莱州敦请丘处机赴西域"问道"。次年正月,丘处机率门徒尹志平、李志常等18人启程。先在燕京、宣德等地驻留多时,1221年春取道漠北西行,过大沙碛,至鱼儿泺,又入小沙陀至八剌,然后过阴山至阿马里城,于1222年4月至大雪山

[①] 纳巨峰:《赛典赤家族元代家谱初考》,《民族研究》2012年第1期。

（今阿富汗兴都库什山）觐见成吉思汗，1224年返回燕京。后李志常据西游经历记述了所经山川道里及沿途所见风俗人情，兼及丘处机沿途诗作、言论，"于西域道里风俗，多可资考证者"①，是研究13世纪漠北、西域民族历史的重要资料。

二 《南村辍耕录》

元代的笔记类著作对民族历史多有记述，比较典型的如《南村辍耕录》，该书共30卷，陶宗仪撰。《南村辍耕录》卷一《氏族》条就称蒙古有72种、色目31种、汉人8种。仅就汉人而言，就包括契丹、女真、渤海、高丽等，这在一定程度上反映了元人的民族观念。该书也涉及元代南方民族的某些问题，其中较为突出的有卷八《志苗》条、卷十《越民考》条，详细记载了元末武冈苗帅杨完者的事迹，并由此记述了溪峒"蛮"人的种类、服饰、称谓、军制诸项。这对了解元代统治者如何利用南方少数民族的首领镇压农民起义一事，对了解元代溪峒"蛮"人社会，都提供了具体材料。卷十《乌蜑户》条写道："广海采珠之人，悬絙于腰，沉入海中，良久得珠，撼其絙，舶上人挈出之。葬于鼋鼍蛟龙之腹者，比比有焉。"② 这些记载使人们对古代越人后裔、元代蜑户的采珠生活有了具体了解。

三 《西使记》

《西使记》，刘郁撰。③ 元宪宗蒙哥九年（1259年）正月，彰德府（今河南安阳）宣课使常德前往西亚觐见皇帝旭烈兀。常德由和林出发西行，中统二年（1261年）三月自西域返回，往返共14个月。中统四年（1263年）三月，在常德出使返回两年以后，刘郁著《西使记》一书，是常德口授而由刘郁笔录整理的一部旅行记，记载了常德奉命西行于波斯觐见旭烈兀大王的事，为研究蒙元史和中亚、西亚、西域史的重要著作。该书详细记述了常德西行沿途所经过的山川、城郭、道里、风土、物产、民族、宗教、医药等方面。书中对木乃奚国（木剌夷）、报达（黑衣大食）、黑契丹国（乞里弯）和兀林国的记载，均为重要史料。该书记述了各民族生活情况，"出关，至

---

① 段玉裁：《长春真人西游记识》，载《长春真人西游记》，中华书局四部备要本，第20页。
② （元）陶宗仪：《南村辍耕录》，中华书局1959年版，第129页。
③ 《西使记》本常德所著，经刘郁修订。

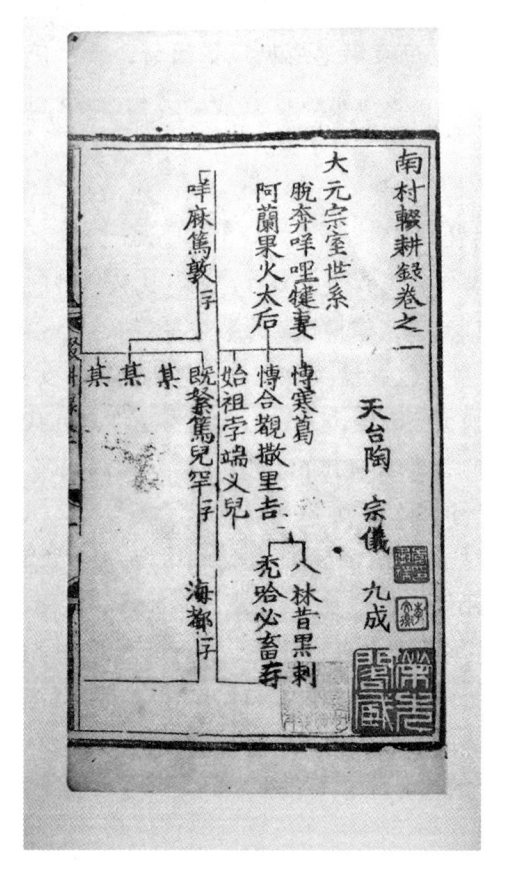

图 6-5 《南村辍耕录》 明刻本

阿里麻里城（今新疆维吾尔自治区霍城县西北）。市井皆流水交贯，有诸果，惟瓜、蒲萄、石榴最佳。回纥与汉民杂居，其俗渐染，颇似中国。又南有赤木儿城，居民多并、汾人"[1]。真实地记录了当地各民族之间的杂处交往交融情况。

四 《大理行记》

《大理行记》（又名《南诏纪行》），郭松年撰。郭松年，至元年间人，号方斋，生平事迹不详，曾在至元年间任云南西台御史。郭松年两次到云南，"尝游历南诏、大理"，留下《大理行记》《题筇竹寺壁诗》和《创建中

---

[1] 陈得芝：《刘郁〈（常德）西使记〉校注》，载《中华文史论丛》2015年第1期。

庆路人成庙碑记》。元大德七年（1303年），李京撰《云南志略》时在其"自序"中说："盖尝览乐史《寰宇记》、樊绰《云南志》及郭松年《南诏纪行》。"① 可见该书在当时已经流传。

《大理行记》记载了大理国的民族状况："故大理之民，数百年之间五姓守固，值唐末五季衰乱之世，常与中国抗衡。宋兴，北有大敌，不暇远略，相与使传往来，通于中国。故其宫室、楼观、言语、书数，以至冠昏丧祭之礼，干戈战阵之法，虽不能尽善尽美，其规模、服色、动作、云为，略本于汉。自今观之，犹有故国之遗风焉。"② 该书对南诏大理国的宗教与政治文化的关系作了准确的阐述和精要的记述："其俗多尚浮屠法，家无贫富，皆有佛堂；人不以老壮，手不释数珠……凡诸寺宇皆有道居之。得道者，非师僧之比也。师僧有妻子，然往往读儒书，段氏而上有国有家者设科选士，皆有此辈。"③ 其后元人李京所撰《云南志略·诸夷风俗》"白人"条有关记载即本于此。

此外，一些少数民族在元代交流、交往过程中，社会风俗发生了显著变化，有的少数民族文人在著述中记录下这种变化。

元代党项人余阙，其父沙剌藏卜从甘肃武威到庐州做官，他本人进士及第官至淮西宣慰副使，他能诗善文，号青阳先生，著有《青阳先生文集》。他的好友归旸（字彦温）被任命为河西廉访使。余阙因其所去之地正是自己的先祖故土，特意写了《送归彦温赴河西廉使序》。序文简述西夏地区沿革，后记其家合肥戍军皆夏人（党项族士兵），然后追述党项人原来的风俗习惯：

> 其性大抵质直而上义，平居相与，虽异姓如亲姻。凡有所得，虽箪食豆羹，不以自私，必招其朋友。朋友之间有无相共，有余，即以与人，无，即以取诸人，亦不少以属意。百斛之粟，数千缗之钱，可一语而致具也。岁时往来，以相劳问。少长相坐，以齿不以爵，献寿拜舞，上下之情怡然相欢。醉，即相与道其乡邻亲戚，各相持涕泣以为常。予初以为，此异乡相亲乃尔，及以问夏人，凡国中之俗，莫不皆然。④

----

① （元）李京撰，王叔武校注：《云南志略辑校》，云南民族出版社1986年版，第20页。
② （元）郭松年、李京撰，王叔武校注：《大理行记校注 云南志略辑校》，云南民族出版社1986年版，第20页。
③ 同上书，第23页。
④ （元）余阙：《送归彦温赴河西廉使序》，载《青阳先生文集》卷四。

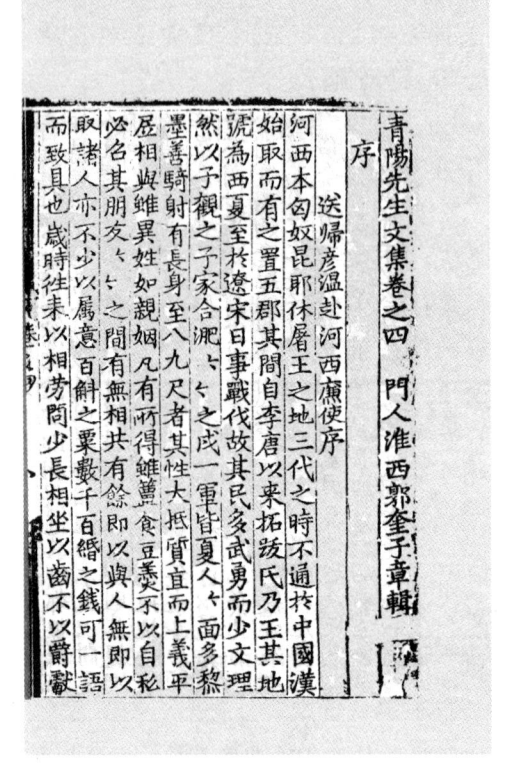

图 6-6 《青阳先生文集》 明刻本

序中指出经数十年以后，合肥的党项人"其习日以异，其俗日不同"，即便是居住在西夏故地的"今亦莫不皆然"。可见，元末党项人风俗习惯发生了根本的变化。这种写实性的记载成为后世研究党项民族史的重要资料。

第七节　少数民族文字的民族史撰述

元朝建立了空前规模的统一多民族国家，在南方少数民族地区设置土官，推行土司制度。设宣政院直接管理西藏事务，借鉴并发展了西夏的帝师制度，先后封藏族高僧为帝师，密切了中央王朝和少数民族地区的关系。元朝统治者大量吸收和发展汉族及其他民族文化，兴学立教，尊经重儒，编纂了很多汉文文献。同时，少数民族文化也得到强化，产生了多种民族文字的历史文献。

一 回鹘式蒙古文历史文献记述

蒙古族原无文字。在无文字的时期,蒙古族和许多处于蒙昧时代的原始民族一样,记录事件、传达信息只是刻木为契,或是口耳相传。后来才有了刻木记事的风俗,蒙古人"俗尚简古,刻木为信,犹结绳也"①。"俗无文籍,或约之以言,或刻木为契。"② 1204年,蒙古军征服乃蛮部落后,俘获了乃蛮太阳汗的王傅兼掌印官回鹘人塔塔统阿。塔塔统阿精通回鹘文字,成吉思汗对其才华十分欣赏,并"命教太子诸王以畏兀字书国言"③。这样便形成了回鹘式蒙古文,也称老蒙古文。

回鹘式蒙古文产生后,首先应用于记载法律和文书。成吉思汗命失吉忽秃忽为也客扎鲁忽赤(大断事官),根据蒙古部落的习惯法和成吉思汗的法令(蒙语为"札撒")审断刑狱、登记人户、掌管赋敛等,并一一记录在青册上,成吉思汗所发布的种种法令、军令、训言、格言(蒙古语为"必力克")也记录于青册之上。成为"札撒大典"④。这是用回鹘式蒙古文记录的第一批历史文献。

蒙古族一向珍视本民族的历史,和许多游牧民族一样,自古以来由长辈向晚辈讲述祖先的世系和光荣历史。当文字创制后,一批历史著作便应运而生,开始记录历史,形成了重要的历史资料。伊利汗国宰相拉施特在其《史集》中写道:

> (蒙古人和突厥人的)信史,逐代均曾用蒙语、蒙文加以记录,唯未经汇集整理,以零散篇章形式(保存于汗)的金库中。它们被秘藏起来,不让外人,甚至(不让他们自己的)优秀人士阅读;不信托任何人,深恐有人获悉(其中所载各事件)。
>
> 整理一切有关蒙古起源史籍、与蒙古有亲属关系的突厥诸部的世系,以及有关他们的零散事迹和记述,这一切有在荣盛(国)库中者,也有托管于陛下的大臣、近侍者,直到最近,还无人敢于着手汇集到一

---

① (元)盛熙明:《法书考》卷二《字源》,文渊阁四库全书本。
② (元)李志常:《长春真人西游记》卷上,中华书局四部备要本,第5页。
③ 《元史》卷一百二十四《塔塔统阿传》,中华书局1976年版,第3048页。
④ [波斯]志费尼:《世界征服者史》上册,内蒙古人民出版社2003年版,第28页。

起，无人获得整理它们的荣幸……①

由此可以看到蒙古汗国的统治者对收集、记录已往的历史十分重视。在回鹘式蒙古文历史文献中，最重要的是《蒙古秘史》。

图6-7　蒙古文《蒙古秘史》　清抄本

《蒙古秘史》是蒙古族最早的一部用回鹘式蒙古文写成的官修历史著作，这部书从蒙古族的原始传说写起，一直写到窝阔台汗统治时期，前后共500年，内容丰富，是研究蒙古古代史的第一手珍贵史料。此书成书后收藏在元朝国史院内，秘不示人。朱元璋灭元后始获此书。洪武十五年正月，朱元璋"命翰林院侍讲火原洁等编类《华夷译语》。上以前元素无文字，发号施令，但借高昌之书，制为蒙古字，以通天下之言。至是，乃命火原洁与编修马沙亦黑等，以华言译其语，凡天文、地理、人事、物类、服食、器用，靡不俱

---

① ［波斯］拉施特：《史集》第一卷第一分册，第115—116页。

载"①。专家推测《秘史》的音写和译注"都出自明翰林译员手笔,什八九就是1382年奉命编写《华夷译语》的翰林侍讲火原洁和编修马沙亦黑"②。此书蒙古文原文用汉语标音,每个词用汉文直译,在每一节后再用汉文意译,译出后初名"元秘史",洪武年间制出刻本,永乐年间再从刻本抄出一份,名"元朝秘史",改为15卷,但后来回鹘式蒙古文原书佚失。③

《蒙古秘史》,作者佚名。全书12卷,分为正集10卷,续集2卷,凡282节,原文用回鹘体蒙古文写成,蒙古文名称为"忙豁仑·纽察·脱卜察安"。有学者认为,此书当撰成于窝阔台十二年(1240年)。大致来说,它撰成于13世纪中叶当是可信的。从全书着力记述成吉思汗事迹及其成书年代来看,作者当是成吉思汗及窝阔台同时代人。

《蒙古秘史》记事起于成吉思汗第22代远祖,这证明蒙古族历来有世代口传历史的优良史学传统。全书内容:卷一,主要记蒙古族的起源和成吉思汗家族世系及有关蒙古族的社会情况;卷二至卷十一,主要记成吉思汗事迹。突出记述成吉思汗的一生及其业绩,这是该书的一个鲜明特点。该书全面反映了13世纪中叶以前蒙古族的历史进程以及与此相关的北方民族关系的变化。该书通过记载成吉思汗家族的事迹,反映了蒙古族的发展、强大,蒙古族社会的婚姻关系、财产关系、阶级关系,以及军事征服活动和军事、政治制度的建立。这是元朝建立以前,关于蒙古族历史进程的最翔实的历史著作,有极为重要的史学价值。④

《蒙古秘史》被作为绝密典籍深藏不露,甚至编纂《经世大典》、实录时也不许参阅⑤,也反映出蒙古族对待历史的崇敬和神秘感。

此外,回鹘式蒙古文史书还有《金册》,蒙古文书名为"阿勒坦脱必赤颜"。此书也未流传下来。另有一部内容与《蒙古秘史》相近的史书,汉译本书名为《圣武亲征录》。此书记述成吉思汗主要事迹及窝阔台汗一朝的历史。

---

① 《明太祖实录》洪武十五年正月丙戌,《钞本明实录》第二册,线装书局2005年版,第11页。

② 亦邻真:《〈元朝秘史〉及其复原》,《蒙古学资料与情报》1991年第1期。

③ 策·达木丁苏隆编译、谢再善译:《蒙古秘史》,中华书局1957年版;格什克巴图译、策·阿拉腾松布尔、苏雅拉达来注释、孟克宝音拉丁注音:《格什克巴图译元朝秘史》,内蒙古人民出版社2000年版;乌兰:《元朝秘史(校勘本)》,中华书局2012年版。

④ 同上。

⑤ 《元史》卷一百八十一《虞集传》,中华书局1976年版,第4179页。

图 6-8　回鹘式蒙古文　云南王藏经碑拓片

现存的回鹘式蒙古文史料还有碑铭和函件两类。回鹘式蒙古文最早的存世碑刻是《也松格碑》，又名《成吉思汗石》，共 5 行文字，内容为记述成吉思汗西征凯旋途中，在不哈速赤忽召集全蒙古那颜大会时，也松格射出 335 步远之盛况，经研究应立于 1225 年。碑原在今俄罗斯境内额尔古纳河支流乌卢龙贵河的上游，现收藏在俄罗斯圣彼得堡艾米塔什博物馆。保存在云南省昆明市笨竹寺内的回鹘式蒙古文《云南王藏经碑》，对研究蒙古史、蒙古语言文字史有重要参考价值。

蒙古国时期对外交往写的回鹘式蒙古文函件亦有留存。如《伊利汗国阿鲁浑汗致腓力·贝尔函》（1289 年）、《阿鲁浑汗致尼古拉四世函》（1290 年）、《合赞汗致天主教教皇函》（1302 年）、《完者都汗致法国皇帝函》（1305 年）、《蒙哥汗致法兰西国王路易九世函》等，这些都是反映蒙古和西方联系的重要史料。

元代注重编修国史，也重视汉文史籍，特别是忽必烈即位后，下令翻译了很多经史典籍。至元元年（1264年）"敕选儒士编修国史，译写经书，起馆舍，给俸以赡之"①。至元十九年（1282年），"刊行蒙古畏吾儿字所书《通鉴》"②。从汉文史料记载看，被译为蒙古文的史书有《资治通鉴》《贞观政要》《帝范》等汉文典籍，也翻译了当时的汉文史料，如泰定元年（1324年），"敕译《列圣制诏》及《大元通制》，刊本赐百官"③。这些译著滋养了一批新的蒙古族文士，汉文修史的传统和方法在蒙古族中的传播更为广泛和深入。

从当时的史料片断可以看出蒙文译本的一些特点：（1）汉文经典的蒙译工作由皇帝亲自决定。（2）有的书籍反复译过多次。（3）忽必烈时代译者多为汉人，后期多为蒙古族或蒙汉人士合译，说明通晓汉籍的蒙古士人已经增多。（4）建立有专行机构，忽必烈即位之初，在上都有专门馆舍翰林国史院供译写经书，具体管理是秘书监下的兴文署；天历年间建立的奎章阁学士院下属的艺文监也辖此事，"专以国语敷译儒书，及儒书之合校雠者俾兼治之"④。元代的汉籍蒙古文译本虽然经历了一个繁花似锦的兴盛时期，但传世的元刻蒙古文历史图书皆已失传，现在尚能见到的只有汉文蒙古文合璧的经书《孝经》残本，收藏于北京故宫博物院图书馆。⑤

二　八思巴文历史文献记述

八思巴字是元朝国师八思巴根据忽必烈皇帝的旨令创制的一种拼音文字。开始忽必烈命名其为"蒙古新字"，后又改为"蒙古字"，在一些文献中又被称为"国字""国书"。"八思巴蒙古字""方体字"是近代学界对这种文字的称呼。

元世祖忽必烈对待宗教比较宽容、开放，对各种宗教都允许存在并很尊重，但其本人却偏重于佛教，尤其是藏传佛教。中统元年（1260年）忽必

---

① 《元史》卷五《世祖本纪二》，中华书局1976年版，第96页。
② 《元史》卷十二《世祖本纪九》，中华书局1976年版，第242页。
③ 《元史》卷二十九《泰定帝本纪一》，中华书局1976年版，第643页。
④ 《元史》卷八十八《百官志四》，中华书局1976年版，第2223页。
⑤ 道布：《回鹘式蒙古文》，载《中国民族古文字图录》，中国社会科学出版社1990年版，第295页。

烈即大汗位后，即命藏传佛教萨迦派的法王八思巴创制蒙古新字，到至元六年（1269年），新文字创制成功，忽必烈下诏"以新制蒙古字颁行天下"，同时说明了创制新文字的原因，规定了新文字使用范围和地位。诏令说：

> 朕惟字以书言，言以纪事，此古今之通制。我国家肇基朔方，俗尚简古，未遑制作，凡施用文字，因用汉楷及畏吾字以达本朝之言。考诸辽、金，以及遐方诸国，例各有字，今文治寖兴，而字书有阙，于一代制度，实为未备。故特命国师八思巴创为蒙古新字，译写一切文字，期于顺言达事而已。自今以往，凡有玺书颁降者，并用蒙古新字，仍各以其国字副之。①

忽必烈创制八思巴字是要以这种文字"译写一切文字"，即是说不仅书写蒙古语，还要书写其他民族语，从现有文献可以知道八思巴字除拼写蒙语外，还记录了汉语、藏语、梵语、回鹘语等语言。

八思巴字创制后，忽必烈利用行政手段不遗余力地推行、普及，在大都和各地州、郡设立学校，教蒙古贵族子弟和百姓中的优秀子弟学习，至元八年（1271年）在大都设立蒙古国子学，选派蒙古贵族大臣子弟入学。至元二十四年（1287年）又设国子监，生员达120人，蒙古、汉人各半。在国子监中培养出来的蒙古贵族子弟后来有很多是熟悉汉文化的元代高官名臣。政府规定官方文书及碑刻、玺印、钱钞、牌符等必须使用新字，同时又竭力排斥回鹘式蒙文，多次禁止使用。在忽必烈及其后历代皇帝的大力推行下，八思巴字作为元代官方文字应用了80余年，但八思巴文字照搬了藏文字母和藏文正字法，没有很好地结合蒙古语的自身特点，使其很难得到推广，即使在当时，蒙古族民间仍在应用回鹘式蒙文，元朝灭亡后，八思巴字便成为一种死文字了。

元朝翻译了许多八思巴文蒙古语史书，译本绝大部分已经散佚。留存至今的还有不少八思巴字碑铭。碑铭内容绝大多数是元代各朝皇帝或太后的圣旨、懿旨，总数达60种左右，其中拼写蒙古语的有近30种，另有30种左右是拼写汉语的。最早的八思巴字蒙古文碑刻是1276年颁布的《安西王忙哥刺鼠年令旨》，其他主要碑文有31件皇帝圣旨，2件皇太后懿旨，4件诸

---

① 《元史》卷二百二《释老传》，中华书局1976年版，第4518页。

王令旨，5件帝师法旨，以及4件禁约榜文，多是研究元代历史的有价值的资料。此外还有居庸关石刻（1345年）中的八思巴文等。

图6-9 八思巴字安西王圣旨碑拓片

土耳其伊斯坦布尔大学图书馆收藏有一部波斯文写本《奇闻录》，其中有一页是八思巴蒙古语和回鹘文双语对照抄写的忽必烈汗遗训，可能是通晓八思巴字的回鹘人所作。这部文献原是德国探险队在吐鲁番所得，第二次世界大战期间被土耳其人阿拉特将文献带回土耳其。[①] 这种八思巴—回鹘文献反映了元代蒙古族与回鹘人的密切关系，体现了八思巴字在元代的影响力，也是一件蒙古历史文献资料。[②]

---

① 照那斯图、牛汝极：《元代畏兀儿人使用八思巴字述论》，《西北民族研究》2002年第3期。
② 史金波、黄润华：《中国历代民族古文字文献探幽》，中华书局2008年版，第171—180页。

三 回鹘文历史文献记述

西域统一于元朝，这为天山南北的经济、文化发展创造了良好的条件，农业、畜牧业、手工业和商业都达到了较高的水平。

元代回鹘文继续使用，而且雕版印刷已经有了相当的规模和很高的水平。在吐鲁番柏孜克里克石窟寺遗址出土的一幅已残的雕版佛经卷首扉画，上面印有回鹘王室家族礼佛图，共有47位人物，下面都用回鹘文标有姓名，其中有元代宰相蒙速思及其妻曲帖伦等，有重要史学价值。此画现藏德国柏林印度艺术博物馆。

元代回鹘文刻印事业发达。刻印地点至少有四处，一是高昌王国本地，二是甘州（今甘肃省张掖市），三是最大的刻印中心大都（今北京市），四是杭州。刻印品以佛经为主。

宋、元时期的回鹘文广泛使用于回鹘王国社会生活的各个方面。在敦煌、新疆等地出土的有关劳动力买卖、土地买卖、货币借贷等社会经济活动的契约、文书等材料，其中大多是元代的。较为著名的有《斌通（善斌）卖身契》三种[1]，还有《定惠大师卖奴隶字据》《医者大师与蔡氏离居字据》《摩尼教寺院文书》等。这些回鹘文的社会经济文书真实反映了当时的土地、赋役制度和阶级、民族关系，是研究古代回鹘社会的第一手珍贵资料，对了解当时的历史、宗教、语言文字等方面也有重要学术价值。[2]

元代留存了一批回鹘文碑铭，其外形大多为汉族传统形式，并与汉文合璧。这些碑铭记载了宝贵的历史史料。元代回鹘文重要碑铭有：

（1）《有元重修文殊寺碑铭》，现存甘肃酒泉文殊山石窟。此碑记录了喃答失太子及其亲属发心重修文殊寺的功德，还反映了文殊山石窟的历史。[3]

（2）《亦都护高昌王世勋碑》，现存武威市博物馆。碑文记载了八代高昌王仕事元朝的历史事迹，世系清楚，回鹘文部分还补充了不见于汉文的一些史实。[4]

（3）《大元肃州路也可达鲁花赤世袭之碑》，回鹘文、汉文合璧。记元太祖征西夏时，肃州党项人举立沙献城归顺，后助太祖征讨战死，太祖为表

---

[1] 冯家昇：《回鹘文契约二种》，《文物》1960年第6期。
[2] 李经纬：《回鹘文社会经济文书研究》，新疆大学出版社2003年版。
[3] 耿世民：《耿世民新疆文史论集》，中央民族大学出版社2001年版，第383页。
[4] 同上书，第400页。

彰其功，以其子阿沙为肃州路可达鲁花赤，后遂世袭不绝，共历130余年。此碑是西夏灭亡后河西走廊党项族活动的珍贵史料。① 该碑一面汉文，另一面未用当时还在使用的西夏文，而是用了回鹘文，可见当时回鹘文化对当地有着强大的影响。

四　藏文历史文献记述

13世纪蒙古族崛起，在蒙古定宗二年（1247年），藏族领袖、萨迦派大师萨迦班智达在凉州与蒙古宗王阔端会见，双方议定西藏归附蒙古的各项事宜。萨迦班智达从凉州给西藏各地首领写信，劝说降附蒙古汗国，对促进中国的统一做出了重要贡献。元朝在中央设置宣政院掌管全国佛教事物及吐蕃地区军政，并在藏区分设宣慰使司都元帅府。此后，藏族与中原地区的关系更加密切。

元朝的大一统局势，有力地推动了藏族地区文化事业的发展。当时西藏能从元大都获得大量纸、墨，使藏文书籍的刻印和流通更加兴盛起来。

八思巴（1235—1280年）是元代著名藏族高僧，萨迦班智达的侄子，曾被元世祖封为国师、帝师，他不仅对藏传佛教的发展做出了重大贡献，还亲自撰写了很多重要藏文佛教典籍。② 当时还有几位大师编纂了藏文大藏经的目录。

元代吐蕃地区已经形成并积累了大量藏文书籍。著名的萨迦寺有南北二寺，北寺主要是《甘珠尔》部分，保存有大量的藏文、梵文、汉文的佛教经典；南寺主要是《丹珠尔》部分，有天文、历算、医药、文学艺术、历史、哲学、地理、文法等方面的书籍和著名僧人的传记。这些典籍中不少具有重要的史学价值。③

元代是藏族史学的成熟时期，出现了一批史学著作，如《布顿佛教史》《红史》《西藏王统记》等。元代的藏文史学著作也多先讲述宇宙的形成，再讲述印度先王、释迦牟尼家族世系以及释迦牟尼创建佛教，然后依次记述藏族族源、藏族古代诸赞普、吐蕃王朝兴佛灭本的经过、蒙古诸王史、中原王朝史等。

---

① 白滨、史金波：《〈大元肃州路也可达鲁花赤世袭之碑〉考释》，《民族研究》1979年第1期；耿世民：《碑阴回鹘文释文》1979年第1期。
② 陈庆英：《西夏及元代藏传佛教经典的汉译本》，《西藏大学学报》2000年第2期。
③ 吕伯涛：《萨迦寺的藏书》，《人民日报·海外版》1990年8月9日。

《布顿佛教史》（亦称《善逝教法史》）为藏传佛教夏鲁派创始人布顿·仁钦珠著，成书于1322年。全书分四章：第一章概述讲经闻法的功德和闻、思、修的关系；第二章记述释迦牟尼诞生、三转法轮和寂灭后的三次结集，经律论三藏的出现和佛教在印度、尼泊尔传播的历史，对各教派的传承、佛陀及诸高僧的平生著述等；第三章从叙述吐蕃王统世系起，到佛教传入西藏，分前弘期、后弘期，对吐蕃赞普选派王室、贵族子弟到印度、尼泊尔和汉地学经，迎笑　僧传教、译经，建立僧伽制度等情况，记述详细；第四章以大量篇幅对藏地所译典籍作理论性的分析和编目，其中有佛教在印度、尼泊尔发展、流传的历史，有佛教在藏族地区传播史，特别是对藏传佛教后弘期直至元代初期的历史记载详细，这是藏族史上第一部成型的教法史，是研究吐蕃宗教史和与其他民族文化交流的重要史料，在藏族史学上具有很高的文献价值。[①]

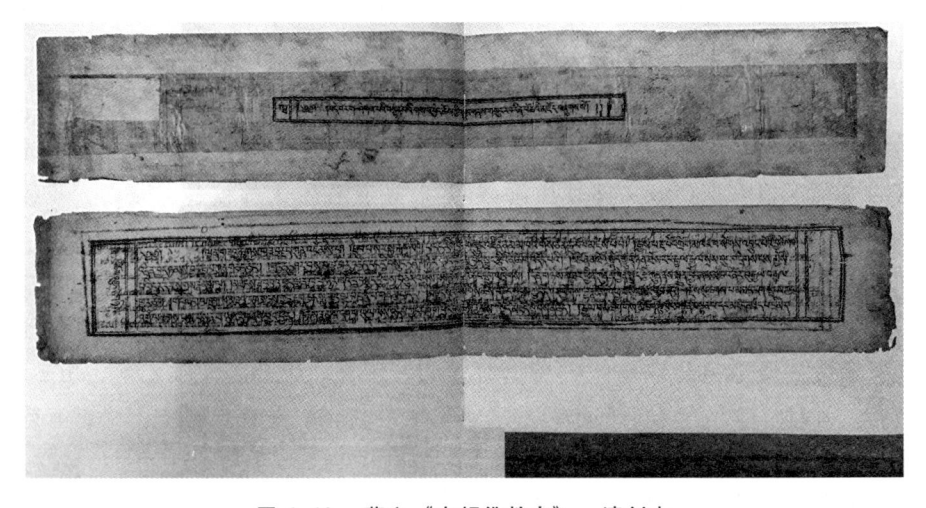

图 6-10　藏文《布顿佛教史》　清刻本

《红史》的作者是蔡巴·贡噶多吉，是蔡巴万户长仲钦·门朗多吉的长子，元至治三年（1323年），年仅14岁的贡噶多吉继任蔡巴万户长，16岁进京朝见元泰定帝。他邀请著名佛学大师布顿·仁钦珠校勘那塘版《大藏经》（《甘珠尔》），编订了《甘珠尔》和《丹珠尔》的目录。他本人著书多种，以《红史》最为著名。

[①]（元）布顿·仁钦珠著，郭和卿译：《布顿佛教史》，中国藏学出版社1989年版。

《红史》始撰于藏历第六饶迥火狗年（1346年），完成于水兔年（1363年），是一部综合性的史书，结合了王统史与教法史的内容。除了吐蕃的历史，还记述了印度、汉地、西夏、蒙古等地王统的历史。全书分为26章，第1章至第3章有关印度众敬王世系、薄伽梵（释迦牟尼）的历史、佛祖寂灭后三次集结、印度王统和释迦牟尼寂灭的年代算法等内容。第4章至第6章分别对汉地从周代到唐代、从梁至南宋的历史进行概述。第7章是对西夏史的简述。第8章是对蒙古历史的简述。第9章简述吐蕃王统的历史。第10章是关于佛教后弘期开始的概述。第11章简述了阿里王统及佛教弘传的情况。第12章至第25章主要对藏传佛教各派尤其是萨迦派、噶当派、噶举派的历史进行了系统的叙述。第26章全文录入元成宗赏赐给西藏僧人的诏书。[①]

《红史》开创了藏族历史著作的一种新的体裁，即史册。此后，凡涉及教法、王统、家族世系及人物传记等方面的史书都以"史册"作为书名。该书在叙述中不以吐蕃历史为重点，而是多线并重，各民族历史的篇幅大致相当，这种对各民族历史的记述在藏族史学中具有开创性。

五　西夏文历史文献记述

西夏灭亡后，蒙、元时期的党项人称为唐兀人或河西人，有时也泛称为西夏人。在蒙古攻占西夏以及灭金、亡宋的过程中，一部分党项上层人物起了重要作用。蒙古统一中国后，他们在西夏故地河西一带仍有其潜在的政治势力和社会基础，不少地方留下了他们的足迹。元朝末期，一些党项上层人物参与镇压农民起义军的活动，对当时政局的推移也有一定影响。元代党项族在政治、经济、文化领域里，都产生了相当的影响。[②]

蒙古军队占领西夏地区后，蒙古王子阔端坐镇凉州，统辖西夏故地。近年先后发现两件不同版本的西夏文《大白伞盖陀罗尼经》残件，后皆有发愿文。一件是阔端于癸卯年（1243年）印施佛经的发愿文，其中记载：

因见如此胜功，释迦善行国师谋怛巴则啰已发大愿，因望皇帝太子

---

① （元）蔡巴·贡噶多吉著，东嘎·洛桑赤列校注，陈庆英、周润年译：《红史》，西藏人民出版社1988年版。

② 史金波：《蒙、元时期党项上层人物的活动》，《民族史论丛》，中华书局1987年版；汤开建、马宏祥：《元代西夏人的历史贡献》，《青海社会科学》1987年第6期。

阔端福盛无病长寿，并欲利治诸有情，灭罪得安，请匠令雕印羌、番、汉各一千卷施僧俗处，以此善力，惟愿皇帝太子阔端寿长万岁，经历千秋，国本坚固，民庶福盛，法界众生当共成佛。

大朝国甲辰岁　　月　日谨施流行
东陛　皇太子　　施

发愿文中的"皇太子"即是窝阔台第二子、镇守西凉的阔端。①

另一件西夏文《大白伞盖陀罗尼经》发愿文残叶，再次证实了西夏灭亡后此经在凉州地区不止一次刻印、流传的经过，特别是真实地记载了阔端信奉藏传佛教，拜藏传佛教高僧等觉金刚国师为师的史迹。②

这两件文书虽属佛教文献，但其发愿文反映出西夏时期接受、发展藏传佛教对镇守此地的阔端产生了直接影响。阔端印施藏文、西夏文和汉文三种文字的藏传佛教经典，证明他接受并弘扬藏传佛教，为此后不久与藏族宗教领袖萨迦班智达举行的凉州会谈，并最终将吐蕃正式归入大朝版图，做了宗教信仰方面的准备和铺垫，对"凉州会盟"有不可忽视的影响。这两件西夏文文献为研究蒙古时期的政治史和宗教史提供了重要资料。

自元初就在西夏故地建制行省，进行统一管理。河西地区在元代仍有大批党项人居住。意大利旅行家马可·波罗在其《行纪》中曾详细记载当时途经这一地区的见闻。他称党项人为唐古特（Tangut），对他们的生活、习俗、物产作了生动的介绍。他在经过宁夏、甘肃的一些主要城市时，了解到这里过去是一大国（即西夏），这里的人民自有其语言，信仰偶像教（即佛教），该地区畜牧业兴盛。③

元代仍使用西夏文，特别是元世祖敕令于杭州雕印西夏文大藏经，施放于党项居民集中的河西一带，是元代重视党项民族文化的重要举措。在当时印施的西夏文《过去庄严劫千佛名经》中有发愿文，记述了中国自汉代经三国、晋、南朝宋、南朝齐、隋、唐、五代、宋朝，将梵文佛经翻译成汉文的经过，特别详细记载了西夏时期流传佛教、用西夏文翻译佛经的

---

① 史金波：《西夏文〈大白伞盖陀罗尼经及发愿文〉考释》，《世界宗教研究》2015年第5期。
② 史金波：《凉州会盟与西夏藏传佛教——兼释新见〈西夏文大白伞盖陀罗尼经〉发愿文残叶》，《中国藏学》2016年第2期。
③ 冯承钧译：《马可·波罗行纪》第五十七章、六十章、六十一章、六十二章、七十一章、七十二章。

史实，明确指出西夏景宗元昊戊寅年（1038年）中，国师白法信及白智光等，经过53年，将汉文大藏经译为西夏文，共计362帙、812部、3579卷，后仁宗时又与南北经重校。又叙述西夏灭亡后，元朝一行国师又行校译，印制三藏新经。后世祖皇帝，出圣敕在江南杭州雕版，至成宗大德六年完成。① 这一发愿文的重要记载证明西夏佛教流传承续中原王朝，并填补了西夏译经、校经史的空白。西夏文《现在贤劫千佛名经》前一幅有西夏文字标注的西夏译经图，真实地再现了西夏时期国师主持译经，皇帝、皇太后亲临译场的情景，是保存至今的唯一一幅译经图，在中国译经史上具有重要资料价值。②

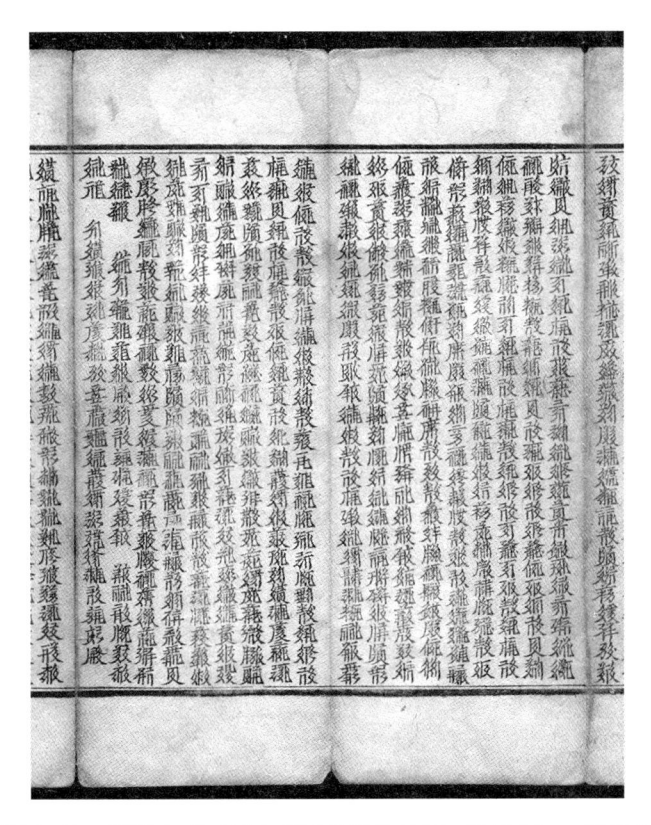

图 6-11　西夏文《〈过去庄严劫千佛名经〉发愿文》　元刻本

---

① 史金波：《西夏文〈过去庄严劫千佛名经〉译证》，《世界宗教研究》1981年第1期。
② 史金波：《〈西夏译经图〉解》，《文献》（第一辑），书目文献出版社1979年版。

近年在河北邯郸发现"宣差大名路达鲁花赤小李钤部公墓志",一面为汉文,500余字,述西夏后裔党项人小李钤部即昔里钤部的事迹。另一面有西夏文两行11字,第一行译为"田氏夫人母亲",第二行译为"小李将军大人"。此碑为昔里钤部长孙教化念其祖父"权厝未葬"所立新茔的墓志。昔里钤部原籍肃州,在蒙古军攻打沙州时率部投降,屡立战功,后任大名路达鲁花赤。宪宗八年(1258年)卒于"大名(今河北省邯郸市)家中"。① 自昔里钤部至教化其家族已三代或四代居住大名,人口繁衍渐多,于是在大名建立家族墓地。此汉文、西夏文合璧墓志表明元代党项族官员入居内地、与汉族通婚、葬于内地的史实,同时也反映出西夏灭亡30多年后,西夏后裔仍不忘西夏文化,使用西夏文字。昔里钤部《元史》有传,碑文可与元史相佐证、补充。②

西夏后裔余阙为元代进士,曾为辽、金、宋三史修撰,累官至监察御史,后红巾军起,被元朝任命镇守安庆,最后战死。余阙好友归旸(字彦温)被任命为河西廉访使,余阙因归旸所去之地正是自己的先祖故土,特意写了《送归彦温赴河西廉使序》一文相送。序文首先简述西夏地区沿革,后记其家合肥戍军皆夏人(党项族)。然后追述党项人原来的风俗习惯,"其性大抵质直而上义,平居相与,异姓如亲姻;凡有所得,虽箪食豆羹,不以自私"。"朋友之间,有无相共,有余即以与人,无即以取诸人";"少长相坐,以齿不以爵"。又指出,经数十年以后,合肥的党项人"其习日以异,其俗日不同",不仅移居内地的党项人如此,即便是居住在西夏故地的"今亦莫不皆然"③。忠实地记录了党项人原来的风俗和亡国后与其他民族往来密切、民俗丕变的情形,具有重要民族史料价值。

小　结

(1)元朝为蒙古族所建,以蒙古族为首的统治集团,基于自身地位的考虑,对历代民族政权的看法较为开放,承认历史上民族政权的正统地位,元

---

① 《元史》卷一百二十二《昔里钤部传》,中华书局1976年版,第3011页。
② 史金波:《河北邯郸大名出土小李钤部公墓志刍议》,《河北学刊》2014年第4期。
③ (元)余阙:《青阳先生文集》卷四《送归彦温河西廉使序》。

末修成《宋史》《辽史》《金史》，由于纂修者站在蒙古族的立场上，在涉及民族历史方面较前代各史的体例与观念都发生了很大的变化。

（2）元代民族史撰述体例较为丰富，有正史《辽史》的《营卫志》《部族表》《属国表》，此外还有周致中撰《异域志》、马端临撰《文献通考·四裔考》、欧阳玄撰《高昌偰氏家传》、郭松年撰《大理行记》、李京撰《云南志略》等。

（3）元代游记、笔记的民族记述较为丰富，主要有李志常撰《长春真人西游记》、耶律楚材撰《西游录》、刘祁撰《北使记》、张德辉撰《岭北纪行》、刘郁撰《西使记》、陶宗仪撰《南村辍耕录》。同时，周达观撰《真腊风土记》、汪大渊撰《岛夷志略》、徐明善撰《安南纪行》等，这些著作不同程度地记述了海外各国，扩展了记述的范围。

（4）随着蒙古族成为统治民族，创制了蒙古文，并留存了蒙古文文献，记载了蒙古族的历史。元朝建立后，又创制八思巴字，意在"译写一切文字"，也保留下一些历史文献。元朝的建立，原来分立的政权消失了，契丹、党项、女真等民族走上了消亡的道路，这些民族使用的文字趋于萎缩，但仍在使用的西夏文还保留下一些有价值的历史文献。随着藏传佛教地位的提升和影响的扩大，藏文的使用得到加强，藏文文献也大幅增加。随着察合台汗国的建立和伊斯兰教的东进，以阿拉伯文字为基础的察合台文产生了，察合台文的史学著作开始以手抄本的形式流传。

第七章

明代的民族史学

在元末战争中，朱元璋提出了"驱除胡虏，恢复中华"的口号，将蒙古人逐出中原，重新建立了以"中华"为正统的政治秩序。永乐时期，下西洋，通西域，数次出塞外征讨蒙古，增加了对各民族的了解。明代，对明朝构成威胁的民族先是蒙古，后是女真，明代民族史著作中对二者的记述尤其重视。此外，明代综合性民族史撰述空前发展，出现了多部四夷考等著作，方志中的民族史记述也发展起来。

第一节 明代的民族史观

明朝建立，统治者认为恢复了"中华"的正统地位，虽在地域上较元朝有所缩小，但在永乐时期郑和下西洋，陈诚通西域，在空间上开阔了视野，也获得了周边民族更为具体的资料。明朝在民族史观上继续对华夷秩序进行完善，在新的政治秩序中重申了"四夷"位置，通过对"四夷"历史的撰述，以突出"中华"的位置。

洪武元年（1368年），宋濂起草了针对"齐鲁河洛燕蓟秦晋之人"即两宋故地民众的北伐檄文，该文以"华夷之辨"的理论来论证明朝取代元朝之政治合法性："自古帝王临御天下，中国居内以制夷狄，夷狄居外以奉中国，未闻以夷狄居中国治天下者也。自宋祚倾移，元以北狄入主中国，四海内外，罔不臣服。此岂人力？实乃天授……当此之时，天运循环，中原气盛，亿兆之中，当降生圣人，驱逐胡虏，恢复中华，立纲陈纪，救济斯民。"[①]

明朝建立之初，朱元璋向周边民族和国家颁布了诏书，其中颁高丽诏

---

① 《明太祖实录》吴元年十月丙寅，《钞本明实录》第1册，线装书局2005年版，第113页。

称："自有宋失驭，天绝其祀。元非我类，入主中国百有余年，天厌其昏淫，亦用殒绝其命。……北逐胡君，肃清华夏，复我中国之旧疆。"① 向其他国家如日本、占城、琉球、安南等颁布的诏书内容也基本相同。洪武四年（1371年）九月辛未，朱元璋告谕省府台臣曰："海外蛮夷之国，有为患于中国者，不可不讨，不为中国患者，不可辄自兴兵。古人有言，地广非久安之计，民劳乃易乱之源，如隋炀帝妄兴师旅，征讨琉球，杀害夷人，焚其宫室，俘虏男女数千人，得其地不足以供给，得其民不足以使令，徒慕虚名，自弊中土，载诸史册，为后世讥。朕以诸蛮夷小国，阻山越海，僻在一隅，彼不为中国患者，朕决不伐之，惟西北胡戎，世为中国患，不可不谨备之耳。卿等当记所言，知朕此意。"② 洪武时期，明朝大致确定了民族政策的基本框架。

洪武二十二年（1389年）十二月，朱元璋致故元兀纳失里大王书信曰："昔中国大宋皇帝主天下三百一十余年，后其子孙不能敬天爱民，故天生元朝太祖皇帝，起于漠北，凡达达、回回、诸番君长尽平定之。太祖之孙以仁德著称，为世祖皇帝，混一天下，九夷八蛮，海外番国，归于一统。百年之间，其恩德孰不思慕，号令孰不畏惧。是时，四方无虞，民康物阜……"③ 这表明了明朝统治者对元朝历史地位的认可。

明朝统治上层欲建立一个以"中华"为正统的国家，明初对北元采取驱逐的策略，"驱除胡虏"以后，明朝统治集团确立了防御性的民族政策，以求政权的稳定。明初，统治集团也有华夷一体的思想，如永乐二年四月明成祖遣使谕瓦剌部马哈木等所说："朕承天命，主宰生民，惟体天心以为治，海内海外，一视同仁。……夫天下一统，华夷一家，何有彼此之间？"④

在宣扬天下一统的同时，在华夷正统观问题上，明初士大夫群体普遍强调"中国"的正统地位。明初大臣、学者方孝孺认为"中国"才是正统，因为"中国"崇尚礼义，有君臣、父子之间的伦理等差，这是中国与夷狄的根本区别，其在《后正统论》中云："夫中国之为贵者，以有君臣之等，礼

---

① （明）严从简撰，余思黎点校：《殊域周咨录》卷一《东夷·朝鲜》，中华书局1993年版，第8页。
② 《明太祖实录》洪武四年九月辛未，《钞本明实录》第1册，线装书局2005年版，第343页。
③ 《明太祖实录》洪武二十二年十二月甲子，《钞本明实录》第2册，线装书局2005年版，第211页。
④ 《明太宗实录》永乐二年四月辛未，《钞本明实录》第2册，线装书局2005年版，第561页。

义之教，异乎夷狄也。无君臣则入于夷狄，入夷狄则与禽兽几矣。"方孝孺把华夷之别推向极端，认为夷狄无礼仪、人伦，与禽兽无异，"彼夷狄者，侄母烝杂，父子相攘，无人伦上下之等也，无衣冠礼文之美也。故先王以禽兽畜之，不与中国之人齿。苟举而加诸中国之民上，是率天下为禽兽也"①。明中期，大臣、史学家郑晓也持华夷之别的观念，他更加强调中国与四夷的天然界限，其在《古言》中云："天地华夷之界真有意，大漠限北狄，流沙限西戎，沧海限东夷，溪岭限南蛮。"②

明朝初年，一般的士人群体对历史上民族政权的态度相对宽缓，并没有刻意排斥辽、金的倾向。弘治年间，杨循吉倡议重修宋、辽、金史，最后完成了《辽小史》《金小史》。土木堡之变后，明士人群体的民族情绪明显高涨，华夷之辨盛行一时，表现在对元朝所修的《宋史》《辽史》《金史》的态度上，普遍对其中蕴含的民族观念不满，纷纷倡议重修三史。王洙《宋史质》、柯维骐《宋史新编》就分别完成于嘉靖二十五年（1546年）和三十四年（1555年）。《宋史质》以辽金入《夷服》，其"叙略"曰："先王严五服之制，所以谨华夷之辨也。是故《春秋》书法，四夷虽大，皆曰子，观吴、楚可知矣。元人合辽、金、宋为三史，且以外国名，非制也，兹黜之。"③《宋史新编》的旨趣与《宋史质》非常相似，该书"凡例"第一条详细阐释了作者的宋朝正统观："宋接帝王正统，契丹、女真相继起西北，与宋抗衡，虽各建号，享国二百年，不过如西夏元昊之属，均为边夷。宋国史有契丹、女真传，实因前史旧法。元人修《宋史》，削辽、金各自为史，称帝书崩，与宋并时号三史。盖主议者以帝王之统在辽金也……今会三史为一，而以宋为正，辽、金与宋之交聘、交兵，及其卒其立，附载本纪，仍详君臣行事为传，列于外国，与西夏同，庶几《春秋》外夷狄之义云。"④康大和《宋史新编》"后序"极口称赞此书"尊宋之统，附辽金为外国传，尤为得义例之精"⑤。尊宋为正统而贬斥辽金，正是此书最为一些明人所看重的地方。

---

① （明）方孝孺撰，徐光大校点：《逊志斋集》卷二，宁波出版社2000年版，第56—60页。
② （明）郑晓：《古言》卷下，明嘉靖四十四年项笃寿刻本。
③ （明）王洙：《宋史质》"叙略"，大化书局1977年版，第5页。
④ （明）柯维骐：《宋史新编》"凡例"明刻本。
⑤ （明）柯维骐：《宋史新编》"后序"明刻本。

第二节 《元史》的民族史记述

明初，出于以史为鉴的需要，统治集团十分重视纂修元史。朱元璋即位伊始，就命人搜求元人遗留的图籍，其诏修《元史》曰："史记成败，示劝惩，不可废也。……自古有天下国家者，行事见于当时，是非公于后世。故一代兴衰，必有一代之史以载之。……务直述其事，毋溢美，毋隐恶，庶合公论，以垂鉴戒。"①

《元史》全书210卷，含本纪47卷、志58卷、表8卷、列传97卷，记载了从成吉思汗至元顺帝约160年间蒙古、元朝史事，而以记元朝史事为主，是明朝官修前代史的代表性著作。

明人在修元史时承认元朝的历史地位，认为元朝"立经陈纪，用夏变夷。肆宏远之规模，成混一之基业"②。《元史·地理志》序认为境内各族已经是统一多民族国家的组成部分，元朝能够对其实行有效的治理，疆域空前辽阔。《元史·地理志》序评论说："自封建变为郡县，有天下者，汉、隋、唐、宋为盛，然幅员之广，咸不逮元。汉梗于北狄，隋不能服东夷，唐患在西戎，宋患常在西北。若元，则起朔漠，并西域，平西夏，灭女真，臣高丽，定南诏，遂下江南，而天下为一。故其地北逾阴山，西极流沙，东尽辽左，南越海表。"③

明人认为元朝把过去的边疆地区纳入有效的行政管辖之下，其领土范围要远超盛唐，"盖岭北、辽阳与甘肃、四川、云南、湖广之边，唐所谓羁縻之州，往往在是，今皆赋役之，比于内地"④。所以《元史》虽立有《外夷传》，但所记只是高丽、日本、安南、缅、占暹、爪哇、琉球等与元朝有贡属关系的诸国而不记境内各民族，对境内东北、西南等地区诸民族，《元史》主要在《地理志》记相关地区时有所介绍。这反映了在元代统一的多民族国家进一步发展的基础上，明初的民族认同心理进一步增强，这是统一的多民族国家趋于定型的重要表现。

---

① 《明太祖实录》洪武二年二月，《钞本明实录》第1册，线装书局2005年版，第212页。
② （明）李善长：《进元史表》，载《元史》，中华书局1976年版，第4673页。
③ 同上书，第1345页。
④ 《元史》卷五十八《地理志一》，中华书局1976年版，第1346页。

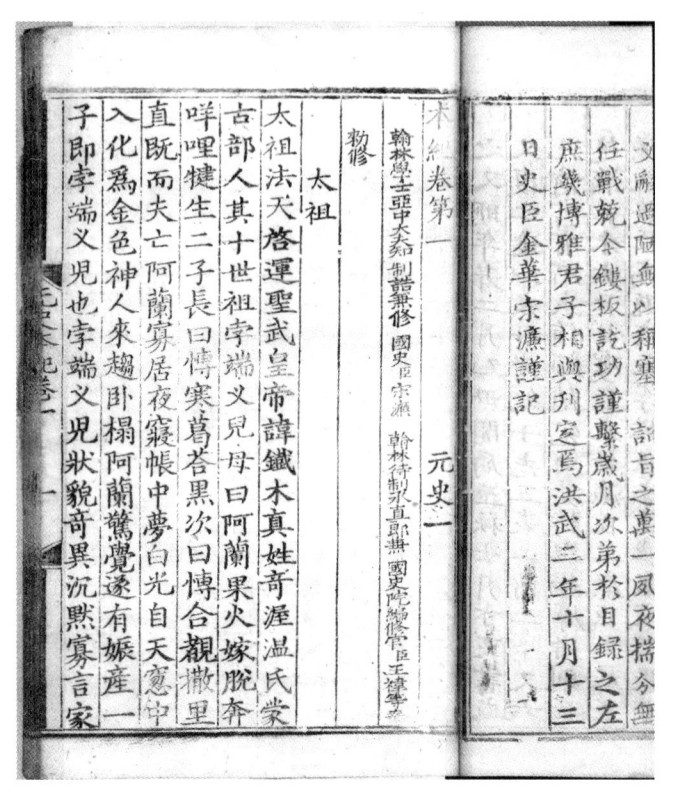

图 7-1 《元史》 明内府刻明递修本

《元史》中为各族人士立传，这在正史编纂中是空前的。《元史》的《良吏》《忠义》《孝友》《列女》等对人物进行肯定性评价的诸列传里，录有不少蒙古、契丹、畏兀儿、回回、唐兀、高昌、康里等各族人物。如《元史》卷一百二十四畏吾儿列传就有《塔本传》《哈剌亦哈赤北鲁传》《塔塔统阿传》《岳璘帖穆尔传》《孟速思传》等，实际上，《元史》中畏兀儿人的列传有数十人之多。[1] 西夏党项后裔在元代称为唐兀氏或河西人，《元史》为唐兀人立传加附传的也有数十人，如《察罕传》《昔里铃部传》《爱鲁传》《也蒲甘卜传》《李桢传》《高智耀传》《高睿传》《来阿八赤传》《李恒传》《拜延传》《昂吉儿传》《暗伯传》《朵尔赤传》《朵罗台传》《塔出传》《纳麟传》《余阙传》《亦怜真班传》《杨朵儿只传》等。[2]

---

[1] 参见陈高华编《元代维吾尔哈剌鲁资料辑录》，新疆人民出版社1986年版，第156—206页。
[2] 史金波：《蒙、元时期党项上层人物的活动》，《民族史论丛》，中华书局1987年版。

第三节 明人所修明史中的民族史撰述

明朝官方并不注重纂修本朝史，但民间明史纂修活动却十分活跃，明亡前已有多部私家所修纪传体明朝史，如郑晓撰《吾学编》、邓元锡撰《明书》、何乔远撰《名山藏》、朱国桢撰《明史概》等。这些明史著作为突出明朝一统的政治结构，多在书末附有民族列传，《吾学编》《名山藏》的撰述体例较有代表性。

一 《吾学编·皇明四夷考》

《皇明吾学编》（简称《吾学编》），郑晓撰。郑晓（1499—1566年），嘉靖时海盐人，官至刑部尚书。他喜好史学，勤于著述，对明朝历史十分熟悉，"通经术，习国家典故，时望蔚然"[1]。《吾学编》是一部纪传体明朝史，记载了明初至明中叶200余年的历史，全书含记、传、表、述、考14篇，共69卷，书末有《皇明四夷考》两卷、《北虏考》一卷。

《皇明四夷考》分为上、下两卷，上卷共收入12个国家与民族，分别是安南、兀良哈、朝鲜、琉球、女直、三佛齐、占城、日本、真腊、暹罗、苏门答剌与爪哇。下卷共记载了80个国家与民族，依次为古哩、浡泥、满剌加、榜葛剌、锡兰山、苏禄、柯枝、祖法儿、溜山、南泥里、黎伐、哈密、赤斤蒙古、安定阿端、曲先、罕东、撒马尔罕、天方、迭里、渴石、养夷、迭失干、卜花儿、吐鲁番、黑娄、盐泽、哈烈、默德那、俺都淮、八剌黑、于阗、火州、别失八里、鲁陈、沙鹿海牙、赛蓝、哈失哈力、亦力把力、阿丹、白葛达、呵哇、琐里、西洋琐里、彭亨、百花、婆罗、阿鲁、小葛兰、佛林、古里班卒、吕宋、合猫里、碟里、打回、日罗夏治、忽鲁母恩、忽鲁谟斯、甘巴里、麻林、古麻剌、沼纳朴儿、加异勒、吃力麻儿、失剌思、纳失者罕、亦思把罕甘、白松虎儿、答儿密、淡巴、甘把里、黑葛达、敏真诚、八大黑商、览邦、火剌札、讨来思、阿速、沙哈鲁、西番及鞑靼。

郑晓在《皇明四夷考》序中说明了该书的编纂宗旨及体例，具有重要的民族史理论价值，现引述如下：

---

[1] 《明史》卷一百九十九《郑晓传》，中华书局1974年版，第5271—5274页。

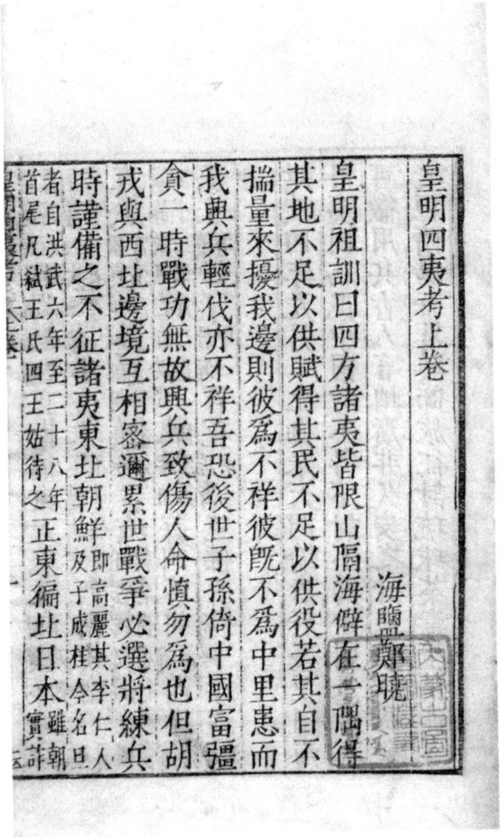
皇明四夷考上卷

海鹽鄭曉

皇明祖訓曰四方諸夷皆限山隔海僻在一隅得其地不足以供賦得其民不足以供役若其自不揣量來擾我邊則彼爲不祥彼旣不爲中患而我輿兵輕伐亦不祥吾恐後世子孫倚中國富彊貪一時戰功無故興兵致傷人命愼勿爲也但胡戎與西北邊境互相密邇累世戰爭必選將練兵時謹備之不征諸夷東北朝鮮即高麗其李仁人及子成桂今名旦者自洪武六年至二十八年首尾凡弒王氏四王姑待之正東偏北日本雖朝實詐

图 7-2　《皇明四夷考》　明刻本

四夷何以首安南也，我郡县也。次兀良哈何？我武卫也。哈密、女直非欤？羁縻之虏，非我官长也。兀良哈之有三卫，以靖难欤？非也，大宁之北，有三卫也，盖自洪武始也。其南据大宁也，乃自永乐始也。将复交趾而收大宁乎？都统之议，夷且嗤我，革兰台以骎骎乎我贰矣。弃哈密而抚女真乎？哈密罢我河西，女真扞我辽东也。土番入哈密而嘉峪不惊，胡虏通女真而山海弗靖矣。朝鲜何以次兀良哈也？知礼教也，大国也。琉球小国，何以次朝鲜也？学于中国也。何以终鞑靼也？非勍寇乎我，胜国也，盛衰之运，中国有安危焉。以故别考而存之，战守之略可几而得矣。高皇何以有海外之使也？更始也。成祖西洋之艘不已劳乎！郑和之泛海，与胡濙之颁书也，国有大疑焉尔。羌三王胡四王，我廑廑焉。西番五王世优之，何也？不能为我深创也。苟因俗而治之，得相安焉可矣。西域何以不得浮南海也，王公设险假树渠焉，如之何使其纵横出入，几遍宇内也。海岛之夷勤我封使，往来之礼欤？夷不言往来，往来言诸侯也。四夷来王，八蛮通道，未闻有报使焉，然则领封可乎？奚为而不可也。陪臣请命于京师，王人致命于海上，非往来乎？呜呼！均戴载者，天德也；辨华夷者，王道也。昔也外夷入中华，今也华人入外夷也。喜宁、田小儿、宋素卿、莫登瀛，皆我华人，云中、闽浙忧未艾也。是故慎封守者，非直御外侮，亦以固内防也。池鱼故渊，飞鸟旧林，人情独不然乎！彼其忍于捐坟墓、父母、妻子、乡井而从异类者，必有大不得已也。呜呼！德惟善政，政在养民，盍亦反其本矣。不然，而欲郡县我子弟，武卫我干城，乌可得哉！①

《皇明四夷考》按与明朝关系的密切程度安排各民族记述的先后顺序。另外，对于各民族往来的认识既申明华夷之辨，也承认民族交流的事实，"昔也外夷入中华，今也华人入外夷也"，考虑到民生对于处理民族交流的重要意义，这无疑是一个巨大的进步。

《皇明四夷考》对不同民族特征进行了概述，例如《鞑靼》叙曰："四夷惟鞑靼种最多，为中国患最甚，别为《北虏考》。"②《鞑靼》部分以蒙古与明朝的和战为经，以洪武朝至嘉靖朝的历史事件为纬，中间列述了历朝有名大臣关于"战和"的主张建议，无形中也渗透着作者的思想，以明代蒙古的史事为主展开叙述。

二 《名山藏·王享记》

《名山藏》，明史学家何乔远撰。③ 全书共 100 卷，记洪武至隆庆 200 余年的史事。全书分为 37 记：典谟、坤则、开圣、继体、分藩、勋封、天因、天启、舆地、典礼、乐舞、刑法、河漕、漕运、钱法、兵制、马政、茶马、

---

① 《吾学编》卷六十七，明刻本。
② 《吾学编》卷六十八，明刻本。
③ 何乔远（1558—1631 年），福建晋江人，杰出的方志史学家。早年博览群书，家居 20 余年，辑明朝 13 代遗事成《名山藏》，又纂《闽书》150 卷。

盐法、臣林、臣林外、关柝、儒林、文苑、俘贤、宦者、列女、臣林杂、宦者杂、高道、本士、本行、艺妙、货殖、方伎、方外、王享。

《名山藏》书末为《王享记》，名称来自《诗经·商颂·殷武》："昔有成汤，自彼氐羌，莫敢不来享，莫敢不来王。"《王享记》记述了明朝周边四夷的情况，《王享记》序高度赞颂了永乐年间四夷来宾的盛况，其云："四夷君长，执贽献琛，顶踵相望。赐宴之日，有忭舞天日，稽首阙庭，叹未尝有。"① 何乔远在序中交代了编纂的目的是"所以示招徕之大，明鞭挞之威也"②。

《王享记》所记述的四夷包括：

东南夷：朝鲜、日本、琉球、安南、真腊、暹罗、占城、爪哇、彭亨、百花、三佛齐、浡泥、苏门答剌、须文达那、西洋琐里、琐里、览邦、淡巴、苏禄、古麻剌、古里、麻剌加、娑罗、阿鲁、小葛兰、榜葛剌、锡兰山、沼纳朴儿、拂菻、柯枝、麻林、吕宋、碟里、日罗夏治、合猫里、古里班卒、打回、忽鲁谟斯、甘把里、加异勒、祖法儿、溜山、阿哇、南巫里、急兰丹、奇剌尼、夏剌比、窟察尼、乌涉剌踢、阿丹、鲁密、彭加那、舍剌齐、八可意、坎巴夷暨、黑葛达、剌撒、不剌哇、竹步国、木骨都束、喃渤利、千里达、沙里湾泥。

北狄：鞑靼、兀良哈。

东北夷：海西、建州。

西戎：哈密（畏兀儿附）、安定卫、罕东罕东左、赤斤蒙古、曲先卫、吐鲁番、火州、柳城、撒马儿罕、鲁迷、天方国、默德那国、于阗国、日落国、亦思弗罕、黑娄、米昔儿、额即卣、哈辛、毕利术江卫、乌思藏、长河西鱼通宁远等处、朵甘思、董卜韩胡、金川寺番僧、杂谷安抚司、打喇儿寨、远思蛮长官司、长宁安抚司及韩胡碉怯列寺、洮岷等处番僧、洮岷等处番族、古剌国。

此外，其他私修明朝史也立有民族列传，如吴士奇纂《副书》有"土夷""山海外夷"，刘振纂《识大录》有"四夷"，尹守衡纂《明史窃》有"夷狄"。

---

① （明）何乔远：《名山藏》卷一百五《王享记》序，福建人民出版社 2010 年版，第 2933 页。
② 同上书，第 2932 页。

第四节 综合性民族史著述

明代综合性的民族史著作大量出现，这些著作按一定的区域顺序对明朝周边民族进行了综合记述，完善了历代以来各类史籍对四夷的体系化记述模式，这是明代民族史撰述上较为突出的特点。主要著作有严从简撰《殊域周咨录》、罗曰褧撰《咸宾录》、叶向高撰《四夷考》、慎懋赏撰《四夷广记》、游朴撰《诸夷考》、杨一葵《裔乘》、佚名撰《荒徼通考》、王宗载撰《四夷馆考》① 等，这是以前各代没有的情况，表明了明代民族史学的进一步发展。

一 《殊域周咨录》

《殊域周咨录》，共24卷，严从简撰。② 严从简在行人司任职多年，接触了大量的有关明朝周边各民族的资料，见过很多使臣所写的出使报告，掌握了关于各少数民族的第一手资料。决定把这些资料编写成书，为从事边务和外事的官员提供参考，他说："虽未尝蒙殊域之遣，而不敢忘周咨之志，故独揭蛮方而著其使节所通，俾将来寅采，或有捧紫诰于丹陛、树琦节于苍溟者，一展卷焉，庶为辞色进退，将命采风之一助也。"③

严从简在《殊域周咨录》"题词"中论述了该书撰述的宗旨：

> 夫男子始生，悬桑弧蓬矢以射四方，志有事也。夷戎蛮狄，不出覆载，孰非四方之极，而为男子所有事者乎？粤自王者无外，殊疆一统，故伊尹定四夷献令：正东越沤，剪发文身，令以鱼皮之韠、鲛鱙、利剑为献。正南瓯、邓、桂国、百仆、九菌，令以文犀、翠羽、菌鹤、短狗为献。正西昆仑、狗国、阇耳、贯胸，令以白毛、纰罽、龙角、神龟为献。正北空同、大夏、莎车、戎翟，令以白玉、良弓、駒騟、駃騠为献。是岂圣人斥疆土宝远物哉。亦以德威所感，凡有血气，共惟帝臣

---

① 《四夷馆考》实际是对四夷历史的概述。
② 严从简，浙江嘉兴府人。嘉靖三十八年进士，曾任婺源县丞和扬州同知，后入行人司任行人和刑科右给事中。
③ （明）严从简撰，余思黎点校：《殊域周咨录》"题词"，中华书局1993年版，第4页。

图 7-3 《殊域周咨录》 明刻本

焉耳。①

序言引用了《逸周书·王会篇》的内容，以此说明该书编纂的目的是为了维护"王者无外，殊疆一统"的秩序，达到《逸周书·王会篇》所描述的四夷贡献的状态，用以宣扬明朝的德威。

《殊域周咨录》以厚今薄古的宗旨，着重叙述明代边疆各国和海外国家的人文、风土、地理以及和中国的来往，并将周边国家，按地理方位分为东夷、西戎、南蛮、北狄等。其中东夷为朝鲜、日本、琉球；南蛮为安南、占城、真腊、暹罗、满剌加、爪哇、三佛齐、浡泥、琐里、古里、苏门答剌、锡兰、苏禄、麻剌、忽鲁谟斯、佛郎机、云南百夷；西戎为吐蕃、拂菻、榜葛剌、默德那、天方、哈密、吐鲁番、赤斤蒙古、安定、阿端、曲先、罕

---

① （明）严从简撰，余思黎点校：《殊域周咨录》"题词"，中华书局1993年版，第3页。

东、火州、撒马儿罕、亦力把力、于阗、哈烈；北狄为鞑靼、兀良哈；另外专列东北夷，记女直情况。

二 《咸宾录》

《咸宾录》，共8卷，罗曰褧撰。① 罗曰褧以明王朝为主，以"四夷"为宾，记述了向明王朝朝贡的各民族。罗曰褧《咸宾录》序云："曷取乎四夷之事？胪列众卑以承一尊而已。经之以天仪，陈之以地纪，建之以帝制，揆之以圣符，而六合之尊，不分四夷，时叙则是，录之成也。"② 《四库全书总目提要》卷七十八云："分列诸国之事，以东西南北为分，欲夸明代声教之远，故曰咸宾。"③ 该书"凡例"云："盖是编为咸宾而志，非为四夷考也。故凡通贡者载之，若通贡前朝，而当代不通，虽纪名正史之国，亦且削去。"④ 该书对正史记载详细的部分，略而不书，对正史之外的书籍则搜罗甚广。该书以综合历代记载，博采野史逸闻见长。书中所收资料丰富，据原书开列的《引用诸书目录》共达345种，其中包括今已散佚的一些书。该书对中外关系史和我国少数民族史的研究，都具有参考价值。书中所谓"虏""夷"，指的是向明王朝朝贡的东亚、东南亚、中亚、南亚地区的一些国家、地方和边疆地区的少数民族。

《咸宾录》整体上分为北虏志、东夷志、西夷志、南夷志四部分。

北虏志记鞑靼、兀良哈。

东夷志记朝鲜、女直、日本、琉球。

西夷志记载了我国西北地区的少数民族，如哈密、高昌、吐鲁番、鲁陈、于阗、吐蕃等，但大部分内容是今天南亚、西亚诸国的情况，如天竺、婆罗门、佛菻、苏门答剌、默德那、天方、览邦、古里、阿丹、阿速、黑葛达、麻林、加异勒、敏真诚、纳失者罕、琐里、西洋琐里等。

南夷志共三卷，记载的范围也较广，卷六记载今东南亚至印度尼西亚以南各国，诸如安南、占城、真腊、爪哇、暹罗、满剌加、锡兰、吕宋、苏禄等30余国。卷七至卷八记载明朝西南地区诸民族，如南中诸夷、曲靖、鹤庆、金齿、缅甸、八百、木邦、老挝、播州、黎州、建昌、松潘、贵南诸

---

① 罗曰褧，字尚之，江西南昌人，明万历十三年（1585年）举人，其他事迹不详。
② （明）罗曰褧：《咸宾录》"序"，中华书局1983年版，第8页。
③ 《四库全书总目提要》第16册，商务印书馆1931年版，第12页。
④ （明）罗曰褧：《咸宾录》，中华书局1983年版，第12页。

夷、罗罗、犵狫、狰猱、仲家、宋家、蔡家、龙家、五溪诸夷、三江诸夷、黎人、疍人、马人、狑人、獠人、犹人、獞人。罗曰褧认为西南地区"南中以下，俱为中国郡县卫司之地，与化外诸蛮不同"，"自滇至缅，原属杂蛮；而川、广之间，多为羁縻州峒"，这些地区的民族与属国"皆奉我朝正朔，或供命输纳，或听调奉贡，王化远矣"。记述这些民族与属国以显示明朝"辟地之广"①。

三 《四夷考》

《四夷考》，叶向高撰。② 该书的撰述宗旨是"寻得失于累朝，考虏情之终始"，目的是了解明朝周边民族的情况。

该书卷一记述了朝鲜、日本、安南；卷二记述朵颜三卫、女直。卷三、卷四记述哈密卫、赤斤蒙古、安定、阿端、曲先、罕东、罕东左卫、沙州、西番、吐鲁番；卷五至卷七记述卫北虏。卷八附录《盐政考》《屯政考》《京营兵制考》，其内容涉及关乎国家命脉的盐政、兵制、屯田的沿革、利弊及变化等情况。

《四夷考》尤其注重记述蒙古的历史发展情况，以此总结防御蒙古的策略，如《四夷考·北虏考》卷末的"论曰"中云：

> 正、嘉之际，黠酋暴兴，族类蕃滋，近世未有。曾铣发愤建谋，欲倾其巢穴，还我旧疆，而帷幄搆争，萧墙生衅，伊吾之剑未鸣，而身首异处矣。岂不痛哉！虏既得志，益肆凭陵，鸣镝天都，彻烽大内。师中之寄，委于匪人，骑士材官，云蒸雾集，而不敢以一矢加遗。虏氛日恶，厥有由然，穆皇初岁，虔刘汾、石，几无子遗。属天厌乱，孽虏扣关，遂缘舐犊之恩，用蠲放麑之德，桑葚既食，好音是怀，驯异类于坛坫，拯氓隶于干戈，亦云盛矣。而玩愒寖生，军实耗坠，迎佛掠番，狡谋百出，金钱内尽，藩篱外撤，故识者忧之。

《北虏考》参考了大量时人著作，主要有严从简《殊域周咨录》、郑晓

---

① （明）罗曰褧：《咸宾录》，中华书局1983年版，第13页。
② 叶向高，字进卿，福建福清人，万历十一年举进士第二人，选庶吉士，授翰林院编修，历官南京国子司业、左中允、左庶子和南京礼、吏二部右侍郎。万历三十五年以礼部尚书兼东阁大学士入阁参机务，四十二年致仕，天启元年又起为元辅，天启四年在激烈的党争中弃官。

《皇明北虏考》、王世贞《北虏始末志》《庚戌始末志》、冯时可《俺答前志》《俺答后志》、王圻《续文献通考》等书。① 由于叶向高官至内阁首辅，可以查阅内阁所藏《明实录》及其他档案资料，所以《四夷考》的史料价值很高，该书成为明代民族史著述的重要史料来源，如茅元仪的《武备志》、何乔远的《名山藏》、谈迁的《国榷》等著作都不同程度地沿袭了《四夷考》的相关内容。清修《明史》的《鞑靼传》《瓦剌传》也参考了《四夷考》的内容。

第五节 《万历武功录》的民族人物列传

《万历武功录》，瞿九思撰。瞿九思（1547—1617年），湖北黄梅人，出生于仕宦之家。父亲瞿晟曾官至太仆寺卿，官声甚佳。瞿九思幼羸弱，五岁就读于家塾，早年丧母，九岁随父赴吉安，19岁以后，遍访名家，当时如曹大章、瞿景纯、林廷机、许毂、罗汝芳、邹善等都曾经指点过他。青年时代已负盛名，江西督学徐璠迎其主白鹿洞书院，后湖北督学胡直迎其主濂溪书院，又讲学于岳麓书院、石鼓书院，还应巡抚赵贡之请纂修《湖广通志》。万历元年（1573年），中举人。万历二年（1574年），因牵连民变，蒙冤入狱，万历五年（1577年）出狱后，又被处以流刑，流至居庸塞下。后经故友张居正援救，获释回乡。

瞿九思关心时政，在流放期间多次入京城搜集资料，回乡后闭门著述，在湖北及江南地区声名鹊起。万历二十二年（1594年），曾被当地官员推荐进入史馆纂修正史，未果。万历三十七年（1609年），湖北巡按御史史学迁推荐其"宜备侍从，上命征翰林院添注待诏"。瞿九思著述丰富，但流传下来的只有《万历武功录》和《六经以俟录》中的《仁统实用编》《蓄艾编》《拟幽赞录》等。

《万历武功录》全书共14卷，176篇，记述了471个人物、56个团体。其中卷一至卷六记北直隶、山东、山西、宣大镇、河南、陕西、宁夏镇、南直隶、浙江、江西、湖广、福建、广东、广西、四川、贵州、云南等地的农民、矿徒、饥民、军兵、白莲教及少数民族起义，卷七至卷十四记述中三

---

① 刘锦：《〈四夷考·北虏考〉的史源及其史料价值》，《内蒙古社会科学》2012年第4期。

边、东三边、西三边外鞑靼、瓦剌、女真等北方各民族的活动事迹。

《万历武功录》中三边记述蒙古的情况，总计为43篇，记述了110位蒙古人物，涉及的蒙古部落有兀良哈三卫、土默特部、喀喇慎部、察哈尔部、鄂尔多斯部等。东三边关于女真的记述有8篇，记述的建州女真与海西女真人物有王台、虎儿罕赤、猛骨孛罗、康古六、歹商、温姐、逞加奴、仰加奴、卜寨、那林孛罗、王兀堂、赵锁罗骨、奴儿哈赤、王杲等。

为撰《万历武功录》，瞿九思广泛搜集材料，前后历时30余年。其搜罗资料用功之勤、用心之苦，堪称治史者典范，展现了作为史家严谨求实的态度。其自序云：

> 日走礼部前正阳门外双塔寺演象所左右，从康、王、陈、李诸书肆穷搜索。每三日为一至，至即移日，甚或至夜分乃去。诸书贾殊厌苦之。
>
> 久之，闻六科有存科，盖日纪载纶音簿籍，余乃从所知交在省中者购得，密登录之。乃执是走抄报所，稽其日全报章，设率与存科合，无阙疑，乃愉快，取大卮酒饮数升。设第阙一疏，必多方谋之四方，至七八年，必尽得乃已。
>
> 京师故重书，即小交际，亦必以一书包裹帕巾，其内题其刺曰"小书一"。余念其中或庸有奇秘书，乃属诸把买从荐绅家童奴收买。设其家故名家，多书史，即尽令诸把买持来余邸中，验问有边事，辄多金市易之。所知交有仕宦在四方者，余必卑恳词，乞其以羌虏倭蛮名籍事状幸告语我。久之，幸稍稍多所得。①

瞿九思搜集到的资料种类很多，有正史、野史、实录、奏疏、诏书、塘报、公文、邸抄、书信、檄文、告示、口碑材料等。另外该书还引述了大量的史书，如《史记》《汉书》《元史》《元朝秘史》《圣武亲征录》等。对明代的实录也多有摘录，如《明世宗实录》《明穆宗实录》。

《万历武功录》成书较晚，在记述蒙古族、女真族史事时，可以全面参考明代边政著作，如岷峨山人撰《译语》、严从简撰《殊域周咨录》、曹汝为撰《附北虏始末》、郑晓撰《皇明北虏考》、杨荣撰《北征记》、冯时可撰《俺答

---

① （明）瞿九思：《万历武功录》，中华书局影印本1962年版。

前志》《俺答后志》、王世贞撰《北虏始末志》、张雨撰《边政考》、王士琦撰《三云筹俎考》、许论撰《九边图论》、方逢时撰《云中处降录》、刘绍恤撰《云中降虏传》、刘应箕撰《款塞始末》与《北狄顺义王俺答谢表》、萧大亨撰《夷俗记》、郭造卿撰《卢龙塞略》、周毓阳撰《全辽图》等。

《万历武功录》的民族史记载颇详，很多记载为其他史籍所无，有些资料甚至是绝无仅有，可补其他史书之不足，与蒙文史料如《阿勒坦汗传》《蒙古源流》相对比，也多相符之处，所以其在当时已很负盛名，《明史》本传中也提及该书，茅瑞征《万历三大征考》和谈迁《国榷》也都采用其对明代北方各民族史实的记述。

第六节 蒙古史、女真史撰述

一 蒙古史撰述

明朝虽然驱逐了蒙古，但有明一代东起辽东、西迄甘肃的九边一线，活跃着蒙古后裔的鞑靼、瓦剌、兀良哈三卫和察合台后人统治的哈密、吐鲁番等部落。他们与明王朝交往密切，时战时和，互相依存，其活动直接影响到明朝的政治、经济、军事、文化等各个领域。蒙古各部一直是明朝边防的重点，为防蒙古的进攻，明朝在东起鸭绿江，西抵嘉峪关，绵亘万里，分兵把守，就是为了抵御蒙古人的南下。明朝沿长城设置了九大军事防区——辽东、蓟镇、宣府、大同、山西、延绥（榆林）、宁夏、固原、甘肃，称为九边即所谓"九边重镇"。"自正德以后，瓦剌、俺答、小王子诸寇，先后扰边，中国宿重以御之，仅仅自保，间有战胜，亦无可纪。"[1] 因此，明朝廷对北边防务极为关注，记述蒙古史的著述也为决策者所必需，明代官方或私人撰述了大量有关蒙古史的著作。

在明代私修史书中，除上述郑晓《吾学编》《北虏考》，何乔远《名山藏》，王世贞撰的《弇州史料前集》卷十八为《庚戌始末志》《北虏始末志》《三卫志》，也专门记述蒙古与明朝的关系。

前述瞿九思撰《万历武功录》14卷，该书有7卷记述了活跃在中三边

---

[1] （清）赵翼：《廿二史札记》，中华书局1984年版，第159页。

（宣府、山西、大同）、东三边（蓟镇、固原、辽东）、西三边（延绥、甘肃、宁夏）的鞑靼、兀良哈自嘉靖至万历间的事迹，多为他书所不载。叶向高著《四夷考》8卷，中有《北虏考》3卷、《朵颜三卫考》1卷，专记蒙古史事。严从简撰《殊域周咨录》24卷，中有8卷记书鞑靼和兀良哈情况。方孔炤的《全边略记》记有明一代边事，其于蓟门略、大同略、宣府略、陕西略、甘肃略、宁夏略诸门，编年记述了自洪武至崇祯活动在九边一带的蒙古各部落的情况。此外，还有茅瑞征的《皇明象胥录》、慎懋赏的《四夷广记》、无名氏的《荒徼通考》，都辑录了大量的关于蒙古的资料。

明代很多镇守边塞及出使蒙古的官员，根据亲身见闻记述了蒙古的情况。刘佶撰《北巡私记》记元顺帝至正二十八年闰七月二十八日出北京，至三十年正月共17个月事始，继有《北平录》记洪武三年徐达、李文忠分道出塞追王保，袭破应昌事。永乐时金幼孜跟随明成祖于永乐八年、十二年两次北征朔漠，归后著《前北征录》《后北征录》。杨荣于永乐二十二年随明成祖第三次北征，归而作《北征记》。正统、景泰间，袁彬、杨铭与英宗同时被瓦剌也先所俘，后来李实、赵荣为明使与也先交涉，事后他们留下了《北征事迹》《正统临戎录》《北使录》《使虏录》等关于"土木之变"的大量记述。刘定之的《否泰录》也是参考上述诸人著述而成。马文升成化初巡抚陕西，与项忠共平土达满四之乱，著《西征石城记》。在嘉靖、隆庆、万历三朝，王琼总督三边军务，作《北虏事迹》《西夷事迹》；曾铣为宁夏总督，议复河套，作《复套议》。嘉靖二十九年，俺答逼扰京师，旨在求贡，冯时可作《庚戌俺答志》以记其事。冯后来又著有《俺答前志》《俺答后志》。赵时春作《北虏纪略》，记当时蒙古各部大小首领40余人。王士琦巡抚冀北、云中、大同时著《三云筹俎考》。隆庆末年，俺答封贡事成，是为明蒙关系之大事，一时间从内阁到督抚，以至于军前，人人为安攘封贡之事奔走，留下不少纪实之作，如阁臣高拱之《防边纪事》《伏戎纪事》《挞虏纪事》，督臣郑洛之《抚夷纪略》，抚臣方逢时之《云中处降录》。其他官吏亦著书述其见闻，如刘应箕之《款塞始末》、刘绍恤之《云中降虏传》。这些著述从各个侧面反映了俺答封贡的情况，为研究这一段明蒙关系之原委留下了丰富的史料。此外，萧大亨在总督宣大时据耳闻目睹的材料，写了《北虏风俗》，与岷峨山人的《译语》成为研究当时蒙古社会内部状况的重要史料。这部分著述由于都是当时人写当时事，所以都是极为宝贵的第一手资料。

明朝的边防以九边为重，为加强边防，明代边防图籍著述十分丰富。这些图籍记述九边之外蒙古的情况，如魏焕撰《九边考》、许论撰《九边图论》、霍冀撰《九边图说》、徐日久撰《五边典则》、刘效祖撰《四镇三关志》、杨时宁撰《宣大山西三镇图说》、冯瑗撰《开原图说》、郭造卿撰《卢龙塞略》、孙世芳撰《宣府镇志》、张雨撰《全陕边政考》、刘敏宽撰《延镇图说》等。王庸编《中国地理图籍丛考》著录九边总图说30种、边镇合志30种、各边镇别志64种、各路关卫区分记91种。[①] 这些边防图籍的著者多为任职兵部或经略一方的官员。这些方志图籍的材料来源，既有历代史传、公文档册，又有不少当时的实际调查材料，因作者熟悉边政，所以记述也比较具体详明。

明代蒙古史的撰述盛于嘉靖、隆庆、万历三朝。明宣德之后，对蒙古的战守日益成为朝野关注的突出问题。万历之后，辽东女真日渐强大，对明王朝的防务构成了威胁，明人研究的重点由蒙古转向女真，此后对蒙古的历史记述则既欠详尽，亦多混乱之处。[②]

明代关于蒙古史的著作种类繁多，但也存在一些问题，这些著作往往互相抄袭，有的在摘抄前人著述时略加自己的见闻，有的甚至完全雷同。如《皇明北虏考》与《九边考》中关于蒙古各部情况的记载，几乎为后来所有叙述蒙古的著作所征引。有些著作虽书名不一、体例各异，但资料却同出一源，有的著作也在转抄的过程中出现了一些讹误。

二　女真史撰述

明朝初年，生活在东北边远地区的女真各部落逐渐南迁。至正统年间，一部分女真部落已迁至吉林省和辽宁省北部及东部一带定居。至此，女真人大致形成三大部分，明朝把他们称为建州、海西、野人女真。明代中期，处于辽东的女真族崛起，对明朝的辽东边防造成威胁。为了解女真的情况，加强东北防务，明朝地方官和学者撰写了很多有关女真发展源流及分布状况的著作，成为明代后期民族历史撰述中的一个重点内容。

---

① 参见王庸编《中国地理图籍丛考》，商务印书馆1947年版。
② 王雄、薄音湖：《明代蒙古汉籍史料述略》，载《蒙古史论文选集》第四辑，蒙古语文历史学会编印，1983年，第388页。

明代中后期记女真史事之书种类较多,其中专门记述女真的史籍有马文升撰《抚安东夷记》、茗上愚公撰《东夷考略》、天都山臣撰《女直考》、张鼐撰《辽夷略》、海滨野史撰《建州私志》等。其他书籍对女真历史也多有记述,如记辽东地理之书有《辽东志》《全辽志》《开原图说》等;筹辽方略之书有程开祜撰《筹辽硕画》、于燕芳撰《剿奴议撮》(附建州考)、喻德龙撰《秘书兵衡》、张一龙撰《武库纂略》、熊廷弼撰《按辽疏稿》等;记辽东战事之书有鹿善继等撰《督师纪略》、王在晋撰《三朝辽事实录》、彭孙贻撰《山中闻见录》、傅国撰《辽广实录》。此外还有兼记辽东事者,有何乔远撰《名山藏》、严从简撰《殊域周咨录》、陈建撰《皇明从信录》、沈国元撰《两朝从信录》、茅瑞征撰《皇明象胥录》、方孔炤撰《全边略记》、瞿九思撰《万历武功录》、李逊之撰《崇祯朝纪事》、谈迁撰《国榷》、陈子龙等辑《明经世文编》等。

在这些著作中,较有代表性的为《抚安东夷记》《辽夷略》《东夷考略》《女真考》。

《抚安东夷记》一卷,明马文升撰。马文升(1426—1510年),字负图,河南均州人,回族。景泰二年进士,官至兵部尚书,卒谥端肃。成化年间,马文升曾三次赴辽东整顿军务,安抚当地诸民族,据亲身经历著成《抚安东夷记》。该书在记述其安抚女真诸部的同时,追述了明初经略辽东地区的历史,包括辽东地区都司卫所的设置、兀良哈三卫的建立和驻地等内容。该书对蒙古首领也先、满都鲁崛起之后给辽东诸族带来的影响与变化也有记述。[①]

《辽夷略》一卷,张鼐撰。该书题名"辽夷",除了记述建州女真各部及海西女真情况,也记述了辽东蒙古及兀良哈三卫分布地、牧放及市赏地点等情况。所记海西哈达、叶赫两部世系,可与清官修《满洲实录》诸书彼此参证。记清太祖努尔哈赤家世,也有参考价值。该书记努尔哈赤长男洪把秃里即洪巴图鲁褚英、贵英把秃里即古英巴图鲁代善、忙哈大即莽古尔泰、黄台住即皇太极、把卜台即巴布泰、阿卜台即阿巴泰、把卜海即巴布海,与清官修史书记载同。努尔哈赤杀长子褚英及杀弟舒尔哈齐二案,均为清官修史书和《清史稿》所讳莫如深。该书明确记载两人系努尔哈赤所杀,可见所记

[①] (明)马文升:《抚安东夷记》,潘喆等编:《清初史料四种》本,《清入关前史料选辑》第一辑,中国人民大学出版社1984年版。

多为信史。该书对努尔哈赤之先世记载相对简略。①

《东夷考略》共4卷。苕上愚公（茅瑞征）撰。茅瑞征曾任兵部职方郎中，熟知四方职贡和边疆诸族的情况。该书首篇《女直》，记秦汉以来女真部族历史沿革；次篇《海西》，记南北关王台、祝孔革部族之发展；第三篇《建州》，记王杲、阿台之事迹，迄努尔哈赤之兴，至万历末年而止。首有《辽东全图》《开铁图》《开原控带外夷图》《沈阳图》《广宁图》《海运饷道图》，较有参考价值。该书记述努尔哈赤为建州之支部，及并有诸部、蔑视明朝的史事，对海西哈达、叶赫两部兴亡史事记载也较为确切。

《女直考》一卷，或作《辽阳图女直考》，亦作《建州女直考》，天都山臣辑，陈继儒订正。此书编辑的目的是给明朝防御女真的决策作参考，以便更好地应对女真人的威胁。《女真考》序云："迩岁建酋以既烬之灰张跋扈，始则诡并部落，继则要挟朝廷，甚而乎启疆也。岂惟授钺者蒿目，即荷犁执椠、岩叟贩夫，有弗裂眦而呼、欲颠其穴者乎？顾不稔其境之邅折，不历溯其类之从滋，亦何异望洋兴叹。自兹《图考》书，而虏在吾目中矣。"② 该书详尽地描绘了明朝时女真族活动区域、与明边境归属甚至一

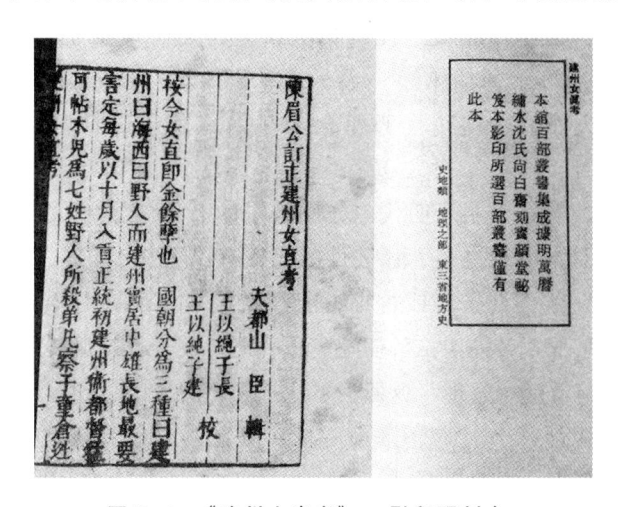

图7-4 《建州女直考》 影印明刻本

---

① 民国二十二年（1933年）谢国桢辑《清初史料四种》，包括马文升《抚安东夷记》、苕上愚公（茅瑞征）《东夷考略》、张鼐《辽夷略》及海滨野史《建州私志》。
② 《建州女直考》，明万历宝颜堂秘笈本。

些重要的军事、军备设施。该书史实绝大多数地方与其他史书一致，但个别地方有出入。如说努尔哈赤的父亲塔克世（他失）是因为"乘醉入我边堡"被边吏所杀，但据多数明代史书记载，努尔哈赤其父他失、其祖父叫场是在引明军攻王杲的战斗中死于战火的。再如记载董山因犯边而被诛，其实是明朝边将诱杀的。由于作者完全站在明朝的立场叙述女真史实，书中含有强烈的仇恨女真的情绪，因此，入清后被军机处奏为禁毁书籍，不容其存世。

第七节　西南地区民族史撰述

明代关于西南地区民族史的著作有数十种，很多已散佚。明黄虞稷撰《千顷堂书目》著录的书目有熊太古撰《西南夷补志》五卷、郭棐撰《岭南诸夷志》二卷、赵钶撰《九夷古事》一卷、钟奇撰《播事述》一卷、杨寅秋《平播录》五卷、卜大同撰《征苗图记》一卷、《平黎纪事》一卷、《粤西土司诸夷考》四卷。《述古堂藏书目》著录《西夷事迹》一卷。《读书敏求记》著录周汝勤《建昌诸夷图》一卷。《澹生堂书目》著录瞿九思《平府江右江诸僮始末》一卷。《百川书志》著录《云南诸夷图》一卷、《贵州诸夷图》一卷。《四库全书存目》著录谭希思《四川土夷考》四卷。

这些失传的著作表明了明代南方民族史的著述的繁盛。现存明代专门的民族史著作仍有数十种之多，代表性的著作有以下几部。

《百夷传》，钱古训撰。钱古训，浙江余姚人。洪武二十七年（1394年）甲戌科三甲第三十六名进士，后任湖广布政司参政。百夷酋长思伦发与缅甸人发生冲突，其奉旨前往处理，返回后，记述了当地山川、人物、风俗，《百夷传》上奏。所谓百夷，《百夷传》云："百夷在云南西南数千里……俗有大百夷、小百夷、漂人、古剌、哈剌、缅人、结些、哈杜、弩人、蒲蛮、阿昌等名，故曰百夷。"[①]《明太祖实录》卷二百四十四载："洪武二十九年二月己丑朔，缅国复遣使来诉，百夷以兵侵其境土。庚寅，遣行人李思聪、钱古训使缅国及百夷。……思聪等还，具奏其事，且著《百夷传》，纪述其山川、

[①]（明）钱古训撰，江应梁校注：《百夷传校注》，云南人民出版社1980年版，第42页。

人物、风俗、道路之详以进。上以其奉使不失职,谓其才可用,甚喜之,各赐衣一袭。"①《百夷传》杨砥序云:"(明太祖)览其书,大悦,即命史官付之史馆。"最早转载《百夷传》的是明景泰时陈文等纂修的《云南图经志书》,署名作者是李思聪;正德时周季凤所修《云南志》也转载了《百夷传》。该书有几个抄本,经民族史专家江应樑考证,认为《百夷传》两个版本,分别为李思聪与钱古训所著,行文与内容详略不同,钱著要优于李著。②

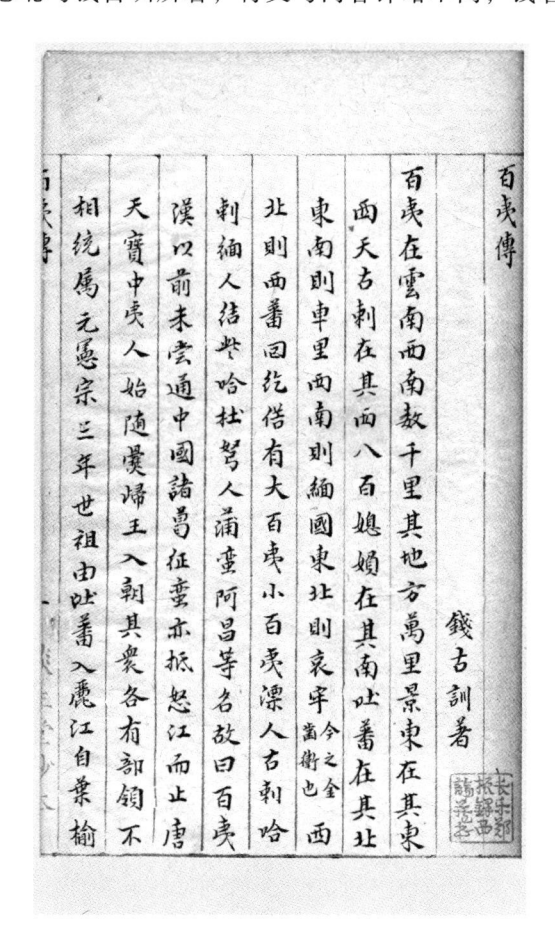

图 7-5 《百夷传》 明抄本

---

① 《明太祖实录》洪武二十九年二月己丑,《钞本明实录》第 2 册,线装书局 2005 年版,第 361—362 页。

② 参见江应樑《百夷传校注》序言,云南人民出版社 1980 年版。

《南夷书》一卷，明张洪撰。① 永乐四年，缅甸那罗塔杀孟养宣慰刀木旦，并其地。张洪奉诏往谕缅甸退还侵地。归著《南夷书》及《使规》。张洪根据亲身见闻，记述了元明之际云南的重要历史事件。如元兵入云南、置行省、赛典赤治理云南的政绩。又记明洪武四年（1371年）至永乐四年（1406年），明军征云南，设立布政司与诸卫事，明初平定麓川、东川、宜良、越州、永宁诸土司事，木邦与麓川之争，缅甸与孟养之争的经过与处理。

《南诏野史》，为杨慎在倪辂原稿基础上编辑而成。嘉靖三年（1524年），杨慎因"大礼议"受廷杖，谪戍云南永昌卫，其间编辑整理了许多云南地方文献。《南诏野史》共两卷，上卷包括南诏之称、南诏考、南诏分野、南诏历代称名不同、南诏历代据土总纲、南诏称谓官制、南诏三十七蛮部、南诏历代；下卷包括段氏总管、南诏历代名宦、南诏历代乡贤、南诏各种蛮夷、南诏古迹、纪事、续纪事、南诏月节词。

《炎徼纪闻》，田汝成撰。② 嘉靖三十七年（1558年）根据见闻写成此书。因岭南炎热，故名"炎徼"。全书16篇，依次为岑猛、岑璋、赵楷、李寰、黄珑、断藤峡、奢香、安贵荣、田琛、杨辉、阿溪、阿向、云南、猛密、猛养、蛮夷。所述皆为明代南方民族史事，如"蛮夷"篇记述了明代苗、罗罗、仡佬、佯僙、仲家、龙家、冉家、僰人、瑶人、僮人、黎人、蛋人、马人等南方各民族情况。

《赤雅》三卷，明末邝露撰。③ 该书上卷记民族，中卷记山川，下卷记物产与古迹。上卷62条，为飞头獠、鼻夷、狄人、狪人、斑衣山子、斑衣种女、乌蛮国、西原蛮、广源蛮、苗、巴人、蛋人、马人。记录了在广西民族地区的见闻，有21条抄自范成大《桂海虞衡志》、周去非《岭外代答》、田汝成《行边纪闻》、魏濬《峤南琐记》。④

《百濮考》，明代大理白族学者董难撰，作者对有关百濮的历史文献进行了细致的梳理，形成了自己的认识，该文是研究百濮历史的重要文献，被收入万历《云南通志》卷十五《艺文志》中，其后明天启《滇志》、清康熙

---

① 张洪，字宗海，常熟人。洪武中，谪戍云南。永乐元年，任行人司行人，使日本，著有《日本补遗》。
② 田汝成，字叔禾，钱塘人。嘉靖五年（1526年）进士。曾任广东佥事，后任贵州佥事，后改广西布政司右参议。
③ 邝露，广东南海人，曾游历广西。
④ 胡起望：《邝露和他的〈赤雅〉》，《民族研究》1981年第2期。

《云南通志》对该文内容皆有所沿袭，仅个别文字有出入。

第八节　西域民族史记述

明朝为防御蒙古，特别注意经营西域，先后设西番七卫，并派使臣出使西域诸国，出兵平定西域的叛乱。当时的使臣和边吏对西域情况多有专门的记述，以陈诚撰《西域番国志》最具代表性。

《西域番国志》，陈诚撰。陈诚，字子鲁，号竹山，江西临川（今江西省抚州市）人，洪武二十七年（1394年）进士，随即选除行人司行人，洪武三十年（1397年）初到安南，谕安南国王陈日焜，责其侵夺思明府一事，这是陈诚第一次奉使出国。同年，除翰林院检讨。建文三年（1401年），往蒙古塔滩里地面招抚鞑靼部落，归后除广东布政司左参议。不久，爆发"靖难之变"，永乐元年（1403年）正月陈诚被流放到北京兴州（后迁良乡）屯戍，历时两年。明成祖朱棣的统治逐渐稳定下来后，开始起用建文时期的旧臣，陈诚得以复官，除授吏部验封清吏司主事。永乐四年（1406年），被选入内府文渊阁预修《永乐大典》，历时五年。永乐十年（1412年），除吏部验封清吏司员外郎，先后五次奉命出使西域。宣德三年（1428年）致仕。英宗天顺元年（1457年）以93岁高龄卒于家。有《竹山文集》传世。

永乐十一年（1413年）九月至十三年（1415年）十月，明朝派使团护送哈烈等国使臣回国，并带敕书及礼品赏赐西域诸国王，陈诚是使团成员。临行前，内阁大学士胡广嘱咐陈诚说："子鲁宜考其山川，著其风俗，察其好尚，详其居处，观其服食，归日征诸史传，求有合焉者，则予言为不妄也。他日国家修纂志书，稽诸西域，以见声教之达，其有待于子鲁之是行乎！"[①] 可见陈诚对西域的记述是负有重任的。实际上，历代使臣地区所至都要形成文字记录，以便向朝廷汇报。这些对少数民族的记录往往是之后编纂正史民族列传的重要资料来源。陈诚回京复命时就完成《西域记》《行程记》《狮子赋》等，呈送朝廷。其中《西域记》即《西域番国志》。

《西域番国志》共记载了西域诸国18处，为哈烈、撒马儿罕、俺都淮、八剌黑、迭里迷、沙鹿海牙、赛蓝、达什干、卜花儿、渴石、养夷、别失八

[①] （明）胡广：《送陈员外使西域序》，《竹山先生文集》补篇卷一。

里、土尔番、崖儿城、盐泽城、火州、鲁陈、哈密，全文仅有 6000 余字，文笔简洁，但内容却极为丰富。书中记述了各地的民族情况，如记别失八里王马哈木，"马哈木盖胡元之余裔，前世锡封于此"①。记哈密，"蒙古、回回杂处于此，衣服礼俗，各不相同"②。记鲁陈城，"有为回回体例者，则男子削发，戴小罩刺帽，妇女以白布缠头。有为畏兀儿妆束者，男子椎髻，妇女蒙以皂布，垂髻于额。俱衣胡服"③。

《西域番国志》的内容见于《明太宗实录》，其后明人涉及西域的著作多取此书，如李贤《大明一统志·外夷》、何乔远《名山藏·王享记》、罗曰褧《咸宾录》等。清朝修《明史·西域传》时对《西域番国志》也多有摘录。

此外，明代关于西域民族的记述还有马文升撰《兴复哈密国王记》、许进撰《平番始末》等。

第九节　方志中的民族史撰述

一　地理志中的民族史记述

继元朝修《大元大一统志》之后，明代较注重纂修地理志及地方志，官方陆续修纂《寰宇通志》《大明一统志》等地理志。此外，私修地理志也有多部，如张天复撰《皇舆考》、陆应场撰《广舆记》、何镗撰《皇明修攘通考》6 卷。

洪武三年（1370 年），明官方修成地理总志《大明志书》。景泰七年（1456 年），陈循、高谷等修成《寰宇通志》，该书卷一百一十九专列"外夷"。在《寰宇通志》的基础上，天顺五年（1461 年）官方修成《大明一统志》，全书共 90 卷，书末的卷八十九、卷九十为"外夷"。该书编纂的目的是"用昭我朝一统之盛"（《御制大明一统志序》），所以，"四夷受官封、执臣礼者，皆以次具载于志焉"（《大明一统志图叙》）。"外夷"所记各国为朝鲜国、女直、日本国、琉球国、西蕃、赤斤蒙古卫、罕东卫、安定卫、

---

① （明）陈诚撰，周连宽点校：《西域番国志》，中华书局 2000 年版，第 102 页。
② 同上书，第 112 页。
③ 同上书，第 111 页。

阿端卫、曲先卫、火州、亦力把力、撒马儿罕、哈烈、于阗、安南、占城、暹罗国、爪哇国、真腊国、满剌加国、古麻剌国、拂菻国、三佛齐国、浡泥国、苏门答剌国、苏禄国、彭亨国、西洋古里国、琐里国、榜葛剌国、天方国、默德那国、古里班卒国、锡兰山国、白葛达国、百花国、吕宋国、合猫里国、碟里国、打回国、日罗夏治国、阿鲁国、甘巴里国、忽鲁谟斯国、忽鲁母恩国、柯枝国、麻林国、沼纳朴儿国、加异勒国、祖法儿国、溜山国、阿哇国、鞑靼、兀良哈。每一国都记述沿革、风俗、山川、土产、古迹、人物等。

《大明一统志》对明代地理志及方志纂修产生了深远的影响。万历三十八年（1610年），程百二、李蒙、孙光寓、郑本烈等撰《方舆胜略》18卷，仿《一统志》设篇立目，附"外夷"6卷。万历年间，陆应炀撰《广舆记》，共24卷，卷二十四为"外夷"，记鞑靼、兀良哈等。张天复撰《皇舆考》，共12卷，分为金、石、丝、竹、匏、土、革、木八集，其中木集卷十为"四夷"。

明代舆图中的民族记述也较为突出，主要有《皇明职方地图》《历代舆图》《皇明舆图》《九边图论》《广舆图记》等。

二 方志中的民族史记述

明代，广西、贵州、云南、四川、湖南、宁夏、甘肃等省民族分布较多，或毗邻民族地区。这些地区官修的方志已成规模，都有专门记述民族的部分。从明代开始，方志对民族史的记述逐渐自成体系，尤其是专门的民族地区的方志，更注重民族地区的建置、沿革、风俗及民族源流的记述，如西南民族地区土司的设置与土司的世系，以"资治"为宗旨，探索总结"制夷"之道，为官方处理民族问题经验的总结。修志者出于"安边""固疆"的考虑，辟出相当篇幅，记载了辖区内外的各民族，予以非常的重视。这种独特的见识，超出其他地区的方志。明代《云南通志》《贵州通志》《广西通志》先后重修数次，均有记述境内各民族的内容。

正德《云南通志》周季凤纂，分地理志、事典、列传、文章、外志五部分，"外志"包括"汉诸夷传""唐诸夷传""宋大理国传""元缅国传"及"本朝百夷传"等。万历《云南通志》李元阳，分为地理志、建设志、赋役志、兵食志、学校志、官师志、人物志、祠祀志、寺观志、艺文志、羁縻志、杂志等。《羁縻志》序云："汉唐西南郡县止于黑水之内，而黑水之外，其地轮广万里，君长以百数，不相统属。国朝编制宣慰、宣抚、长官、安抚等司，正其疆界，明其爵级。及于今二百年来，酋长安其位，夷民保其生，俨然唐虞三代万国朝王之气象，海隅苍生何其幸欤！元儒李京景山传夷方风俗之陋，以今观之，绝不相类，乃知秉彝恒性，无间华夷，顾王化远迩何如也，故作《羁縻志》，而以其风俗大概系之，以见国家四履之盛云。"《羁縻志》的内容包括夷司差发、贡象道路、分制吐蕃、僰夷风俗、爨蛮风俗、滇国始末、白国始末、南诏始末、历代史传摘语九部分。

天启年间，刘文征撰《滇志》，该书共33卷，分地理志、旅途志、建设志、赋役志、兵食志、学教志、官师志、人物志、祠祀志、方外志、艺文志、羁縻志、杂志、搜遗志等。该书卷三十为《羁縻志》，关于《羁縻志》撰述的宗旨，《滇志》"凡例"云："健顺分内外，华夷亦分内外，以健顺施之，华夷必欲并生，生之何云？非内以华夷，归之健顺，又将不治。治之何以云外？自内外之际难，而羁縻之名立。然所谓羁縻，为牛马四足之谓而非，为络首穿鼻之谓而非。盖羁縻者夷狄，羁縻之者中夏，此义不明，为谋焉定。滇之为夷多矣，夷之为患久矣，或在邦域之中，或处邻壤之区，倏去倏来，或嗔或喜。非驾驭无以止生心，非堤防无以杜窃发，非镇静无以塞边衅，非预备无以应猝然。推此类也，即滇缅不侵判者久，然而不可忘也。乃知葆就之一言，未尽御夷之上策，姑以举号戎狄之义律焉。是为滇外，志《羁縻》次十二。"《羁縻志》包括"土司官氏""属夷（附贡道）""种人""缅甸始末""外传"等。"种人"部分包括爨蛮、僰夷、白人、普特、窝泥、姆鸡、僰喇、磨些、力些、西番、古宗、怒人、扯苏、土人、土獠、蒲人、侬人、沙人、羯些子、峨昌、缥人、哈喇、缅人、结㿱、遮些、地羊鬼、野人、喇记、孔答、喇吾、比苴、果葱、喇鲁、阿成。

万历《广西通志》（戴耀主修，苏濬编纂，杨芳刊行），共42卷，依次为本纪、舆图、疆域、沿革、分野、气候、节序、风俗、山川、藩封、建官、城池、公署、祀宇、关梁、学校、选举、财赋、兵防、名宦、迁客、人物、节妇、外夷、艺文、杂纪。卷三十一至卷三十四为《外夷志》，包括右江土官、左江土官、朝贡、承袭、征戍、种类、御夷、武功、善后、安南等部分，分府、州来介绍土司，每节后都有"论"，总结了制夷的经验。

《黔记》60卷，明郭子章撰。郭子章，江西泰和人。万历二十七年（1599年）官贵州巡抚，前后历十年。《黔记》成书于万历三十一年（1603年）。该书卷五十六至卷六十记述了土司和各族情况。如卷五十六为宣慰列传，记述了宣慰安氏、宣慰宋氏的世系与历史；卷五十七为故宣慰列传，记述了思南田氏、播州杨氏的世系与历史；卷五十八为土司土官世传，即分叙明代贵州各地的土司土官状况，包括宣慰司属土司、贵阳军民府属土司、定番州属土司、新贵县土官、思南府属土司、石阡府属土司、黎平府属土司、思州府属土司、镇远府属土官土司、铜仁府属土官土司、都匀府属土官土司、普安州属土官土司、永宁州属土司、镇宁州属土司、安顺州属土司、龙里卫属土司、新添卫属土司、平越卫属土官土司；卷五十九为诸夷，记述苗人、罗罗、犵、狫、犿獀、仲家、宋家、龙家、四龙家、土人、蛮人、峒人、杨保、僰人等民族的社会与习俗；卷六十为西南夷总论，辑录了历代正史中关系西南民族的记述。

《滇略》，谢肇淛于云南任官时所撰。全书共10卷，共10门，包括版略、胜略、产略、俗略、续略、献略、事略、文略、夷略、杂略。卷九为"夷略"，谢肇淛在其序中说："西南诸夷种类至多，不可名纪，然大端不过二种，在黑水之外者曰僰，在黑水之内者曰爨。僰有百种，爨亦七十余种。"僰包括小伯夷、大伯夷、蒲人、阿昌、缥人、哈喇、古喇、缅人、结粺、遮些、地羊鬼、哈杜、戛里；爨包括磨些、斡泥蛮、野蛮、普蛮、罗婺、黑爨、白爨、木察、侬人、沙人、猡猡、麽些、冬门、寻丁、俄昌、散摩、都猡猡、土獠、沙蛮等。

明代地方志对苗人记载较多，明弘治时所修《贵州图经新志》中已经有了东苗、西苗、紫江苗、苗质等的记载，嘉靖《贵州通志》中对苗的记载更为翔实，凡贵州境内各府州县和卫所，有苗人定居者皆有专项的苗人风俗及其社会文化状况的专条介绍，而使用的族称，是针对苗人的哪一个支系而取，已经能够做到准确考订。其中在"镇远府"卷，就有一则专门描述苗人按习惯法审理案件的生动记载，对认识苗人习惯法有重要的史料价值。万历《贵州通志》对苗人各支系的记载，大致承袭嘉靖《贵州通志》的记述，只是个别部分稍有充实。

嘉靖八年至十六年，任洛、徐文华等纂修《辽东志》[①]，该志卷九为"外志"，书中说明了"外志"的编纂宗旨，"外志者，诸夷之边辽者也。在夷狄而志之，何也？安攘之计不可废也。志其古今沿革，知其险夷也；志其

---

① 任洛，字仲伊，号西溪，河南钧州人。正统六年进士，初任桐乡知县，后历官左金都御史，有"循良之称"。巡抚辽东时撰成《辽东志》。

卫所居处，知其强弱也；志其驿传，知其向道也；志其贡物，知其咸宾之诚也，王者无外也，辽志终矣"①。"外志"包括"外郡""外夷卫所""外夷贡献"三目，"外郡"记述了历史上在辽东活动或与辽东地区有密切关系的各民族，包括朝鲜、九夷、马韩、辰韩、弁韩、挹娄、勿吉、肃慎、倭、濊、女真、契丹、室韦、地豆于、库莫奚、徒河段日陆眷、慕容鲜卑、定安、驱度寐、鲜卑、轲比能、乌桓、夫余、高句骊、新罗、豆莫娄、沃沮、百济、渤海、虾夷、白霤、建州、生女直、乞列迷、乞黑迷、北山野人、野人、苦兀、吉里迷、乌洛侯等。该书附有《开原控带外夷山川图》。

嘉靖甘肃《肃镇华夷志》，又称《肃镇志》。嘉靖二十三年（1544年），肃州兵备道副使张愚创修，万历四十四年（1616年），肃州兵备道副使李应魁续修。全书共4卷，36目，有《西域疆里》《内地驻牧番夷》《属夷内附》等内容。在《沿革》一节中，有"附内地住牧番夷"条，记录了畏兀儿、哈剌灰以及瓜州、赤斤、苦峪、王子庄、柴城儿、骗马城、大草滩等地东迁之各部族的居住地、头目、账房及人口数，而且对嘉靖二十八年杨博重新安置的情况也作了记载。在全志最后，专列了《属夷内附略》，内分"种属""族类""住处"和"风俗"等目，以大量篇幅记叙了各卫诸部东迁以及牧居地的变化情况及各部的分化、组合和最后的安置地、头目、人口。

明代还开创了边关志、边镇志、卫志等，如许论撰《九边图论》、魏焕撰《皇明九边考》、张雨撰《全陕边政考》，郑汝璧撰《延绥镇志》撰、刘效祖撰《四镇三关志》、詹荣撰《山海关志》，卫志有撰《岷州卫志》《洮州卫志》《甘州卫志》等，因边关临近民族地区，所以这些志书对民族情况多有记述。

《皇明九边考》，魏焕撰。② 魏焕任兵部职方清吏司主事时，利用职务之便，广泛搜集边防资料，汇编成书。魏焕在《皇明九边考》引言中交代了编纂的宗旨："兵部职方清吏司掌天下地图、城隍、镇戍、烽堠之政，其要害重大者，莫如九边，而事之不可臆度者，亦莫如九边。本兵之在朝廷，九边之枢也，其机自职方始，非考验素定，宁无负明时之委耶？焕不敏，承乏是

---

① （明）任洛等纂修：《辽东志》，明嘉靖十六年（1537年）重修刻本。
② 魏焕，字原德，湖南长沙人，嘉靖八年（1529年）进士，曾任嘉兴府推官，历任兵部职方司主事、兵部员外郎等职，后升任四川金事。

司，窃用惧焉。乃拣集堂稿，博采边疏，询诸边将、译使，有所闻遂书之册，积久编次成书，分类备考。"①

《皇明九边考》共 10 卷，正文由边图和考述文字两部分组成。其中第一卷为九边通考、九边总图，即总论，又有分镇戍通、经略通考、番夷通考；以下九卷分别是辽东边图、镇考；蓟州边图、镇考；宣府边图、镇考；大同边图、镇考；三关边图、镇考；榆林边图、镇考；宁夏边图、镇考；甘肃边图、镇考；固原边图、镇考。各卷又分"疆域""保障""责任""军马""钱粮""边夷""经略"等诸目，叙述九边事宜。而各个部分之间均以实用为指归，在逻辑上环环相扣："惧夫夷险之弗辨也，于是有疆域考；惧夫防守之弗严也，于是有表彰考；惧夫将领之弗职也，于是有责任考；惧夫骑射之弗精也，于是有军马考；惧夫刍粮之弗充也，于是有钱粮考；惧夫寇虏之莫知所从来也，于是有外夷考；惧夫筹画之弗审而无以为应变之地也，于是有经略考。"② 该书"番夷通考"对北边各民族历史进行了概述，其余每卷的"边夷考"都详细叙述了明代九边之外各种夷人特别是蒙古族的分布情况。记述的内容还涉及朝鲜、女真、兀良哈三卫、土达、近番、亦不刺、哈密等情况。

《皇明九边考》引用的史籍较为丰富，如有桂萼的《舆图要览》、许论的《九边图论》、李贤主持修纂的《大明一统志》等书。魏焕对该书的史料来源进行了说明，其中"番夷始末考之《一统志》，参以边将、译使之言"，"番夷部落之强弱，支派之分合，多出虏中走回人之言，录之以预防者采焉"③。

《四镇三关志》，刘效祖撰。刘效祖受蓟辽总督杨兆复委托，于万历二年至四年（1574—1576 年）撰成。四镇指蓟州、昌州、保定、辽东四镇，三关指居庸关、紫荆关、山海关三关。全书共 10 卷，分建置、形胜、军旅、粮饷、骑乘、经略、制疏、职官、才贤、夷部，共十考。其中"夷部"包括外夷、附入贡、属贡、入犯等。

---

① （明）魏焕撰，薄音湖、于默颖点校：《皇明九边考》，《明代蒙古汉籍史料汇编》第 6 辑，内蒙古大学出版社 2009 年版，第 205 页。
② 同上。
③ 同上书，第 206 页。

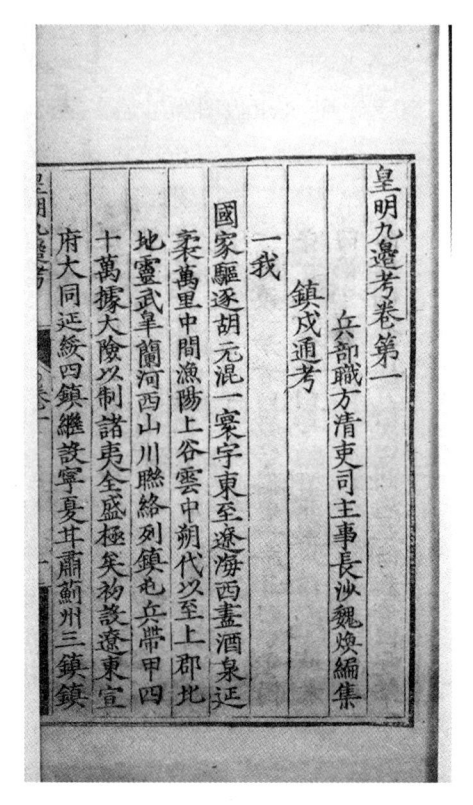

图 7-6　《皇明九边考》　明刻本

第十节　少数民族文字的民族史撰述

　　明朝统一了中国的大部分地区，元朝王室的后裔各部总称鞑靼或瓦剌，退守长城以北，有时与明朝对抗，有时归顺明朝，接受册封，保持着友好往来。明朝东北地区的蒙古族统称兀良哈三卫。东北的女真族地区设奴儿干都司，在西部藏族地区设乌斯藏都司和朵干都司，在新疆、甘肃等少数民族地区设哈密等八卫，在南方少数民族地区确立并完善了土司制度。
　　明一代少数民族经济、文化有了进一步发展，一些民族文字书籍的编撰继续加强，形成了新的历史文献；另一些民族由于自身逐渐消亡，其文字使用也随之终止。

一 《华夷译语》中的历史记述

随着各民族政治、经济、文化往来的加强，由政府设置专门的少数民族语文的翻译机构，成为明代少数民族文字文献发展的重要内容。

明代建立了培养外国与国内少数民族语文翻译人才和翻译朝贡文书的专门机构四夷馆。永乐五年（1407年）三月明成祖命礼部选国子监生38人学习翻译民族文字书籍，这些人便成了四夷馆第一批学生。四夷馆分为8个馆："四夷馆有八：曰西天，曰鞑靼，曰回回，曰女直，曰高昌，曰西番，曰缅甸，曰百夷。永乐所设也。"① 后随着对外交往的增加，又在正德六年（1511年）增设八百馆（掸族），万历六年（1578年）增设暹罗馆。② 四夷馆隶属翰林院，由太常寺少卿（正四品）主事。

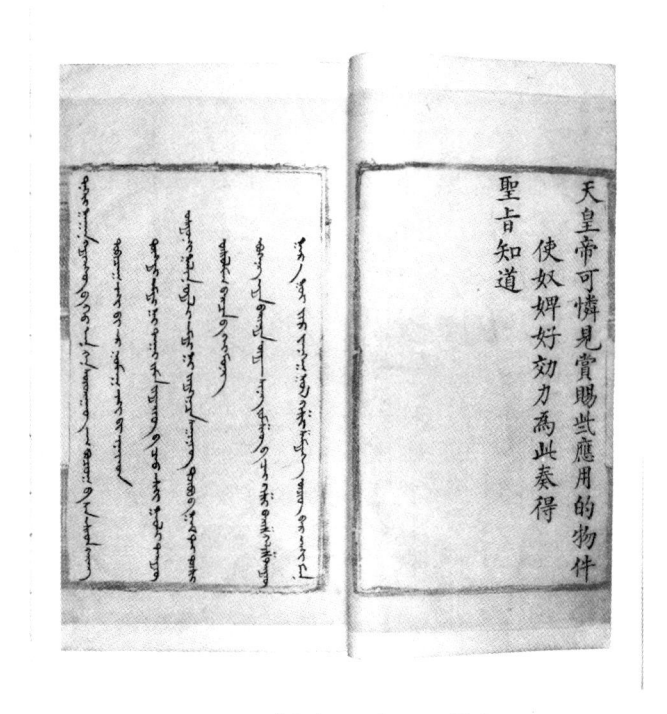

图 7-7 《华夷译语》 明抄本

---

① （明）郎瑛：《七修类稿》卷十二《国事类》。
② 《明史》卷七十四《职官志三》，中华书局1974年版，第1797页。

四夷馆除教学外，另一重要任务便是翻译外国和少数民族地区的来文和皇帝给他们的敕谕及朝廷回函。

四夷馆通过翻译和教学实践，编撰了一套《译语》，以供各馆使用。这些《译语》内容分"杂字"和"来文"，有外文或少数民族文字与汉文对照。

四夷馆所编的《译语》中的"来文"，是各馆将辖管地区的朝贡文书选辑成册，加以汉文翻译而成，其中记载了外国和少数民族地区向明朝的朝贡活动，反映了明政府与外国和边境地区在政治、经济等方面的相互关系，保存了不少各民族的史料，有的可以补史籍记载的不足；而"杂字"是将朝贡文书中常用的词摘出以汉文对照而成，也反映出当时少数民族的历史和文化特点。

二 蒙古文历史文献记述

元朝灭亡后，蒙古统治者退居蒙古草原，史称"北元"。后汗国分为东西两部。即"鞑靼"（蒙古本部）和"瓦剌"。东北地区的蒙古族称"兀良哈三卫"，属蒙古本部，名义上接受明朝的卫所之名。明朝在西北地区的哈密和甘新（甘肃、新疆）设立羁縻卫，管理蒙古各部，称为哈密卫和关西七卫。另外在察合台汗国故地别失八里和吐鲁番也有大批蒙古人，这些蒙古族后来接受了伊斯兰教，逐渐被畏兀儿人同化。

明朝在一些蒙古卫所设立儒学，许多贵族领主受过良好教育。当时蒙古族译经、学经成为风气，撰写了多部有影响的史书。

明代官修图书机构主要是翰林院。前述洪武十五年（1382年）翰林院侍讲火原洁等编类《华夷译语》，此外他们还奉敕将元朝国史"脱卜赤颜"译成汉文。

明代蒙古族继承珍视历史的优良传统，在明代蒙古族处于分裂、动荡的大环境里，仍然有不少重要的历史学著作问世。这一时期黄教传入蒙古族地区。明代的蒙古文史学著作，多形成于明代晚期，无论是内容还是观点都受到藏传佛教的深刻影响，但这些史书依然为后世保留了一批重要的历史文献，而且其体例和风格也影响了后来的历史著作。

《白史》，蒙文名为《查罕图克》，是一部忽必烈时代颁布的圣旨、法规和典章的总汇，其内容包括政治、法律、道德、哲学、宗教、历史、军事等多方面，有很高的史料价值，可补《元史》等史书的不足，是明代用蒙古文撰写的最早的历史文献之一。16世纪末于松州（今内蒙古自治区赤峰市）发现，一直以抄本流传。

《阿勒坦汗传》（又名《俺答汗传》）是现存用蒙文撰写的明代蒙古历史的较早的著作，成书于1607—1611年，作者佚名，据考证应是俺答汗贴身侍从官员。作者根据俺答汗义子达颜恰的记录和自己的亲身经历、见闻写成此书，是以年代为序的韵文体，详述了俺答汗的生平和黄教在蒙古传播的情况。书中的记载可与汉文史籍相印证，还可补《明实录》等史籍的不足，是研究明代蒙古政治、经济、军事、宗教等方面的重要文献。① 此书现藏于内蒙古社会科学院图书馆。

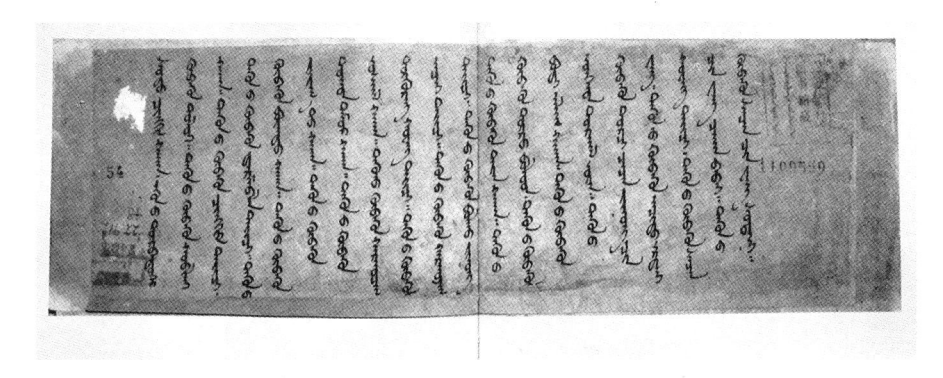

图7-8　蒙古文《阿勒坦汗传》　明抄本

《黄金史纲》，俗称《小黄金史》，作者佚名，成书约在1604—1627年之间。此书记述了古代蒙古至林丹汗时代约270多年的历史，是《蒙古秘史》之后流传至今的最早一部蒙古编年史。书中关于成吉思汗家族的记载与《蒙古秘史》有异。该书对14—16世纪明代蒙古鞑靼、瓦剌两部历史记载尤详，记载历史事件比较翔实，年代较为准确。作者深受佛教的影响，记述了印度—西藏—蒙古的王统，第一次提出了印度、西藏、蒙古同源说。这一虚构的谱系成为一种模式，为此后蒙古编年体史书所采用。② 正如有的专家所论："17世纪蒙古史家用佛教历史观编造的印、藏、蒙同源论这一史学模式，用佛教历史观解释并篡改、歪曲蒙古历史，炮制出了以宗教作为核心纽带的不

---

① 张碧波、董国尧：《中国古代北方民族文化史》，黑龙江人民出版社2001年版，第941页。
② 朱风、贾敬颜译：《黄金史纲》，内蒙古人民出版社1985年版。

同国度的世俗统治者血统同源的理论。"①

17世纪蒙古史家以成吉思汗—忽必烈系为正统，维护成吉思汗的孛儿只斤氏"黄金家族"的合法统治。所谓"黄金家族"是指包括成吉思汗系后裔及其兄弟后裔的孛儿只斤氏家族。当时的蒙古汗廷已经把黄金同皇家联系起来，黄金家族、黄金生命、黄金门槛、黄金缆绳等都是皇家御用的专词。明代蒙古史书不止一部称《黄金史》，大概就是沿袭了古老的传统。

图7-9　蒙古文《成吉思汗黄金史》　明末写本

《本义必用经》为藏传佛教在蒙古地区早期传播史，作者锡埒图·固什·却日吉，为16世纪末17世纪初蒙古翻译家和史学家。此书保存了有关蒙古与西藏关系的大量史料。

17世纪30年代，女真人征服了漠南蒙古，喀尔喀蒙古和漠西的卫拉特蒙古也受到威胁。蒙古末代大汗林丹汗的败亡，标志着自成吉思汗以来蒙古

---

① 希都日古：《17世纪蒙古编年史与蒙古文文书档案研究》，辽宁民族出版社2006年版，第83页。

汗统的断绝。蒙古贵族不得不臣服于满洲人，而蒙古史学家们出于热爱本民族的情感，开始撰写本民族的历史，"满洲的统治往往成为蒙古人撰写自身历史的催化剂"①。

17世纪托忒蒙古文创制之后，卫拉特蒙古开始以托忒文记述卫拉特蒙古史。主要的史籍有《太古到固始汗时代的历史》《四卫拉特史》《和鄂尔勒克史》《卡尔梅克诸汗史》《蒙古溯源史》等。②

三　察合台文历史文献记述

维吾尔史学在不同时期受到不同宗教的影响，早在回鹘汗国的碑铭中，多处透露出萨满教影响的痕迹；高昌回鹘时期，受佛教的影响；喀喇汗王朝开始，伊斯兰教对维吾尔族史学产生了深远的影响。③

从14世纪开始，新疆和中亚地区的突厥语民族在喀喇汗王朝维吾尔语的基础上逐步形成了一种共同的、超方言的书面语，由于宗教的关系，这种书面语受到阿拉伯语和波斯语的强烈影响。由于这种文字是察合台汗国的官方书面语，故称之为察合台文。④ 在察合台文通行的几百年中，出现了许多著名的思想家、文学家、史学家和科学家，留下大量的文献资料，其中也包括历史著述。

明代的西域仍然广泛通行察合台文，在东察合台汗国和叶尔羌汗国，都涌现出大量的察合台文的哲学、历史、文学、医药、天文等方面的著作，是察合台文的鼎盛时期。这一时期有代表性的史学著作不少，积累了维吾尔族史料，表现出当时的史观和对多维民族关系的认识。

伟大的诗人、思想家纳瓦依（1441—1501年）的作品是察合台文献中最光辉、最有影响力的代表。他的作品500多年来对维吾尔文化、艺术的发展产生了深刻的影响，受到广大维吾尔族民众和其他突厥民族的喜爱。他创作的主要是文学作品，如《四部抒情诗集》《五部长诗集》《书信录存》《名人之谈》《两种语言之争论》《五种惊愕》《心中独钟》等，其中也有关于历史的思考。

---

① 乌兰：《〈蒙古源流〉研究》，辽宁民族出版社2000年版，第5页。
② 史金波、黄润华：《中国历代民族古文字文献探幽》，中华书局2008年版，第210—217页。
③ 参见阿地力《维吾尔史学发展研究（八世纪—十七世纪）》，硕士学位论文，新疆大学，2006年。
④ 安瓦尔·巴依图尔：《察合台文和察合台文献》，载《中国民族古文字研究》，中国社会科学出版社1984年版。哈米提：《察合台文》，见《中国民族古文字图录》，中国社会科学出版社1990年版。

图 7-10　察合台文《纳瓦依诗集》

　　叶尔羌汗国是由苏檀萨亦德在 1514 年建立的一个汗国，至 1680 年为准噶尔所灭，历时 166 年。在叶尔羌汗国前期，众多的史学、文学作品纷纷问世。在《拉失德史》等历史文献中，叶尔羌汗国的政治、经济及发展情况都有记载。

　　《拉失德史》是一部重要的史学著作，作者米儿咱·马黑麻·海答儿（1499—1551 年），是一位政治家、军事家，也是文学家和史学家。他目睹并亲身经历了叶尔羌建国前后的许多重大事件，还担任太子拉失德的老师。1540 年他攻占了克什米尔，并在那里统治了 11 年。在这段时间里他创作了《拉失德史》。此书分为两编，第一编为《正史》，以编年体形式记述了从秃黑鲁·帖木儿汗皈依伊斯兰教到拉失德时代近 200 年的历史；第二编为《史迹概述》，记述作者本人的回忆录。《拉失德史》用波斯文写成，书成不久即有察合台文本传世。[①] 此书有很高的史料价值和学术价值，对以后的一些

[①] 米尔扎·穆罕默德·海达尔著，新疆社会科学院民族研究所译：《中亚蒙兀儿史——拉失德史》，新疆人民出版社 1983 年版。李进新：《新疆伊斯兰汗朝史略》，宗教文化出版社 1999 年版。阿布都克里木·热合曼主编：《维吾尔文学史》，新疆大学出版社 1998 年版。

史传著作产生了深远的影响。书中用充满诗意的语言表达作者对历史事件的态度，在描写历史人物时常常用韵文来表现，历史内容与艺术表现手段达到了完美的统一。①

《拉失德史》汇集了大量资料，其史料来源包括《胜利之书》《世界征服者史》《史集》等大量史学著述。《拉失德史》记述了从东察合台汗国的第一代君主秃黑鲁·帖木儿（1347—1363 年在位）至叶尔羌汗国的第二代君主阿不都·拉失德汗（1533—1559 年在位）两个多（1347—1559）世纪的历史。其体裁和主要内容类似于中国的"正史"：（1）本纪，是该书的基本内容和主题，按年代记述帖木儿叶尔羌汗国统治者的生平事迹和业绩；（2）世家，主要记载诸侯和贵族的历史，如撒马尔罕、河中、东察合台汗国、喀什噶尔、和田等地方贵族和统治者的历史；（3）列传，记载了秃黑鲁·帖木儿、阿巴拜克儿、羽奴思汗、萨亦德汗等重要人物的历史；（4）表，列出了错综复杂的社会情况和无法一一写入列传的众多人物，如各行各业的学者、统治者、官员、随从等；（5）史论，是对历史人物和历史事件的评论。书中还有东察合台汗国与马维阑纳儿王国、东察合台撒马尔罕的关系方面的珍贵资料。特别是关于乌兹别克、撒里维吾尔、柯尔克孜族、哈萨克族、吐蕃的史料，印证、补充和订正了汉文史料，提供了西域民族史、民族关系史的重要资料。

《拉失德史》的影响比较广泛，此后的《喀什噶尔史》《编年史》《和卓传》《伊米德史》《安宁史》等历史著作都大量地引用过此书的内容和材料。

四　藏文历史文献记述

明朝建立后，参照元朝旧制，加强了对西藏的管理，设立都指挥使司或军民元帅府管理藏族地区。明代整个藏族地区受命于朝廷，汉、藏各族之间团结友好。藏族地区封建经济发展，文化艺术繁荣。

这一时期，藏族史学有了显著发展，编撰藏族的历史著作形成高潮，《汉藏史集》《贤者喜宴》《青史》等重要史学著作陆续问世。

15 世纪，藏族地区有两部著名的史籍先后编撰完成，1454 年成书的

---

① 米尔扎·穆罕默德·海达尔著，新疆社会科学院民族研究所译：《中亚蒙兀儿史——拉失德史》，新疆人民出版社 1983 年版。米尔扎·穆罕默德·海达尔著，王治来译：《〈拉失德史〉译文校注》，新疆人民出版社 1985 年版。

《汉藏史集》便是其中之一。《汉藏史集》作者达仓宗巴·班觉桑布,后藏叶茹人,其事迹迄今未见载于史书。全书分上下两篇,上篇主要记述印度、汉地、木雅(西夏)、吐蕃、蒙古之王统及蒙藏关系史;下篇记载萨迦世系及萨迦政权历任首领本钦的历史,各教派的传承史,夏鲁万户、江孜法王等地方首领的家族历史。① 该书详细记载了元朝与西藏地方关系中宗教、军事、赋税、法律、驿站设立、本钦委任等方面的珍贵史料。由于《汉藏史集》对统领西藏地方的萨迦政权以及与藏族相关地区的多方位的记述,使藏史学界对元朝与西藏的统属关系有了更为全面的认识,更加凸显了这部史学名著的史料价值。

藏族注重修史,《汉藏史集》强调了史学的重要作用:"以前,在此吐蕃地方已有众多贤哲编写的史籍,这众多的史籍全都如同黄金一样宝贵,由珍贵的语言所集成的文句,犹如用清净之心编织成书籍,他们简明扼要如同从时间长河中淘出的金沙,成为学者们的珍宝,使具缘之人读后心生快乐。"② 缮写此书者称赞此书:"叶达仓宗巴·班觉桑布所著之《汉藏史集》,由各种王统、史籍摘要汇集而成,其简明流畅之文字,在此幸福美妙之人世,犹如饥渴之中送来佳肴美食。"③ 因《汉藏史集》内容丰富、资料翔实,后世以其为主要依据的研究著述很多。

《贤者喜宴》作者巴卧·祖拉陈瓦(1504—1566年),是西藏佛教噶举派噶玛支系的第九世活佛。该书始著于藏历第九甲子至木蛇年(1545年),经过21年才编纂完成。全书分5编17章,是一部藏族通史。上至远古传说,下至元明时代。内容立足藏区,广及中原内地、突厥、苏毗、吐谷浑、于阗、南诏、西夏、蒙古、勃律等地。对印度、克什米尔、大食也有涉及。第一编为世间总论;第二编为印度部分;第三编为西藏部分,分十章,是本书的重点,以吐蕃王统世系史和藏传佛教教派史为主;第四编为于阗、中原早期王统世系史,西夏、霍尔(指蒙古)及中原后期王统世系史;第五编为五明文化简史。该书围绕西藏的政治、宗教、法律、历史、文化、医学、音乐、建筑、绘画等主题,对明代以前的西藏社会进行了详细的记述,在叙述重大历史事件时弥补了传统著作中的某些缺陷,特别是其中的吐蕃王臣史、

---

① 达仓宗巴·班觉桑布著,陈庆英译:《汉藏史集》,西藏人民出版社1986年版,第313页。
② 同上书,第346页。
③ 同上书,第347页。

噶玛教派史更为翔实,很有特色。书中引用了吐蕃以来大量的碑铭、诏令、书函、律令等原始文献,大多数材料与敦煌本藏文写卷和汉文史料都能互为印证,是研究西藏地方历史文化不可或缺的重要史籍。①

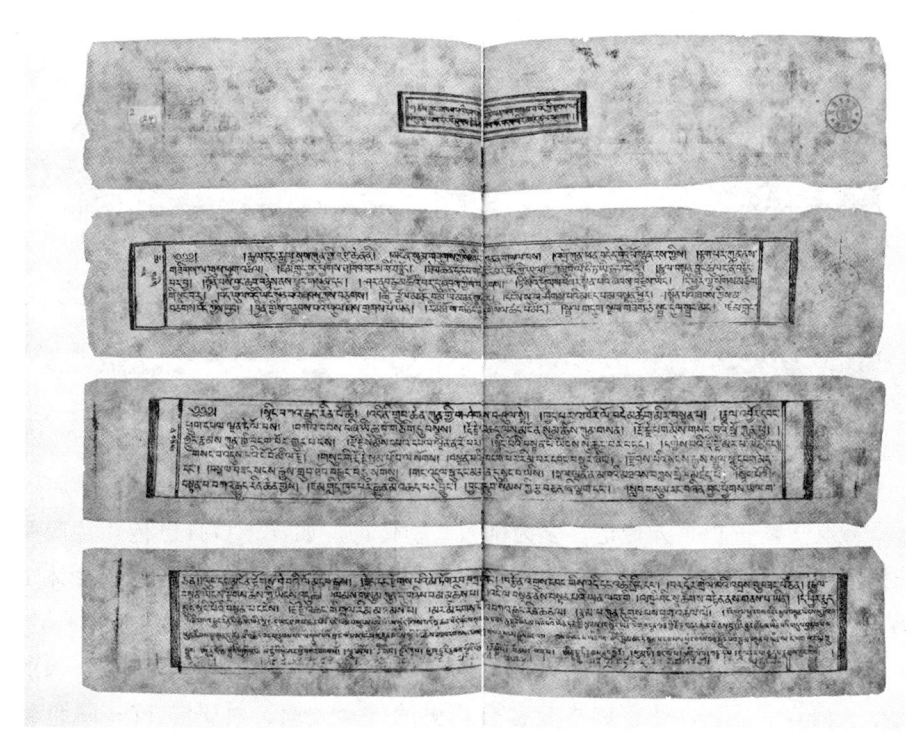

图 7-11 藏文《贤者喜宴》 明刻本

《青史》由噶举派僧人管氏家族译师廓诺·熏奴贝(意桑则巴)(1392—1481年)撰著,也是当时编著的一部重要藏文史书。该书成于明成化十二年至十四年(1476—1478年)。此书引用了汉、藏、梵文等资料,涉及佛法来源、前后弘期,以及密宗、因明等,涉猎广泛,形式采用编年体,纲目分明,取材丰富,被推崇为信史。②

《新红史》由班钦·索南查巴(福称)于嘉靖十七年(1538年)撰著,根据前代蔡巴·贡噶多杰的《红史》进行修改、补充而成。此书叙事脉络清晰,语言简练,朴实无华,史实多而议论少,是研究元、明时期藏、汉、蒙

---

① (明)巴卧·祖拉陈瓦,黄颢、周润年译:《贤者喜宴》,民族出版社1986年版。
② (明)廓诺·熏奴贝:《青史》,郭和卿译,西藏人民出版社1985年版。

古等民族关系的重要古籍。①

《萨迦世系史》由阿旺贡噶索南著,成书于崇祯二年(1629年),记载了萨迦款氏家族数十个人物的事迹,其中多数是萨迦派的宗教首领,所以也可以看作是萨迦派高僧的一部合传。②

图 7-12 藏文《萨迦世系》 明刻本

藏文史籍重视个人传记,多为佛教人物传记。如《米拉日巴传》为噶举派僧人桑杰坚赞(1452—1507年)于弘治元年(1488年)编著的纪传体史书。该书采用问答形式记述噶举派第二代祖师米拉日巴(1040—1123年)早年坎坷的境遇、奋发复仇的经历,最后皈依佛法、游历讲经、终成正果的一生,内容广泛,涉及藏族古代社会历史的许多方面,对研究11—12世纪西藏社会生活和宗教文化有重要参考价值。③

一些少数民族典籍缺乏确切的成书时代,而藏文史书一般都有纪年。吐蕃的纪年方法受汉地影响很大,据《西藏王统记》记载,早在松赞干布的父亲囊日松赞当政时期,汉地的历算书就已转入西藏。吐蕃最早的纪年法是十二生肖法,公元1027年藏族形成了"饶迥纪年法",将十二生肖配合阴阳五行,形成60年循环纪年,与汉地的甲子纪年法始终保持一致。

藏族史书形成了一定的分类体系。主要分为三大类型,即教法史、王统史和传记。前述《布顿佛教史》《红史》《青史》《贤者喜宴》《新红史》等

---

① (明)班钦·索南查巴:《新红史》,黄颢译,西藏人民出版社1984年版。
② (明)阿旺贡噶索南:《萨迦世系史》(藏文版),民族出版社1986年版。阿旺贡噶索南著,陈庆英、高禾福、周润年译注:《萨迦世系史》,西藏人民出版社2002年版。
③ (明)桑杰坚赞:《米拉日巴传》,刘立千译,四川民族出版社1985年版。

为教法史；《西藏王统记》等为王统史；《米拉日巴传》等为个人传记。此外，藏族史籍还有史册、编年史、世系史、法嗣、地方志、年表、名录等。①

明代的藏文史籍保存了大量有关藏族和藏族与其他民族关系的史料，具有重要的史学价值，但其多数叙事方法以佛教发展为主线，有附会史实之嫌。

五 彝文历史文献记述

明代彝族土司连成一片，相互支援，明朝根据彝族地区不同情况采取派设流官或封设土司的方法治理。贵州水西彝族土司首领曾三次入朝，密切了与中原的关系。14—17世纪，由于中原王朝派驻屯兵，大批汉人陆续进入彝族聚集区。

彝族历经隋、唐、宋、元时期，又先后出现了几位著名文学家兼史学家，他们都对史学写作提出了精辟的见解。著名史学家布塔厄筹继承了举奢哲的诗与史比较的方法论，在《论诗的写作》中曾说："古时奢哲说，写史抓大纲，有纲就明详。"他还认为"史须这样写：纲目贵分明，史实信为美"。又说"论史要明畅，探史要探根，根由要辨明"。可见当时已认识到写史探寻根源，辨明原委，以保证史实的真实性；同时也论述了写史的方法，强调纲目的重要性。② 另一文学家兼史学家举娄布佗，将彝文古籍作了大致的类别划分："六祖历史书，彝地记事书，彝地论事书，彝地祭祖书，彝地歌场书，天地星象书，彝地分日书，彝地分月书，世间人生书，人类历史书……"由此可见当时的彝文书籍中多与历史记载有关。③

在明代，彝文文献的编纂已经发展到一个新的阶段。彝文文献记载了古代彝族从原始社会、奴隶社会到封建社会等历史时期的各方面社会历史。彝族的历史著作，有的反映民族发展历史，有的记录家支世袭、人物和事件，也有的记录人民起义。彝族创世史诗作品有所谓"四大创世史诗"，即大小凉山彝区流传的《勒俄特依》、云南彝区流传的《阿细的先基》《查姆》和《梅葛》。其中的《勒俄特依》和《查姆》都有文献传世。此外还有云南彝

---

① 参见孙林、张月芬《藏族传统史学的体系及其史学观念的总体特征》，《中国藏学》1998年第3期。

② 巴莫曲布嫫：《彝族古代经籍诗学的学术流变》，《贵州社会科学》1998年第1期。东人达：《"探根"现象与彝族史学的社会功能》，《史学史研究》2006年第1期。

③ 巴莫曲布嫫：《彝族古代经籍诗学的学术流变》，《贵州社会科学》1998年第1期。

族的《尼咪诗》《尼苏夺节》《阿赫希尼摩》《门咪间扎节》《俚泼古歌》《洪水泛滥史》等；贵州彝区流传的《洪水纪》《洪水与笃米》及《彝族创世志》等。

彝族的创世史诗多包括开天辟地、人类与万物的起源、洪水泛滥、人类再生等内容，其中有神话与传说成分，也有很多符合历史实际的史实。

《勒俄特依》是流行于四川、云南、贵州广大彝族地区的著作，可译为《史传书》，又分《母史传》《公史传》《子史传》，共15篇，每篇自成一个完整的单元，篇与篇之间又互相联系。书中描述天地万物的形成、改天造地的经过、彝族先民迁徙状况和彝族两大支系古侯、曲涅的谱系，是彝族史诗性著作。①

《六祖诗史》，作者姓名无考，成书年代不详。据书中内容推测成书年代约在明末清初。内容包括《赊豆榷濮》（古代六祖）、《夷棘榷濮》（六祖魂辉）、《根因榷濮》（六祖源流）三部作品，记述彝族从慕折至笃慕的父系31世和继笃慕之后六祖以下主要家支世系的核心人物及历史事件，其中还有不少彝族古地名、山川、民俗等资料，有重要的文献价值。国家图书馆藏有写本。

《彝族源流》也是一部重要史学著作，相传为举娄布陀、布陀布氏、布沓遏孜、沾沾阿尼等毕摩根据彝族先民各部、各支史书整理汇集成底本，又经阿侯倮自续补，清初由阿侯布诺编纂定稿。该书以父子连名谱为线索，记录了从希密遮到笃米31代的世系、笃米到祖摩阿格（安坤）84代父子连名世系，共计115代父子连名世系为脉络，叙述彝族各部的分支、发展、开创基业及其政治、经济、文化情况以及各部间亲缘关系、相互交往等情况，前后记述了一千多年的历史，对研究彝族历史有重要参考价值。从《彝族源流》所记载的内容上可以看出，彝族与古老的昆明、蜀、嶲、叟、濮、哀牢、卢等族群有直接联系，又同古巴蜀国、古滇国、古夜郎国、古牂牁国、古朱提国的建立有关，并建立了罗殿国、罗施鬼国、南诏国、自杞国及以百"什数"的君长制政权。②

---

① 巴胡母木（冯元蔚）、俄施觉哈、方赫、邹志诚整理、翻译：《勒俄特依》，四川省民间文艺研究会编辑《大凉山彝族民间长诗选》，四川人民出版社1960年版。冯元蔚整理、翻译：《勒俄特依》（彝文本），四川民族出版社1982年版；（汉文本）四川民族出版社1986年版。

② 毕节地区彝文翻译组翻译，贵州省民族古籍整理出版规划小组及毕节地区民委主编和审定：《彝族源流》（1—4卷），贵州民族出版社1989年版。

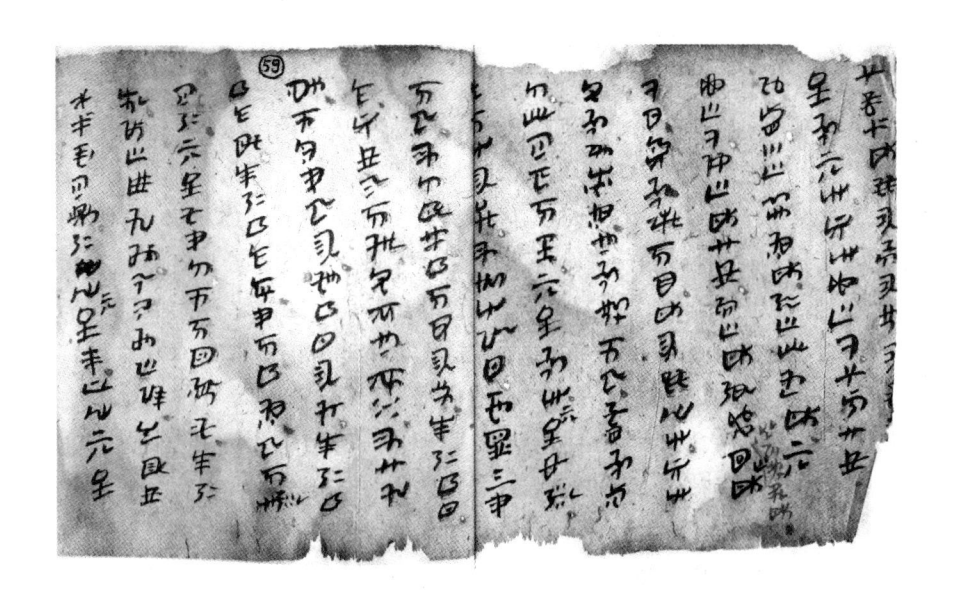

图 7-13　彝文《彝族源流》　清抄本

《能素恒说》也是彝族的一部历史文献巨著,据说原作者是恒布吐施楚、投布那乍英,是哎哺时期人,后经布独布举、妞口布则改编、整理成书。①此外,还有《尼祖谱系》《彝族氏族部落史》等。《彝族氏族部落史》又称《登勒轿洪》,作者和成书年代不详,为彝文手抄本。流传于云南武定彝族地区。以五言诗体叙述彝族先民采集、狩猎、农耕等生产、生活状况以及氏族部落之间的战争等历史事实。其中具体记载了69个氏族部落的史事,涉及社会制度及政治、经济、军事和原始宗教、哲学思想、风俗礼仪、自然地理等诸方面。是研究彝族古代历史和传统文化的重要古籍。②

在彝文宗教文献中有的也包含着历史资料。彝族宗教认为,人死后其灵魂要回到祖先的原居地,因此要请毕摩给死者的灵魂念《指路经》,指引亡魂回归故乡之路。不同彝族地区的人们有不同的送魂路线,因为他们的迁徙路线不同,但各地《指路经》的终点都在同一地点——兹兹普乌(在今云南省昭通地区)。这是彝族族群认同的一个重要因素,通过各地不同的《指

---

① 王子尧、山口八郎主编:《中国彝史文献通考》(1),四川民族出版社2001年版。
② 杨凤江译注:《彝族氏族部落史》,云南民族出版社1992年版。

路经》可以了解到彝族各部分的迁徙路线。《指路经》有多种，其中一种存中国社会科学院民族研究所。①

明代也有一些记录彝族历史的彝文金石碑刻。如禄劝彝文镌字崖，其中一篇彝文刻石记载明代当地最大的彝族世袭土司凤氏的盛衰史，从其内容来推算，应为明嘉靖以前。它是目前较古老的彝文碑刻，对研究彝族先民的来源与迁徙路线、彝族先民与滇池地区的关系极有帮助。又如新修千岁衢碑系明嘉靖二十五年（1546年）彝族罗甸水西摄职彝君长、贵州宣慰使安万铨捐资兴建，记开山劈岭、削岩凿石修筑千岁衢事。再如水西大渡河建石桥记，系明万历二十年（1592年）水西土目安邦母子捐资修建水西大渡河石桥，汉文记述安邦母子的身世，赞扬他们捐资修桥的善事；而彝文部分主要叙述彝族德施氏后裔罗甸水西的历史。此碑记是罗甸水西历史上的一篇重要文献，是研究彝族社会、历史、语言文字的重要资料。

六　女真文历史文献记述

金朝灭亡后，在东北地区尚有200万女真人，有一部分融入汉、蒙古等民族，另有半数到明代分为建州女真、海西女真和野人女真三部。明朝在东北地区设立卫所进行管理。

明初建州女真和海西女真还在使用女真文，因此这两部分女真朝贡使团给明王朝的奏折和朝贡文书都以女真文书写。为了翻译女真各部上报的奏折和处理其他有关事务，明中央政府在四夷馆中专设女直馆。当时翻译了女真各部给明王朝的奏折文书，同时将皇帝的敕谕译成女真文发给朝贡使团带回。

当时女真文使用范围遍于整个东北地区，永乐十一年（1413年）建于黑龙江下游特林地方的《永宁寺碑》，又名《奴儿干都司永宁寺碑》，碑阳刻汉文，碑阴刻女真文、蒙文，两侧为汉、女真、蒙、藏四体六字真言。现藏俄罗斯海参崴博物馆，该碑证实明朝对这一带实行有效管辖，是东北边疆史的重要资料。

七　西夏文历史文献记述

曾建立西夏王朝的党项人，在西夏灭亡后，历经元朝，在明代民族歧视

---

① 果吉·宁哈、岭福祥主编：《彝文〈指路经〉译集》，中央民族学院出版社1993年版。

和强迫同化的政策下，已经处于迅速消亡过程中，尽管在汉文文献中还可以找到一些西夏的后裔在地方做官的记载，但与元代党项人在政治、经济、军事、文化、宗教方面起到显著作用相比，则不可同日而语。有明一代党项人的文献寥若晨星。

故宫博物院藏有木刻版西夏文《高王观世音经》一卷，最后有西夏文发愿文，其中有刻经时间、人名等。此序当是洪武五年（1372年）作，所记立碑者人名有些是党项人姓，证明当时党项人的一部分后裔仍保留着原来的姓氏，当时还有一定数量的西夏后裔，他们互相之间有联系，其中还有人懂得西夏文，可以诵读西夏文佛经。在保定西郊韩庄的寺庙遗址中出土了两座八面石幢，上刻西夏文《佛顶尊胜陀罗尼经》，并有弘治十五年（1502年）造幢的年款。幢上刻人名上百，其中不乏党项族姓，说明迟至明中叶，还有一批党项族僧俗男女在内地活动，表明在党项族走向消亡的后期，仍在尽力保存自己的民族文化，使用民族文字。① 而这些文字是党项族后裔活动的最后记录，成为重要的西夏文历史文献。

八　傣文历史文献记述

明代傣族仍泛称"百夷"或"白夷"，实行领主农奴制。傣文在明朝继续使用，形成了新的文献，并且仍保持着贝叶文化的特点。其中有一些历史文献。

傣族地区水利资源丰富，对水利的管理和分配十分重视。《景洪的水利分配》是当地有关水利分配的专书，距今四百多年。这些老傣文文献是少数有年代可考的著作，有重要史料价值，尤为珍贵。

傣族有为人称道的天文历法，具有很高的水平，西双版纳傣文古籍包含了这样的科学著作。《苏定》是一部天文历法专著。内容包括傣历年、月、日及节日的安排和计算方法，有九曜在黄道上的运转周期及运转位置的推算方法，反映了傣族古代天文学的基本情况。②

傣文《银云瑞雾的勐果占壁简史》成书于14世纪末，作者佚名，采用说唱体，记述了元末勐卯国王召武定至思可法的事迹，包括傣族地区战争、

---

① 史金波、白滨：《明代西夏文经卷和石幢初探》，《考古学报》1977年第1期。
② 中国民族古文字研究会编：《中国民族古文字图录》，中国社会科学出版社1990年版，第376页。

王族兴衰和各民族关系。① 原书现藏云南德宏州档案馆。

小　结

　　(1) 明代统治者主张恢复"中华"的正统地位，在强调华夷一体的同时，也注重华夷之辨。在修史活动中，出现尊宋朝、贬辽金的倾向。在明代的民族历史撰述中，为突出"中华"的地位，以"四夷"为名的著作较多，如叶向高《四夷考》、郑晓《皇明四夷考》、慎懋赏《四夷广记》、郑大郁《四夷考》等。

　　(2) 明代编纂了大量的综合性民族史著作，如严从简撰《殊域周咨录》、罗曰褧撰《咸宾录》、何乔远撰《名山藏·王享记》，这些著作详细记载了明朝周边各民族的历史。明代还出现了一批区域民族史的著作，如钱古训撰《百夷传》、陈诚撰《西域番国志》。

　　(3) 明代撰述少数民族历史重点是蒙古史和女真史。明朝的边吏及使臣根据亲身见闻记述了蒙古的情况，《北虏风俗》是明代最具代表性的蒙古族历史著作，对蒙古族的风俗与贵族世系都有详细的记载。其中专门记述女真的史籍，成为晚期的民族史记述重点内容，如马文升撰《抚安东夷记》、苕上愚公撰《东夷考略》、天都山臣《女直考》、张鼐《辽夷略》、海滨野史《建州私志》等。

　　(4) 明代的方志编纂规模很大，一些民族地区的方志有专门类目记述境内各民族情况，方志对民族史的记述自成体系。专门的民族地区的方志，更注重地方民族的建置、沿革，如土司的设置与土司的世系，通过民族史事的叙述以总结"制夷"之道，为朝廷及地方官处理民族问题总结经验。

　　(5) 明代为强调重视边患，编撰了不少历代治边的著述，反映了当时经世致用的史学思想。

　　(6) 明代仍有多种少数民族文字继续使用，包括蒙古文、察合台文、藏

---

　　① 云南省少数民族古籍整理出版规划办公室编：《勐果占壁及勐卯古代诸王史》(汉傣文对照)，云南民族出版社1988年版。杨恩海：《傣文史书〈勐果占壁及勐卯古代诸王史〉》，《云南档案》2004年第5期。

文、彝文、傣文、女真文、西夏文等。少数民族文字文献仍显示出繁荣的景象。有的少数民族文字因社会功能减退而走上了消亡的道路。回鹘文、西夏文、女真文文献到16世纪已成为绝响。藏文史书的大量编纂在明代形成高潮。南方少数民族文献的编撰以彝文较为突出。

第八章

清代前中期的民族史学

明代末期，女真人乘明朝内政腐败、边防废弛之机迅速崛起，并融合蒙古人和汉人，改族称为满洲，建立清朝。清军入关后，统一了全国，稳定了政治局势，中国历史上又一次出现了由少数民族掌握全国政权的局面。清朝实现了对蒙古及回部的有效管理，为了维持本民族的统治及处理民族问题，十分重视民族史的编纂，同时，为加强民族地区的管理，也积极编纂了区域民族史，总结治理民族地区的经验。清代民族史编纂体例丰富多样，民族史取得到了空前的发展。

第一节 清代的民族史观

一 满族统治上层的华夷之辨

清初，反清复明思想在明遗民中传播不绝，其中以顾炎武、王夫之、黄宗羲的言论较有代表性。他们在著述中极力宣扬"夷夏之辨"观念，认为从古至今，"乱天下者无如夷狄"，夷狄不知政教，对汉族实行野蛮统治，汉族奋起反抗异族统治是正义的行为。王夫之认为应严夷夏之防，他说："天下大防二：中国、夷狄也，君子、小人也。非本末有别，而先王强为之防也。夷狄之于华夏，所生异地，其地异，其气异矣。气异则习异，习异而所知所行蔑不异焉。……地界分、天地殊，而不可乱。"[①] 王夫之在《黄书》中说："人不自畛以绝物，则天维裂矣。华夏不自畛以绝夷，

---

① （清）王夫之：《读通鉴论》卷十四《哀帝三》，中华书局1975年版，第431页。

则地维裂矣。"他认为黄帝是华夏族的守护者,对其他族系只"讲其婚姻,缔其盟会……甥舅相若,死丧相闻,水旱相周,兵戎相卫……名系一统,实存四国"①。

满洲统治者入主中原,为论证自身统治的合法性,在政治意识形态建设中,针对当时激烈的"夷夏之辨"进行深入的考虑。

清朝统治上层的民族观具有一个发展的过程。早在后金建立之初,努尔哈赤采取狭隘的"诛戮汉人,抚养满洲"②的民族政策,使满汉互相仇视。皇太极即位后改变了这一民族政策,宣布"满汉之人,均属一体。凡审拟罪犯、差徭、公务,毋致异同"③。后又进一步提出:"今满洲、蒙古、汉人彼此和好,岂不为善乎!"④清入关后,以顺治帝为首的统治集团不断强调:"方今天下一家,满汉官民皆朕臣子。"⑤康熙时期,下令停修防御蒙古的长城,他说:"朕中外一视,念其人(蒙古族)皆吾赤子,覆育生成,原无区别。"⑥

雍正时,发生了曾静案。曾静在其著作《知新录》中极力申明华夷之辨,认为"中华之外,皆是夷狄。与中土稍近者,尚有分毫人气,转远转与禽兽无异",称清朝对中国的统治是"夷狄盗窃天位,染污华夏,如强盗窃去家财,复将我主人赶出在外,占踞我家"。"华夷之分,大于君臣之伦。华之与夷,乃人与物之分界,此乃域中第一义。"⑦

雍正帝对华夷问题的论述集中体现在《大义觉迷录》中。雍正帝在此书中对华夷、中外之辨进行了论述:"且自古中国一统之世,幅员不能广远,其中有不向化者,则斥之为夷狄。如三代以上之有苗、荆楚、猃狁,即今湖南、湖北、山西之地也。在今日而目为夷狄可乎?至于汉、唐、宋全盛之时,北狄、西戎世为边患,从未能臣服而有其地。是以有此疆彼界之分。自我朝入主中土,君临天下,并蒙古极边诸部落,俱归版图,是中国之疆土开

---

① (清)王夫之:《船山全书》第12册,岳麓书社1992年版,第501、534页。
② 《清太宗实录》崇德八年正月辛酉,《清实录》第2册,中华书局1985年版,第881页。
③ 《清太宗实录》天命十一年八月丙子,《清实录》第2册,中华书局1985年版,第26页。
④ 《清太宗实录》崇德三年七月丁丑,《清实录》第2册,中华书局1985年版,第555页。
⑤ 《清世祖实录》顺治五年八月壬子,《清实录》第3册,中华书局1985年版,第320页。
⑥ 《清圣祖实录》康熙三十六年七月壬辰,《清实录》第5册,中华书局1985年版,第970页。
⑦ 《大义觉迷录》,《清史资料》第四辑,中华书局1983年版,第52—55页。

拓广远，乃中国臣民之大幸，何得尚有华夷中外之分论哉！"①

乾隆时期，奉旨修《御批通鉴纲目续编》，涉及辽金元三朝史事出现了许多争议，乾隆帝引用典籍来论证三朝入主中原的合法性，乾隆帝说："东夷西戎，南蛮北狄，因地而名，与江南河北，山左关右何异？孟子云：舜为东夷之人，文王为西夷之人。此无可讳，亦不必讳。"②

作为清朝统治上层的满洲人，本为明代史书所称的"东北夷"，但统治上层在占领中原之后便以中国之主自居。乾隆中期以后，在清朝皇帝看来，中国已不是中原汉族地区的狭义的"中国"，在清朝明确的疆界内，既有汉族所居的中原内地各行省，更包括广阔无垠的边远地区。但清朝统治集团也认同了历史编纂中对四夷的体系化记述，清朝的官修史书甚至将四夷范围延伸得更远。清朝鼎盛的乾隆时期编纂了《清朝文献通考》，其中《四裔考》总按语云："中土居大地之中，瀛海四环，其缘边滨海而居者，是谓之'裔'。海外诸国，亦谓之'裔'。'裔'之为言，边也。三代以降，中原幅员，视主德为广狭，四裔远近亦随时转移。懿惟我国家统一函夏，四裔宾服，列圣经营，宅中驭外，百余年来，声教覃敷，梯航沓至。皇上继承鸿烈，平定准夷、回部，开疆二万余里。前代号为寇敌者，皆隶版籍，重译贡市，规模益远。"③ 这表明了清朝统治集团"宅中驭外"以求"四裔宾服"的政治构想，关于"四裔"的记述也是这一观念在史学上的系统表述。

在此基础上，清代"四裔"的内涵相应地发生了变化，对内属的蒙古、西藏、回部等不再称之为夷，四夷的范围在地理位置上继续向外扩展，《清朝文献通考》记述的四夷，东为朝鲜、日本、琉球；南为安南、南掌、广南、缅甸、葫芦、暹罗、港口、柬埔寨、宋居劳、柔佛、亚齐、吕宋、莽均达老、苏禄、文莱、马辰、旧港、曼加萨、噶喇巴、意达里亚、博尔都噶尔、英吉利、干丝腊、荷兰、佛郎机、瑞国、嗹国；西为东西布噜特、安集延、霍罕、纳木干、玛尔噶朗、塔什干、巴达克山、博罗尔、爱乌罕；北为俄罗斯、左右哈萨克、齐齐玉斯、谔尔根齐。清朝统治集团认为已将历代四夷地区纳入了版图，其疆域超出历代上百倍，与此相应，四夷所处的位置就

---

① 《大义觉迷录》，《清史资料》第四辑，中华书局1983年版，第5页。
② 《清高宗实录》乾隆四十七年十一月庚子，《清实录》第23册，中华书局1985年版，第666页。
③ 《清朝文献通考》卷二百九十三《四裔考一》，文渊阁四库全书影印本第638册，商务印书馆2005年版，第579页。

应该向更遥远的地方延伸,所以在历史记述中对四夷进行了新的建构,这也是四夷体系自然发展的过程。

二 关于辽、金、元的正统地位之争

满族统治集团非常重视争取自身的正统地位,这反映在其看待历史上民族政权尤其是辽、金、元三朝的正统地位上。

清朝前期,清统治上层有意提高辽、金王朝的历史地位,以加强自身的正统地位。顺治二年(1645年),增祀辽太祖、金太祖、金世宗于历代帝王庙。康熙六十一年(1722年),又增祀辽太宗、景宗、圣宗、兴宗、道宗及金太宗、章宗、宣宗。[1] 雍正帝对元朝政治有较高评价:"历代以来如有元之混一区宇,有国百年,幅员极广。其政治规模,颇多美德,而后世称著者寥寥。"[2] 乾隆帝对《辽史》《金史》《元史》评论云:"辽、金、元之史,成于汉人之手,所为如越人视秦人之肥瘠忽然,故曰难。夫辽金元非若唐宋之兴于内地而据之有也,又其臣虽有汉人通文墨者,非若唐宋之始终一心于其主。语言有所不解,风尚有所不合……则所记载欲其得中、得实,盖亦难之。"[3] 乾隆三十六年,乾隆帝下令编《辽金元三史国语解》,他认为:"辽、金、元三史人地名音译讹舛,鄙陋失实者多,因命儒臣按《同文韵统》例,概行更录。盖正其字,弗易其文,以史者所以传信示公,不可以意改也。"[4]

对于明人修宋史以宋为正统,列辽、金于外国之列,四库馆臣给予了激烈的批驳,《四库全书总目提要》评明王洙撰《宋史质》说:"是编因《宋史》而重修之,自以臆见,别创义例。大旨欲以明继宋,非惟辽、金两朝皆列于外国,即元一代年号亦尽削之。……荒唐悖谬,缕指难穷。自有史籍以来,未有病狂丧心如此人者。其书可焚,其板可斧,其目本不宜存。然自明以来,印本已多,恐其或存于世,荧无识者之听,为世道人心之害,故辞而辟之,俾人人知此书为狂吠,庶邪说不至于诬民焉。"[5] 评明柯维骐撰《宋史新编》云:"元人三史并修,诚定论也。而维骐强援蜀汉,增以景炎、祥兴。又以辽、金二朝置之外国,与西夏、高丽同列。又岂公论乎?大纲之谬

---

[1] 《大清会典则例》卷八十二《礼部·祠祭清吏司·中祀二》,文渊阁四库全书本。
[2] 《大义觉迷录》卷一,《清史资料》第四辑,中华书局1983年版,第7页。
[3] 清高宗:《御制文集》二集卷十七《〈热河志〉序》,文渊阁四库全书本。
[4] 清高宗:《御制文集》卷三十五,文渊阁四库全书本。
[5] 《四库全书总目提要》第11册,商务印书馆1931年版,第40—41页。

如是，则区区补苴之功，其亦不足道也已。"① 明人这样处理清廷重视的辽、金史，是清代统治上层不能容忍的。

对于清廷尊崇辽、金、元史的现象，梁启超在《新史学·论正统》中曾就此事做过分析："至于本朝，以异域龙兴，入主中夏，与辽、金、元前事相类。故顺治二年三月议历代帝王祀典，礼部上言，谓辽则宋曾纳贡，金则宋尝称侄，帝王庙祀，似不得遗。骎骎乎欲伪宋而正辽金矣。"②

三 对部分民族史著作的禁毁

满族以少数民族入主中原，一直顾虑他族尤其是汉族的反抗，为加强文化控制，由康熙至乾隆屡兴文字狱。明代及明以前与满族历史有关的书籍，或研究民族史的著作，都不同程度地遭到禁毁。清廷禁止民间私自撰述与满族及满族统治者相关的历史，在这种气氛下，清代民间的民族史撰述基本绝迹了。

明代关于北方边防和涉及女真族的史书都被禁毁，如茅瑞征《万历三大征考》、许论《九边图论》、徐日久《五边典则》、瞿九思《万历武功录》、天都山臣《女直考》、郑晓《吾学编》、何乔远《名山藏》、王世贞《弇州史料》、王在晋《三朝辽事实录》、刘若愚《酌中志》、张煌言《北征纪略》、金幼孜《北征录》、赵辅《平夷录》、叶向高《四夷考》、萧大亨《夷俗记》、方孔炤《全边略记》、仙克谨《全辽考》、魏焕《皇明九边考》等著作皆在禁毁之列。

清朝建立后，满族统治集团讳言其祖先曾纳贡于明，对于明末史籍蔑称女真之词耿耿于怀，必欲除之而后快。乾隆三十年（1765年），在修《四库全书》的同时，就采取了寓禁于征的策略，开始了对明代史籍的禁毁。乾隆三十九年（1774年）八月，乾隆帝诏书云："明季末造野史者甚多，其间毁誉任意，传闻异词，必有诋毁本朝之语。正当及此一番查办，尽行销毁，杜遏邪言，以正人心而厚风俗，断不宜置之不办。"③ 其后清廷越查越紧，越禁越严，据孙殿起《清代禁书知见录序》云："在于销毁之例者将近三千余种，六七十万部以上，种数几与四库现收书相垺。当时对旧籍之追缴毁销与

---

① 《四库全书总目提要》第11册，商务印书馆1931年版，第42页。
② 梁启超：《饮冰室合集·文集》之九，中华书局1989年版，第23页。
③ 《清高宗实录》乾隆三十九年八月丙戌，《清实录》第20册，中华书局1986年版，第1084页。

第八章 清代前中期的民族史学 281

四库开馆相始终……先后近二十年。"① 仅浙江一省，自乾隆三十七年至五十三年，就收缴过24次，毁销之数达538种，共13863部。

满洲与蒙古本为相邻的两个民族，二者在明代民族史的记载上互有穿插，多数著作述蒙古必述女真。在清朝销毁关于女真的著述时，连同关于蒙古的著述也一并列为禁书，进行销毁，或部分抽毁。至今有目无书者，仅邓衍林《中国边疆图籍录》（商务印书馆1958年版）著录的关于明代北方、东北、西北方面的图籍的存目就有160余种（其中个别几种书保存了下来）。纯属蒙古史料的就有《属裔枝派录》一卷（一名《朵颜三卫宗枝》）、邓林乔《三封北虏始末》《北虏贡市略》一卷、萧大亨《北虏风俗》一卷、郑洛《计塞问答》一卷、赵荣《使虏录》一卷、《杨都御史使虏记》一卷等。其他如苏佑《三关记要》三卷、王宗沐《阅视三镇录》、丛兰《三关遏截编》一卷、仙克谨《中边图制考》与《虏部系考》、郑廷祚《边政纪略》、翁万达《宣大山西诸边图》一卷、无名氏《退虏公案》《资世文篇》《赵全谳牍》等蒙古史料的书，失传者不可胜计。一部分已成为海内孤本，如《北虏风俗》（附《北虏世系》）《万历武功录》《五边典则》；一部分已残缺不全，如《卢龙塞略》国内今存一刻本、一抄本，均缺相同的三卷；《名臣宁攘要编》今存刻本二、抄本一，均残，三本对照才可见全豹；一部分在内容上有被删削、篡改之处。②

第二节 《清实录》的民族史记述

《清实录》是清代的编年体史书，以每一位皇帝为中心记述一朝史事。清朝12位皇帝，有11个编纂了实录。最后一个皇帝溥仪在位仅三年清朝灭亡，仍由原修《德宗景皇帝实录》的人员完成了《宣统政纪》。此书虽不再用实录的名称，但体例与实录无异。清朝入关前修有《满洲实录》（即《太祖实录战迹图》）。清初由内三院的国史院掌修实录，顺治时设实录馆，专修实录。③

---

① 孙殿起：《清代禁书知见录序》，成文出版社1978年版，第1页。
② 参见王雄、薄音湖《明代汉籍蒙古史料简述》，载《内蒙古大学纪念校庆二十五周年学术论文集》，内蒙古大学出版社1982年版。
③ 谢贵安：《清实录研究》，上海古籍出版社2013年版，第42—45页。

清前期的实录《满洲实录》《太祖高皇帝实录》①《太宗文皇帝实录》《世祖章皇帝实录》，详细记载了满洲的发展过程、清朝的建立及与蒙古各部的关系。早期实录的文字较为质朴，记载了一些满洲旧俗。康雍乾时期，随着满洲统治者汉化日深，对早期实录的重修过程中，不断对早期历史与满洲旧俗进行了删改与润饰，如刻意用"满洲"取代"建州"，抹去曾臣服于明朝的历史。如孟森指出，清廷"务使祖宗所为不可法之事，一一讳饰净尽，不留痕迹于《实录》中"②。

《清实录》在"凡例"中往往申明录入民族史事的原则，如《清太祖实录》"纂修凡例"云："皇朝发祥之始书，自肇祖原皇帝以后世系备，书。""远近诸部尽入版图，书。""乌喇、哈达、叶赫、辉发四国兴废本末，书。""抚驭蒙古诸部，恩威互用以收人心，书。"③ 有关满洲崛起及蒙古情况为早期实录必须记述的内容。《清太宗实录》"纂修凡例"云："上亲统大兵入关，及亲征蒙古，平服朝鲜，书，外藩蒙古来归，属国遣子入侍，亦书。"④《清世祖实录》"纂修凡例"云："遣使抚谕朝鲜等国、蒙古等部落，及封王、贝勒、贝子、公爵，除授官职，并一切赏赉、优恤，书。其朝贡、宴赉，皆书。"⑤《清圣祖实录》"纂修凡例"云："外藩王、贝勒、贝子、公封授袭替，书。升降黜革，亦书。""满汉文武官员奉使外国外藩，书。""平定朔漠，安插厄鲁特降人，书。""边远地方土司、酋长归化投诚，书。宣抚、宣慰、招讨等使授职、袭职，书。改土为流，亦书。"⑥

乾隆年间，在乾清宫发现了多尔衮篡改之前的《太祖太宗实录》原本，该书原藏盛京翔凤楼，后移至北京乾清宫时称《开国实录》，乾隆四十四年（1779年），乾隆帝下令对其进行重新编绘，乾隆四十六年（1781年）完成，仍称为《开国实录》，后称《满洲实录》。该书图文并茂，共83幅图，

---

① 皇太极天聪年间始修努尔哈赤实录，采用了图画的形式，崇德元年又修成《太祖太后实录》。清世祖即位，多尔衮摄政时，指使史官刚林等对《太祖太后实录》中其生母事迹进行了修改，并将名称改为"太祖武皇帝实录"。顺治亲政后，治刚林等擅改国史之罪，对刚林等的篡改之处进行还原，并修改了其他部分，删除了绘图部分，以与新修的《太宗实录》体例相合，但书名未变。康熙二十一年，重修《太祖实录》，二十五年修成，根据新加谥号改称"太祖高皇帝实录"，后又在雍正、乾隆时期予以部分修改。
② 孟森：《读〈清实录〉商榷》，《明清史论著集刊》下册，中华书局2006年版，第686页。
③ 《清太祖实录》"纂修凡例"，《清实录》第1册，中华书局1985年版，第2—4页。
④ 《清太宗实录》"纂修凡例"，《清实录》第2册，中华书局1985年版，第2页。
⑤ 《清世祖实录》"纂修凡例"，《清实录》第3册，中华书局1985年版，第3页。
⑥ 《清圣祖实录》"纂修凡例"，《清实录》第4册，中华书局1985年版，第8—12页。

并以汉、满、蒙三种文字记述满洲历史。

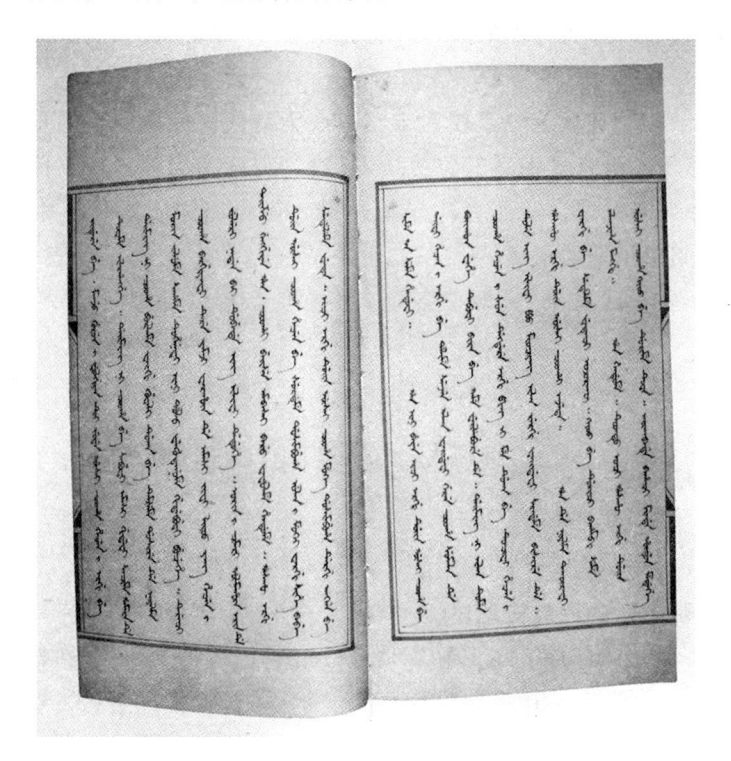

图 8-1 《清太祖实录》 清内府抄本

在乾隆修《满洲实录》末尾的《敬题太祖实录战图八韵》"重绘传奕世"之处有注云:"实录八册,乃国家盛京时旧本,敬贮乾清宫。恐子孙不能尽见,因命依式重绘二本,以一本贮上书房,一本恭送盛京尊藏。传之奕世,以示我大清亿万年子孙,毋忘开创之艰难也。"① 表明了《满洲实录》的纂修宗旨。

《清实录》的史料基本来源于当时的谕旨与奏疏等档案资料,如《清高宗实录》监修总裁官庆桂曾上奏:"臣等承命恭纂实录,仿例攟编,凡朱批、红本、记注、阁簿、科抄、旗册,一事一言,靡不竭诚搜辑。"② 除汉文档案外,还有很多满文、蒙文档案,修纂者对这些原始档案进行了选择、裁剪和编纂。

---

① 《满洲实录》,《清实录》第 1 册,中华书局 1985 年版,第 423 页。
② (清)庆桂等编:《国朝宫史续编》,北京古籍出版社 1994 年版,第 704 页。

《清实录》记述了清朝二百六十余年与各民族的往来情况，重在记述与蒙古、西藏、回部①各藩部的关系，包括盟会、朝觐、征伐、册封、敕谕等内容。

《清实录》记述民族史事较为丰富，成为清代民族史编纂的重要史料来源，乾隆年间，诏修《宗室王公功绩表传》，乾隆帝云："其原传尚有未经详叙者，并交国史馆，恭照《实录》所载，敬谨辑录，添补《宗室王公功绩传》，用昭彰阐宗勋至意。"②祁韵士主持修《蒙古回部王公表传》，一部分史料也来自《清实录》，即"各按部落立传，要以见诸《实录》、红本者为准"③。

第三节 官修私修明史中的民族史撰述

一 《明史》的民族史记述

顺治二年（1645年）五月初，清廷开馆纂修《明史》，直到乾隆五十四年（1789年），前后经历了145年才纂修完成。《明史》共332卷，包括本纪24卷、志75卷、表13卷、列传220卷，另有目录4卷，记载了从朱元璋洪武元年到朱由检崇祯十七年（1368—1644年）277年间的历史。清朝史官根据明代政治的实况，在《明史》中创立了"阉党""土司""流贼"三个类传。在《明史》中，涉及民族历史方面的列传除了《土司传》外，还有《西域传》《外国传》。

《明史》卷三百十至卷三百十九为《土司传》，记述了湖广、四川、云南、贵州、广西等地区的土司情况。关于创立《土司传》的目的，《四库全书总目提要》卷四十六云："至于土司，古谓羁縻州也。不内不外，衅隙易萌。大抵多建置于元，而滋蔓于明。控驭之道，与牧民殊，与御敌国又殊，故自为一类焉。"④《明史·土司传》序更具体地说明了编纂的宗旨：

---

① 回部，又称回疆，是清代对新疆（西域）天山以南地区的称呼。
② 《清高宗实录》乾隆四十三年正月辛亥，《清实录》第22册，中华书局1986年版，第6页。
③ 《清史稿》卷四百八十五《祁韵士传》，中华书局1977年版，第13399页。
④ 《四库全书总目提要》第10册，商务印书馆1931年版，第48页。

尝考洪武初,西南夷来归者,即用原官授之。其土官衔号曰宣慰司,曰宣抚司,曰招讨司,曰安抚司,曰长官司。以劳绩之多寡,分尊卑之等差,而府州县之名亦往往有之。袭替必奉朝命,虽在万里外,皆赴阙受职。天顺末,许土官缴呈勘奏,则威柄渐弛。成化中,令纳粟备振,则规取日陋。孝宗虽发愤厘革,而因循未改。嘉靖九年始复旧制,以府州县等官隶验封,宣慰、招讨等官隶武选。隶验封者,布政司领之;隶武选者,都指挥领之。于是文武相维,比于中土矣。其间叛服不常,诛赏互见。兹据其事迹尤著者,列于篇。①

参与修撰《明史》的朱彝尊首倡设立《土司传》,他认为明朝对西南民族地区的治理加强了,即对这些地区"土司之承袭"进行了改革,并由此引起土司"顺者有勤王之举,反侧者兴征讨之师",这种情况"入之《地志》,则不能详其人;入之《官志》,则不能详其事"②。朱氏的说法表明《土司传》实际是明代国家对西南民族地区的治理史传。③

《明史·西域传》共四卷,5万余字,是历代正史《西域传》中篇幅最大的一部。较之于前代《西域传》,该传增加了藏区的内容,表明了明清时期西域观的变化。修史者通过对西域各民族的记述,探讨了对西域经营的策略,也出于防备西番的需要,如称:"西番,即西羌,族种最多,自陕西历四川、云南西徼外皆是。其散处河、湟、洮、岷者,为中国患尤剧。"④

《明史·西域传》卷三百二十九《西域一》,记述了哈密卫、柳城、火州、吐鲁番等诸地区(今新疆维吾尔自治区东部地区);卷三百三十《西域二》,记述了西番诸卫(西宁、河州、洮州、岷州等番族诸卫)以及安定卫、阿端卫、曲先卫、赤斤蒙古卫、沙州卫、罕东卫、罕东左卫、哈梅里(今甘肃省和青海省部分地区)情况;卷三百三十一《西域三》,主要记述了乌斯藏都司和朵甘都司等地(今西藏自治区、青海省、四川省诸藏区),包括乌斯藏大宝法王、大乘法王、大慈法王、阐化王、赞善王、护教王、阐

---

① 《明史》卷三百十《土司传》,中华书局1974年版,第7982页。
② (清)朱彝尊:《曝书亭集》,国学整理社1937年版,第401页。
③ 有学者认为《土司传》以国家地理区划而非民族进行叙事的特点,也说明其不是专门的民族史传。参见汪增相《明清正史民族史撰述与统一多民族国家的定型》,《求是学刊》2012年第2期。
④ 《明史》卷三百二十九《西域一》,中华书局1974年版,第8539页。

教王、辅教王、西天阿难功德国、西天尼八剌国、朵甘乌斯藏行都指挥使司、长河西鱼通宁远宣慰司、董卜韩胡宣慰司的情况；卷三百三十二《西域四》，记述的是传统的西域地区，包括撒马儿罕、沙鹿海牙、达失干、赛蓝、养夷、渴石、迭里迷、卜花儿、别失八里、哈烈、俺都淮、八答黑商、于阗、失剌思、俺的干、哈实哈儿、亦思弗罕、火剌札、乞力麻儿、白松虎儿、答儿密、纳失者罕、敏真、日落、米昔儿、黑娄、讨来思、阿速、沙哈鲁、天方、默德那、坤城（哈三等二十九部附）、鲁迷等地。

《明史》中相关民族历史撰述的史料十分丰富，主要来自《明实录》、陈诚撰《西域番国志》、罗曰褧撰《咸宾录》、严从简撰《殊域周咨录》、许进撰《平番始末》、马文升撰《兴复哈密国王记》等。①

《明史·外国传》继承了《宋史·外国传》的体例。清朝史官对一些民族不称夷而称"外国"，如卷三百二十七《外国八》记蒙古鞑靼部情况，卷三百二十八《外国九》所记为瓦剌部及朵颜、福余、泰宁三卫。

此外，《明史》的各帝本纪、相关列传和《兵志》中的《卫所》《边防海防》《马政》等志中都有关于民族与民族关系的记载，《地理志》中关于民族地区地理的记载也都是民族史撰述的重要内容。

清修《明史》对于女真族的历史多有忌讳。实际上，建州女真与明代在入朝觐见、朝贡、袭替、改授等方面活动甚多，这些都是建州女真臣服于明朝的事实，却为清朝统治集团所忌讳，因此在《明史》中不但见不到建州女真的相关记载，而且凡是"女真"皆在所讳。除此之外，凡明朝曾在辽东任督抚镇巡的官员，皆删除其在辽东的事迹。如王翱、李秉、赵辅、彭谊、程信等人，《明史》中均各有传，但关于其对建州女真的抚治或征讨事迹，《明史》皆略去不述。再如顾养谦、亦失哈等人，因生平活动与辽东及建州女真极为密切，《明史》遂不为立传。②

二　私修明史中的民族列传

清代除官修《明史》外，民间的明史编纂也很活跃，形成一批明史著作。私修的纪传体断代明史著作中基本列有民族列传，如张岱撰《石匮书》

---

① 参见王继光《〈西域番国志〉与〈明史·西域传〉》，《西北民族大学学报》2006年第1期；苟翰林《〈明史·西域传〉研究》，硕士学位论文，西北民族大学，2013年。

② 参见孟森《明清史讲义》，中华书局1981年版，第2—3页。

有"四夷""朝贡诸夷"等；查继佐撰《罪惟录》有外藩、蛮苗、胜国、外国等列传，傅维麟撰《明书》有"四国"。

《石匮书》，张岱撰，共220卷。① 该书有本纪17卷、表7卷、志14卷、世家8卷、列传170卷。《石匮书》卷第二百十六为《四夷列传》，包括北卤、朝鲜、日本、安南、琉球、哈密、兀良哈、赤斤蒙古、安定阿端、曲先、罕东罕东左、沙州、土鲁番、西番等。

《石匮书》卷第二百十六《朝贡诸夷考》，包括占城、三佛齐、真腊、暹罗、苏门答刺、爪哇、古俚、浡泥、满刺加、榜葛刺、锡兰山、苏禄、柯枝、祖法儿、溜山、南泥里、黎伐、撒马儿罕、天方、迭里迷、渴石、养夷、达失干、卜花儿、黑娄、盐泽、哈烈、默德那、俺都淮、八刺黑、于阗、火州、别失八里、鲁陈、沙鹿海牙、赛蓝、哈失哈力、亦力把力、阿丹、白葛达、阿哇、琐里、西洋琐里、彭亨、百花、娑罗、小葛兰、拂菻、古里班卒、吕宋、合猫里、碟里、打回、日罗夏治、忽鲁母思、忽鲁谟斯、甘巴里、麻林、古麻刺、沼纳朴儿、加黑勒、敏真诚、八答黑商、览邦、火剌札、讨来思、乞力麻儿、失剌思、纳失者罕、亦思弗罕、淡巴、甘把里、白松虎儿、答儿密、阿速、沙哈鲁、黑葛达、不剌哇、沙里湾泥、花面园、阿鲁、大葛兰、竹步、木骨都束、剌撒。

《罪惟录》，查继佐撰。② 《罪惟录》在清初成书后，一直以稿本传世，200余年后才被发现。原稿有纪22卷、志32卷、列传36卷，次序纷乱，后由张宗祥、姜佐禹等人整理，分别部居，编次前后，写成目录，定为102卷。

《罪惟录》列传卷三十三至卷三十六为《外藩列传》《蛮苗列传》《胜国列传》《外国列传》，记述各民族的历史。每总传前列有总论，每单传后也有论语，论述民族的基本特征及明朝针对该民族的政策得失。如《胜国列传总论》云："彼有，我有之。吾称天曰应有之，彼称天曰吾故有之。天未尝谆谆命之，而欲使彼筐六合以寿我，非情也。传胜国以见非徼外可比也。崇礼北归，上皇南返，报礼适相称，虽人为之，实天为之矣。三卫以携，朔方不复，控制实难，其未明胜字之解哉。胜也者，不可使或有败也。处胜势，

---

① 张岱（1597—1676年），字宗子，号陶庵，浙江山阴人。
② 查继佐，（1601—1676年），字伊璜，浙江海宁人。明朝亡后，隐居海宁，进行讲学活动，从学者众，人称敬修先生。康熙元年（1662年），瞿南浔庄廷鑨私刻《明史》案，列名参校，下狱论死，后获救。著有《罪惟录》《国寿录》。

审胜局，操胜算，于胜国尤宜加意。"①《胜国列传》中的《遗元鞑靼传》后论云："鞑靼之不忘幕以南也，以大义分内外，以私情则子孙求复其祖绪，事或有名，故不以夷于诸徼，逸运外臣之所以设也。虽世见跋扈，而讫贡市不衰，则二祖之威灵所詟服者远矣。顾明之末祀，却利其强，而不利其弱，夫即不他效，而无为我将助，致使中朝误恃而失之。或曰：元孽初尤袭文物故事，自是积久而不振，然乎，否乎？"②

该书上述四传的目录如下：

外藩列传，包括西蕃、安南、河套满都鲁、哈密、台湾（附舟山及海上诸屯）。

蛮苗列传，包括湖广诸苗蛮、镇溪龙许保、两广苗猺、大籐侯氏（侯胜海、侯公丁）、田州岑氏（岑濬、卢苏）、凭祥李寰、龙州赵氏、四川诸蛮苗、蔺奢氏、播州杨氏（杨辉）、贵州诸蛮苗、霭安氏、思州田氏、清平阿氏、都匀阿氏、普安米鲁、云南蛮苗、段宝、木邦曩罕弄、麓川思氏、琼黎（附蚺蛇）。苗蛮列传记述主要家族及人物，有的列传还相继记了分类，如两广苗猺传，包括猺人、獞人、獠人、黎人、蛋人、马人、山子、野人；四川诸蛮苗，包括罗罗、狆狫、犵狫、狋猓；云南蛮苗，包括狆家、宋家、蔡家、龙家、冉家、㹀人、峒人。

胜国列传，包括遗元鞑靼、扩廓帖木儿、瓦剌也先。

外国列传，包括吐鲁番国（黑娄、盐泽）、于阗国（火州、鲁陈、哈失哈力）、亦力把力、苏门答剌国（附那孤儿、南浡）、赤斤蒙古（附安定、曲先、罕东、罕东左、沙州）。

此外，傅维麟撰《明书》专门列有"四国"部分，来记述各民族历史。

第四节 《古今图书集成·边裔典》

《古今图书集成》，康熙年间，陈梦雷（1650—1741年）主持编辑。全书共1万卷，原名《古今图书汇编》，是一部大型类书。该书编辑历时28年，共分6编32典，包括历象汇编、方舆汇编、明伦汇编、博物汇编、理

---

① （清）查继佐：《罪惟录》卷三十五《胜国列传》，浙江古籍出版社1986年版，第2819页。
② 同上书，第2825页。

学汇编、经济汇编，是现存规模最大、资料最丰富的类书。

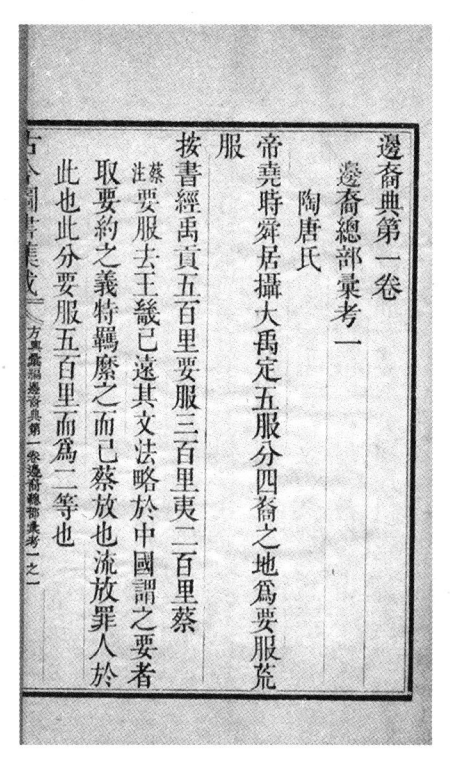

图 8-2　《古今图书集成》　清内府活字印本

《古今图书集成》方舆汇编中《边裔典》共542部，140卷。《边裔典》前11卷为边裔总部汇考，收入历代文献中关于民族的论述内容，如收入各类史书民族列传序言如《通典·东夷序略》等，然后分东、南、西、北四部分叙述历代文献中出现的各民族或国家的情况。每一民族或国家为一部，每部详尽考述某一民族或国家的历史，考述的内容包括汇考、总论、图表、列传、艺文、选句、纪事、杂录、外编等篇。"凡例"云：

> 《边裔典》为目虽多，然中有一国而前后异名者，有数小国合为一大国者，有一大国今又分为诸小国者，其更改分合之由，见于史传有据则从而合之，其国名只标其名之最著者，而溯其交通中国之始，及历代更改之称，皆分注于下。至其朝贡侵叛之详，皆按代编年，而一国之本末井如矣。或前代有其名，而其后更改合并之由不见于正史，则别立一

国以待详考。至史传、子集所载列国之事，无年月可纪者，但入于纪事。或泛论此国风俗、土产，无关事实者，则入于杂录。至于稗官所载，如《洞冥》《拾遗》诸记，及《杜阳杂编》所录外国之名，不见于正史，其真伪假托皆不可知，则统归之外编，庶几传疑云尔。①

《边裔典》所记的民族如下：

东方诸国包括朝鲜、青丘、不屠何、不令支、周头、俞人、发人、黑齿、秽貊、乌桓、新罗、百济、沃沮、大驾洛、三韩、鲜卑、扶余、日本、澶洲、夷洲、州胡、裨离、牟奴、伽罗、扶桑、女国、文身、豆莫娄、虾夷、儋罗、渤海、铁骊、兀惹、蒲奴里、曷苏馆、蒲卢毛朵、定安。

西方诸国包括长股、渠搜、僬侥、奇肱、氐、康居、白民、十卢、禺氏、独鹿、方扬、大夏、西申、规矩、区阳、史林、方人、羌、留昆、曹奴、赤乌、焉耆、龟兹、姑墨、月氏、鄯善、且末、依耐、难兜、小宛、罽宾、乌贪訾离、卑陆、且弥、单桓、尉黎、山国、渠黎、危须、劫国、精绝、尉头、温宿、扜弥、乌秅、于阗、皮山、戎卢、条支、休循、郁立师、疏勒、安息、乌弋山离、蒲类、渠勒、蒲犁、无雷、莎车、天竺、狐胡、桃槐、西夜、乌孙、大宛、车师、悬渡、奄蔡、子合、车离、德若、高附、蒙奇、兜勒、大秦、坚昆、呼得、盘越、吐谷浑、僓夷、于麂、竭叉、陀历、乌苌、宿呵多、犍陀卫、竺刹尸罗、弗楼沙、那揭、罗夷、跋那、毗荼、摩头罗、僧伽施、沙祇大、拘萨罗卫、那毗伽、迦维罗卫、蓝莫、拘夷那竭、毗舍离、摩竭提、迦尸、赡波大、多摩梨帝、师子、迦罗随、阿罗单、阇婆婆达、苏摩离、婆皇、婆达、婆黎、滑国、周古柯、呵跋檀、胡蜜丹、渴盘陀、悦般、迷密、嚈噠、吐呼罗、叠伏罗、薄知、波路、副货、拔豆、牟知、弗敌沙、色知显、伽色尼、呼似密、早伽至、伽不单、乙弗勿敌、阿兰、阿弗太汗、诸色波罗、折薛莫孙、阿钩羌、赊迷、钵和、者至拔、伏卢尼、泽散、驴分、波知、西女、曹国、穆国、乌那曷、米国、何国、史国、陁罗伊罗、越底延、东女、吐蕃、哈密、笯赤建、怖悍、窣堵利瑟那、火寻、呾蜜、赤鄂衍那、忽露摩、愉漫、鞠和衍那、镬沙、骨咄、拘迷陀、缚伽、纥露、悉泯健、忽懔、缚喝、锐秣陀、胡寔健、呾剌健、揭职、帆延、迦毕试、滥波、钵露罗、呾叉始罗、僧诃补罗、乌剌尸、半笯蹉、曷逻阇补罗、磔迦、至那仆底、阇烂达罗、屈露多、设

---

① 《古今图书集成》第一册，中华书局、巴蜀书社1986年版，第13页。

多罗卢、波理夜呾罗、萨他泥湿伐罗、窣禄勤那、秩底补罗、婆罗吸摩补罗、瞿毗霜那、垩醯掣呾逻、毗罗删拏、劫比他、羯若鞠阇、阿逾陀、阿耶穆佉、钵逻耶伽、鞞索迦、室逻伐悉底、拘尸那揭罗、婆罗疤斯、战主、弗栗恃、泥婆罗、伊烂那钵伐多、瞻波、羯朱嗢祇罗、奔那伐弹那、伽摩缕波、三摩呾吒、躭摩栗底、羯罗拿苏伐剌那、恭御陀、羯陵伽、案达罗、陀那羯磔迦、珠利耶、达罗毗荼、秣罗矩吒、恭建那补罗、摩诃剌侘、跋路羯呫婆、摩腊婆、阿吒厘、契吒、伐腊毗、阿难陀补罗、苏剌侘、瞿折罗、邬阇衍那、掷枳陀、摩醯湿伐罗补罗、信度、茂罗三部卢、钵伐多、阿点婆翅罗、狼揭罗、臂多势罗、阿拏荼、伐剌拏、漕矩吒、弗栗恃萨傥那、安呾罗缚、阔悉多、活国、瞢健、阿利尼、曷逻胡、讫栗瑟摩、钵利曷、呬摩呾逻、钵铎创那、淫薄健、俱兰、识匿、商弥、乌剌、斫句迦、多弥、大羊同、火辞弥、悉立、章求拔、健达、大食、多福、末陀提、大勃律、小勃律、习那萨般、诃毗施、陀拔斯单、勃达、都盘、末禄、苫者、沙兰、阿没、罗利支、怛满、西夏、瓜沙、注辇、渴石、占八、西洋琐里、安定、琐里、番僧、阿端、哈梅里、尼八剌、哈烈、曲先卫、长河西鱼通宁远、西洋古里、速睹嵩、吐鲁番、柳城、火州、小葛兰、阿鲁、加异勒、甘八里、八答黑商、俺都淮、董卜韩胡、急兰丹、沼纳扑儿、俺的干、哈宝哈儿、失剌思、卜花儿、亦思弗罕、阿速、沙鹿海牙、达失干、赛蓝、养夷、迭里迷、黎伐、那孤儿、日落、米昔儿、纳失者罕、阿哇、沙哈鲁、白松虎儿、答儿密、乞力麻儿、敏真、马哈麻、柔佛、默德那、天方、坤城、讨来思、黑娄、哈失哈力、朵儿只伯、打喇儿寨、鲁迷。

南方诸国包括安南、禽人、路人、十人、杨州、权扶、白州、长肱、黄支、满剌加、僬侥、板楯、林邑、扶南、爪哇、三佛齐、狼牙修、婆利、柯枝、阿丹、顿逊、毗骞、自然州、琉球、暹逻、真腊、杜薄、薄剌、火山、都昆、无论、罗刹、参半、殊禁、甘棠、僧高、堕和罗、堕婆登、投和、瞻博、哥罗舍分、修罗分、甘毕、多摩苌、千支弗、名蔑、婆罗、室利佛逝、骠马、马留人、占城、浡泥、丹眉流、凤琶蛮、蒲端、层檀、邈黎、蒲甘、缅国、马八儿、三屿、苏禄、吕宋、览邦、淡巴、彭亨、百花、剌泥、苏吉丹、碟里、日罗夏治、合猫里、古里班卒、南巫里、麻叶瓮、冯嘉施兰、溜山、底里、南渤利、麻林、沙里湾泥、火剌扎、剌撒、木骨都束、不哇剌、古麻剌朗、失剌比、千里达、祖法儿、竹布、白葛达、巴喇西、佛郎机、和兰、美洛居、丁机宜。

北方诸国包括匈奴、西戎、跂踵、山戎、屠州、般吾、州靡、都郭、楼烦、奇幹、解如、回纥、纥突邻、蠕蠕、侯吕邻、薛干、多兰、黜弗素古延、越勒倍泥、乌洛侯、契丹、地豆于、步落稽、大汉、狗国、失韦、突厥、西突厥、沙陀、流鬼、拔悉蜜、葛逻禄、突骑施、达姤、达末娄、蒙古、俞折、驳马、铁甸、妪厥律、黑车子、牛蹄突厥、鞨劫子、颉利乌于邪堰、八邻、钦察。

《边裔典》对历代文献中出现的民族皆有考述，征引的文献十分丰富，虽然体例上是汇编历代文献而成，但在一定意义上，《边裔典》可称得上是中国古代最为完备的综合性民族史著作。

第五节　乾隆时期的满洲史撰述

天聪九年（1635年），皇太极下令改旧族名"诸申"为"满洲"。实际上，满洲民族共同体是以建州女真为核心，融入其他女真诸部，又吸纳部分周边民族成员而形成的。清朝入关后，满洲成为统治民族，为了加强本民族的凝聚力，并论证政治上的合法性，清朝有组织地进行了满洲史的编纂。在这些史籍中，修史者宣扬了新的天命论，对传统的华夷理论进行了反驳，通过这些史籍强化满洲的共同历史记忆，强化满洲民族认同意识。此外，明末女真与金元女真存在文化上的断层，明末女真或满洲是通过汉文化的中介而认识金代女真的，所以，清朝的统治集团也要通过满洲历史的编写来接续金朝的统绪，以论证其统治的正当性。这方面的史籍主要有皇太极时期编纂的《太祖武皇帝实录》，雍正至乾隆时期编纂的《八旗通志》《八旗满洲氏族通谱》《盛京通志》《开国方略》《满洲源流考》《满洲实录》《钦定宗室王公功绩表传》等。

一　《满洲源流考》

《满洲源流考》，阿桂等于乾隆四十二年（1777年）奉敕编撰，是关于满族早期发展史的一部重要的史籍。该书利用已有的满族史研究的成果，对满族的历史源流做了详尽的考证，并以崭新的专著形式问世。

清朝的统治上层欲通过修史来反驳晚明关于女真史的各类著作，乾隆在修《满洲源流考》的上谕中交代了该书编纂的宗旨："明季狂诞之徒，寻摘字句，肆为诋毁，此如桀犬之吠，无庸深较，而舛误之甚者，则不可以不辨。"① 并通过修史使满洲创业的事迹传之后世，"如建州之沿革，满洲之始基，与夫古今地名同异，并当详加稽考，勒为一书，垂示天下万世"②。通过追溯共同的源流，以加强满洲共同体的凝聚力。

《满洲源流考》共20卷，分部族、疆域、山川、国俗四门，历考有关东北地区少数民族的各类记载，以求辨明满族史、语言、地理、风俗源流。每门首列满洲有关事迹或御制诗文等，以示尊崇。然后汇辑历代史书文献中涉及肃慎、夫馀、挹娄、三韩、勿吉、百济、新罗、靺鞨、渤海、金初完颜部、明建州诸卫等清以前东北地区诸主要部族的记载，分考其族源、名称、居地、活动、风习沿革。其编次之法，凡资料皆分部族、按朝代排列，各为标目，如部族门之"肃慎""夫馀"，疆域门之"兴京"等，间加夹注，每标目之末复为案语，考其流分合之迹，并据辽、金、蒙、满语辨其古今音读之讹及诸书记载之异同。

《满洲源流考》首立"部族"一门，"先胪举史册所载各条，参以今之考证，或订其音转之讹，或稽其分合之迹，断自肃慎为始，而仍弁国号于简端，以著统尊溯源之义云"③。编纂者对满洲的历史渊源进行了追溯，"金始祖本从新罗来，号完颜氏，所部号完颜部。新罗王金姓，则金之远派出于新罗。所居有白山、黑水，南北之境二千里而遥，固与本朝肇兴之地轮广相同。《大金国志》言金国本名珠里真，与本朝旧称所属曰珠申相近，实即肃慎之转音也。"④ 乾隆帝在诏书中只提到"珠申"与"肃慎"互为转音，《满洲源流考》则断言女真的本名"朱里真"与"珠申"同为"肃慎"转音，尤其是主张"诸申"与"朱里真"实系同名异译，这具有非常重要的意义。

《满洲源流考》书中写道："肃慎之世，仿佛结绳。夫余礼教渐兴，会同俎豆之仪，同于三代。百济、新罗，文采蔚焉，与隋唐使命往来，兼擅词章之美。自渤海兴，而文物声名臻善于至盛。经契丹兵燹，名都大族转徙他

---

① （清）阿桂等撰：《满洲源流考》，孙文良、陆玉华点校，辽宁民族出版社1988年版，卷首第28页。

② 同上书，卷首第29页。

③ （清）阿桂等撰：《满洲源流考》卷一《部族一》，孙文良、陆玉华点校，辽宁民族出版社1988年版，第1页。

④ （清）阿桂等撰：《满洲源流考》卷七《部族七》，孙文良、陆玉华点校，辽宁民族出版社1988年版，第82页。

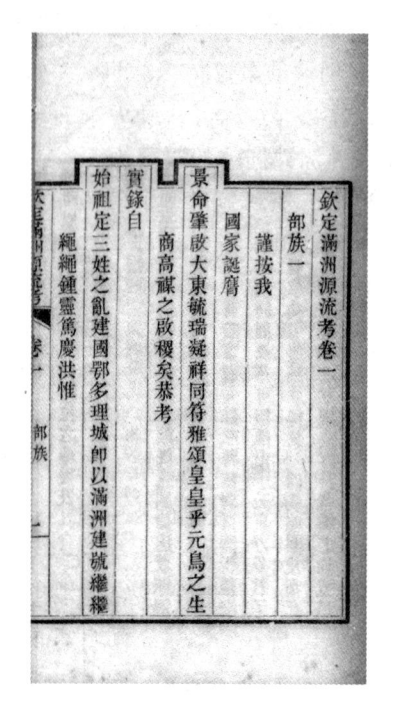

图 8-3　《钦定满洲源流考》　清乾隆内府刻本

州；而淳朴之风，遂钟于多完颜部。人无外慕，道不拾遗，依然肃慎之旧矣。"① 爱新觉罗氏与金代女真同源，但没有臣服于完颜氏，"我朝得姓曰爱新觉罗氏，国语谓金曰爱新，可为金源同脉之证。盖我朝在大金时未尝非完颜氏之服属，犹之完颜氏在今日皆为我朝之臣仆。普天率土，统于一尊，理固如斯也"②。该书认为金代女真至清太祖努尔哈赤时又重新走向全盛："自始祖八世十代，遂至太祖，应运造邦，灭辽臣宋。迹其初起，众未满千。洵由山川钟毓，骑射精娴，故能所向无前，光启方夏也。"③

《四库全书总目提要》评价该书云："洪惟我国家朱果发祥，肇基东土，白山黑水，实古肃慎氏之旧封，典籍遗文，班班可考。徒以年祀绵长，道途

---

① （清）阿桂等撰：《满洲源流考》卷十七《国俗二》，孙文良、陆玉华点校，辽宁民族出版社 1988 年版，第 329 页。
② （清）阿桂等撰：《满洲源流考》卷首，孙文良、陆玉华点校，辽宁民族出版社 1988 年版，卷首第 28—29 页。
③ （清）阿桂等撰：《满洲源流考》卷七《部族七》，孙文良、陆玉华点校，辽宁民族出版社 1988 年版，第 83 页。

修阻，传闻不免失真。又文字互殊，声音屡译，记载亦不能无误，故历代考地理者，多莫得其源流。是编仰禀圣裁，参考史籍，证以地形之方位，验以旧俗之流传，博征详校，列为四门。"又说："非诸家地志影响附会者所能拟也。"①

清朝统治的建立是通过军事征服实现的，而书中涉及清朝用兵的记载并没有如实地反映这一情况。相反讲勿吉与靺鞨时，竟发挥为表彰八旗的智勇双全，如说："益以征我国家出震方行，霆驱电扫，八旗劲旅有勇知方，所由来者远矣。"②《满洲源流考》重点记述与清朝兴起有关的史事，以此造成清朝为天命所归的印象，以确立其正统地位。

二　《八旗满洲氏族通谱》

清朝的满族统治上层为加强民族认同，注重修纂满族的族谱。康熙年间，修纂了多部满族各姓氏的族谱，如《吴氏家谱》《马佳氏族谱》《白氏源流族谱》《库雅喇氏家谱》等。

《八旗满洲氏族通谱》由弘昼、鄂尔泰、福敏、徐元梦等主持编纂，始纂于雍正十三年（1735年），完成于乾隆九年（1744年）。全书共80卷，书中辑录了除清代皇室爱新觉罗氏以外的满洲姓氏，详细记述了其归顺爱新觉罗氏的时间、原籍何地、官阶及勋绩情况。共辑录满洲姓氏1114个，并为每个姓氏中勋业最显著者立传，事迹不显著者亦简记之，称为"附载"。其中立传者有2240人，附载者4938人，共7178人。无论是立传者还是附载者，其子孙有业绩者也附记于后，全书共辑录清乾隆以前的八旗人物达两万余人。该书不仅是一部了解满洲姓氏及八旗的工具书，也是一部了解清代前期历史特别是八旗人物、民族分布、民族关系、满族源流的重要史书。该书自修成以来，只在乾隆时宫内武英殿刻印过一次。

乾隆帝在诏修《八旗满洲氏族通谱》的序中说："我祖宗诞膺天命，勃兴东土，德绥威詟，奄甸万姓，维时龙从凤附之众，云合响应，辐辏鳞集，强者率属归诚，弱者举族内附。我祖宗建师设长以莅之，分旗隶属以别之。厥有熊罴之士，不二心之臣，效命疆场，建谋帷幄，亲以肺腑，重以婚姻，

---

① 《四库全书总目提要》第14册，商务印书馆1931年版，第54页。
② （清）阿桂等撰：《满洲源流考》卷二《部族二》，孙文良、陆玉华点校，辽宁民族出版社1988年版，第21页。

酬以爵命。"乾隆帝强调了修纂《通谱》的目的是:"族姓日繁,不为之明章统系,俾知世德所自将,罔克念先人之勤,无以光昭前烈,爰发金匮石室之藏,征载籍,稽图谱,考其入我朝来得姓所始。"① 《八旗满洲氏族通谱》成为区别满洲和其他社会群体的基本尺度。《通谱》共收录满洲族姓640余个,包括不少"希姓"在内。之前所称的"国"与"部",在《通谱》中一概变成"地",诸如"哈达地方""讷殷地方"之类。

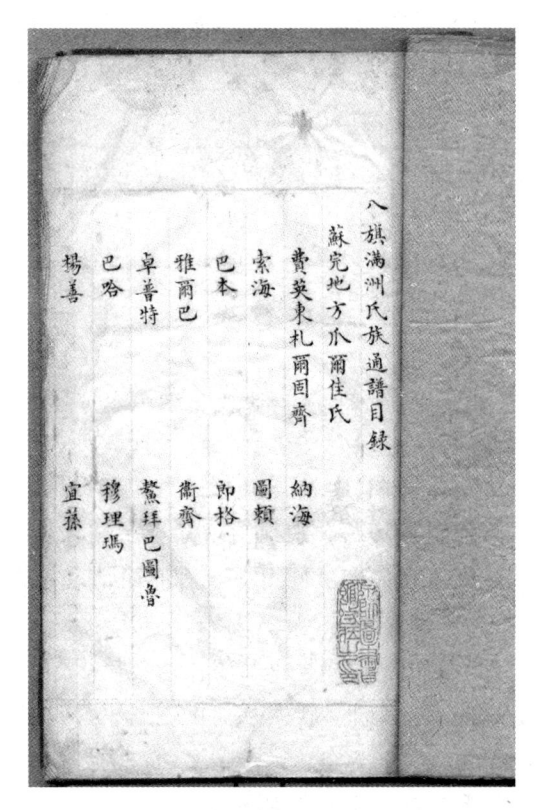

图 8-4　《八旗满洲氏族通谱》　清稿本

在叙述满洲各部族源流时,《八旗满洲氏族通谱》几乎都从归附清(后金)的时间算起,而很少再向前追溯,显然该谱在诸部族历史的基础之上,经过官方刻意编纂而成的。录入通谱的前提是该姓氏的人物必须建立勋业、获得名位。因此,虽属国初来归,若本人及其后世子孙"俱无名位者,伊等

---

① (清)弘昼等编纂:《八旗满洲氏族通谱》卷首《御制序》,文渊阁《四库全书》本。

自有家谱可考，概不登录"①。即使在归顺情况无法考证的情况下，"功业显著者仍应载入，并说明于各小传之下"②。而每个姓氏所收录的名人小传中，必择"勋业最著者冠于一姓之首"，其余虽有名位却又"无事迹可立传者"，亦得"附载于各姓各地方篇末"一用准则，只对稀见姓氏稍有放宽，即在整个氏族未出现过有名的成员情况下，"亦载一二人，以存其姓"③。

在叙述满洲姓氏源流时，该书按照各部来归时间的先后分为四个时期，即国初、天聪年间、康熙时期及无可考者。例如，瓜尔佳氏是满洲的一大著姓，《通谱》记载："瓜尔佳，本系地名，因以为姓，其氏族甚繁，散处于苏完、叶赫、讷殷、哈达、乌喇、安褚拉库、蜚悠城、瓦尔喀、嘉木湖、尼马察、辉发、长白山及各地方。"④ 从瓜尔佳氏立传217人归附的时间看，国初归附171人，天聪年间归附15人，时间无考者29人，康熙时期从科尔沁蒙古撤回2人。

《通谱》序云："谱牒者，所以联人情之涣，而维旧俗之漓，不可忽也。"⑤ 乾隆帝修纂《通谱》的主要目的并不只是表彰满洲先祖的历史功绩，更为重要的是，乾隆帝在《通谱》序中表达了"先王"与满洲人"乃祖乃父"之间"胥及逸勤、亲以腑肺"的关系，并强调"盖万物本乎天，人本乎祖，木有根而枝附焉，水有源而流出焉"的观念，他希望借先祖共同征战奋斗的经历促使满洲人彼此亲近，并产生某种同根同源的意识，进而促使满洲人"率乃祖考之攸行，昭乃之有义"，以增强满洲共同体的凝聚力和整体性。⑥

第六节 藩部史的撰述

乾隆年间，漠南蒙古、漠北蒙古、漠西蒙古及青海、西藏等地基本纳入清朝统治范围，清廷也逐渐建立了一套理藩制度。为表彰蒙古、回部王公的

---

① （清）弘昼等编纂：《八旗满洲氏族通谱》"凡例"，文渊阁《四库全书》本。
② 同上。
③ 同上。
④ （清）弘昼等编纂：《八旗满洲氏族通谱》卷一《瓜尔佳氏一》，文渊阁《四库全书》本。
⑤ （清）弘昼等编纂：《八旗满洲氏族通谱》卷首《御制序》，文渊阁《四库全书》本。
⑥ 姚大力、孙静：《"满洲"如何演变为民族——论清中叶前"满洲"认同的历史变迁》，《社会科学》2006年第7期。

功绩，厘清各部王公的世系，以加强对各藩部的管理，清朝成立了专门机构为蒙古、回部等各藩部王公修纂了传记。

一 《蒙古回部王公表传》

乾隆二十九年（1764年），始修《宗室王公功绩表传》，三十年（1765年）书成。之后，清朝为加强对各藩部的管理，表彰蒙古、回部王公的军功，维持其对皇室的效忠，乾隆下旨修纂蒙古、回部王公的传记。乾隆四十四年（1779年）七月二十九日，乾隆在承德诏修蒙古扎萨克事迹谱系，颁布上谕云：

> 我国家开基定鼎，统一寰区，蒙古四十九旗，及外扎萨克喀尔喀诸部，咸备藩卫，世笃忠贞，中外一家，远迈前古。在太祖太宗时，其抒诚效顺，建立丰功者固不乏人，而皇祖、皇考及朕御极以来，蒙古王公等之宣猷奏绩，著有崇勋者亦指不胜屈，因念伊等各有军功事实，若不为之追阐成劳，裒辑传示，非奖励猷而昭来许之道。著交国史馆会同理藩院，将各蒙古扎萨克事迹谱系，详悉采订，以一部落为一表传，其有事实显著之王公等，即于部落表传后，每人立一专传，则凡建功之端委，传派之亲疏，皆可按籍而稽，昭垂奕世。该总裁大臣等，即选派纂修各员，详慎编辑，以清、汉、蒙古字三体合缮成帙，陆续进呈，候朕阅定成书后，即同《宗室王公表传》，以汉字录入四库全书，用垂久远。其各部落，并将所部之表传、专传，以三体合书，颁给一册，俾其子孙益知观感奋励，副朕推恩念月至意。①

一个多月后乾隆帝考虑到回部王公自归顺清朝以后，军功甚多，也应一体编纂表传，于是，乾隆四十四年九月初二，又颁布上谕：

> 朕因内外札萨克等于皇祖、皇考及朕临御以来，宣力勤劳，克懋厥绩者甚多，已交国史馆会同理藩院，将伊等从前功绩追表，各立表传，以示悠久。再各城回子等，自投诚以来，在军营宣力勤劳，业已晋封王、贝勒、贝子亦复不少，理宜一体施恩，纂立表传，著交该部查明伊

---

① 《蒙古回部王公表传》卷首，文渊阁《四库全书》本。

等内实心效力克奏军功者，会同国史馆与蒙古王公一体纂立表传，宣谕以示朕优恤回臣一体之意①。

把蒙古王公与回部王公表传一体纂修，《蒙古回部王公表传》（全称《钦定外藩蒙古回部王公功绩表传》）由国史馆纂修。国史馆下设"蒙古王公表传处"，又称为"蒙古表传处"或"蒙古馆"，内有收纳各衙门行文的收掌官，以及满、蒙、汉提调官。

《蒙古回部王公表传》由嵇璜、阿桂、彭元瑞等总裁，实际的编纂者是祁韵士。乾隆四十六年，时年31岁的祁韵士任武英殿纂修《四库全书》分校官。②乾隆四十七年（1782年），祁韵士被任命为国史馆纂修官，因其谙习满文，受到时任总裁嵇璜的赏识，被任命为总纂官接纂《蒙古回部王公表传》。之前，此书由管干贞完成数篇传记③，后管干贞离馆。祁韵士上任后，便开始"通核立传体例，计内札萨克凡四十九旗，外札萨克若喀尔喀土谢图汗、车臣汗、札萨克图汗、赛音诺颜，若青海，若阿拉善，若土尔扈特，多至二百余旗，以至西藏及回部，均应立总传、分传，羌无故实，文献冥征，虽有抄送旗册，杂乱纠纷，即人名亦难卒读，无可作据，乃悉发大库所贮清字红本，督阅搜查，凡有关于外藩事迹者，概为检出，以次覆阅详校。择其紧要节目随阅随译，荟萃存作底册，以备取材。每于灰尘垒积中，忽有所得，如获异闻，积累既久，端绪可寻。于是各按部落条分缕析，人立一传，必以见诸实录、红本者为准。又以西北一带山川疆域，必先明其地界方向。恭阅《皇舆全图》，译出山水地名，以为提纲。其王公源流支派则核以理藩院所存世谱，订正无讹。"④该书的史料主要取材于内阁大库收藏的满汉文档案、理藩院所存蒙古各部呈送朝廷的蒙文报告，以及世谱档册与其他有关资料。

《蒙古回部王公表传》编纂工作前后历时八年，于乾隆五十四年

---

① 《蒙古回部王公表传》卷首，文渊阁《四库全书》本。
② 祁韵士（1751—1815年），山西寿阳人，初名庶翘，后因应试改名韵士，字谐庭，一字鹤皋，别号筠渌，晚年又号访山。乾隆四十三年（1778年）进士，后改翰林院庶吉士，散馆授编修之职。在翰林院期间，祁韵士曾拜满族学者德保、阿桂、富炎泰等人和浙江秀水的学者钱载为师学习满文，熟练地掌握了阅读和翻译满文档案的能力。
③ 管干贞（1734—1798年），字阳复，江苏武进人。乾隆进士，官至工部右侍郎等。曾任《蒙古回部王公表传》首任总纂管，不久奉差离馆，仅纂成数篇。
④ （清）祁韵士：《鹤皋年谱》，见《祁韵士集》，三晋出版社2014年版。

(1789) 修成，全书共 120 卷。首先完成的是汉文本，后依照汉文本译成满文本，又依满文本译成蒙文本。《表传》由武英殿刊刻成书后，由理藩院从国史馆领取，然后发往内外札萨克蒙古各部落札萨克王公、台吉或闲散王公、台吉，以及伊犁将军、科布多参赞大臣、陕甘总督、察哈尔都统等所属的蒙古各部落。

《蒙古回部王公表传》的编纂体例是表传结合，由表、总传、列传三部分构成。卷一至卷十六为表，包括科尔沁部、扎赉特部、杜尔伯特部、郭尔罗斯部、喀喇沁部、土默特部、敖汉部、奈曼部、巴林部、扎鲁特部、阿噜科尔沁部、翁牛特部、克什克腾部、喀尔喀左翼部、乌珠穆沁部、浩齐特部、苏尼特部、阿巴嘎部、阿巴哈纳尔部、四子部落、茂明安部、乌喇特部、喀尔喀右翼部、鄂尔多斯部、喀尔喀土谢图汗部、喀尔喀车臣汗部、喀尔喀札萨克图汗部、喀尔喀赛因诺颜部、阿拉善厄鲁特部、青海厄鲁特部、西藏部、绰罗斯部、杜尔伯特部（四卫拉特第二）、土尔扈特部、和硕特部、哈密回部、吐鲁番回部、居归化城之土默特、居察哈尔之和硕特、居黑龙江之厄鲁特、居科布多之扎哈沁、居京师之回爵、居新疆之回爵。卷十七至卷一百二十为传，包括各部总传，及之下的本部王公专传。

《表传》在乾隆年间始纂后，清廷又根据时代发展不断续修，由嘉庆至光绪年间，《表传》先后经过六次续修。[1]

二 《皇朝藩部要略》

祁韵士在主持纂修《蒙古回部王公表传》时，曾利用各地抄送的"旗册"、内阁大库所藏的档案"红本"和"实录"，还有理藩院所存外藩各部的"世谱"。又同助手们"择其紧要节目，随阅随译，荟萃存作底册，以备取材"[2]，编有资料长编，称为"底册"。成书后，该底册仍留祁氏手中，共有"数十帙"。其逝世后，稿本由其子祁寯藻保存，"未经更事厘订，藏之家箧五十余年，幸无失坠"[3]。

祁韵士去世多年后，道光十七年（1837 年）九月，其子祁寯藻以江苏学政视学江苏，携其父所留下的"底册"赴任，驻节江阴。次年，江苏舆地

---

[1] 参见包文汉《蒙古王公表传纂修考》，《内蒙古大学学报》1987 年第 3 期。
[2] （清）祁韵士：《鹤皋年谱》，见《祁韵士集》，三晋出版社 2014 年版。
[3] 《皇朝藩部要略》跋，清道光二十六年筠渌山房刻本。

学家李兆洛拜见祁寯藻,"叩鹤皋先生诸书",祁寯藻拿出祁韵士所著《西陲要略》和《西域释地》二书让李兆洛阅读,并说:"《藩部要略》尚未刻也",请李兆洛助成之。"意欲综各传为编年体,成一家之私书。"① 祁寯藻延聘李兆洛编辑此书,后李兆洛又把编辑工作转交好友毛岳生。② 毛岳生仿《资治通鉴》的体例,将该稿本修成编年体史书。其后,李兆洛弟子宋景昌又对书稿进行校订③,并补《藩部世系表》,但祁寯藻还不满意,遂请张穆对毛岳生的稿本进行最后的审订。张穆的审订工作非常仔细,书稿中所加的粘单就有 45 处,其他眉批更是不可胜计。"皇朝藩部要略"一名也是张穆改定的,其为《皇朝藩部要略》的最后刊刻做了大量的工作。

道光二十六年(1846 年),《皇朝藩部要略》正式刊行,取祁韵士的号"筠渌"为名,以筠渌山房刻本问世。最后刻本的署名为"前史官寿阳祁韵士纂,宝山毛岳生编次,江阴宋景昌校写,平定张穆覆审"。

《皇朝藩部要略》全书共 22 卷,其内容包括内蒙古要略 2 卷、外蒙古喀尔喀部要略 6 卷、厄鲁特要略 6 卷、回部要略 2 卷、西藏部要略 2 卷。其中《藩部世系表》4 卷。

《皇朝藩部要略》既不是《蒙古回部王公表传》的总档,也不是总册,更不是摘叙本,而是《蒙古回部王公表传》中关于各部落总传的稿本,即所谓"底册"。《蒙古回部王公表传》中的各部落总传基本上是在《皇朝藩部要略》的基础上形成的。④《皇朝藩部要略》与《蒙古回部王公表传》互为表里,"先以年月日编次,条其归附之先后,叛服之始终,封爵之次第,以为纲领。而后分标各藩之事迹而为之传,名曰《藩部要略》,是《传》仿《史记》,而《要略》仿《通鉴》也"⑤。《要略》详述了蒙古、西藏各部的原委,对研究蒙古各部及西藏、回部的历史有极其重要的史料价值,获得了时人极高的赞誉。李兆洛评论该书说:"先生此书,于皇朝数百年以来所以

---

① 蒋彤:《武进李先生年谱》,清嘉业堂刻本。
② 毛岳生(1791—1841 年)字生甫、申甫,一字兰生,自称野茧学者,祖籍江苏宝山,官四川简州,精通舆地之学。有《休复居诗文集》行世。
③ 宋景昌,字勉之、冕之,江苏江阴人。是李兆洛的得意门生,曾协助李兆洛辑《历代地理志韵编今释》《皇朝舆地韵编》《恒星图》,著有《星纬测量》《数书九章札记》《详解九章算法札记》《杨辉算法札记》等。
④ 吕文利:《〈蒙古回部王公表传〉与〈皇朝藩部要略〉之关系考述》,《新疆社科论坛》2007 年第 1 期。
⑤ (清)李兆洛:《皇朝藩部要略》"序",载《皇朝藩部要略》,清道光二十六年筠渌山房刻本。

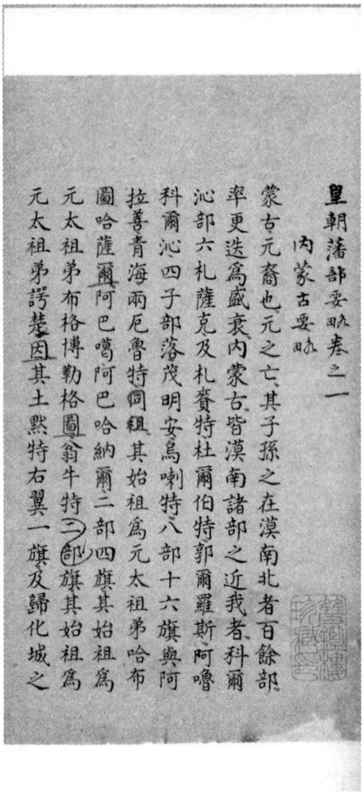
皇朝藩部要略卷之一
內蒙古要略
蒙古元裔也元之亡其子孫之在漠南北者百餘部
率更迭爲盛衰內蒙古皆漠南諸部之近我者科爾
沁部六札薩克及札賚特杜爾伯特郭爾羅斯阿嚕
科爾沁四子部落茂明安烏喇特八部十六旗與阿
拉善青海兩厄魯特同祖其始祖爲元太祖弟哈布
圖哈薩爾阿巴噶阿巴哈納爾二部四旗其始祖爲
元太祖弟布格博勒格圖翁牛特二部旗其始祖爲
元太祖弟諤楚因其土默特右翼一旗及歸化城之

图 8-5　《皇朝藩部要略》　清抄本

绥养藩服者，无不综具其缘起，悉载著列圣恩德之所由隆，明威之所以畀，恍然造化之亭毒，皇极之相协。如读邃皇之书，睹鸿蒙开辟之规模焉。乌可不令承学之士闻所未闻，见所未见，了然于天人之故哉！”①

第七节　南方民族史的撰述

清代，官方一般称部分南方民族为苗、苗瑶或苗蛮，称其聚居地区为苗疆。清初，汉族开始大量向湖南、贵州移民，随着汉族对苗了解的增多，对其区分也逐渐细化，涉及苗的私家专著有《黔书》《续黔书》等。两书对苗

① （清）李兆洛：《皇朝藩部要略》“序”，载《皇朝藩部要略》，清道光二十六年筠渌山房刻本。

均有记载。其中《黔书》对苗的各支系做了系统疏理，列出28种苗蛮种类，开启了苗族支系研究的先河。雍正时期"改土归流"后，苗疆被彻底纳入朝廷直接管辖，先后在苗疆设置十个直隶厅。为了加强对苗疆的治理，朝廷和地方官开始有意识地调查苗族各支系的情况，关于苗族历史的书籍不断出现。

康雍乾时期涉及南方民族的著作主要有毛奇龄撰《蛮司合志》、徐家干撰《苗疆闻见录》、爱必达撰《黔南识略》、罗绕典撰《黔南职方纪略》、严如熤撰《苗防备览》、严如熤撰《苗疆风俗考》、陆次云撰《峒溪纤志》、段汝霖撰《楚南苗志》、贝青乔撰《苗俗记》、方显撰《平苗纪略》、刘应中撰《平苗记》、但湘良撰《湖南苗防屯政考》、韩超撰《苗变纪事》、阿琳撰《红苗归流图》、黄典恺撰《征苗笔记》、方亨咸撰《苗俗纪闻》、魏祝亭撰《荆南苗俗考》、龚柴撰《苗民考》、鄂海撰《抚苗录》、檀萃撰《说蛮》、诸匡鼎撰《猺獞传》、田雯撰《黔苗蛮记》等。

清代，在上述著作中较有代表性的是毛奇龄撰《蛮司合志》、陆次云撰《峒溪纤志》、段汝霖撰《楚南苗志》，都是内容丰富、有代表性的专门民族史著作。

一 《蛮司合志》

《蛮司合志》，共15卷，毛奇龄撰。康熙十八年（1679年），毛奇龄荐试博学鸿儒科，授翰林院检讨，充明史纂修官。朱彝尊曾在《土官底簿》跋中写道："予在史馆，劝立土司传，以补前史所未有，毛检讨大可（即毛奇龄）是予言，撰《蛮司合志》，因以是编（指《土官底簿》）资其采择焉。"[①]《四库全书总目提要》卷七十五云："是编皆纪明代土司始末……亦其修史所余之稿也。"[②] 可见，该书是康熙年间毛奇龄在明史馆编撰土司传时所作。关于该书的起止时间与内容，作者在卷一总论中写道："自洪武暨崇祯一十六朝二百七十余年之间，凡沿革向背，大征大役，或得或失，稍见史乘者，略辑其大凡，汇为一编，名曰《合志》，考古者览焉。"[③] 具体而言，《蛮司合志》记述了明代湖广、贵州、四川、云南、两广诸省土司的建立、

---

① 《土官底簿》卷下，文渊阁《四库全书》本。
② 《四库全书总目提要》第15册，商务印书馆1931年版，第71页。
③ 《蛮司合志》卷一，清康熙《西河合集》本。

数目、分布，重点叙述主要土司的世系与历史、境内诸族的种类与习俗、明朝对土司的治理特别是征讨过程等方面内容。

二 《峒溪纤志》

《峒溪纤志》，全书共3卷，陆次云撰。陆次云，浙江钱塘人，字云士。康熙年间先后任郏县知县、江阴知县。陆次云在《峒溪纤志》序中云："或云峒溪可不志也，生居荒服，宜以不治治之。余谓礼失而求诸野，太古之风，犹然在彼。其若宋若蔡若夭三族，尚子尚丑，依然三代之遗意。昔汉阳诸姬，楚实尽之，遂逼处此乎？是负固之区，未尝不可以干羽化也。两粤、滇、蜀、黔、楚之间，苗蛮之类多矣。余之所志，有见而知者，有闻而知者，缕辑其说，以为宦于此土者告。非若朱季公《丛笑》一编徒姗其陋也。有以变之，何陋之有。故为志。"该书为辑录群书的相关内容而成，作者自称："峒溪种类多矣。诸书所载，同异攸殊，余汇集群言，详为考正，措辞虽简，征事弥该。"由于《蛮司合志》也为汇集之作，而且所记内容均比较详细，故有人把此二书视为记述南方民族情况的代表作。清人胡思敬在《峒溪纤志》跋中称："近世纪苗蛮者，以此书及毛西河《蛮司合志》为精，毛氏述兵事，此述种族、风俗、物产，用笔繁简不同，义各有当。"本书上卷记"峒溪种类"；中卷为"采风记事"，作者称："余于蛮僚，志其类矣，因采其风，并及其事。"下卷为"物产"，作者称："余于诸苗，志其事矣，并志其物。"

三 《楚南苗志》

《楚南苗志》，共6卷，段汝霖撰。段汝霖，字时斋，号梅亭，清汉阳（今武汉市）人。乾隆初年，由举人历官道州知州、永绥同知。在湖南任官二十余年。后升云南楚雄府知府，补福建建宁知府。在永绥同知任内，曾主撰第一部《永绥厅志》，记载湘西苗族史事和风俗颇详。后奉湖南巡抚杨锡绂委派，编撰《楚南苗志》。该书乾隆十五年成书，二十三年刻印问世。编纂《四库全书》时，由湖北巡抚采进，列入《四库全书总目》。

《楚南苗志》卷一概述了历代"苗蛮"称谓的沿革，介绍了"苗疆"地理、古迹、气候、物产等；卷二、三为"苗人总叙"，按朝代编年记述了苗人"叛服"及历代"抚剿"史事；卷四、五记载苗人的服饰、器械、房舍、农具、田土，以及生产生活诸事和信仰、祭祀、禁忌、娱乐、言语等；卷六为"瑶志""土志"。

从内容看,《楚南苗志》以记载苗族历史和文化习俗为主,兼及"土人"(即土家族)和瑶族。在明清史籍中,"苗"有时又是对南方和西南少数民族的一种泛称,除苗族外往往还包括了今天的侗、布依、仡佬、土家等民族。段汝霖的记述也是如此,在其记述的"苗人"史事中,实际上也涉及了一些湖南境内侗族和土家等民族的内容。从地域来看,明清时贵州、广西、广东部分地区,归属湖广行省和湖南,故此志所载内容,涉及黔、桂等省的也不少。

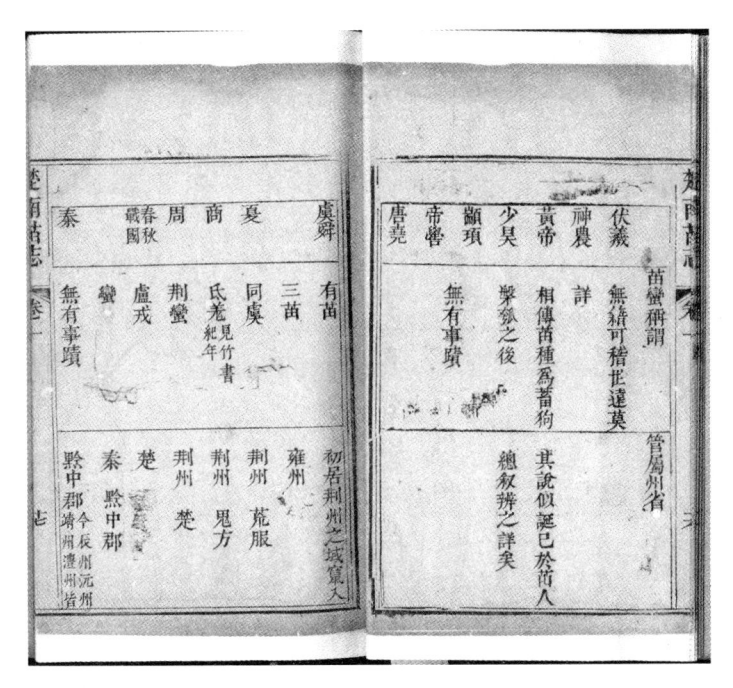

图 8-6 《楚南苗志》 清乾隆刻本

湖南巡抚杨锡绂下令纂修《苗志》时曾说:"湖南半属'苗疆',种类不一。其风俗好尚,土地物宜,言语衣服,历朝治理得失,与苗人叛服各事迹,若不编集一书,俾后之守土者有所考核,亦缺典也。"[①] 这表明了修志的宗旨是通过记述苗疆的情形,探讨历代治理苗疆的得失,总结治理苗疆的对策。

[①] (清)段汝霖撰,伍新福校点:《楚南苗志》,岳麓书社 2008 年版,第 9 页。

关于《楚南苗志》的史料来源，段汝霖在序言中说："取古今之书，与郡县《通志》有关'苗疆'者，并查找我朝一切剿抚文案，分门编纂。其中，或出于己见，或访之刍荛，汇为一帙。"① 这说明该志主要有两个史料来源：一是历代史籍和文书档案，二是作者的实地求访和所见所闻。从前者看，作者大量引用历朝正史，有关府、州、厅、县志书，以及部分奏折、碑刻和某些私人著述、笔记。这对于资料的检索、查阅很有帮助。尤其是志中收集和保存了几种现已失传的著述资料，更为难能可贵。如明代佚名氏所撰的《登坛必究》，清初尚能见到的"土人"传抄的《传边录》等。但该志最具资料性和研究价值的，还是作者亲历"苗疆"的见闻。《四库全书总目提要》卷七十八评该志云："得诸见闻，事皆质实。"② 正是由于作者的实地观察和耳闻目睹，其记述往往比一般正史和方志更为具体，也更切合实际一些，并可补其他史籍的缺失。如对湘西苗族椎牛祭祖的记载，志中分为"吃牛"和"跳鼓脏"两项不同的祭祀予以介绍。认为前者似民家之"报赛"，即家祭；后者乃合寨之公祭，类汉族民间之"清醮"。这是别的史籍、志书中所未见的。又如，关于苗族语言，作者能初步了解和认识到它的地方差异。《楚南苗志》卷五载："在城、绥之苗，固不与镇筸同音。而镇筸所属四营内，乾、凤两厅之苗，已各不相类。永绥之苗，则更不与乾、凤相类也。"③ 故在志中，将永绥、乾州、凤凰营三地的苗语，分别用汉字记音作了对比介绍，对于苗语发展和沿革研究，至今仍不失其参考价值。

《楚南苗志》作为一部区域民族史著作，其撰述体例在清代民族史著作中较有代表性。

第八节 民族图册

在中国古代，"图册"也是民族史撰述的一种形式，它以图文结合的形式记述各民族的情况，较早的图如南朝梁萧绎《职贡图》、唐许敬宗《西域图记》等。由于时代久远，清以前的民族图册多失传，清代的民族图册则有

---

① （清）段汝霖撰，伍新福校点：《楚南苗志》，岳麓书社 2008 年版，第 10 页。
② 《四库全书总目提要》第 16 册，商务印书馆 1931 年版，第 15 页。
③ （清）段汝霖撰，伍新福校点：《楚南苗志》，岳麓书社 2008 年版，第 190 页。

大量传世，成为研究清代民族状况的重要史料，展现了中国古代民族史撰述体例的多样性。

一 《皇清职贡图》

清代由朝廷修纂的图册是《皇清职供图》。乾隆十五年（1750年），四川总督策楞上奏，欲将其辖境"西番、猡猡男、妇形状，并衣饰服习，分别绘图注释"[①]，次年乾隆帝向各督抚发布上谕："我朝统一区宇，内外苗夷，输诚向化，其衣冠状貌，各有不同，著沿边各督抚，于所属苗瑶黎獞，以及外夷番众，仿其服饰，绘图送军机处，汇齐呈览，以昭王会之盛。各该督抚于接壤处，候公务往来，乘便图写。不必特派专员，可于奏事之便，传谕知之。"[②] 至乾隆二十六年（1761年），《皇清职贡图》始告完成。该书初分四卷，共绘制各民族及外国民人男女290幅图画，是空前完备的少数民族图册。后又制成印本，于乾隆二十八年成书，分为八卷，原图像一分为二，男女各幅，画面增加至580幅，并被收入《四库全书》的《史部·地理类》中。

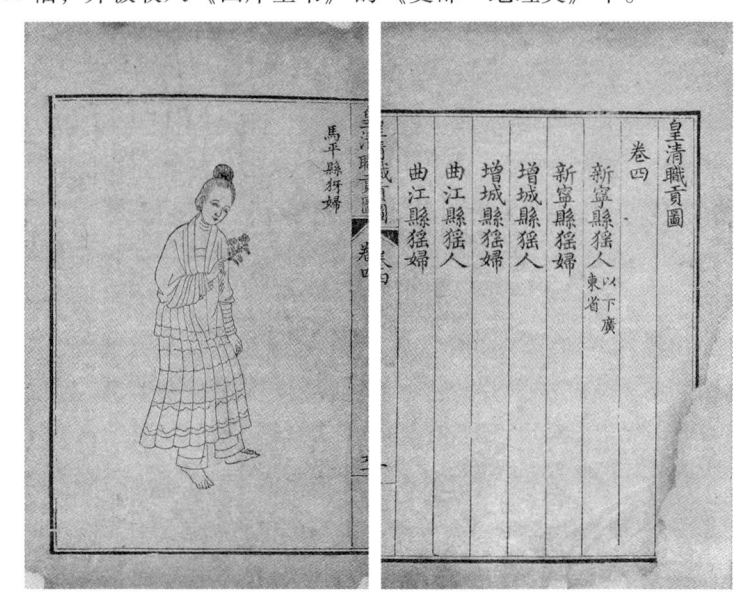

图 8-7 《皇清职贡图》

[①] 《宫中档乾隆朝奏折》第一辑，台北故宫博物院1982年版，第91页。
[②] 《皇清职贡图》，辽沈书社1991年版，第1页。

《皇清职贡图》除绘有各民族图像外，还附有一些说明性文字，记载了少数民族的经济生活、习俗等，具有重要的史学价值。如伊犁等处台吉"其人专事游牧，冬就煖，夏就凉，居无定处"；伊犁等处民人"以游牧为事，耕凿咸仰食于回人"；伊犁塔勒奇、察罕乌苏等处回人"各居城堡，以耕牧为生"；哈萨克人"其俗以游牧为生，亦知耕种"；布鲁特人"其俗以耕牧为生"；乌什、库车、阿克苏等城回人"男勤耕作，女知织纴，牲畜驼马牛羊皆有之"；安集延回人"其人以贸易耕种为业"；肃州金塔寺鲁克察克等族回民"给田耕种，以资生计"；爱乌罕回人"俗以耕种为业，属人筑室散居，不计户籍丁口"；霍罕回人"其地有城郭屋宇，亦以游牧为业"；启齐玉苏部努喇丽所属回人"以游牧为业"；启齐玉苏部巴图尔所属回人"均以游牧贸易为业"。

二　苗图

在朝廷主持纂修的图册之外，还有地方官员主持绘制的民族图册。在现存的清代民族图册中，比较突出的是"苗图"，其名称各异，不一而足。大体有《苗蛮图》《苗族图》《外苗图》《苗族风俗图》《苗族生活图》《边疆苗族风俗图》《苗民图》《苗族生活俚俗图》《苗疆人物风俗图》《苗疆全图》《苗疆图》《百苗图》《苗族风土图志》《苗夷生活图》《苗夷图说》《番俗图》《苗子风俗画记》《异族图说》《土人图志》等数十种。

大多数"苗图"都是图文并茂，以"图说"文字说明图像，文字有繁有简，多少不一。因此一般又在名称上夹注"图说""图考"或"图志"等内容。如专门描绘某地的"苗图"，又往往冠以地名，如《贵州全省百苗图说》《黔苗图志》《黔南苗蛮图说》《城绥义宁苗疆全图》《云南民族图考》等。

桂馥主持修纂的《黔南苗蛮图说》成书于光绪十六年（1890年），在众多的"苗图"中较有代表性。该书全一册，全书首尾完整，描绘和记载贵州各地"苗蛮"86种，为同类著作所载"苗蛮"种类最多者。除了正文之外，书中还载有许乃兴、段荣勋、张日崙、孙清彦的序文和史念祖的跋文，以及桂馥的《黔南苗蛮图说叙》和《苗蛮久安长治论》各一篇。该书名人序文跋文之多，在已经发表的各种百苗图中是绝无仅有的。桂馥在黔为官三十载，对贵州少数民族有详细的考察，"所至深林密箐之郁幽，跳月、吹芦之欢舞，大环、椎髻、围裙之殊形异状，断头棹尾、短衣佩刀之汹涌，出没冈弗，目睹心记，尽态穷形，而复于古书杂志参究始末，一一识其种类、分合之由"①。因此，该书的资料较为确实可靠。

《黔南苗蛮图说》的说明文字详细记载了贵州苗蛮种类，如关于"黑猓猡"和"白猓猡"，该书记载："猓猡，本卢鹿，讹为今称。有黑白二种，黑者为大族，又名乌蛮，即水西安氏之后也。安氏之先，汉时有牂牁、帅黑、卢鹿、济火者，本姓罗氏，建宁郡人。习战斗，尚信义，善抚其众，诸蛮戴之。闻诸葛武侯南征，积粮通道以迎师，遂佐武侯平西南夷。擒孟获，封罗甸国王，世长其土，勒四十八部。部之先是乌蛮，多不表姓氏，惟于名上加阿为其通称，久之渐忘其氏。至明太祖时，始赐水西宣慰使霭翠为安氏。"② 这些文字是修纂者经过细致的文献考证而写成的，具有确切的文献依据。

第九节　方略中的民族史记述

清朝方略是清廷编纂的记录历次重要军事行动过程的史书，既有炫耀"武功"之意，又有及时总结经验教训的考虑，其中记载民族地区用兵的方略占清代方略的绝大部分，所以清代方略的编纂具有重要的民族史学意义。

康熙时期，在每一次军事行动结束之后，康熙帝都下诏设馆，"纪其始末，纂辑成书"，所纂之书叫作"方略"或"纪略"。据《枢垣记略》载："每次军功告蒇及遇有政事之大者皆奏，奉谕旨纪其始末，纂辑成书，或曰《方略》，或曰《纪略》，随时奏请钦定。"③ 清代方略馆始设于康熙二十一年（1682年），但康熙年间方略的纂修还不成熟，到了乾隆间才逐渐完善起来，如魏源所云："方略之体例，至乾隆而尽善。若康熙中馆臣所撰《平定三逆方略》《平定朔漠方略》，专载上谕，不载奏疏，既于情形不悉。且圣祖两征准噶尔，一捷于乌兰布通，再捷于昭莫多，今方略从第二次亲征起，而初次乌兰布通之役不复追叙，既于事无根，至第二次昭莫多，亦不载费扬古捷奏，则两创准夷之功安在？若乾隆中修《平定准噶尔方略》，则以前编补述

---

① 《黔南苗蛮图说》许乃兴序。
② 《黔南苗蛮图说》第一种《黑猓猡》。
③ （清）梁章钜、朱智：《枢垣记略》卷十四《规制二》，中华书局1984年版，第155页。

雍正西师始末，正编扫荡准部、回部，且章奏文报灿然指掌。盖馆臣禀承睿裁，故体例明备。"① 乾隆十四年（1749年），方略馆成为常设机构，由军机大臣兼领总裁，下设有提调、收掌、总纂、纂修、协修、译汉、总校、校对、详校、承发、供事各员。

清代方略记录的是清朝的重大战事。从康熙到光绪朝所编的25部方略②，分别记述的是这两个多世纪里所发生的24次重要战争。从清朝统治者编纂方略的指导思想来看，主要是着眼于宣扬皇朝的"武功"，总结巩固政治统一的历史经验。

《清史稿·艺文志》著录的方略共有21部，包括《平定三逆方略》《亲征平定朔漠方略》《平定金川方略》《平定准噶尔方略》《临清纪略》《平定两金川方略》《兰州纪略》《石峰堡纪略》《台湾纪略》《安南纪略》《巴勒布纪略》《廓尔喀纪略》《平苗纪略》《剿平三省邪匪方略》《平定教匪纪略》《平定回疆剿擒逆裔方略》《剿平粤匪方略》《剿平捻匪方略》《平定陕甘新疆回匪方略》《平定云南回匪方略》《平定贵州苗匪纪略》。此外，清代方略还有《开国方略》《平定察哈尔方略》《平定海寇方略》《平定罗刹方略》等。

在这些方略中，涉及蒙古族的有《平定察哈尔方略》《亲征平定朔漠方略》《平定准噶尔方略》；涉及藏族的有《平定金川方略》《平定准噶尔方略》《平定两金川方略》《廓尔喀纪略》《巴勒布纪略》；涉及撒拉族、回族的有《兰州纪略》《石峰堡纪略》《平定陕甘新疆回匪方略》《平定云南回匪方略》；涉及维吾尔族的有《平定准噶尔方略》《平定回疆剿擒逆裔方略》《平定陕甘新疆回匪方略》；涉及苗族的有《平苗纪略》和《平定贵州苗匪纪略》。

清代"方略"所采用的资料都是当时的军事奏报和有关谕旨，按年月日编排，记其始末，有的还附有庆贺胜利的御制诗文、大臣唱和诗文、纪功勒石碑文等，所以其体例类似于纪事本末体。《四库全书总目》将之分入史部的"纪事本末"类，获得了后人的认可。从纂修主体上说，传统的纪事本末体史书，无一例外属于私撰之作；而清代的方略，则全部为官修之作。从康熙到光绪朝，每每要组织庞大的编纂群体，少则十数人，多则数十人，乃至上百人编纂方略。例如，康熙朝参加《亲征平定朔漠方略》编纂的有73人，

---

① （清）魏源：《圣武记》卷十一《武事余记·掌故考证》，中华书局1984年版，第493—494页。
② 姚继荣：《清代方略馆与官修方略》，《山西师大学报》2002年第2期。

乾隆朝参加《平定金川方略》编纂的有52人，参加《平定准噶尔方略》编纂的有79人，嘉庆朝参加《剿平三省邪匪方略》编纂的有120人，同治朝参加《剿平粤匪方略》编纂的有99人。至于光绪朝的《平定陕甘新疆回匪方略》《平定云南回匪方略》和《平定贵州苗匪纪略》，参加编纂的更是多达173人。

清代方略的编纂也表明了清代统治上层的天下一统观念。康熙皇帝在为《亲征平定朔漠方略》所作序言中说："朕祇承天眷，懋绍祖宗丕基，为亿兆生民主。薄海内外皆吾赤子，虽越在边徼荒服之地，倘有一隅之弗宁，一夫之弗获，不忍恝然视也。"①并且和汉、唐人主对待少数民族的态度相比，指出"自古遐方外域互相吞噬，汉唐人主往往幸其削弱，易于制驭，辄视为国家利。我皇上如天好生，抚视中外，无有畛域，咸同一体，谆谆然欲令罢兵息争，共安无事"②，显然，中外"无有畛域，咸同一体"的民族观念要比"幸其削弱，易于制驭"的民族观念进步得多。康熙帝所表达的这种民族思想，被后世君主继承下来，并进一步发挥，在史书中有更加明确的表述。

《平定准噶尔方略》中记载乾隆帝给准噶尔台吉策妄多尔济那木扎尔的敕书说："朕总理天下，无分内外，一视同仁，惟期普天生灵各得其所。"③在给叶尔羌、喀什噶尔、库车、阿克苏、和田等"回部"的敕谕中，他又说："朕为天下共主，罔有内外，一体抚绥，无使失所。"④在《石峰堡纪略》中，他还说："内外均属编氓赤子，顺则恩有可加，逆则法无可宥。"⑤显然，"天下共主""无分内外"是乾隆帝对待少数民族时一贯的态度。他的这些言论统统被写进"方略"，其目的显然是要把这些当作处理民族问题的准则，如咸丰年间云南回民起事，咸丰帝就指出在镇压过程中，只分良莠，不分民族，所谓"国家一视同仁，民回皆系赤子。地方官弹压抚绥，本不应过分畛域"⑥。

---

① （清）温达等：《亲征平定朔漠方略》卷首《御制序》，文渊阁《四库全书》本。
② （清）温达等：《亲征平定朔漠方略》卷一，文渊阁《四库全书》本。
③ （清）傅恒等：《平定准噶尔方略》前编卷四十九，文渊阁《四库全书》本。
④ 同上。
⑤ 《石峰堡纪略》卷七，文渊阁《四库全书》本。
⑥ （清）奕䜣等：《平定云南回匪方略》卷一，清光绪二十二年铅印本。

第十节 方志中的民族史记述

清代地理志、地方志的编纂空前发达，民族地区的地理志与地方志多记述民族历史，同时，少数民族地区的地方志或专门的少数民族地方志也开始系统编选。平定准噶尔之乱后，清朝把西域纳入版图，开始修纂新疆的地方志，蒙古、西藏地区也陆续开始修纂地方志，这些地方志都对本区域的民族进行了详细的记述。清代地方官员在进行民族管理时，往往对辖区民族进行具体的考察，考察成果通过编纂方志来完成，因此，方志中的民族史记述更具有资治的作用。

一 《大清一统志》中的民族史撰述

继《大明一统志》之后，清朝统治上层也高度重视纂修一统志。康熙、乾隆、嘉庆年间，清朝先后三次修《大清一统志》，嘉庆十六年（1811年）重修一统志，于道光二十二年（1842年）成书。全书560卷，目录2卷，共562卷。全书包括了行省、藩部及朝贡各国，"自京师以下，每省有统部，总叙一省大要。各府、厅、直隶州自有分卷，凡所属之县入焉。蒙古各藩统部，分卷悉照各省体例"《凡例》。《大清一统志》卷五百十六至卷五百六十为外藩各部，记录地理、封爵、旗分等情况，"外藩各部，自内扎萨克、察哈尔至喀尔喀、青海、西藏诸境，俱详核其山水、形势之迹，及封爵、旗分添设移改，并世袭传次之数，照理藩院册籍登记"。《凡例》并特别提到："乌里雅苏台设有将军一，参赞二，统辖唐努乌梁海、科布多、喀尔喀四部官兵，会办库伦以西事务，并设办事司员，旧志未经晰载，今详考晷度、山川、卡伦、台站，自为二卷，附于新疆志之末"，对旧志做了补充。《大清一统志》区分了"外藩"和"朝贡各国"，与历代将二者统一记述"四夷"的方式不同，不再统称为四夷，这与清代的理藩政治体制有关，也与当时修史者对世界的认识程度有关。

嘉庆《大清一统志》所记的"外藩"包括新疆统部、乌里雅苏台统部、蒙古统部，该书对这些藩部的发展多有记述。其中，新疆统部包括伊犁、库尔喀喇乌苏、塔尔巴哈台、乌噜木齐、古城、巴里坤、哈密、吐鲁番、喀喇沙尔、库车、阿克苏、乌什、喀什噶尔、叶尔羌、和阗、左哈萨克、右哈萨克、东布鲁特、西布鲁特、霍罕、安集延、吗尔噶浪、纳木干、塔什罕、拔达克山、博洛尔、布哈尔、爱乌罕、温都斯坦、巴勒提；乌里雅苏台统部包括乌里雅苏台、库伦、科布多；蒙古统部包括土默特、敖汉、奈曼、巴林、扎噜特、阿噜科尔沁、科尔沁、扎赉特、杜尔伯特、郭尔罗斯、喀喇沁、翁牛特、克什克腾、喀尔喀左翼、乌珠穆沁、浩齐特、苏尼特、阿巴噶、阿巴哈纳尔、四子部落、茂明安、乌喇特、喀尔喀右旗、鄂尔多斯、喀尔喀、阿拉善厄鲁特、西藏、归化城土默特、牧场、察哈尔。

清代，私修的全国性的地理志书如顾炎武撰《天下郡国利病书》《肇域志》，都有相关部分涉及民族地区，对各民族的历史情况有所记述。

二 西南地区方志中的民族史撰述

清代民族聚居地区的各省通志及府县志多对辖区内民族种类、源流等情况予以记述，如云南、贵州、广西、四川等省区方志多立"土司""风俗""种人"等类目，修志者根据地方民族情况确立了不同的撰述方式记述民族历史。

康熙时修《云南通志》，卷二十七为《土司志》，并附有《种人贡道》。该书"凡例"交代《土司志》的撰述宗旨云："旧志载羁縻，而前志则略焉。夫西南治乱半由于土司，本朝德威四讫，群夷效顺，此往代所未有也。纪其隶于职方者，并种人贡道而共载之，大一统之模于兹可见。"① 《土司志》序云："西南祸乱半酿于群彝，罗凤酋龙之患有自来矣。前明三百余年，号称全盛，而土酋日寻干戈，竟与明运终始。纵豺狼于郊坰，欲不噬人，不可得也。国朝数十年间，螳怒者芟刈略尽，而革面者仍予以宽大之典，授彼故秩，既得世长其民而无患，苟非守法奉公，何以仰答高深，无忝厥职乎！至徼外诸种落，爵命虽加，而羁靮不用，其以不治治之者，正欲以并生生之耳，作《土司志》。"② 该书《种人》部分记述的民族包括白人、爨蛮、白猡猡、黑猡猡、撒弥猡猡、妙猡猡、阿者猡猡、乾猡猡、鲁屋猡猡、撒完猡猡、罗婺、摩察、㑩彝、僰喇、普特、窝泥、捋鸡、麽㺯、力㺯、土人、土獠、怒人、扯苏、侬人、沙人、蒲人、古宗、西番、峩昌、缥人、哈喇、缅人、结㺯、遮㺯、羯㺯子、地羊鬼、野人、喇记、孔答、喇吾、比苴、菓葱、喇鲁、阿成。

---

① （康熙）《云南通志》，书目文献出版社1988年版，第41页。
② 同上书，第511页。

雍正时修《四川通志》卷十九、卷二十为《土司志》（上、下），"凡例"中说明《土司志》编纂的目的云："土司世袭之沿革，贡赋之输将，旧志甚略。我国家重译来朝，蛮夷率服，川省大小土司计三百有余，故另列土司一类，详著情形，以备控驭方略。"①《土司志》序言云："《书》称弼成五服，盖举要荒，而被之以声教也。其中岂无族类各殊、言语不接者，于以控制羁縻，亦有道以处之矣。我朝德洋恩普，抚绥万邦，虽九州之外，且不惮梯山航海，重译来朝，矧土司之属界连内地者乎？蜀中三面环夷，凡松潘、建昌与叙、永、重、夔之所钤辖，峒长山猺，罔不洗心革面，输宝贡毯之恐后。则夫按其山川，道其习俗，稽其户口、猺赋之数，亦可以备职方之考也，作《土司志》。"②

雍正时修《广西通志》卷九十二至卷九十六为《诸蛮》，"凡例"云："旧志叙诸蛮，虽皆援据史乘，而不分划门类，且各府杂然错见，殊无眉目。今按各府次叙，先蛮习，次蛮疆分隶，次历代驭蛮，而附之以安南，庶几便于省览。"③卷九十二为"蛮习"，概述了广西的诸蛮种类，包括猺、獞、獠、狼、狑、狄、犽、犵、犺、犿、狪、獴、犴、狸、苗、山子、蜑、浪等；卷九十三为"蛮疆分隶"；卷九十四为"历代驭蛮"；卷九十六为"安南附纪"。

乾隆时修《贵州通志》卷七为《苗蛮》，专门记述的贵州地区民族包括犵家、宋家、蔡家、龙家、花苗、白苗、青苗、红苗、黑苗、九股苗、东苗、克孟牯羊苗、谷蔺苗、平伐苗、紫姜苗、阳洞罗汉苗、犵狫、打牙犵狫、锅圈犵狫、披袍犵狫、水犵狫、木老、犵兜、犴猓、八番、六颡子、㹮人、峒人、蛮人、杨保、土人、白猓猡、猺人、獴苗、狄、犴、狑、狪、猺、獞诸族。

三　新疆方志中的民族史记述

康雍乾时期，清朝一直用兵西北，乾隆年间基本平定了准部、回疆，将西域正式纳入清朝版图，自此西域改称新疆，新疆地区的方志也开始大量编纂，如《伊江汇览》《塔尔巴哈台事宜》《回疆通志》《西域总志》《哈密志》《喀什噶尔志》等。这些方志都不同程度地记述了新疆的民族情况。

---

① （雍正）《四川通志》"凡例"，雍正十一年（1733）刻本。
② （雍正）《四川通志》卷十九，雍正十一年（1733）刻本。
③ （雍正）《广西通志》"凡例"，文渊阁《四库全书》本。

1.《回疆志》

《回疆志》(乾隆年间抄本)又名《新疆回部志》,永贵、固世衡撰,苏尔德增撰,成于乾隆三十七年(1772年),全书约4万字。卷一记载了新疆"回人"的情况;卷二包括回教、经字、祷祝、风俗、年节、乐器、戏嬉、面貌、性情、房屋、衣冠、饮食、婚姻等;卷三包括丧葬、耕种、织纴、交易、畋猎、五谷、瓜果、菜蔬、草木、花卉、物产等。卷四包括回人官制、回人地亩户口,官制为兆惠平定回部之后各城伯克的品级职衔。

2.《西域图志》

《西域图志》52卷,清傅恒、刘统勋等修。《西域图志·藩属》记载了除准部蒙古族、回部维吾尔族外的其他新疆少数民族的一些情况,包括左部哈萨克、右部哈萨克、东布鲁特、西布鲁特、霍罕、安集延、吗尔噶浪、纳木干、塔什罕、拔达克山、博洛尔、布哈尔、爱乌罕、温都斯坦、巴勒提等。所有这些都反映出清廷视边疆与内地为一家,注重治理边疆民族的统治政策,具有维护民族团结的重要政治意义。

3.《西陲总统事略》

嘉庆七年(1802年),山东金乡知县汪廷楷被遣戍伊犁,伊犁将军松筠命汪廷楷纂修新疆的志书,但没有完稿即刑满释放。嘉庆九年(1804年),祁韵士因局库亏铜案牵连入狱,次年被发戍新疆伊犁,由于他曾主持编纂《蒙古回部王公表传》及深厚的西北边疆史地知识基础,于是松筠命他编纂新疆志书。祁韵士在汪廷楷原辑未成稿的基础上,并实地考察新疆的地理情况,纂成《西陲总统事略》,全书共12卷,计45个子目,内容记载丰富,涉及西域的自然地理、政治制度、经济、军事部署、民族、风俗物产等诸多方面。卷十一为土尔扈特源流、哈萨克源流、布鲁特源流、霍罕路程记;卷十二为汉乌孙释地、唐西突厥释地、哈萨克马说、渥洼马辨、厄鲁特旧俗纪闻、回俗纪闻等。采自七十一所撰《西域闻见录》。后祁韵士又撰写了《西陲总统事略》的简写本《西陲要略》及《西陲释地》。

4.《新疆识略》

嘉庆十七年(1812年),徐松被谪戍伊犁,[①] 正值松筠第二次担任伊犁

---

① 徐松(1781—1848年),字星伯,原籍浙江上虞,幼随父宦居京师,遂入籍为北京大兴人。嘉庆十年进士,翰林院庶吉士。散馆授编修,入直南书房。嘉庆十七年,徐松"为御史赵慎畛所纠,谪戍伊犁",时年32岁。

将军。松筠命徐松在祁韵士《西陲总统事略》的基础上重修新疆志书。徐松提出自己实地考察的建议，得到了松筠的支持。嘉庆二十年冬，徐松从伊犁出发，用近一年的时间考察了天山南北两路。每到一地，徐松皆"携开方小册，置指南针，记其山川曲折，下马录之。至邮舍，则进仆夫、驿卒、台弁、通事，一一与之讲求。经年，风土备悉"。① 嘉庆二十五年（1820年）成书12卷，名为"伊犁总统事略"。道光元年（1821年），该书以伊犁将军松筠名义上呈，道光帝十分赞赏，遂赐名"新疆识略"，又亲撰御制序文置于卷首，付武英殿刊行。《新疆识略》成为当时有关新疆史地和政务最为完备的著作。

《新疆识略》在编纂方式上，采取的是分门别类的形式。全书分为圣藻、新疆总图、北路舆图、南路舆图、伊犁舆图、官制兵额、屯务、营务、库储、财赋、厂务、边卫、外裔13门。该书类目在沿袭祁韵士撰《西陲总统事略》的基础上有所增加，且比之更为详细。

《新疆识略》专列《外裔》一卷，记载了新疆及周边各民族的情况。《外裔》"小序"说明了撰述的目的："盖闻守边之要，首在熟悉夷情。然非特知其长技，察其习尚已也，其部落之强弱，形势之夷险，以及承袭之世次，官制之维系，尤必周知之，而后足以得其心以制其命。"② 了解边疆地区少数民族的风俗习尚，无疑有助于清统治者加强边疆管理以巩固边防。书中指出："新疆之境，众部环居，其中如南路之回子，北路之厄鲁特，类皆服役，等于编氓，固不得谓之外夷也。至于边外诸部如瓦罕、沙克拉、什克南、达尔瓦斯、绰禅、罗善、差呀普、浑堵斯、噶斯呢、窝什、安集延、吗尔噶浪、霍罕、纳木干、塔什罕、霍占、科拉普、鄂勒推帕、济杂克、拜尔哈、布哈尔、黑斯图济、乾竺特、博洛尔、拔达克山、依色克、爱乌罕、坎达哈尔、巴尔替、哈普隆、图伯特、克什米尔、拉虎尔、温都斯坦，虽贸易时通，而荒远僻陋，又非边防所急。其与叶尔羌、喀什噶尔、伊犁、塔尔巴哈台诸城毗邻，为我屏藩者，惟哈萨克、布鲁特二部落而已。"③ 徐松对新疆周边这些少数民族状况的记载，无疑有利于清统治者了解"夷情"，从而能更好地经营边疆。

---

① （清）缪荃孙：《徐星伯先生事辑》，《艺风堂文集》卷一，清光绪二十七年刻本。
② （清）徐松：《新疆识略》卷十二《外裔》，道光元年武英殿刻本。
③ 同上。

徐松将西北边疆的少数民族分为三个层次：一是清政府直接管辖的，如回部和厄鲁特；二是有直接关系却管理松散者，即哈萨克和布鲁特。三是虽有贸易往来，清政府势力达不到者，如瓦罕、沙克拉、什克南等。徐松认为边防最重要的是处理好与哈萨克和布鲁特的关系。徐松介绍了哈萨克和布鲁特的简况："哈萨克为汉康居国，向以为大宛，非也。所部本回种，伊犁之西有塔什罕者与哈萨克同族。……哈萨克其部有三：曰左部，曰右部，曰西部。""布鲁特在汉时为休循、捐毒二国，地在唐时为大小勃律。乾隆二十三年，大军讨逆回波罗泥都、霍集占，将军兆惠旋师会剿，道经布鲁特界，其酋长图鲁起拜等遮道自陈，言向为厄鲁特所阻，今西域荡平，所部咸愿内属，并遣大首领入觐，使至，高宗纯皇帝优加宴赉。"[1] 书中还列出了《哈萨克世系表》《布鲁特头人表》。

清代中前期记载蒙古情况的方志还有乾隆《口北三厅志》十六卷（金志章原稿，黄可润增修）、乾隆《河套志》六卷（陈履中纂）等。

四 西藏方志的撰述

清前期，西藏地区的方志有康熙年间《西藏志》，该书分目为事迹、疆圉、山川、寺庙、物产、岁节、纪年、风俗、衣冠、饮食、婚嫁、夫妇、生育、丧葬、医药、占卜、礼仪、宴会、市肆、房舍、刑法、封爵、边防、征调、赋役、朝贡、外番、唐碑、台站、粮台、附录。收入焦应旂撰《藏程纪略》。

嘉庆《卫藏通志》，撰者不详，共17卷，卷首为御制诗文，正文16卷，共分考证、疆域、山川、程站、喇嘛、寺庙、番目、兵制、镇抚、钱法、贸易、条例、纪略、抚恤、部落、经典16目。此书是清初记叙西藏地方史志沿革诸书中最为完备的一部，对西藏历史、地理、寺院、习俗，以及清朝在西藏推行的政治、军事、财经制度等，都有较全面的叙述。其中卷十五"部落"案语云："西南部落，自打箭炉至藏地，大抵皆土番别种，散处其间，各立其长，各子其民，不相属也。自我朝底定西藏，声教罩敷蛮荒。近者籍隶版图，岁输赋纳，远者莫不俯首岩疆，翕然听命。纪其沿革，载其方隅，以备稽考。"[2] 所记各部落为唐古忒、达木蒙古、缠头、卡契、布噜克巴、巴

---

[1] （清）徐松：《新疆识略》卷十二《外裔》，道光元年武英殿刻本。
[2] 参见《西藏志卫藏通志》，西藏人民出版社1981年版，第503页。

勒布、廓尔喀、哲孟雄、作木朗、洛敏汤、库呢、白木戎、第哩巴察、巴尔底萨杂尔、工布江达、上下波密、拉里、边坝、硕般多、洛隆宗、类五齐、察木多、乍丫、巴塘、里塘、打箭炉等。

此外，清代所撰西藏方志还有章嘉呼图克图撰《西藏志》（乾隆元年刻本）、松筠撰《西招图略》等。

五　府县志中的民族史撰述

清代民族聚居地区的方志对本地区各民族的情况进行了具体的记述。

乾隆年间所修四川《雅州府志》记述四川雅州境内的民族情况尤为详细。雅州处于各民族交错杂居之处，乾隆四年，松茂分巡道、前雅州知府张植为该书作序云："雅处蜀之偏陬，东接邛嘉，西扺番藏，南襟六诏，北控诸羌，盖岩疆也。"① 该志有土司志，记述了各民族情况，该书"凡例"云："土司分口内口外。口内虽属内地，然夷性犬羊，甚为叵测。至口外幅员广达，虽天威震叠，尽归版图，然身驯而心不驯，究属羁縻，其柔远能迩之方，不可不留心措置也。故另列土司一款，详著情形，以备控驭方略。"② 这与乾隆《四川通志》的措辞一致。该书卷十一为《口内土司志》《口外土司志》；卷十二为《西域志》，其"凡例"云："今西藏悉归版图……我朝德威远播，四夷归心，是以前后藏均隶职方，咸遵正朔，故另列一类，详载疆域、形势、户口、贡赋，以昭一统无外之模。"③《西域志》记述了里塘、巴塘、察木多、乍丫、类五齐、洛隆宗、硕般多、达陇宗、拉里、西藏等地，其中西藏分疆域、形胜、风俗、塘铺、新设铺站、户口、贡赋、管辖地方头人、寺庙、古迹、山川、关隘、土产、藏天异、藏地则、藏附图、藏种类、藏喇嘛、藏人事19目。

嘉庆四川《清溪县志》（陈一沺纂，嘉庆四年刊本）卷四为《土司志》，分土地、人民、政事三部分，土地包括建置、部落、山川、城市、疆域、物产；人民包括承袭、户口、忠义、风俗、方言；政事包括官秩、印信号纸、贡赋、隶属、刑罚等。

乾隆广西《柳州县志》卷四《地舆志》中有《猺獞》，记述了猺、獞、

---

① （清）曹抡彬、曹抡翰纂辑：《雅州府志》乾隆四年刊本。
② 同上。
③ 同上。

狼、犴、犳等情况。《马平县志》（吴光昇纂，乾隆二十九年修光绪二十一年重刊本）卷二《地舆志》中有《猺獞》，记载了猺、獞的风俗与语言。

清代湖南境内的少数民族统称为"苗"或"瑶"，湖南的府县（厅、州）志多记述了辖区内苗、瑶等族的情况。乾隆《乾州厅志》卷四《红苗风土志》，纂者云："苗类甚多，曰仡、曰獠、曰瑶、曰僮、曰㑩、曰僄、曰犵、曰猇、曰㹨、曰狄，又有青、红、白、黑、花各种类相传以为槃瓠之后……乾州只红苗一种，以其衣领、腰带皆红故名。"[1] 该书记述了"红苗"的情况，包括红苗归流始末、种类、姓氏、峒寨、居处、畜牧、饮食、服饰、言语、报赛、记事、仇杀、伏草、解纷、下签、工作、婚嫁、丧葬、财利、祭祀、斋戒、避忌、交易、疾病、器具、卜筮、控御等方面；《永顺府志》（顾奎光纂，乾隆二十八年抄刻本）卷九为《土司志》，并附有《土司世系表》《土司传》；《辰州府志》（谢鸣谦等纂，乾隆三十年刻本）卷十三有《平苗考》；《武冈州志》（邓显鹤等纂，嘉庆二十二年刻本）卷十八有《瑶峒考》；《临武县志》（曹家玉等纂，嘉庆二十二年刻本）卷二十三为《苗瑶志》；《直隶郴州总志》（陈绍谋等纂，嘉庆二十五年刻本）卷二十二为《苗瑶志》；《凤凰厅志》（孙钧铨、黄复元纂，道光四年刻本）卷十一、卷十二为《苗防志》；《永州府志》（宗绩辰等纂，道光八年刻本）卷五为《风俗志》，有《瑶人俗性考》《瑶人叛服考》《瑶防古今因革论》等内容。这些记述成为学术界研究苗族、瑶族历史的珍贵资料。

第十一节　笔记中的民族史记述

清代，很多官员及学者因出使、谪戍、考察等原因至民族地区游历，他们根据亲身见闻记述了边疆地区各民族情况，这些笔记虽未经系统的撰述，却具有很高的史料价值，是官修民族史志的重要史料来源。现存这类笔记有数百种之多，以下介绍有代表性的《秦边纪略》《西域闻见录》及《黔记》。

一　《秦边纪略》

《秦边纪略》（又名《西陲今略》），康熙年间梁份撰。[2] 梁份在说明该

---

[1] 王玮纂修：《乾州厅志》，乾隆四年刻本。
[2] 梁份，字质人，江西南丰人。少时师从彭士望、魏禧。中年专注于西北史地考证。

书写作宗旨时指出,前人"言边事绘方舆图者,类多抄袭臆拟,如画鬼魅,欺人所不经见。盖地既险僻,士君子罕游,居人又罕能文,间有传载,得一漏万,置重举轻,不裨实用"①。梁份认为对边疆史地的研究不能局限于文献考证,更应该进行实地考察。

康熙年间,梁份对西北地区进行三次实地考察,并做了记录。康熙二十一年至二十七年(1682—1688年),他进行了第一次考察,历时六年。梁份54岁时,又得到了友人张鲁庵的帮助,得以第二次考察西北。康熙四十八年(1709年),梁份由江西北上,经汉口、汉阳至肃州(今甘肃省酒泉市),第三次游历西北。据刘献廷《广阳杂记》记载:"梁质人留心边事已久,辽人王定山,讳燕赞,为河西靖逆侯张勇中军,与质老相与甚深,质人因之遍历河西地,河西番夷杂沓,靖逆以足病,诸事皆中军主之,故得悉其山川险要,部落游牧,暨其强弱、多寡、离合之情,洞若观火矣。著为一书,凡数十卷,曰《西陲今略》,历六年之久,寒暑无间,其书始成。余见其稿,果有用之奇书也。"② 可见,梁份是基于边防的目的对西北地理尤其是民族情况进行了考察与记述的。

《秦边纪略》共六卷。卷一至卷五分别记全秦边卫、河州卫、西宁卫、庄征浪卫、凉州卫、甘州卫、肃州卫、靖远卫、宁夏卫、延绥卫形胜沿革;卷六有河套、外疆、嘉峪关至哈密路程、嘉峪关至赤金路程、近疆西夷传、河套部落、蒙古四十八部落考略、西域土地人物略、嘎尔旦传等目,内容涉及明代和清初蒙古史事,其中有很多为作者实地考察的资料。《四库全书总目》评价该书"首载河州及西宁、庄浪、凉州、甘州、肃州、靖远、宁夏、延绥等卫形胜要害,次载西宁等卫南北边堡,次载西宁等近疆及河套,次载外疆、近疆西夷传、河套部落、蒙古四十八部考略、西域土地人物略,其论边鄙疆域及防守攻剿情形,一一详悉"③。

在梁份看来,"凡书可闭户而著,惟地舆必身至其地"④,所以,他在著书时特别强调实地考察。比如在记录甘州北边近疆时,梁份说:"红盐池,

---

① (清)梁份著,赵盛世、王子贞、陈希夷校注:《秦边纪略》,青海人民出版社1987年版,第462页。
② (清)刘献廷撰,汪北平、夏志和点校:《广阳杂记》卷二,中华书局1957年版,第65页。
③ 《四库全书总目提要》第15册,商务印书馆1932年版,第71页。
④ (清)梁份著,赵盛世、王子贞、陈希夷校注:《秦边纪略》,青海人民出版社1987年版,第462页。

在山丹之北。红盐味甜，坚类石，色如丹，谓之盐根，河西多有之。其地多禽兽，夷虽不住，而未始不游牧也。"①。

该书卷六《噶尔旦传》《近疆西夷传》记述了噶尔丹控制秦边蒙古诸部的情况，梁份指出："今天下可患者，独西夷也。西夷之患，必始西陲。"②梁份认为清朝应加强西北边防，防备准噶尔部的进攻，这一主张是以深邃的文献与实地考察为依据的，后来的形势发展也证明了梁份的预见。

二 《西域闻见录》

《西域闻见录》，七十一撰。七十一，姓尼玛查，字椿园，满洲正蓝旗人，乾隆十九年进士，曾任职居西域十余年。该书撰成于乾隆四十二年（1777年），共8卷。③ 七十一在《西域闻见录》自序中介绍成书的缘起云："余居其地最久，考究最详，于是不辟冗俚，作为是编。目见存矣，而耳之所闻，少无可据，则置之。"七十一以亲身见闻为主，并参考了其他文献，记述了新疆各地的沿革情况。该书卷三至卷四为"外藩列传"，记述哈萨克、布鲁特等20余部及浩罕、布哈拉等国的情况；卷五至卷六为"西陲纪事本末"，分"准噶尔叛亡纪略""阿睦尔萨纳叛亡纪略""布拉敦霍集占叛亡纪略""乌什叛乱纪略"和"土尔扈特投诚纪略"；卷七为"回疆风土记"，记新疆南部之天时、土宜、风俗、物产等；卷八为"军台道里表"。该书每叙一地或一事毕，多以"椿园氏曰"的形式加以评论。

该书对后来的西域史地著作影响很大，如和瑛《回疆通志》中的风俗部分就照录自《西域闻见录》。祁韵士虽然对该书评价有所保留，仍肯定书中《回疆风土记》一卷记载回地民俗物产内容的确切可靠性，遂"掇《闻见录》诸书中之可信者"，并"证以所见"，纂成《西陲要略》卷四《回俗纪闻》篇，此书广为流传，成为赴西域的必备书，"士大夫于役西陲，率携《琐谈》《闻见录》等书为枕中秘"④。《新疆图志》卷九十《艺文志》认为该书"所记回疆风土，得诸目觌，多资考证"，"耳目较近，记载亦详"。不

---

① （清）梁份著，赵盛世、王子贞、陈希夷校注：《秦边纪略》，青海人民出版社1987年版，第204页。

② 同上书，第21页。

③ 该书同异名刻本、抄本民间流传有20余种之多。参见王志强《〈西域闻见录〉之版本著者考述及史料价值论略》，《伊犁师范学院学报》（社会科学版）2008年第1期。

④ （清）汪廷楷、祁韵士撰：《西陲总统事略》序，中国书店影印本2010年版。

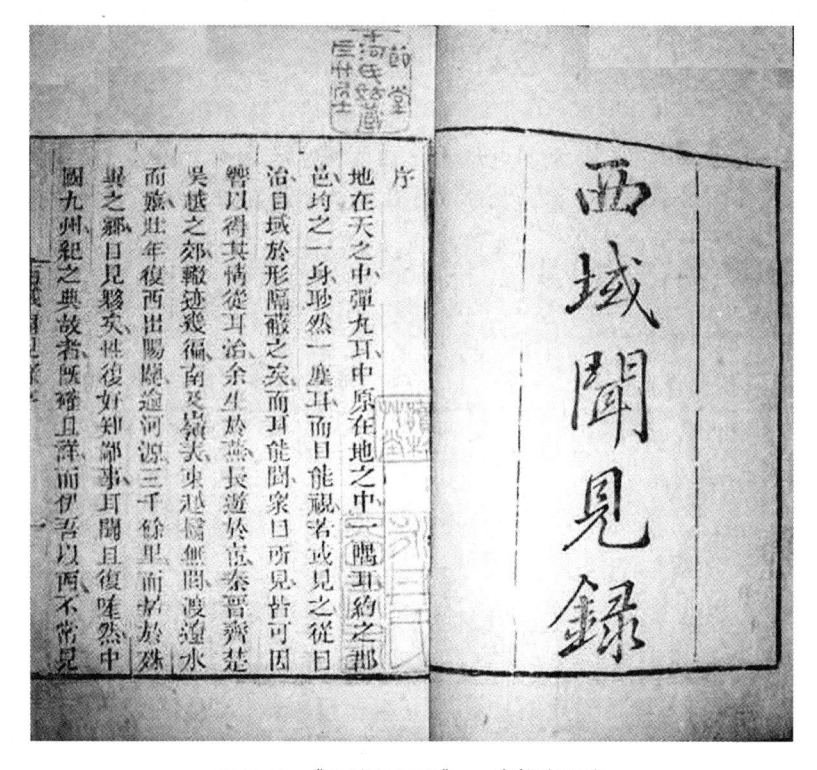

图 8-8 《西域闻见录》 清乾隆刻本

过,仍有一些学者对该书的史料价值提出质疑,认为其所记所载存在不少舛误。同时,对于该书也进行了辨伪工作,如何秋涛《朔方备乘》言:"内惟回疆风土系得目睹,多资考证,其外藩列传如哈萨克、布鲁特之类岁时朝贡,土尔扈特、和硕特之属已列藩封,耳目较近,记述亦详。若绝域诸国则皆得自传闻,山川道里半涉茫昧其舛误尤甚者莫如记鄂罗斯、控噶尔二篇。"①

三 《黔记》

《黔记》四卷,清李宗昉撰。② 该书写成于嘉庆十九年(1814年)。《黔记》体例,仿田雯《黔书》,可视作其续编。梅曾亮序中说:"若夫巨细悉

---

① (清)何秋涛:《朔方备乘》卷五十六《辨正诸书一》,光绪间刻本。
② 李宗昉,山阳(今江苏省淮安县)人,生于乾隆四十四年(1779年),卒于道光二十六年(1846年)。嘉庆七年(1802年)进士,十八年(1813年)督学黔中。

备,裨益雅俗,有《华阳志》《风土记》之遗风。"[1] 本书卷三记述了贵州各民族的居地与习俗,其中有保罗、白倮罗、宋家苗、蔡家苗、卡尤仲家、筷笼仲家、青仲家、曾竹龙家、狗耳龙家、马蹬龙家、大头龙家、花苗、红苗、白苗、青苗、黑苗、翦发仡佬、东苗、西苗、天苗、侬苗、打牙仡佬、猪屎仡佬、红仡佬、花仡佬、水仡佬、锅圈仡佬、土人、披袍仡佬、木佬苗、仡僮苗、焚人、蛮人、洞人、瑶人、杨保苗、犷犷苗、九股苗、八番苗、紫姜苗、谷蔺苗、阳洞罗汉苗、克孟牯羊苗、洞苗、箐苗、伶家苗、侗家苗、水家苗、六额子、白额子、冉家蛮、九名九姓苗、爷头苗、洞崽苗、八寨黑苗、清江黑苗、楼居黑苗、黑山苗、黑生苗、高坡苗、平伐苗、黑仲家、清江仲家、里民子、白儿子、白龙家、白仲家、土仡佬、鸦雀苗、葫芦苗、洪州苗、西溪苗、车寨苗、生苗、黑脚苗、黑楼苗、短裙苗、尖顶苗、郎慈苗、罗汉苗、六洞夷人等。书中把贵州各民族及其支系加以细微区分,并记载他们各自的分布地区与特点,这对深入研究清代当地民族问题颇有助益。从其记载的详细程度超过《黔书》一事,也说明至清末人们对贵州民族情况的了解已日益深入。

小 结

(1) 满族统治者以少数民族君临天下,为论证自己的正统性,对民族史的撰述十分重视,并有意识地把自己的发展渊源与金代女真联系起来,为加强新的民族治理体制,注重编纂其他民族史著作。清朝一直顾虑他族尤其是汉族的反抗,为加强文化控制,由康熙至乾隆屡兴文字狱,明代以前与满族历史有关的书籍,或一些研究民族史的著作不同程度地遭到禁毁,清廷禁止民间私自研究与满族及满族统治者相关的历史,一些相关民族史籍基本上是官修,在这种气氛下,私人对民族史的研究基本绝迹了。

(2) 满族统治集团通过编纂民族史,追溯本民族的起源,加强民族认同,这方面的史籍主要有皇太极时期编纂的《太祖武皇帝实录》《满洲实录》,雍正乾隆时期编纂的《八旗通志》《八旗满洲氏族通谱》《盛京通志》《开国方略》《满洲源流考》《钦定宗室王公功绩表传》等。

---

[1] (清)李宗昉:《黔记》序,道光十五年刻本。

（3）清代前中期通过编纂民族史总结民族管理的经验与方法，如编纂《蒙古回部王公表传》《皇朝藩部要略》《西陲总统事略》《新疆识略》《蛮司合志》《峒溪纤志》《楚南苗志》等。

（4）清代前中期的民族史撰述种类丰富多样。正史《明史》中有《土司传》《西域传》与《外国传》；综合性民族史著作有《古今图书集成·边裔典》；清代民族图册有《皇清职供图》《苗蛮图》《苗族图》《外苗图》《黔南苗蛮图说》；多种《方略》记述了大量有关民族史的资料；清代民族聚居地区的各省通志及府县志多对境内民族种类、源流等情况予以记述，所记多为"土司""风俗""种人"等篇目；清代还有很多官员撰述的出使行记、谪戍见闻、游记笔记等，这些笔记记述了边疆各民族情况。①

---

① 有关清代少数民族史学置于下章"晚清的民族史学"末论述。

第九章

晚清的民族史学

从清朝道光二十年（1840年）鸦片战争以后，中国社会进入半殖民地半封建社会。晚清，随着西学的广泛传播，士大夫阶层逐渐认识到中国并不是世界的中心，四夷也并非野蛮落后。传统的天下观被突破，四夷体系开始瓦解，出现新的民族、国家及世界观念。晚清民族史叙述方式也发生了变化，从天下到世界的视角转变，促使民族史观的更新。民族主义思想的传播，排满革命的活动，对民族历史记述产生了重要影响，新的民族史撰述体例开始出现。

第一节 晚清民族史观的变化

一 华夷观的解体

早在元明时期，《异域志》《咸宾录》《殊域周咨录》等书记述的民族或国家的范围开始向外扩展，但在天下观的笼罩下，这些民族仍被称为四夷，这些史籍的编纂者还没有对地域、民族、国家等记述单元进行区分的意识。

晚清，随着国门的洞开，西学迅速涌入并广泛传播开来，介绍其他国家历史、地理的书籍大量出版，如《四洲志》《海国图志》《瀛环志略》《外国史略》《坤舆万国全图》《全地万国纪略》《万国通鉴》等，这些史学著作一改传统《四夷传》的编纂方式，在观念上打破了以中央王朝为中心的华夷史观，使人们逐渐认识到西方还有很多国家，这些国家具有发达的文明，并不是传统意义上的蛮夷之国。

这些著作也超越了传统史学中四夷传的记述体例与宗旨，如刘师培从新的史学角度评论这些著作说："中儒著西史者，如徐氏《瀛环志略》、魏氏

《海国图志》,一改历代《四裔传》之例,以开国别史之先声,不可谓非中国之新史学也。"① 在传统的正史编纂中,日本被列入四夷中的东夷,晚清史家则开始把日本作为独立国家来记述,这在一定程度上超越了传统的华夷观念。黄遵宪在《日本国志》"凡例"中言:"自儒者以笔削说《春秋》,谓降杞为子,贬荆为人,所以示书法,是谬悠之谭也。自史臣以内辞尊本国,谓北称索虏,南号岛夷,所以崇国体,是狭隘之见也。夫史家纪述,务从实录,无端取前古之人、他国之君而易其名号,求之人情,奚当于理?"晚清学者撰述外国史的观念及体例,超越了原有的华夷观念及四夷记述体例。

早期接触西方国家的学者,从文化的角度看待西方国家,他们对传统的华夷秩序提出了质疑,认为华夷可以根据文化的盛衰而互相转换。王韬《华夷辨》云:"自世有内华外夷之说,人遂谓中国为华,而中国以外统谓之夷,此大谬不然者也。《禹贡》画九州,而九州之中,诸夷错处,周制设九服,而夷居其半。《春秋》之法,诸侯用夷礼则夷之,夷狄之进于中国者则中国之,夷狄虽大曰子。固吴、楚之地皆声名文物之所,而《春秋》统谓之夷。然则华夷之辨,其不在地之内外,而系于礼之有无也明矣。苟有礼也,夷可进为化,苟无礼,华则变为夷,岂可沾沾自大,厚己以薄人哉!"② 郭嵩焘坦率地指出,三代之际,中国礼乐教化发达,"远之于中国而名曰夷狄",而今西方国家的富强文明程度远超中国,"其视中国亦犹三代盛时之视夷狄也"③。

1895 年,甲午战争失败后,清朝的宗藩体系开始瓦解,士大夫群体的华夷观受到了前所未有的冲击,他们逐渐接受新的国际秩序,以新的角度来看待民族问题。

宣统三年十二月二十五日(1912 年 2 月 12 日)隆裕太后懿旨宣布清帝退位,在退位诏书中指出:"合满、蒙、汉、回、藏五族完全领土为一大中华民国。"这份诏书对于当时国家结构的认识具有重要的意义,它标志着以中央王朝为依托的华夷史观正式终结了,开始了满、蒙、汉、回、藏共建

---

① 刘师培:《万国历史汇编》"序",载邬国义、吴修艺编校《刘师培史学论著选集》,上海古籍出版社 2006 年版,第 5 页。
② 王韬:《弢园文录外编》,上海书店出版社 2002 年版,第 245 页。
③ 郭嵩焘:《郭嵩焘日记》第 3 册,湖南人民出版社 1982 年版,第 439 页。

"大中华"的时代。[1]

二　中国观的变化

清以前，历代正史的编纂者都以华夏或中国角度来记述四夷历史，但"中国"并不是一个国家的称谓。清前期，中国逐渐成为国家的称号，在《尼布楚条约》中，以"中国"与俄罗斯并称，"中国开始成为大一统国家的专有名称，与大清国、天朝、朝廷等的含义完全叠合在一起"[2]。

晚清时期，在接触世界其他国家尤其是西方强国过程中，士大夫群体的国家观发生了变化，开始以新的国家观念来看"中国"，"中国"逐渐成为一个政治实体的名称，在地理范围上是指清朝管辖之下的疆域，在外交场合下也认可了"中国"的称呼。1901年，在新政上谕中已经用"中国"作为国名代替以往惯称的"大清"之号。士大夫群体开始从"中国"的角度来撰述民族史，过去与"中国"相对的四夷，逐渐成为"中国"之内的民族，这是民族史观的一个巨大的转变。

在晚清民族史观转变过程中，在士大夫群体中存在着激烈的思想冲突。徐继畬撰《瀛环志略》，超越了自春秋以后形成并完善的四夷体系，动摇了传统的民族史观。实际上，随着士大夫群体视野的打开，他们已明确认识到一个不同的世界秩序，中国的内涵也发生了巨大的变化。1891年，康有为在给朱一新的信中明确指出："吾今且以质足下，以为今之西夷与魏、辽、金、元、匈奴、吐蕃同乎？否乎？足下必知其不同也。今之中国与古之中国同乎？异乎？足下必知其地球中六十余国中之一大国，非古者仅有小蛮夷环绕之一大中国。"[3]

"中国"观念的变化也导致历史撰述的单位的改变，以"中国"为单位叙述历史及民族史的著作也开始不断出现，民族史成为中国史叙述的一部分，相对于传统的王朝史，这一体例具有重要的开创意义。1900年，章太炎在手抄本《訄书》中所增第53篇《哀清史》后附有《中国通史略例》一文，倡议编纂新式中国通史，并提出了撰述宗旨、体例及篇目。[4] 1901年，

---

[1]　参见韩东育《清朝对"非汉世界"的"大中华"表达——从〈大义觉迷录〉到〈清帝逊位诏书〉》，《中国边疆史地研究》2014年第4期。
[2]　郭成康：《清朝皇帝的中国观》，《清史研究》2005年第4期。
[3]　《康有为全集》第1集，中国人民大学出版社2007年版，第323页。
[4]　章太炎：《中国通史略例》，《章太炎全集》第3册，上海人民出版社1984年版。

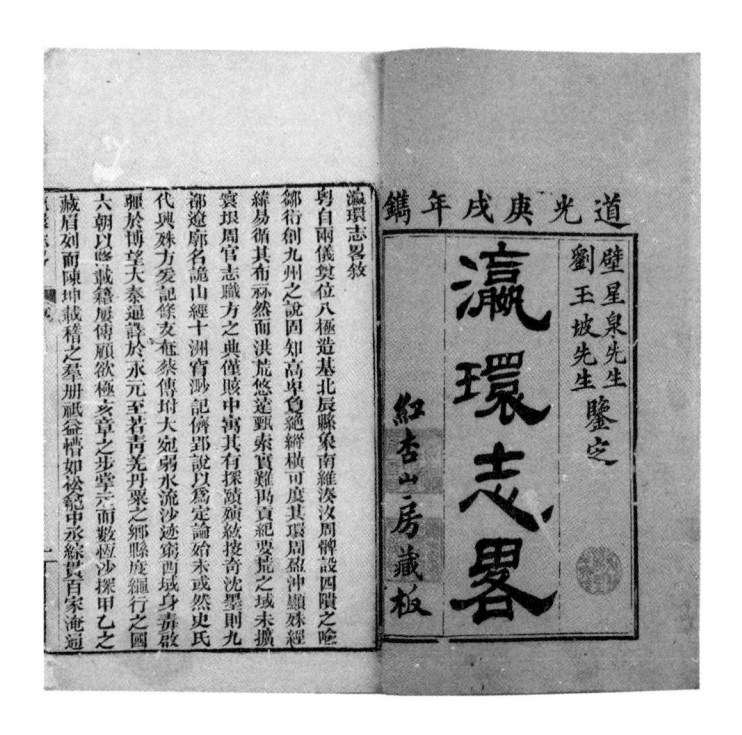

图 9-1 《瀛环志略》 清道光刻本

梁启超在《清议报》上发表《中国史叙论》，在文中他指出，"民族为历史之主脑，势不可以其难于分析而置之不论"，"今考中国史范围中之各人种，不下数十，而最著名有关系者，盖六种焉"。主要人种有苗种、汉种、图伯特种、蒙古种、匈奴种、通古斯种等六种。在"时代之区分"中，将中国史分为上世史、中世史、近世史三个时期。上世史"自黄帝以迄秦之一统"，是"中国之中国"，"即中国民族自发达自争竞自团结之时代也"；中世史自秦一统后至清代乾隆之末年，是"亚洲之中国"，"即中国民族与亚洲各民族交涉繁赜竞争最烈之时代也"；近世史自乾隆末年以至于今日，是"世界之中国"，"即中国民族合同全亚洲民族，与西人交涉竞争之时代也"。

晚清进行了学制的改革，专门的中国史教科书陆续出版，主要有柳诒徵撰《历代史略》（1901年）、陈庆年撰《中国历史教科书》（1903年）、夏曾佑撰《最新中学中国历史教科书》（1904—1905年）、刘师培撰《中国历史教科书》（1905年）等。这些历史教科书以章节体取代传统的编年体或纪传体，以"中国"作为叙述单元，把各民族历史纳入统一的中国史叙述之中，基本确立了中国通史的撰述体例。[1]

三 "民族"观的引进与阐释

晚清,在西方列强的军事及文化的强烈冲击下,士大夫群体不能不产生亡国灭种的忧虑,尤其是甲午战争战败后,朝野上下的这种忧虑更加深重。

1895年2月,严复在天津《直报》发表《论世变之亟》,提出"亡国灭种"的忧虑。[2] 1898年,严复把赫胥黎的《进化论与伦理学》一书意译为《天演论》,使"社会达尔文主义""黄种人与其他种族处于永恒的战争状态""优胜劣汰"等口号加深了中国人的种族意识。1896年,梁启超在《时务报》上发表《变法通议》,认为种族的生存与发展,最终将陷入战争,"种战之大例,自有生以来至于今日,日益以剧。……自此以往,百年之中,实黄种与白种人玄黄血战之时也"[3]。面对西方强国的威胁,知识界强调了种族之间的冲突。

清以前,在历史记述中对民族意义上的人群称为"民""族""种""部""类",或称为"族类""族部""部落""四夷""外国""藩部""属国"等。这些表述反映了不同历史时期的民族观念。晚清,"民族"一词开始在学术著作中出现并逐渐普及,成为一个重要的概念。关于"民族"一词,在中国古文献中就已出现[4],但并没有普遍使用,与近代出现的"民族"含义并不一致。从学术传播上看,近代"民族"观念由日本学术界译自西方学术著作,后为中国学者所认识和理解,通过梁启超等学者引进中国后与当时特定的反清、反帝等社会形势联系在一起,更深化了其内涵。经过学界的探讨,在历史上的区别人群的词开始统一到"民族"这一词,也出现了"民族史"这一史学的分类。

梁启超对日本学术思想的介绍过程中,着重阐释了近代"民族"概念,他认为"民族"有八个特征:"其始也,同居于一地,其始也,同一血缘,

---

[1] 参见李孝迁《新旧之争:晚清中国历史教科书》,《东南学术》2007年第4期。
[2] 严复:《论世变之亟》,《严复集》,中华书局1986年版,第4页。
[3] 梁启超:《变法通议·论变法必自平满汉之界始》,《饮冰室合集·文集一》,中华书局1989年版,第83页。
[4] 郝时远认为在中国古代文献中,"民族"作为名词形式应用于宗族之属和华夷之别,证明了"民族"一词是古汉语固有的词汇。从该文所引的例证看,多数情况"民族"用于宗族之属。参见郝时远《中文"民族"一词源流考辨》,《民族研究》2004年第6期。

同其支体形状,同其语言,同其文字,同其宗教,同其风俗,同其生计。"①梁启超对"民族"概念的阐述迅速传播开来,为当时学术界所认同,而后,民族主义等概念也逐渐引进,成为认识民族历史及现实政治的一个角度,也促使近代民族史学的产生。

图 9-2 梁启超像

晚清,学术界对民族概念进行了阐释。1903 年,蔡元培提出:"凡种族之别,一曰血液,二曰风习。"② 1903 年,蒋智由说:"夫民族之义,本于共同之血统,而又有共同之土地,经数千年来沿其利害相同、荣辱相同、休戚相同之事,而其间又有共同习惯之语言、文字与夫教化、制度、风俗以联络之。"③ 晚清学者认为民族与种族存在重要的联系,民族中的血统意识较为突出。但晚清的"种族"与"民族"概念被用于革命语境下解读并重置满汉关系,充当了推翻清王朝政权的推动力量,并产生了深远的历史影响。④

---

① 梁启超:《政治学大家伯伦知理之学说》,《饮冰室合集·文集十三》,中华书局 1989 年版,第 71—72 页。
② 蔡元培:《释仇满》,《蔡元培选集》,中华书局 1959 年版,第 2 页。
③ 蒋智由:《中国兴亡——问题论》,《新民丛报》第 27 号,1903 年 3 月 12 日。
④ 周竞红:《"种族""民族":辛亥革命舆论总动员的重要工具》,《中国民族报》2011 年 2 月 25 日。

相对于革命派极力宣扬的排满兴汉，梁启超、杨度等则逐渐发展了"中华民族"观念。1903年，梁启超在《政治学大家伯伦知理之学说》一文中称："吾中国言民族者，当于小民族主义之外，更提倡大民族主义。小民族主义者何？汉族对于国内他族是也。大民族主义者何？合国内本部属部之诸族以对于国外之族是也。……合汉合满合蒙合回合苗合藏，组成一大民族。"① 1905年，梁启超在《历史上中国民族之观察》一文中提出："现今之中华民族自始本非一族，实由多数民族混合而成。"② 这一时期，梁启超所说的"中华民族"专指汉族。

1907年5月20日，立宪派代表人物杨度在《中国新报》上发表《金铁主义说》，文中写道："中华之名词，不仅非一地域之国名，亦且非一血统之种名，乃为一文化之族名。故《春秋》之义，无论同姓之鲁、卫，异姓之齐、宋，非种之楚、越，中国可以退为夷狄，夷狄可以进为中国，专以礼教为标准，而无亲疏之别。其后经数千年混杂数千百人种，而称中华如故。以此推之，华之所以为华，以文化言，不以血统言，可决知也。故欲知中华民族为何等民族，则于其民族命名之顷，而已含定义于其中。与西人学说拟之，实采合于文化说，而背于血统说。华为花之原字，以花为名，其以之形容文化之美，而非以之状态血统之奇，此可于假借令意而得之者也。"他并且要人们相信，随着各民族之间融合的加强，不久的将来，"不仅国中久已无满、汉对待之名，亦已无蒙、回、藏之名词，但见数千年混合万种之中华民族，至彼时而更加伟大，益加发达而已矣"。就梁启超尤其是杨度对"中华民族"的论述来看，他们不仅认识到了"中华民族"的"多元一体"的民族特征，而且已经初步具有"中华民族"是中国境内各民族共同称谓的思想。

四 中国民族西来说

明末清初，西方传教士就开始制造并传播中国文明西来说。至晚清，在中国民族的起源问题上，西方国家的学者以欧洲中心主义为宗旨制造了很多学说，如中国民族来源埃及说、巴比伦说、印度说、土耳其说、新疆说等，这些学说极大地影响了晚清学者民族观的形成。

1894年，法裔英国人拉克伯里（Lacouperie）著《中国上古文明的西方

---

① 梁启超：《饮冰室合集·文集十三》，中华书局1989年版，第75—76页。
② 梁启超：《饮冰室合集·专集四十一》，中华书局1989年版，第4页。

起源》出版。拉克伯里运用语言学进行了考证，认为黄帝就是两河流域的君主尼科黄特（Nakhunte），他率领巴克（Bak）民族东徙，途经昆仑山，辗转来到中原地区定居，"巴克"亦即"百姓"，也就是汉民族的前身。拉克伯里的"中国文明西来说"不为欧洲主流汉学界所接受，但被介绍到日本后，引起了日本学术界的关注，出现了以桑原骘藏和三宅米吉、白鸟库吉为代表的反对派和支持派。1900年，白河次郎和国府种德将"西来说"写入《支那文明史》一书中，此书出版后引起在东京和上海的主张排满人士的积极反应，《支那文明史》转述的"中国文明西来说"迅速被译介为若干中文文本。1903年，《支那文明史》汉译本由上海竞化书局出版，随即在中国知识界产生了强烈反响，引起了广泛的讨论。梁启超、刘师培、章太炎、黄节、蒋智由、宋教仁、邹容、陈天华等人都不同程度地接受了这一学说，并在民族史的研究与撰述中附会这一观点，造成了很多谬误。

1903—1905年，蒋智由在《新民丛报》上连载《中国人种考》，其第二部分译介了拉克伯里的"西来说"[①]。1903年，刘师培强调："汉族初兴，本与欧洲同族，及生息渐蕃，不得不筹殖民之策，一移西北为高加索之民，一移东南为支那本部之民，此中西旧籍事迹所由多符。"[②] 1904年章太炎修订《訄书》作《序种姓》篇，也认为"方夏之族，自科派利（指拉克伯里）考见石刻，订其出于加尔特亚，东逾葱岭，与三苗九黎战，始自大白皋；至禹然后得其志，征之六艺传记，盖近密合矣。其后人文盛，自为一族，与加尔特亚渐别"[③]。在追求排满革命的政治目标之下，"西来说"的拥护者均在不同程度上参与了黄帝民族主义神话的创造。[④] 也有学者接受了"中国民族西来说"的昆仑说，并提供了相应的史料依据，如1901年梁启超在《中国史叙论》中提出："黄帝起自昆仑之墟，即自帕米尔高原东行而入于中国，栖于黄河沿岸，次第蕃殖于四方。"1906年，梁启超在《历史上中国民族之观察》一文中说："我中国民族，即所谓炎黄遗胄者，其果为中国原始之住民，抑由他方移植而来？若由移植，其最初祖国在何地？此事至今未有定论。吾则颇祖西来说。"

---

① 蒋智由：《中国人种考》（二），《新民丛报》第37号，1903年9月5日。
② 《中国民族志》，载《刘申叔遗书》，江苏古籍出版社1997年版，第603页。
③ 章太炎：《章太炎全集》第3册，上海人民出版社1984年版，第170页。
④ 参见孙江《拉克伯里"中国文明西来说"在东亚的传布与文本之比较》，《历史研究》2010年第1期。

中国民族西来说在近代民族史研究中的影响巨大,可以说风行一时,随着民国时期民族史研究的深入,大量的文献及考古资料的发掘与利用,这一观点遭到了学术界的猛烈批驳。

第二节 革命派的民族史观及民族史撰述

戊戌变法失败后,士大夫阶层普遍对清廷失望,一些有识之士产生了革命思想,并以排满的方式进行,逐渐形成革命派。革命派通过对元明、明清易代历史的论述,对南宋灭于蒙古的惋惜,对朱元璋驱除胡元的赞颂,表达了自己的民族史观。

一 革命派的民族史观

1894年,革命派在檀香山成立兴中会,盟书提出:"驱除鞑虏,恢复中华,创立合众政府。倘有贰心,神明鉴察。"① 兴中会盟书继承了元末朱元璋义军反元的口号,表达了以"排满"为中心的汉民族主义。革命派宣称:"中国者,中国人之中国;中国之政治,中国人任之。驱除鞑虏后,光复我民族的国家。"② 革命派的排满主张得到了民众的响应,革命力量不断壮大,形成了巨大的政治力量。

革命派为宣传革命,特别注重发掘传统的华夷之辨,并与西方传来的民族主义思想结合起来。明末清初的顾炎武、王夫之、黄宗羲思想成为革命派重要的思想资源。由于王夫之的《黄书》突出地强调黄帝"树屏中区,闲摈殊类",所以在晚清民族主义思想兴起之后,革命派便将《黄书》视为民族民主革命的旗帜,从而掀起了一股尊黄的高潮。最早重视《黄书》所宣传的民族主义思想者是章太炎。1906年,章太炎在东京留学生欢迎会上的致辞中就说:"兄弟少小的时候,因读蒋氏《东华录》,其中有戴名世、曾静、查嗣庭诸人的案件,便就心中发愤,觉得异种乱华,是我们心里第一恨事。后来读郑所南、王船山两先生的书,全是那些保卫汉种的话,民族思想渐渐

---

① 孙中山:《檀香山兴中会盟书》,《孙中山全集》第1卷,中华书局1981年版,第20页。
② 孙中山:《中国同盟会革命方略》,《孙中山全集》第1卷,中华书局1981年版,第297页。

发达。"①

革命派与改良派结合民族历史来论述"排满"与"保皇"问题，比较有代表性的是章太炎与康有为的辩论。1902年，康有为指出："谈革命者，开口必攻满洲，此为大怪不可解之事。夫以开辟蒙古、新疆、西藏、东三省之大中国，二百年一体相安之政府，无端妄引法、美以生内讧，发攘夷别种之论以创大难，是岂不可已乎！……若夫政治专制之不善，则全由汉、唐、宋、明之旧，而非满洲特制也。……今革命者，日言文明，何至并一国而坐罪株连之；革命者，日言公理，何至并现成之国而分别之，是岂不大悖谬哉！"② 康有为引述《史记·匈奴列传》来论证满洲也是夏后氏之苗裔。章太炎的民族观深受顾炎武、王夫之民族思想的影响，"夷夏之辨"观念十分强烈。1903年，章太炎在《民报》上发表《驳康有为论革命书》，文中阐扬了"夷夏之防"的春秋大义，挖掘"九世复仇"的依据。他指出："夫满洲种族，是曰东胡，西方谓之通古斯种，固与匈奴殊类。虽以匈奴言之，彼既大去华夏，永滞不毛，言语、政教、饮食、居处，一切自异于域内，犹得谓之同种也耶？""若满洲者，固人人欲尽汉种而屠戮之，其非以豫且一人之志可知也。是故秦、赵之仇白、项，不过仇其一人；汉族之仇满洲，则当仇其全部。"③ 1907年，康有为从传统文化传承的角度承认清朝的正统地位，康有为说："国朝久统中夏，悉主悉臣，一切礼文，皆从周、孔，久为中国正统矣。俱为中国，何必内自离析，所以生讧衅乎？"④

1903年，邹容在《革命军》中写道："扫除数千年种种之专制政体，脱去数千年种种之奴隶性质，诛绝五百万有奇披毛戴角之满洲种，洗尽二百六十年残惨虐酷之大耻辱，使中国大陆成干净土，黄帝子孙皆华盛顿，则有起死回生，还魂返魄。"⑤ 同年，刘师培在其所作《攘书》中说古代北方民族

---

① 章太炎：《东京留学生欢迎会演说辞》，《章太炎政论选集》（上册），中华书局1977年版，第269页。
② 康有为：《答南北美洲诸华商论中国只可行立宪不可行革命书》，《康有为政论集》上册，中华书局1981年版，第487—488页。
③ 章太炎：《驳康有为论革命书》，载《章太炎全集》，上海人民出版社1982年版，第173、175页。
④ 康有为：《海外亚美欧非澳五洲二百埠中华宪政会侨民公上请愿书》，《康有为政论集》上册，中华书局1981年版，第611页。
⑤ 邹容：《革命军》，中华书局1971年版，第1页。

"居不毛之乡,生无知之俗,殊名诡号,种别类区,圣王禽兽畜之"①。1905年,汪精卫在《民族的国民》一文中说:"夫匈奴即与我同所自出,然民族要素,非第血系而已,无社会的共同生活,即不能自附同族。至于满洲,则更与匈奴不同种族。匈奴为北狄,而彼为东胡,彼之蒙古源流已详言之。大抵华人、蒙古人、满洲人,皆无不能知之而能言之者。"②

与革命派激烈的排满言论相比,梁启超更客观地考察了满族与汉族同化融合的历史,他撰文驳斥了革命派"中国已亡于满洲"的说法。1906年,梁启超发表《申论种族革命与政治革命之得失》一文,对汪精卫《民族的国民》的观点提出异议,他认为:"吾所主张,则谓满洲与我,不能谓之纯粹之异民族也。"③ 1907年,梁启超又在《新民丛报》上发表《满洲为建州卫论》,指出"满洲为明朝藩属,明朝亡于满洲绝非亡国"。随即,刘师培在《民报》上发表《辨满人非中国之臣民》《普告汉人》等文章,反驳梁启超的观点,他运用史料论证:"满、汉二民族,当满族宅夏以前,不独非同种之人,亦且非同国之人,遗书具在,固可按也。"④ 刘师培进而强调种族复仇观念,他说:"律以虐我则仇之义,则二百余年之中,满洲之对于汉民也,无一而非虐,则汉人之对满洲也,亦无一而非仇。故复仇以百世为限,满洲之仇固不可忘;即以五世为限,满洲之仇亦不可不复。"⑤

晚清,革命派为撰述汉族的历史,注意发掘先秦典籍中"黄帝"的相关记载,将黄帝奉为汉族的"始祖",以之作为国族认同的文化符号。⑥ 革命派尤其注重利用黄帝这一历史资源,把"中华""华夏"解释成汉族,强调汉族为"黄帝子孙",并致力于撰述汉族的历史,以传播种族革命思想。陈天华在《猛回头》中指出:"十八省的人皆系汉种,我始祖黄帝于五千年前,自西北方面来,战胜了苗族,一统中国。"⑦ 陈天华在《警世钟》中又宣称:"汉种是一个大姓,黄帝是一个大始祖,凡不同汉种,不是黄帝的子孙的,统统都是外姓,断不可帮他的。若帮了他,是不要祖宗了。你不要祖

---

① 刘师培:《攘书》,载《刘申叔遗书》,凤凰出版社1997年版,第632页。
② 汪精卫:《民族的国民》,《民报》第1、2号,1905年。
③ 梁启超:《申论种族革命与政治革命之得失》,《新民丛报》第76号,1906年。
④ 韦裔(刘师培):《辨满人非中国之臣民》,《民报》第14、15、18号,1907年。
⑤ 刘师培:《普告汉人》,载《刘申叔遗书》,江苏古籍出版社1997年版,第1671页。
⑥ 参见沈松桥《我以我血荐轩辕——黄帝神话与晚清的国族建构》,《台湾社会研究季刊》第28期1997年。
⑦ 刘晴波、彭国兴编:《陈天华集》,湖南人民出版社2011年版,第21页。

宗的人，就是畜生。"① 1903 年，刘师培在《国民日日报》上发表《黄帝纪年说》："民族者，国民特立之性质也。凡一民族，不得不溯其起源。为吾四百兆汉种之鼻祖者谁乎？是为黄帝轩辕氏。是则黄帝者，乃制造文明之第一人，而开四千年之化者也。故欲继黄帝之业，自当用黄帝降生为纪年始。"②章太炎在《訄书》中写道："自黄帝入中国，与土著君长蚩尤战于阪泉，夷其族。" 1903 年，黄藻所编《黄帝魂》出版，该书是一部政论集，内收章太炎、章士钊等人的 40 篇论文，注重论述以黄帝为始祖的华夏历史。

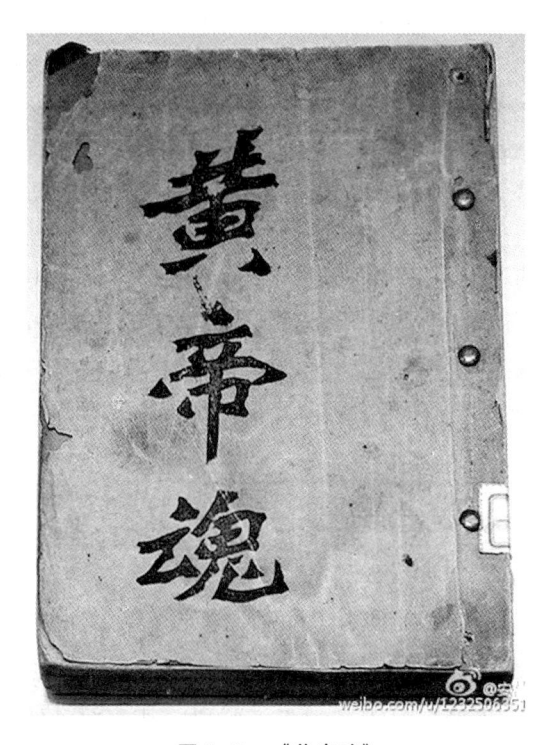

图 9-3　《黄帝魂》

二　革命派的民族史撰述

革命派为宣传排满革命的主张，鼓舞革命士气，致力于发掘历史上汉族的辉煌历史，并对中国各民族的起源进行追溯，尤其注重满汉关系史的叙

---

① 刘晴波、彭国兴编：《陈天华集》，湖南人民出版社 2011 年版，第 74 页。
② 刘师培：《黄帝纪年说》，邬国义、吴修艺编校：《刘师培史学论著选集》，上海古籍出版社 2006 年版，第 1 页。

述。革命派以民族主义的角度来看待历史,强调历史撰述对宣扬民族主义的重要作用,章太炎认为:"民族主义如稼穑然,要以史籍所载人物制度地理风俗之类,为之灌溉,则蔚然以兴矣。"① "民族意识之凭藉,端在经史。史即经之别子,无历史即不见民族意识所在。"②

1900年,章太炎撰成《訄书》,该书《序种姓》篇通过姓氏的源流考证来说明古代各族的由来。1903年,刘师培撰成《攘书》,内容分为华夏、夷狄、夷种、苗黎、胡史、溯姓、辨姓、变夏、帝洪、罪纲、史职、周易、孔老、正名14篇。刘师培秉持"正统"之论,认为宋明之亡,中国无正统者或近百年,或达二百余年,"其所谓史者,乃胡史,而非华史"③。

1903年,柳亚子著《中国兴灭小史》(《复报》第6期,1906年),记述的史事"从建州酋长努尔哈赤僭号造反起,直到癸卯年上海章、邹,北平沈荩两大狱为止"④。1904年,陈去病著《清秘史》(署名有妫血胤,陆沉丛书社1904年),该书旨在揭露满洲的历史,鼓动民族革命,该书包括"满洲世系图表总序""满洲世系图""满洲世系表""二百四十年间中国旧族不服满人表""满洲职官前后异名表""佛库伦不夫而孕""满洲先世事略"等部分。1904年,陶成章著《中国民族权力消长史》(东京并木活版所,1904年)。该书《叙例》开篇即提出:"中国者,中国人之中国也。孰为中国人?汉人是也。中国历史者,汉人之历史也。叙事以汉人为主,其他诸族之与汉族,有关系者附入焉。……则我祖先创拓之丰功,不敢不颂言也。"⑤

1905年,宋教仁著《汉族侵略史》,盛赞汉族曰:"集合四百五十余神明聪强之血族,盘踞四百六十余万哩肥美膏腴之地壳,操用五千余年单纯孤立之语言,流传一万四千余形完富美备之文字……其人类学上之价值,则不独于亚细亚系统人民占第一等位置,即于世界亦在最优之列。"⑥ 他认为一个民族之所以能建立起国家,主要是能坚持"排外主义"与"进取之政策",所以,他"专叙述汉族历代以兵力征服外族,或灭其国、或略其地、或降其人之各事实"⑦,以激励国人进行革命。对于国内的少数民族尤其是北方少数

---

① 章太炎:《答铁铮》,《民报》14号,1907年6月8日。
② 章太炎:《论经史儒之分合》,《光华大学半月刊》第4卷第5期,1935年。
③ 刘师培:《攘书·胡史》,载《刘申叔遗书》,江苏古籍出版社1997年版,第635页。
④ 柳亚子:《五十七年》,载《柳亚子文集》,上海人民出版社1986年版。
⑤ 汤志钧编:《陶成章集》,中华书局1981年版,第212—213页。
⑥ 陈旭麓主编:《宋教仁集》(上册),中华书局1981年版,第2页。
⑦ 同上书,第6页。

民族入主中原的历史，宋教仁认为是汉族的"亡国"，他说："满洲人则更以其打牲游牧野蛮凶悍之武力，施其犬羊奔突豕蛇横噬之惯技，以与吾族难，一遇而国弱，再遇而国亡……今之忧时之士，亟亟焉唱为民族主义，与夫复仇主义之说，以冀恢我势力，完我国家。"①

1905 年，黄节所撰《黄史》在《国粹学报》上连载。黄节申明《黄史》写作宗旨说："窃有志乎《黄史》之作，条别宗法，统于黄帝，以迄今日，以述我种人兴替之迹。"② 该书发挥了传统的夷夏之辨思想。以此思想为基础，黄节在《种族书》中进一步指出："若夫以塞外杂种，盗窃神器，临制中夏，变乱道德，而殄绝吾族，虽有尧舜之圣，不与其字，仇之敌之诛逐之可也。"③ 在此思想的指导下，《黄史》旨在叙述以黄帝为祖先的汉族的历史，全书计划撰写历代汉族节烈志士 180 人列传，但最后成传者仅 20 人。

第三节　边疆民族史及蒙元史撰述

晚清，边患日深，日本、俄罗斯、英国、法国等国家频繁在边疆地区进行活动，妄图把边疆地区分裂出去。一些外交官员对外交涉边务时，由于缺乏相关知识，造成了很多谬误。同时，为了对抗列强的分裂活动，学界进行了有针对性的研究，致力于维护国家的领土完整，关于边疆地区的民族历史是当时研究的重点内容。晚清边疆史地研究继承了西北史地学的传统，加强了边疆史地的研究，对边疆民族史进行了新的记述。此时的边疆民族撰述采取了不同于清中前期的视角，更加强调对边疆民族情况的实地考察。金毓黻指出："清代自嘉道以后，学人多究心西北地理，初仅以新疆伊犁为范围，继则扩及蒙古全部，后移其重心于元史，不惟亚洲西部北部，在所究心，即欧洲东部，亦在研究范围之内。"④ 晚清记述边疆比较有代表性的作品为张穆撰《蒙古游牧记》、何秋涛撰《朔方备乘》、姚莹《康輶纪行》，三书都注重边疆民族历史的考证。

---

① 陈旭麓主编：《宋教仁集》（上册），中华书局 1981 年版，第 5 页。
② 黄节：《〈黄史〉总序》，《国粹学报》（一），文海出版社 1971 年版，第 45 页。
③ 同上书，第 49 页。
④ 金毓黻：《中国史学史》，商务印书馆 1999 年版，第 353 页。

一 《蒙古游牧记》

《蒙古游牧记》，张穆撰。张穆（1805—1849），字石州，山西平定人。道光十二年（1832年），以优贡生考取正白旗国学汉教习，道光十六年（1836年），以知县候选。道光十九年（1839年），应顺天府试，因犯场规，致终身不准应科举考试。后专心治学，著述丰富。

道光二十五年（1845年），张穆应祁韵士之子祁寯藻之邀，校订祁韵士的《皇朝藩部要略》。在校订过程中，张穆受到该书启发，同时也感到"内外蒙古，隶版图且二百余载，而未有专书"①，于是开始着手撰写《蒙古游牧记》。关于成书过程，祁寯藻在《皇朝藩部要略》跋中写道："石州又以先大夫之创为各传也，先辨之地界方向，译出山水地名，以为提纲，而是编疆域未具，读者眩之，爰以会典一统志为本，旁采各书，别纂为蒙古游牧记若干卷。"②因《蒙古游牧记》受《皇朝藩部要略》启发而编纂，所以与其具有互相补充的关系，如祁寯藻在《蒙古游牧记》序中说："余校刊先大夫《藩部要略》，延石州复加校核，石州因言：'自来郡国之志与编年纪事之体相为表里。昔司马子长作纪传，而班孟坚创修地理志，补龙门之阙而相得益彰。今《要略》编年书也，穆请为地志，以错综而发明之。'"③张穆广泛搜罗资料，并对史料进行严格的考订，汲取了其他边疆史地研究成果，因而《蒙古游牧记》取得很高的学术成就，但书稿未竟而张穆逝世，后由友人何秋涛校订并续编成书，于咸丰九年（1859年）刊行。

《蒙古游牧记》全书共16卷。其中，内蒙古（24部）6卷，外蒙古喀尔喀（4部）4卷，额鲁特蒙古和新旧土尔扈特部各3卷。如第一卷的总目为"内蒙古哲里木盟游牧所在"，其下又设置了科尔沁、扎赉特、杜尔伯特、郭尔罗斯4个分目（部），而后依次记述蒙古各部所属地理、山川、城堡的区域位置与历史沿革，以及王公谱系和清王朝对各部落的政策等。在记述内容上，其不但保留了祁韵士《皇朝藩部要略》的精华和研究成果，而且以《大清一统志》《大清会典》等权威性典籍为蓝本，又参阅《蒙古王公列传》

---

① （清）张穆撰：《蒙古游牧记》自序，《𪩘斋文集》卷三，清咸丰八年刻本。
② 包文汉整理《皇朝藩部要略稿本》，黑龙江教育出版社1997年版，第314页。
③ 祁寯藻：《蒙古游牧记》序，清同治六年刻本。

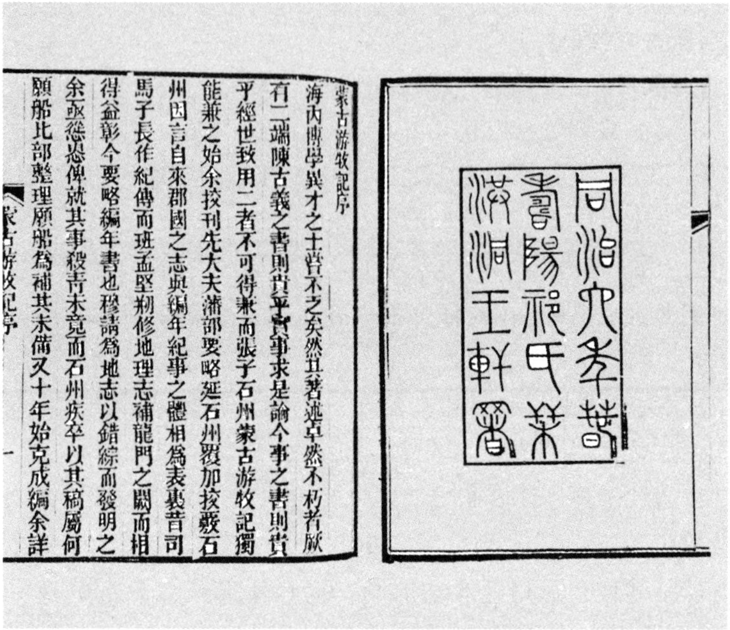

同治六年春
壽陽祁氏栞
洪洞王軒署

蒙古游牧記序

海內博學異才之士嘗不乏矣然其著述卓然不朽者厥有二端陳古義之書則貴乎實事求是論今事之書則貴乎經世致用二者不可得兼而張子石州蒙古游牧記獨能兼之始余校刊先大夫藩部要略延石州覆加校覈石州因言自來郡國之志與編年紀事之體相為表裏昔司馬子長作紀傳而班孟堅始修地理志補龍門之闕而相得益彰今要略編年書也穆請為地志以錯綜而發明之余亟慫恿俾就其事殺青未竟而石州疾卒以其稿屬何願船比部整理願船為補其未備又十年始克成編余詳

《蒙古游牧記序》　一

图 9-4　《蒙古游牧记》　清刻本

《理藩院则例》《平定准噶尔方略》《亲征平定朔漠方略》以及有关方志和边疆地理著作，使该书的学术价值得到提高。

二　《朔方备乘》

《朔方备乘》，何秋涛撰。何秋涛（1824—1862 年），福建光泽人。自少年时代即喜好地理学，道光二十四年（1844 年）中进士，任刑部主事。咸丰年间，擢升员外郎、懋勤殿行走。他长期究心北疆形势，著《北徼汇编》6 卷。后复详订图说，搜集蒙古、新疆、东北及早期中俄关系史料，起汉晋，迄道光，增为 80 卷。咸丰帝阅后，非常赏识，赐名《朔方备乘》。但定稿毁于战火，现存本为其后人根据草稿修订而成。

《朔方备乘》共 80 卷，除介绍俄罗斯的情况及北疆地理沿革外，还详细记述了清朝西北边疆少数民族的源流及变迁，同时还兼及了东北边疆的一些少数民族情况。“凡例”交代了撰述宗旨：“是书备用之处有八：一曰宣圣德以服远人；二曰述武功以著韬略；三曰明曲直以示威信；四曰志险要以昭边禁；五曰列中国镇戍以固封圉；六曰详遐荒地理以备出奇；七曰征前事以具法戒；八曰集夷务以烛情伪。"① 卷一至卷六为《圣武述略》，全面记叙了东海诸部、索伦诸部、喀尔喀各部、准噶尔部、乌梁海诸部、哈萨克等部落分支、源流演变、风俗物产等情况，而且在记述中对相关的人名、地名、族名、事件都进行了详细的考证，以辨别真伪异同。除上述民族外，何秋涛还"详考正史，补以群书，为北徼诸国传三卷"，包括《汉魏北徼诸国传》《周齐隋唐北徼诸国传》《辽金元北徼诸国传》，叙述了匈奴、鲜卑、柔然、高车、康居、奄蔡、室韦、地豆于、乌洛侯、坚昆、呼偈、突厥、西突厥、阿史那贺鲁、突骑施、驱度寐、拔悉弥、流鬼、铁勒、薛延陀、回纥、仆骨、同罗、都波、拔野骨、多滥葛、斛薛、阿跋、驳马、鞠国、俞、大汉、白霫、骨利干、结骨、驳马、鬼国、盐漠念、辖戛斯、乃蛮、克烈、斡罗思、钦察、康里、阿速、吉利吉思、昂可剌、乌、撼合纳、谦州、益兰州51个北方少数民族，何秋涛详细梳理了这些少数民族的源流和发展演变，这对古代民族史研究是一个重要贡献。

三 《康輶纪行》

《康輶纪行》姚莹撰。姚莹（1785—1853年），字石甫，号明叔，晚号展和，又号幸翁，安徽桐城人。24岁中进士。曾入两广总督百龄幕府。嘉庆二十一年（1816年）起，连任福建平和、龙溪知县。后升任台湾兵备道，坚持抗英，得罪主和大臣，被贬四川，后任广西按察使。

1845年，姚莹被遣发四川时，正值西藏察雅地区有两呼图克图相争之事，四川总督宝兴即命姚莹前往解决两呼图克图的纠纷。是年年底，他行抵理塘，因大呼图克图（当时在理塘）拒返察雅听讯结案而被迫返回成都。次年三月，姚莹再次奉宝兴之命，随同宁远知府宣瑛、试用通判丁淦前往察雅和察木多（今昌都市）办理此案。三人在察木多滞留半年，于1846年3月回到成都。

姚莹根据赴藏的沿途见闻，并参照相关史书，撰成《康輶纪行》16卷，初稿撰成于道光二十六年（1846年）。该书包括六方面的内容：乍雅使事始末、剌麻及诸异教源流、外夷山川形势风土、入藏诸路道里远近、泛论古今学术事实、沿途感触杂撰诗文。

在《康輶纪行》中，姚莹批评了晚清士大夫群体昧于边务的情况，"固

---

① （清）何秋涛：《朔方备乘》，清光绪七年刻本。

我屏藩，不劳师于异域，可也。若坐井观天，视四裔如魅魅，暗昧无知，怀柔乏术，坐致其侵陵，曾不知所忧虑，可乎？"(《唐輶纪行》卷十二《外夷留心中国文字》)① 同时也交代了写作《康輶纪行》的目的："外蕃异域之事，学者罕习，心窃疑之。虽历代外夷，史皆有志，而今昔不同。要当随时咨访，以求抚驭之宜，非徒广见闻而已。"② 姚莹强调该书的写作宗旨说："是诚喋血饮恨而为此书，冀雪中国之耻，重边海之防，免胥沦于鬼域，岂得已哉！"③ 该书不仅对西藏的历史、地理、政治、宗教以及藏族的风俗习惯等作了比较全面的考察，而且对于与西藏毗邻的印度、廓尔喀（即尼泊尔）、哲孟雄（即锡金）以及英、法、俄、美等国情况都尽可能地作了介绍。

四 其他边疆史地著作

晚清还有相当多的学者进行边疆史地方面的研究，都一定程度地涉及边疆地区各民族历史问题。

光绪十一年（1885年），曹廷杰亲身考察东北边疆后撰《东北边防辑要》一书④，书中也利用史籍对东北民族历史进行了考证。该书上卷为盛京险要考、朝鲜沿革及形势考、明季三卫分建诸国考、征东海渥集瓦尔喀部、库页岛沿革形胜考、明维窝集水源合考、卦勒察考、吉林根本说、伊通州沿革形势；下卷为征索伦、征罗刹、尼布楚事迹、分界碑文考、外兴安岭山脉河道中俄分属考、黑龙江察边考、乌底河公中地方考、界碑地考、黑龙江险要。光绪十三年（1887年），曹廷杰又撰《东三省舆地图说》一书，书中也涉及东北的民族，包括使犬部说、赫哲喀喇说、额登喀喇说、贡貂诸部说、传达里济喇敏说、济勒弥说等。

晚清西北地区的研究著作有许景澄撰《帕米尔图说》、胡祥鑅辑《帕米尔辑略》、叶瀚撰《西域帕米尔舆地考》、阙名撰《帕米尔属中国考》、李光

---

① 《康輶纪行》，中华书局2014年版，第326页。
② 同上书，自叙第1页。
③ （清）姚莹：《东溟文后集》卷八，清同治六年刻本。
④ 曹廷杰（1850—1926），字彝卿，湖北枝江人。同治十三年（1874年）入北京国史馆，做汉誊录。光绪九年（1883年）到吉林，在靖边军后路营中办理边务文案。光绪十五年（1889年）至光绪二十年（1894年）在山西任知县等职。甲午战争后，复返东北，历任吉林边务文案总理、呼兰木税局总理、吉林知府、吉林劝业道员、代理蒙务处协理等职。1920年离开吉林返回故里。著有《东北边防辑要》《东三省舆地图说》《西伯利东偏纪要》等。

廷撰《塔尔巴哈台沿革考》、魏源撰《西北边域考》、佚名撰《蒙古沿革考》、佚名撰《乌里雅苏台志略》，这些著作都涉及了西北地区各民族的分布、迁徙等情况。

五　晚清蒙元史研究

康熙年间，邵远平曾撰纪传体《元史类编》42卷。乾隆年间，自《永乐大典》中发现《元朝秘史》《圣武亲征录》后，蒙元史研究受到重视。钱大昕、顾广圻分别校勘过《元朝秘史》。钱氏欲重修《元史》，撰《元史稿》，后成《元史艺文志》四卷、《元史氏族志》三卷。汪辉祖撰《元史本证》50卷，以本书证本书，考证《元史》中的一些问题。

鸦片战争后，西北边防的严重危机促使史家重视蒙元史研究。一些学者通过研究蒙元史，为筹谋西北边防、保卫西北边疆、抵御外国侵略而提供历史鉴戒。如梁启超言："大抵道咸以降，西北地理及元史学相并发展，如骖之有靳，一时风会所趋，士大夫人人乐谈，如乾嘉间之竞言训诂、音韵焉。而名著亦往往间出，其大部分工作在研究蒙古，而新疆及东三省则其附庸也。"[1] 从学术成就来看，晚清蒙元史研究主要贡献在于蒙元史料的搜集和史著体例的创新两个方面。

魏源撰《元史新编》，共95卷。内本纪14卷、列传42卷、表7卷、志32卷。魏源在论述元代疆域与少数民族地区历史沿革时，鲜明地划清了民族与外国的界限。以大理为例，魏源认为，元代在这一地区"建行省，开郡县，视同内地，并非羁縻蛮荒"，而邵远平《元史类编》"以西域与大理载之高丽、日本、安南、占城、爪哇间，等之外国"[2]，显然是错误的。为此，《元史新编》立"平服西域、大理传"，并以"段氏《世官大理略》，取其世系，附注传末"。这一处理，体现了自觉的近代民族国家意识。

李文田著有《元朝秘史注》15卷，《耶律楚材西游录注》1卷，《元史地名考》1卷，《和林金石录》1卷。《元朝秘史注》15卷，对原书中涉及的部族、人物、地理、年代、史实作了详细的校勘考释，参考了大量史籍。其后，沈曾植认为李文田《元朝秘史注》详于地理而略于史事，于是作《元

---

[1]　梁启超：《中国近三百年学术史》，《饮冰室合集·专集》之十七，中华书局1989年版，第32页。

[2]　魏源：《元史新编》卷十八，光绪乙巳邵阳魏慎微堂刻本。

秘史补注》15 卷，偏重于史事考证。沈曾植又著《蒙古源流笺证》，共 8 卷，该书引证了正史、方志、舆图、佛教典籍及其他记载等 70 多种文献，对原书进行了校勘、疏证和注释。

丁谦精于历代正史西域传和历代西域纪行之书的考证，撰有《元秘史地理考证》（附《元史》特薛禅、曷思麦里、郭宝玉诸传地理考证）以及《长春真人西游记》《元耶律楚材西游录》《刘郁西使记》《张耀卿纪行》《元经世大典图》《元史外夷传》《元圣武亲征录》等书的地理考证，并撰《元太祖成吉思汗编年大事记》《元初漠北大势论》等文。

洪钧于光绪朝历任清朝驻俄、德、荷、奥等国公使。在国外，他见到不少外国学者写的有关元朝历史的著作，如古波斯人拉施特的《史集》、英人霍握儿特的《蒙古史》、奥人华尔甫的《蒙古史》等。洪钧不通西方语言，故让使馆人员把这些书的有关内容翻译成汉语，撰成《元史译文证补》30 卷。该书主要是以西方资料补正《元史》的缺误。《元史译文证补》依据的资料主要有拉施特《史集》、志费尼《世界征服者史》、瓦萨甫《诸国之区分及世纪之过渡》（即伊利汗国史）、阿黎毛夕耳《全史》、阿卜而嘎锡《突厥世系》、多桑《蒙古史》、霍握儿特《蒙古史》、华尔甫《蒙古史》、哈木耳《奇卜察克金帐史》、哀忒蛮《铁木真传》、贝勒津俄译本《史集》第一卷（包括《部族志》和《成吉思汗先世及成吉思汗纪》）等。

屠寄历时十余年撰成《蒙兀儿史记》，共 160 卷。屠寄认为"元史"之称不足以概括蒙古兴衰史实，故称"本书起迄，不囿有元一代，故不曰元史，而曰蒙兀儿史"。该书注重对蒙古族的起源及先元四朝史的叙述，如在全书卷一设立《世纪》，专记成吉思汗祖先的历史，系统提出蒙古源于东胡的主张；在列传中设立《成吉思汗诸弟列传》《王罕、札木合列传》等记成吉思汗至蒙哥汗时期史事。同时对元朝灭亡后蒙古族的活动情况也尽可能作了叙述，如原拟在卷十八设《后纪》以记元亡后蒙古汗史，但有目无文，而在《宗室世系表》中概述了元亡后塞外蒙古汗世系和明清时代蒙古族各部沿革变迁情况。屠寄在书中设立《西域传》《察阿歹诸王列传》《昔班列传》《漠北三大汗诸子列传》《木剌夷列传》等，对此作了大量记载，还设立《帖木儿传》对 13 世纪后期在中亚兴盛一时的帖木儿帝国加以叙述。

图 9-5 《蒙兀儿史记》

第四节 方志中的民族史记述

光绪三十一年（1905年）六月，清朝颁布了《乡土志例目》，令全国府、厅、州、县按照例目撰写乡土志和志书，这对当时地方志中的民族史撰述是一个促进。许多边远地区也修纂了方志，对当地的民族情况记述更为详细，增设以前方志没有的内容，同时，纂修者受到西学的影响，地方志在记述民族时出现了新的类目，如谱系、方言、礼俗、人种等方面。另外，为了应对边疆危机，加强对边疆地区的管理，清廷先后在台湾、新疆、奉天、吉林、黑龙江等边疆地区建立行省，增设了府、县、厅等，促进了这些省份的地方志编纂，也突出了民族历史方面的记述。

一 省志中的民族史记述

道光年间，贵州布政使罗绕典辑《黔南职方纪略》（道光二十七刊本），该书卷七、卷八为《土司》（上、下），卷九为《苗蛮》，记述了贵州53种苗人的风俗及各县的苗人分布情况。包括白苗、花苗、青苗、黑苗、红苗、山苗、高坡苗、青头苗、红头苗、喇叭苗、狆家苗、蔡家苗、宋家苗、獽家苗、狗耳獽家、马鞴苗、猕子、犵狫、夭家苗、西苗、东苗、童家、里民子、老土、猡鬼、猓猡、黑猓猡、白猓猡、补獽、紫姜苗、犵狫、披袍犵狫、锅圈犵狫、打牙犵狫、打铁犵狫、青犵狫、红犵狫、犵獦、犵兜、狆狫、鸭子苗、洞苗、六额子、僰人、僰耳子、鸦雀苗、花兜苗、瑶人、狄人、犿人、獞人、伶人、狪人。

光绪十七年（1891年），长顺修、李桂林主持修纂《吉林通志》，至清光绪二十二年（1896年）刊行。该志共122卷，首一卷、图一卷。该志卷一百二十一为《志余上》，梳理了文献上记载的夫余国、高句骊、句骊、东沃沮、邑娄、肃慎、靺鞨、渤海、契丹、女真、黄头女真、嗢热，并记述清代吉林民族情况，包括奇楞、恰喀拉、七姓、赫哲、黑津、费雅喀等。

光绪三十二年（1906年），新疆巡抚袁大化设立新疆通志局，开始招揽人才，聘请名流逸士，参与纂修《新疆图志》。该书由袁大化任总裁，由王树枏、王学曾任总纂，实修者和出力较多者为当时著名学者王树枏、王学曾、宋伯鲁、钟镛、裴景福、郭鹏等人，其中尤以王树枏出力最多。《新疆图志》始修于宣统元年（1909年）三月，成于宣统三年（1911年）十二月，全书除卷首外，共116卷，200余万字，可谓卷帙浩繁，只用了不到三年的时间即修成。该书于宣统三年（1911年）由新疆官书局刊印。《新疆图志》全书共分29志，包括建置、国界、天章、藩部、职官、实业、赋税、食货、祀典、学校、民政、礼俗、军制、物候、交涉、山脉、土壤、水道、沟渠、道路、古迹、金石、艺文、奏议、名宦、武功、忠节、人物、兵士等志。

《新疆图志》专门立《藩部志》和《礼俗志》，来记述境内各民族的源流和风物人情等。其中《藩部志》六卷，记载了布鲁特部（今柯尔克孜族）、哈萨克部、回部（维吾尔族）、旧土尔扈特、和硕特部（蒙古族）的民族源流、户口数量、归附受封等情况。《藩部志》还列有《土尔扈特牧界表》《和硕特牧界表》《土尔扈特和硕特爵号世次表》《和硕特世次表》《回部爵号世次表》等，这些表格清楚地列出了和硕特部牧界迁徙情况，以及和

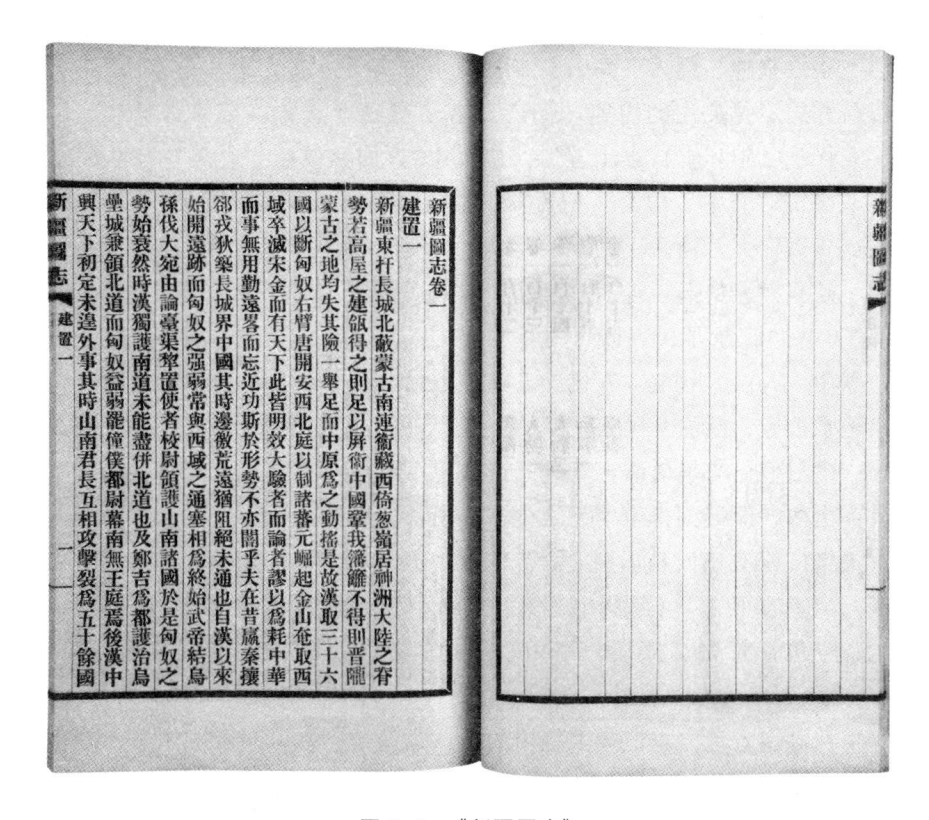

图 9-6 《新疆图志》

硕特部、回部的爵秩递嬗情况。《藩部志》还收录了《特穆图考》《珠勒都斯考》《博罗塔拉考》《俄罗斯源流考》《新疆南北边隘形势考》5篇考证性文章。《礼俗志》则记述了新疆各民族的饮食起居、婚丧嫁娶、宗教信仰等情况。

二 府县厅志的民族史记述

道光云南《广南府志》（李熙玲纂，道光二十八年刊本）卷二《风俗》，记述了民族的风俗、方言，主要民族包括獽人、沙人、花土獠、白土獠、黑沙人、白猓猡、黑猓猡、黑猓喇、白猓喇、花猓喇、猺人、猡夷、僰人。光绪云南《永昌府志》（刘毓珂等纂修，光绪十一年刊本）卷三十七《土司志》，序云："至风俗好尚，山川险塞，尤宜详为记载，庶宰治者得所备御，而制服可以无虞，国家声教遐敷，四隅安定，良由御之得其道耳，志《土司》。"卷五十六《外夷》，抄录明代土司下辖各民族，卷五十七《种人》，包括蒲人、羯些子、莪昌、妙猡猡、白猓猓、野人、僰夷、摆夷、崩竜、獞獠、克猎、戞喇、缥人、莽人、卡瓦、小伯夷等。卷五十八为《方言》，这是以前方志不曾关注的内容。光绪云南《腾越厅志》（陈宗海修，赵端礼纂，光绪十三年刊本）卷十五为《诸夷志》，内容包括"边裔""种人""方言"三部分。其中"边裔"记孟养、蛮莫、孟密、木邦、缅甸；"种人"记小伯夷、大伯夷、蒲人、阿昌、缥人、哈喇、羯些、地羊鬼、哈社、野人、爨蛮、妙猡猡、僰夷、獞獠、喇鲁、戞喇、缅人、羯些子、卡瓦、野蛮、木邦；"方言"记录了民族语言的基本词汇，分天文、地理、城市、饮食、衣服、器用、人伦、珍宝、五色、五味、数目、花木、兽、禽、鳞介等类，用汉字记录读音，及注明民族文字的字形。该志"凡例"云："边地野夷与华人异，夷俗俚语与华语殊，然既邻近边境，不可不悉其风土大略，故志边裔于外夷之内，即记方言于种人之中，俾观者知所择焉。"

光绪广西《镇安县志》（梁年等纂，光绪十八年刊本）卷六为《土司世系表》。《恭城县志》（陆履中等纂，光绪十五年刊本），卷四有《猺獞》，猺有七种，包括背髻、蝶板、高山、平地、胡北、大梁、抚贼；獞有獠獞、狑獞。

清代湖南省地方志记述了境内的苗、瑶情况，如《麻阳县志》（刘士先等纂，同治十三年刻本）卷十《艺文志》有杨登训《西山御苗记》；《溆浦县志》（舒其锦等纂，同治十二年刻本）卷五《瑶峒》、卷八《瑶俗》；《宁远县志》（欧阳泽闿纂，光绪二年刻本）卷二《瑶峒》；《桂阳直隶州志》（王闿运等纂，同治七年刻本）卷二十三《洞瑶志》。《靖州乡土志》（金蓉镜编，光绪三十四年刻本）卷二《地理·说苗》。

光绪四川《越嶲厅志》（马忠良原纂、孙锵增修，光绪三十二年铅印本）"凡例"云："夷俗与汉俗不同，其实燔黍捭豚，茹毛饮血，大都与我上古相仿。惟有语言而无文字，间用唐古忒字，识者以不甚多。兹将夷语加详推而广之，庶几用夏变夷之助云。"该书卷十为《夷俗志》，记述了猓猡服食、器用、婚姻、丧葬、称谓、谱系、语言等情况，纂者引述了历代方志及西方学者尤其是传教士对民族语言的记述，并论述了这一记述方式的必要性。

光绪青海《丹噶尔厅志》，杨治平编纂。全书共8卷，列目为历史概要、政绩录、镇海协副将、兵事、人类、户口、民族、宗教、实业、地理、山脉、河流、物产、商业及城内祀庙。其中"人类"部分包括了民族内容。

道光二十六年（1846年），哈密办事大臣钟方撰成《哈密志》一书，钟方在该书自序中说："余来守斯土，数月之间，兵民醇厚，公务简约。爰命各房吏书，拣数十年案牍，分类编次，俱得事理之本末。而山川景物，风土人情，逐日讲求。或公余踏勘，征于目睹，或广为搜罗，补所未备。以现在遵照办理事例列之于前，又以远年往事详加校订列之于后。"① 该书卷五十一为《回部志》，记述了回子郡王衔贝勒源流及哈密回子郡王属下职官的设置情况。

光绪《肃州新志》涉及民族史的内容较多，如"哈密兴复本末""哈密古迹山川风俗土产""巴里坤古迹山川风俗土产""吐鲁番火州鲁陈""车师高昌考""高昌王麴嘉传""西州回鹘""准噶尔传""西域诸部""准噶尔灭亡纪略""阿木尔萨拉叛亡纪略""布拉敦霍集占叛亡纪略""乌什叛乱纪略"。

光绪年间，内蒙古的基层行政设置由盟旗改为州县，这些新建的州县编纂了方志，如《蒙古志》（3卷，姚明辉辑，光绪三十三年刊本）、《土默特志》（10卷，高赓恩纂）、《绥远志》（10卷，高赓恩纂）、《归绥道志》（47卷，高赓恩纂）、《归绥识略》（36卷，张曾纂修）。这些方志都对本地区的蒙古族情况予以记述。

第五节　民族史撰述体例的变革

晚清，新的民族观念迅速传播并被广泛接受，学术界开始有意识地撰述专门的中国民族史。1903年蒋智由撰《中国上古旧民族之史影》一文②，1903—1904年蒋智由撰《中国人种考》，连载于《新民丛报》，这篇连载文章1906年又以同名结集出版。

1902年梁启超发表《新史学》一文，他强调："历史者何，叙人种之发达与其竞争而已。舍人种则无历史……故夫叙述数千年来各种族盛衰兴亡之迹者，是历史之性质也；叙述数千年各种族所以盛衰兴亡之故者，是历史之精神也。"种族的兴衰成为史学研究的基本内容，梁启超认为应以新的观点、

---

① （清）钟方撰：《哈密志》"序"，成文出版社1968年版，第3页。
② 观云（蒋智由）：《中国上古旧民族之史影》，《新民丛报》第2卷第31期，1903年。

新的体例来叙述中国的过去。1905年，梁启超发表《历史上中国民族之观察》一文①，就其叙述体例及内容而言，应是中国近代最早的一部中华民族发展简史。在该文中，梁启超认为中华民族以炎黄为祖先，中华民族之外还有八族：苗蛮族、蜀族、巴氐族、徐淮族、吴越族、闽族、百粤族、百濮族。对每一族的源流都进行了梳理，认为它们都是组成中国民族的重要成分。除苗、濮族外，都已融入中华民族。文中提出了"现今之中华民族自始本非一族，实由多数民族混合而成"的观点，是对传统华夷观念的超越。

1903年，刘师培撰成《中国民族志》一书，由中国青年会出版，该书是晚清较有代表性的一部民族史著作。

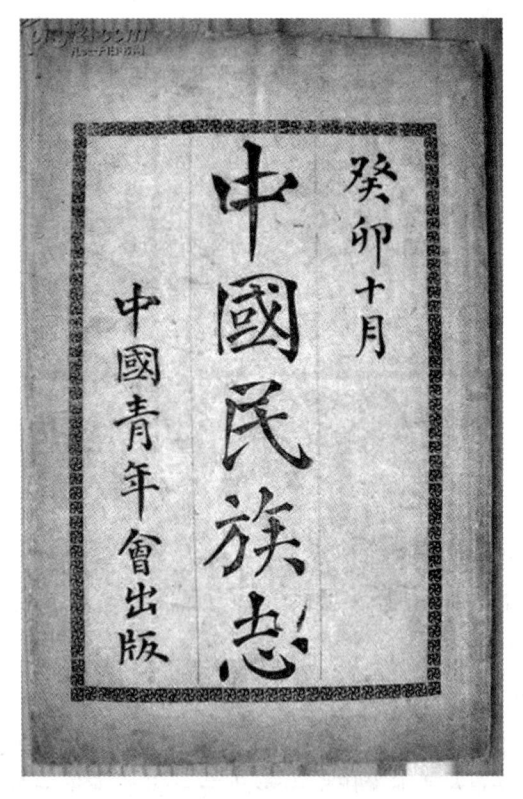

图9-7 《中国民族志》

---

① 梁启超：《历史上中国民族之观察》，《新民丛报》第65、66号，1905年3—4月；另见《饮冰室合集·专集四十一》，中华书局1989年版。

《中国民族志》中汉族主体意识起到了指导作用,在序言中,刘师培说明了写作《中国民族志》的原因:"吾观欧洲当十九世纪之时,为民族主义时代。希腊离土而建邦,意人排奥而立国,即爱尔兰之属英者,今且起而争自治之权矣。吾汉族之民,其亦知之否耶?作民族志。"① 刘师培又说:"或者曰中国之民族无可灭之理也,呜呼!为此言者,直自欺欺人之词耳。今太西哲学大家,创为天择物竞之说。物竞者,物争自存也;天择者,存其宜种也。中国当蛮族入主之时,夷族劣而汉族优,故有亡国而无亡种,当西人东渐之后,亚种劣而欧种优,故忧亡国更忧亡种。使吾汉族之民仍偷安旦夕,不思自振之方,历时既久,恐消磨歇绝,靡有孑遗,不亦大可惧耶!此保种所以为汉族自振之策也。"② 因此,刘师培之所以要写《中国民族志》,其主旨即在于探讨中国各民族的融合及中华民族与帝国主义的矛盾,他已经意识到外国侵略者已经不是一个民族的敌人,而是全部中国人民的敌人。在国家面临亡国灭种危机之时,《中国民族志》为唤醒各族人民能够反抗外国侵略,争取民族独立,建设一个统一的国家起到了积极的作用。

刘师培在《中国民族志》中把中国历史上的民族关系分为四个"汉族界线之扩张"时期,五个"异族势力之侵入"时期,和"汉族与异族之混合"时期。四个"汉族界线之扩张"时期以秦为第一期,汉为第二期,隋唐为第三期,明为第四期;"异族势力之侵入"的五个时期分别为:周、春秋为第一期,东汉末、魏晋南北朝时期为第二期,金元时期为第三期,清为第四期,至西人东渐为第五期。在这一分期思想的指导下,全书共分为18个章节,分别为"亚东民族述略及汉族之起原""汉族之扩张及与苗族之关系""夏殷之形势及西周与异族之关系""春秋时异族之盛衰""战国时异族之盛衰""秦之一统及与匈奴之关系""西汉与异族之关系""东汉之兴以及异族之渐入""五胡侵入之时代""通古斯族之割据""隋唐与异族之关系""唐末异族之侵入""五代宋异族之侵入""蒙古族之内侵""明人光复及与异族之关系""满族之内侵及汉族之谋光复""各省民族之述略""白种之侵入"。

在该书第一章"亚东民族述略及汉族之起原"中,刘师培采纳了日本学者桑原骘藏的观点,认为东亚民族分为七个民族:一为汉族,二为西藏族,

---

① 刘师培:《中国民族志》,载《刘申叔遗书》,凤凰出版社1997年版,第600页。
② 同上书,第629页。

三为交趾支那族,四为日本族,五为通古斯族,六为蒙古族,七为土耳其族。关于汉族的来源,刘师培则认可"西来说",并结合古代典籍,予以论证。

该书第二章起至第十七章,主要叙述了各历史时期各民族之间的关系,尤其对史前民族间的关系做了详细考证。在每一章中,刘师培对各个历史时期各个民族的分布情况(如苗族、东夷及其别族的分布情况)、汉族与其他民族之间的关系(如汉族与苗族的关系,汉族增势时代,汉族南征时代)、汉族与其他民族之间或其他各个民族之间有什么样的扩张行动(如秦之排外,汉族之开南方,汉族之开东方)等内容都有介绍。同时,分析了各历史时期政府的民族统治政策以及各民族之间互相融合的情况。

《中国民族志》以新的民族观念为指导,超越了传统的民族史撰述方式,将章节体体裁与中国各民族之间的史实有机地结合起来,在近现代民族史学史上具有重要的开创意义。而其"夷族劣而汉族优"的汉族主体意识,是民族史观的倒退,有着负面影响。

第六节　清代少数民族文字的民族史撰述

清朝建立后,使中国这个多民族国家的统一进一步巩固和发展。在北方和西北先后统一了蒙古各部;在西域先设伊犁将军,后设行省;在西藏派驻藏大臣,实行《酌定西藏善后章程》,在台湾设台湾府,属福建省,后设行省。清代奠定了现在中国各族人民所共有的疆土,中国各民族完全统一于祖国版图之中。清代前期国家统一,社会稳定发展,出现了康、乾盛世。清朝后期朝政腐败,帝国主义列强入侵,使中国沦为半封建半殖民地社会,各族人民深受压迫、剥削,同时也激起了各族人民更加紧密地团结起来,共同反对外来侵略。有清一代,除有大量汉文史书问世外,还有很丰富的少数民族文字史籍。①

一　满文历史文献记述

满族是清朝的统治民族,努尔哈赤不仅是一个马上取天下的开国皇帝,

---

① 清代少数民族文字史学将清代前中期和清晚期一并论述。

也是一个注意文治的君主。他于明万历二十七年（1599年）二月下令创制记录满语的文字，对满族的文化发展起到了十分重要的作用。

开始以蒙文为基础创制的满文被称为"老满文"或"无圈点满文"，由于其本身的局限，只通行了三十余年；到天聪六年（1632年），皇太极命对这种文字加以改进，史称"新满文"。清代在主要使用汉文的同时，用满文纂修、翻译了许多图书、档案，此外还有许多碑铭等亦用满文。其中有大量价值很高的史书及其他历史资料。

1. 用满文翻译汉文历史文献

从努尔哈赤时起，清朝便很注重从汉文历史文献中寻求治世道理和方法。当时选择文人建立了"书房"机构（后称"文馆"）。文馆主要有两个职能，一是记录当朝政事，二是翻译汉籍，其中包括不少史书，译成满文的史书有《通鉴》《三国志》《刑部会典》《礼部会典》等。后来皇太极将达海所译《三国志》和四书各一部"颁赐耆旧，以为临政规范"。清朝入关后，为适应汉籍满译工作的需要，专设翻书房，直到咸丰年间仍有此机构。[①] 顺治三年（1646年）刊印了满文《辽史》《金史》《元史》，这是清入关后首次刊印的满文图书。[②]

当时清皇室把《三国演义》等演绎历史的著作也看成可资借鉴的历史文献，努尔哈赤时期就由著名文臣达海进行翻译。入关后，遵摄政王多尔衮谕旨，由大学士祁充格领衔，查布海等满族文臣等重译，祁充格、范文程、刚林等满汉官员总校。清朝入关前后，两次翻译《三国演义》，并非因为其为文学名著，实以此书为兵略。

当时还将一些经、史书籍请人编成教材，刊印流行，如康熙年间成书的满文《日讲四书解义》《日讲春秋解义》等书。顺治三年还刊印了一部满文《洪武宝训》（一名《洪武要训》），这是内国史院大学士刚林奉敕译的。这些书籍的编纂也体现出清朝统治者学习儒家治国理念、吸收历史经验的用心。

2. 用满文编撰的历史文献

创制满文后，用老满文记录了大量上谕、公文、函件等档案文献，这就是后世称为《满文老档》《国史院档》等的历史资料。这些历史资料，反映

---

① （清）昭梿：《啸亭续录》卷一《翻书房》。
② 《清史稿》卷四《世祖纪一》，卷一百四十五《艺文一》，卷二百三十二《希福传》。

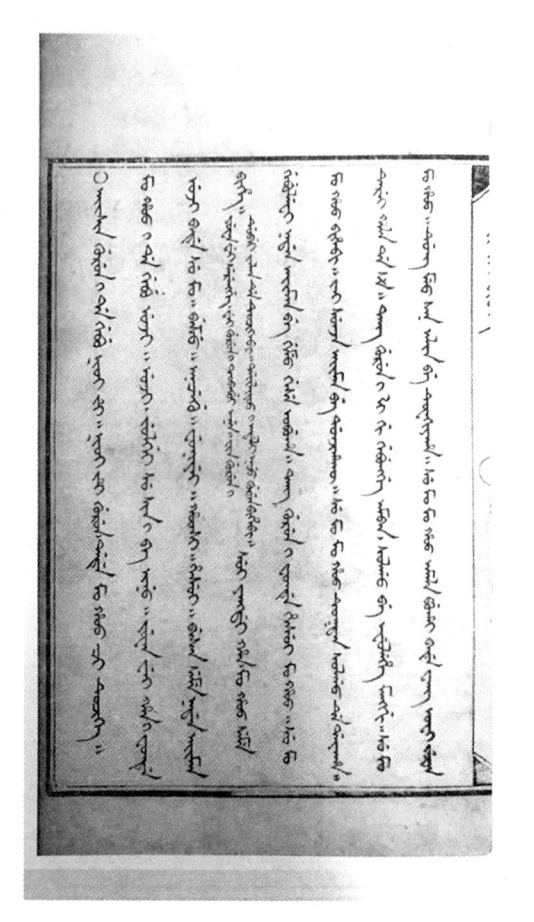

图 9-8　满文《金史》　清初内府刻本

了满族在关外的社会生活,其中许多史料为汉文文献所不载,对研究满族早期的政治、经济、军事、文化、宗教及语言文字等方面具有重要意义。这些在关外用满文撰写的文献属于官方档案,只有稿本、抄本传世。《满文老档》具有珍贵的历史文献价值。清王朝入关前的文献很少,后代官修的历史文献如《清太祖实录》《清太宗实录》等对一些历史事件的记载有隐讳增饰之处。而《满文老档》的原档对当时历史事件的记录则较为详细、准确,更符合客观历史实际。

满族入关后,清代官修图书承袭明制,仍由翰林院负责编撰。翰林院职掌论撰文史,下设典簿、待诏两厅。翰林院附属机构有庶常馆、起居注馆、

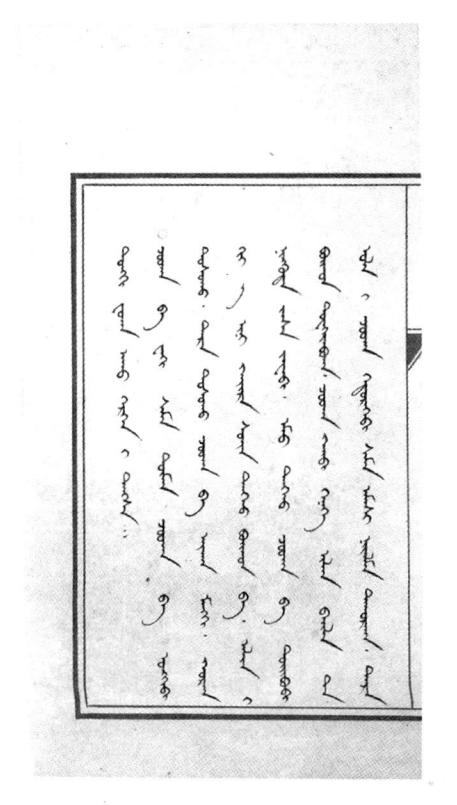

图 9-9 满文无圈点老档

国史馆等。① 翰林院官员除大量的汉族文人外,还集中了一批满族官员和文人,参与满文或满汉文图书的编撰。

顺治时期以皇帝的名义撰写、编纂了一批宣扬儒家思想、有关历史的书籍,并往往以满汉两种文本同时刊印,如顺治十年(1653年)的《劝学文》,顺治十二年(1655年)的《御制人臣儆心录》《资政要览》《劝善要言》,顺治十四年(1657年)的《御纂内政辑要》等,多是以史为鉴的典籍。

康熙年间是编纂历史典籍的繁荣时期。康熙皇帝具有相当高的文化素养,融满汉两种文化为一体,提倡经学、史学、文学,不仅按例编修《实录》《圣训》等书,还组织编纂经、史、文等方面的书籍。

从康熙年间开始,每次用兵之后,都要成立专门机构,将有关军事行动

---

① 张德泽:《清代国家机关考略》,学苑出版社2000年版,第153—157页。

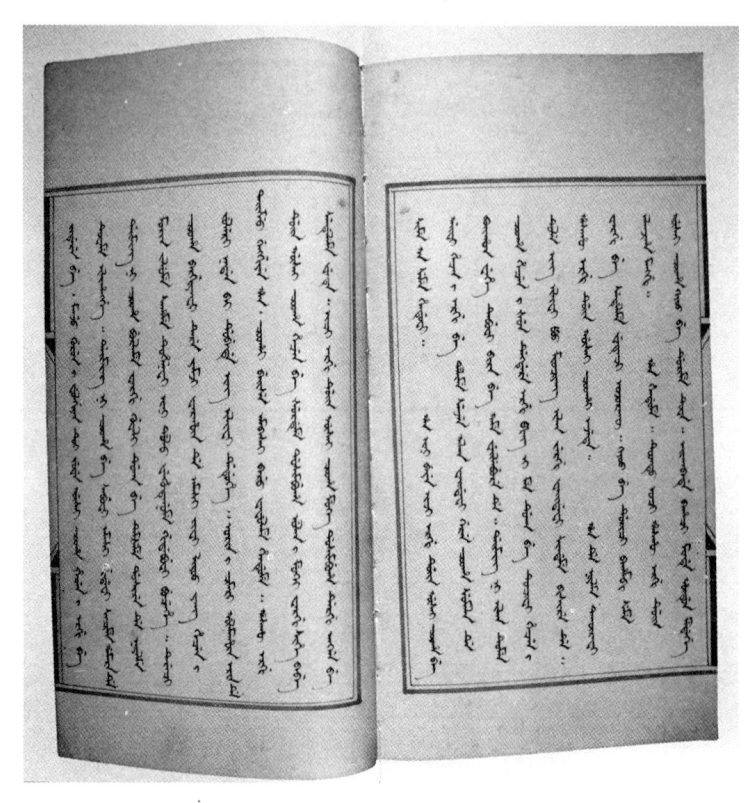

图 9-10　满文《清太祖实录》　清抄本

的谕旨、奏报编纂成集，是谓"方略"。乾隆一朝，用兵较大规模者有十次之多，乾隆因之自号"十全老人"，他仿照康熙纂修方略、纪略，译成满文的有乾隆三十五年（1770年）的《平定准噶尔方略》、乾隆四十五年（1780年）的《平定金川方略》等。此外还有用满文刻印的《宗室王公功绩表传》《大破明师于萨尔浒》《开国方略》《外藩蒙古回部王公表传》等历史著作。

清代自嘉庆、道光以降，国力衰微，内忧外患日益严重。用满文撰写史书也逐渐式微，最后变成一种官方的点缀。嘉庆、道光、咸丰三朝的60多年中，除依照惯例编纂刊印上一代皇帝的"圣训"外，只刻印了《理藩院则例》《回疆则例》等满文政书，续纂了《外藩蒙古回部王公表传》，此外并无新书问世。到同治、光绪时期，官方所修满文图书，大多只以稿本、抄本留存下来。从清同治年间开始，各地有官书局之设，满文书在官书局刻书中极为鲜见，现所知有《钦定辽金元三史国语解》，是光绪四年（1878年）江苏书局刻本。包括史书在内的满文典籍于清后期衰微，这与当时满文使用范围急剧缩小有直接的关系。

3. 满文档案

清朝留下了大量档案资料，仅中国第一历史档案馆就收藏1000多万件。在浩如烟海的清代档案中，满文档案是重要的组成部分，约有200万件，全部或部分以满文书写，其中包含了各式各样的史料，如奏折、谕旨、记录、碑铭、史稿、人事记录、账目等。清政府的主要部门几乎都有满文公文书。这些档案保存了大量珍贵的历史资料，对研究清史和满族史有极为重要的学术价值。

中国第一历史档案馆收藏的200万件满文档案，分别属于宫中、内阁、军机处、内务府和宗人府等机构。东北三省的满文档案存量也相当可观，辽宁省有满文档案20万册，吉林省有1500余件，黑龙江主要是《黑龙江将军衙门档案》，起自康熙二十三年（1684年），止于光绪三十三年（1907年），达1万多卷。内蒙古满文档案达1.6万余件，西藏等地也收藏一批数量不等的满文档案，台湾一些单位也收藏了清代档案的精品，包括满文档案，闻名遐迩的《满文老档》原件便在其中。

满语文在清代被定为"国语""国书"，清代前期的重要文告和对外签约、行文均用满文，为代表国家的文书，如著名的康熙年间中俄签订的《尼布楚条约》即是用满、俄、拉丁三种文字写成。清制满员上奏基本上须用满文。[①] 清初用兵时的军情奏报更是习用满文。满文档案具有很高的史料价值。有的可补汉文史料的不足与空白。

4. 满文碑铭

有清一代留下了数量可观的满文和满文与其他文字合璧的碑刻，仅国家图书馆收藏的北京地区满文拓片即有600多种，这些满文及满汉合璧的石刻以墓碑为主，与此相关的还有诰封碑、谕祭碑，墓主均是清代王公贵族、文臣武将，这些墓碑拓片是研究清代人物传记的重要资料。此外还有一些庙碑、纪念碑，对清代历史研究也很有参考价值。如题名《大金喇嘛法师宝记》的碑刻，立于辽宁省辽阳市太子河喇嘛园村，这块刻于后金天聪四年（1630年）的碑铭记载了西藏喇嘛经蒙古至后金传播佛教，受到努尔哈赤的礼遇，圆寂后建塔立碑之事，是研究清开国之初宗教及民族关系的重要资

---

① 屈六生：《清代军机处满文档案综述》，《明清档案与历史研究论文选》，国际文化出版公司1995年版，第31页。

料。此碑阳面为满汉合璧，满文为无圈点满文，亦称老满文。

在满文石刻拓片中，有些仅是记一事一物，但从侧面反映一段历史，也很有价值。如清代有关资福院的碑刻，是康熙六十年（1721年）修建的资福院于当年夏天竣工，康熙皇帝为该庙落成撰写的碑文，其中记载："诸蒙古贞一乃心，恪奉藩职，协和邻部，辑睦姻亲，天必迎其善意而降之以吉祥，将见户口愈滋，畜牧益盛，朕乐与共太平，有永而勿替也。"这段话反映了当时清王朝和蒙古诸部之间和睦亲善的关系。

二 蒙古文历史文献记述

清朝从兴起之初，对蒙古族就十分重视，后金时代通过恩威并施的方针统一了漠南蒙古，康熙三十年（1691年）漠北蒙古各部王公与漠南蒙古各部会盟于多伦诺尔，康熙帝亲自宣布喀尔喀蒙古仿漠南蒙古，编设49旗并授以印信，这标志着喀尔喀蒙古从此正式隶属清朝。漠西蒙古以清初的准噶尔部最为强大，对清朝几度叛顺，直至乾隆二十二年（1757年）终于平定阿睦尔撒纳之乱，统一了漠西蒙古。清王朝对蒙古实行满蒙联盟的方针，通过联姻、分封、赏赐等手段笼络蒙古上层封建主，同时实行盟旗制度，加强了对蒙古群众的直接统治，在宗教方面，大力提倡黄教，以安抚蒙古各部。蒙古各部终结了几百年来的分裂战乱的时期，在比较稳定的环境下，经济得到恢复和发展，蒙古的文化也有了一个新的发展空间。

1. 蒙古文历史编纂

清代蒙古族在史学方面有重要的作品问世。蒙古族十分重视教育，设立了蒙古官学，书院、书斋、寺庙兴办经文学校，民间开办私塾，到清末蒙古各族还兴办新式学堂。文化教育事业的发展促进了书籍的编纂，清代蒙文文献进入了一个黄金发展期。其中不乏史学著述。

《蒙古黄金史》又名《大黄金史》，作者罗卜藏丹津利用《蒙古秘史》《蒙古黄金史纲》及当时尚存现已佚失的文献编写，成书于清初，此书与《蒙古秘史》《蒙古源流》被称为蒙古族三大历史著作。①

《蒙古源流》原名《珍宝史纲》，是鄂尔多斯蒙古人萨囊·彻辰写的一部重要历史著作，成书于康熙元年（1662年），作者参照藏文、蒙文文献，结合自己的经历、见闻撰成。书中对蒙古历史的发展、与佛教的关系、帝王

---

① 札奇斯钦：《蒙古黄金史译注》，联经出版事业公司1968年版。

世系等都有详尽的叙述,是研究蒙古族历史,特别是明代以降蒙古历史的一部重要的参考书。此书于乾隆三十一年(1766年)由外喀尔喀蒙古亲王、定边左副将军成衮扎布献给皇帝,乾隆敕令将此书重抄一遍,此抄本被称为内府抄本,乾隆四十二年(1777年)译为满文和汉文,在翻译过程中作了一些修改,最后由乾隆皇帝改定书名,由武英殿刊印。内府抄本(现藏蒙古国国家图书馆)比家藏本少了吐蕃迎文成公主入藏、汉高祖至金末中土皇统简史、顺治帝之死和康熙初年史事等三大段。①

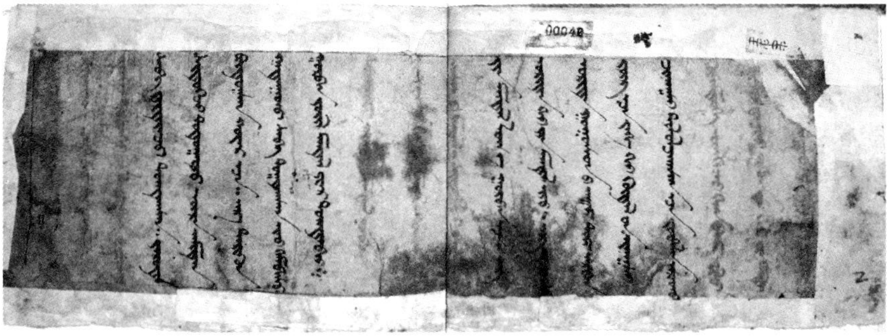

图 9-11　蒙古文《蒙古源流》

《蒙古源流》篇幅很大,按内容可划分为七大部分:(1)宇宙生成、人类起源;(2)印度王统史;(3)西藏王统史;(4)蒙古汗统史;(5)满洲皇统史(努尔哈赤至康熙即位);(6)跋文;(7)格言诗。另外,书中插有汉至金末的汉地皇统简史和明朝的皇统简史。作者对全书内容结构的总体设计,遵循了17世纪蒙文史书所通用的印、藏、蒙一统相承的叙述模式,只是卷首比《蒙古黄金史纲》等17世纪蒙文史书多出有关宇宙生成、人类起源内容,这段内容又比《黄史》更为详细。书中第一、二、三部分,是在佛教创世说和印、藏、蒙一统论的思想指导下写就的,这些内容与蒙古史本无关系,但被作者视为蒙古汗统史必不可少的前史部分。第四部分蒙古汗统史是全书的中心内容,而元惠宗退回蒙古草原以后至清初的历史,即明代蒙古史,是全书的重点,约占整个篇幅的一半。在汗统中,作者对自己所属的巴儿速孛罗一系(主要是阿儿秃斯万户和土蛮万户)的历史叙述得更为详细。

关于本书的史源文献,作者在书的开头部分介绍说:"我参照从前的许

---

① 乌兰:《〈蒙古源流〉研究》,辽宁民族出版社2000年版,第46页。

多书籍，在此概述外部器世界定成……古昔印度、西藏、蒙古三国自古以来的发展。"《源流》全书共有14处提到其他书名，跋文中正式作为史源文献列出的是七种：《本义必用经》《妙见花蕾史》《宣示因果本原之红册》《诸汗源流史》《照亮诸贤心扉之花坛的汉书》《法门白史》《大黄史》。①

《蒙古源流》记述了元末至清初蒙古大汗的完整世系。明初，蒙古汗室远遁草原，后屡经内讧，汗位更迭频繁，明朝未能获知详情，以至明人所记蒙古汗系不够完整，缺少三代大汗的名号。这三代大汗的名号招力图、昂客、额勒别克，在《源流》中有反映，但仍不够准确，经与波斯文史料和罗卜藏丹津《蒙古黄金史》对照，知其误将招力图和昂客两人混为一人。尽管如此，仍为研究提供了依据，有助于得出正确结论，可补汉籍之缺。明代汉籍对达延汗的记载只偏重其与明朝关系方面的活动，对他在蒙古内部的活动记载得很少。《源流》列出了达延汗11个儿子的名号和他们所受封的部落。其他17世纪蒙文史书的有关记载也远不如《蒙古源流》完整、详尽。因此，《蒙古源流》的记载就显得非常珍贵，史学价值很高。

《黄史》全名《古代蒙古汗统大黄史》，作者与成书年代不详，应成书于1662年前。此书叙述蒙古历史，对蒙古各部首领的系谱记载甚详，特别是记载了有关喀尔喀蒙古社会制度方面的资料，喀尔喀女贵族的系谱仅见此书。该书还利用藏文文献，记载成吉思汗及其后人与西藏的宗教关系，提供了一些早期蒙藏关系史料，有很好的史料价值。②

《阿萨拉克齐史》，别名《从成吉思汗到乌哈图汗·妥懽帖木儿的蒙古历史》，作者是喀尔喀部人善巴，他出身贵族，在追剿噶尔丹战事中立功晋封为和硕亲王。该书撰成于康熙十六年（1677年），是一部编年体史，从成吉思汗开始写到17世纪。书中对喀尔喀历史作了详尽的记载，其中有关喀尔喀台吉的谱系史和藏传佛教在喀尔喀蒙古传播的资料为其他史书所缺，具有重要的历史文献价值。③

《恒河之流》原名《成吉思汗黄金家族史略恒河之流》，作者衮布扎布出身贵族，为清康乾间人，精通蒙、藏、汉、满四种文字。此书是一部蒙古编年史，开始部分记述成吉思汗黄金家族的源流、世系，书的主要部分则详

---

① 乌兰：《〈蒙古源流〉研究》，辽宁民族出版社2000年版，第25页。
② 乌力吉图校注《黄史》，北京出版社1983年版。
③ 善巴：《阿萨拉克齐史》，民族出版社1984年版。

细记载了清初蒙古地区各盟旗的王公世袭及其爵位的情况。这是清代蒙文文献中首次以部落为单元记录王公世袭情况，具有重要的文献价值。此书最后部分叙述成吉思汗的九位大臣、成吉思汗与丘处机、五颜四夷国，以及元朝以后蒙古的行政设置及蒙古乐器等内容。该书打破了自《蒙古黄金史纲》以来一些历史学家将蒙古诸可汗历史源于印度、西藏的旧观点，提出黄金家族是"奉天命而生"，这一观点对以后的蒙文历史著作有较大的影响。①

《金轮千辐》，本名《黄金家族之系谱，金骨族人之心娱，九章之篇金轮千辐》，是18世纪著名的蒙古编年史。作者答里麻·固什，又名却扎木苏，是昭乌达盟扎鲁特右旗的一位高僧，他学识渊博，兼通蒙、汉、满、藏等文字。此书除写黄金家族的起源，成吉思汗和元朝历史外，还详细记载了达延汗及其后裔和蒙古诸部、青海蒙古诸部以及其他贵族的起源和谱系。书中有许多重要的史料为汉文文献及现所知的蒙文文献所不载，有较高的史料价值。②

图 9-12　蒙古文《金轮千辐》　清抄本

---

①　衮布扎布著，乔吉校注：《恒河之流》（蒙文版），内蒙古人民出版社1980年版。
②　（清）答里麻：《金轮千辐》（蒙文版），内蒙古人民出版社2013年版。

还有拉西彭楚克撰的蒙古编年史《水晶念珠》，锡林郭勒盟阿巴哈纳尔左翼旗纳塔老翁撰的蒙古政教史《金鬘》，内蒙古乌剌特部极佑寺的达赖喇嘛金巴道尔吉编撰的蒙古编年史《水晶鉴》等，都有自己特殊的史料价值。

清代一批蒙古族史学家编撰了大量蒙古文史学著述，记述了蒙古族的历史以及与其他民族的关系史，保存了大量珍贵史料，充分反映出蒙古族对先祖和当时历史的珍视。

清代蒙古僧人和文人翻译了许多藏文、汉文、满文图书，丰富了蒙古族的文化宝库，加强了各民族间的文化交流。汉文著作的蒙译，在皇太极时代就开始了，崇德四年（1639年）奉皇太极之命，在大学士希福主持下，图登、乌力寨图、色楞、索诺木等将辽、金、元史译为蒙文，此为清代汉文译蒙之开端，后又有《圣谕广训》《吏治辑要》等。

17世纪托忒蒙古文创制之后，卫拉特蒙古开始以托忒文记述卫拉特蒙古史。主要的史籍有《太古到固始汗时代的历史》《四卫拉特史》《和鄂尔勒克史》《卡尔梅克诸汗史》《蒙古溯源史》等。①

2. 蒙古文档案和铭刻

清代的蒙古各部与中央政府联系密切，来往公文频繁，留下了大量的文书档案。据估计，中国第一历史档案馆存有蒙文档案约1万件，主要是蒙古堂档和理藩院的文书。内蒙古自治区档案馆存有清代档案共29个全宗，计23292卷（册），多为满蒙文。这批档案起自清顺治元年（1644年）迄于宣统三年（1911年），主要包括王公世袭、官员俸饷、军队装备、关防刑狱、行政区划、边界争端、民事诉讼、人丁户口、灾民救济、寺庙修缮等方面的材料，具有很高的史料价值。

内蒙古一些旗县也收藏数量丰富的清代蒙文档案。阿拉善左旗收藏的档案是清代从康熙朝开始阿拉善九朝十代王爷的王府档案，共1.5万多卷，用满蒙文写成，这些档案包括皇帝诏书和六部来文及地图、户口分布图等。② 这些档案很有特点，它对研究清代内蒙古的民族史和地方史具有重要的史料价值。

在蒙古民间还有大量的以蒙文编纂的家谱，这也是蒙古族史学的重要内

---

① 史金波、黄润华：《中国历代民族古文字文献探幽》，中华书局2008年版，第210—217页。
② 秦国经：《我国各地所藏明清档案概述》，《明清档案与历史研究论文选》，国际文化出版公司1995年版，第103页。

容。如《蒙古博尔济吉忒氏家谱》，共2卷，清罗密编纂于清雍正十三年（1735年），乾隆四十六年（1781年）由博清额修订。该书主要以世系谱体例编著，分上下两卷。上卷从印度、西藏史到蒙古史，至元朝结束；下卷从必力克图汗至林丹汗止。另附成吉思汗和达延汗后裔世系及蒙古喀喇沁部世系。此谱可与《元朝秘史》《蒙古黄金史纲》《蒙古源流》互相参证。初用蒙古文写成，后译为满、汉文本，汉文本流传较广，亦较完整。[①]

较有代表性的蒙古族家谱还有《尹湛纳希家谱》《科尔沁·哈布图哈萨尔世系谱》《鄂尔多斯·巴尔苏博罗特家谱》《达延汗世系谱》等。

清代也有相当数量的蒙文碑铭，这些碑铭中有一些重大事件的纪念碑，如平定准噶尔后勒铭伊犁之碑（乾隆二十三年，1758年立，托忒蒙古文）、土尔扈特全部归顺记碑（乾隆三十六年，1771年立）等。从北京、承德和沈阳等地的蒙文碑铭看，大多是与汉文或其他文种合璧，或汉蒙合璧、或汉满蒙藏四体合璧，单独以蒙文立碑则较为鲜见。

三 察合台文历史文献记述

清朝统一新疆后，经济日益繁荣，作为新疆最大的伊斯兰化的族体，维吾尔族迎来了一个空前发展时期，其文化日益繁荣，这一时期维吾尔文化的伊斯兰色彩也更加浓厚。

清代维吾尔人继续使用察合台文，清王朝对察合台文十分重视，在一些与少数民族领袖人物有关的重要场所使用多种民族文字，其中便有察合台文。

在新疆用察合台文写作了大量作品，其内容也涉及历史领域。《钦定皇舆西域图志》是乾隆皇帝下令编制的第一部新疆官修通志，其中记载的"回书"即察合台文写作的书籍。[②] 用察合台文写作的史学作品数量很多，内容丰富。

《编年史》的作者为沙·马合木·本·法齐勒·楚剌思，一般称为沙·马合木·楚剌思。作者出生于维吾尔化的察合台后裔楚剌思家族。其祖先是随从萨亦德汗进军喀什噶尔（今喀什市）的异密、叶尔羌汗国的开国功臣。

---

① （清）罗密著，纳古单夫、阿尔达扎布校注，乔吉审订：《蒙古博尔济吉忒氏族谱》（蒙文），内蒙古人民出版社1999年版。

② （清）傅恒、刘统勋、于敏中：《钦定皇舆西域图志》卷四十八，清光绪十九年刻本。

在马黑麻汗（1591—1609 年）和阿黑麻汗（1609—1618/1619 年）统治时期，楚剌思家族的地位上升，在同月即别的战争中起过重要作用。从 17 世纪二三十年代尤其是阿不都拉汗时期（1638—1667 年）开始，楚剌思家族的社会地位和权力衰弱，但从《编年史》的记载看，作者出生在阿黑麻汗（1609—1618 年）统治时期，曾担任过阿克苏的阿奇木。大约清康熙年间，作者用波斯文撰成《编年史》。作者大概卒于 17 世纪末，享年 70 余岁。作者生活的年代是宗教派别斗争激烈、社会矛盾尖锐的时代，他目睹了九位汗的执政、准噶尔军队入侵和汗国的灭亡。

全书由简单的前言、后记和篇幅大小不同的 119 个章节组成。《编年史》的主要内容大致可分为以下五个方面：（1）记述叶尔羌汗国的各代汗和速檀的生平事迹和业绩，这属于"本纪"的范围；（2）记载了诸侯和贵族的历史，包括吐鲁番、哈密、阿克苏、喀什噶尔、和田等地方贵族和统治者的历史；（3）记载了每一代君主和著名历史人物；（4）记载了与叶尔羌汗国有关的数千余人，其中包括各行各业的学者、统治者、官员、随从等；（5）对历史人物和历史事件的评论。此书除简单地记述历史人物外，还对萨亦德汗、阿不都拉·失德汗、阿不都拉汗、尤勒巴尔斯汗、伊斯玛业勒汗等诸汗的业绩、性格、学识进行了评论。①

《安宁史》是一部重要的中国新疆的历史著作，由新疆维吾尔族文人毛拉·穆萨·赛拉米著，成书于 1903—1904 年。作者在多年的调查研究基础上，结合丰富的历史文化资料编写而成。其内容是关于宇宙、人类起源的传说，古代突厥部落的兴起，13 世纪初成吉思汗的西征及其后裔在各地的统治，13—16 世纪蒙古杜格拉特部落在南疆的活动，东察合台后王秃黑·鲁帖木儿汗及其后代归信伊斯兰教，16—19 世纪下半叶新疆赛义德王朝的建立经过及后期活动，19 世纪 60 年代新疆的重大历史事件，19 世纪 80 年代阿帕克和卓宗教政治活动。

1955 年在新疆发现了《伊米德史》手抄本，现藏中国社会科学院民族研究所。此书作者也是毛拉·穆萨·赛拉米。20 世纪 50 年代，包尔汉在其论文《论阿古柏政权》（《历史研究》1958 年第 3 期）中首次介绍并引用了这部珍贵史籍。该书在其本人所著《安宁史》的基础上补充、修改而成，保留了《安宁史》的基本结构，二者章节标题基本一致。《伊米德史》由绪

---

① 魏良弢：《沙·马合木·楚剌思〈编年史〉》，《民族研究》1987 年第 1 期。

论、序言、叙文上、叙文下、结尾等五部分构成。在绪论部分，说明了写作目的、写作动机、书名的来历。序言部分由三章组成，主要介绍七城（哲德沙尔）的基本情况以及一些传说。叙文上由 15 章组成，主要介绍新疆库车维吾尔族、回族起义的原因、过程及其结果。叙文下由 18 章组成，主要记述从阿古柏入侵到清朝收复新疆的全过程。结尾部分主要记述喀什噶尔、叶尔羌、于阗、阿克苏、乌什、库车、吐鲁番等地区的历史地理、人情、风俗等。①

《伊米德史》记述阿古柏侵略、统治以及新疆各族军民反侵略斗争的内容很详细。这方面的内容虽然在《左文襄公全集》《刘文勤公奏稿》《戡定新疆记》和《阿古柏伯克传》《喀什噶尔》等史籍都有所记载，但远不如该书详细具体。②

《伊米德史》作者明确指出，该书上部引用了前人史书记述，其中有库尔班·艾里哈吉的《塔瓦热合哈木赛》《热西提史》等书；下部记述了他本人的亲身见闻。此外，在该书不少地方还具体说明是根据何人的口述，如在叙述清军在阿克苏等地征收"筷头税""吃盐税"时，就指明根据阿克苏人毛拉阿訇口述；又如，写阿古柏侵占吐鲁番和乌鲁木齐，是根据阿古柏卫士的口述。这种通过自己实地调查得来的资料撰述历史的方法，成为该书的一个显著特点。

维吾尔学者将很多伊斯兰国家的作品译成了察合台文，如穆罕默德·萨迪克·喀什噶里（1740—1849 年）将阿拉伯文《台白里史》译成察合台文，又自撰几章加入其中，更名为《斯坎德尔史和王冠书》。17—18 世纪历史学家阿卜勒哈孜·巴哈杜尔·汗编撰了《突厥族谱》，19—20 世纪初毛拉·沙克尔撰写的记述帖木儿帝国征战的历史著作《凯旋记》，皆被译为察合台文。

清代察合台文史书中也有不少传记。如《和卓传》是中国新疆伊斯兰教人物传记，穆罕默德·萨迪克·喀什噶里著，成书于清乾隆三十三年至三十四年（1768—1769 年）。该书记述从阿帕克和卓夺取叶尔羌汗国政权起，至波罗尼都夺取天山南部六城止的和卓家族史。《阿帕克和卓传》是中国明末

---

① 1959 年新疆少数民族社会历史调查组将《伊米德史》译成汉文，刊登于《新疆宗教研究资料》（新疆社会科学院，内部资料）。参见吾斯曼江·亚库甫《察合台文史学名著〈伊米德史〉〈安宁史〉及其史料来源》，《兰州学刊》2009 年第 6 期。

② 吴光超：《维吾尔族的一本重要的近代史著作——评〈伊米德史〉》，《新疆社科论坛》1999 年第 2 期。

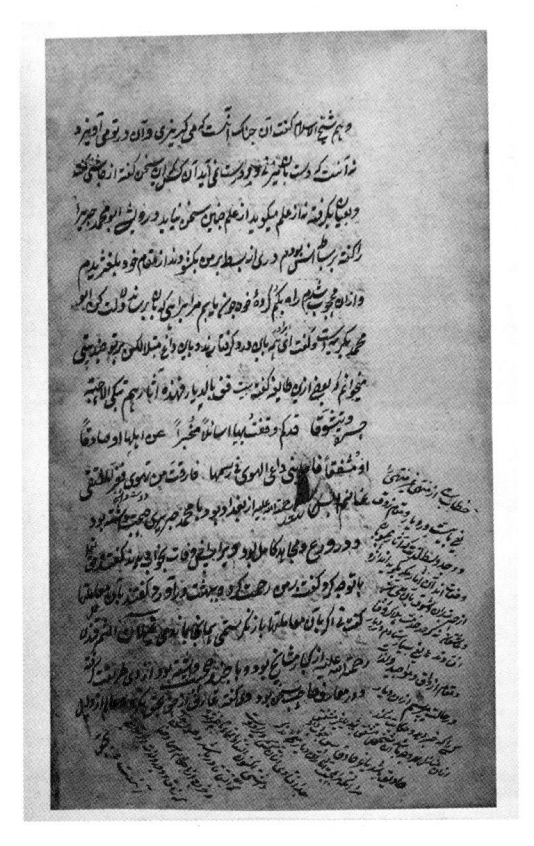

图 9-13　察合台文《和卓传》　清抄本

至清代新疆伊斯兰教白山派和卓的传记之一，记载了喀什噶尔和卓家族先祖麦赫杜姆·阿扎姆的家族世系，以及白山派创始人依禅卡朗与其子马哈茂德·优素福的生平，详细描述了阿帕克和卓一生的经历及其宗教政治活动，并对和卓后裔也有记载，是研究新疆伊斯兰教史和依禅派的重要资料。

16—19 世纪维吾尔族的史学家群体主要分布在叶尔羌、喀什噶尔、阿图什、伊犁、和田等大城市和文化繁荣之地。维吾尔族史学的发展受到了周边民族史学的影响，尤其是波斯史学的影响更为突出。

四　藏文历史文献记述

明末清初，藏族地区为厄鲁特蒙古的和硕特、准噶尔等部所钳制，后逐步作了重大改革和调整。清朝设置理藩院专理蒙古、西藏事物，采取了"兴黄教以安众蒙古"的政策，正式册封格鲁派两大活佛为达赖喇嘛、班禅额尔德尼，确定了达赖和班禅的名位。雍正六年（1728年）设立驻藏大臣办事衙门，会同地方办理西藏地方行政事务。乾隆五十八年（1793年）清军击退廓尔喀人的入侵，颁布了《钦定藏内善后章程》，更加明确了治理西藏的政策。鸦片战争后英军入侵西藏部分地区，激起藏汉各族人民的坚决反抗。西藏地区直至在20世纪上半叶还保存着封建农奴制度。

清代形成了很多藏文史学著作。1643年五世达赖喇嘛阿旺罗桑嘉措应顾始汗敦真却季嘉波的要求撰写《西藏王臣记》。五世达赖喇嘛在政治、宗教方面都有很大贡献。他曾应清顺治皇帝的邀请从拉萨到北京朝觐，密切了藏、蒙、满、汉各族的关系。他一生著述宏富，《西藏王臣记》是他27岁时的著作，其中详细记述了西藏有史以来直至当时顾始汗的历史，不仅有历代王朝的大事，还包括王嗣和大臣的事迹，不仅是重要史籍，也是文学佳作，被藏族尊为珍贵古籍。①

19世纪初出版了一部令人瞩目的藏文史学著作《土观宗派源流》（全名《善说一切宗派源流和教义晶镜史》），作者土观·罗桑却吉尼玛（1737—1802年）6岁时被认定为青海佑宁寺土观胡图克图阿旺却吉嘉措的转世灵童，成为第三世土观活佛。青年时期前往拉萨学经，返回青海任佑宁寺法台，乾隆二十八年（1763年）奉诏进京，任掌印喇嘛、御前常侍禅师，加强了黄教在甘肃、青海的地位。《土观宗派源流》成书于1801年，1802年刊印。书中叙述藏传佛教各教派历史，但偏重宣扬格鲁派和宗喀巴的事迹，书中对内地儒、释、道及蒙古、于阗等地的佛教源流和教义也有广泛涉及，对藏汉文化交流做出了贡献。②

同治四年（1865年），智观巴·贡却乎丹巴饶吉著《安多政教史》，亦称《史书之海》。该书着重记述甘肃、青海、四川等地藏传佛教寺院的建立和发展过程、政教合一实体的形成、中央政府的历史作用、主要历史人物及作用、部分地区的宗教斗争，以及学经制度、寺院庄园等内容。史料真实可靠，叙述完备，是研究格鲁派的要集。③

清代藏族史书中关于藏族人物传记的撰述较为突出，这些传记从内容上可分为神圣传记、宗教人物传记和世俗人物传记等；从形式上可分为本生、

---

① （清）五世达赖喇嘛撰，郭和卿译：《西藏王臣记》，民族出版社1983年版。
② 土观·罗桑却吉尼玛：《土观宗派源流》，刘立千译注，西藏人民出版社1985年版。
③ 智观巴·贡却乎丹巴饶吉，吴均等译：《安多政教史》（藏文版），甘肃民族出版社1982年版；智观巴·贡却乎丹巴饶吉：《安多政教史》（汉文版），甘肃民族出版社1987年版。

譬喻、功行、外传、内传、密传、自传、大传、本因传等。这些传记在形式与内容上都彼此配套，形成固定的撰述体例。① 有代表性的传记有五世达赖与桑杰嘉错撰《五世达赖喇嘛自传》、阿旺多吉撰《六世达赖仓央嘉措密传》、章嘉·乳必多吉撰《七世达赖喇嘛传》、土观·洛桑却吉尼玛撰《章嘉国师乳必多吉传》、多仁·丹增班觉撰《多仁班智达传》、多喀夏仲·才仁旺杰撰《颇罗鼐传》和《噶伦传》等。

颇罗鼐是18世纪前期西藏地方政府中被清政府倚重、手握实权的人物。他的活动关系到西藏内外政治、经济、军事、文化各种关系。撰写他的历史就可以把握住那个时代的历史。西藏著名学者多喀夏仲·才仁旺杰（1697—1764年）撰写了《颇罗鼐传》。才仁旺杰青年时期从名师学习五明之学和宁玛派经典，后做地方官吏，被颇罗鼐升任西藏地方政府噶伦，主管前藏事务达30多年。他勤于写作，除《颇罗鼐传》外，还著有《旋努达美》《佛本生记》《噶伦传》《藏梵字典》等。《颇罗鼐传》记述了颇罗鼐的先祖和家世，颇罗鼐错综复杂的一生，包括西藏内部统治者的矛盾、冲突，与蒙古族、清朝的关系，还记录了首刻《甘珠尔》印版及发展刻印技术的重要情况。②

藏族史册类史籍对蒙古族的历史编纂学产生了巨大影响，《蒙古源流》《蒙古黄金史纲》《白史》等蒙文史籍，都借用了藏文史册的编撰模式，都以很大篇幅叙述印度、西藏王统和佛教的源头，并将蒙古族的起源与印度、西藏附会在一起。

清代藏族学者不仅用藏文撰写了大量的藏区地理论著，而且有两位到过北京的青海藏族格鲁派活佛用藏文写就了世界地理的论著。其中一部为青海佑宁寺三世松巴活佛（1704—1787年）于乾隆四十二年（1777年）所著《世界总论》。③

五 纳西东巴文历史文献记述

纳西族大约在宋代创制、使用东巴文，开始形成自己的文献典籍。元代在大一统的局面下，纳西族先民首领麦良被任命为茶罕章管民官，后于其地置丽江路，设军民总管府。这时经济进一步发展，与中原文化有了更多的接

---

① 孙林：《藏族史学发展史纲要》，中国藏学出版社2006年版，第366—367页。
② 多喀夏仲·才仁旺杰：《颇罗鼐传》，四川民族出版社1982年版。
③ 松巴·益西巴觉等：《世界总论·世界广论》，西藏藏文古籍出版社2012年版。

触和交流，已经开始设立汉学。纳西族更大的发展是在明代，纳西族木氏家族世袭丽江知府，大规模传播汉族的先进技术与文化，接受并弘扬藏传佛教，同时传承并发展了本民族传统文化，纳西族东巴文、汉文、藏文文献都大量出现。明清以降，由于与汉文化的交流日渐增多，道教文化对其起到了一定的丰富作用。当然，其主体乃是纳西族本土文化，主要是对先民生产生活经验的总结，以及对自然、社会、人类的认识。清朝实行改土归流政策，土司统治瓦解，学校教育兴起，东巴教及其文化存在的基础被削弱，东巴文化不断萎缩。

过去纳西族只信仰原始宗教，后逐渐发展为信仰东巴教。东巴教是纳西族先民的一种宗教，产生于7世纪左右。"东巴"是纳西语，意为"智者"，也就是巫师和祭司。东巴文是在云南丽江纳西族地区流行的象形文字，一般用来抄写纳西族的经书。根据东巴经的说法，东巴文字是由东巴教祖"丁巴什罗"创造出来的，有的专家认为，东巴文的产生不晚于11世纪。[1]

因东巴文书籍一般不记载形成时间，多难以断代，并且往往随着掌握东巴文书籍的东巴的去世而不断销毁，所以尽管目前能见到的文献很多，但较早的文献却不多见。清代出现了一大批著名的东巴。[2] 这一时期东巴文化处于昌盛阶段，东巴文书籍也呈现繁荣景象。

东巴经内容广博，具有很高的学术价值，是纳西族古代社会的百科全书，集纳西古文化之大成，是研究古代纳西族的资料宝库，涉及纳西族从原始社会、奴隶社会到初期封建社会的历史，记载有天文、气象、时令、历法、地理、历史、风土、动物、植物、疾病、医药、金属、武器、农业、畜牧、狩猎、手工业、服饰、饮食起居、家庭形态、婚姻制度、宗教信仰，乃至绘画、音乐、舞蹈、杂剧等广博的内容，包括了自然科学、社会科学方方面面的知识。[3]

比较典型的是丽江纳西族东巴文经书《人类迁徙记》，又名"创世纪"，纳西语名"崇邦统"，被称为纳西族的史诗，内容有人类的起源、血缘家庭、父子联名、刀耕火种、陪嫁奴隶、迁徙路线和民族关系等，歌颂了纳西族祖

---

[1] 史金波、黄润华：《中国历代民族古文字文献探幽》，中华书局2008年版，第156—157页。
[2] 卜金荣主编，郭大烈、李锡副主编：《纳西东巴文化要籍及传承概览》，云南民族出版社1999年版，第143—157页。
[3] 李霖灿：《么些经典译注九种》，（台湾）中华丛书编审委员会，1978年。和志武：《纳西东巴文化》，吉林教育出版社1989年版；《东巴经典选译》，云南人民出版社1984年版。

先崇仁丽恩的英雄事迹和英雄气概。现存文献有相传为古纳西叶氏族支木氏土司之发祥地白沙著名大东巴久知老的墨迹，现存云南省社会科学院民族研究所。[①]

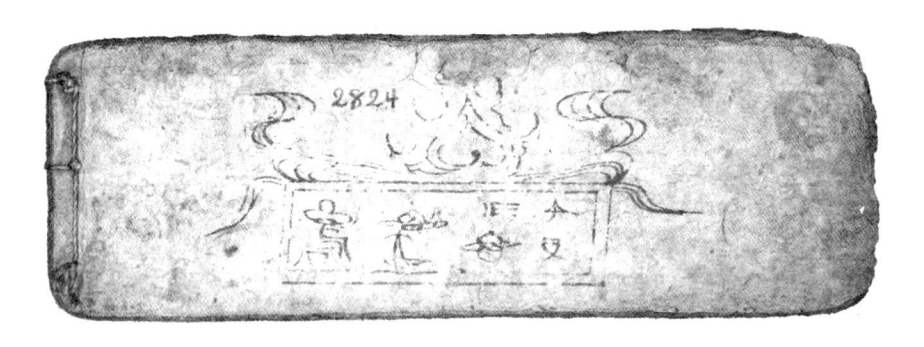

图 9-14 纳西东巴文《创世纪》

六 彝文历史文献记述

清代彝族社会有了新的发展。云南中部、东部和南部的彝族，其社会状况与当地汉区地主经济接近；云南的东北部、贵州的西部地区基本上属于土司统治下的领主经济；而四川大凉山、川滇交界的小凉山腹地依然保持着奴隶制社会制度。随着清朝改土归流政策和发展经济措施的实行，彝区都在发生着深刻的变化。

彝区的文化也有较大的进步，汉族和彝族交往加强，文化交流增加。云南、四川建立学习汉族文化的义学数百所。彝文文献更加丰富，存世的清代

---

① 傅懋勣：《丽江么些象形文"古事记"研究》，武昌华中大学，1948 年。

彝文文献为数不少。

　　清代有人把很多书籍整理、汇编在一起，形成综合类典籍。《西南彝志》就是一部较全面地记载西南地区彝族历史的彝文文献，彝语名称为"哎哺啥额"，被誉为"百科全书式的巨著"，现存北京民族文化宫图书馆。[①]《西南彝志》编纂者是古罗甸水西热卧土目家的一位慕史（歌师），他搜集了彝族各支系中历代的许多文史典籍，经过整理编纂成这部彝族历史文献巨著。成书年代不详，从书中一些记载推测，可能在康熙三年（1664年）吴三桂平定水西之后，雍正七年（1729年）改土归流之前。

　　《西南彝志》多用五言的诗体形式写成，较全面系统地论述了彝族先民对宇宙、人类起源的认识，认为天、地、人的产生都是清浊二气分化演变的结果。记述了人类经历了人兽不分以及男不知娶、女不知嫁、知母不知父的历史时期，生动形象地描绘出原始人群一幅幅生活图景。书中记录了彝族先民对季节气候的认识和彝族的历法。书中还记述了彝族从希慕遮到笃慕的31世和笃慕之后"六祖"以下的各主要家支世系，各家支间的互相关系，主要人物和历史事件及彝族的分布状况。同时记述了古代彝族迁徙、发展、分支、联姻、祭祖等社会活动的历史和狩猎、耕牧、手工业的经济情况，以及宗教、哲学思想等，以贵州水西为主线，并辐射到滇东北、黔西北、黔中、黔西南、四川凉山等彝族"乌、白蛮"各部地区，较全面系统地呈现了古代彝族社会历史的发展状况，对于研究彝族的社会历史、天文历法和文学都有重要的价值。[②]

　　有一种难得的彝文史书是《彝族农民起义史册》，作者为百衣巴，写于云南省新平县杨武成花庙。成书年代不详。据书中内容推测，约为清咸丰年间作品，内容包括序言和正文两部分。序言书写形式非常特殊，按八卦形式记述，各行文字从中间向四外辐射，内容为：

　　　　子年不下雪，丑年不种地，寅年薪米贵，卯年苛税重，辰年地方

[①] 该书于1957年开始，由毕节地区彝文翻译组已故著名的彝文经师罗国义和王兴友二先生历经9年时间，在1966年译成彝汉文对照本初稿共26卷。1986年列入全国少数民族古籍整理出版"六五"规划工作的重点项目，后经毕节彝文翻译组整理，由贵州民族出版社正式陆续出版。此后又有王运权主编本、汉文对照本。

[②] 中国民族古文字研究会编：《中国民族古文字图录》，中国社会科学出版社1990年版，第182页。

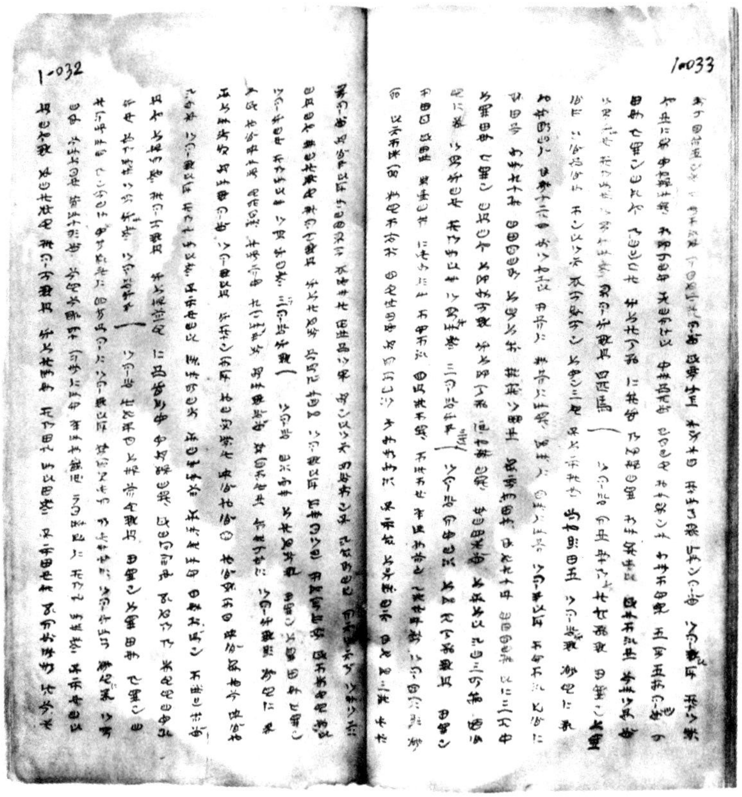

图 9-15 彝文 农民起义手册

乱，石屏宝秀举黑旗，直打青龙攻徵江，官兵死伤布山野，富户携眷逃进城……杜鹃花开红满坡，彝家翻身幸福长，写作此书留纪念，愿一代传一代。①

正文则记录农民起义的原因、地点，起义的经过和所占领的城镇。全书为每句五言。现存中国社会科学院民族研究所。

国家图书馆馆藏的彝文典籍中有历史类书籍，如《呗耄史》《家谱》《德勒氏族史》《尼糯氏族史》《德布氏史略》《德施氏史略》《德慕氏史略》

---

① 中国民族古文字研究会编：《中国民族古文字图录》，中国社会科学出版社1990年版，第184、378页。

等，都是研究彝族社会历史的重要文献史料。

又如军事类名著《阿者乌撒兵马记》，记载了彝族古代战争史实和战略战术及其军事思想，是研究彝族古代军事战争的重要文献资料。①

此外，彝族的谱牒也是其历史记述的重要形式。彝族十分重视撰述谱牒，彝人大部分都有自己的谱牒，每隔三至五代或九代在举行祭祖大典时，都要续修一次家谱。谱牒多用彝文书写，也有用汉文编修的。修好后，存放在各家支老大家中，并要求宗支的男子人人能够背诵。谱牒有加强支系内部凝聚力，便于远方认亲和警示后人的功能，也是本宗支历史渊源、迁徙路线和发展历程的第一手资料。谱牒的种类有家谱、氏族源流、君王世系、王族母系等。叙谱是彝族社会活动的一项重要内容，彝族叙述谱系的场合很多，如祭祀祖先要叙谱，联姻通婚要叙谱，寻根攀亲要叙谱，甚至上阵作战也要叙谱。背诵家谱，了解本民族历史和本氏族源流，是彝族教育的重要组成部分。②

较有代表性的谱牒有《笃慕切苏》《毕摩叙谱经》《乍氏源流》《普德氏族谱系》《强宗氏族谱系》《凤氏姻亲史》等。

继明代数种重要彝文金石铭刻后，清代又有彝文石刻，如安玉奇墓碑，位于乌蒙山区，刻有600字的彝文。碑文首先叙述彝族古代历史，后叙家族史，然后记录墓主人的生卒年，并记载立碑时间为清道光三年（1823年）。又如普沙摩崖碑，位于云南路南、弥勒两县接壤的普沙土司旧城址旁的石山上，清咸丰年间立，内容叙述彝族撒尼支系在麟马洞风口山缔盟起义的事迹，作者可能是曾参加农民起义的人。清末云南彝族农民起义是受太平天国运动影响的农民起义，此碑是研究滇东南农民起义的宝贵资料。

七 傣文历史文献记述

清代以来多称傣族为"摆夷"。傣族地区也实行了大规模的改土归流，主要在澜沧江以西地区改流，而澜沧江以东地区仍然属车里宣慰司统治，至清末甚至民国时期依旧保存着土司制度，实行严格的等级制度和封建领主制度。

清代用傣文书写了不少历史书籍。傣族车里宣慰司为西双版纳地区最大

---

① 杨怀珍：《国家图书馆珍藏古彝文典籍》，《文津流觞》2010年第3期。
② 普珍：《彝族谱牒的史学研究价值》，《楚雄师范学院学报》2008年第11期。

的土司，从刀坎到刀世勋共传了23代，历经宋、元、明、清约770余年的历史。车里宣慰司编纂了大量的谱牒，对刀氏家族的历史发展进行了详尽的记载。其中有代表性的是《泐史》。《泐史》，原名《囊丝本勐泐》（《西双版纳历代编年史》），采取编年体记录了傣族从1180年（宋淳熙七年，傣历542年）傣族首领叭真入主西双版纳建立景金殿国始，止于傣历1312年庚寅（1950年）44世或作36世召孟罕勒（汉名刀世勋）的主要史实。详细记述了各世召片领姓名、生卒年、在位时间及其配偶、儿女与封地、俸禄等，对于制度、历史大事及与泰、老、缅等邻邦关系，也有所记述，为研究中国西南边疆地方史和傣族史的重要史料。该书还有其他详简不同的译本。①

《勐仂王族世系》记载唐代云南西双版纳傣族政权建立和统治者更替情况。据内容考证，为后人追记，时代当在明代以后。该书叙述6—7世纪西双版纳修建寺塔开始历经十数个王朝，至11世纪帕雅阿腊我逝世止，约400年的历史。只是其中穿插神话传说，又有后人将后世一些事件掺和到古代史事件中，不能完全作为信史对待。然而其所记材料年代较早，对佛教传入傣族地区的时间和宋代以前的历史都有重要价值。②

《勐龙土司世系》记事始于傣历953年（明万历十九年，1591年），记述了第一世召勐龙名帕雅先敢峨起，至傣历1208年（清道光二十六年，1846年）第十世召勐龙名召朗姆玛止，凡255年史事，记述了各地召勐龙的姓名、即位和卸任年代，还有配偶及疆界情况，对于勐龙土司的典章制度、祭祀习俗、重大事件及其与景洪召片领、邻勐，乃至与缅、泰等邻邦关系也多有述及。

《嘿勐沽勐——勐卯古代诸王史》，乾隆三十四年（1769年）成书。作者卞章戛，瑞丽市弄贸寨人，生于清乾隆年间。该书采用说唱体，记述了勐卯及附近各地自公元前424年至公元1778年，2202年历史，包括德宏傣族地区的战争、王族兴衰和各民族关系，与元、明朝中央政权的关系。同时用佛历、傣历、傣历干支和帝王年号多种纪年方式，可以和其他史料互相印

---

① 张公瑾：《傣族文化》，吉林教育出版社1986年版，第52—53页；张公瑾主编：《民族古文献概览》，民族出版社1997年版，第278—279页。
② 张公瑾主编：《民族古文献概览》，民族出版社1997年版，第279页。

证，所记内容较为客观。①

《景谷土司世系》，作者为土司署官员占达洪昆，成书应在雍正年间。记事始于明洪武三十五年（1402年），一世刀算党任威远州知州，止于清雍正二年（1724年）土知州刀光焕被革职流放，共322年的景谷土司发展史，涉及景谷土司的世系、功勋业绩，明清王朝在景谷地区的经营等史实。②

西双版纳地区的土司世系类史籍还有《勐罕土司简史》《勐养历代叭龙简史》《版纳勐龙土司简史》《勐旺土把总简史》等。在德宏地区流传的史籍有《芒市历代土司简史》《刀思忠及其先祖史》《遮放土司世系史》《陇川土司史》《瑞丽土司祖先史》《芒市司署简史》《干崖土司简史》等。

傣文比较重要的碑文有《西双版纳大勐笼傣文碑》，立于今景洪市勐龙镇。立碑日期为傣历1162年6月2日，即1801年3月16日。碑首有4幅九曜位置图，为18世纪末击退缅甸木梳王朝入侵者之后重建佛寺所立之纪念碑。碑首天文图对研究天文史有重要价值，拓片已收录于《中国古代天文文物图集》。③

八　回族史学

回族使用汉语文，一直使用汉字记述本民族的历史。

《冈志》（也称为"冈上志"），是清代一部街道志，记述清初北京牛街回民聚居区的情况，包括以牛街为中心的附近几十条街巷。该书作者不详，成书于清初，一直以抄本流传。全书共20目，包括图考、星野、建置沿革、疆域、形胜、风俗、寺宇、街巷、人物、儒林、隐逸、名师、灵征、武勇、技巧、烈女、教礼仪（议）、灾异、食物、杂志。其中图考、食物、杂志三章，有目无文。《冈志》"小引"谓："明宣武门之西南，地势高耸，居教人（即回民）数十家，称曰'冈儿上'。居民多屠贩之流。教之仕宦者，率皆寓城内东、西牌楼，号曰'东、西两边'。居两边者，视冈上为乡野。嘉靖

---

① 云南省少数民族古籍整理出版规划办公室编：《勐果占壁及勐卯古代诸王史》（汉傣文对照），云南民族出版社1988年版。杨恩海：《傣文史书〈勐果占壁及勐卯古代诸王史〉》，《云南档案》2004年第5期。

② 云南省少数民族古籍整理出版规划办公室编：《景谷土司世系》，云南民族出版社1990年版。

③ 中国社会科学院考古研究所编：《中国古代天文文物图集》，文物出版社1980年版。

年间增筑外城,则'冈上'为城内地。明亡,大清兵入关,驱民出城。居'两边'者,失其所有,遂尽趋'冈儿上'。迩来时移世易,年久贫富变迁,向之茅舍零星者,今且烟火万家矣。"《冈志》记载了回民的姓氏,"教中异姓者甚多,有惠氏、哈氏、法氏、黑氏、习氏、笪氏、萨氏、蔼氏、几氏、折氏、海氏、火氏、花氏、朵氏、亚氏、妥氏、兰氏、针氏、赖氏、艾氏、苑氏、沙氏、铁氏、邸氏、舍氏、可氏、福氏、吉氏、山氏、买氏、来氏、司氏、瞿氏、腊氏、把氏、赛氏、佛氏、桑氏"。《冈志》还追溯了北京回民的源流,其中"杂志"云:"今燕都之回回,多自江南、山东二省分派来者。何也?由燕王之国,护卫军僚,多二处人故也。教人哭父曰:'我的达!'其亦山东之俗也。"其中"风俗"记载当时牛街回民"饮食必腆必洁,虽市肆,必不容异教阑入","护持同类,不容外侮"。《冈志》对当时牛街回民区之宗教生活,特别是教礼纷争情况,记载尤为详细。① 此书对研究北京牛街回民历史和社会有重要价值。

回族家谱基本上都保留有追根溯源的内容。渗透着伊斯兰宗教精神是回族家谱最鲜明的特征,许多谱序开篇便追述伊斯兰信仰之来由、回族源流、祖籍、世系等。回族家谱的内容中有先祖尊教、爱教的事迹记载,有对伊斯兰教传入中国的追述。许多家谱在封面或正文中使用了阿拉伯或波斯文字,多部家谱中还对族内担任阿訇、教长或是在教门方面有突出贡献的人给予了特别说明,如《沧州李氏家谱》中就有《沧州李氏阿訇表》。

较早的回族家谱有首修于元至大三年(1310年)的山东赛氏《咸阳族谱》、创修于明建文四年(1402年)的《六箴堂张氏家谱》、首修于明弘治十五年(1502年)的福建《燕支苏氏族谱》、首修于明万历四十七年(1619年)的《南海甘蕉蒲氏家谱》等。

《黑氏家谱》谱序中写道:"祖原名黑资哩","系西域一头目",唐贞观时"及至面君,赐黑为姓","蒙授职亲军指挥"。说明黑氏族人的先祖来自西域,历史悠久,而且为研究回族族源形成、受姓提供了一份珍贵资料。

济南赛氏《咸阳族谱》卷首有阿拉伯文书写的谱序,近年人们将这段文

---

① 参见北京市政协文史资料研究委员会、北京市民族古籍整理出版规划小组编《北京牛街志书——〈冈志〉》,北京出版社1991年版。

字翻译并公布出来。这段阿文的前半部分是对真主的赞誉,后半部分是世系表,从文字到内容都极富伊斯兰特色。

明《陈埭丁氏回族宗谱》更是详细地体现了当地回族宗法制度的历史沿革。这部家谱可算作体例较为完备的回族家谱,除了序跋、谱例、世系、谱图、纪、说、表、传记、行状、图赞、墓纪等,还有祭祀规约、契约文书、讼稿批语等。通过翻阅其中内容可知,在晋江丁氏的不同支派之间,由于拥有共同的祖厝、祖墓及某些祭产,从明初开始既已形成以宗祧继承为基础的继承式宗族组织。

《回回原来》撰于康熙时期,序云:"回回教人,原籍西域,由隋唐时,流入中华,历唐、宋、元、明,及吾国大清,已一千余载,教生繁衍愈众,教门亦随之大兴,然以年深代远,多有忘其来源者,诚堪痛恨!愚有见及此,不揣学问之愚陋,辞句之俚俗,爰集是帙,俾后世穆民,不至忘其根本也。"记载的内容具有传说性质,表明回族学者构建本民族历史的尝试,许多研究回族历史的学者都会提到该书,陈垣、吉金堂等史学家在研究伊斯兰教入华等问题时就把《回回原来》作为历史资料来引用。回族史学家白寿彝说:"然中国回民非不憧憬于其已往之历史,非不依恋于其祖宗先贤之故迹。今试展诵《回回原来》,虽其荒谬怪诞,出乎常理,然徒以其系传述回教入中国之故事,读者莫不悠然神往。斯时,吾固见追求历史的欲望,跃跃于读者之肺腑,可以穿胸臆而与吾人相见。"[1] 表明了回族在加强民族认同方面的努力,其虚构的来源本身具有史学价值。

清末回族学者白铭庵撰《回教考》,又名《回教考证》。全文连同注疏4000多字,20世纪初曾在广东《岭南日报》刊载,后应友人之求辑录成册。现有宣统元年(1909年)西安大林石印局印本。该文概述了伊斯兰教的源流和伊斯兰教在华传播史。其序云:"然徒子孙世守,未能彰明较著,令人共喻吾道之渊源,岂非一憾事耶!因不揣固陋,略考中西书史,以叙其道统,以证其源流,笔诸简端。"[2]

清代回族民间还流传着《哲赫忍耶道通(统)史略》《虎夫耶丁门门宦史略》《热什哈尔》等史书。

---

[1] 白寿彝:《白寿彝民族宗教论集》,北京师范大学出版社1992年版,第340页。
[2] 白铭庵:《回教考》,载《回族文献丛刊》,上海古籍出版社2008年版。

小　结

（1）晚清，列强入侵，中国进入半殖民地半封建社会。士大夫群体在观念上打破了以中央王朝为中心的华夷史观，对传统的华夷秩序提出了质疑，并认为华夷可以互相转换。一些学者开始从"中国"的角度来撰述民族史，在这些著作中，过去与"中国"相对的四夷，现在成为"中国"之内的民族，这是民族史观的一个巨大的转变。"民族"一词开始在学术著作中出现并逐渐普及，这极大地推进了民族史的撰述。

（2）晚清是民族主义思潮比较突出的时期。由于民族主义思潮的兴起，民族国家概念、民族主义概念被确立起来，这一时期人们对民族史学有了新的理解，强调的是汉族国家或中华民族的民族之义，突破了传统的民族史学仅仅是指少数民族的理解，是民族史学发展的一个新的时期。

（3）革命派与改良派结合民族史来论述"排满革命"问题，比较有代表性的是康有为与章太炎的辩论。康有为从传统文化传承的角度承认清朝的正统地位，而章太炎吸收了进化论中的"物竞天择""优胜劣汰"观念和近代人种学中的学说，利用黄帝这一历史资源，把"中华""华夏"解释成汉族，强调汉族为"黄帝子孙"。在中国民族起源问题上，在引进西方强势学说的过程中，一些学者接受了"中国民族西来说"。

（4）清前中期，对边疆民族历史的记述是为了维持一统的政治秩序，而晚清边疆危机日深，为了对抗列强的分裂活动，一些学者继承了清中期西北史地学的传统，加强了边疆史地的研究，对边疆民族史进行了新的研究与记述。

（5）全国府、厅、州、县按照朝廷发布的例目撰写乡土志和志书，这对地方民族史撰述是一个促进。晚清许多边远地区也修纂了方志，对当地的民族情况记述得更为详细，增设以前方志没有的内容，同时，纂修者受到西学的影响，地方志在记述民族时出现了新的门类，如谱系、语言、礼俗等方面。

（6）晚清在新的民族观念和政治形势下，学界开始重新叙述中国民族史，这些著作以全新的民族史观为指导，采用新的体例及民族发展的分期方法，完全不同于传统的民族史撰述方式，如梁启超著《历史上中国民族之考察》、刘师培著《中国民族志》等。

（7）清代是满族建立的全国性统一的封建王朝，少数民族文字的应用得到政府强有力的支持。特别是统治民族满族创制了自己的民族文字满文，形成了品种繁多的史书。自嘉庆、道光以降，满语文使用范围逐步缩小，用满文撰写史书式微，最后变成官方的点缀。由于清朝的满族统治者与蒙古贵族的特殊关系，蒙古文史书在清代达到了一个空前繁荣发展时期。清代从康熙到乾隆，注重对西域的收复和开发，促进了地区经济、文化的发展，察合台文文献迎来一个新的繁荣期。清政府大力发展藏传佛教，藏文历史文献在清代仍处于兴盛时期。南方少数民族文字文献的编撰、流通依旧保持着原有的规模和水平，有特色的书籍不断问世，彝文书籍整理、汇编成综合类典籍成就显著，展示了彝族悠久的历史编纂传统。纳西东巴文、傣文出现了多种关系民族历史的文献。回族则以汉文撰写了自己的史书。

第十章

中华民国时期的民族史学

1911年，孙中山领导的资产阶级革命，推翻了清朝的统治，建立了中华民国，"民族"作为一个新的政治主体出现了。在五族共和、民族平等观念影响下，学术界超越了传统的华夷观念，民族史的记述淡化了宣扬武功的意义，转而注重实际考察、客观记载，并为政治决策提供参考。学术界为构建中华民族进行了系统的史书编纂。中国民族史成为一个专门的学科，形成了更完备的学术传承机制。专门的中国民族史编纂体例也基本成熟，同时，在民族国家建构过程中，"中华民族史"的理论建构与撰述得以发展，族别史的研究也初具规模。中国共产党成立以后，主张各民族一律平等，并在此后坚持这一基本原则，在共产党领导的革命根据地付诸实践。抗日战争开始后，抗击日本侵略者成为主要矛盾，各民族团结一致，谱写了抗战救亡的历史新篇章。为救亡图存，史学家对历史上抗击外国侵略的历史及其经验教训给予特别关注，撰写了不少作品。

第一节 对"民族"概念理解的深化与中国民族史学科的建立

民国成立后，"排满革命"基本实现，但又面临现代国家建构、中华民族认同等新问题，这对民族史学的发展提出了新的挑战。

一 对"民族"概念理解的深化

辛亥革命以后，革命派的排满革命思想与汉族中心主义开始向建立统一的多民族国家方向转变，一些革命人士开始宣传民族平等、五族共和思想。1912年，孙中山在《临时大总统宣言书》中也提出："合汉、满、蒙、回、藏诸地为一国，则合汉、满、蒙、回、藏诸族为一人，是曰民族之统一。"

民国成立后，在新的政治形势下，革命派开始有意识地消解"排满""仇满"情绪，革命派开始强调政治认同，淡化种族认同，超越了血缘地域认同和文化认同，把认同感和归属感融入一个新的历史范畴，即民族国家。革命派论述了民族平等的重要意义，1912年9月，孙中山在发表演说时指出："今我共和成立，凡属蒙、藏、青海、回疆同胞，在昔之受制于一部者，今皆得为国家主体，皆得为共和国之主人翁，即皆取得国家参政权。"[①] 革命党人也认识到了推动各民族团结的重要性，并进行了积极的活动。1912年3月19日，黄兴、刘揆一等发起成立了"中华民国民族大同会"（后改称"中华民族大同会"），3月27日在《大公报》上发布电文中说明建会的宗旨："各都督、议会、报馆、政团，鉴民国初建，五族涣散，联络感情，化除畛域，共谋统一，共护国权，当务之急，无逾于此。且互相提挈，人道宜然。凡我同胞，何必歧视。用特发起中华民族大同会。"

民国成立后，五族共和、民族平等及民族团结等观念在民族史的研究中得到倡导和实践。"民族"逐渐成为新的政治单元，它不再是清代的藩部或历代的四夷，而是平等的政治主体。同时，西方"民族国家"观念在中国知识界广泛传播，也促使当时的学术界从构建"民族历史"的角度来增强中国的凝聚力，以防止国家的分裂。

在民国早期，学术界常用"人种""部族""种族"来表达民族概念，后来"民族"一词逐渐得到学术界的认同，学术界开始以"民族"概念为中心，对民族与种族、国家、民族意识的关系等进行深入分析和研究。1922年，梁启超发表了《中国历史上民族之研究》一文，在此文中，梁启超首先明确区分了民族与种族、民族与国民的内涵，尤其是强调了"民族意识"在民族形成和归属中的突出地位。"民族与种族异，种族为人种学研究之对象，以骨骼及其他生理上之区别为标识。一种族可析为无数民族……民族可包含无数种族。"他指出："血缘、语言、信仰，皆为民族成立之有力条件，然断不能以此三者之分野，径指为民族之分野。民族成立之唯一的要素，在'民族意识'之发现与确立。何谓民族意识？谓对他而自觉为我，'彼，日本人；我，中国人'，凡遇一他族而立刻有'我中国人'之一观念浮于其脑际者，

---

① 《孙中山全集》第2卷，中华书局1982年版，第430页。

此人即中华民族之一员也。"① 这一观点得到当时学术界的普遍认同。

1930年，缪凤林在《中国民族史序论》一文中，认为人类区分"大别有四，是曰人种，小别数十，是曰种族。冶于传习而风教异，囿于婚嫁而血统分，号令契约之别而言文别，渔牧耕稼之异而生活殊，则曰民族"②。他进一步指出种族与民族的区别：种族以肤色、眼、发及头颅等为区分之标准，系人种学所研究。民族则以血统、言文、习俗等关系而成立，系历史学研究之对象。一种族可析分无数民族，一民族可包含无数种族。③

1934年，吕思勉在其《中国民族演进史》一书中对"民族"的概念也做过探讨和界定，他认为："民族是具有客观条件，因而发生共同（对外亦可成为特异）的文化，因此发生民族意识，由此意识而相团结的集团。"在强调民族的文化特质的同时，吕思勉还对"民族"和"种族"的关系进行了界定，认为"种族是以体质为标准的"，"一种族分为数民族，一民族包含数种族，现今世界上，实无一单纯的种族，更无一单纯的种族所构成的民族"④。吕思勉进一步指出："民族是民族，国族是国族，这两者是不容相混淆的。一国家中，包含数民族的很多。既然同隶一国，自然该特别亲近些；自然当力谋团结。"⑤

民国时期，中国民族史著作的特点是运用了西方的关于民族的概念和人类学理论，通过梳理古籍文献中有关的民族史料，分别对中国民族的分类、民族史的分期、民族的起源、名称以及与他族的关系、历史沿革及现状等进行较为全面的论述，其主要功绩在于全面驳斥了"中国民族西来说"，打破了中华民族或汉族"一元"论，初步确立了民族史研究的主体架构，为民族史学的研究和发展奠定了理论基础。

民国时期，关于"中华民族"整体性的探讨，既有学术自身发展的需要，也有对现实政治形势的回应。民国初，孙中山明确提出要以"中华民族"作为"民族"单元来建立中国人的"民族国家"。孙中山在《三民主义》中特别解释中国人的"民族主义就是国族主义。……我们的地位在此时

---

① 梁启超：《中国历史上民族之研究》，《饮冰室合集·专集》四十二，中华书局1936年版，第1页。
② 缪凤林：《中国民族史序论》，《史学杂志》1930年第2卷第3、4期。
③ 缪凤林：《中国民族由来论》，《史学杂志》1930年第2卷第2期。
④ 吕思勉：《中国民族演进史》，中国文化服务社1934年版，第1—3页。
⑤ 同上书，"序"。

最为危险，如果再不留心提倡民族主义，结合四万万人成一个坚固的民族，中国便有亡国灭种之忧"①。1919 年，孙中山申明："夫汉族光复，满清倾覆，不过只达到民族主义之一消极目的而已。从此，当努力猛进，以达到民族主义之积极目的也。积极目的为何？即汉族当牺牲其血统、历史与夫自尊自大之名称，而与满、蒙、回、藏之人民相见于诚，合为一炉以冶之，以成一中华民族之新主义。"②

20 世纪 30 年代，在日本发动侵略战争的严峻形势下，学术界展开了关于"中华民族"的讨论。国家危亡的形势鼓动了民族精神，这对学术界也产生了巨大的影响。

1938 年 12 月，也就是中国抗日战争最艰苦的历史时期，顾颉刚在云南昆明创办《益世报》的《边疆周刊》。不久，他在《益世报》的《星期评论》上发表《"中国本部"一名亟应废弃》，认为"中国本部"一词是日本人伪造、曲解历史来作窃取我国领土的凭证，因此必须废弃。傅斯年看到此文后致信顾颉刚，提出"'中华民族是一个'，这是信念，也是事实"。顾颉刚读信后，马上写成《中华民族是一个》一文，并于 1939 年 2 月 13 日发表在《益世报》的《边疆周刊》第 9 期上。在《中华民族是一个》一文中，顾开篇即提出："凡是中国人都是中华民族——在中华民族之内我们绝不该再析出什么民族——在今以后大家应当留神使用这'民族'二字。"他强调指出："中华民族不组织在血统上……中华民族也不建立在同文化上……现在汉人的文化，大家说来，似乎还是承接商周的文化，其实也不对，它早因各种各族的混合而渐渐舍短取长成为一种混合的文化了。"文章明确提出，以现代的政治观念来看，在中国只存在一个"中华民族"，人们常说的"五大民族"等，都不宜称作"民族"，而且把中国的汉、满、蒙、回、藏等群体都称之为民族，本身就是帝国主义分化和瓦解中国的策略和阴谋。在日本已经建立"伪满洲国"和正在鼓动"蒙古自治"的严峻形势下，顾颉刚的担忧不是毫无根据的。这篇文章发表后，随即引发了一场关于"中华民族"定义的学术讨论。一些学者对顾颉刚的观点分别表示了支持和商榷，如张维华《读了顾颉刚先生的"中华民族是一个"之后》（《益世报》1939 年 2 月 27 日）、白寿彝《来函》（《益世报》1939 年 4 月 3 日）、马毅《坚强"中华

---

① 《孙中山全集》第 9 卷，中华书局 1985 年版，第 188—189 页。
② 《孙中山全集》第 5 卷，中华书局 1985 年版，第 187 页。

民族是一个"的信念》(《益世报》1939年5月7日)。费孝通撰《关于民族问题的讨论》(《益世报》1939年5月1日)一文,对顾颉刚的观点提出了不同意见,顾颉刚又撰《续论"中华民族是一个"——答费孝通先生》(《益世报》1939年5月8日、1939年5月29日)给予答复。

1942年,芮逸夫发表《中华国族解》一文,对中华民族概念进行了解释:"中华国族、中华民族、中华国家三个称谓,可以说是'三位一体'。由社会及文化的观点来说,应称中华民族;由政治及法律的观点来说,应称中华国家;而中华国族,则兼具社会、文化及政治、法律的种种观念成称说的名词。中华国族的第一义可以省作中华国家和中华民族联成的一个复合词的简称解。"芮逸夫进一步指出:"我中华民族在任何意义上都是多元的:领土兼具多种地形,人种混凝多种族类,语言包括多种支派,文化融合多种特质。然此种种,早已混合同化,而归于一。秦汉的统一,是我国族的初步形成;西晋时五胡的乱华,而突厥人种同化于我,然终被华化;而各个成为今日中华国族的重要分子。正如江汉的不辞细流,所以能成中华国族之大。"①1944年,罗香林发表《中华民族的成长与发展》一文,提出中华民族"是构成中国这国家的主体,它是中国所有人民的总称,所以凡住在中国领土以内而取得中国国籍的人民,都是中华民族的细胞,他们的合就是中华民族的内蕴。这是中华民族的第一定义……就广义的观点来说,凡是与中国人民同一种属源流的,都是中华民族,这是中华民族的第二定义"②。罗香林指出了中华民族含义的多重性,驳斥了认为中华民族实体是"同一种属源流"的观点。

二 中国民族史学科的建立

晚清新史学产生后,民族史成为史学界的研究热点,学术界也逐渐明确了民族史研究的地位及意义。民国时期,中国民族史逐渐发展为一个明确的学科,学术界开始注重探讨中国民族史学科本身的性质及研究方法。

1921年,梁启超在南开大学讲授《中国历史研究法》,涉及了对民族史的地位的认识。梁启超云:"史者何?记述人类社会赓续活动之体相,校其总成绩,求得其因果关系,以为现代一般人活动之资鉴者也。其专述中国先

---

① 芮逸夫:《中华国族解》,《人文科学学报》第12期,1942年。
② 罗香林:《中华民族的成长与发展》,《三民主义半月刊》第4卷第6期,1944年。

民之活动，供现代中国国民之资鉴者，则曰中国史。"在此思想的指导下，梁启超形成了理解中国史的框架，就是以中华民族的形成和发展为基本主线，梁启超云："中华民族是否中国之原住民，抑移住民；中华民族由几许民族混合而成，其混合淳化之迹如何；中华民族最初之活动，以中国何部分之地为本据，何时代发展至某部分，何时代又发展至某部分，最近是否仍行发展，抑以停止。"①

20世纪30年代，吕思勉著《中国民族演进史》，该书涉及了10个问题：什么叫作民族、中国民族的起源怎样、中国民族是怎样形成的、中国民族怎样统一中国本部、中国民族第一次向外开拓怎样、五胡乱华后的中华民族是怎样的、中国民族在近代所受的创痛是怎样、中国民族的现状怎样、怎样复兴中国民族、中国民族演进的总观察是怎样。② 这10个方面内容构成中国民族史的基本体系。林惠祥论述了中国民族史的功能，他认为民族史的功能一方面是对通史的弥补，另一方面则是人类学的一部分。同时，他认为民族史学的研究与边疆政治安危、国内族际关系紧密相连，具有很强的应用价值，而其中的重要功能之一就是在民族主义实践基础上倡导各民族的大同主义。林惠祥所著《中国民族史》中明确指出："中国民族史为叙述中国各民族古今沿革之历史，详言之即就各族而讨论其种族起源，名称沿革，支派区别，势力涨落，文化变迁，并及各族相互间之接触混合等问题。"③ 中国民族史学科的性质，包括两方面，一方面"为通史之补助，民族史固亦为历史之一种，然为专门史而与普通史不同。其与普通史之别在乎范围较狭，专论民族一项，与普通史之范围广阔门类繁多者不同。民族为历史现象之要素，故普通史亦必述及之，然以限于体裁，东鳞西爪，言之不详，故须有民族史以补足之"；另一方面"为人类学之一部，人类学中有一部分叙述人类各种族之状况者，民族史即此一部分也"。林惠祥还从民族史的功用角度来分析民族史的性质，他说："民族史之性质，亦即效用，盖有下述四项：（1）为通史之辅助；（2）为人类学之一部分；（3）为实际、政策上之参考；（4）为民族主义及大同主义之宣传。"④

民国时期，中国民族史学的研究方法逐渐成熟，除继承了传统的文献考

---

① 梁启超：《中国历史研究法》，《饮冰室合集·专集》十三，中华书局1989年版，第7页。
② 参见吕思勉《中国民族演进史》，中国文化服务社1934年版。
③ 林惠祥：《中国民族史》，商务印书馆1936年版，第2页。
④ 同上书，第1—2页。

证方法外，中国民族史学者还积极引进、吸收与借鉴西方人类学、社会学等其他学科的理论和方法，为中国民族史的研究打开了视野。中国民族史学研究的开展，对中国学术界来说面对着诸多观念层面的思想理论问题，诸如对民族、中华民族、民族主义的概念界定及其理论阐释等问题。对这些问题的思考，使民族史学研究与考古学、语言学、人类学、民族学、社会学、地理学、经济学、政治学等诸多学科发生了密不可分的联系，所以当时研究民族史的学者也往往具有不同的学术背景。

蔡元培在任北京大学校长期间（1917—1929 年）设立了人类学讲座。1928 年，蔡元培在中央研究院内设民族学组，积极领导并开展中国人类学研究，不久就派遣颜复礼、商承祖、凌纯声、林惠祥、杨成志等一批青年人类学者分赴黑龙江、海南、台湾、广西、云南、湖南等地的少数民族地区做民族志田野调查，这对中国民族史的研究具有重要的促进作用。当时，中国民族史学研究对中国各民族的关注，除既有的历史文献和考古资料外，由于很多边疆地区少数民族处于无文字的社会，所以治史者亲临实地进行田野调查，收集民间文献、口述历史等资料，也成为民族史学研究的新传统，而这一研究方法也决定了民族史学研究与民族学、人类学田野工作相结合。由此产生了一大批基于实地考察的民族史（志）论著，有官员的考察报告，也有学者的研究成果，如颜复礼、商承祖《广西凌云瑶人调查报告》（1929 年），杨成志《云南民族调查报告》（1930 年），《粤北乳源瑶人调查报告》（中山大学研究院文科研究所，1933 年），林惠祥《台湾番族之原始文化》（1930 年），凌纯声《松花江下游的赫哲族》（中央研究院历史语言所甲种单刊，1934 年），庞新民《两广瑶山调查》（上海中华书局，1935 年），徐松石《泰族僮族粤族考》（1939 年）等大批实地考察的族别性、区域性的民族史（志）调查报告、专著和论文。

李济与林惠祥等学者曾在西方国家留学多年，他们掌握了西方近代的人类学、民族学与考古学等多学科研究方法，并以之指导民族史的研究。李济早年学习中国古代典籍，后就读清华大学，赴美国哈佛大学攻读人类学。他1923 年完成的博士学位论文《中国民族的形成》，开篇即言："在写本书时，我尽量结合了动物学和遗传学的方法。"[①] 该文在积极汲取同时代学者的研究成果以及各种近代学科理论与方法的基础上，对中国民族的起源、构成加以

---

① 李济：《中国民族的形成》，上海人民出版社 2008 年版，第 4 页。

细致的分析。1936年，李济在《国立中央研究院历史语言研究所专刊之十三——田野考古报告》的序中，具体阐述了田野考古发掘与史学的密切关系，主张田野考古调查必须要为史学服务，"田野考古工作，本只是史学之一种，在中国可以说，已经超过了尝试的阶段了。这是一种真正的学术，有它必需的哲学的思维，历史的根据，科学的训练，实际的设备。田野考古者的责任是用自然科学的手段，搜集人类历史材料，整理出来，供给史学家的采用"。林惠祥先后于1929年和1935年两次进入台湾高山族村社，开展民族调查工作，所著《中国民族史》利用了体质人类学、考据学、历史学、文化人类学等学科的方法，注重对学科方法的互动，促进了民族史研究的新进展。

吕思勉著《中国民族演进史》不仅大量参考了当时的考古学成果，还充分利用了社会学、人类学等学科的理论方法。如其在论述中国民族的起源等问题时大量借鉴了考古学成果和人类学理论方法，他在书中指出："考古学，从地下掘出许多东西——无论其为人造的，非人造的——借这许多东西，以补文字记载的不足，也将人类的历史，加长了几千年，甚者至万年以上。"①

同时，受民族学理论的影响，中国民族史研究突出族称、族源、族属、族系等问题，学术界把历史的记载作为基本材料，开始尝试构建现代的中国民族史知识体系。先后出版的十几部《中国民族史》，所叙述的单位已不是传统的"四夷"，而是采用了更具有科学性的划分方法。

民国时期，中国民族史逐渐发展为一个专门的学科，出现了一个主攻中国民族史研究的学者群体，如何炳松、陈垣、缪凤林、冯承均、冯家昇、蒙文通、吕思勉等。中国民族史学者群体多任职于学校和学术研究机构，他们以专业知识分子的视角来从事民族史研究，改变了清及以前由官方机构或官员撰述民族史的传统。因此，民族史的研究更加具有专业性，学术研究的旨趣也由传统士大夫的经世致用转而为科学上的求真求实，而不是单纯附属于政治的需要。

民族史研究人员的培养逐渐走向正规化、专业化，民族史知识也开始通过课堂讲授来传播。民国政府借助于历史教育，来建立民族国家认同。1929年，民国政府教育部颁布的初高级历史教学目标，对高中历史教学规定了六项，其中强调："陈述本国民族的分合，政治制度的沿革，民生经济的利病，

---

① 吕思勉：《中国民族演进史》，中国文化服务社1934年版，第18页。

图 10-1 《中国民族演进史》

以说明今日中国民族形成的由来与各种政治社会问题发生的源流,而阐发三民主义之历史的根源。"① 国民政府时期一直较为注重各民族团结,民族历史是中学历史课程的重要内容,当时中学历史教学目标提出:"叙述中华民族之演进,特别注意各支族间之融合与其相互依存之关系,以阐发全民族团结之历史的根据,而于历史上的光荣,以及近代所受列强之侵略与其原因,尤宜充分说明,以激发学生复兴民族之意志与决心。"② 这一时期的中学历史教科书都注重从民族角度来阐释中国历史。

民国时期,中国民族史的人才培养机制逐渐形成,一些大学的历史系开

---

① 《高级中学普通科本国史暂行课程标准(1929年)》,课程教材研究所编《20世纪中国中小学课程标准教学大纲汇编历史卷》,人民教育出版社2001年版,第30页。
② 《修正初级中学历史课程标准(1940年)》,课程教材研究所编《20世纪中国中小学课程标准教学大纲汇编历史卷》,人民教育出版社2001年版,第77页。

设了中国民族史课程，如当时的中央大学历史系的课程设置，除共同必修课外，在主系选修课程中就包括中国民族史、风俗史、历史地理、蒙古史、西藏史等。[1] 1944年，教育部依据《推行边疆教育方案》，指令中央大学和西北大学创设边政学系。中央大学开设边疆历史方面的课程，便依所学的语文而分别选读蒙古史、西藏史、突厥史。[2] 西北大学如维吾尔文组必修维吾尔文、俄文、回教史；藏文组必修藏文、英文、康藏史；蒙文组必修蒙文、俄文、蒙古史。[3]

民国时期，先后成立了与民族史研究有关的学术团体，出版了相关的期刊。

1928年，中央研究院历史语言研究所成立。当时，傅斯年主张历史、语言的研究要运用新材料，发现新问题，采取新方法。他认为近代历史学只是史料学，应当用自然科学提供的一切方法、手段来整理现存的所有史料；唯有发现和扩充史料，直接研究史料的工作才具有学术意义。因此该所成立后，工作重点放在：（1）安阳殷墟发掘和甲骨文的研究整理；（2）西南少数民族语言、习俗的调查；（3）西北考古。目的在于扩大历史、语言研究材料。历史语言研究所积极开展民族历史与语言的调查，形成了一批有分量的成果。《中央研究院历史语言研究所集刊》也刊载了很多重要的民族史研究成果。

1934年5月禹贡学会成立，由顾颉刚和谭其骧发起，顾颉刚为理事长。会员大多是北京大学、燕京大学和辅仁大学等校师生，以及一些编辑和研究人员。在《禹贡》（半月刊）发刊词中，顾颉刚针对日本分割中国边陲与分化中国民族的论述，沉痛地指出："民族与地理是不可分割的两件事，我们的地理学既不发达，民族史的研究怎样可以取得根据呢？"[4] 后禹贡学会制订《禹贡学会研究边疆计划书》，为挽救民族危亡致力于边疆和民族历史与现状的研究。1935年3月1日，《禹贡学会简章》对学会宗旨进行了修改，扩大至"以研究中国地理沿革史及民族演进史为目的"[5]。

1936年修订的《禹贡学会会章》明确宣布："本会以集合同志研究中国

---

[1] 《国立中央大学文学院史学系课程规则说明书》，《史学》1934年第1期。
[2] 杜肇敏：《中央大学的边政学系》，《西北通讯》1948年第3卷第3期。
[3] 习之：《西北大学的边政系》，《西北通讯》1947年第6期。
[4] 《禹贡》第1卷第1期，1934年3月1日。
[5] 《禹贡》第4卷第3期，1935年10月1日。

地理沿革史及民族演进史为宗旨。"学会的工作范围"为搜集文书材料，并实地调查，从事编辑中国民族史、地理沿革史、各代疆域图、各省分县图、文化统计表、地名辞典等图书"①。《禹贡》（半月刊）自 1934 年 3 月创刊至 1937 年停刊共出 7 卷，计 82 期。主要发表研究中国地理沿革、边疆民族演进等方面论文及调查报告，并将重要问题集为专号，同时，刊载国内外地理界消息。在《禹贡》刊载的 715 篇论文中有关民族的文章有 97 篇，绝大多数为民族史方面的研究。②

其他与民族史研究相关的学会也先后成立，如中国民族学会（1934年）、蒙藏委员会学术研究会（1936 年）、中国边疆学会（1941 年）等。

三　中国通史中的民族史记述

民国时期，在撰述中国通史时，中华民族由汉族与各少数民族共同组成的观念成为基本的指导思想，民族成为通史撰述的重要内容，中国通史撰述者一致认为中国史是各民族共同的历史，这一观念在历史编纂中不断强化。

1923 年 9 月，吕思勉著《白话本国史》由商务印书馆出版，这是第一部用白话文写成的中国通史。该书分 4 册，约 60 万字，由绪论和五编构成，在每一编里又分若干章，详细地记叙了上起远古时代，下至民国十一年的中国历史。该书将民族纳入中国历史叙述当中，如第一编上古史部分第一章为"汉族的由来"，第六章为"汉族以外的诸族"，叙述了獯鬻、东胡、貉、氐羌、粤、濮等族的源流。

吕思勉在《白话本国史》中强调了中国是一个多民族国家的历史事实，按照历史发展的顺序分别叙述了每个王朝国家与周边少数民族的关系，称这些少数民族为"汉族以外的其他各族"，而且对少数民族建立的王朝也称之为"朝"，设置独立的章节叙述辽、金等的兴亡，而且论述这一时期的典章制度和社会情形时命名为"宋辽金元四朝的政治和社会"，将少数民族政权放到与汉族政权同等的地位加以论述，"这为当时编写中国通史开创了新体例"③。从而使《白话本国史》明显区别于其他旧史，从形式、观点到内容

---

① 《禹贡》第 5 卷第 7 期，1936 年 6 月 1 日。
② 参见孙喆、王江《边疆、民族、国家——〈禹贡〉半月刊与 20 世纪 30—40 年代的中国边疆研究》，中国人民大学出版社 2013 年版，第 239—243 页。
③ 杨宽：《吕思勉先生的史学研究》，载俞振基《蒿庐问学记——吕思勉生平与学术生活》，生活·读书·新知三联书店 1996 年版。

诸方面都有新意，是新史学思潮在中国通史撰述上的典型反映。

1926年，王桐龄撰写的《中国史》由北京文化学社出版，王桐龄认为中国民族是由汉族、苗族、通古斯族、蒙古族、突厥族、西藏族六大民族组成的，中国历史是这六大民族相互竞争、融合的历史。"中国者，合六大族组织而成，中国之历史，实六大族相竞争相融合之历史也。此六大族中，现于中原者曰汉族、现于南方者曰苗族、现于东北方者曰通古斯族、现于正北方者曰蒙古族、现于西北方者曰突厥族、现于西方者曰藏族。"并进一步指出"汉族以文化胜，他族以武力胜。他族以武力压倒汉族者，汉族以文化制服之。故每族一竞争，而汉族势力一膨胀。其终也，他族自念其为他族，相率融合于汉族中，遂含多数人民，铸成今日庞大之中国。"①全书以汉族与其他少数民族的斗争与融合作为考察中国历史发展的主要线索，分上古史（自太古至战国末年）为汉族胚胎时代，中古史（秦统一至唐亡）为汉族全盛时代，近古史（五代至明亡）为汉族衰微时代，近世史（清初至清末）为西力东渐时代。

1934年，缪凤林著《中国通史要略》中指出："国史主人，今号中华民族，其构成之分子，最大者世称汉族。其余诸族，无虑百数，世或别之为五：正南曰苗族，正西曰藏族，东北曰东胡族，西北曰突厥族，正北曰蒙古族；或以荤粥、獯狁、东胡、匈奴、乌桓、鲜卑、柔然、突厥、回纥、契丹、靺鞨、女真、蒙古、满洲为北方民族，九夷、三韩为东方民族，蛮、闽、哀牢、黎、苗、瑶、獞、摆夷、猓猡为南方民族，氐、羌及西域各国为西方民族。中国史者，即汉族与诸族相竞争而相融合为一个中华民族之历史也。"②缪凤林不仅把"国史主人"明确称为中华民族，而且其包含的汉族以外的少数民族范围也由王桐龄《中国史》中的"五族"增加至几十个，说明对中华民族的认识更为全面。

第二节　中国民族史理论的蓬勃发展

民国时期，随着现代国家建设的开展，以及政府和学术界对民族概念理

---

① 王桐龄：《中国史》"序"，北平文化学社1926年版，第19页。
② 缪凤林：《中国通史要略》，商务印书馆1943年版，第1页。

解的深化，关于中国民族史的认识也出现了巨大的转变，学术界对中国民族起源、构成、主干及演变等方面都进行了理论探讨，中国民族史理论的探索取得空前的成就。

一　中国民族的起源

民国时期，学术界十分重视中国民族起源的研究，尤其是针对上古传说时代的民族分布状况的研究，形成了几种具有代表性的理论。

20世纪20年代，考古发掘有了新的突破，对中国民族起源研究产生重要影响。1921年，瑞典人安特生（Andersson, Johan Gunnar）在河南仰韶村遗址发现的以"彩陶"为特征的史前文化。安特生根据自己在仰韶村的新发现指出，留下该考古遗存的人群就是今日汉族的祖先。这促进了中国考古学界的相关研究。1928—1937年，李济领导考古组对安阳殷墟进行发掘，1930年对城子崖进行发掘，发现了龙山文化，为中国民族史研究提供了新材料。

晚清时期，中国学者受外国学术研究的影响，对中国民族起源和文化渊源问题存在着不同的看法，曾一度流行中国民族"西来说"，流行较广的是"黄帝部族西来说"。这些分歧对中华民族的认同意识产生了一些负面的影响。民国时期，中国考古学、历史学界在中国考古学及其研究成果不断问世的情况下，对中华民族起源问题进行了科学的探索，驳斥了"中国民族西来说"的谬误。

1918年，郑浩撰《中国民族西来辩》一文，考证了"黄帝""百姓""花国""昆仑"等词的含义，驳斥了以拉克伯里的"中华太古文明西元论"及"昆仑说"为代表的西来说。20世纪二三十年代，缪凤林、何炳松[①]、金兆梓[②]等学者撰文批判西来说、南来说等错误的中国民族起源说，缪凤林尤其从人种学、地理学、年代学角度论证中华民族西来说之荒诞不经。[③]

林惠祥通过古史研究与考古发掘，考证了华夏系的名称与人种起源本土说，他依据《说文解字》《左传》等古史资料，认为："'华'为图腾名称，意即'花族'，'夏'为自称之语意，即'人'。"[④] 至于华夏系的人种起源，

---

① 何炳松：《中华民族起源之新神话》，《东方杂志》第26卷第2号，1929年。
② 金兆梓：《中国人种及文化之由来》，《东方杂志》第26卷第24号，1929年。
③ 缪凤林：《中国民族西来辩》，《学衡》第37期，1925年；《中国民族由来论》，《史学杂志》第2卷第2—4期，1930年。
④ 林惠祥：《中国民族史》，商务印书馆1936年版，第49页。

林惠祥列举并分析了古今诸多学说,最终认为:"新西来说之主张者曾切实发掘地下材料,方法较前此诸说进步甚多,且结论至少亦有一部分可用。土著说初亦无确证可据,唯最近北京人之发现增加力量不少。将来关于问题之答案大抵以后二说较有力量或二说之折衷似更有希望也。"①

20世纪30年代,中国学术界基本摒弃了自清末以来流行的"中国民族西来说"。

1933年,蒙文通撰《古史甄微》出版。蒙文通将中国上古民族分为江汉民族、河洛民族、海岱民族,又以传说的"炎帝""黄帝""泰帝"(太昊伏羲氏)之名而分称三系为"炎族""黄族""泰族"。他认为三族渊源不同,泰族祖居东方滨海地区(主要是渤海湾沿岸),黄族出于西北,炎族则在南方。三族之中,以风姓的泰族为最古,"中国大陆,古代人迹始居之地,可考见者即在九河(古代黄河在今河北省境内的下游流域)",而"上世华族聚居偏在东北",白山黑水之间实为汉族之故居。蒙文通划分中国上古民族为三系的创说,有着多方面的意义。其一,他力主中国上古文化的发展大势是自东而西,明显是对晚清以来曾经甚嚣尘上的中国早期文明由外域输入并自西而东传播的"西来说"(蒙文通称之为"中国民族西元论")的强力反驳,并完全摒弃了此说背后所隐藏的外域文化中心论和中国古文化后进论的观念。其二,彻底解散传说的"三皇五帝"皆以祖孙亲统一系相传的古史架构,对以往过分强调华夏文化以中原为中心向周边扩散的传统观点也提出了挑战。其三,首次应用区系类型学的原理和方法研讨中国古史、古文化,强调上古部族、地域、文化三位一体的分布格局,对这一研究形式的建立有创始之功。

1933年,傅斯年撰《夷夏东西说》[《庆祝蔡元培先生六十五岁论文集》(下),历史语言研究所集刊外编第一种,1933年]发表,此文完成于1931年,为《民族与古代中国史》一书的第三章。在此文中,傅斯年在20世纪20年代的考古学资料的基础上,认为三代或近于三代的前期,"夷与商属于东系,夏与周属于西系"。

1946年,徐旭生著《中国古史的传说时代》(中国文化服务社,1946年)出版,该书的第二章为"我国古代部族三集团考",把五帝时代的人群分为三大集团,即华夏集团、东夷集团、苗蛮集团,三个集团之间互相交

---

① 林惠祥:《中国民族史》,商务印书馆1936年版,第64页。

流、融合。

蒙文通、傅斯年、徐旭生等学者对中国民族起源的研究具有典范意义，对后来的中国民族起源研究思路产生了重要的影响。

二 中国民族的构成

1922年，梁启超在《中国历史上民族之研究》中以"诸夏"为例，论证了中华民族自始是多元结合的观点："吾族自名曰'诸夏'，以示别于夷狄，'夏'而冠以'诸'抑亦多元结合之一种暗示也。"① 梁启超认为："现在中国境内及边徼之人民，可大别为六族。一中华族、二蒙古族、三突厥族、四东胡族、五氐羌族、六蛮越族。"他将复杂的中华民族分为六大族，并略论了蒙古族以下五族的概念。在论及中华族时则说："我中华族，本以由无数支族混成，其血统与外来诸族杂糅者亦不少。"② 梁启超认为："甲时代所谓夷狄者，乙时代已全部或一部编入诸夏之范围。而同时复有新接触之夷狄发现，如是递续编入，递续接触，而今日硕大无朋之中华民族，遂得以成立。"③

顾颉刚提出的中国"民族不出于一元论"，源于他的"层累地造成的中国古史"说，其后在《答刘、胡两先生书》中有系统明确的表述：

> 在现在公认的古史上，一统的世系已经笼罩了百代帝王，四方种族，民族一元论可谓建设得十分巩固了。但我们一读古书，商出于玄鸟，周出于姜嫄，任宿、须句出于太昊，郯出于少昊，陈出于颛顼，六蓼出于皋陶庭坚，楚夔出于祝融鬻熊（恐是一人），他们原是各有各的始祖，何尝要求统一！自从春秋以来，大国攻灭小国多了，疆界日益大，民族日益并合，种族观念渐淡而一统观念渐强，于是许多民族的始祖的传说就亦渐渐归到一条线上，有了先后君臣的关系，《尧典》、《五帝德》、《世本》诸书就因此出来。④

---

① 梁启超：《中国历史上民族之研究》，《饮冰室合集·专集四十二》，中华书局1989年版，第3页。
② 同上书，第6页。
③ 同上书，第8页。
④ 顾颉刚编著：《古史辨》第一册，上海古籍出版社1982年版，第99页。

这一观点是值得重视的民族史思想,当时具有较大影响,反映了这一时期民族史理论的丰富性。

1934年,王桐龄在《中国民族史》一书中再次表述了自己在《中国史》中的民族进化史观,他说:"中国者,合六大族组织而成,中国之历史,实六大族相竞争相融合之历史也。"他将中国历史上最有关系的民族分为六大类后,强调中国民族是以汉族为主体的混合民族,中国民族无单纯血统,"实则中国民族本为混合体,无纯粹之汉族,亦无纯粹之满人","中华民国为汉、满、蒙、回、藏、苗六族混合体,亦绝无单纯血统"①。

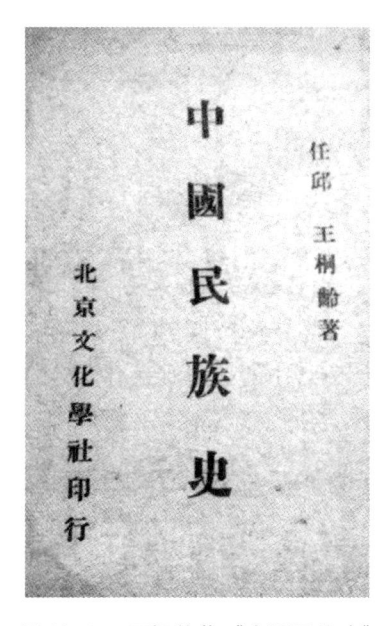

图10-2　王桐龄著《中国民族史》

关于中国民族的结构,吕思勉认为,中国是一个由多民族逐渐融合发展而来的大民族,"中国现在就是包含着好几个民族的"②,"满洲、蒙古在现在,都是我们同国的民族"③。他将中国民族分为12族,即汉族、匈奴、鲜卑、丁令、貉族、肃慎、羌族、藏族、苗族、越族、濮族与白种。然而这12大族,"为中国民族主体的,无疑是汉族"④。

---

① 王桐龄:《中国民族史》,北京文化学社1934年版,第1、3页。
② 吕思勉:《中国民族史》"序",世界书局1934年版,第2页。
③ 吕思勉:《中国民族演进史》,中国文化服务社1934年版,第135页。
④ 吕思勉:《吕著中国通史》,华东师范大学出版社1992年版,第309页。

林惠祥在民族分类上确立了"二重分类法",他认为:"盖民族史内对于民族之分类应有一种历史上的分类,复有一种现代的分类。历史上之各民族分歧之结果便成为现代之民族,故此二种分类可由于指出其民族变化之线索而接连之,不致互相枘凿。"① 林惠祥将中华境内各民族分为历史上的 16 个系支(华夏系、东夷系、荆吴系、百越系、东胡系、肃慎系、匈奴系、突厥系、蒙古系、氐羌系、藏系、苗猺系、罗罗缅甸系、獠撣系、白种、黑种)和现代的八大族(汉、满、回、蒙、藏、苗猺、罗缅、獠撣),并用中国民族系统表清晰地勾勒了中国历史上的民族与现代民族的渊源关系。林惠祥认为汉族不等于华夏系,而是由华夏、东夷、荆吴、百越四个系的民族融合而成。

三　中国民族的主干

关于中国民族的主干问题,梁启超说:"吾族自名曰'诸夏',以示别于夷狄。……此民族意识何时始确立耶?以其标用'夏'名,可推定为起于大禹时代。何故禹时能起此种意识?以吾所度,盖有三因:第一,文化渐开,各部落交通渐繁,公用之言语习惯已成立。第二,遭洪水之变,各部落咸迁居高地,日益密接,又以捍大难之故,有分劳协力之必要,而禹躬亲其劳以集大勋,遂成为民族结合之枢核。第三,与苗族及其他蛮夷相接触,对彼而自觉为我。自兹以往,'诸夏一体'的观念,渐深入于人人意识之中(三代同祖,黄帝等神话皆从此观念演出),遂成为数千年来不可分裂不可磨灭之一大民族。"②

王桐龄认为,中国民族"以汉族为主体,凡满族中之肃慎、扶馀、高丽、百济、渤海、女真、满洲,蒙族中之獯鬻、猃狁、狄、匈奴、蒙古、鞑靼、瓦剌,满蒙混血族中之山戎、乌桓、鲜卑、吐谷浑、柔然、奚、契丹,回族中之丁零、月氏、乌孙、高车、铁勒、突厥、回纥、沙陀,藏族中之戎、氐、羌、吐蕃、党项,苗族中之九黎、三苗、荆满、百越、西南夷、南诏与后世民族中无所归属之东夷,皆全部或一大部分融合于汉族血统中,为中国民族组成之主要分子"③。吕思勉认为:"汉族为最初组织中国国家之民

---

① 林惠祥:《中国民族史》,商务印书馆 1936 年版,第 7 页。
② 梁启超:《中国历史上民族之研究》,《饮冰室合集·专集四十二》,中华书局 1936 年版,第 4 页。
③ 王桐龄:《中国民族史》,北平文化学社 1934 年版,第 1—2 页。

族。其语言、习俗、文化等皆自成一体，一脉相承，凡世所称为中国民族者，皆以其能用此种语言，具有此等习俗文化而言之也。"①

林惠祥指出，中国诸民族之主干实为华夏系，"华夏系不特为今汉族之主干，且亦为全中国民族之主干"②。华夏系是由多数民族不断复合而壮大的，"其他诸系则渐次与华夏系混合而销灭其自身，或以一部分加入而同化：华夏系，保留其加入之一部分"。林惠祥以大量的古史资料与考古报告为证，指出东夷系、荆吴系与百越系在不同时期均不同程度地与主干——华夏系发生了接触而同化；东夷系，"自三代至春秋与华夏系接触频繁，故亦早经同化"，且"自秦统一后东夷皆散为民户，自是完全与华夏同化"；荆吴系，"至战国时已完全同化于华夏"；百越系则"大部分同化于华夏"。在民族史上，由于每一时代主干——华夏系都或多或少与其他诸系接触混合以致不断壮大成一主干，华夏系从古至今，内容"乃屡变而不一变，成分愈扩而愈多"③。

四　中国民族的演进与融合

民族融合问题也是民国学术界研究的重点，一些重要民族史著作对此问题都有涉及。

1922年，梁启超在《中国历史上民族之研究》中指出："我中华民族本已由无数支族混成，其血统与外来诸族杂糅者亦不少。""大抵诸族之起，非沿大江，则缘大湖。黄河流域，则有我中华民族焉，洞庭湖、鄱阳湖及扬子江中游灌域，则有苗族焉，岷江灌域，则有蜀族焉，嘉陵江及扬子江上游灌域，则有巴氏族焉，淮水灌域，则有徐淮族焉，两江灌域，则有百越族焉，滇池及洱海灌域，则有百濮族焉。"他将中华民族同化诸异族所用的程序归纳为八点：（1）诸异族以国际上平等交际的形成，与我族相接触而同化；（2）我族征服他族，以政治力使其逐渐同化；（3）用政治上势力，徙置我族于他族势力范围内；（4）我族战胜他族，徙其民入居内地，使濡染我文明；（5）以经济上之动机，我族自由播殖于他族之地；（6）他族征服我族，经若干岁月之后，遂变为文化上之被征服者；

---

① 吕思勉：《中国民族史》，世界书局1934年版，第1页。
② 林惠祥：《中国民族史》，商务印书馆1936年版，第9、23页。
③ 同上书，第10—11、23页。

(7) 他族之一个人或一部族，以归降或其他原因，取得中国国籍；(8) 缘通商流寓，久之遂同化于中国。

王桐龄主张中国民族多元构成的民族进化史观，他指出："中国民族本为混合体，无纯粹之汉人，亦无纯粹之满人。""中华民国为汉、满、蒙、回、藏、苗六族混合体，亦绝无单纯之血统。"① 在此思想指导下，他将中国民族分为八类，分别是：汉族、满族、蒙族、满蒙混血族、回族、藏族、苗族、东夷（族属不明）。

林惠祥在分析了中国民族的构成之后，结合史实概括出中国民族史之公例八则：（1）中国民族之成分甚繁杂，黄种中之各族大半有之，白种黑种亦有一小部分。（2）中国之民族虽多，然有日趋混合而成为一族之势。（3）中国诸民族以一系为主干而其他诸系依次加入之，加入后其名称即消灭而只用主干系之名。（4）中国民族之同化次序如波澜状，一起一落，初两民族以上相接触时，战征会盟，扰攘一时，终于混合同化而归于平静。迨旧民族同化方举，新民族又来临，于是又扰攘一时，复归同化。如此一波一波，继续无已。（5）中国之主干系即华夏系，其初亦非大族，由屡次加入异系之成分而逐次扩大其内容。（6）华夏系每扩大一次，即改变其原质一次，故后代与前代名同而实异，今日之华夏系非复明代之华夏系，明代之华夏系亦非唐代之华夏系，唐代之华夏系亦非汉代之华夏系，汉代之华夏系亦非太古之华夏系，为求名称正确至少应用二种名称，以华夏系指古之华夏系，以汉族指今之华夏系。（7）今日之汉族所含成分尽有匈奴、肃慎、东胡、突厥等，本书所举诸系，唯各系成分有多有少，如东胡肃慎多而羌藏少。故今日之汉族实为各族所共同构成，不能自诩为古华夏系之纯种，而排斥其他各系。（8）其他各族亦皆含有别系之成分，然大抵不如华夏系所含之复杂，如蒙古或含有匈奴、东胡、突厥之血统。林惠祥的上述认识充分体现了一种动态性的民族发展进程，揭示了中国各民族的形成过程与演进特点。其立论的公正性今天看来仍不失启发意义。②

张其昀在其《中国民族志》中认为中华民族同化之次序为：（1）汉族，汉族为2000年同化他族之主体。塞外种族所以次第同化于我者，由于我汉人之文化势力与政治观念，而武力尚为其次。（2）东胡族，鲜卑（北魏）、

---

① 王桐龄：《中国民族史》，北平文化学社1934年版，第1—2页。
② 林惠祥：《中国民族史》，商务印书馆1936年版，第39—40页。

图10-3 林惠祥著《中国民族史》

契丹（辽）、女真（金）、满洲（清），皆以东胡族入主中原。自鲜卑与汉族通婚以来，此族同化最为完全。今除兴安岭中与松花江下流一带外，不复见有纯粹之满人。（3）突厥族，突厥族之历史，殆如双峰并峙。一为秦汉间之匈奴，一为隋唐间之突厥，汉破匈奴、唐平突厥，故此族未尝一度入主中原，此为与东胡族不同之点。突厥族一部分同化于华夏，一部分远徙于欧洲。其支派为回纥，唐时自外蒙徙居新疆，五代以后信奉回教，即今日新疆回族之所由来。（4）蒙古族，此族为东胡突厥之混种，其兴起最晚，而武力最盛，当13世纪之时，建设大帝国，统一全亚，并欧洲之东部，混合一切民族。蒙古帝国经百年而瓦解，明太祖恢复中华，蒙古族退居塞外，复返于部落状态。此族与汉人不甚同化。①

---

① 张其昀：《中国民族志》，商务印书馆1929年版，第1—3页。

第三节　传统史学的民族史撰述

近代新史学兴起后，新的史学编纂体例得到应用，同时，旧史学的撰述方法仍在继续。晚清和民国时期，用传统的纪传体撰写史书的有魏源《元史新编》、柯劭忞《新元史》、赵尔巽主持编纂的《清史稿》，这些著作中关于民族史的撰述也延续了传统的记述方式。

一　《清史稿》的《土司传》《藩部传》与《属国传》

在袁世凯主政时期，民国政府设立了清史馆，由赵尔巽任清史馆馆长主持修纂清史。1927年赵尔巽病故，由柯劭忞代之。赵尔巽临终前，鉴于形势紧张，决定将初步完稿但未经审定的"史稿"付印，于是由袁金铠主持，金梁经办，1928年《清史稿》印刷成书，共1100部，金梁私携其中400部前往东北，加入和抽换部分内容后发行，形成"关外本"（关外一次本）。清史馆发现金梁私改原稿后，又将北京原印本修订后重印，形成"关内本"。后金梁又对"关外本"做了删改增补，形成了"关外二次本"。关外二次本《清史稿》共529卷，其中本纪25卷，志135卷，表53卷，列传316卷，1976年经中华书局点校后出版，这是目前最为通行的版本。《清史稿》记事始于努尔哈赤称帝，终于宣统三年清朝灭亡。

《清史稿》在民族史撰述体例上有所创新，列传中涉及民族历史的有《土司》《藩部》《属国》三部分。记载民族历史的体例相对于历代正史体现了一定的层次性，对过去一体介绍的四夷进行了区分。另有《藩部世表》三卷，包括蒙古、回部、西藏诸部。《藩部》《属国》《邦交志》对传统的中国与四夷记述模式进行了突破，较之于乾隆时期所修《清朝文献通考·四裔考》有根本的变化。

《清史稿》的《藩部》《藩部表》的史料主要来自《皇朝藩部要略》《蒙古游牧记》等书，《清史稿》的总纂吴士鉴在《陈纂修体例》时说："藩部表，前史所无，谨拟增。自开国以来，内外蒙古以及青海回部锡爵分封，世守藩属，宜特撰'藩部表'，大致以某盟为总纲，以某部落、某翼、某旗为纬,以世次为经,取材于《皇朝藩部要略》《蒙古游牧记》。"①

《清史稿》卷一百五十三至卷一百六十为《邦交志》,其序称"爰志各国邦交始末,以备后人之考镜焉"②,记述的国家包括俄罗斯、英吉利、法兰西、美利坚、德意志、日本、瑞典、那威、丹墨、和兰、日斯巴尼亚、比利时、义大利、奥斯马加、秘鲁、巴西、葡萄牙、墨西哥、刚果。对这些国家,《清史稿》以平等的外交关系而记述,而不是像以前笼统地列入"四夷"列传之中,而在史书的整体结构中也不再置于书末,这是清末修史者的世界观上的一大进步。

《清史稿》卷五百十二至卷五百十七为《土司》,包括湖广、四川、云南、贵州、广西、甘肃等地区土司设置的沿革;卷五百十八至卷五百二十五为《藩部》,包括科尔沁、扎赉特、杜尔伯特、郭尔罗斯、喀喇沁、土默特、敖汉、奈曼、巴林、扎噜特、阿噜科尔沁、翁牛特、克什克腾、喀尔喀左翼、乌珠穆沁、浩齐特、苏尼特、阿巴噶、阿巴哈纳尔、四子部落、茂明安、喀尔喀右翼、乌喇特、鄂尔多斯、阿拉善、额济讷、喀尔喀土谢图汗部、喀尔喀车臣汗部、喀尔喀赛因诺颜部、喀尔喀扎萨克图汗部、青海额鲁特、杜尔伯特、旧土尔扈特、新土尔扈特、和硕特、唐努乌梁海、阿尔泰乌梁海、阿尔泰淖尔乌梁海、西藏;卷五百二十六至卷五百二十九为《属国》,包括朝鲜、琉球、越南、缅甸、暹罗、南掌、苏禄、廓尔喀、浩罕、布鲁特、哈萨克、安集延、玛尔噶朗、那木干、塔什干、巴达克山、博罗尔、阿富汗、坎巨提。可见,《清史稿》虽然采取了传统的纪传体史书的形式,但在民族观念上却有很大的变化,对过去统一列入"四夷"列传的民族进行层次上的区分。

二 《新元史》的民族列传

民国时期,柯劭忞继续沿用传统史学理论与方法研究蒙元史,撰有《新元史》257卷、《译史补》6卷(补洪钧《元史译文证补》)、《新元史考证》58卷等。

柯劭忞以《元史》为底本,斟酌损益,重加编撰,前后用了30年时间,于1920年完成《新元史》。全书共257卷,包括本纪26卷,表7卷,志70

---

① 朱师辙:《清史述闻》,上海书店出版社2009年版,第142页。
② 《清史稿》卷一百五十三《邦交志》,中华书局1977年版,第4482页。

卷，列传154卷。《新元史》的体例基本沿袭旧史，其结构与《元史》相同，内容有增有删。如本纪前增加一篇《序纪》，记述成吉思汗以前的史事，这同《金史》的本纪之前增加一篇《世纪》相仿。又如，在本纪的最后增加了元顺帝的儿子《昭宗纪》。《新元史》的内容比《元史》充实，它补充了元世祖以前的蒙古史事。利用了《元朝秘史》和《元史译文证补》。《新元史》还纠正了《元史》的错误。

《新元史》卷二百四十八为民族列传，为云南湖广四川等处蛮夷，包括云南溪洞诸蛮、大理金齿蛮、罗罗斯、车里、乌撒乌蒙东川芒部、禄余八番顺元诸蛮、田万顷、宋隆济、广西上下江诸蛮、黄圣许、岑毅、海北海南诸蛮、四川溪洞诸蛮。

《新元史》与《元史》在记述《外国》上有所区别，柯劭忞对《元史》的删修以及文字的一些改动，学术界有不同认识。

三 地方志中的民族记述

在民国政府的积极推动下，民族地区方志的撰述更加丰富，对各民族的历史记述更加详细。民国地方志的体例较传统志书发生了变化，有的地方志采取传统的体例，也有一些地方志采用新体例，章节体志书开始出现，很多地方志专门列有"民族"类目。地方志编纂上也反映了修志者对民族的认知，体现了中华一体的观念。

1. 省志的民族史记述

1914年，黑龙江巡按使朱庆澜在齐齐哈尔设立通志局，开始搜集资料，修纂黑龙江通志，但修纂工作时断时续。至1929年，万福麟任黑龙江省政府主席，他十分关注通志的纂修工作，聘请张伯英为总纂，历时三年完稿，因尚有缺略，故名《黑龙江志稿》。1933年，通志稿由万福麟出资在北京印刷问世。该志分12志，共62卷，书末附大事记4卷。其中《政经志》分"垦丈""氏族""户籍""灾赈""仓储"五目，卷十一"氏族"记述了黑龙江辖区内的各民族情况，包括索伦、达呼尔、鄂伦春、锡伯、卦勒察、巴尔虎、毕拉尔、额鲁特、他贡、兀良哈、扎萨克图、满洲、蒙古、呼尔喀、费牙喀、奇勒尔、库野、恰克拉、七姓、赫哲、汉军、水师营、站丁、屯丁、回回、汉人。"氏族"后附有《姓氏考》，所述各民族姓氏包括索伦姓氏、鄂伦春姓氏、锡伯姓氏、卦勒察姓氏、旧巴尔虎姓氏、新巴尔虎姓氏、毕拉尔姓氏、额鲁特姓氏、他贡姓氏、满洲姓氏、蒙古姓氏、汉军姓氏等。

1931年9月,云南省政府主席龙云提议纂修云南通志,并正式设立云南通志馆,任命周钟岳、赵式铭等主持编纂工作,至1944年完稿,名为《新纂云南通志》。全书共266卷,正编部分分大事记、图、表、考、传五部分。其中,考共有25考,关于民族历史的有"边裔考""族姓考""土司考"。"边裔考"又分为"边防"与"四裔"两门。

《新纂云南通志》体现了当时中华一体的民族史观的编纂宗旨,如《族姓考》前言说:

> 昔孟子谓:舜为东夷之人,文王为西夷之人,得志行乎中国,若合符节。盖中国所谓华夷之分,纯以其文化之发达与否为断,余不与焉。中华民族为整个民族,无论汉、满、蒙、回、藏、苗以及其他各族,皆华族中分支之氏族,亦即四海之内皆兄弟之义,此与狭义之民族观念固有不同也。
>
> 云南族姓繁多,汉、回二族外,摆夷、罗罗、摩些等族,人亦不少,兹略举其衍变之迹,更详考滇、夜郎、句町、哀牢、爨、蒙,以迄大理、梁王、沐藩等,绎述其世系,兼明其因革。旧《志》封爵亦统括于此。
>
> 若夫各族之现在与将来,盖出自幽谷,迁于乔木,乃自然演进之趋势,有举其未进化时之陋俗以夸博异者,只足以启氏族间不良之观感。且以意附会者居多,未必实然,今一概不取,以示中华大一统之意云。①

1936年,杨思、张维主持修纂的《甘肃通志稿》成书。全书共130卷,分17类,包括舆地、建置、民族、民政、财赋、教育、军政、交通、外交、职官、选举、人物、金石、艺文、纪事、变异、杂记等。其中,卷二十一至卷三十为"民族",其下分目有族姓、移徙、户口、宗教、学艺、实业、风俗、方言等。先考有汉族渊源及姓氏冠于首,次及匈奴、氐羌、吐谷浑、西夏及蒙、藏、回诸民族姓氏,各系其族之后。考察了各民族的族源、族姓、世系,并记述了民族人物事迹。

1942年,浙江省政府主持编纂浙江通志,设史料征集委员会,收集、重修省志的资料,次年改为通志馆,余绍宋任馆长。1949年,通志馆停,成志

---

① 李春龙、江燕点校:《新纂云南通志》(七),云南人民出版社2007年版,第607页。

稿 125 册。最后成稿名为《重修浙江通志稿》，未刊行，今藏浙江图书馆。该书分为纪、考、略、传、谱。"纪"即大事记，用编年体形式记载浙省自古以来大事。有八考，包括疆域、地理、民族、社会、田地、物产、艺文、古迹；有十二略，包括党务、议会、一般行政、司法、教育、实业、交通、财务、粮政、军事、宗教、建置。"传"，包括人物、列女、宦迹。"谱"，包括选举、职官。该志第12册为《民族志》，下设民族、人口、方言、外侨等目。

其他一些省志也专门列有民族史内容，如宋哲元修、梁建章纂《察哈尔省通志》（通志局，1934年），黄奋生著《蒙藏新志》（中华书局，1938年），许崇灏编撰《新疆志略》（正中书局，1944年）等。

2. 县志的民族史记述

民国时期，一些地方的县志专门增修了"种族志""民族志"等类目。民国八年（1919年），青海大通县修《大通县志》（刘运新修，廖偈苏等纂，民国八年铅印本），该志专设《种族志》，其序云："亚洲一隅，同为黄种，黄种之中，又分五族，故时政谓之'五族共和'。五族也者，即汉族、满族、蒙族、回族、番族之谓也。凡此五族，在他省未必皆备，而在甘陇则兼有之，至大通尤为汉、回、番、土杂居之地。民册所备，因与备之。"① 表明了修志者的民族观念较以往具有重大变化。该志记述了民国初年大通县的汉民、回民、番民、土民的历史发展情况，并列有《民族表》。

民国十二年（1923年），程廷恒、张家璠纂《呼伦贝尔志略》（民国十二年铅印本）专列《民族志》，所记民族包括汉人、索伦、达呼尔、陈巴尔虎、新巴尔虎、额鲁特、鄂伦春、布莱雅、札萨克图等。

民国二十三年（1934年），绥远县修成《绥远县志》（郑植昌修，郑裕孚纂，民国二十三年北平文岚簃铅印本），共14目，设有《民族志》，包括"种族""户口""礼俗"三部分。该志"凡例"云："各志向鲜志民族者，归绥五族杂居，生聚日庶，溯其移殖之始，考其同化之由，实为治国闻者所必具，故本志志之。至方言一门，因种族区分，迻译沟通尤关切要。唯访稿未详，暂付阙如，仿陈氏《定海县志》例，存其目以待来者。"②

---

① 刘运新修，廖偈苏等纂：《大通县志》，民国八年铅印本。
② 郑植昌修，郑裕孚纂：《绥远县志》，民国二十三年北平文岚簃铅印本。

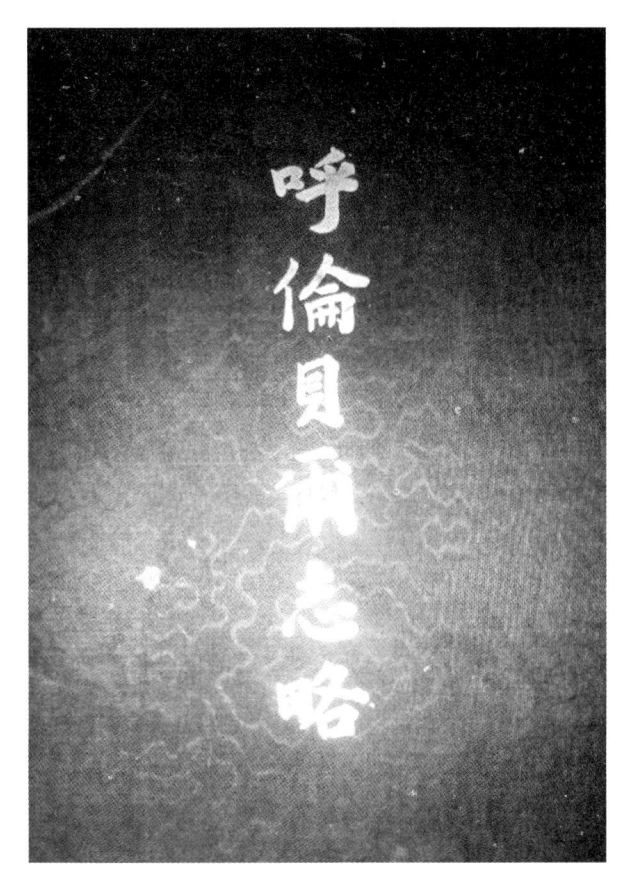

图 10-4 《呼伦贝尔志略》

第四节 中国民族通史的编纂

民国建立后，以排满革命为宗旨的汉族民族主义逐渐消退，"五族共和"观念开始广泛传播，此后学术界逐渐摆脱了传统的华夷之辨，及狭隘的大汉族主义，逐渐意识到中华民族的多元性，并通过撰述中国民族史寻求中华民族认同，重写中国民族史日渐为学术界所关注。民国时期，学界开始按新的体例编纂中国民族史，这方面的著作有数十种之多。在不同学术思想的指导下，这些中国民族史各具特色。值得注意的是，这一时期的"中国"与以前含义不同，成为一个政治实体，包括了明确疆域内的各民族，而中国民族史的撰述也具有加强民族国家建构的意义。

20世纪二三十年代，专门的中国民族史著作不断出版，以"中国民族史"为题的论著就有多种，如王桐龄著《中国民族史》（北京文化学社，1928年）、吕思勉著《中国民族史》（世界书局，1934年）、宋文炳著《中国民族史》（中华书局，1935年）、缪凤林著《中国民族史》（中央大学，1935年）、刘掞藜著《中国民族史》（四川大学，1935年）、柳诒徵著《中国民族史》（上海世界书局，1935年）、林惠祥著《中国民族史》（商务印书馆，1936年）等。至于不冠以"中国民族史"名称的民族史论著则更为丰富多样。如梁启超著《中国历史上民族之研究》（1922年）、李济著《中国民族的形成》（1923年）、张其昀著《中国民族志》（商务印书馆，1933年）、吕思勉著《中国民族演进史》（上海亚细亚书局，1935年）、施瑛著《中国民族史讲话》（世界书局，1945年）、吕振羽著《中国民族简史》（大连大众书店，1947年）等。此外，一些中国史论著也都以较大篇幅对中国民族史予以探讨和研究，如童书业著《中国疆域沿革略》中有"四裔民族"（开明书店，1946年）、葛绥成著《中国边疆沿革史》（1938年）也有不少民族史的内容。这些著述虽然具有很强的时代烙印，对中国民族的起源、结构、主干等问题还处于探索之中，但基本上奠定了中国民族史研究及其学科建设的基础。

民国时期，学术界也较重视探讨中国民族史的编纂宗旨、体例、方法等问题，林惠祥说："以能阐明上述各项即种族起源名称沿革支派区别势力涨落文化变迁及各族相互间之接触混合等事者为准。凡通史所不详，而于民族之沿革上有重要意义者，咸在采取之列；至于通史所常述之材料则只略提而不复详述，以免重赘而省篇幅，如汉族之史实，鲜卑、契丹、女真、蒙古、满洲统治中后之事迹，皆从简略，而只以一小段概括之。"[1]

这一时期出版的中国民族史著作基本采用章节体，大致有两种编纂体例。第一种以王桐龄《中国民族史》为代表，以历史分期为章节，在各历史时期分析各族群的类别、演变及族际交往的历史；第二种是全书统按族系分章节，从某一族系起源讲到演变、消亡，并讨论其各个支系的变迁，吕思勉、林惠祥在20世纪30年代各自出版的《中国民族史》是这种体例的代表。林惠祥著《中国民族史》全书共分18章，第一章由横的方面论中国民

---

[1] 林惠祥：《中国民族史》，商务印书馆1936年版，第3页。

族之分类，第二章由纵的方面论中国民族事迹在历史上的分期。第三至第十八章，"每章论一种民族，每章大都分三段：首段论民族之起源名称与他族的关系等，中段叙该族在历史上之沿革，末段述该族在现今之状况"[①]。吕思勉《中国民族史》在"总论"之后，分12章对12支族系分别叙述。

第五节　中华民族史的撰述

晚清以来，较早使用"中华民族"一词的是梁启超、杨度、章太炎等人。1901年，梁启超在《中国史叙论》中多次使用"中国民族"一词，有时用来指汉族，有时用来作为有史以来各民族的总称，在后一种用法中，已初步具有各民族从古至今凝成某种统一整体的含义。1905年，梁启超在《历史上中国民族之观察》一文中，同时使用了"中华民族"与"中国民族"的概念。"中华民族"的概念为学界所接受，在内忧外患的情况下，为了加强民族认同，学界也致力于宣传"中华民族"一体的观念，并致力于撰述中华民族史。为加强中华民族认同，学术界对中华民族的历史进行追溯，以此来凝聚民族共识，先后出现了多部中华民族史著作，如常乃悳著《中华民族小史》（爱文书局，1928年）、杜冰坡著《中华民族革命史》（北新书局，1930年）、曹松叶著《中华人民史》（商务印书馆，1933年）、郭维屏著《中华民族发展史》（四川学生集中训练总队，1936年）、李广平著《中华民族发展史》（正义出版社，1941年）、张旭光著《中华民族发展史纲》（桂林文化供应社，1942年）、俞剑华著《中华民族史》（国民出版社，1944年）等。其中较有代表性的是常乃悳、郭维屏、俞剑华的著作。

1928年，常乃悳出版《中华民族小史》一书，是较早以"中华民族史"作为撰述对象的著作。常乃悳在"中华民族之命名"一节中说：

> 民族之名多因时代递嬗，因时制宜，无一定之专称。非若国家之名用于外交上，须有一定之名称也。中国自昔为大一统之国，只有朝代之名，尚无国名。至清室推翻，始有中华民国之名出现。国名既无一定，民族之名更不统一。或曰夏，或曰华夏，或曰汉人，或曰唐人，然夏、

[①] 林惠祥：《中国民族史》，商务印书馆1936年版，第2—3页。

汉、唐皆朝代之名，非民族之名。惟"中华"二字，既为今日民国命名所采纳，且其涵义广大，较之其他名义之偏而不全者最为适当，故本书采用焉……惟今日普通习惯，以汉族与其他满、蒙诸族土名并列，苟仅以汉族代表其他诸族，易滋误会，且汉本朝代之名，用之民族，亦未妥洽，不若"中华民族"之名为无弊也。①

常乃悳提出了中华民族除应包括汉族在内外，还应包括满族、蒙古族、回族、藏族以及西南诸族等在内，从而颠覆了传统观念，开中华民族史研究与撰述的先河。

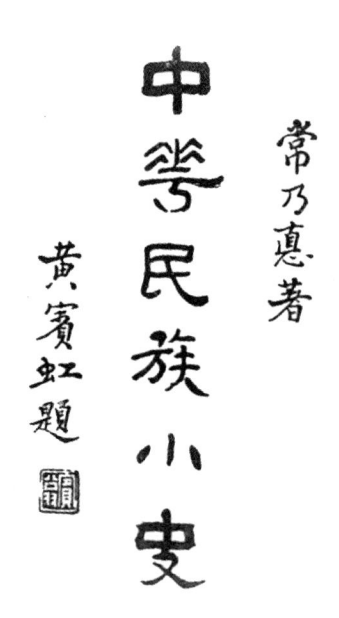

图 10-5 《中华民族小史》

常乃悳在其著作开篇就很明确地指出了中华民族活动范围的发展过程。

---

① 常乃悳：《中华民族小史》，爱文书局 1928 年版，第 4—5 页。

在上古时期，中华民族的先祖主要在黄河流域中部，今河南、山东西部和陕西西南部；春秋时期，发展到陕西、湖北及江苏一带；秦汉时期，中华民族开始开发两广、福建等地区；盛唐时期，扩大到里海以西，日本海以东，南至爪哇岛一带；元明清时，中华民族的活动范围已遍及大江南北；近代以来，中华民族活动的范围已遍及世界各大洲。

民国时期，学术界有中华民族起源的"土著说"和"外来说"，以及起源的"一元"论和"多元"论。常乃惠在论及中华民族的起源这一问题时，采取了辩证的看法。首先，他并没有完全否定西方学者关于中华民族由西方迁徙而来的观点，而是保留怀疑的态度；其次，他根据当时地质学科考发现在"长城以北冰期时已有人迹"，在河南中原一带也发现石器时代骨化石和陶器，而推定"至少五万年前中国已有人迹"，"中国原始民族至少总有一部分系土著"。至于中华民族的发祥地在何处，常乃惠认为，根据中国古代历史文献记载，历朝历代帝王建都所选之地不外山东、河南、陕西、山西一带，这一带也是中华文明最初的发源地之一，因而，黄河流域是中华民族的发源地之一。此前，人们都认为中国民族都源于黄帝，常乃惠并不认同这个观点。特别有价值的是他认为"春秋时代中国境内民族尚如此复杂，则中国最初之为各民族分立无疑"，今天之中华民族乃是"许多各不相关之异民族团结融合而成的"。由此，常乃惠断定，"中华民族非一单纯之民族也，中华民族非尽黄帝之子孙也"[①]，明确指出中华民族出于"多元而非一元"[②]。这一认识是比较客观的。

常乃惠以此来分析中华民族的成分，他认为，中国的五大民族汉、满、蒙、回、藏原初由九个系构成，即诸夏系、东夷系、巴蜀系、东胡系、闽粤系、北狄系、氐羌系、西藏系和苗蛮系，且都有史可考，其中东夷系、巴蜀系和闽粤系三系在很早以前就与诸夏系有着极为密切的关系。常乃惠谓之为"此即中华民族真正之成分也"[③] 并以九个系最初的繁衍居栖地为平台，以主要的篇幅围绕其发展成为中华民族一员的历程展开论述。

20世纪三四十年代出版的中华民族史著作大都以中华民族的起源、构成、地域分布和历史发展的分期（包括几大民族混合时期）以及民族文化的

---

① 常乃惠：《中华民族小史》，爱文书局1928年版，第1—2页。
② 同上书，第7页。
③ 同上书，第8页。

特征、民族性格与精神等为研究内容。尽管他们各自的观点不尽相同，但都不约而同地围绕树立和传播"中华民族"整体意识这个主题展开论述，目的就是"叙述中华民族历史之悠久与光荣，以振起热烈民族意识"，激发团结抗战的力量。这个时期的代表作是郭维屏《中华民族发展史》和俞剑华《中华民族史》。

郭维屏深受孙中山"三民主义""五族共和"等思想影响，他所编著的《中华民族发展史》一书的构架上，就体现了中华民族由小到大、由弱到强、由野蛮到文明的发展历程及其盛衰的变迁。

郭维屏认为，中华民族的各成分在文化发展上有高低之分，尚存开化和未开化之分。汉、满、回、蒙古、藏等诸民族为开化的民族，而苗、猺、黎、猓猓、摆夷、西番等少数民族是未开化的民族。相比之下，郭维屏的《中华民族发展史》所包括的中华民族的成分比常乃惪的《中华民族小史》要广泛得多。

关于中华民族的起源，郭维屏认为"土著说"和"西来说"都没有明确证据。他认为，中华民族并非外来，而是源于中国本土。据《山海经》所载"昆仑之墟，方八百里，实为帝之万都，有黄帝之宫"，他认为昆仑之墟即今天的帕米尔高原，葱岭一带就是中国的古都所在地，帕米尔高原就是中国民族的发祥地。据郭维屏的推测，远古时期，因地球环境巨变，造成海平面上升，陆地多被海水淹没，最后人类迁徙至帕米尔高原得以存活。后人类从帕米尔高原分道下山，迁居平原。往西迁徙者，至中亚、阿富汗、波斯、阿拉伯、欧洲等地，发展成今天的白种人；往东迁徙者，到新疆、青海、中国内地、蒙古、朝鲜等地，发展成今天的黄种人。但是，郭维屏的这一假说后来并没有得到证实。

郭维屏认为，中华民族祖先从帕米尔高原下行至黄河流域以后，就形成了以汉族为中心的民族发展态势，但其中心地位受到长江流域苗族群的觊觎。禹时，"敷文德降苗，顺者留居，逆者逐之，此为中华民族势力扩张之开始"[①]。至春秋战国时期，中华民族的势力进入了渐盛时代。这个时期，汉族的各诸侯国都在扩张自己的生存空间，如齐国吞并东夷，楚国灭南蛮，从而推动了汉文化向黄河流域以外地区扩展，东及大海，南达五岭，波及长城内外。秦统一中国促进了各民族的融合，但同时也受到了匈奴的威胁。汉武

---

① 郭维屏：《中华民族发展史》，四川学生集中训练总队1936年版，第19页。

帝时，举兵讨伐匈奴，造就了"汉族第一次大统一时代"。汉文化的影响力进一步扩大，北逾大漠，西达葱岭。晋时，五胡乱华，中原族群大举南迁。中原文化的南移，促进了南方文化的发展，中原民族与南方诸族进一步融合。入主中原的北方诸族亦主动或潜移默化地受到汉文化的影响，渐被汉文化同化。唐统一中国，汉室恢复中原。隋唐国力日益强盛，深受汉文化影响的周边诸民族，也逐渐臣服于隋唐中央王朝。随着与隋唐经济、文化等往来的民族日益增多，居住长安等大都市的外族人与日俱增，随之加速了各民族间的融合、同化，促成了"汉族第二次大统一时代"。李唐衰败，北方民族兴起，逐一与宋争雄，逐鹿中原。宋败南迁，北方民族入主中原，促进了各民族间的交往、融合，甚至同化。宋室南迁，促进了江南文化的发展，渐成中国文化中心。元时，蒙古族入主中原，其疆域古今第一。随着东西交通的开放，中原与西域的经贸人员往来进一步加深，民族融合也得到进一步的发展。明王朝声威不如汉唐，时受鞑靼、瓦剌等北方民族的侵扰，但海外移民在大明时颇有成效。郭维屏认为满洲统一中国后，其版图可与汉唐相比。他还认为中华民国时期，孙中山倡导的民族平等、民族团结思想得以落实，中华民族成为自主平等之民族。

然后，郭维屏从地理方面论述了中华民族的发展。他认为中华民族发祥于黄河流域，后沿着长江流域，向珠江流域、云贵高原扩展；沿着长城，向西域、青藏高原发展。至近代，中华民族的主体民族汉族，已经在中华大地各区域扎根，与其他兄弟民族共生共荣和谐向前发展。郭维屏根据中国民族分布的现状，从地理的角度，把中华民族所居分为黄河流域、长江流域、珠江流域、云贵高原、满洲、蒙古、新疆、西藏、青海等区域及海外的发展，根据中华文化波及当地的先后顺序逐一进行了论述。

俞剑华在其《中华民族史》一书中，否定了关于中华民族源于帕米尔高原的观点。俞剑华除了罗列西方学者支持中华民族"土著说"的观点外，还把"北京人"考古发现的情况进行了简要地叙述，以此来论证"土著说"。俞剑华把考古学的材料引入了对中华民族史的研究，不仅证实许多传说的可信，同时也把中国的历史向前推进了几十万年。

俞剑华认为中华民族是"由小宗族合而为较大的宗族，由较大的宗族合而为更大的宗族"[①]，经过彼此间的长期接触交往或战争会盟，最终形成今天

[①] 俞剑华：《中华民族史》，国民出版社1944年版，第8页。

的中华民族。中华民族就像一个五世同堂、支庶极多的大家庭，而中华民族史就是一部世界最大的族谱，汉、满、蒙、回、藏等族就是中华民族的宗支。俞剑华就是根据这个框架，以五章的篇幅，运用历史文献，分别详细地论述了汉、满、蒙、回、藏等民族从发祥直至近代的发展过程。

俞剑华在《中华民族史》一书中从平等性、统一性、团结性、调和性、保守性、坚韧性、和平性、永久性、吸收性、独立性等方面，论述了中华民族的基本特性，对于研究中华民族的民族性格有参考价值。在中华民族史的研究中，俞剑华一反过去的学者将中华民族视为多元的一个集合体加以研究的传统，首次将中华民族视为一体的一个整体加以研究。

第六节　马克思主义民族史学的形成

民国时期，马克思主义被介绍到中国后迅速传播，接受马克思主义的学者及共产党人把马克思主义应用到史学研究之中，这对民族史的撰述与研究产生了重要的影响。

五四运动之后，李大钊在北京大学讲授历史学，他认为历史学必须包括民族史的记述，历史理论领域也应包含"民族经历论"的内容。所谓"民族经历论"，即是"比较种种民族的经历，研究普通于一般民族经历的现象的部分"。其所研究的范围，举其要者如"民族的盛衰兴灭，其普遍的理法安在？原因何在？民族的迁徙移动，本于何因？发生何果？如何的天然情境，人事状态，由以促进之，或妨阻之？其移动常取若何的径路？民族间的交通接触与杂居，于文化上发生若何的影响？民族与民族接触后，若者相安于和平，若者相残于争战，其因果若何？杂居以后，必生混合的种族，混种之影响于文化者又若何？现今民族与浅化民族相接触，在浅化民族方面，发生若何的影响？这都是民族经历论所当研究的问题"[①]。李大钊也以马克思主义为指导对具体的民族史问题进行了研究，先后在《甲寅》上发表了《新中华民族主义》《大亚细亚主义》等文章。[②]

民国时期，经过官方与学术界的共同推进，中华民族观念逐渐深入人

---

① 李大钊：《史学要论》，商务印书馆2000年版，第100页。
② 参见《李大钊文集》上册，人民出版社1984年版。

心,成为一个强有力的政治符号,在国共两党的政治宣传上也极力争取这一符号。在延安,中国共产党人积极地论证自身在中华民族解放战争中的作用。1939年12月,毛泽东发表了《中国革命和中国共产党》一文,其中以"中华民族"为题,专章对"中华民族"进行了新解释,毛泽东认为中国"十分之九以上为汉人。此外,还有蒙人、回人、藏人、维吾尔人、苗人、彝人、壮人、仲家人、朝鲜人等,共有数十种少数民族,虽然文化发展的程度不同,但是已有长久的历史。中国是一个由多数民族结合而成的拥有广大人口的国家"①。在抗日战争期间,中国共产党为团结抗战力量,明确提出:"中国有四万万五千万人口,组成中华民族。中华民族包括汉、满、蒙、回、藏、苗、瑶、番、黎、夷等几十个民族,是世界上最勤劳,最爱和平的民族。中国是一个多民族国家,中华民族是代表中国境内各民族之总称。"②

中国共产党人以马克思主义民族理论为指导来看待各民族历史,并引进了斯大林的民族理论和苏联处理民族问题的政策,论述了中国共产党与中华民族史的关系,如1943年7月1日《解放日报》发表社论《中国共产党与中华民族——为中共建立二十二周年纪念而作》,社论称:"中国共产党的产生,既非'外来的',也不是几个人凭空制造出来的。它的所以发生,所以发展,所以没有人能把它取消得掉,那是因为中华民族的历史发展要求有这样一个政党,犹之乎中华民族的历史发展要求有一个革命的资产阶级政党一样。谁要想取消共产党,就如同谁要想取消革命的国民党一样,都是违反历史发展的笑话奇谈。谁如果当真要来试试,谁就一定大倒其霉。过去的历史已经证明了这一点,今后的历史发展还将继续证明它。"社论从中华民族的角度看待国共两党的合作,"为了中华民族,国共两党只应团结,不应分裂,团结越好,中华民族也愈加强盛,反之,分裂则将招致民族的大祸"③。

在陕甘宁革命根据地及周边地区居住有回族、蒙古族等少数民族,他们对根据地的政治、经济具有重要的影响,中国共产党人开始探讨处理民族问题的策略。1938年底,中国共产党中央设立了西北工作委员会,以主持陕甘

---

① 毛泽东:《中国革命和中国共产党》,《毛泽东选集》第2卷,人民出版社1991年版,第622页。

② 中共中央统战部编:《民族问题文献汇编》,中共中央党校出版社1991年版,第807页。

③ 中央档案馆编:《中共中央文件选集》第14册,中共中央党校出版社1987年版,第465—475页。

宁边区以外的陕、甘、宁、青、新、蒙等各省地下党的工作，尤其是少数民族工作。为了加强对民族问题的研究工作，西北工作委员会专门设立了少数民族问题研究室，由李维汉和贾拓夫主管，刘春负责具体的领导工作，下设蒙古问题研究组和回回问题研究组，成员有王铎、周仁山、孔飞、牙含章、秦毅、沈遐熙等。研究人员认真学习马、恩、列、斯关于民族问题的理论著作，并结合中国实际开展对回族、蒙古族的研究。1940年，研究室编写了民族问题丛书，包括《回回民族问题》《蒙古民族问题》和《蒙古社会经济》。《回回民族问题》一书于1941年在延安出版，该书以鲜明的政治态度将回回作为一个民族整体看待，考察了回族的来源、回族长期被压迫和斗争的历史，分析了回族和伊斯兰教的关系，批判了各种有关回族问题的谬论，对民族史研究具有指导意义。《蒙古民族问题》一书于1946年由内蒙古出版社出版，该书对蒙古民族族称起源、社会历史发展、近代蒙古的社会矛盾与蒙古民族解放运动、日本帝国主义对内蒙古的侵略、中国共产党对蒙古民族的政策等，都作了全面、系统的阐述。

20世纪三四十年代，马克思主义史学家对民族史进行了深入探讨。翦伯赞指出："研究中国史，首先应抛弃那种以大汉族主义为中心之狭义的种族主义的立场，把自己超然于种族主义之外，用极客观的眼光，把大汉族及其以外之中国境内的诸种族，都当作中国史构成的历史单位，从这些历史单位之各自的历史活动与其相互的历史交流中，看出中国史之全面的运动与全面的发展。"①

1941年，范文澜在《中国通史简编》（上册）序言中写道："现代的中华民族，是吸收无数民族，在一定文化一定民族的基础上，经四五千年的长期斗争和融化，才逐渐形成起来。"认为中国的历史是中国境内各民族的历史，不是任何一个民族的单独的历史；中国历史的创造与发展，各民族都曾尽了它的伟大作用。这样便在历史上扫除了认为其他少数民族非夷即蛮的大汉族主义的观点。在《中国通史简编》（上册）中，范文澜赞成中国境内各民族的互相团结，互相帮助，互相发展。对每一个在历史上有作用的民族，在各个民族的互相关联当中，都叙述到它们的独特的历史。

1947年，吕振羽著《中国民族简史》（大连大众书店）出版，这是中国

---

① 翦伯赞：《略论中国史研究》，《学习与生活》1943年第5期。

第一部运用马克思主义理论与方法考察民族史的专著。① 吕振羽在书中表明其为解决民族民主革命中的问题而研究民族问题,严厉地批判了国内资产阶级的大汉族主义,主张各民族平等。该书着重写了汉族、满族、蒙族、回族、藏族,以及维吾尔族、罗罗族、唐古特族、苗族、僰族、黎族、鄂伦春族等民族发展史。

图 10-6 《中国民族简史》

吕振羽认为:"汉族吸收了他族的不少文化成分,同化了他族的不少人口;同样汉族的文化成分也被他族所吸收,人口被他族同化的也不少。因此并不如中国法西斯大汉族主义所说,汉族善于同化他族,而不被他族同化,汉族文化全是'固有'的,没有外来成分,只有他族'沐浴'汉族文化。"② 从严格的意义来说,汉族还没成为完全现代化的独立民族,还表现为两种社

---

① 朱政惠:《吕振羽〈中国民族简史〉的史学思想》,《历史教学问题》1989 年第 3 期。
② 吕振羽:《中国民族简史》,生活·读书·新知三联书店 1948 年版,第 34 页。

会形态。要从根本上结束大地主大资产阶级的支配，全面地摆脱封建的束缚和帝国主义的支配，全国走上工业化和农业现代化的过程，才能使两种文化生活形态得到统一，才能成为真正的现代民族。白寿彝对《中国民族简史》给予较高的评价："吕振羽试图从马克思主义民族理论上解释一些问题，并探索各民族的历史的前途，尽管他在具体的事实方面有不少误解，但从书的总体上看，代表一个新的研究方面方向。"[①]

第七节　族别史研究

民国时期，中国民族史成为一个新兴的学科，民族史研究迅速发展，取得了许多优秀的成果，民族史研究主要涉及民族源流的考证、中国民族的起源问题及族别史研究等方面。由民国政府推进，进行了初步的民族识别工作，对民族史研究有着一定的影响。

一　中国古代民族史的考证

民国时期，一些学者继承了传统学术方法，尤其是乾嘉学派的考证方法，并与西方的科学方法相结合，但他们不以理论的阐释为主，自觉运用传统的考据方法进行史学研究，发掘新的材料，产生了一大批考证成果。[②] 一些史学大家专注于民族史研究，并取得了丰硕的成果，形成了良好的学术传统。民族的考证成果次第出现，主要涉及古代民族的族源、族称、族属、族系等问题，史书上记载的古代民族基本都有了相关的考证成果，其中，王国维、陈寅恪、陈垣等的民族史相关考证具有典范意义。

王国维对民族历史文献进行了细致的考订，如《蒙鞑备录笺证》《黑鞑事略笺证》《圣武亲征录校注》《长春真人西游记校注》等。王国维还对民族史料进行了辑佚，如王延德《使高昌记》《于阗国记》等。其次，王国维又相继撰述了大量的民族史研究论著，如《鬼方昆夷玁狁考》《黑车子室韦考》《胡服考》（1915年）、《西胡考》及《西胡续考》（1919年）、《匈奴相

[①] 白寿彝：《民族史工作的历史传统》，《史学史研究》1997年第1期。
[②] 武吉庆：《论乾嘉学风对近代史家的影响》，《南开学报》（哲学社会科学版）1997年第3期。

邦印跋》（1922年）、《月氏未西徙大厦时故地考》（1925年）。尤其是在1925—1927年，王氏更是不遗余力地专注于蒙古史和元史研究，著有《鞑靼考》《蒙古考》等论文以及资料勘校汇编工作。① 其中王国维的《鬼方昆夷獫狁考》，是近代北方族群研究的奠基之作，第一次对商代至战国出现的北方的族群进行系统论述，尤其对商周时期鬼方的考述不再局限于文献，更多地利用出土铜器铭文资料，将其倡导的二重证据法发挥得淋漓尽致，是研究先秦民族历史的代表性著作，虽然将不同时代出现于北方的族群，从鬼方、獫狁、犬戎、戎、狄、胡到匈奴看作一系的看法现看来并不准确，但毕竟掀起了北方族群研究的序幕，具有不可磨灭的功绩。王国维是近代学者中第一个提出殷代的鬼方是匈奴先祖的学者。

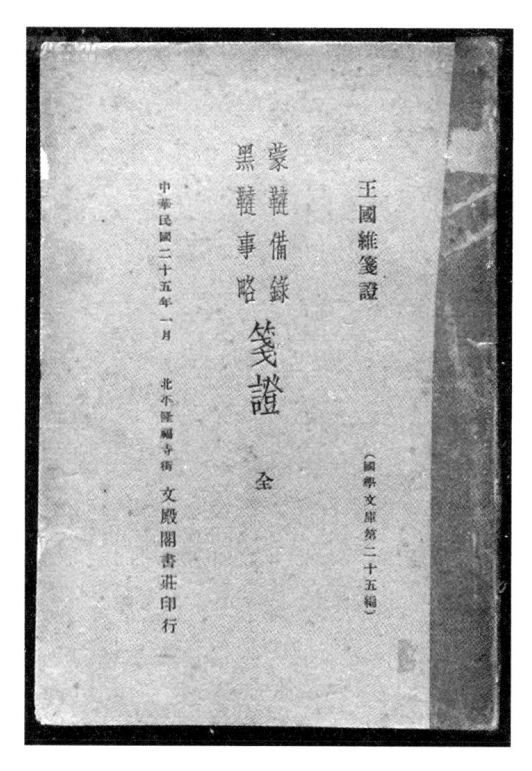

图10-7 《蒙鞑备录 黑鞑事略笺证》

---

① 林幹：《王国维对匈奴史的研究》，余大钧：《论王国维对蒙古史的研究》，载吴泽主编，袁英光选编《王国维学术研究论集》（第一辑），华东师范大学出版社1983年版。

民国时期，一些学者精通多种民族文字，能利用民族文字史料对民族史问题进行考证，比较有代表性的为陈寅恪。1930年，陈寅恪发表《吐蕃彝泰赞普名号年代考（蒙古源流研究之二）》①（《中央研究院历史语言研究所集刊》第2本第1号，1930年5月）一文，由《蒙古源流》入手，引用藏、蒙、满文等文献及拉萨长庆唐蕃会盟碑，考订出吐蕃彝泰赞普的名号与年代。1942年，陈寅恪撰成《唐代政治史述论稿》，考证了唐代民族盛衰的连环性，及民族—文化的互动关系。

陈垣精于元史与宗教史的考证，1923年撰《元西域人华化考》，该书引述各类史籍210种，对元代西域人华化问题作了全面、系统研究，展示了其对中华多元文化的深入理解和深厚的史学功力。1927年陈垣又完成《回回教入中国史略》（《东方杂志》第25卷第1号，1928年），该书简述了回教在华发展史，探讨了回回民族与伊斯兰教的关系。

民国时期，中国古代民族史考证成果十分丰富，代表性的研究成果还有冯承均《辽金北边部族考》（《辅仁学报》第8卷第1期）、顾实《华夏考原》（《国学丛刊》第1卷第2期，1923年8月）、孟世杰《戎狄蛮夷考》（《史学年报》第1期，1929年7月）、方壮猷《室韦考》（《辅仁学志》第2卷第2期，1931年）和《鞑靼起源考》（《国学季刊》第3卷第2号，1932年6月）、程憬《夏民族考》（《大陆杂志》第1卷第5、6期，1932年11月）、丁山《淮夷考》（《中央研究院史语所集刊》第2本第4分册，1932年）、胡君泊《匈奴源流考》（《西北研究》第8期，1933年2月）、罗香林《古越族考》（《国立中山大学文史研究所月刊》第1卷第3期，1933年3月）、童书业《蛮夏考》（《禹贡》第2卷第8期，1934年12月）、克凡《东胡民族考》（《大夏》第1卷第8期，1935年1月）、蒙文通《秦为戎族考》（《禹贡》第6卷第7期，1936年12月）、杨向奎《夏民族起于东方考》（《禹贡》第7卷第6、7期，1937年6月）、王日蔚《畏兀儿民族名称演变考》（《禹贡》第7卷第4期，1937年4月）、何建民《匈奴民族考》（中华书局，1939年）、孙天野《东胡族源流考》（《东北》第4卷第3—5期，1941年11月—1942年1月）与《肃慎族源流考》（《东北》第4卷第2期，1941年10月）、吴之光《百濮考》[《益世报》（重庆）1941年4月3、10日]、夏剑丞《西戎考》（《东方文化》第1卷第3期，1942年5月；第2卷

---

① 此外，还有两篇《彰所知论与蒙古源流》《蒙古源流作者世系考》。

第 1 期，1943 年 1 月）、陈秀云《秦族考》（《文理学报》第 1 卷第 6 期，1946 年 12 月）等。

二 族别史的研究

民国初期，"五族共和"观念广泛传播，随着民族观念发展与民族识别的开始，学术界积极发掘新的文献，采用了新的研究方法，对各民族史展开深入研究，研究的重点为当时基本识别的民族，主要有汉族、满族、蒙古族、藏族、维吾尔族、苗族、彝族等较大的民族。很多还没有进行具体识别的民族，没有作为一个单元来研究。民国学者较注重族源的研究及民族史文献的考订工作，同时进行了具体的民族调查工作。民族史的研究对民族识别与认同也产生了重要的影响。

1. 汉族史研究

晚清时期，在排满革命的形势下，革命派开始撰述汉族的历史，但多受政治的影响。如章太炎对中华名号及中华种姓起源和发展所作的考证与研究，基于现实政治的需要，具有强烈的民族主义色彩，在这一时期已经开始。其他论文比较集中在以古文献为依据追踪汉族的起源上，"本土论"逐渐占据上风，并对"外来说"展开了批评。民国建立后，汉族史研究也进入学术领域。

1913 年，王桐龄专论《历史上汉民族之特性》（《庸言》第 2 卷第 3、4 期，1913 年 11 月），他以"中华民族"为题的研究论文有近 10 篇。王桐龄在《中国民族史》（北平文化学社，1928 年）一书中，以汉族的起源发展为主线叙述了各民族发展史。

这一时期，族源问题是汉族研究的重点，这方面的成果有屠孝实《汉族西来说考证》（《学艺》第 2 卷第 1、2 期，1920 年）、顾实《华夏考原》（《国学丛刊》第 1 卷第 2 期，1923 年 8 月）、梁园东《华夏名称及种族考原》（《大夏》第 1 卷第 6 期，1934 年 11 月）、冷亮《汉藏一元论》（《蒙藏月报》1937 年第 6 期）、杨向奎《论所谓汉族》（《益世报·边疆周刊》第 30 期，1939 年 7 月 17 日）、张廷林《苗夷汉同源论》（《中央周刊》第 3 卷第 2—4 期，1940 年）、刘节《汉族族源初探》（《图书月刊》1941 年第 3 期）。

2. 满族史研究

在清朝，关于满洲历史，只能由朝廷编纂，不容一般学者染指。清朝覆亡后，满族历史研究开始了一个崭新的阶段，很多学者涉足这一领域，但出于政治需要及民族偏见，不少著作见解出现偏颇，这集中在满族的族源和开国史问题上。

民国初期，在革命派"驱除鞑虏，恢复中华"思想的指导下，杨甦民著《满夷猾夏始末记》（新中华图书馆铅印本，1912年），全书共8编，主要内容是"满族原始记""关外猖獗记""窃据狠毒记""文字惨狱记""祸乱相寻记""纰政蕴孽记""革命先声记""灭亡迅速记"等。章太炎著《清建国别记》（铅印本，1924年），"排满革命"为宗旨，对满洲历史以批判为主，出现了很多谬误。而后，满族史研究逐渐走向学术化，孟森著《满洲开国史》《清朝前纪》（商务印书馆，1930年），唐邦治著《清先世事迹考》，开始较为客观地考察满洲历史，但一定程度上也出现了民族偏见。

关于满族渊源及社会制度的文章有冯家昇《满洲名称之种种推测》（《东方杂志》第30卷第17号，1932年）、唐洪《满洲渊源考略》（《政治月刊》第4卷第4、5期，1942年11月）、马奉琛《满族未入关前的经济生活》（《食货》第1卷第6期，1935年2月）、孟森《八旗制度考实》（《中央研究院历史语言研究所集刊》第6本第3分册，1936年）等。

民国时期，大量满文档案资料得到整理。清亡后，藏于盛京崇谟阁的《加圈点字档》解禁，金梁组织学者将其汉译，以《满洲老档秘录》为书名，于1929年铅印。1933年，又以《满洲秘档》为书名再印。1931年，故宫博物院文献馆在内阁大库发现清未入关前的《无圈点老档》（即《旧满洲档》《老满文原档》）。这些文献的发掘整理为满族史研究提供了珍贵的文献。

3. 蒙古族史研究

民国时期，王国维继承了乾嘉学派的考据方法，又受到日本明治时期满蒙史地学的影响，在蒙古史研究方面取得重要成果。《蒙古史料校注四种》是王氏研究蒙古史的力作，包括《蒙鞑备录黑鞑事略笺证》《圣武亲征录校注》和《长春真人西游记校注》。此外，他还撰写了《鞑靼考》《辽金时代蒙古考》《两宋人所传蒙古史料考》等论文，这些论文考证精微，为学界认可。陈寅恪学贯中西，以其对多种民族文字的掌握，对《蒙古源流》一书进行笺证考释，列举蒙文、满文、汉文以及西文史料，推定该书作者的世系、著作时代及内容的观念等，对这方面的研究达到空前的成就。

20世纪30年代，一些青年蒙古族史学者相继求学海外，向伯希和（Paul Pelliot，1878—1945）等欧美学者学习研究方法，并掌握波斯文、阿拉伯文等多种语言，其中主要代表人物有韩儒林、翁独健、邵循正和姚从吾等。20世纪三四十年代，蒙古史研究有两个特色：一是史料应用范围的扩大，直接利用蒙古文、波斯文、阿拉伯文等文字史料与汉文史料结合起来进行研究；二是研究方法的改进，即着重采取史料校勘、史实考订和译名勘同等专业研究方法。[1] 这些特色，突出地反映在他们当时发表的论著中。如翁独健1940年发表的《新元史、蒙兀儿史记爱薛传订误》，1941年发表的《斡脱杂考》，都具有较高学术价值，在国内外享有盛誉。

这一时期代表性的论文还有汪太古著《蒙古种族考》（《大中华杂志》第1卷第11期，1915年）、张震之著《蒙古种族是哪里来的》（《新亚细亚》第3卷第4期，1931年7月）、郑宝善著《蒙古史略》（《新亚西亚月刊》第3卷第5、6期，1932年）、褚作民著《蒙古民族之由来考》（《边事研究》第3卷第1期，1935年12月）、张觉人著《蒙古民族史的考察》（《边事研究》第3卷第4期，1936年）、萧晋安著《蒙古起源考》（《蒙藏月报》第1卷第5期，1941年5月）、韩儒林著《蒙古的名称》（《文史哲季刊》第1卷第1期，1943年1月）、冒广生著《蒙古源流年表》（《学术界》第2卷第4、5期，1944年5、6月）等。

1931年，马福祥著《蒙藏状况》（蒙藏委员会，1931年），全书共八章，七万余言，对蒙古族宗教历史文化、新疆民族历史、西藏问题等做了言简意赅的阐述。

4. 藏族史研究

民国初，为加强对西藏地区的管理，官方较注意研究西藏历史，如马吉符《藏政撷要》（1913年刊印），对西藏地理、人种、宗教和官制等进行了探讨，其中涉及了藏族史的内容；李安陆《西藏略史》（《西北杂志》，1912年11月至1913年2月第1—5期）对藏族的历史进程予以简要叙述。

30年代前后，学术界重点探讨西藏现实问题的解决途径，同时，也程度不同地涉及西藏的古代历史。如九世班禅额尔德尼述，刘家驹译《西藏之史略》（《新亚细亚》2—5，1931年8月）；九世班禅《西藏历史》（《蒙藏月报》2—3，1934年12月）；马鹤天《蒙藏民族的历史概述》（《新西北月刊》

---

[1] 参见罗贤佑《20世纪中国蒙古史研究述略》，《民族研究》2000年第3期。

4—6，1942 年 6 月）等。

藏族的来源问题一直是民国学术界关注的一个热点，当时发表了大量论文，如陶志如《西藏民族考》（《西北杂志》第 1、2 期，1912 年 11、12 月）、问苍《西藏族考》（《地学杂志》第 3 期，1916 年）、黄次书《康藏民族之起源》（《蒙藏月刊》第 1 卷第 9、10 期，1931 年）、华企云《西藏民族之检讨》（《边事研究》第 3 卷第 5 期，1936 年 4 月）、德潜《西藏名称之沿革及其人种之来源》（《新亚细亚》第 2 卷第 1 期，1936 年 7 月）、冷亮《西藏民族由来考》（《蒙藏月报》第 6 卷第 2 期，1936 年 12 月）、方范九《西藏民族来源考证》（《西陲宣化》第 1 卷第 6 期，1936 年 4 月）、李旭华《西藏民族之研究》（《河北博物院画刊》第 114—140 期，1936 年 6 月—1937 年 7 月）等也分别就这一问题作了探讨。姚薇元《藏族考源》（《边政公论》第 3 卷第 1 期，1944 年 1 月）认为："今之藏族，即古之羌人，部落繁多。约当东晋时其中一部名'发'羌者，统一诸部，建立大国，诸羌因号'发'族，而对异族则称'大发'（Teu Bod）。唐书之'吐蕃'，蒙古语之土伯特，阿拉伯语之 Tubbot，英语之 Tibet，即'大发'（古读杜拨）一名之译音或转呼也。"认为藏族祖先就是古代羌人部落"发羌"的后裔。

1940 年，法尊法师著《西藏民族政教史》（四川汉藏教理院，1940 年），该书是汉族佛教徒撰写的第一部介绍藏传佛教历史的专著，全书共分四章：第一章绪论，综述藏传佛教的缘起，西藏旧、新佛教及古、近代史的分界；第二章古代史，分述前弘期及后弘期噶当、萨迦、噶举、希解、觉宇、觉囊等派历史；第三章近代史，主要叙述格鲁派的创立、传布及教义，兼述其他宗派的沿革；第四章结论。

5. 回族史研究

民国时期，回族研究主要涉及族称、分布、回教等方面，经学术界数十年的努力，回族研究取得了多方面的成绩，整理史料、考证史实、研究信仰与习俗，刊布了一批有影响的论文和专著。主要论文有孙宝贵《回族杂居内地考》（《地学杂志》第 7 卷第 12 期、第 8 卷第 1 期，1916—1917 年）、管举光《回教民族的发展》（《新亚细亚》第 6 卷第 5 期，1933 年 11 月）、金吉堂《回教民族说》（《禹贡》第 5 卷第 11 期，1936 年 8 月）、王日蔚《回族回教辨》（《禹贡》第 5 卷第 11 期，1936 年 8 月）、姜国光《回族辨》（《蒙藏月报》第 10 卷第 2、3 期，第 11 卷第 1 期，1939 年 5 月—1940 年 1 月）、岑仲勉《"回回"一词之语原》（《中央研究院史语所集刊》12 本，

1948年）等。主要著作有金吉堂《中国回教史研究》（成达师范出版部，1935年）、傅统先《中国回教史》、马以愚《中国回教史鉴》（商务印书馆，1940年）、白寿彝《中国回教小史》（商务印书馆，1944年）。1941年，在延安出版的民族问题研究会编《回回民族问题》一书，以鲜明的政治态度将回回作为一个民族整体来看待。

金吉堂著《中国回教史研究》，全书分上下两卷。卷上为"中国回教史学"，论述有关回教史研究的一些问题，具体内容有"回回"和"回纥"的关系、回教何时传入中国、中国历代对回教徒的称谓、"清真"一词、中回历之不同、对已出版回教作品之评论、未来中国回教史的构造、如何搜集史料等。卷下为"中国回教史略"，概述中国回教史，分为三章，包括回民在中国历史上之侨居时代、回民在中国历史上之同化时代、回民在中国历史上之普遍时代。

马以愚著《中国回教史鉴》，全书共分八章：至圣纪要、回教之道、礼法制度、历代史志、回纥源流、回回历法、文章勋业、名寺古墓。该书资料丰富，引证严谨，书末列的"引用书目"中有近200种典籍，说明作者旁征博引、阅读范围之广。由于征引资料丰富，该书在某些问题上扩大了回族史研究的视野，如第五章"回纥源流"部分认为，新疆"民族凡十四"，"八曰甘回族"，"甘回族，亦曰汉回族，一曰东干族，以其来自甘肃"。又征引资料说："汉装回，多从河湟迁徙来新，居食衣服，皆从华制。新疆回回，多来自陇省，以西宁、河州为最多；亦有来自陕省者，服装与汉人同，故别之曰甘回，亦称曰汉回。欧洲与缠回，统称之为东干回回。"通过征引多种资料，说明"东干"即"甘回"，"以其来自甘肃"，所以新疆称之为"东干回回""东干回""东干"。

1943年，白寿彝著《中国回教小史》，发表于《边政公论》，1944年修改后，由商务印书馆出单行本。《中国回教小史》分为九章：（一）中国大食间的交通；（二）大食商人的东来；（三）大食法之记载；（四）礼堂和公共墓地的创建；（五）回回之始盛；（六）歧视与厄害之发生；（七）寺院教育的提倡；（八）汉文译述的发表；（九）最近的三十二年。该书写得通俗易懂，深入浅出，对材料进行了细致的考证，每章后面都附有参考资料举要。

6. 苗族史研究

民国时期，学术界开始把苗作为一个民族来研究，一些学者就苗族的族源、迁徙、经济生活、语言文化、习俗信仰、社会组织等进行研究，发表了相关论著，如崔蕴存《苗族考略》（《地学杂志》第10卷第5期，1917年）、张敷荣《苗族的种类与习俗》（《清华周刊》第28卷第91号，1927年）、觉迷《苗疆风俗志》（《国闻周报》第6卷第12期，1929年3月）、区作霖《贵州苗族之过去及现在》（《新亚细亚》第4卷第3期，1932年7月）、余贻泽《清代的苗民问题》（《新亚细亚》第12卷第3期，1936年8月）、盛襄子《湖南苗史述略》（《新亚细亚》第13卷第4期，1937年4月）、王兴瑞《海南岛苗人的来源》（《西南边疆》第6期，1939年8月）、石启贵《汉苗同源论》（《中央周刊》第2卷第34期，1940年3月）、江应梁《苗人来源及其迁徙区域》（《边政公论》第3卷第3、4期，1944年4、5月）等。

苗族史专著还有刘介著《苗荒小记》（商务印书馆，1928年）、杨万选著《贵州苗族考》（自印本，1929年）、黄元操著《贵州苗夷丛考》（自印本，1936年）、王树德著《石门坎与花苗》（1937年）、童振藻著《黔中苗乘》等。

1936年，韩杰著《花苗史略》（抄本），全书共分为12章，前三章为古代苗族历史与迁徙。从第四章起到十二章主要介绍了花苗支系从贵州向云南迁徙的历史、信奉基督教的过程、宗教对花苗的影响等。[①]

20世纪40年代末，苗族学者梁聚五著《苗夷民族发展史》一书，是最早的苗族史专著。[②] 该书分为四篇，第一篇"绪论"，涉及苗夷民族的由来、称呼、发展区域及苗夷民族在中国史上的地位等内容；第二篇"苗夷民族由黄河流域发展到长江流域（夏禹前）"；第三篇"苗夷民族由长江流域发展到澧水、沅水、乌江、柳江、澜沧江、金沙江等流域（殷周至唐宋）"；第四篇"苗夷民族发展到伊洛瓦底江、萨尔温江、湄公河等流域（元明清至民国）"。

7. 其他民族史的研究

民国时期，除了上述族别史研究外，学术界还考察了其他民族如维吾尔、哈萨克、壮、彝、瑶、仡佬、黎、畲等族的历史，但研究成果相对零散，论文散见于各类期刊中。主要成果有王日蔚《维吾尔（缠回）民族名

[①] 参见苍铭、段阳萍校释《花苗史略校释》，中央民族大学出版社2013年版。
[②] 《苗夷民族发展史》有1950年作者自印本，1982年贵州民族研究所所编《民族研究参考资料》第11集收入该书，2009年书名改为"苗族发展史"由贵州大学出版社出版。

称演变考》(《禹贡》第 7 卷第 4 期，1937 年 4 月)、琪岅《哈萨克民族史略》(《大公报史地周刊》第 11 期，1934 年)、张西曼《乌孙即哈萨克考》(《说文月刊》第 5 卷 1、2 期，1944 年 11 月)、钟敬文《僮民考略》(《中山大学历史语言研究所周刊》1928 年 7 月号)、徐松石著《泰族僮族粤族考》(中华书局，1946 年)、任映沧著《大小凉山猓族通考》(西南夷务丛书社，1947 年)、胡耐安著《说猺》(1942 年)、闻宥《仡佬小考》(《华文月刊》第 2 卷第 2、3 期，1943 年 7 月)、芮逸夫《僚为仡佬试证》(《中央研究院史语所集刊》第 20 本上册，1948 年)、罗香林《海南岛黎人源出越族考》(《青年中国》创刊号，1939 年)、刘咸《海南黎族起源之初步探讨》(《西南研究》第 1 期，1940 年)、岑家梧《海南岛黎人来源考略》(《边事研究》第 10 卷第 6 期，1940 年)、魏应麟《畲民之起源与"畲"字之商订》(《福建文化》第 1 卷第 6 期，1932 年 11 月) 等。这些著述表明当时对中国境内各民族的族别史的研究范围很广，包括北方和南方诸多民族。

第八节 边疆及区域民族史的研究

近代以来，大批国外学者针对中国边疆及民族问题进行了调查研究，如安特生、史禄国、鸟居龙藏、白鸟库吉等，这些学者取得了一批有分量的学术成果，这对中国学术界提出了挑战。民国建立后，边疆问题成为国家建设中重要的内容，而边疆为各民族世居之地，民族研究也是边疆研究的重要内容。民国学术界已经认识到："日之于东北四省，俄之于蒙古、新疆，英之于新疆、西藏，法之于云南，民族调查之报告，无虑数十百种，详悉远胜吾人，是固帝国主义侵略野心所使然。"[①] 在这一政治形势下，学术界出现了边疆研究的热潮，关于边疆史地研究的期刊大量涌现，如《禹贡》《边政公论》《中国边疆》《西南边疆》等，这些期刊大量刊载有关边疆民族史的文章。

明治初年至 1945 年，日本史学界对我国东北边疆民族进行全面研究，以配合其"大陆政策"的施行，妄图变我国东北为其殖民地。所以，日本学

[①] 古公佐：《介绍一种研究边民文化的刊物民族学研究集刊第一期》，《边疆半月刊》1936 年第 1 卷第 6 期。

者发表了大量的研究论著，提出了一系列违背史实的主张和观点，比较有代表性的观点有白鸟库吉提出的"南北对立论"，稻叶岩吉、北川鹿藏所主张的"异民族统治论"，矢野仁一的"满蒙非中国民族论"等。这些观点毫无例外，都是从历史上否定东北边疆民族是中国的古代民族，进而否定东北是中国的领土，为其军国主义的侵略政策张目和服务。傅斯年、卞宗孟、金毓黻等学者对日本人的无稽之论进行了驳斥，傅斯年著《东北史纲》（中央研究院历史语言研究所，1932年）、卞宗孟著《东北史研究纲要》（东北大学，1938年）、金毓黼著《东北通史》（五十年代出版社，1943年）。这些著作用历史证据驳斥日本学者的"满蒙非中国论"。金毓黻著《东北通史》上编，围绕着民族和地理展开，强调了东北民族史研究的重要性，他说："东北史者，东北民族活动之历史也，无东北民族，则无所谓东北史。"①

民国时期，区域史或边疆史的撰述也涉及了民族史的内容，如葛绥成著《中国边疆沿革考》《中国近代边疆沿革考》（上海中华书局，1926、1934年）、华企云著《中国近代边疆民族志》（《新亚细亚》第8卷第5期，1934年11月）、顾颉刚与史念海著《中国疆域沿革史》（商务印书馆，1935年）、夏威著《中国疆域拓展史》（文化供应社，1941年）、蒋君章著《中国边疆史》（1944年）、童书业著《中国疆域沿革略》（开明书店，1946年）等。关于新疆地区的研究，贺岳僧著《西北史纲》（文信书局，1943年）、洪涤尘著《新疆史地大纲》（正中书局，1935年）、曾问吾著《中国经营西域史》（商务印书馆，1936年）。关于西藏的研究有白眉初著《西藏始末纪要》（北平建设图书馆，1930年）、洪涤尘编《西藏史地大纲》（正中书局，1936年）、任乃强著《康藏史地大纲》（雅安建康日报社，1942年）等。

抗战期间，在日本的怂恿下，1939年6月暹罗改称泰国，并公然宣称我国南方几省为泰族发源地，还派人到我国云南境内傣族地区活动，欲图收复所谓的失地。这种大泰族主义言行引起了民国政府及知识界的警惕。中国学术界从族源、族属角度予以反驳，如凌纯声在《唐代云南的乌蛮与白蛮考》一文中提出："在唐代分布于云南自东北部而至步头，由西北而达蒙化的乌蛮种族，由其地理的分布上观之，虽不能尽属于今日狭义的罗罗一族，而属于今日广义的藏缅族殆无疑义"，故而得出了"创立南诏的蒙氏是乌蛮，属

---

① 金毓黻：《东北通史》，五十年代出版社1943年版，第23页。

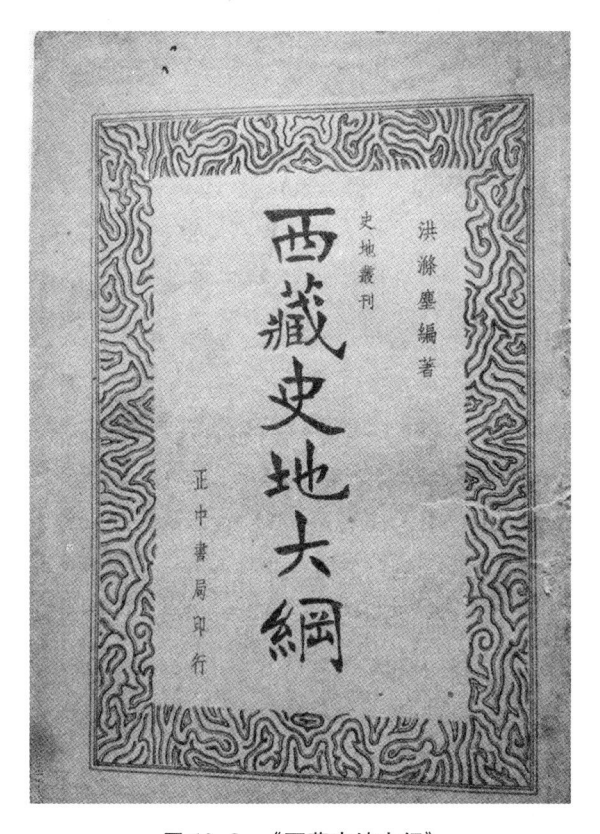

图 10-8 《西藏史地大纲》

于今之藏缅族"而"非摆夷民族"的结论。① 当时，相关论文还有方国瑜《南诏是否泰国古族》(《新动向》第 3 卷第 6 期，1939 年)、冯大麟《汉族与西南民族同源论》(《中央周刊》第 2 卷第 15、16 期，1939 年)、许云樵《南诏非泰国古族考》(《南洋学报》第 4 卷第 2 期，1943 年) 等。1944 年，岑家梧在《边政公论》上发表《由仲家来源驳斥泰族主义的错误》一文，根据贵州省荔波县仲家几个姓氏家谱考证，认为"仲家原为中原汉人，后来因为犯罪流徙或奉调戍边，日久便与土著通婚而土著化了"，"目下仲家语系虽与泰语相通……其与汉语的关系则极为密切……仲家与汉人在血统上的关

---

① 凌纯声：《唐代云南的乌蛮与白蛮考》，《中央研究院历史语言研究所人类学集刊》第 1 集，1938 年。

系，已有极悠久的历史"①。

民国时期，区域民族史的研究也取得一定发展，出现了一批专著与论文。

南方民族史研究的论文有郎擎霄《中国南方民族源流考》（《东方杂志》第30卷第1号，1933年1月）、李希三《广东民族源流考》（《粤风月刊》第3卷第1、2期，1936年）、周宁远《台湾原著民族考》（《现代周刊》第3卷第3期，1946年10月）。南方的民族史著作有刘锡蕃著《岭表纪蛮》（商务印书馆，1934年）、徐松石著《粤江流域人民史》（中华书局，1939年）等。

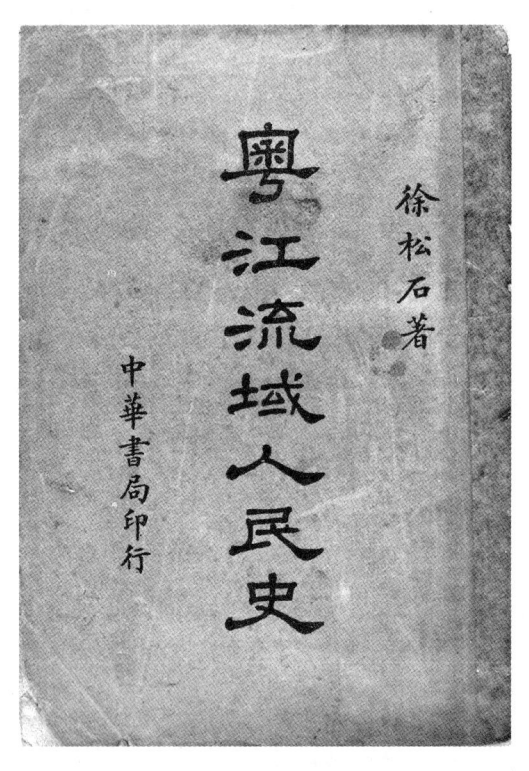

图 10-9 《粤江流域人民史》

西南地区民族史研究的成果较多，如章太炎《西南属夷小记》（《章氏丛书》三编《太炎文录》续编，1936年）、马长寿《四川古代民族历史考

---

① 岑家梧：《由仲家来源斥泰族主义的错误》，《边政公论》第3卷第12期，1944年。

证》(《青年中国季刊》第1卷第4期、第2卷第2期，1940年9月—1941年1月)、《云南民族之渊源及发展》(《东方杂志》第39卷第7期，1943年6月)、朱祖明《中国西南民族由来考》(《光华大学半月刊》第1卷第8期，1933年4月)、郑啸庠《西南边疆民族之来源及现况》(《新亚细亚》第13卷第3期，1937年3月)、丁骕《西南民族考释》(《边政公论》第1卷第7、8期，1942年3月)、汪懋祖《从历史上探讨云南土族的统系》(《东方杂志》第43卷第5号，1947年3月)、范义田著《云南古代民族之史的分析》(商务印书馆，1944年)等。

关于西北地区民族史的论文有姚渔湘《从历史上观看西北民族》(《长城季刊》第2卷第1期，1936年7月)、贺狱僧《民族发展史上的西北》(《三民主义半月刊》第6卷第2期，1945年)、谢刚主《河套民族变迁考》(《中和》第1卷第3期，1940年2月)。西北地区民族史方面的著作有陈万言著《西北种族史》(亚东制版印刷局，1919年)。该书分上下编，上编记述蒙族、土族，下编记述番族、回族，各族按不同地区分别介绍其沿革、风土等。关于该书的撰述过程，陈万言在序言中云："西北藩篱，种族歧异。史乘所载，终付阙如。……予宦游陇右，垂二十余年，西北种族，颇知大概。前因政事繁冗，未竟全书，引为憾耳。丙辰冬，奉命赴甘调查财政，差竣将归，复与二三旧友，悉心搜讨，合蒙土番回四族，汇勒一书，名曰《西北种族史》，亦可资防边者之一助尔。"此外，慕寿祺著《甘宁青史略》(兰州俊华印书馆，1936年)是一部西北地区编年体史书，该书分为正编30卷、副编5卷，副编卷三为《民族志》，记述了甘宁青地区的汉族、满族、蒙古族、回族、藏族的历史情况。

关于东北地区民族史著作有卞洪儒《历史上东北民族之研究》(《东北丛刊》1930年第2期)、胡伯玄《东北四省建置历史与民族源流》(《新亚西亚》第3卷第4、5期，1932年)、方德修著《东北地方沿革及其民族》(开明书店，1948年)。

第九节　少数民族文字的民族史撰述与文献整理

民国时期，少数民族文字仍在继续使用，少数民族文字文献仍在延续，但由于各民族交往更加紧密，政治、经济、文化交流力度加大，而汉民族的文化辐射力增强，少数民族中除一些人口集中、地域较封闭的地区外，多数民族的文字的使用出现明显弱化的趋势。

近代以来，少数民族文字古籍逐渐引起国内外专家的关注。特别是随着外国"探险队"和传教士对少数民族文字古籍的掠夺，引起国内一些有识之士的警觉和重视，开始搜集和保护这些重要的民族文化遗产。由于对祖国文化遗产的认识加深，加之西方学术思想和方法的传入，一些专家深入少数民族地区，开始调查、研究这些少数民族文字古籍，特别是抗日战争时期，很多学者来到大后方的西南地区，这些地区接近少数民族地区，一些学者抱着发掘少数民族文化遗产的决心，不畏艰险，长期在西南少数民族地区搜寻民族古籍，向当地懂得民族文献的人学习文字，释读文献，陆续出版了相关著作，做出了突出的成就，使西部少数民族古籍的搜集和整理出现前所未有的新局面。

这一时期中国有四大出土文献发现，有殷墟甲骨、汉魏简牍、敦煌石室文书和黑水城文书。在后两种文书中包含了大量少数民族文字历史文献，特别以敦煌石室文书中的藏文文书和黑水城文书中的西夏文文书为最具历史文献价值，并引起学界的高度重视。

民国时期一些国学巨匠和前辈专家如王国维、罗振玉、陈寅恪、赵元任、季羡林、王静如、方国瑜、傅懋勣、马学良、岑家梧等，或搜集文献，或解读文字，或诠释内容，或探索文化，筚路蓝缕，收获綮然。

一　蒙古文历史文献的记述与整理

这一时期的蒙文出版物很多，大多为报纸，从形式上看，不少是油印的小报，这是受当时战争环境影响所致。

当时内蒙古日报社蒙文编辑部除出版报纸外，还担负着翻译出版蒙文图书的任务，这些图书包括政治理论、文史和科学知识等门类，如《共产党宣言》《论人民民主专政》《什么是社会主义》《政治常识》等。整理、出版历史书籍《蒙古秘史》《刚毅英雄陶克陶胡传》等。[①]

二　藏文历史文献的记述与整理

过去的藏族历史书的编撰，往往夹杂神话和宗教的传说。民国期间藏族

---

① 《蒙古族通史》编写组：《蒙古族通史》下卷，民族出版社2001年版，第488页。

学术大师根敦群培（1903—1951年）把传统和现代的研究方法有机地结合起来从事研究，写出了《白史》等藏学名著，开藏族学术研究的一代新风，对现代藏学方法论的确立具有划时代的意义。

根敦群培是一位兼学者、画家、诗人、翻译家于一身的博学大师。他出生于青海热贡（现同仁县），4岁被认定为多吉扎活佛，吉美索朗多杰的转世灵童，后拜白登喇嘛为师。25岁时往西藏朝佛学经，修法习经7年。32岁时毅然放弃已经获得的众僧梦寐以求的参加拉萨传昭大法会、考取拉让巴格西学位的资格，受印度学者的邀请前往印度，并在尼泊尔和斯里兰卡等南亚诸国游学考察12年，始终坚持勤奋闻、思、修。根敦群培才智过人，经长期潜心修习佛法，博览群书，广采众说，成为一位学通藏、英、梵、汉的学者，对藏族历史、哲学、因明、美术、语言学、地理学均有高深的造诣，著有众多作品。44岁时以实事求是的精神，以朴素的唯物主义认识、分析事物，写出了藏族史学上少有的没有神话色彩的《白史》。他撰写的《智游列国漫记》既有细致入微的考察记录，又有富于哲理的议论。他还著作有《印度诸圣地旅游纪实》《论喜马拉雅山》，可以看出对自己故乡、对本民族历史文化的一腔赤诚之情。在其作品中，勇于跳出寺庙和藏族的圈子，以理性来观察、衡量宗教与历史，以关注人、解放人、提高人的地位为己任，表现出他卓越的胆识和超人的气魄，最终成为藏族学文化史上的一代宗师。他是一位杰出的宗教徒、学者，又是一名政治鼓动家和国际共产主义的代表。他的身份和个性充满着矛盾，他的离经叛道的思想与同时代的藏族高僧和学者形成鲜明对照，他对传统文化和藏传佛教的态度与闭塞、落后、禁欲的西藏封建农奴社会形成强烈的反差。他充满智慧的思想和离经叛道的言行，至今仍为人们所津津乐道。特别是他用科学的精神和事实，拨开传统的迷雾，揭穿了所谓一印度王子被弃河中，冲到吐蕃成为第一代赞普的王子虚构历史；否定了传统藏文图书封面并列印度兰扎、乌尔都和藏文三种文字对照书写的陋习；痛陈迷信印度的媚外思想，驳斥了吐蕃王源自印度释迦族的错误说法。[1]

这一时期，校勘、出版著名的藏文名著也取得了进展。喜饶嘉措（1883—1968年）是著名高僧和学者，16岁成为拉卜楞寺僧人。他勤奋学习，后到拉萨哲蚌寺，先后依止30多位学者为师，系统地学习和研究显密

---

[1] 格桑曲批译，周季文校：《根敦群培文集精要》，中国藏学出版社1996年版。

经论、大小五明学,从事讲经、辩论、著述等活动。尤其他辩经的方法之妙,技巧之高,效果之好,使同辈学者望尘莫及。1915 年喜饶嘉措 32 岁时,荣获丁拉然巴格西学位称号,在罗布林卡的辩经考试中名列第一。1917 年奉十三世达赖喇嘛之命,校勘新刻布顿·仁钦珠(1290—1364 年)文集。后又奉命主持校勘拉萨新版《甘珠尔》。新版《甘珠尔》印刷后,第一部献给达赖喇嘛,达赖赐给他"嘉华坚贝罗追·喜饶嘉措"的尊号。同时,还完成了《第悉·桑结嘉措全集》的校对工作。其后,喜饶嘉措退居哲蚌寺专事教授、著述生涯。除上述外,喜饶嘉措还有著作 30 余种,其中歌颂宗喀巴的占近半数,如《宗喀巴大师赞》《颂尊圣的香池》等,多有补于藏族史的研究。①

民国时期有内地高僧学习藏传佛教,著作丰厚,成为翻译、撰著藏文文献的大师。其中有法尊法师(1920—1980 年),原为河北省深县人,青年时在五台山出家,1924 年开始学习藏文,后入藏学习藏文、佛法,又曾到印度,长期在汉藏教理院任教,翻译了很多经典,还编写了藏文教材,撰著了《西藏民族政教史》,为藏族文化的发展做出了突出贡献。②

1900 年在莫高窟敦煌石室发现了大量古代文献,称为敦煌遗书。在这些文献中有大量吐蕃文(古藏文)文献,目前已知编号文献有 5000 卷。绝大多数吐蕃文献流散于西方诸国,分别收藏于法国、英国、俄国、日本等的博物馆或是研究机构,其中以法国所藏吐蕃文献最为丰富,但也有不少藏于国内。这些文献从学科分类的角度看,包括宗教、文学、艺术、历史、语言、法律、经济、医学、地理等内容。这些重要文献很快引起国内外学者的重视,整理、研究著述不断出版。

对于敦煌石室所出藏文文献的研究多由外国专家进行,他们是有机会最先接触写卷原本的西方藏学家,如法国的巴考(J. Bacot,1877—1969)、伯希和(1878—1945)、英国的托玛斯(F. W. thomas,1867—1956)、威利布散(Vallée Poussin,1869—1937)、旅居美国的德国学者劳弗尔(Berthold Laufer,1874—1934)等人。斯坦因与伯希和盗取的敦煌藏文写本绝大部分都收藏在巴黎国立图书馆和英国国家图书馆。

---

① 喜饶嘉措:《喜饶嘉措佛学论文集》,青海人民出版社 1954 年版;《喜饶嘉措文集》一、二、三集,青海人民出版社 1982—1984 年版。
② 唐景福、朱丽霞编著:《中国藏传佛教名僧录》,甘肃民族出版社 2006 年版,第 271—277 页。

1935年英国藏学家托玛斯首先公布了他所编辑的新疆地区发现的吐蕃文献，名为《关于新疆地区的吐蕃历史文献》，共有三册，分别于1935年、1951年、1955年出版。

法国著名的藏学家拉露（M. Lalou）围绕敦煌吐蕃文献进行，重点研究7—9世纪的吐蕃历史和汉藏关系等。巴考也是法国最早的藏学家之一，1940年与托玛斯合作翻译、考释出版了《敦煌本吐蕃历史文书》，为西藏古史研究上的里程碑，后又发表了《北方若干国君王统记述考释》（1951年）、《吐蕃史导论》（1962年）等。

法国著名汉学家戴密微（Paul Demiéville）对吐蕃时期的藏传佛教史颇有研究。《吐蕃僧诤记》是他享誉国际藏学界的代表作品，该著1952年由法国大学出版社出版。①

这些研究填补了藏族历史的空白，推进了藏族史的研究。

三 彝文历史文献的整理

20世纪30年代，地质学家丁文江到贵州考察地质，偶然发现彝文及其文献。于是约请彝族知识分子罗文笔翻译整理出若干篇，最后由丁氏把译稿汇编在一起，题为《爨文丛刻》，于1936年由商务印书馆出版。② 该书包括注音、释读、意译共约十万字，共收《千岁衢碑记》《说文〈宇宙源流〉》《帝王世经（人类历史）》《献酒经》《解冤经》《玄通大书》《天路指明》《权神经》《夷人做道场用经》《武定罗婺夷占吉凶书》等经典，其中包含很多彝文史书。该书汇编黔、川、滇彝文文献，并用四行译体的方法，这对后来的彝文古籍编译、整理产生了重大的影响。后来马学良教授又约请罗文笔之子罗国义等对《爨文丛刻》作了增订，改注音字母为国际音标，改正书中错译，补译未译部分，并增补近年发现的彝文金石碑铭，较原书增加了三倍。③

20世纪40年代，马学良、万斯年主持在云南武定、禄劝一带抢救性地搜集到两千多册彝文古籍，运回北京后由当时的北平图书馆和西南联大图书馆共同保存。北平图书馆所藏部分今仍藏国家图书馆，西南联大的这部分由

---

① 中国敦煌吐鲁番学会：《国外敦煌吐蕃文书研究选译》，1992年，王尧"前言"。
② 丁文江编，罗文笔译：《爨文丛刻》，商务印书馆1936年版。
③ 马学良、罗国义：《增订爨文丛刻》（1—3册），四川民族出版社1986—1987年版。

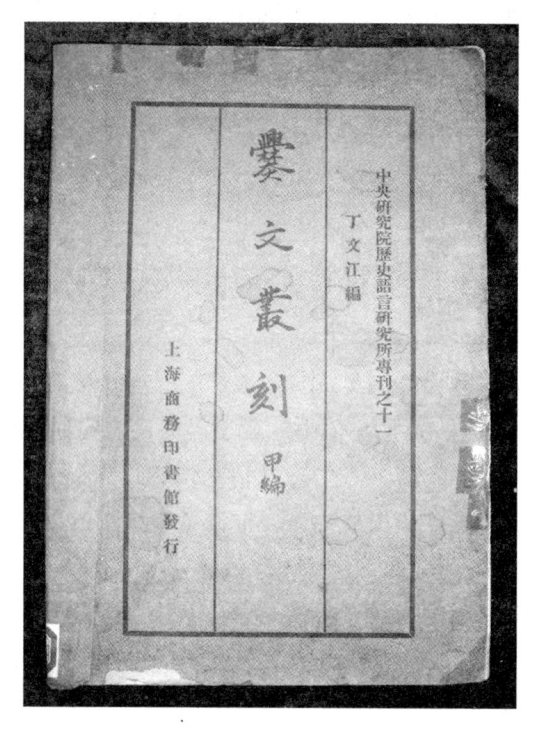

图 10-10 彝文《爨文丛刻》

清华大学图书馆继承保藏。其中有不少关于历史的著作，如前述《六祖诗史》《呗耄史》《家谱》《德勒氏族史》《尼糯氏族史》《德布氏史略》《德施氏史略》《德慕氏史略》《阿者乌撒兵马记》等，都是研究彝族社会历史的重要文献史料。

四 纳西东巴文历史文献的整理

1933年秋，方国瑜从北京大学研究所受命回云南丽江调查纳西族东巴文化，他立志揭开东巴象形文字及东巴文化的神秘面纱。他虚心向东巴经师求教，潜心研究，并翻译了东巴文记录的纳西传说《人类起源》及若干经书的章节。后来他又向赵元任、李方桂学习语言学，用国际音标为纳西象形文字标音，经过几年的努力，终于编成第一部翔实、科学的《纳西象形文字谱》。[①] 此外，他撰写的《么些民族考》被誉为纳西族历史文化的奠基之作。

---

① 方国瑜编撰，和志武参订：《纳西象形文字谱》，云南人民出版社1981年版。

该著作不仅是一本纳西语言文字的工具书,也是一部纳西族社会历史的学术著作,为中外学术界所推崇。

1939年,李霖灿到云南丽江搜集、研究纳西族东巴经,1946年完成译注《么些经典译注六种》,内容有《么些(即纳西)族洪水故事》(即创世纪)、《占卜起源的故事》(即白蝙蝠取经记)、《多巴神罗(东巴什罗)的身世》《都萨峨突的故事》《哥来秋超魂的故事》《某莉庆孜的故事》等。李霖灿为便于释读、整理东巴文古籍,还编辑《么些象形文字字典》。① 至今人们仍然把李霖灿视为20世纪50年代以前中国学者中从事东巴文化研究最具有代表性的人物。②

著名语言学家傅懋勣对纳西东巴文研究、出版做出了重要贡献。他于1945—1946年到丽江纳西族地区调查纳西文书籍,后作整理研究,对东巴经的研究成绩突出,其力作《丽江么些象形文〈古事记〉研究》于1948年出版。③ 傅懋勣又作《纳西族图画文字〈白蝙蝠取经记〉研究》。《白蝙蝠取经记》是除秽仪式经书,内容主要是叙述白蝙蝠为拯救人类,到十八层天一女神处取祭祀占卜经书的故事。④

小　结

(1)民国建立后,"民族"作为新的政治单元出现了,不再是清代的藩部或历代的四夷,而是平等的民族,但由于历史的局限性,未能切实保障各少数民族的平等权益。民国时期,关于"中华民族"整体性的探讨,既有学术自身发展的需要,也有对现实政治形势的回应。随着现代国家的建设,民族概念理解逐渐深化,中国民族史研究也出现了巨大的转变,学术界对中国民族起源、构成、主干及演变等方面都进行了理论探讨。专门的中国民族史著作不断涌现,以"中国民族史"为题的论著也有多种,还出版了几部

---

① 李霖灿编著:《纳西族象形标音文字字典》,云南民族出版社2001年版。
② 杨福泉:《绿雪歌者——李霖灿与东巴文化》,云南教育出版社2000年版。
③ 傅懋勣:《丽江么些象形文〈古事记〉研究》,武昌华中大学发行,武昌天成印书馆印刷1948年版。
④ 傅懋勣:《纳西族图画文字〈白蝙蝠取经记〉研究》,日本东京外国语大学亚非言语文化研究所,1981—1983年。

"中华民族史"著作。

（2）中国民族史开始成为一个明确的学科，学术界也较注重探讨中国民族史学科本身的性质及研究方法。中国民族史学研究除继承了传统的文献考证方法外，还积极吸收、借鉴人类学、社会学等其他学科的理论和方法，民族史研究人员的培养逐渐走向正规化、专业化，民族史知识也开始通过课堂讲授来传播。民族史研究迅速发展，取得了许多优秀的成果，民族史研究主要涉及民族源流的考证、中国民族的起源问题及族别史研究等方面。研究的重点为当时基本识别的民族，主要有汉族、满族、蒙古族、藏族、维吾尔族、苗族、彝族等较大的民族。

（3）接受马克思主义的学者或共产党人，把马克思主义应用到史学研究之中，这也影响了民族史的撰述与研究，马克思主义民族史学形成，主要的著作有李维汉主编《回回民族问题》、吕振羽著《中国民族简史》等。

（4）这一时期，多数少数民族的以本民族文字记述民族史明显弱化，而少数民族文字古籍的调查、研究和整理渐受重视，一些学者在民族地区搜寻民族古籍，释读文献，成就可观。

第十一章

中华人民共和国时期民族史学的新进展

中华人民共和国成立之后,中国共产党推行了新的民族政策,强调各民族一律平等,加强民族团结,施行民族区域自治制度,并进行了具体的民族识别工作。这些工作都有力地促进了民族史的研究,学术界也针对现实的民族问题,进行了民族史理论的探讨。"文化大革命"期间,中国民族史的研究基本停滞,只是民族文物与文献整理工作还有所进展。20世纪80年代后,随着思想的解放,中国民族史研究蓬勃发展,学术界对民族史学科性质的认识不断深化,出现了新的理论模式,指导了民族史的撰述与研究。民族史的编纂体例日益完善,编纂了多部中国民族通史、断代民族史、区域民族史、族别史、民族关系史、古代民族史,中华民族的研究也有了新的进展。民族史研究方法也不断完善,考古学、语言学、人类学等方法都得到应用。进入21世纪,中国民族史的研究出现新的发展趋势,研究的领域不断拓宽,对新的民族问题与民族理论都做出了积极的回应。

第一节 新的科学民族史理论的确立

中华人民共和国成立后,马克思主义民族理论成为中国民族史研究的指导思想,也决定了民族史的研究方向,同时,学术界也对民族史理论进行积极的探索,出现了"统一的多民族国家""中华民族多元一体""中华民族凝聚力"等理论,对民族史研究产生相当大的影响。

一 马克思主义民族理论对中国民族史学的指导

1949年,中国人民政治协商会议召开,经过与会代表的民主讨论,通过了《中国人民政治协商会议共同纲领》(1949年9月29日),对中国共产党的民族政策再次进行了明确的强调:"中华人民共和国境内各民族一律平等,实行团结互助。""各少数民族聚居的地区,应实行民族的区域自治,按照民族聚居的人口多少和区域大小,分别建立各种民族自治机关。凡各民族杂居的地方及民族自治区内,各民族在当地政权机关中均应有相当名额的代表。"这确立了基本的民族政策。

中华人民共和国成立后,作为民族理论学科的基础文献,马列主义经典作家关于民族问题的论述、党和国家民族工作和民族政策的文献得以整理出版,如《马克思恩格斯论民族问题》(1987年)、《列宁论民族问题》(1987年)、《斯大林论民族问题》(1990年)、《中国共产党主要领导人论民族问题》(1994年)、《民族问题文献汇编(1921.7—1949.9)》(1991年)等。马克思主义成为主流意识形态,马克思主义民族理论成为中国民族研究的指导思想,这也体现在民族史研究领域。

随着马克思主义史学主导地位的确立,史学理论研究往往与阐释唯物史观的基本理论相结合,阶级斗争理论是唯物史观的核心的观念,主导了当时的史学界。新中国成立初期的民族学工作者,在研究工作中运用马克思主义民族史学理论与研究方法,并借鉴苏联与西方民族史学的有益成分,从民族平等的立场、观点出发,在全国范围内进行大规模的民族调查和民族识别,使中国少数民族史学的研究得到了迅速发展,为新中国民族史学体系奠定了坚实基础,在建立富有特色的中国民族史学理论体系方面,迈出了可喜一步。

学术界注重运用经济基础学说、阶级斗争学说、社会矛盾分析方法和阶级分析方法来研究中国民族史问题。学术界认识到了中国各民族的复杂和曲折发展过程,批判了汉族王朝正统论和各种违反中国历史实际的唯心主义的历史观点。这一时期,中国民族史研究相关的理论问题主要有汉民族的形成问题、历史上民族关系的主流与支流问题、历史上的阶级矛盾和民族矛盾问题、民族融合与民族同化问题、民族战争问题、民族史研究的指导思想和方法论问题、民族英雄评价问题、历史上的疆域问题等。

20世纪50年代中期,随着民族社会历史调查的逐步开展,一些历史学家就开始呼吁重视民族史的研究。早在1955年,岑家梧就发表了《迅速地开展少数民族历史研究工作》(《光明日报》1955年5月18日)一文。随后翁独健又发表《关于中国少数民族历史研究中的情况与问题》(中央民族学院研究部编《中国民族问题研究集刊》第5辑，1956年）一文，对民族史学科建设进行了理论上的探讨。

当时因学术界注重马克思主义的社会发展形态问题，各民族的社会发展阶段和社会形态问题成为学术界研究的重点问题之一。如关于满族入关前的社会性质的讨论有一批专门论文发表，其中有张维华的《满族未统治中国前的社会形态》（《文史哲》1954年第10期）、王钟翰《满族在努尔哈赤时代的社会经济形态》（《中国历史问题研究集刊》1956年第6辑）、侯尚智《试论突厥汗国封建社会的形成》（《兰州大学学报》1959年第1期）、郑天挺《清入关前满洲族的社会性质》（《历史研究》1962年第6期）等。根据马克思主义的社会形态理论来论证建立政权的少数民族封建化问题也是民族史研究的重点。

苏联在对待民族问题上的基础理论研究，对1949年前中国共产党民族政策的形成及1949年后中国政府处理民族关系各项制度和政策的制定，具有极为重要的影响。1913年斯大林发表了《马克思主义与民族问题》，1950年发表了《马克思主义与语言学问题》。斯大林在文章中提出的民族四个元素的定义、民族与资本主义上升阶段，及在资本主义社会之前是部族而不是民族等理论，都在中国民族史研究中起到了指导作用。

1953年，苏联历史学家格·叶菲莫夫在苏联《历史问题》杂志1953年第10期上发表了《论中国民族的形成》一文，随即被译成中文，刊载于我国《民族问题译丛》1954年第2辑上。该文根据斯大林的理论模式，认为汉民族形成于19世纪与20世纪之间，此前的汉族是部族而不是民族。这篇文章引起了中国史学界的极大关注。1954年，范文澜在《历史研究》第4期上发表《自秦汉起中国成为统一国家的原因》一文，范文澜运用马克思主义民族理论研究了汉族的形成问题，他认为汉族在秦汉时期就已形成，"书同文"，就是"共同语言"，长城以内的广大疆域，就是共同的地域，"行同伦"表现在共同文化上的共同心理状态，"车同轨"可以理解为相当于共同的经济生活、共同的联系性，汉族在当时就作为一个民族而存在。

范文澜的文章发表之后，陆续有许多学者撰文参加讨论，其中绝大多数是根据斯大林民族形成理论而对范文澜进行反驳。由于各人对民族特征理解不一，有人认为在明代后期形成汉民族[1]，而认为汉民族形成于鸦片战争之

---

[1] 张正明：《试论汉民族的形成》，《历史研究》1955年第4期。

后的学者，他们的主要理论依据是斯大林的论述："民族不是普通的历史范畴，而是一定时代即资本主义上升时代的历史范畴。"①

对于汉民族形成问题的讨论，也反映出一些人在运用马克思主义原理时的简单化倾向。对于"民族"定义的理解，有些人不是根据我国的具体情况加以判断，而是常拿斯大林关于"民族"四个特征的定义生搬硬套，因此，往往无法弄清楚中国的历史和民族的形成及其发展的进程。根据斯大林的民族理论，民族只能形成于资本主义上升时期，那么在不曾经历过资本主义社会发展阶段的中国，汉族则只是一个部族，直到新中国成立前，有的民族还未进入封建社会形态，甚至处在原始社会阶段，这样一来，我国很久以来就是一个多民族国家的事实，也要被改写为只是一个多部族国家，而这完全不符合中国历史的实际。这也是20世纪50年代苏联的民族理论对我国史学产生的直接影响。

1954—1957年，学术界展开了关于汉民族形成问题的大讨论。当时，许多学者坚持斯大林关于民族形成于资本主义上升阶段的观点，认为这是理解全世界一切民族形成的普遍规律。范文澜提出汉民族形成于秦汉时期的观点，也成为20世纪50年代初关于汉民族形成问题讨论的焦点。1957年，《汉民族形成问题讨论集》由生活·读书·新知三联书店出版。当时，"汉民族的形成问题"也是整个史学研究的重大问题，甚至成为中国史研究的"五朵金花"之一。

20世纪60年代初期，牙含章等学者又提出了"原始社会蒙昧时代高级阶段已形成'原始民族'"的观点。②学术界由此展开了关于民族形成问题的第二次大讨论。有学者认为民族形成于原始社会末期和阶级社会初期③，有学者认为古代民族形成于阶级和国家出现以后④，也有学者认为只有在资本主义上升时期才能形成民族。⑤

在马克思主义民族理论的指导下，学术界还研究了相关的民族史问题，如民族英雄问题，翦伯赞、周一良、吕振羽、白寿彝等人都有相关论文发

---

① 曾文经：《论汉民族的形成》，《历史研究》1955年第1期。

② 《牙含章和方德昭就民族和民族形成问题的两封通信》（关于民族形成问题的讨论），《学术研究》1963年11月号。牙含章、施正一：《论现代民族——兼与杨堃先生商榷》，《学术研究》1964年第4期。

③ 方德昭：《关于民族形成问题的一些意见》，《学术研究》1963年第7期。

④ 岑家梧、蔡仲淑：《关于民族形成问题的一些意见》，《学术研究》1964年第4期。

⑤ 杨堃：《关于民族与民族共同体的几个问题》，《学术研究》1962年第1期。

图 11-1 《汉民族形成问题讨论集》

表，如翦伯赞《关于处理历史上的民族关系问题》一文①，认为在阶级社会的历史条件下，民族英雄要受到阶级性和时代性的限制，各民族人民共同承认的英雄只有到社会主义社会的历史条件下才能出现。这还涉及了岳飞、于谦、史可法等历史人物的评价问题。关于民族同化与民族融合问题的研究，如吕振羽《关于历史上的民族融合问题》②阐述了民族同化与民族融合的区别与联系，指出民族同化与民族融合相对立，但它在一定程度上促进了民族融合的发生。翦伯赞的《怎样处理历史上的民族关系与阶级关系》③，认为在阶级社会的历史时代，只有民族同化，没有民族融合。因为民族融合的结果是几个民族在经济和思想基础上互相影响形成新的民族，而这在阶级社会

---

① 《翦伯赞史学论文集》第 3 辑，人民出版社 1980 年版。
② 《历史研究》1959 年第 4 期。
③ 《文汇报》1962 年 5 月 18 日。

里是根本无法实现的。

二 "统一的多民族国家"理论的探讨

中华人民共和国成立以后,各民族一律平等成为中国共产党处理民族事务的基本原则,在这种政治背景下,很多历史学家在民族关系史研究中,贯彻了各民族一律平等、加强民族团结及维护祖国统一的原则,注意探讨统一多民族国家形成的历史过程。

1950年,范文澜在《中华民族的发展》一文中指出,中国及其历史是构成中华民族的各族男女劳动人民长期共同创造的成果。20世纪50年代,围绕统一多民族国家形成这一问题有代表性的文章还有,翁独健《关于中国少数民族历史的情况和问题》(中央民族学院研究部编《中国民族问题研究集刊》第5辑,1956年)、贾敦芳《关于研究祖国各民族历史的几点意见》(《民族研究》1958年第2期)、陶明《论我国是一个统一的多民族国家》(《历史研究》1959年第9期)、吕振羽《关于历史上的民族融合问题》(《历史研究》1959年第4期)等。

在对统一多民族国家的理论探讨中,白寿彝的相关研究较有代表性。早在1951年,白寿彝在《论爱国主义思想教育和少数民族史的结合》一文中就指出,国内少数民族除极少数的民族外,大体上都具有和汉族一样悠久的历史,甚至当汉族还没有正式形成的时候,西北的羌族,南方的苗蛮族,西南的庸、蜀、髳、微等族就在历史上出现了。各少数民族开发和建设了中原和边疆地区,也为创造中华精神文明与物质文明做出了突出的贡献。在反对封建压迫和在近现代革命斗争中,少数民族也同样坚强不屈,前赴后继,所以"各民族共同创造中华民族的全世无匹的悠久的历史,这是我们中华人民所应该引以骄傲的。这份骄傲,比单独地对汉族历史悠久的骄傲,是更有充足的理由的"[1]。白寿彝指出"统一的多民族国家是个历史概念"[2],应从整个中国历史的发展来考虑。对此,白寿彝从中国历史的实际出发,提出了独具创新意义的统一的多民族国家的理论。对于如何理解"统一"的概念,他提出应从"统一的规模"来观照中国历史的发展,指明中国历史上的统一规模的形成有四种形式:第一种是单一民族内部的统一;第二种是地区性的多

---

[1] 白寿彝:《白寿彝民族宗教论集》,北京师范大学出版社1992年版,第20页。
[2] 同上书,第12页。

民族的统一；第三种是全国性的多民族的统一；第四种是我们现在的统一，就是社会主义多民族的统一。论及统一发展的历史阶段，他说："我们的统一是经过不同形式、不同阶段的发展才逐渐形成今天这个样子的。"①

白寿彝认为，既然"中国"是一个不断变化的历史概念，今天的中国人讲中国历史，就应该采用今天"中国"的概念，即要讲中华人民共和国各民族的历史，"要明确这个概念，讲中国历史，是讲中华人民共和国各个民族的历史"②。

关于汉族和少数民族的历史地位，白寿彝认为，在中华民族多民族发展史上，汉民族无疑是主体民族，因而也是对中华民族的发展贡献最大的民族。所以他说："中国历史几千年连续不断，在世界史上是少有的。这个功劳，汉族应居第一位。如果没有汉族，少数民族做不到这一点。"从这个角度而言，中国通史的撰述，理所当然地要以汉民族的历史为主要对象。但是，白寿彝也明确指出，"我们说汉族是主体民族，并不是说少数民族无关紧要"，"我们说尊重汉族的历史地位，这跟大汉族主义是两回事"③。从历史贡献来看，各少数民族的共同性是：第一，"对边疆开发，少数民族出了很大的力量，没有他们，边疆开发是不可能的。他们的功劳不可磨灭"。第二，"少数民族在边疆上巩固国防，起很大作用"。第三，"在生产方面，少数民族的贡献也很大"④。从国家的统一发展来看，统一"首先是各民族内部的统一，然后各民族混合起来统一。中国各民族统一的过程，及其统一的深度，都直接影响到我们全国社会发展的水平，是全国的大事情。从各民族统一的程度、统一情况的发展看，往往标志着整个国家的历史进程"⑤。

三 "中华民族多元一体"理论的提出

民国时期，学术界即开始探讨中国民族的结构与主干问题，出现了中华民族是一个整体的观点，如顾颉刚等学者展开了"中华民族是一个"问题的讨论，这对当时民族史的研究撰述产生了重要影响。20世纪80年代，随着

---

① 白寿彝：《白寿彝民族宗教论集》，北京师范大学出版社1992年版，第11页。
② 白寿彝：《关于中国封建社会的几个问题》，《白寿彝史学论集》上册，北京师范大学出版社1994年版，第5页。
③ 白寿彝：《关于中国民族关系史上的几个问题》，《民族宗教论集》，河北教育出版社2001年版，第62页。
④ 白寿彝：《白寿彝民族宗教论集》，北京师范大学出版社1992年版，第54页。
⑤ 同上书，第67页。

学术思想的解放、民族政策的调整及民族史研究的进展，这一问题又成为学术界讨论的焦点，很多学者参与了这一理论问题的探讨。

1963年，方国瑜发表《论中国历史发展的整体性》（《学术研究》1963年第9期）一文，提出"中国历史发展，有整体的社会结构，虽然有几个政权同时存在，并没有破裂了整体的社会结构，这是中国历史发展的特点"的观点。方国瑜认为中华各民族历史是一个有机的整体，而且中华民族也是一个有机的整体，这为汉族与少数民族、内地与边疆唇齿相依关系的研究奠定了基础。1968年，彭友生著《新民族史观》（台湾商务印书馆），提出了"四海一家的国史观"。1986年，张博泉提出并论证了"中华一体"理论。他认为，中华民族形成和发展的历史，先后经历了"前天下一体""天下一体"及"前中华一体""中华一体"这样两个时期四个阶段。"前天下一体"是指秦以前，"天下一体"是指秦汉到隋唐；"前中华一体"是指辽宋金，"中华一体"是指元明清。不管是"天下一体"，还是"中华一体"，都包括以汉族为主体的各民族在内。①

1988年，费孝通应香港中文大学邀请，在国际著名的学术讲演活动之一"泰纳讲演"（Tanner Lecture）会上发表了著名演讲，阐述了中华民族多元一体格局理论，后整理成《中华民族的多元一体格局》一文。② 这篇论文提出的"中华民族多元一体格局"理论对中华民族的形成及其结构特点，作了高层次的理论概括，奠定了中国民族史研究的整体史观。从此，中国民族史学研究步入了对中华民族进行整体研究的新阶段。

1989年，费孝通主编的《中华民族多元一体格局》由中央民族学院出版社出版，这是社会学、人类学、历史学学者共同研究中华民族的第一部论著，在学术界、思想界等引起了广泛影响。1999年，《中华民族多元一体格局》（修订本）由中央民族大学出版社出版。修订本《中华民族多元一体格局》围绕中华民族多元一体格局这一核心理论，对中华民族的起源与形成、中华民族形成史的分期、中华民族的结构等问题，在不同层面上进行了更加深入的研究。

1990年，民族研究国际学术讨论会在北京举办，来自中国内地和香港等地以及日、美、英等国家的40多位民族学、人类学、历史学、考古学学者，

---

① 张博泉：《"中华一体"论》，《吉林大学社会科学学报》1986年第5期。
② 费孝通：《中华民族多元一体格局》（修订本），中央民族学院出版社1989年版。

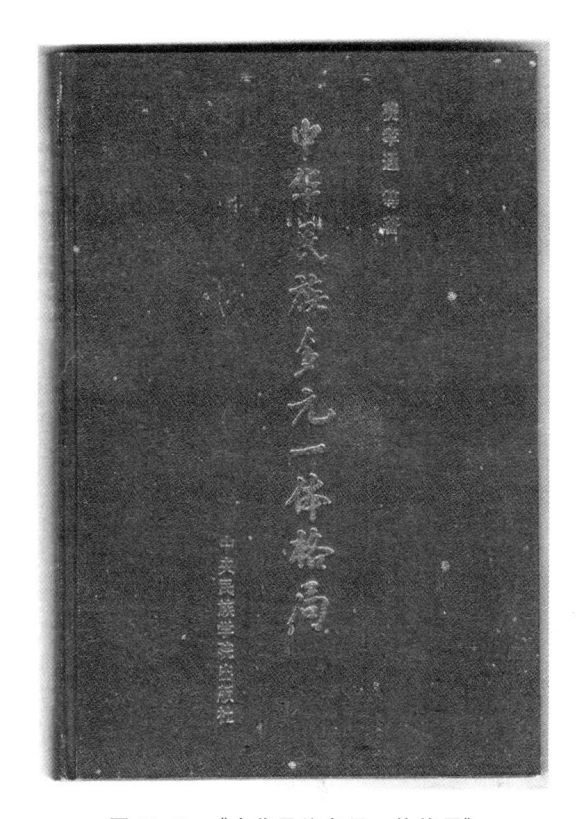

图 11-2 《中华民族多元一体格局》

对"中华民族多元一体格局"进行了专题学术讨论,并出版了《中华民族研究新探索》(中国社会科学出版社,1991年)一书。

1994年,陈连开出版《中华民族研究初探》(知识出版社)一书,在中华民族多元一体格局理论基础上,提出了"民族史研究的整体史观"和"中华民族整体研究架构"理论。

20世纪90年代以后,如何理解"多元"与"一体"的关系成为学术界讨论的一个焦点。一些学者认为,中华民族的"多元"是指当代中国的56个兄弟民族,但中华民族还没有形成为一个民族,不能称为一体。如果是指祖国的统一不可分裂,中华各民族都要为祖国的完全统一而奋斗,大陆上各民族都要支持党的领导与社会主义道路,那么,改为"中华各民族的多元一体""中国各民族的多元一体"或"中华各民族的多元一统"就比较好懂一些,也确切些,说"中华民族的多元一体","一体"是指什么,难以理解。另外一种理解则认为,仅提"中华民族一体"不确切,但"中华民族的多元一体"可以辩证地表述中华民族的"多元"与"一体"的关系,是很恰当的表述。

"中华民族多元一体格局"提出后得到学术界的普遍认同并迅速传播,成为近 30 年中国民族史研究的一个基本指导思想。

四　中华民族凝聚力问题的讨论

20 世纪 90 年代,"统一多民族国家""中华民族多元一体"理论的讨论与传播,促使了中华民族凝聚力理论的提出,成为中国民族史学理论探讨的又一个新问题。

1990 年 12 月,由广东省学者发起举行了中华民族凝聚力首次学术讨论会,出版了论文集①,并于 1992 年成立了中华民族凝聚力研究会,而后多次召开全国性的中华民族凝聚力学术讨论会,出版了多部论文集。

这一时期,关于中华民族凝聚力问题进行了更为深入的理论探讨。1992 年在湖南吉首召开中国民族史第四次学术讨论会,重点研究历史上中华民族凝聚力的形成与发展。后来出现了一批有分量的研究成果。1994 年,陈育宁等著《中华民族凝聚力的历史探索——民族史学理论问题研究》(云南人民出版社)一书出版,该书探讨民族史学的理论问题,主要对中华民族凝聚力这一具有历史意义和现实意义的课题作了全面系统的阐释,强调了中华民族的多源多流以及汉民族的主体地位。同年,还有陈琳国著《伟大的步履——中华民族的形成、发展及其凝聚力》(浙江人民出版社)出版。另外,瞿林东著《历史·现实·人生——史学的沉思》(浙江人民出版社,1994 年)一书和陈其泰著《史学传统与民族精神》(《北京师范大学学报》1996 年第 3 期)一文,也对"民族史学与民族凝聚力"这一理论进行了阐释。

20 世纪 90 年代,有多部探讨中华民族凝聚力的专著出版,如木芹著《中华民族历史整体发展论》(民族出版社,1995 年),孔庆榕和张磊主编的《中华民族凝聚力学》(中国社会科学出版社,1999 年),马戎、周星主编的《中华民族凝聚力形成与发展》(北京大学出版社,1999 年),卢勋、杨保隆主持的《中华民族凝聚力的形成与发展》(民族出版社,2000 年),伍雄武

---

① 参见林若《一个很有时代意义的研究课题——在增强中华民族凝聚力首次学术讨论会上的讲话》,《学术研究》1991 年第 1 期;孔庆榕主编《增强中华民族凝聚力首次学术讨论会论文集》,香港汉荣书局 1991 版;广东省社会主义学院中华民族凝聚力研究中心编《增强中华民族凝聚力——一个深为海内外中华儿女关注的大课题》,广东人民出版社 1992 年版。

的《中华民族的形成与凝聚新论》（云南人民出版社，2000年）等，这些著作探讨了中华民族凝聚力概念的基本内涵、形成的历史过程以及形成的诸因素等问题，既具有学术价值，也具有重要的现实意义。

一些史学家主持撰写的中国通史，都突出了上述理论，如周谷城著《中国通史》（上海人民出版社，1957年），郭沫若等主编《中国史稿》（人民出版社，1962—1963年），翦伯赞主编《中国史纲要》（人民出版社，1963—1964年），范文澜、蔡美彪等著《中国通史》（人民出版社，1965—1995年），陈致平著《中华通史》（台湾正中书局，1974—1979年），白寿彝主编《中国通史纲要》（上海人民出版社，1980年）等，也都有较大篇幅论述民族史问题。这些新的通史著作，都注意了少数民族史在通史中的地位，突出了各民族共同缔造祖国历史和文化的内容，改变了往昔陈旧的史学观念和在中国历史阐述中忽视民族史的倾向。

1989年，白寿彝任总主编的《中国通史》第一卷出版，该书开篇就说："中国是一个统一的多民族的国家。中国的历史是中华人民共和国境内各民族共同创造的历史，也包括曾经在这块广大国土上生存、繁衍而现在已经消失的民族的历史。"[①] 该书共12卷22册，于1999年出齐，该书在民族史观上进行了深入的探讨。

第二节 民族社会历史调查与《中国少数民族简史丛书》的编纂

中华人民共和国成立初期，民族工作的主要任务是贯彻中国共产党的民族政策，加强民族团结，促进民族平等，维护国家的统一。民族工作的开展也促进了民族史的撰述，这些民族工作的原则也体现在民族史研究与撰述之中。

一 民族识别工作

1950—1952年，中共中央先后派出西南、中南、东北和内蒙古等民族访问团，分赴各民族地区进行慰问，宣传贯彻中国共产党的民族政策，这期间许多少数民族纷纷要求承认他们的民族成分。

---

① 白寿彝：《中国通史》第1卷，上海人民出版社1989年版，第1页。

20世纪50年代，斯大林的民族理论对中国民族史的研究起到了重要的指导作用，学术界积极参照苏联模式来审视和构建中国的"民族"框架以及相应民族政策和制度。中国共产党的民族政策，促进了对民族地区的调查与民族识别，这也影响了民族史研究。民族识别需要民族历史的研究，而民族识别确定以后，反过来又促进了对民族历史的研究。有的专家认为，为解决族别问题，进而为落实党的民族政策服务的科学研究和科学应用工作，是马克思主义民族问题理论和民族学原理的具体应用。特别是关于民族语言；民族关系史方面的来源迁徙，民族的同化、混血和融合；民族的生产、交换和民族文化，包括风俗习惯、特点及建立在这些特点之上的民族心理素质等原理的应用。[①]

20世纪50年代，中国共产党和人民政府开始有组织地进行民族识别工作。1953年，在第一次人口普查中，全国自报登记下来的民族就有400多个，中央政府对于自报登记的民族进行识别和归并，确认少数民族38个，其中除已公认的蒙古、回、藏、维吾尔、苗、瑶、彝、朝鲜、满等民族外，又确认了僮（后改为壮）、布依、侗、白、哈萨克、哈尼、傣、黎、傈僳、佧佤（后改为佤）、高山、东乡、纳西、拉祜、水、景颇、柯尔克孜、土、塔吉克、乌孜别克、塔塔尔、鄂温克、保安、羌、撒拉、俄罗斯、锡伯、裕固、鄂伦春等民族。1964年全国第二次人口普查登记了不同民族名称183个，经过识别调查，新确认了15个少数民族，即土家、畲、达斡尔、仫佬、布朗、仡佬、阿昌、普米、怒、崩龙（现改为德昂）、京、独龙、赫哲、门巴、毛难（现改为毛南），另将74个不同民族名称归并到53个少数民族中。1965年确认珞巴族为单一的少数民族，1979年确认基诺族为单一的少数民族。截至1990年全国第四次人口普查，正式确认的少数民族55个，加上汉族，共56个民族。这些少数民族享受民族待遇，成为统一的民族大家庭的成员。民族识别工作在一定程度上影响了以后的民族史研究格局，各民族专史研究得到了极大的发展。

在民族识别工作中，既要重视作为民族共同体的四个特征同时存在的必要性，又要注意到这四个特征具体存在于某一民族时其所表现出的不平衡性。中国共产党把马列主义的民族理论和中国民族问题的实际相结合，在民族识别过程中，对斯大林的民族定义进行了唯物和辩证的科学运用。在运用

---

① 梁钊韬：《中国民族学概论》，云南人民出版社1985年版，第397页。

斯大林的民族四个基本特征的过程中，中国的民族识别也没有拘泥于经典作家的论述，而是结合本国的民族实际情况进行了创新和发展，充分体现了实事求是的科学态度。

在民族识别过程中，广大民族工作者及专家学者深入民族地区对各民族进行实地调查研究，同时还参考有关各民族的历史文献，通过追溯民族的历史渊源，以把握不同民族共同体的相似性及独特性。在民族特征的调查研究基础上，着重追溯民族历史渊源作为识别族属的依据，例如对畲族、土家族、达斡尔族及广西、贵州等地区一些民族的识别，就参考了历代正史、笔记、地方志等历史文献。[1] 关于土家族识别问题，中央及中南地区多次组织有关人员进行调查研究，潘光旦还专门撰写《湘西北的"土家"与古代巴人》一文[2]，追溯了古代的巴人与土家族的关系，对土家族的识别具有重要的参考价值。

民族识别工作完成后，学术界开始以已识别的民族作为研究对象，以新的民族单位来看待民族史料，并追溯各民族历史。但同时也产生了一些问题，一些没有被识别的族群的历史问题被忽略了，或有意识地混杂入其他民族的历史之中。

通过民族识别工作，最终确定了 55 个少数民族，每个人也获得了民族的法定身份，民族成为户籍、身份证件中必备的内容。识别的民族成为之后民族史研究的框架，学术界开始以识别的民族来追溯各民族发展的源流。

二 民族社会历史调查

中华人民共和国成立后，随着国家建设的全面开展，各民族的面貌也发生了深刻的变化。1956 年，毛泽东同志向全国人大常委会副委员长彭真提出，要动员力量组织一次全国性的少数民族社会历史调查，以期在 4—7 年内弄清各主要少数民族的经济基础、社会结构、历史沿革以及特殊的风俗习惯等，以此作为民族地区工作的依据。当时全国人大民委制定的《关于在少数民族地区进行各民族社会历史情况的调查研究工作的初步规划》规定的方针为："首先调查各民族的社会生产力、社会所有制和阶级情况，然后尽可

---

[1] 参见黄光学、施联朱主编《中国的民族识别：56 个民族的来历》，民族出版社 2005 年版，第 175—207 页。

[2] 潘光旦：《湘西北的"土家"与古代巴人》，见中央民族学院研究部编《中国民族问题研究集刊》第 4 辑，1955 年。

能收集历史发展资料和特殊的风俗习惯，进而对各民族历史作系统的研究。"①

1956年春，全国人民代表大会常务委员会副委员长彭真遵照毛泽东同志的指示，对开展少数民族社会历史调查工作进行了部署。1956年6月，全国人大民族委员会和中央民族事务委员会共同召开了全国少数民族社会历史调查工作会议。会议邀请了少数民族分布较多的各省、自治区民委主任，及中央民族学院和几个地区民族学院的领导、有关大学和研究机构的专家学者参加，研究了全国少数民族社会历史调查的组织、计划和草拟的调查提纲。中央民族学院研究部起草了《社会历史调查参考提纲》，作为调查工作的指导。

会议将讨论的意见报告给全国人大常委会党组和彭真同志，得到同意。调查工作由全国人大民族委员会主持，成立了有全国人大民族委员会主任委员刘格平、中央民族事务委员会副主任刘春和中央民族学院副院长费孝通组成的调查领导小组。

调查工作具体可以分为前后两个阶段，第一阶段大致是从1956年8月起到1958年6月，工作以社会形态调查为核心；第二阶段从1958年8月到1964年5月，工作以编写"简史简志"为核心。

在全国人大民委成立了调查办公室，由中央民委、中央民族学院协同工作，当年就组织了内蒙古、新疆、西藏、云南、贵州、四川、广西、广东8个调查组，抽调民族学家、社会学家、历史学家、经济学家以及社会科学研究人员、民族工作干部、大专院校师生200多人参加，第一批调查了20个民族，整理出不同民族从原始社会末期到奴隶制社会和封建社会，各个历史发展阶段的第一手资料约1500万字。1958年，全国少数民族社会历史调查工作由刚成立的中国科学院民族研究所主持，调查组由原来的8个增加到16个，新设了甘肃、青海、宁夏、辽宁、吉林、黑龙江、湖南、福建8个调查组。调查组人员最多时达到千人以上。到1964年，调查工作基本结束。

通过民族社会历史调查，相关工作人员搜集了大量的民族史资料，如文献资料、口述资料、民俗资料、报纸杂志、文件汇编、会议公报、档案资料、碑刻、方志史料等，此外还有族谱、契约税据、乡规民约、巫道经书、诗歌谚语、故事传说等。据不完全统计，当时撰写的调查材料有340多种，计2900多万字；整理档案资料和文献摘录100多种，计1500多万字；拍摄

---

① 《关于在少数民族地区进行各民族社会历史情况的调查研究工作的初步规划》。

少数民族科学纪录片十几部。此外，还搜集了一批少数民族的历史文物。[①]这些资料为编纂各民族简史及之后的民族史研究奠定了基础。

三 《中国少数民族简史丛书》的编纂

民族社会历史调查的第一阶段，特别是在"反右派斗争"之前，总体说来与事先的调查计划最为接近。第二阶段始于1958年8月的贯彻落实"跃进规划"，即提出"在今后一年之内完成少数民族社会历史初步调查和编写民族自治地方概况、各民族简史、简志等三种民族问题丛书的跃进规划"，把原计划提前，并提出编辑出版"三种民族问题丛书"向国庆十周年献礼。受此影响，工作重点就不再放在深入全面的调查方面，而代之以收集编写简史简志所需材料和丛书编写。

在第一阶段的社会历史调查中，一个基本的工作目标就是在完成调查后三年内为50多个少数民族编写简史、简志，但在"大跃进"形势的影响下，1958年6月，中国科学院民族研究所提出大调查"跃进规划"，决定在一年内完成全国50个少数民族的社会历史调查，并完成50个民族的60本简史、简志的编写，加上由地方编写的"民族自治地方概况"，称为"三种民族问题丛书"，向国庆十周年献礼。按规划要求，"蒙古族、藏族、维吾尔族、苗族、彝族、朝鲜族、哈萨克族、白族、傣族、壮族10个民族的简史与简志分开编写，其他40个民族的简史、简志均打算合编在一起"[②]。最终按照资料占有多少的情况，把满族、壮族、蒙古族、藏族、朝鲜族、彝族的简史与简志分开编写，其余各民族的简史则合在一起编写。

至1959年6月，大部分的民族史志初稿基本完成。为了推动民族问题丛书的编辑出版和民族史的研究工作，1961年3月成立了民族历史研究工作指导委员会，著名学者翦伯赞、范文澜、吕振羽、林耀华、白寿彝、向达、方国瑜、韩儒林、马长寿、翁独健等是其中的领导成员。1963年，在中国科学院的部署下，陆续将初稿铅印保存，但未公开出版。20世纪60年代简史初稿体现了"厚今薄古"的原则，用大量篇幅介绍了"大跃进"、人民公社、社会主义建设的内容，对各民族古代历史叙述较少。"文化大革命"期

---

① 黄光学、施联朱主编：《中国的民族识别：56个民族的来历》，民族出版社2005年版，第162页。

② 中国科学院民族研究所：《民族研究工作的跃进规划》，见中国科学院民族研究所编《民族研究工作的跃进》，科学出版社1958年版。

间，简史丛书的编纂工作中断。20世纪80年代对丛书进行修订时，删除了"大跃进"、人民公社等内容，强调了在中国共产党的领导下，各族人民进行的革命斗争等内容。

1978年十一届三中全会以后，国家民族事务委员会决定重新编纂三套丛书，并在原来三种丛书的基础上增加了《中国少数民族》《中国少数民族社会历史调查资料丛刊》，共为五种丛书。在编写《中国少数民族简史丛书》时，每一民族都有专门的民族研究机构成立简史的编写组。各简史分别论述各民族的族源、族称、历史发展、社会经济形态、文化艺术、宗教信仰、风俗习惯以及在历史上对缔造统一的多民族国家做出的贡献等，成为中国民族研究的重大成果，促进了中国民族史学科的发展。此外，《中国少数民族社会历史调查资料丛刊》的编写则通过对各民族的实地调查获得资料，其规模是以前民族史研究中没有的。

1979年，又成立了国家民委五种民族问题丛书编委会。1979年3月15日，中共中央宣传部、统战部向17个省及有关单位发出了《关于转发国家民委党组〈关于编辑、修订、出版民族问题五种丛书，向国庆三十周年献礼的报告〉的通知》，正式向各省下达了编写任务。随后，有关省、自治区和相关单位根据"通知"精神，建立了相应的编委会，在1963年印出各民族简史的初稿基础上开始修订。每本简史先初步变成征求意见稿，然后由各省民委、省民族研究所多次召开简史讨论会，逐章逐节进行讨论，将修改意见集中处理，完成送审稿。然后召开审稿会议，邀请有关专家学者、本民族的领导干部和知识分子代表再次对书稿内容进行审查，对全书的体例、族源、宗教、人物评价、社会性质、历史事件、历史分期、史料运用等进行讨论，最后交各省、自治区《民族问题五种丛书》编委会审查定稿。定稿后，由中华书局及各民族所在的省、自治区的人民出版社出版，从第一本《回族简史》（1978年）出版到最后一本《维吾尔族简史》（1991年）结束，《简史丛书》历时14年编纂完成。

简史丛书中的各族简史的撰写很严谨，各书撰写者对引用的史料进行了严格考订，重要引文还加了注释，切实注意史料的真实性、准确性、科学性。各书中涉及的迄今尚无结论的学术性问题，如族源问题、社会性质问题、历史分期问题、历史人物与历史事件的评价问题等，都广泛地征求了民族史、民族学专家、教授、专业工作者和本民族同志的意见，并按照"百家争鸣"的方针，召开学术讨论会妥善解决，对于暂时不能解决的问题，则求

图 11-3 《中国少数民族简史丛书》(部分)

同存异,不轻易下结论。《中国少数民族简史丛书》在当时民族理论的指导下,把各族的经济与社会形态作为重要的记述内容,在民族史的撰述方面取得了重要的进展。

简史丛书按五种社会形态理论框架来叙述各民族历史,对于完整经历了五种社会形态的民族,以原始社会、奴隶制社会、封建制社会、半殖民地半封建社会的框架来编纂;对于出现了某些跨越社会形态的民族,则在五种社会形态的框架内,以实际情况进行撰述;对于仍处于原始社会形态的民族,如基诺族则着重叙述其氏族公社、农村公社的面貌;对于迁入我国的民族如俄罗斯族则重点介绍这些民族的迁入过程和历史贡献。对于一些史料十分匮乏的民族,编者也没有强行纳入五种社会形态的框架中,"有的《简史》由于史料不足,如果仍按原始社会、奴隶社会、封建社会的分期来写,容易引起争议,改为按古代史、近代史、现代史三部分来写,就比较顺理成章"[①]。

在中国民族史学发展史上,《中国少数民族简史丛书》是第一次为所有

[①] 张养吾:《编纂〈民族问题五种丛书〉文库之三——概览编》,中央民族学院出版社 1994 年版,第 404 页。

少数民族撰写的通史,它确立了族别史撰述的基本模式,为之后民族史的编纂提供了重要的参考。同时,在少数民族历史调查与简史丛书的编纂过程中,也培养了一支中国民族史的研究队伍。但《中国少数民族简史丛书》编纂在取得成绩的同时也出现了一些问题,如编写过程中"受到'左'的思想影响,片面强调……'厚今薄古',体现所谓'移风易俗'、'民族融合'等思想,使'史志'在体例、结构、内容、观点上受到很大影响"[①]。改革开放以来,随着国家民族政策及学术研究的发展,上述问题愈加凸显,这引起了政府及学术界的普遍关注。2006年,经国家民委党组研究决定,修订《民族问题五种丛书》被列为2006—2007年国家民委重点科研项目,其中,包括《中国少数民族简史丛书》55种55册,得以修订再版。

第三节 中国民族史学科的发展

自20世纪50年代以来,中国民族史作为一个学科在相关科研单位和高校设立研究和教学机构,中国民族史纳入新的教育与研究体系之中,形成了专门的民族史研究人员的培养方式及专业的民族史研究的学者群体。

一 中国民族史专业的设立

1951年,中央民族学院成立,集中了一大批各民族专家、学者。一些民族地区也组建了民族学院,设立了民族学、历史学、人类学、社会学等专业。1955年,根据第一个五年科学规划,西北大学历史系建立了西北少数民族史研究室。1955年,云南大学历史系建立了中国民族史教研室和研究室。1961年创办"中国少数民族史专门化",为中国高等院校第一个中国民族史专业。当时开设了"中国民族史""云南民族史"等课程,编写《中国民族史讲义》《云南民族史讲义》等民族史教学资料。从1959年开始,云南大学中国民族史教研室的方国瑜、江应樑等招收了三届中国民族史专业四年制副博士研究生。1959年云南大学首创中国民族史本科专业并招生。1956年,中央民族学院报请国家高教部批准增设了历史学系,设置

---

① 杜荣坤等:《新中国民族研究50年》,中国社会科学院科研局编《新中国社会科学五十年》,中国社会科学出版社2000年版,第431页。

少数民族历史与民族学两个专业,面向全国招收本科生和研究生班。1958年6月,中国科学院成立了民族研究所,具体主持正在开展的全国民族社会历史调查工作。该所建立社会历史研究室,专门进行少数民族社会历史调查研究工作。

1961年,石钟健、潘光旦、傅乐焕、翁独健、贾敬颜、陈永龄、王辅仁、林耀华等开始招收"历史专业民族史民族学专门化"专业研究生。1962年,西北大学马长寿开始招收民族史方向研究生。1964年,云南大学方国瑜、江应梁也开始招收中国民族史方向的研究生。

1981年,云南大学中国民族史专业被国务院学位委员会批准为首批博士学位授予权点,开始招收中国民族史专业博士研究生。1986年,中央民族学院也设立了中国民族史专业的博士点。

1997年,全国学科目录调整,中国民族史没有列入历史学下的二级学科目录,而是以"中国少数民族史"的名称列入民族学下的二级学科目录。[①]历史学的二级学科"专门史"中也相应地设立了民族史方向。

一些高等院校开设了中国民族史课程,有的院校还设置了硕士点、博士点、博士后流动站,形成了完善的中国民族史专业研究人员的培养机制。其中有民族院校,如中央民族大学、西南民族大学、中南民族大学、西北民族大学及各省的民族院校,还有地处民族地区的普通高校,如云南大学、兰州大学、四川大学、西藏大学、新疆大学、吉林大学、贵州大学、广西大学等,这些院校近几十年来为中国民族史研究培养了大量专门人才,形成了完善的民族史研究人才培养机制。

全国高校及科研机构的民族史学科设置呈现了区域性的特点,基本与所处地区的民族状况相适应,充分发挥了各地文献积累、人才分布的优势。如吉林大学注重辽金史、契丹女真史、东北民族史的研究,内蒙古大学较注重蒙古史的研究,西藏大学、四川大学注重藏族史的研究,云南大学注重西南民族史的研究,兰州大学、西北大学注重西北民族史的研究,新疆大学注重维吾尔族史及新疆其他民族史的研究。

二 中国民族史研究机构的设立

自20世纪80年代初,与民族史研究相关的学术机构及学术团体先后成

---

① 参见苍铭《国内高校中国民族史学科建设与人才培养状况》,《民族史研究》第10辑,中央民族大学出版社2011年版。

立。中国社会科学院民族研究所设有民族史研究室，吉林、贵州、广西等省区社会科学院民族研究所设有专门的民族史研究室，或专门的民族史研究人员。一些省份设立了直属于省民族事务委员会的民族研究所，并设有专门的民族史研究室，或专门的民族史研究人员。

1980年，中国民族古文字研究会成立，加强了中国民族古文字及其文献的研究，其中包括不少历史古籍。1984年全国少数民族古籍整理规划小组成立，少数民族古籍工作走上了更为有组织、有计划的轨道，整理、出版了大量少数民族古籍。近些年来，综合、系统研究少数民族文献的论著不断出版①，介绍、研究某单一文种古籍的著述更是层出不穷。此后，各省的民族事务委员会多设置了少数民族古籍整理办公室，对本省的少数民族古籍进行搜集、保护与整理。

1983年4月，中国民族史学会成立。1985年在厦门召开第一届中国民族史学术研讨会，选举产生第一届理事会及会长，第一届会长为翁独健，并通过了学会章程。学会挂靠在中国社会科学院，会址及秘书处设在中国社会科学院民族研究所。

20世纪七八十年代，各地的中国民族史学术团体陆续成立。1979年8月，在内蒙古自治区首府呼和浩特市成立了中国蒙古史学会，翁独健担任会长；1980年在厦门大学成立了中国百越民族史学会，并出版期刊《百越研究》；1982年6月，在沈阳成立中国辽金及契丹女真史研究会；1986年，中国藏学研究中心成立；1987年3月，中国朝鲜民族史学会成立；1988年，中国维吾尔历史文化研究会成立。② 这一时期，各地方还根据本地区的民族特点成立了与民族史有关的研究机构，如北京满学研究会、西藏藏学学会、青海藏族研究会、云南大理州南诏史研究会，等等。③ 这些民族史学术团体组织学术交流活动，出版民族史书刊，有效地促进了民族史学的研究。

三 学术界对民族史学科建设的探讨

中华人民共和国成立后，学术界不断对中国民族史学科建设进行探索，

---

① 如吴肃民《中国少数民族古籍概论》，天津古籍出版社1995年版；张公瑾主编《民族古文献概览》，民族出版社1997年版；魏忠《中国的多种民族文字及文献》，民族出版社2004年版；史金波、黄润华《中国历代民族古文字文献探幽》，中华书局2008年版。

② 金成镐：《中国朝鲜史研究会简史》，《朝鲜·韩国历史研究》《中国朝鲜史研究会会刊》第10辑，2009年。

③ 《南诏史研究会研究成果简述》，《大理师专学报》2001年第1期。

图 11-4　1985 年在厦门召开第一届中国民族史学术研讨会

逐步形成民族史研究的理论、方法等，民族史学逐渐与民族学、人类学等区分开来，建立了中国民族史学理论体系。20 世纪六七十年代，由于受到"文化大革命"中极"左"思潮的影响，中国民族史学研究出现了很大的片面性和生搬硬套的现象。这主要表现在以"五种社会形态理论""阶级斗争理论""斯大林对民族的定义"等为理论指导，进而将其教条化和模式化，对中国民族史学造成了消极的影响，许多学术领域成为研究禁区，研究也一度出现了停滞状态。

20 世纪 80 年代，学术界开始对斯大林的民族理论进行反思，认为原有的民族定义与民族历史发展规律的理论存在很多缺陷，具有简单化、绝对化、公式化等弊病。1986 年 4 月，中国社会科学院民族研究所与《民族研究》编辑部就这一问题召集了专题学术研讨会。北京地区的有关科研、教学和民族工作部门及云南、内蒙古等地的从事这方面研究的共四十几位专家参加了会议，通过座谈充分交换了意见，对什么是民族和民族一词的翻译及民族的定义问题，发表了许多新的见解。随着思想的解放，学术界对斯大林民族定义进行了评价和修订，发表了重要的论文，如杨堃《论民族概念和民族分类的几个问题》(《中国社会科学》1984年第1期)。

20世纪80年代末90年代初，中国民族史学经过十余年的发展，出现了很多新问题，民族史学界也对民族史研究进行总结、反思，以便更好地推进民族史学科的发展。学术界发表了一系列文章，如田继周《我国民族史研究中的几个问题》(《文史哲》1981年第3期)、林幹《关于研究古代的北方民族史和西北民族史在方法论中的若干问题》(《甘肃民族研究》1982年第1、2期)、翁独健《开展中国民族史研究的几点希望》(《民族研究》1986年第1期)、白寿彝《民族史工作的历史传统》(《史学史研究》1987年第1期)等。

1988年在昆明召开中国民族史第二次学术讨论会，主要议题是当代中国民族史学的任务、基本理论和研究方法，与会代表提交、报告大量有关论文，深化了民族史学科的建设。此后又有很多探索文章发表，如翁家烈《民族史研究中几个问题之我见》(《贵州民族研究》1989年第4期)、万斗云《中国民族史的任务与研究方法》(《贵州民族研究》1989年2期)、张崇根《民族史研究刍议》(《中国史研究动态》1989年第4期)、史金波《中国民族史学的社会功能》(《民族研究》1990年第1期)、吴永清《对民族史研究中若干问题的思考》(《广西民族研究》1991年第1、2期)、刘先照《有关民族史研究的几个问题》(《民族研究》1991年第6期)等。

从20世纪80年代开始，学术界在中国民族史研究的方法问题上进行了大量探讨，包括考古学、民族学、人类学、语言学等方法都在民族史研究中得到应用。有学者注重用文化人类学的观点去处理、分析志书和少数民族社会历史调查资料，取得了令人信服的学术成果。[1]

1996年8月中国民族史学会第六次学术讨论会在宁夏银川召开，研讨会的中心议题是当前民族史研究的重点、热点、难点及存在的问题，进一步推进了民族史学科建设的探讨。

2001年，陈育宁著《民族史学概论》(宁夏人民出版社，2001年)出版，该书系统论述了民族史学的研究对象、社会功能、基本原则等问题，对民族史学研究进行了理论总结。

20世纪90年代，台湾学者王明珂将人类学、民族学研究中的"边缘理

---

[1] 容观琼：《人类学在民族历史研究中的作用》，中国人类学学会编《人类学研究》，中国社会科学出版社1984年版。

图 11-5 《民族史学概论》

论"引入民族史的领域。随着王明珂相关研究成果的陆续发表，特别是专著《华夏边缘：历史记忆与族群认同》（允晨文化实业公司，1997年）的出版，边缘理论在中国民族史和民族学界产生较大影响。与传统的视角不同的是，这一理论将研究的对象转向民族的边缘，以研究民族的边缘如何形成，边缘形成之后又如何扩张，如何维持及变迁等为主要内容，旨在以"异质化"的边缘来强调在此边缘内人群间的共性，取代以往从民族核心入手的研究方法。同时，王明珂著《英雄祖先与弟兄民族：根基历史的文本与情境》（允晨文化实业公司，2006年），分析"英雄祖先历史"与"弟兄祖先故事"这些"根基性历史"时，他提出"构成这种历史叙事文化的结构"有三个重要的层次，这就是"历史心性""文类"与"模式化情节"。作者以"根基性历史"来分析华夏认同的形成与扩张；透过掌握"历史心性""文类"与"模式化情节"等叙事结构，分析与这些文本结构及其文本相对应的社会情境。因为作者坚信，一切历史叙述都是"文本"，历史研究就要分析这种文本产生的"社会情境""模式化情节",才能厘清这种历史形成的过程,并分析其中的问题。这样的历史研究,完全是反思性的,因为关注的并非书本上记载的事实,不再关注历史是什么,也不再关心为什么会发生这样的历史,而是关注历史是如何构建出来的,以及为何会有这样的构建。

近年来,学术界开始采用人类学等方法探讨历史记忆对民族认同的影响。有学者通过分析史书、传说、族谱、文物、图像等资料,认为建构共同的历史记忆,凝聚着群体的感情纽带,加强民族的认同,如定宜庄、胡鸿保《从族谱编纂看满族的民族认同》(《民族研究》2001年第6期),姚大力《"回回祖国"与回族认同的历史变迁》(《中国学术》2004年第1期),姚大力、孙静《"满洲"如何演变为民族——论清中叶前"满洲"认同的历史变迁》(《社会科学》2006年第7期),赵世瑜《祖先记忆、家园象征与族群历史——山西洪洞大槐树传说解析》(《历史研究》2006年第1期)等。

民族史研究的理论范式也发生了变化,如关于"他者"性质问题,运用到具体族别史的研究中,较有代表性的成果有钟焓《民族史研究中的"他者"视角——跨语际交流、历史记忆与华夷秩序语境下的回回形象》(《历史研究》2008年第1期)、杨志强《从"苗"到"苗族"——论近代民族集团形成的"他者性"问题》[《西南民族大学学报》(人文社会科学版)2010年第6期]等。

四 民族史研究与现实热点问题

由于历史原因,我国很多少数民族居于边疆地区。晚清至民国,西方列强不断利用边疆民族问题进行分裂活动。中华人民共和国成立以后,国内外的敌对势力仍利用边疆民族问题从事分裂活动,并曲解民族史以达到宣传分裂的目的,这给民族史研究提出了一个必须予以应对的课题。中国民族史学界为维护祖国领土完整和国家的统一,反对民族分裂,从民族历史的角度做了大量的工作,以大量的历史资料和论述驳斥了一些别有用心的、歪曲历史事实的民族史撰述。

自从1951年西藏解放以后,一些分裂分子就不顾历史发展事实,歪曲和伪造历史,违反包括藏族人民内的各族人民的意愿,热衷于搞所谓"西藏独立",妄图把西藏从祖国大家庭中分出去。包括藏族专家在内的很多民族史学工作者,根据汉文、藏文历史文献和大量调查材料,以科学的态度和严谨的治学精神,写出了很多有分量、有说服力的论著,从历史发展的角度论证了西藏是中国领土的有机组成部分。从20世纪50年代开始，学术界连续发表了藏族史方面的研究成果，如王辅仁、索文清著《藏族史要》（四川民族出版社，1981年）、东嘎·洛桑赤列著《论西藏政教合一制度》（藏文版，民族出版社，1981年；1985年出版陈庆英汉译本）等。由中国社会科学院民族研究所的藏族史专家组成的《藏族简史》编写组，在原有藏族民族社会历史调查中形成的简史资料的基础上增订修改，编写成《藏族简史》，于1986年出版。这些著作都以丰富的史料及严谨的论证，论述了藏族在中华民族发展史上的地位。

国外分裂势力处心积虑地编造了一套"西藏独立"论，这集中体现在20世纪60—70年代由西藏贵族夏格巴汪秋德丹所著《藏区政治史》和80年代由美籍荷兰人范普拉赫（达赖喇嘛的法律顾问）所著《西藏的地位》两书中。1995年，王贵、喜饶尼玛、唐家卫著《西藏历史地位辩》（民族出版社，1995年），专门批驳了这两部著作的观点。

近代在帝国主义势力的支持下，新疆一度成立"东突厥斯坦伊斯兰共和国"，旋即灭亡，但泛突厥主义在新疆地区流传不绝。民族分裂主义分子为分裂活动寻求历史依据，任意解释史料，对民族史进行歪曲与捏造。1986—1989年，土尔贡·阿勒玛斯公开出版了《匈奴简史》《维吾尔人》《维吾尔古代文学》三本书，以歪曲和篡改历史的手法，杜撰维吾尔族历史，散布破坏祖国统一、损害民族团结的错误观点。1992年1月2—7日，关于三本书的讨论会在乌鲁木齐召开，会后出版了冯大真主编、阿吾提·托乎提副主编的《〈维吾尔人〉等三本书问题讨论会论文集》（新疆人民出版社，1992年），收入了冯大真、谷苞、黄盛璋、林幹、周伟洲、苏北海、乌依古尔·沙依然、阿吾提·托乎提等维吾尔史专家的文章41篇，这些文章引用丰富的史料对三本书的错误观点进行了全面的批判。

第四节 各类民族史的编纂

对中国民族史的编纂从20世纪80年代开始迅速发展，编纂的指导思想及体例都取得了突破，各类民族史不断涌现，主要有民族通史、地区性民族史、族别史等。

一　中国民族通史的编纂

20世纪50—70年代中国进行了民族识别，确定了56个民族，我国的民族状况与三四十年代相比发生重要变化，这给中国民族通史的编纂带来了挑战与机遇。民族史学界虽然屡次提出要撰述包括各民族历史发展与贡献的中国民族史，各类中国通史中也力图尽可能反映各民族历史的内容，终因族别史研究尚不充分，相当长的时段内没有出现通史体的中国民族史著作。

20世纪五六十年代，台湾地区学者撰写的中国民族史有罗香林著《中国民族史》（中华文化出版事业社，1953年）、胡耐安著《中国民族志》（台湾商务印书馆，1964年）。这一时期，大陆学者没有进行中国民族通史的编纂。

1989年，徐杰舜著《中国民族史新编》由广西教育出版社出版。该书既确认了汉族的主体地位，又摒弃了汉族的本位观念，把汉族和少数民族组

图11-6　徐杰舜著《中国民族史新编》

合在一个有独特结构和机制的系统中，使读者能得到一个大体符合中国各民族历史真相的认识。[①] 该书编纂的指导思想与体例都有很大进展，作者根据

[①] 徐杰舜：《中国民族史新编》，张正明"序"，广西教育出版社1989年版，第4页。

民族自身发展的规律,即民族的起源、形成、发展的规律,来叙述中国古今历史出现过的民族,以及当代民族的来龙去脉,从而尽可能比较完整地勾画出古代中国民族和当代中国民族的概貌。①

20世纪90年代,先后出版了几部中国民族史,如江应梁主编《中国民族史》(上、中、下,民族出版社,1991年),杨学琛著《中国民族史》(文津出版社,1994年),王钟翰主编《中国民族史》(中国社会科学出版社,1995年),陈连开主编《中国民族史纲要》(中国财政经济出版社,1999年),韦东超、王瑞莲著《中国民族流变史》(湖北人民出版社,2000年),王文光著《中国民族发展史》(上、下,民族出版社,2005年),罗贤佑著《中国民族史纲要》(中国社会科学出版社,2009年)等。这些民族史著作在指导思想上,更加注重体现民族平等原则,强调叙述统一的多民族国家的历史,在编纂体例上也有新的进展。特别是王钟翰主编的《中国民族史》,是中央民族大学、中国社会科学院民族研究所、国家民委政策研究室专家们的集体研究成果,书中把中国民族史划分为7个历史阶段,内容丰富,全书150多万字,在史学界产生了重要影响。

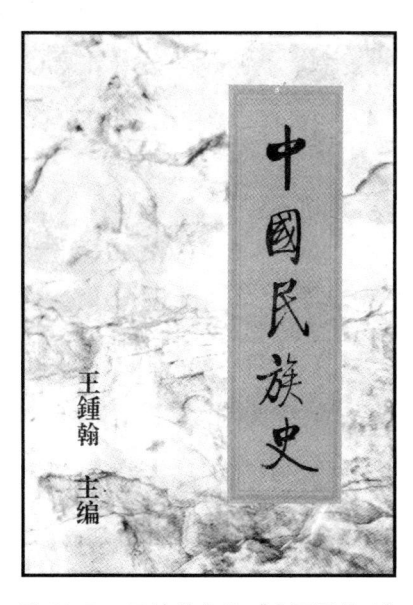

图 11-7　王钟翰主编《中国民族史》

---

① 徐杰舜:《中国民族史新编》"自序",广西教育出版社1989年版。

在民族史资料整理和研究的基础上，以中国社会科学院民族研究所为主，并联系一些高等院校和科研单位，共 80 多位专家，历时 9 年，编纂、出版了《中国少数民族史大辞典》。该辞典收启事 8000 余条，共 560 余万字。举凡中国历史上少数民族的古国、朝代、年号、族名、部落、社会阶级、重大历史事件、历史人物、典章制度、联盟誓约、经济生活、典籍文物、历史地理、宗教习俗、语言文字、特定名词术语等，尽量收入，释文尽可能吸收当时最新研究成果。①

图 11-8　《中国少数民族史大辞典》

1989—1996 年，中国社会科学院民族研究所主持编纂的《中国历代民族史丛书》由四川民族出版社出版。该丛书包括田继周著《先秦民族史》《秦汉民族史》，白翠琴著《魏晋南北朝民族史》，卢勋、萧之兴、祝启源著

---

① 高文德主编，卢勋、史金波常务副主编：《中国少数民族史大辞典》，吉林教育出版社 1995 年版。

《隋唐民族史》，陈佳华、蔡家艺、莫俊卿、杨保隆著《宋辽金时期民族史》，罗贤佑著《元代民族史》，杨绍猷、莫俊卿著《明代民族史》，杨学琛著《清代民族史》。这套丛书以断代形式撰写中国民族史，各分册既可独立成书，又从总体上构筑了一部中国少数民族通史，在编纂体例上取得了突破。

图11-9 《中国历代民族史丛书》

二 区域民族史的编纂

我国各地区地理、气候条件差异较大，中国民族分布的区域性特征也十分突出。古代的民族史记述反映了这一现实，近年来区域民族史编纂也体现了这一特点。这种民族史的编纂体例以地区为单元，区域的划分或以南北方为单元，或以边疆地区为单元，或以东北、西北、西南、中南为单元，或以一省或地区为单元，叙述了一定区域内各民族的源流演变与民族关系等。

（1）南北方民族史有内蒙古自治区蒙古语文历史研究所历史研究室、内蒙古大学蒙古史研究室编《中国古代北方各族简史》（内蒙古人民出版社，1977年）、王文光著《中国南方民族史》（民族出版社，1999年）、胡绍华著《中国南方民族发展史》（民族出版社，2004年）、高路加著《中国北方民族史》（内蒙古文化出版社，1994年）、林幹著《中国古代北方民族通史》（鹭江出版社，2003年）等。

（2）大的地理区域的民族史有刘义棠著《中国边疆民族史》（台湾中华书局，1969年）、西南地区有尤中著《中国西南民族史》（云南人民出版社，1985年）、西北地区有杨建新著《中国西北少数民族史》（宁夏人民出版社，1988年）、杨建新主编《中国西北少数民族通史》（共13卷）（民族出版社，2008年）、东北地区有傅朗云、杨旸著《东北民族史略》（吉林人民出版社，1983年）、董万仑著《东北民族史纲》（黑龙江人民出版社，1986年）等，中南地区有张雄著《中国中南民族史》（广西人民出版社，1989年）等。

（3）各省民族史有《云南各族古代史略》（《云南各族古代史略》编写组著，云南人民出版社，1978年），干志耿、孙秀仁著《黑龙江古代民族史纲》（黑龙江人民出版社，1986年），马迎洲等编著《河南少数民族史稿》（中州古籍出版社，1990年），吴永章著《湖北民族史》（华中理工大学出版社，1990年），胡国兴主编《甘肃民族源流》（甘肃民族出版社，1991年）尤中著《云南民族史》（云南大学出版社，1994年），钱伯泉著《新疆民族史》（新疆人民出版社，1996年），游俊、李汉林著《湖南少数民族史》（民族出版社，2001年）等。

三 族别史的编纂

20世纪50年代，专门的族别史著作较少，主要有白寿彝、韩道仁、丁毅民等编著《回回民族的历史和现状》（民族出版社，1957年），黄现璠编著《广西僮族简史》（广西人民出版社，1957年）等。

20世纪五六十年代，民族识别工作完成后，学术界开始以已识别的民族为基点，追溯各民族的历史，形成了新的民族史撰述框架。20世纪80年代，以国家民委民族问题五种丛书中的民族简史丛书的撰写为中心，族别史的撰写出现了繁荣局面，各族简史为各地政府组织专家组集体编写。在简史之外，民族史学者个人的著作也大量出现，甚至一个民族就有几部专史出现，如藏族史有王辅仁、索文清编著《藏族史要》（四川民族出版社，1982年）、黄奋生著《藏族史略》（民族出版社，1985年）；回族史有邱树森主编《中国回族史》（上、下，宁夏人民出版社，1996年），白寿彝主编《中国回回民族史》（上、下，中华书局，2003年）。

区域族别史也大量出版，甚至某一民族就有多部区域民族史，如陈光国著《青海藏族史》（青海民族出版社，1997年），丹曲、谢建华著《甘肃藏族史》（民族出版社，2003年）等。再如，回族分布地域广泛，20世纪80年代以来，区域性回族史不断出现，如杨兆钧主编《云南回族史》（云南民族出版社，1989年），马通著《甘肃回族史》（甘肃民族出版社，1993年），答振益主编《中南地区回族史》（新疆人民出版社，1995年），冯福宽著《陕西回族史》（陕西人民出版社，1997年），吴钰编著《天水回族史略》（甘肃人民出版社，2000年），丹昌国主编《呼和浩特回族史》（内蒙古人民出版社，2003年），王伏平、王永亮著《西北地区回族史纲》（宁夏人民出版社，2003年），喇秉德、马文慧、马小琴等著《青海回族史》（民族出版社，2009年），大理白族自治州回族学会编《大理回族史》（云南民族出版社，2009年）等。

随着中国民族史研究的深入，20世纪90年代，在各民族简史的基础上，各地方开始编纂多卷本大型民族通史。编纂工作基本由各地方高校和科研机构组织进行，并有本民族的民族史专家参与编写本民族通史。在地方政府人力及物力的支持下，这类民族通史在广度和深度上超过了初期的简史。如张声震主编《壮族通史》（全3册，民族出版社，1997年）较早得以出版。

进入21世纪以来，各民族通史的编纂工作迅猛发展，李燕光、关捷主编《满族通史》（辽宁民族出版社，2003年），高自厚、贺红梅著《裕固族通史》（甘肃人民出版社，2003年），木丽春著《纳西族通史》（云南人民在出版社，2006年），奉恒高总主编《瑶族通史》（全3册，民族出版社，2007年），吴荣臻总主编《苗族通史》（全5册，民族出版社，2007年），耿少将著《羌族通史》（上海人民出版社，2010年），潘琦主编《仫佬族通史》（民族出版社，2011年），徐杰舜主编《中国汉族通史》（第一卷、第二卷）（宁夏人民出版社，2012年），王天玺、张鑫昌主编《中国彝族通史》（全4册，云南人民出版社，2012年）等。

这一时期，有三部蒙古族通史出版，分别为内蒙古社会科学院民族研究所编《蒙古族通史》（全3册，民族出版社，2001年）、义都合西格主编《蒙古民族通史》（5卷全6册，内蒙古大学出版社，2002年）、泰亦赤兀惕·满昌主编《蒙古族通史》（全4册，辽宁民族出版社，2004年）。三部通史在编纂的指导思想与体例上进行了多方面的探讨。

在各民族通史的编纂过程中，参与编纂的民族史学者也就编纂中涉及的理论问题进行了研讨，各民族学者在注意发掘本民族优秀历史传统的同时，更多地关注"一体"与"多元"关系问题、各民族发展中互相影响问题与统一多民族国家问题，对各民族的历史发展形成了较为客观的认识。

第五节　中华民族史研究与撰述的深化

1950 年 10 月，范文澜在《学习》第 3 卷第 1 期发表《中华民族的发展》一文，通过对汉民族形成过程的初步考察，提出中国自秦统一开始就建立了民族国家，并强调"祖国的悠久历史是各民族共同创造的"。其后，中华民族史的研究出现了一定的停顿。

20 世纪 80 年代，"对外开放"政策的落实促进了国际交流，全球华人在情感上增进了认同感，一种同为炎黄子孙的思潮在华人中广泛传播，并对中华民族认同产生了重要的影响，这极大地促进了中华民族史的研究与撰述。

中华人民共和国成立至 20 世纪 80 年代，学术界普遍接受中华民族是中国现有各民族的总称的观点。例如，谷苞在《论中华民族的共同性》（《新疆社会科学》1985 年第 3 期）一文中就指出："目前，中国境内有 56 个民族，每个民族都有着各自的族名，同时，56 个民族又有一个共同的族名，即中华民族。"同时，还有一种观点认为中华民族是一个民族实体。这种观点以费孝通中华民族多元一体格局理论为代表，认为中华民族是"用来指现在中国疆域里具有民族认同的 11 亿人民。它所包括的 50 多个民族单位是多元，中华民族是一体，它们虽则都称'民族'，但层次不同"[①]，这种观点第一次明确提出中华民族是一个民族实体的命题，并将中华民族和它所包括的 50 多个民族之间的关系用多元一体格局理论进行了概括。

针对上述观点，一些学者也提出了不同的看法。周建新指出，"中华民族"这一概念是近代的产物，是在近代与西方列强的对抗中开始的"自觉"，而不是自古就有的，因此不能把"中国古今各民族"都包罗入"中华民族"之列。另外，他认为"中华民族"概念内涵有广义和狭义之分。广

[①] 费孝通主编：《中华民族多元一体格局》（修订本），中央民族大学出版社 1999 年版，第 3 页。

义"中华民族"的内涵较为宽泛和抽象,其包含的内容更为丰富,不一定强求严谨;而狭义"中华民族"的内涵就务必要严谨准确。他认为,费孝通、谷苞和陈连开等人的"中华民族"概念都属广义的概念。①

20世纪80年代后期,关于中国民族史讨论的重点开始集中在中华民族的形成、发展及其凝聚力等问题上。陈连开《关于中华民族的含义和起源的初步探讨》(《民族论坛》1987年第3期),较早涉及对中华民族形成问题的研究。之后,陈连开又发表《中国·华夷·蕃汉·中华·中华民族——一个内在联系发展被认识的过程》(《中华民族多元一体格局》,中央民族学院出版社,1989年)一文,较为系统地考察了"中国""蕃汉""华夷""中华""中华民族"等名称的由来和在不同历史时期的含义,对于理解中华民族发展史具有重要的启示。此外,林甘泉《夷夏之辨与文化认同》(《传统文化与现代化》1995年第3期)、饶宗颐《中国史学上之正统论》(上海远东出版社,1996年)等论著,都从不同角度就中华民族的认识理论提出了独到的见解,丰富了中华民族史研究的理论内涵。

此外,关于中华民族起源和形成问题的著作有陈连开著《中华民族研究初探》,(知识出版社,1994年),书中提出"民族史研究的整体史观和中华民族整体研究架构"理论,推动了中华民族史研究向纵深发展。张博泉著《中华一体的历史轨迹》(辽宁人民出版社,1995年)一书,认为"中华一体"是以中国地方史为蓝图,以社会史的内容为依据,以"中华一体"为主体构思,重点研究"中华一体"之史的发展时期和层次、社会形态与经济类型、文化人类学系统的人禽观念、族类系统的华夷观念、区域系统的中外观念、政治系统的同轨、文化系统的同文、心态系统的同伦以及中原王朝承受系统的正闰观念等。② 该书涉及的问题较为全面,如在论述中华一体的结构、中华一体的历史过程中,涉及了中华一体、中华一统、中华一家、中华一宇、中华同态、中华同轨、中华同文、中华同伦等问题,同时,还专门论证了北方民族政权在中华一体中的地位,民族政权间的和与战、"内向"与"外向"及"汉化"与"华化"等问题。

1990年,重庆师范学院史式教授提出编纂一部《中华民族史》的倡

---

① 周建新:《关于"中华民族"称谓的思考》,《贵州民族研究》2000年第3期。
② 张博泉:《中华一体的历史轨迹》"卷头胧语",辽宁人民出版社1995年版。

议①,得到了海峡两岸学者的热烈回应。史式教授多方联络海峡两岸以及海外华人史学家合作编辑《中华民族史》,1992年其应邀访台进行学术交流,与台湾学者进行了深入的探讨,呼吁共同进行《中华民族史》的编纂工作。②当年,史式提议成立"中华民族史研究会",后在海南省注册。在该研究会的组织下,从1994年到2001年,前后八年之间,一共举行过四次中华民族史学术研讨会,两次国际学术会议,编辑出版过两辑《中华民族史研究》专刊,组织多篇论文在海内外报刊发表,产生了广泛的影响。

21世纪初,随着中国经济、社会的迅速发展,综合国力不断提高,促使了"中华民族伟大复兴"等观念的提出,因此,追溯中华民族历史源流得到学术界的普遍重视。中华民族史的编纂取得了长足进展,出现了几部中华民族史著作,如萧君和主编《中华民族史》(黑龙江教育出版社,2001年)、田晓岫著《中华民族发展史》(华夏出版社,2001年)、赵永斌著《中华民族历史发展周期论》(中国文史出版社,2005年)、尤中著《中华民族发展史》(晨光出版社,2007年)等。2005年,中国民族史学会第十次学术讨论会在重庆召开,研讨会主题为中华民族的形成与发展问题,对当时中华民族史的深入研讨起到了促进作用。

在上述著作中,尤中主编的《中华民族发展史》较有代表性,该书共8章97节383目,一些目后还列有子目、次子目,体例宏大、篇章结构严谨。全书以中国古代正统王朝的兴替作为时间主干,划分为先秦、秦汉、魏晋南北朝、隋唐五代、辽宋金、元、明、清8个历史时期。在简述中国原始人、原始族群等原始社会简况后,重点以中华民族从公元前21世纪夏朝时期中原华夏族及其四周之夷、狄、戎、蛮、氐、羌、越等众多古民族为直系源头,运用丰富的古代民族史料,汇集众多学者的研究成果,以严谨而深刻的分析和研究,论述了从公元前21世纪的夏朝至1911年清朝灭亡约4000年中华各族的源流演变、分布地域、政治经济、科学技术、文化艺术、著名历史人物、政权兴替等内容。

---

① 《一个振奋当代中国人精神的构想——尽快编撰一部〈中华民族史〉》,《社会科学报》1990年11月1日。

② 史式:《编纂〈中华民族史〉刍议》,《文史杂志》1991年第3期。

图 11-10 《中华民族发展史》

第六节 民族史研究的繁荣

在相关学者的一致努力下，当代民族史研究取得丰硕的成果，大量民族史料得以整理与考订，古代民族史、近现代民族史、汉族史、民族关系史等领域的研究成果层出不穷，民族史的研究领域不断扩展，研究课题也不断细化，民族经济史、法制史、文化史等领域都有专门的研究成果问世。

一 民族史文献资料的整理工作

民族史文献是民族史研究的基础，20世纪50年代以来，学术界对民族史文献进行了全面的考订与整理工作，尤其是大量民族文字历史文献的整理与翻译，范围广泛、种类繁多，为民族史研究增加了新的史料，推进了民族史的研究，促使民族史的研究向纵深发展。汉文民族史文献的整理工作主要包括考订文献作者、成书年代、编纂体例、史料辨误、续作情况等。

（1）对正史中的民族列传进行注释，如王忠著《新唐书吐蕃传笺证》（科学出版社，1958年）、刘美崧著《两唐书回纥传回鹘传疏证》（中央民族学院出版社，1988年）、龚荫著《明史云南土司传笺注》（云南民族出版社，1988年）等。

（2）对某一民族的相关资料进行汇编，如突厥史料的整理，先后有岑仲勉《突厥集史》（上、下，中华书局，1958年）、薛宗正《突厥稀见史料辑成——正史外突厥文献集萃》（新疆人民出版社，2005年）、吴玉贵《突厥第二汗国汉文史料编年辑考》（全3册，中华书局，2009年），系统全面地整理了突厥的史料，涵盖了外文资料、传统文献与出土材料。

（3）对大型史籍中的民族史资料进行辑录、注释，如中央民族学院研究部主编，翦伯赞、陈述、孙钺等人编纂的《历代各族传记会编》（中华书

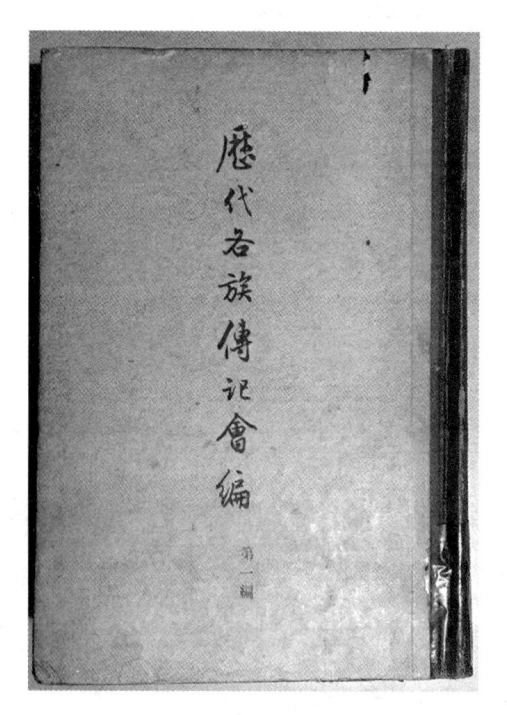

图 11-11 《历代各族传记会编》

局，1958年），苏晋仁、萧𬘓子著《〈册府元龟〉吐蕃史料校证》（四川民族出版社，1981年），顾祖成、王观荣、琼华等编《明实录藏族史料》（西藏人民出版社，1982年），白翠琴辑《〈明实录〉瓦剌资料摘编》（新疆人民出版社，1982年），杨圣敏著《资治通鉴突厥回纥史料校注》（天津古籍出版社，1992年）等。

（4）对某一民族的相关史料的搜集整理，如中国科学院历史研究所史料编纂组编《柔然资料辑录》（中华书局，1962年），杜玉亭著《元代罗罗斯史料辑考》（四川民族出版社，1979年），冯家昇、程溯洛、穆广文编《维吾尔族史料简编》（上、下，民族出版社，1981年），魏治臻编《彝族史料集》（四川民族出版社，1989年），陈高华编《元代维吾尔哈剌鲁资料辑录》（新疆人民出版社，1986年），薄音湖、王雄《明代蒙古汉籍史料汇编》（内蒙古大学出版社，已出7辑），李澍田主编《海西女真史料》（吉林文史出版社，1986年），陈燮章、索文清、陈乃文编《藏族史料集》（四川民族出版社，1987年），云南省少数民族古籍整理出版规划办公室编《中国傣族史料辑要》（云南民族出版社，1989年），哲仓·才让编《清代青海蒙古族档案史料辑编》（青海人民出版社，1994年）等。

（5）对专门的民族史著作进行校勘、注释，如向达著《蛮书校注》（中

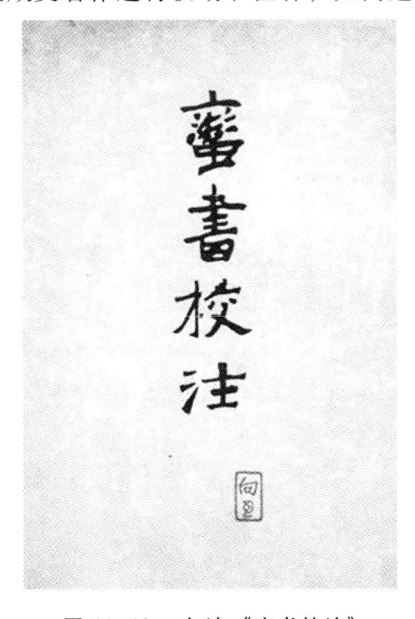

图 11-12　向达《蛮书校注》

华书局，1962年）、江应梁著《百夷传校注》（云南人民出版社，1980年）等。

（6）对碑刻史料进行整理，如对好太王碑、鸿胪井碑、大金得胜陀颂碑、南诏德化碑、唐蕃会盟碑、高昌王世勋碑、永宁寺碑、乾隆平定准噶尔勒铭碑等重要碑刻的整理研究著述。一些民族文字的碑刻，如突厥文的暾欲谷碑、阙特勤碑、毗伽叮汗碑，西夏文的重修凉州护国寺感通塔碑等，都得到考释，成为相关民族历史研究的重要参考资料。

二 华夏与汉族史研究

华夏在中国早期民族结构形成中具有重要作用，华夏史研究对理解中国民族史具有重要意义，对华夏的研究也是汉族史研究的重要前提。20世纪80年代，关于华夏族形成时间问题，学术界展开讨论，观点不一，主要有原始社会、商代中期、西周初期、东周初期、春秋时期、战国中后期等观点。学界对华夏进行了多方面的研究，涉及华夏的起源、结构及华夏意识等问题，此外，还有华夏族与汉族的关系，华夏与夏、商、周的关系，夏、商、周的民族构成等方面的研究。

关于华夏形成的时间，田继周认为，夏族或华夏族形成于传说时代的"五帝"时期，这一时期，部落之间兼并战争频繁，夏王朝的建立是其形成的标志，并名之为夏族[1]；周伟洲认为，黄河中下游的氏族、部族和部落联盟，发展到国家阶段时，即夏朝诞生后，华夏族也随之产生。[2] 沈长云认为在春秋战国之际，以华夏为首的我国中原各古代部族已走完了自己的历程，由他们共同熔铸成华夏民族。[3] 关于华夏的来源，谢维扬认为，夏、商、周并不是三个各自独立的民族，华夏族也不是三族融合而成，作为一个单一民族，华夏族的共同语言、共同民族心理素质、共同文化和共同地域在夏代就开始存在了。[4]

历史上，汉族虽然是融合了许多其他民族成分而形成的，但同其他民族相比，汉族的民族性还是较为突出的。长期以来，史学研究中多以王朝史代替汉族史，关于汉族史的研究反落后于少数民族史的研究，直到20世纪80

---

[1] 田继周：《夏族的形成及更名汉族》，《民族研究》1990年第4期。
[2] 周伟洲：《周人、秦人、汉人和汉族》，《中国史研究》1995年第2期。
[3] 沈长云：《华夏民族的起源与形成过程》，《中国社会科学》1993年第1期。
[4] 谢维扬：《论华夏族的形成》，《社会科学战线》1982年第3期。

年代汉族史的研究才发展起来。

1950年10月,范文澜在《学习》第3卷第1期上发表《中华民族的发展》一文,其中第二节题为"汉族是怎样形成的"。范文澜追溯了历史上汉族的形成与发展,指出汉族成为巨大民族的主要原因,首先是生产力不断发展(虽然是缓慢的),人口因之繁殖;其次是文化影响不断扩大,国境内文化低的少数民族,因之逐渐被同化。汉族发源黄炎族,五千年来,吸收数以百计的大小民族,终成巨大的汉族。[1] 1954年,范文澜在《历史研究》(1954年第3期)上发表《试论中国自秦汉时成为统一国家的原因》一文,在学术界产生了很大反响。在该文中,作者依据斯大林提出的民族的特征分析了秦汉时期的民族状况,指出当时的汉族已经具有民族的四个特征。1954年11月,中国社会科学院历史研究所第三所就范文澜的文章召开研讨会,会上有学者针对该文提出的四个特征提出了一些意见,如在共同的经济生活方面,认为中国封建社会有其独特性,与资本主义上升时期的经济有所区别,在经济生活方面还没有出现同一的民族市场,因此还没有资产阶级民族。[2]

20世纪五六十年代,学术界展开了关于汉民族形成问题讨论,最后形成论文集《汉民族形成问题讨论集》(生活·读书·新知三联书店,1957年)。关于这一问题的主要观点有:(1)汉民族在秦汉时期已经形成,在其后的历史时期不断得到发展。(2)民族是资本主义上升时期的产物,汉族形成为民族,应在1840年以后中国产生资本主义的时期。(3)汉族的形成应与中国资本主义萌芽的历史相互吻合。这一时期的汉族史研究专著有吴主惠著《汉民族的研究》(台湾商务印书馆,1968年)。

20世纪80年代,汉族的族源问题成为学术界研究的重点问题,经过多年的讨论,学术界普遍认可了汉族是以华夏族为主体,大量吸收蛮、夷、戎、狄等部族结合而成的相对稳定的人们共同体这一观点。[3] 一些学者还对汉族族称进行严格考证,如贾敬颜《"汉人"考》(《中国社会科学》1985年第6期)、陈述《汉儿汉子说》(《社会科学战线》1986年第1期)等。

---

[1] 范文澜:《中华民族的发展》,《学习》1950年第3卷第1期。
[2] 蔡美彪:《汉民族的形成问题——记中国社会科学院历史研究所第三所的讨论》,《科学通报》1955年第2期。
[3] 徐亦亭:《汉族族源浅析——古代华夏的族系和融合》,《云南社会科学》1987年第6期;王景义:《论汉族的形成与发展》,《学术交流》1998年第4期。

1992年，徐杰舜著《汉民族发展史》（四川民族出版社，1992年）出版，该书是第一部系统研究汉民族发展史的著作。该书共分六编：第一编是绪论，探讨了汉民族研究的概况和理论，第二至四编分别讨论了汉民族的起源、形成和发展过程；第五至六编分别介绍了汉民族的特征和文化。全书从纵和横的两个方面论述了汉族的发展历史和文化模式，主次兼顾。在民族起源问题上大胆地提出主源、支源说，认为民族由部落发展而成是符合中国和很多国家历史实际的，驳斥了所谓到资本主义产生后才形成汉民族的论点。汉族的起源不是一元论，而是多元论，炎黄和东夷是主源，苗蛮、百越、戎狄是支源。《汉民族发展史》的问世，探讨了学术上一系列问题，确立了汉族史的基本体系，有专家评价其为汉民族研究的奠基之作。[①] 之后，又有多部汉民族史的著作问世，多角度地研究了汉民族的文化、风俗及形成轨迹等问题。

　　1999年，徐杰舜著《雪球——汉民族的人类学分析》（上海人民出版社，1999年）出版，该书提出了汉民族研究的"雪球"理论。指出汉民族形成和发展的重要内因即族群互动，将民族的多元一体结构清晰地勾勒成像。作者引用西方"族群"概念将汉族进行分层分析，揭示了汉民族的形成发展规律，即由许多群体，经过接触、混杂、联结和融合，同时伴随着分裂和消亡，形成一个你来我去、我来你去，我中有你、你中有我，而又各具个性的多元统一体。[②]

　　2010年，李龙海著《汉民族形成之研究》（科学出版社，2010年）出版，该书以人类学与民族学理论为指导，以文献典籍、甲骨文、金文、考古材料为基本史料，并参之以体质人类学以及其他自然科学的相关成果，利用多学科交叉的研究方法，对汉民族形成过程中的族群关系与族群认同、汉民族及其前身华夏族形成的时间，以及自然与人文生态在汉民族形成过程中的作用等问题，逐一进行了探讨。

三　古代民族史研究

　　在当代民族史研究中，古代民族史是重点内容之一，研究的课题涉及中

[①] 冯天瑜、谢贵安：《汉民族研究的奠基之作——评〈汉民族发展史〉》，《学术论坛》1996年第1期。

[②] 参见徐杰舜《雪球——汉民族的人类学分析》，上海人民出版社1999年版。

国古代各民族的族称、族源、族属、族系及社会性质、社会制度、语言文字、风俗习惯、宗教、与中原王朝的关系等问题。

20世纪五六十年代，在马克思民族理论的深刻影响下，中国古代民族史的研究较注重各民族的社会性质和社会制度等，多研究古代民族的奴隶制及封建化等问题。如张维华《满族未统治中国前的社会形态》（《文史哲》1954年第10期），王钟翰《满族在努尔哈赤时代的社会经济形态》（《中国历史问题研究集刊》1956年第6辑），马长寿《论突厥人和突厥汗国的社会变革》（《历史研究》1958年第3、4期），华山、费国庆著《阿保机建国前契丹社会试探》（《文史哲》1958年第6期），赵华富著《论十三世纪初蒙古的社会性质》（《山东大学学报》1961年第2期），郑天挺著《清入关前满洲族的社会性质》（《历史研究》1962年第6期）等。

20世纪五六十年代，古代民族史研究发表了一些经典之作，如马长寿著《突厥人与突厥汗国》（上海人民出版社，1962年）、《乌桓与鲜卑》（上海人民出版社，1962年）、《北狄与匈奴》（生活·读书·新知三联书店，1962年），姚薇元著《北朝胡姓考》（中华书局，1962年），林旅芝著《鲜卑史》（中华文化事业公司，1967年）等。

20世纪80年代以后，民族史学研究不断深入，研究工作也呈现了一些特征，表现在以下几个方面。

（1）更加注重古代民族的族称、族源及族属等方面的研究。在研究这些问题上，学术界受到了现代民族理论、语言学等的影响。如苏北海在《维吾尔族汉译名称源流考》（《新疆大学学报》1985年第3期）一文中，运用了语言学的一些方法；张甫白《肃慎·挹娄·女真考辨》（《史学集刊》1992年第1期），用语言学的音值与追溯法，研究了肃慎、挹娄、女真名称的来源。

（2）注意按族系来考察民族源流。学术界开始把某些古代民族纳入一个族系之中，研究其发展渊源等，提出了东胡族系、秽貊族系、肃慎族系、氐羌族系、百越族系等概念，并研究专门的族系的发展史。这方面的研究有林幹著《东胡史》（内蒙古人民出版社，1989年），赵振绩著《契丹族系源流考》（文史哲出版社，1982年）、《女真族系源流考异》（《历史研究》1995年第5期），高凯军著《通古斯族系的兴起》（中华书局，2006年），祁庆富《西南夷族系刍论》（《贵州社会科学》1983年第6期）等。

（3）重视研究古代各民族的政治制度。契丹族的捺钵制度、斡鲁朵制

图 11-13 《乌桓与鲜卑》

度、投下制度、世选制度，女真族的勃堇制度、猛安谋克制度，蒙古族的怯薛制度，满族的八旗制度等，都有相关的研究成果问世。还有学者考证了北方民族的可汗、单于、直勤、阙特勤等政治名号，取得了突破性的进展。①

（4）能过人物传记研究民族地区历史。牙含章先后撰著的《达赖喇嘛传》（人民出版社，1984 年）和《班禅额尔德尼传》（人民出版社，1987年），就是采用传记体裁，通过历代达赖喇嘛和班禅额尔德尼的藏文传记，来研究、撰述西藏近 600 年的历史。

（5）注重利用碑铭、出土文书、民族文字文献等。马长寿的《碑铭所见前秦至隋初的关中部落》（中华书局，1985 年）被认为是利用文物考古资料

---

① 参见罗新《中古北族名号研究》，北京大学出版社 2009 年版。

图 11-14 《班禅额尔德尼传》和《达赖喇嘛传》

来研究少数民族的典范之作。

20世纪八九十年代,各古代民族都有了相应的研究及专史著作,奠定了古代族别史的研究基础,如林幹著《匈奴史》(内蒙古人民出版社,1977年),张正明著《契丹史略》(中华书局,1979年),李白凤著《东夷杂考》(齐鲁书社,1981年),周伟洲著《敕勒与柔然》(上海人民出版社,1983年),马长寿著《氐与羌》(上海人民出版社,1984年),周伟洲著《吐谷浑史》(宁夏人民出版社,1985年),陈述著《契丹政治史稿》(人民出版社,1986年),孙进已等著《女真史》(吉林文史出版社,1987年),段连勤著《丁零、高车与铁勒》(上海人民出版社,1988年),陈国强、蒋炳钊等著《百越民族史》(中国社会科学出版社,1988年),林幹著《突厥史》(内蒙古人民出版社,1988年),安应民著《吐蕃史》(宁夏人民出版社,1989年),白滨著《党项史研究》(吉林教育出版社,1989年),杨保隆著《肃慎挹娄合考》(中国社会科学出版社,1989年),杨圣敏著《回纥史》(吉林教育出版社,1991年),杨铭著《氐族史》(吉林教育出版社,1991年),白翠琴著《瓦剌史》(吉林教育出版社,1991年),林幹、高自厚著《回纥史》

（内蒙古人民出版社，1994 年），尚衍斌著《元代畏兀儿研究》（民族出版社，1999 年），赵丕承著《五胡史纲》（艺轩图书出版社，2000 年）等。

20 世纪 80 年代以后，还有一批古代民族政权史专著相继问世，如段连勤著《北狄族与中山国》（河北人民出版社，1982 年），吴天墀著《西夏史稿》（四川人民出版社，1983 年），王承礼著《渤海简史》（黑龙江人民出版社，1984 年）、李祖桓编著《仇池国志》（书目文献出版社，1986 年），魏良弢著《喀喇汗王朝史稿》（新疆人民出版社，1986 年），余天炽等著《古南越国史》（广西人民出版社，1988 年），朱俊明著《夜郎史稿》（贵州人民出版社，1990 年），段玉明著《大理国史》（云南民族出版社，2003），李范文主编《西夏通史》（人民出版社，2005 年），李公著《南诏史稿》（民族出版社，2006 年）等。

何光岳在古代民族源流领域研究成果较多，他先后撰写了十余部民族源流史，包括《楚源流史》（湖南人民出版社，1988 年）、《南蛮源流史》（江西教育出版社，1988 年）、《百越源流史》（1989 年）、《东夷源流史》（1990 年）《炎黄源流史》（1992 年）、《夏源流史》（1992 年）、《商源流史》（1994 年）、《汉源流史》（1996 年）、《周源流史》（1997 年）、《氐羌源流史》（2000 年）《北狄源流史》（2002 年）、《东胡源流史》（2004 年）、《女真源流史》（2004 年）等。

进入 21 世纪以来，古代民族史研究向纵深发展，学术界更加注重民族史文献资料的发掘，同时，也受到国外学界民族史理论方法的影响，进行了一些新的探索。这一时期，古代民族史研究专著主要有田余庆著《拓跋史探》（生活·读书·新知三联书店，2003 年），杨志玖著《元代回族史稿》（南开大学出版社，2003 年），田卫疆著《高昌回鹘史稿》（新疆人民出版社，2006 年），史金波的《西夏社会》（上海人民出版社，2007 年），刘浦江著《松漠之间：辽金契丹女真史研究》（中华书局，2008 年），孙进已、孙泓著《契丹民族史》（广西师范大学出版社，2010 年）等。

在中国古代民族史研究中也不断出现研究热点，如高句丽史研究近年就出现多部研究著作，如李殿福和孙玉良著《高句丽简史》（韩国三省出版社，1990 年）、刘子敏著《高句丽历史研究》（延边大学出版社，1996 年）、马大正等著《古代中国高句丽历史丛论》（黑龙江教育出版社，2001 年）、耿铁华著《中国高句丽史》（吉林人民出版社，2002 年）与《古代中国高句丽历史续论》（中国社会科学出版社，2003 年）、杨军著《高句丽民族与国家的形成和演变》（中国社会科学出版社，2006年）等。

四 近现代民族史研究

相对于古代民族史研究而言，中国近现代民族史研究相对薄弱，研究的主要课题是各族人民的反帝反封建主义斗争、中国共产党领导的民族民主革命、近现代民族地区的治理、近现代民族政策及边疆民族发展等问题。在民族史撰述方面，多为民族通史中的近现代部分，专门的近现代民族史著作相对较少。

近现代民族史研究多集中在各民族革命史方面，民族主义与民族运动成为研究焦点，如章开沅《民族运动与中国近代史的基本线索》（《历史研究》1984年第3期）一文，从民族运动的角度考察了中国近代史，成为研究近现代民族史的典范之作。这方面的著作有林家有著《辛亥革命与少数民族》（中山大学出版社，1981年），朱万一编著《中国少数民族革命运动史（1840—1919）》（四川民族出版社，1988年）、《中国少数民族革命运动史（1919—1949）》（四川民族出版社，1990年）。

1988年，在昆明召开的中国民族史第二次学术讨论会上，加强对近现代和当代民族史研究是其中一个重要议题。1991年史金波发表《论少数民族近、现代史研究》（《云南社会科学》1991年6期）的论文，认为少数民族近现代史是中国近现代史的重要组成部分，文章分析了少数民族近现代史的特点，论述了少数民族近现代史教育对提高人民群众的政治、文化素质，对加强爱国主义、社会主义教育，增强各民族团结，维护祖国统一，对于总结历史上的经验教训，更好地建设有中国特色的社会主义有重要的现实意义。此后有不少有关著述出版。如李资源著《中国近现代少数民族革命史要》（中央民族大学出版社，1995年），方素梅、蔡志纯等著《中国少数民族革命史（1840—1949）》（广西民族出版社，2000年），罗开云等著《中国少数民族革命史》（中国社会科学出版社，2003年）。此外，还有分区域撰写的民族革命运动史，如乔正孝、孙欲声主编《贵州少数民族革命与建设史论》（青海人民出版社，1999年）、冯可汉著《近现代云南少数民族革命斗争史》（云南民族出版社，2001年）等。同时，各民族反抗外来侵略的斗争史也是另一个研究重点，这方面的著作有杨策主编《少数民族与抗日战争》（北京出版社，1997年）。

区域性的近现代民族史有王文光、龙晓燕、李晓斌著《云南近现代民发展史纲要》（云南大学出版社，2009年）。综合性的近现代民族史专著出现较晚，2011年，陈连开、杨荆楚、胡绍华、方素梅主编《中国近现代民族史》（中央民族大学出版社，2011年）出版，该书是近年最具有代表性的近现代民族史研究著作。

20世纪90年代以来，学术界较注重近代民族观念演变的研究，尤其是关注中华民族和民族国家认同等问题的研究，代表性的成果有沈松侨《我以我血荐轩辕——黄帝神话与晚清的国族建构》（《台湾社会研究季刊》第28期，1997年12月）、孙隆基《清季民族主义与黄帝崇拜之发明》（《历史研究》2000年第3期）、黄兴涛《现代"中华民族"观念形成的历史考察——兼论辛亥革命与中华民族认同之关系》（《浙江社会》2002年第1期）、张永《从"十八星旗"到"五色旗"——辛亥革命时期从汉族国家到五族共和国家的建国模式转变》（《北京大学学报》2002年第1期）等。这些研究成果多角度地分析了近代以来民族主义及国族建构等问题，在学术界产生了重要影响。

五 中国民族关系史的研究与撰述

20世纪五六十年代，学术界开始注重研究中国历史上民族关系的主流、民族之间战争的性质、民族矛盾和阶级矛盾、民族融合和民族同化、民族平等和汉民族的主导作用等问题。

1950年，范文澜撰写《中华民族的发展》一文，他认为由于汉族的文明比附近各少数民族都高，人口也多，尤其是汉族地区土地肥沃，物产丰富，强烈地吸引落后民族用各种形式迁移进来。有的用武力硬打，有的要求内附，不论用的是什么形式，与原来的汉族总有一番斗争，这种斗争可能是极残酷的，但结果总是融成一体。范文澜曾拿黄河来比喻汉族，他说："黄河发源于星宿海，沿路吸收大小河流，终成巨大的黄河。同样，汉族发源于黄炎，五千年来，吸收数以百计的大小民族，终成巨大的汉族。"因此，"汉族无疑是很多民族的化合体"。"凡是现在兄弟民族的祖先或者已经融化似乎失踪的古代民族，都是汉族的伯叔祖先或者是祖先的一部分。"他还说："各民族之间，不论文化高低如何不同，人口多少如何不同，但有一点是共同的，就是各有其光荣的历史，在中华民族的组成上，都有不可缺少的重要性，都是有机体中必需的部分。"[①]

[①] 范文澜：《中华民族的发展》，《学习》第3卷第1期，1950年。

1961年，吕振羽在《论我国历史上民族关系的基本特点》（《学术研究》1961年第6期）一文中，阐述了我国历史上民族关系的六个基本特点及其对中华人民共和国民族政策制定的影响和作用。翦伯赞也发表了《谈中国历史上的民族关系问题》（《新建设》1962年第6期）一文。[①] 岑家梧《在教学上如何处理祖国历史上的民族关系》（《历史教学》1962年第9期）。

自20世纪80年代起，中国民族关系史的研究发展迅速，成为当时中国民族史研究的热点。以翁独健为代表的中国社会科学院民族研究所、中央民族学院历史系等单位的学者们承担了创建该学科的任务。1981年，在翁独健、白寿彝等学者的召集下，"中国民族关系史学术座谈会"在北京召开，有130余位民族史学者参加了会议。这次会议对诸如历史上的中国、历史上民族关系的主流、少数民族政权与历史疆域、民族战争、民族英雄等问题进行了讨论。此后，中国社会科学院民族研究所等单位陆续推出民族关系史研究专著，相关研究十分活跃。

1982年，国家民族事务委员会政策研究室编《中国民族关系史论文集》由民族出版社出版。该论文集所收论文是编者从近400篇论文中选出的，它们分别发表于1951—1981年，基本上反映了中国民族关系史研究的各个侧面，是近30年民族关系史研究成果的初步总结，推动了中国民族关系史的研究工作。

1985年在厦门召开的中国民族史第一次学术讨论会上，主要讨论了中国历史上民族政权分立的魏晋南北朝与宋辽金夏时期民族关系问题。1990年在桂林召开中国民族史第三次学术讨论会，重点研讨历史上的民族政策问题。

翁独健主编的《中国民族关系史纲要》（中国社会科学出版社，1990年）出版，这是我国第一部关于中国民族关系史的综合性学术专著。该书突破以往过于突出民族关系中的政治因素，强调阶级关系，而忽视经济及文化因素的局限，对中国历史各个时期的民族关系进行了全面系统的论述。该书涉及了民族的形成、中国的概念和含义、国家的统一与分裂、民族压迫与民族平等、爱国主义与民族英雄、历史上的民族融合与同化、民族关系的主流等理论问题，确定了中国民族关系研究的基本框架。

20世纪80年代以来，民族关系史的研究成果大量出现，出版了多部研

---

① 刘先照：《三十二年来中国民族关系史研究若干理论问题综述》，《民族研究》1983年第3期。

图 11-15 《中国民族关系史纲要》

究民族关系史的著作，涉及范围广泛，体例也不断创新，主要的撰述成果如下。

（1）断代民族关系史专著，如木芹著《两汉民族关系史》（四川民族出版社，1988年），杨学琛著《清代民族关系史》（吉林文史出版社，1991年），杨策、彭武麟主编《中国近代民族关系史》（中央民族大学出版社，1999年）等。

（2）地区民族关系史专著，如卢明辉等著《中国北方民族关系史》（中国社会科学出版社，1987年），杨建新、马曼丽主编《西北民族关系史》（民族出版社，1990年），侯绍庄、史继忠、翁家烈著《贵州古代民族关系史》（贵州民族出版社，1991年）、吴永章主编《中南民族关系史》（民族出版社，1992年）、练铭志等著《广东民族关系史》（广东人民出版社，2004年）、王文光等著《中国西南民族关系史》（中国社会科学出版社，2005年）、蒋炳钊等著《中国东南民族关系史》（厦门大学出版社，2007年）、伍新福著《湖南民族关系史》（湖南人民出版社，2010年）等。

（3）少数民族关系史专著，如王辅仁等著《蒙藏民族关系史略》（中国社会科学出版社，1985年）、王小甫著《唐、吐蕃、大食政治关系史》（北京大学出版社，1992年）、樊保良著《蒙藏关系史研究》（青海人民出版社，1992年）、杜建录著《西夏与周边民族关系史》（甘肃文化出版社，1995年）、杜家骥著《清朝满蒙联姻研究》（人民出版社，2003年）、李华瑞著《宋夏关系史》（中国人民大学出版社，2010年）、马一虹著《靺鞨、渤海与周边国家部族关系史研究》（中国社会科学出版社，2011年）等。

（4）各民族政治、经济及文化交流史著作，如孙进己著《东北各民族文化交流史》（春风文艺出版社，1992年）、魏明孔著《西北民族贸易研究——以茶马互市为中心》（中国藏学出版社，2003年）等。

六 民族宗教史、经济史、法制史、文化史研究的进展

20世纪70年代以来，民族史学界除关注民族史理论民族政治史、民族关系史等宏观问题之外，还涉及了很多更为具体的学术领域，在民族宗教史、经济史、法制史、文化史等方面都取得了丰硕的研究成果。

1. 民族宗教史研究

20世纪七八十年代，在民族宗教史方面，学术界主要探讨了宗教在民族地区的传播情况，如杨绍猷《喇嘛教在蒙古族中的传播》（《民族研究》1981年第5期）、薄音湖《关于喇嘛教传入内蒙古的几个问题》（《内蒙古社会科学》1982年第2期）、陈育宁、汤晓芳《清代喇嘛教在蒙古族地区的特权及其衰落》（《青海社会科学》1988年第5期）、张思耀《基督教是怎样传入黔西北、滇东北苗族地区的》（《民族研究》1988年第1期）。此外，学术界还研究了宗教对民族形成、发展的影响，以及与民族文化的关系，如王尧《喇嘛教对藏族文化的影响》（《青海民族学院学报》1979年第3、4期）、金峰《喇嘛教与蒙古封建政治》（《内蒙古大学学报》1981年第2期）、李松茂《伊斯兰教和回族风俗习惯》（《中央民族学院学报》1981年第4期）、林松

《试论伊斯兰教对形成我国回族所起的决定作用》(《社会科学战线》1983年第3期)、苏北海《伊斯兰教在维吾尔族中发展的特点》(《世界宗教研究》1987年第3期)、王延星《略论伊斯兰化对维吾尔文明的影响》(《宁夏社会科学》1988年第3期)等。

20世纪80年代以后，出现了多部民族宗教史研究专著，如王森著《西藏佛教发展史略》(中国社会科学出版社，1987年)，松巴堪钦著《松巴佛教史》(甘肃民族出版社，1992年)，史金波著《西夏佛教史略》(宁夏人民出版社，1988年；台湾商务印书馆再版，1993年)，阿坝藏族自治州《史略》编写组编《藏传佛教史略》(四川民族出版社，1990年)，德勒格著《内蒙古喇嘛教史》(内蒙古人民出版社，1998年)，《中国新疆地区伊斯兰教史》(新疆人民出版社，2000年)，佟德富主编《蒙古语族诸民族宗教史》(中央民族大学出版社，2007年)，宝贵贞、宋长宏著《蒙古民族基督宗教史》(宗教文化出版社，2008年)等。

除了佛教、伊斯兰教等，关于北方少数民族的萨满教信仰的研究也有了很大进展，出现了一批专著，如富育光、孟慧英著《满族萨满教研究》(北京大学出版社，1991年)、迪木拉提·奥迈尔著《阿尔泰语系诸民族萨满教研究》(新疆人民出版社，1995年)等。

2. 民族经济史研究

我国疆域辽阔，地理环境复杂多样，这对各民族的经济生活产生了重要影响。长期以来南方民族以农耕为主，北方尤其是长城以北民族以游牧、狩猎经济为主，各民族生产方式体现了鲜明的地域性，而经济生活也成为民族认同的基本方面，同时，民族间的经济交流也十分频繁，这些成为民族经济史研究的重点。

20世纪60—80年代，一批古代民族经济史的研究专著先后出版，如陈述著《契丹社会经济史稿》(生活·读书·新知三联书店，1963年)、党诚恩、陈宝生主编《甘肃民族贸易史稿》(甘肃人民出版社，1988年)、杨毓才著《云南各民族经济发展史》(云南民族出版社，1989年)等。早期的民族经济史研究较注重社会形态、社会性质的讨论。

20世纪90年代后，随着我国市场经济尤其是民族地区经济的发展，学术界也关注民族经济的发展问题。关于民族经济史研究取得了重大发展，这方面的专著不断出现，如赖存理著《回族商业史》(中国商业出版社，1988年)，沈斌华著《鄂温克族经济简史》(内蒙古大学出版社，1995年)，覃乃昌著《壮族稻作农业史》（广西民族出版社，1997年），阿岩、乌恩著《蒙古族经济发展史》（远方出版社，1999年），邓辉著《土家族区域经济发展史》（中央民族大学出版社，2002年），额斯日格仓、包·赛吉拉夫著《蒙古族商业发展史》（辽宁民族出版社，2007年）等。

关于古代民族经济史研究也取得了重要进展，如林永匡、王熹编著《清代西北民族贸易史》（中央民族学院出版社，1991年），卢明辉主编《清代北部边疆民族经济发展史》（黑龙江教育出版社，1994年），杜建录著《西夏经济史》（中国社会科学出版社，2002年），林蔚文著《中国百越民族经济史》（厦门大学出版社，2003年），李幹著《元代民族经济史》（民族出版社，2010年），史金波《西夏经济文书研究》（社会科学文献出版社，2017年）等。

3. 民族法制史研究

20世纪50年代开始，关于少数民族法制史方面的研究多散见于民族学、民族历史学、民族政治学的著述中，中国法律史学界多侧重于对中央王朝立法的一般性研究，对民族法制和少数民族法律关注则十分有限。直至20世纪80年代初，学界对少数民族法制史的研究才逐渐展开，尤其是中国加强法治国家建设的战略提出后，民族法制史的研究也迅猛发展。

20世纪60年代，学界即开始民族法制史的研究，如蔡鸿生《突厥法初探》（《历史研究》1965年第5期），但直至80年代该领域的研究成果较为稀少，主要有白翠琴《试论卫拉特法典》（《民族研究》1981年第2期），罗致平、白翠琴《哈萨克法初探》（《民族研究》1988年第6期）等。1990年，史金波发表论文《要重视和加强少数民族法制史研究》（《思想战线》1990年第5期），认为少数民族法制史研究对探讨中国法律的形成和发展，对认识当代少数民族法律习惯、传统、心理，对依据各民族实际情况准确制定相应的法规、条例，都有重要的现实意义。

90年代，民族法制史方面的著作大量出版，刘广安著《清代民族立法研究》（中国政法大学出版社，1993年），是较早研究民族法制史的著作。而后，通史性的民族法制史著作有徐晓光著《中国少数民族法制史》（贵州民族出版社，2002年）、张晋藩总主编《中国少数民族法制通史》（多卷本）（瑶族、苗族、彝族、羌族卷，中央民族大学出版社，2007年）、李鸣著《中国民族法制史论》（中央民族大学出版社，2008年）。在族别法制史方面，有史金波、聂鸿音、白滨著《西夏天盛律令》（科学出版社，1994年）、奇格著《古代蒙古法制史》（辽宁民族出版社，1999年）、徐晓光著《藏族法制史研究》（法律出版社，2001年）、黄华均著《蒙古族草原法的文化阐释——〈卫拉特法典〉及卫拉特法的研究》（中央民族大学出版社，2006年）等。

4. 民族文化史研究

当代民族文化史研究范围非常广泛，涉及各民族的语言、文学、艺术、饮食、服饰、居住、习俗等方面，极大地拓宽了民族史研究的领域，这方面的论文数量庞大，不胜枚举。

民族文化史的专著不断问世，研究领域逐渐拓宽，主要可分为以下类别：(1) 中国民族文化通史著作有李德洙主编《中国少数民族文化史》（辽宁人民出版社，1994年）、刘鸿武著《中国少数民族文化简史》（云南人民出版社，1996年）等。(2) 古代民族文化史研究有冯继钦、孟古托力、黄凤岐著《契丹族文化史》（黑龙江人民出版社，1994年）、陈志贵著《乌桓·鲜卑文化史》（黑龙江人民出版社，1994年）、张福著《彝族古代文化史》（云南教育出版社，1999年）、李殿福著《高句丽民族文化研究》（吉林文史出版社，2005年）等。(3) 族别文化史研究著作较多，特别是20世纪80年代，史筠主编《中国少数民族文库》，由吉林教育出版社出版，其中有张公瑾著《傣族文化》(1986年)，和志武著《纳西东巴文化》（1989年），王尧著《吐蕃文化》(1989年)，金东勋、金昌浩著《朝鲜族文化》(1989年) 等。此外还有马学良等编著《彝族文化史》（上海人民出版社，1989年）、苏北海著《哈萨克族文化史》（新疆大学出版社，1989年）、张佳生主编《满族文化史》（辽宁民族出版社，1999年）、伍新福著《苗族文化史》（四川民族出版社，2000年）、丹珠昂奔著《藏族文化发展史》（上、下，甘肃民族出版社，2001年）、段超著《土家族文化史》（民族出版社，2009年）。(4) 区域民族文化史研究有史金波著《西夏文化》（吉林教育出版社，1986年）、吴永章著《中国南方民族文化源流史》（广西教育出版社，1991年）、张碧波、董国尧主编《中国古代北方民族文化史》（民族文化卷，黑龙江人民出版社，1993年；专题文化卷，黑龙江人民出版社，1995年）等。

5. 民族地区行政设置史研究

20世纪80年代以来，学术界即开始了民族管理机构的研究，研究领域涉及属国制度、羁縻制度、土司制度等。

较早的古代民族地区设置研究成果有芈一之著《青海土司制度概述》

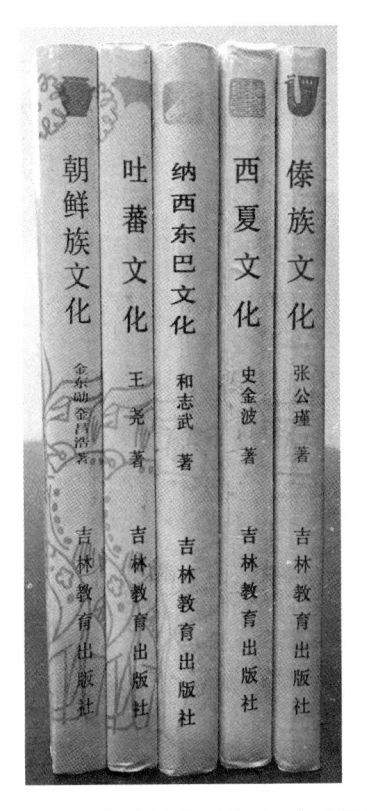

图 11-16 《中国少数民族文库》（部分）

（《青海社会科学》1980年第1期）、贾敬颜著《汉属国与属国都尉考》（《史学集刊》1982年第4期）、林幹著《两汉时期"护乌桓校尉"略考》（《内蒙古社会科学》1987年第1期）等。而后，这方面研究逐渐深入，研究课题涉及了民族地区民族管理机构的很多具体问题。

关于土司制度的研究取得了突出的进展，学术界研究了土司制度的产生及演变，如吴永章著《中国土司制度渊源与发展史》（四川民族出版社，1988年）、李世愉著《清代土司制度论考》（中国社会科学出版社，1998年）、马菁林著《清末川边藏区改土归流考》（巴蜀书社，2004年）、黄家信著《壮族地区土司制度与改土归流研究》（合肥工业大学出版社，2007年）、成臻铭著《清代土司研究：一种政治文化的历史人类学观察》（中国社会科学出版社，2008年）、韦顺莉著《清末民初壮族土司社会研究》（民族出版社，2008年）等。

关于中央王朝在民族地区的行政设置研究不断有成果问世，如杨旸、袁闾琨、傅朗云编著《明代奴儿干都司及其卫所研究》（中州书画社，1982年），赵云田著《中国边疆民族管理机构沿革史》（中国社会科学出版社，1993年），刘统著《唐代羁縻府州研究》（西北大学出版社，1998年），张永江著《清代藩部研究——以政治变迁为中心》（黑龙江教育出版社，2001年），李大龙著《都护制度研究》（黑龙江教育出版社，2003年），李大龙著《汉唐藩属体制研究》（中国社会科学出版社，2006年），王世丽著《安北与单于都护府：唐代北部边疆民族问题研究》（云南人民出版社，2006年），程妮娜著《古代中国东北民族地区建置史》（中华书局，2010年）等。

第七节　当代民族志的编纂

当代地方志的编纂延续了古代方志记述民族历史的传统，加之中华人民共和国成立后，实施民族区域自治制度和大力开展民族工作，民族志成为地方志编纂工作的重要内容，尤其是少数民族地区的方志编纂对民族志的内容更加重视。①

民族志著录于各地方的民族自治地方志、省志、市志、县志，有的地方政府设置专门机构主持编纂。民族志汇集某一地区民族工作的机构设置、民族政策与民族工作、人物、大事记及各主要少数民族介绍。各地方编写民族志的目的是"资政""教育""存史"的需要，是贯彻中国共产党的民族政策，从实际出发进行社会主义现代化建设的需要，是适应各民族之间、各地区之间相互了解和相互交往日益增多、日益密切的需要。在各省、市、县民族志和自治地方志编写中，要求对本地区内杂居散居的少数民族的情况，对城市少数民族的情况和特点要充分反映出来。民族志既要包括历史沿革、人口分布、经济生活内容，又要有语言文字、文化教育、宗教信仰、风俗礼仪等内容。

有学者对民族志的编纂体例进行了探讨，认为民族志的篇目必须具备以下内容：（1）族源；（2）社会经济形态；（3）政治制度；（4）起义斗争；（5）语言；（6）文学；（7）艺术；（8）风俗习惯；（9）宗教信仰；（10）民

---

① 传统方志学、民族学和人类学共同使用"民族志"一词。

族区域自治；（11）政治、经济、文化的深刻变化；（12）民族事务管理。① 以上诸要素的编纂，包含了民族经济、精神文明、文化特点、风俗习惯、衣食住行、婚丧嫁娶、宗教活动、民族平等、民族心理、民族团结、民族语言、民族关系、异民族通婚、后代族属、民族融合诸方面的内容。方志因其"存史"的目的，强调资料的搜集、罗列和保存。有学者论述了人类学上民族志与方志上民族志的关系，认为对调查研究对象进行描述是民族志的基础，志书更倾向于如实记录而不加评价，即所谓"志无褒贬"。②

自20世纪80年代初开始，各地区民族事务管理部门主持编纂了一批专门的民族志。如贵州省黎平县民族事务委员会编《黎平县民族志》（贵州人民出版社，1989年），云南省玉溪市民族宗教事务委员会编《玉溪市民族志》（云南民族出版社，1990年），河北省邯郸地区行署民族事务委员会编《邯郸地区民族志》（中国民族摄影艺术出版社，1994年），此外还有《上海民族志》（上海社会科学院出版社，1997年），《浙江省少数民族志》（方志出版社，1999年），《重庆民族志》（重庆出版社，2002年）等。

自20世纪80年代以来，各省、市、自治区、县的地方志都设有专门的民族志，一些省的通志中民族志还单列一册。

第八节 少数民族文字历史文献的整理和研究

新中国成立以后，对少数民族语言、文字的使用倍加重视。改革开放以后，在1980年成立中国民族古文字研究会后，开始系统认识、全面介绍少数民族文字及其文献。当时第一次将全国各地研究各种少数民族文字古籍的专家们汇集在一起，同时也开始把各少数民族文字及古籍状况汇集在一起。当年又在北京民族文化宫破天荒地举办中国民族古文字展览，用近千件文献、文物、图片向国内外展示琳琅满目的中国少数民族文字及其古籍，其中包括很多民族史方面的古籍，引起学术界和社会的更多关注。后来中国民族古文字研究会还编纂了《中国民族古文字图录》，首次全面介绍了多种中国民族古文字及相关

---

① 洪寒松：《略论编纂民族志》，《民族论坛》1987年第1期。
② 娥满：《人类学民族志的方志渊源》，《昆明理工大学学报》（社会科学版）2011年第6期。

的300多种文献。① 中国民族古文字研究会陆续出版了《中国民族古文字研究》5集，持续介绍、研究少数民族文字及其古籍。

1984年，全国少数民族古籍整理规划领导小组成立，少数民族古籍工作走上了更为有组织、有计划的轨道，整理、出版了大量少数民族古籍，其中有很多是重要的民族史古籍。

20世纪90年代以来，综合、系统研究少数民族文献的论著不断出版，如吴肃民《中国少数民族古籍概论》（天津古籍出版社，1995年），张公瑾主编《民族古文献概览》（民族出版社，1997年），魏忠《中国的多种民族文字及文献》（民族出版社，2004年），史金波、黄润华《中国历代民族古文字文献探幽》（中华书局，2008年）等。

由于对少数民族文字古籍保护、整理、研究的重视，民族古籍整理、研究呈现出蓬勃发展的局面，对相关民族史的古籍的整理、翻译和校勘取得了长足的进展，对推动民族史的研究做出了突出贡献。

一 藏文历史文献的整理和研究

藏文历史文献较早的有敦煌石室所出历史文书，此外有大量传世藏文史书。近几十年来对这些重要古籍进行了大量整理研究。

敦煌出土的藏文历史文书，多被英、法探险队掠走。这些文献的整理、译注以藏学家王尧、陈践贡献最大。他们合著的《敦煌本吐蕃历史文书》（民族出版社，1980初版，1992年增订版），包括藏于法国巴黎和藏于英国伦敦的敦煌古藏文写卷，内容为吐蕃时代社会历史风貌的珍贵文献。该书以1940年出版的法国汉学家巴考（J. Bacot）法文译注本为基础，对写卷进行了探索研究，给吐蕃史研究提供了大量可靠的新鲜史料，使人们对吐蕃时代的社会性质、社会结构、军政制度以及风俗礼仪、文化生活等方面都有了新的认识。

王尧、陈践又出版《吐蕃简牍综录》（文物出版社，1986年）。该书系统辑录了藏于国内外的绝大部分吐蕃简牍。这些简牍是7世纪中叶以后吐蕃人写在木片之上的文字，主要内容涉及了吐蕃统治西域及河西走廊时期的政治、经济、军事与文化交流等社会生活，是研究吐蕃人和于阗人历史的重要

---

① 中国民族古文字研究会汇编、傅懋勣主编：《中国民族古文字图录》，中国社会科学出版社1990年版。

资料。

对传世史书的整理、译注和研究成果更多。如对各代藏族史学重要著作都有专家倾心译注，出版了不少著作。整理、译注元代藏文史书，如丹巴·索南坚赞著，王沂暖译《西藏王统记》（商务印书馆，1949年）；布顿·仁钦珠著，郭和卿译《布顿佛教史》（中国藏学出版社，1989年）；蔡巴·贡噶多吉著，东嘎·洛桑赤列校注，陈庆英、周润年译《红史》（西藏人民出版社，1988年）。整理、译注明代藏文史书，如廓诺·熏奴贝著，郭和卿译《青史》（西藏人民出版社，1985年）；班钦·索南查巴著，黄颢译《新红史》（西藏人民出版社，1984年）；达仓宗巴·班觉桑布著，陈庆英译《汉藏史集》（西藏人民出版社，1986年）；巴卧·祖拉陈瓦著，黄颢、周润年译注《贤者喜宴——吐蕃史译注》（中央民族大学出版社，2010年）；阿旺贡噶索南著，陈庆英、高禾福译注《萨迦世系史》（西藏人民出版社，2002年）；桑杰坚赞著，刘立千译《米拉日巴传》（四川民族出版社，1985年）。整理、译注清代藏文历史文献，如五世达赖喇嘛著，郭和卿译《西藏王臣记》（民族出版社，1983年）；土观·罗桑却吉尼玛著，刘立千译注《土观宗派源流》（西藏人民出版社，1985年）；智观巴·贡却乎丹巴饶吉著，吴均等译《安多政教史》（甘肃民族出版社，1987年）等。一些记载重要家族、寺庙和历史人物的史书，如《朗氏家族史》《塔尔寺志》《颇罗鼐传》等重要史书也被整理出版。这些负载着重要史料，由历史上著名学者编撰的史书的整理、译注、出版的过程，同时也是对重要历史问题研究的过程，对认识、编撰藏族史和藏族与其他民族的关系史起到了关键的推动作用。

近些年，在全国古籍保护工作的推动下，藏文历史文献还有新的、重要发现。如2011年在扎达县境内的东嘎皮央及托林寺进行实地古籍普查时，发现了12世纪写本《古格王统史》，此书记载了从公元前2世纪吐蕃第一代国王聂墀赞普至9世纪末代赞普达磨的王统世系，还有吐蕃王朝的七位良臣的事迹，系统记载了古格王统的历史，填补了早期古格王统世系史的空白。古格王朝是公元10世纪前后，由吐蕃王朝末代赞普朗达玛的重孙吉德尼玛衮所建，雄踞西藏约700年，创造了灿烂的文明，至今留有古格王朝遗址，而其消逝至今仍是个谜。此书的发现对深入研究带有神秘色彩的古格王朝史具有重要学术价值。

图 11-17　校注、翻译出版的《红史》

二　回鹘文历史文献的整理和研究

著名史学家冯家昇注重回鹘文文献研究,他潜心研究元代回鹘地区买卖奴隶的契约,并译为汉文,撰写成《回鹘文契约二种》(《文物》1960 年第 6 期)和《回鹘文斌通(善斌)卖身契三种》(《考古学报》1958 年第 2 期),开启了回鹘文历史经济文书的研究。

对回鹘文文献整理、研究贡献很大的是著名回鹘文专家耿世民,他先后出版《维吾尔族古代文化和文献概论》(新疆人民出版社,1983 年),《敦煌突厥回鹘文书导论》(台湾新文丰出版公司,1994 年)《新疆文史论集》(中央民族大学出版社,2001 年),《维吾尔古代文献研究》(中央民族大学出版社,2003 年),《回鹘文社会经济文书研究》(中央民族大学出版社,2006 年),《新疆历史与文化概论》(中央民族大学出版社,2006 年),对回鹘文文献做了系统梳理、翻译和研究，其中包括不少历史文献。他还对新发现的元代《大元肃州路也可达鲁花赤世袭之碑》的回鹘文部分进行了考释（《民族研究》1979年第1期）。

李经纬研究回鹘文社会经济文书，取得很大成绩，他出版了《吐鲁番回鹘文社会经济文书研究》（新疆人民出版社，1996年）和《回鹘文社会经济文书研究》（新疆人民出版社，1996年），翻译、研究了买卖人口文书、租佃与土地买卖文书、借贷文书、赋税徭役文书等。显然研究这些回鹘人经济活动的原始文献，对认识回鹘的社会历史有重要价值。近年来刘戈相继出版了《回鹘文契约文书初探》（五南图书出版公司，2000年）、《回鹘文买卖契约译注》（中华书局，2006年）和《回鹘文契约断代研究》（中华书局，2016年），为回鹘文契约文书的整理研究做出了贡献。

胡振华、黄润华二位对《华夷译语》中的《高昌馆课》和《高昌馆杂字》的整理、研究做出了重要贡献。他们于1981年整理、出版了《高昌馆课》（新疆人民出版社，1981年）一书。高昌馆是明代政府为加强对西域少数民族地区的经营，专门设立的从事西域各地少数民族政权来函奏折文字翻译工作的中央机构。高昌馆保存了许多西域各政权的来文，其中《高昌馆课》是收录篇数最多的一种，共收录关于西域来文89篇，时间在15世纪下半叶到16世纪中叶，涉及的地方有哈密、吐鲁番、柳城、火州、兀端、亦里把力、曲先、阿速、黑娄等地，包括了新疆绝大多数地区，记录了67次朝贡活动，有很高的史料价值。1984年他们又出版了《高昌馆杂字》（民族出版社，1984年）一书。此书与《高昌馆课》为姊妹篇，是明代编纂的一部汉文与回鹘文对照的分类词汇集，有多种版本。整理者以明抄本《华夷译语·高昌馆杂字》为底本，与另外三个清抄本相校，形成了这部汇编本。此书包含了1002个词语，是收词最多的一个版本。

维吾尔族学者雅森·吾守尔到法国考察出土于敦煌流失到法国的回鹘文木活字，并进行深入研究，解析木活字使用特点，发现这些回鹘文木活字有字母活字，是世界上最早的活字印刷实物之一，补充了中国印刷史的研究，以实物资料论证活字印刷是中国发明，中国的活字印刷术向东西方传播，促进了文化交流，推动了世界文明的发展。这项研究有补于中国科技史的研究。[①]

[①] 史金波、雅森·吾守尔：《中国活字印刷术的发明和早期传播——西夏和回鹘活字印刷术研究》，社会科学文献出版社2000年版。

三　西夏文历史文献的整理和研究

由于元代未修西夏史，关于西夏的历史资料显得稀少，利用出土文献研究西夏历史成为这一时期的热点之一。西夏文献绝大部分藏于国外，特别是俄国存有西夏文献12个书柜，其中西夏文文献有八千多编号，内中包括很重要的历史文献。将这些文献整理出版可促进西夏历史文化的发展。20世纪90年代初，中国社会科学院民族学与人类学研究所、上海古籍出版社与俄罗斯科学院东方文献研究所开始合作编辑、出版《俄藏黑水城文献》。从1993年到2000年，中国社会科学院民族学与人类学研究所的中国专家四次组团赴俄进行整理、著录和拍摄工作，带回众多珍贵文献的照片，并从1996年开始出版《俄藏黑水城文献》，陆续将这些材料公之于众。迄2016年《俄藏黑水城文献》已出版26册，为西夏研究提供了大量新资料，改变了西夏资料匮乏的局面，为西夏学的深入发展开辟了广阔的前景，有力地推进了国内外西夏学的发展。[①]

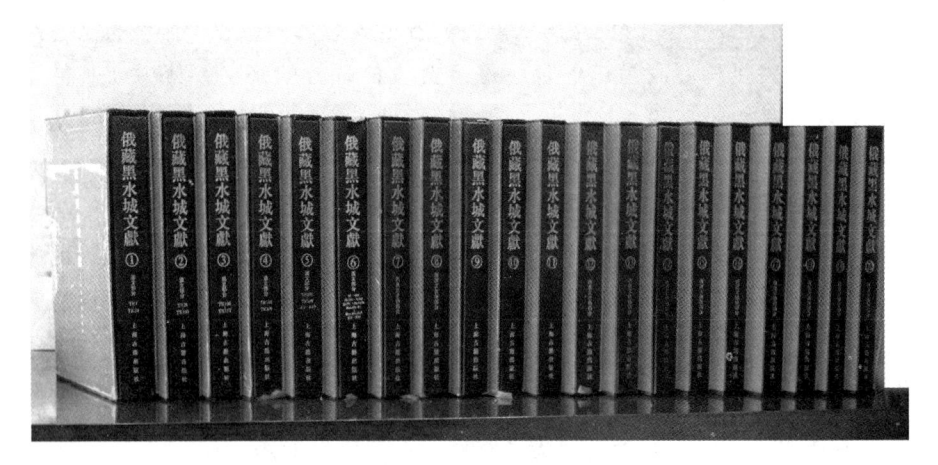

图11-18　已出版的《俄藏黑水城文献》

黑水城出土的西夏国家法典《天盛改旧新定律令》，是西夏仁宗时期在前朝律令基础上修订的一部系统、完备的国家法典，其中包括了西夏政治、军事、经济、文化、宗教方方面面的条款，是研究西夏社会历史极为重要的

[①] 俄罗斯科学院东方文献研究所圣彼得堡分所、中国社会科学院民族学与人类学研究所、上海古籍出版社，史金波、魏同贤、克恰诺夫主编：《俄藏黑水城文献》第1—26册，1996—2017年。

资料。国内专家将其译成汉文,并作了注释和研究(史金波、聂鸿音、白滨译注《西夏天盛律令》,科学出版社,1994年;《天盛改旧新定律令》,法律出版社,2000年)。后利用《天盛律令》进行西夏社会历史研究的专著和论文层出不穷,显著地推动了西夏历史研究的进展。

在近年整理、出版《俄藏黑水城文献》过程中,在俄藏文献中发现有一批西夏文社会文书,计有1000余号,1500余件,多数都是以西夏文草书书写,包括户籍、账册、契约、军籍、告牒、书信等《俄藏黑水城文献》第12、13、14册(上海古籍出版社,2006、2007、2011年)。近些年在黑水城、敦煌、武威、银川、国家图书馆等处也发现了部分西夏文和汉文西夏社会文书。这些珍贵原始资料对研究、认识西夏社会历史具有极高的价值。整理、翻译、研究新发现的西夏经济文书,可以比较全面地认识西夏社会,推动西夏历史研究的进展。近年来在翻译西夏社会经济文书的基础上,结合西夏法典和其他资料进行研究,再现了西夏社会的人口、土地、税收、物价、借贷、买卖、租赁、交换、互助等具体情况,对西夏社会历史的认识有新的提高(史金波《西夏经济文书研究》,社会科学文献出版社,2017年)。

此外,1914年斯坦因也从黑水城遗址掘得一批西夏文书,虽多为残页,但仍有很高的学术价值,其中不乏反映西夏社会历史的资料。《英藏黑水城文献》由西北第二民族学院、上海古籍出版社、英国国家图书馆编辑出版,为西夏研究增添了一批新的资料。[1]

四 蒙古文历史文献的整理和研究

《蒙古秘史》作为最早的一部用回鹘式蒙古文写成的官修历史著作,内容丰富,是研究蒙古古代史的第一手珍贵史料。此书蒙古文原文早已失传,后世所见系蒙文原文的汉字语标音本,在每一节后再用汉文意译,名《元秘史》、《元朝秘史》。基于此书对研究蒙古史的重要价值,先后有多种整理、校注本,如策·达木丁苏隆编译、谢再善译《蒙古秘史》(中华书局1957年版),格什克巴图译、策·阿拉腾松布尔、苏雅拉达来注释、孟克宝音拉丁注音《格什克巴图译元朝秘史》(内蒙古人民出版社,2000年),乌兰《元

---

[1] 西北第二民族学院、上海古籍出版社、英国国家图书馆编纂,谢玉杰、吴芳思主编:《英藏黑水城文献》,上海古籍出版社2005年版,第1—4册;李伟、吴芳思主编第5册,2010年版。

朝秘史（校勘本）》（中华书局，2012年）。[①]

更为引人注目的是近年在西藏阿里地区札达县托林寺发现了蒙古文《蒙古秘史》的十数叶残片，引起蒙古史专家们的重视。2010年乌兰发表论文《从新现蒙古文残叶看罗桑丹津〈黄金史〉与〈元朝秘史〉之关系》（《西域历史语言研究集刊》2010第4辑），就所见其中两叶判断，此文献是17世纪抄写的《蒙古秘史》异本。萨仁高娃到西藏托林寺实地考察、搜集此文献，并潜心研究，于2013年出版了深入研究这些珍贵遗存的专著《西藏阿里地区发现蒙古文散叶研究》（国家图书馆出版社，2013年）。

这一时期对其他重要蒙古文史籍也做了整理、研究。如1980年，中国蒙古史学会该年年会发表了朱风、贾敬颜根据《黄金史纲》译注的《汉译蒙古黄金史纲》。同年内蒙古人民出版社又出版了留金锁校注该书的蒙古文版本。后朱风、贾敬颜译正式出版《黄金史纲》（内蒙古人民出版社，1985年）。乌兰对另一部重要蒙古文史书《蒙古源流》作了系统研究，出版了《〈蒙古源流〉研究》（辽宁民族出版社，2000年）。

进入21世纪后，蒙古文历史文献整理依然有新的进展，如希都日古著《17世纪蒙古编年史与蒙古文文书档案研究》（辽宁民族出版社，2006年），所研究对象既有传统的蒙古文编年体史书，又有近年出版的蒙古文文书档案，是一部比较全面研究17世纪蒙古编年史和蒙古文文书档案的专著。

五 察合台文历史文献的整理和研究

新中国成立后，察合台文文献的搜集、整理成果显著。20世纪50年代进行民族大调查时，即搜集、保存了不少察合台文文献。中国科学院民族研究所入藏了约200部察合台文文献，其中有不少重要历史文献。

察合台文文献的整理也在不断进行。如记录叶尔羌汗国的政治、经济及发展情况的《拉失德史》是一部重要的史学著作，由米尔扎·穆罕默德·海达尔著。此书有两个译本，一为新疆社会科学院民族研究所译《中亚蒙兀儿史——拉失德史》（新疆人民出版社，1983年），一为王治来译《〈拉失德史〉译文校注》（新疆人民出版社，1985年）。

[①] 策·达木丁苏隆编译、谢再善译：《蒙古秘史》，中华书局1957年版；格什克巴图译、策·阿拉腾松布尔、苏雅拉达来注释、孟克宝音拉丁注音《格什克巴图译元朝秘史》，内蒙古人民出版社2000年版；乌兰：《元朝秘史（校勘本）》，中华书局2012年版。

1959年新疆少数民族社会历史调查组将《伊米德史》译成汉文,刊登于《新疆宗教研究资料》(新疆社会科学院内部资料)。安瓦尔·巴依图尔先后整理介绍了察合台文献《伊米德史》《安宁史》和《和卓传》等,撰写了《毛拉穆莎·莎依然米和〈伊米德史〉》(《民族研究》1984年3期),《察合台文和察合台文献》(《中国民族古文字研究》,中国社会科学出版社,1980年)等论文。1986年民族出版社刊行了《伊米德史》的维吾尔文版。

《安宁史》是一部关于中国新疆的重要历史著作,由维吾尔族文人毛拉·穆萨·赛拉米著,其内容关于宇宙、人类起源的传说,古代突厥部落的兴起,13世纪初成吉思汗的西征及其后裔在各地的统治,13—16世纪蒙古杜格拉特部落在南疆的活动,东察合台后王秃黑·鲁帖木儿汗及其后代归信伊斯兰教,16—19世纪下半叶新疆赛义德王朝的建立经过及后期活动,19世纪60年代新疆的重大历史事件,19世纪80年代阿帕克和卓宗教政治活动。此书在过去喀山出版的版本基础上,整理、出版了现代维吾尔文本(新疆人民出版社,2000年)。

近年出版了由苗普生主编的《清代察合台文文献译注》,其中包括《编年史》《和卓传》《大和卓传》《伊米德史》《塔兰奇史》等重要史料,每一部史书都有目录、导论和正文,为察合台文历史文献整理增添了新成果(新疆人民出版社,2013年)。

六 满文历史文献的整理和研究

清朝留下了大量档案资料,仅中国第一历史档案馆就收藏1000多万件。在浩如烟海的清代档案中,满文档案是重要的组成部分,约有200万件,全部或部分以满文书写,其中包含了各式各样的史料,如奏折、谕旨、记录、碑铭、史稿、人事记录、账目等。清政府的主要部门几乎都有满文公文书。这些档案保存了大量珍贵的历史资料,有的可补汉文史料的不足与空白,对研究清史和满族史有极为重要的学术价值。

东北三省的满文档案存量也相当可观,辽宁省有满文档案20万册,吉林省有1500余件,黑龙江主要是《黑龙江将军衙门档案》,起自康熙二十三年(1684年),止于光绪三十三年(1907年),达1万多卷。内蒙古满文档案达1.6万余件,西藏等地也收藏有一批数量不等的满文档案,台湾一些单位也收藏了清代档案的精品,闻名遐迩的《满文老档》原件便在其中。

满文史籍《满文老档》原档对当时历史事件的记录较为详细、准确,更符合客观历史实际。满文老档今存原本、重抄本（包括草本、正本、副本）共四部。原本存于台湾，草本、正本及《无圈点字书》存于中国第一历史档案馆，副本存于辽宁省档案馆。

1978年，中国第一历史档案馆与中国社会科学院历史所合作，成立了《满文老档》译注组，将存于中国第一历史档案馆的重抄本进行译注，历时12年完成译稿，冠以《满文老档》之名，分上下两册，以手抄稿直接影印，于1990年3月由中华书局出版。

辽宁民族出版社编译出版《满文老档》，选用中国第一历史档案馆保存的乾隆年间重抄并藏于内阁的《加圈点老档》，共计26函180册，采用满文原文、罗马字母转写及汉文译文合集的编辑体例，在保持原分编函册的特点和联系的前提下，重新分成20册，并将过去没有翻译的310条进行翻译，恢复了全本的原貌。

2005年10月，台北故宫博物院冯明珠主编，将所有40册《满文老档》原本整理编排，分订10册影印出版，全面提供了这部珍贵的满文史料。

满文文献数量很大，北京地区国家图书馆、首都图书馆、北京大学图书馆、清华大学图书馆、中央民族大学图书馆、中国科学院图书馆以及中国社会科学院有关研究所等14个单位保存满文图书1700余种，约占现今存世满文图书的80%。其中包括大量历史书籍和档案。对这些满文文献进行了调查。1983年中国民族古文字研究会编印过富丽辑录的《世界满文文献目录》。北京市民族古籍整理出版规划小组办公室满文编辑部出版《北京地区满文图书总目》，共收录1769种满文图书和部分满文档案。若加上丛书和《清文翻译全藏经》所辑的图书、经文826种，则共计2595种（辽宁民族出版社，2008年）。

黄润华、屈六生主编的《全国满文图书资料联合目录》（书目文献出版社，1991年），收录了17个省市自治区48个单位收藏的1015种图书和693种拓片，是1933年《国立北平图书馆、故宫博物院图书馆满文书籍联合目录》之后首部满文文献联合目录，该书1998年获北京满学研究会成果优秀奖。

满文著作的翻译也有新的成果。满文《闲窗录梦》作者题松筠，系道光八年至十五年（1828—1835年）作者的日记，赵令志、关康译为汉文（中央民族大学出版社，2011年）。据译者考证，作者真名为穆齐贤。原书藏于日本大阪外国语大学图书馆。此书以日记形式记录了19世纪中叶北京旗人的日常生活,为当时的历史环境提供了一份真实生动的材料。

自2007年开展古籍保护,有多种满文古籍纳入国家珍贵古籍名录,如第四批名录收录了辽宁省档案馆存藏的满文历代《实录》36卷,《圣训》922卷和《玉牒》51种(12226—12246号),这些档案卷册皆保存了大量史料,至为珍贵。

搜集整理出版满文史籍,需要一批精通该文种的专业人士,在满族中基本不使用满语、满文的情势下,目前新疆锡伯族使用的锡伯语、锡伯文,就是满语满文的完全继承。一批受正规满文教育的锡伯族专家积极参与满文遗产的整理编译工作,加强了满文古籍整理出版的力度,取得了显著成绩。

七 彝文历史文献的整理和研究

彝文古籍十分丰富,其中包括很多历史文献。西南彝族地区的相关部门,大力搜集民间的彝文古籍,特别是20世纪80年代后,随着全国古籍整理、保护工作的加强,文献搜集、整理成绩显著。云南省、贵州省、四川省少数民族古籍整理出版规划办公室,云南省楚雄彝族文化研究所、贵州毕节彝文研究所等都入藏了大量彝文古籍,其中不乏彝族历史文献。

彝文古籍的整理起步很早。在20世纪50年代,贵州省毕节专署民族事务委员会即筹建彝文翻译组,负责彝文古书的收集、整理和汉译工作。1955—1966年,该组曾翻译彝文古书25部15卷。著名的《西南彝志》有26卷之多,是了解彝族古代社会历史的百科全书。他们将《西南彝志》译成汉文初稿内部印行,这对彝族历史研究起到重要作用。后贵州省民族研究所出版《西南彝志选》(贵州人民出版社,1982年),后来又由毕节地区彝文翻译组翻译,贵州省少数民族古籍整理领导小组、毕节地区民族事务委员会审定出版彝汉文合璧整理本《西南彝志》一、二卷(贵州人民出版社,1988年),后又由王运权等专家采用彝文、国际音标、直译、意译四行翻译加注的方法整理出版,现已出版18卷(贵州民族出版社,1988—2011年),为彝族历史研究提供了珍贵史料。"文化大革命"后该所又整理、翻译了《宇宙人文论》。《宇宙人文论》是早期彝文著作。贵州彝族学者罗国义、陈英译成汉文,马学良审订,1984年由民族出版社出版。

《彝族源流》是一部以谱牒为脉络而叙史的彝文古文献,记录了彝族漫长的历史。毕节地区彝文翻译组翻译,贵州省民族古籍整理出版规划小组和毕节地区民委主编和审定《彝族源流》(1—4卷)出版(贵州民族出版社,

图 11-19　整理出版的《西南彝志》

1989年）。此书又被纳入全国少数民族古籍整理重点项目。后来王明贵和王显编译出版了《彝族源流》（民族出版社，2005年）。《彝族源流》有多种传抄本，作者们在整理翻译时作了多个版本的整理，并参考了许多文献资料。

彝族"四大创世史诗"，即大小凉山彝区流传的《勒俄特依》、云南彝区流传的《阿细的先基》《查姆》和《梅葛》。后冯元蔚整理、翻译彝文本《勒俄特依》出版（四川民族出版社，1982年）；不久也出版了汉文本（四川民族出版社，1986年）。

《彝族氏族部落史》，作者和成书年代不详，为彝文手抄本。流传于云南武定彝族地区。后有杨凤江译注《彝族氏族部落史》出版（云南民族出版社，1992年）。

在彝文宗教文献中，有的也包含着历史资料。彝族宗教认为，人死后其灵魂要回到祖先的原居地，因此要请毕摩给死者的灵魂念《指路经》，指引亡魂回归故乡之路。不同彝族地区的人们有不同的送魂路线，因为他们的迁徙路线不同，但各地《指路经》的终点都在同一地点——兹兹普乌（在今云南省昭通地区）。这是彝族族群认同的一个重要因素，通过各地不同的《指路经》可以了解到彝族各部分的迁徙路线。果吉·宁哈、岭福祥主编《彝文〈指路经〉译集》，将彝族云南、贵州、四川不同地区的《指路经》18 种翻译后集中编纂出版，展示出古代彝族迁徙、发展及活动地域概括。[①]

《爨文丛刻》是民国时期地质学家丁文江主编、罗文笔翻译整理的多部彝文古籍总汇。1981 年春由中央民族学院邀请贵州、四川、云南多位专家与中央民族学院少数民族语言研究所彝族历史文献编译室协作，编纂出版《爨文丛刻》增订版（四川民族出版社，1986 年），资料由 10 万字增加到 30 万字，还对初版误译处有所纠正，并采用新的翻译方法，即用彝文、汉语注音字母译音、汉文直译、汉文意译四行对照，开启了彝文古籍四行译法的先河。

其他民族文字的古籍整理和出版也有相当进展。如傣文史籍《泐史》，及其他民族文字的历史文献也整理汉译。

总之，新中国成立以来，加强了少数民族文字历史古籍的保护、整理、出版工作，规模之宏大，效果之明显，成果之丰硕，令人瞩目。对这些古籍的研究、利用也不断深入，使民族史的内容更加丰富、多彩，成为民族史学的一项显著成绩，极大地推动了民族史学的发展。

小　结

（1）中华人民共和国成立后，马克思主义民族理论成为中国民族史研究的指导思想。各民族平等、民族团结及民族区域自治成为中国共产党处理民族事务的基本原则，在这一政治背景下，一些历史学家在民族史研究中，贯彻了各民族一律平等、加强民族团结及维护祖国统一的原则，注意探讨统一多民族国家形成的历史过程，形成了"统一多民族国家""中华民族的多元一体格局""中华民族凝聚力"等理论范式。

（2）20 世纪 50 年代，在中国共产党的领导下，民族学界进行了民族识别工作，而后，学术界开始在识别确定的民族框架下进行民族史的研究与撰述。80 年代，民族史的学术团体纷纷成立，促进了民族史的研究，同时，学

---

① 果吉·宁哈、岭福祥主编：《彝文〈指路经〉译集》，中央民族学院出版社 1993 年版。

术界也不断对民族史学的发展进行反思，民族史研究与时代发展相结合，体现出了一定的现实针对性，这反映在藏族史、维吾尔族史、高句丽史等古今民族史的研究中。民族识别工作完成后，学术界开始在确定的民族框架下进行民族史的研究与撰述。

（3）中国民族史编纂从20世纪80年代开始迅速发展，编纂的指导思想及体例都取得了突破，各类民族史不断涌现，主要有民族通史、地区性民族史、族别史等。中华民族史研究与撰述深化。当代的民族史研究取得丰硕的成果，在相关学者的一致努力下，大量民族史料得以整理与考订，古代民族史、近现代民族史、汉族史、民族关系史等领域的研究成果层出不穷，民族史的研究领域不断扩展，研究课题也不断细化，民族宗教史、经济史、法制史、文化史等领域都有专门的研究成果问世。

（4）少数民族文字史籍的整理、研究不断加强，取得了许多重要成果，提供了一批珍稀的民族史料，有力地推动了民族史研究的进展。

结 语

中国民族史学的历史源远流长。从先秦时期的萌芽时期，至秦汉时代已有雏形，魏晋南北朝发展到一个新的时期，隋唐时代更为成熟，宋、辽、夏、金时期各朝竞相发展，元代修史理念革新，明代继续全面发展，清代成果累累。晚清时期中国民族史学成为一专门学科，民国时期马克思主义民族史学形成。新中国成立后虽有"文化大革命"时期的停滞，但20世纪五六十年代，特别是80年代以后民族史学全面繁荣发展。

中国独特的地理环境在一定程度上决定了早期的民族分布格局，中央地区环境优越，从事农业生产的人群形成了早期的民族共同体及发达的文明，商周时期，中原的农耕人群确立了稳定的政治共同体，形成了相对于四方族群的优越意识，春秋时期诸夏更强调华夷之别，而后，为了加强华夏的凝聚力，华夏或中原王朝通过对各区域民族进行体系化、类型化的记述，塑造了一个环绕华夏的边缘——四夷，以此来加强华夏的凝聚力，从而确立了民族历史记述的基本模式，并主导了中国古代认识民族问题的思维方式。历代各民族建立的王朝也认同这一记述方式，并不断传承、复制这一民族历史记述模式，通过对四夷的体系化记述以强调各自的正统地位，并按地域总结各地理区域民族的特征，探讨制四夷之道。

中国古代的王朝因统治上层的民族因素，可分为几种类型，有汉族统一王朝如汉、唐，有少数民族建立的统一王朝如元、清，还有并立的多民族王朝如南北朝，宋、辽、夏、金时期。根据各民族政权的更迭，中国古代民族史学发展呈现出阶段性特征。在这些大的时段之下，民族史学的发展有一定的共性，也呈现了不同时段的特点。不同民族的统治集团具有不同民族观，决定了不同时段民族史记述的特征，当然也有共同的观念，主要是民族政权对自身正统地位的追求。少数民族统治集团都接受了中原的政治体制，接受了中原的文化尤其是史学传统。历代正史及典制体等史书对"四夷"体系的构造，是一个超越具体王朝，不断传承、复制、完善的过程。民族史的撰述受民族势力消长的影响，唐初皇族李氏受突厥文化的影响，有草原文化的因素，更开放地对待民族问题，如李世民对待各民族的开放思想，在民族史编纂中也体现出来。相比之下，宋代民族观就保守了很多，宋代理学严夷夏之防，汉人主体意识增强，也表现出了文化上的危机感。

中国古代民族史的主要编纂者为官员、使臣、文人、学者，或一身兼几种身份，其观念因时代变化有共性也有冲突。受政治观念的影响，有时修史者在一定程度上对民族史进行了不实的记述。一些民族王朝的统治集团与中原士人群体在民族史编纂过程中也发生了观念的冲突，北魏的"国史之狱"是最为典型的事件，史官崔浩因修纂拓跋部的历史而获罪，遭到杀害。清初，满族统治集团对一些民族史著作予以禁毁，《四库全书》的编纂过程中对有关民族史著作也进行了删改，同时，对非官方民族史著述也严格控制。民族史撰述也体现出了权力的斗争，涉及中央与地方官员之间的争论，如清代松筠申请由地方续修《西域图志》，遭到了朝廷的驳斥。

晚清，较早具备世界眼光的官员、学者在介绍世界各国历史的著作中依然保留着"四夷"这一记述方式，把西方国家放在既有的四夷体系中来认识。但在现实政治中，列强逐渐向清朝边疆民族地区渗透，在日、俄、法、英等的挑唆下，周边民族有脱离清朝管辖之势，甚至作为四夷体系中"东夷"之一的日本，积极宣扬"脱亚入欧"，要在观念上摆脱这一体系的影响。甲午战争中清朝被"东夷"日本击败，持续两千年的四夷体系遭遇了空前的危机。同时，随着西方地理学、民族学等著作的传入，也动摇了既有的关于民族历史的知识体系，在学术观念上，四夷的体系化记述方式逐渐发生转化。人们开始审视自己的传统，新的国家观、民族观逐步确立。中华民国成立后，中国民族史的研究与撰述迅速发展，需要重新形成自身的理论体系，新的民族史观及撰述模式开始形成。

从整个中国民族史学发展来看，在民族史观上经历了华夷有别到民族平等、"华夷一统"到"多元一体"的演变过程，这也决定了民族史研究范式的转换。民国时期，"中华民族"建构中的民族史叙述模式形成。中华人民共和国成立后，一系列如"统一的多民族国家""中华民族多元一体格局""中华民族的凝聚力""中华民族的伟大复兴"理论模式，对中国民族史的研究与撰述产生了重要影响。

夏、商、周中央政权形成了早期的华夏核心，并扩展农业地区，不断完善大一统的政治体制，秦汉以后郡县制不断扩展到周边地区，中原王朝通过羁縻制、土司制等因地制宜的制度，对周边民族实施有效的管理，并通过和亲、商贸、册封、朝贡等方式加强与各民族的经济、文化交流。在一定意义上，"中国"与"民族"是两个互动的概念，虽然世界其他文明也产生过中央王朝意识，但不如中国古代这样稳定发展，并形成了系统的理论。民族史学的发展过程，也关系到中国形成史的问题，不但可以静态地以中华人民共和国为范围，追溯各民族历史，也可以动态地把中国史与民族史结合起来。民族发展、融合的过程，就是"中国"形成的过程，中国民族史撰述的过程，也是"中国史"的形成过程。

以现代民族观念为主来追溯民族史，也存在一些问题。古代记述民族史形成不同的记述单元，如四夷、外国、部族、藩部等，这些记述单元无法与现代民族的概念一一对应。在民族史编纂体例的追溯中，应保留这些记述单元，客观考察民族史记述的体例，而不是以现代民族概念，或现代民族分布格局去割裂历史文献。五代时期，正史中记载民族的部分称为《外国传》，而后《宋史》《明史》皆有《外国传》，如何看待"外国"问题，其与天下一家、华夷一统是否矛盾？实际上，"内"与"外"也是一个动态的转化过程，在各民族的历史发展中，更多的民族由"外"而"内"，或融入了汉族，或认同了中国，尤其是在近现代帝国主义分裂活动下，少数民族认可了"中华民族"的概念，维护了国家的统一，中华民族史撰述也体现了这一点。

以中原王朝或华夏为中心对周边民族历史的记述，是中国古代民族史学的主流。清亡后，这种民族史撰述失去了依托，随着"民族"概念及民族理论的引入，形成了新的民族观。民国时期，从"五族共和"到中华民族建构过程中，出现了民族史撰述的新模式。中华人民共和国成立后，中国共产党实行新的民族政策，进行了民族识别，政府有组织地进行各民族史编纂工作，而后也有民族自治地方的各少数民族主持编纂的本民族史，如人口较多、有民族自治地方的民族，由自治地方支持编纂本民族史，追溯本民族的源头。在这一过程中，出现了怎样看待古代各民族与中央王朝的关系问题，有的族别史编纂中出现了强调本民族自主发展的倾向，而忽略各民族多元一体的发展主线。另外，由于有的民族文字产生较晚或没有文字，早期历史的记述较为缺乏，须利用汉文文献来构建本民族早期历史，中原王朝所修史籍成为当代不同民族史编纂的共同资源，但汉文文献记述多出于中央王朝的角度，关于某一地区民族记述或较为笼统，或有偏颇，这样一些民族尤其是南方民族，在利用同一史料时往往出现矛盾。

长期以来，学术界重视客观的民族史研究，力图通过语言、服饰、风俗、宗教等方面研究一个民族的发展、演变，近年民族史研究对这一研究范式进行了反思，开始注重民族的主观认同方面，这需要从新的角度看古代民族史的撰述，尤其是少数民族自身的历史认同，这方面的资料虽然稀少，但很有发掘的价值。近代以来，羌族、苗族等的形成就有一个历史认同问题，存在着汉族知识分子与少数民族知识分子对民族史的双重建构现象。

中国民族史学史的研究才刚刚起步，大量的学术问题需要进一步研究，民族史学史研究在坚持唯物史观的基础上，还应注意以下问题。

（1）注意研究中国民族史学的多元传统。要注意对少数民族史学传统的研究，还要注意民族史文献的整理、翻译，调查现有的民族史文献，了解其在国内外的收藏情况。这涉及多种语言文献的应用，应加强这方面的人才培养。同时，还要重视研究少数民族史学与中国传统史学之间的关系，以及各民族史学之间的交流与影响。

（2）注意研究与民族史密切关联的宗教问题。我国的民族问题与宗教问题交织在一起，一些民族分裂分子用宗教观念和歪曲的民族史观来叙述民族历史，对民族史料任意曲解，以宣扬其分裂主张，这就需要学术界加强民族史的研究，在理论上不断创新，在史料上深入发掘，对错误的民族史观应据实予以批驳。

（3）注意周边国家的民族历史研究。周边国家基于历史和现实政治的原因关注中国民族史的研究，应予以重视。同时，也要关注世界上多民族国家在本国民族史研究中的进展，如俄罗斯、美国这些民族众多的国家如何面对民族史问题，这虽然超出了中国民族史学史的范畴，但应借鉴这些研究成果。

（4）民族史研究中应尊重历史事实，同时，也要有现实政治的考虑。近年来，国外学者在中国民族史研究中多强调"东亚""北亚""亚洲""欧亚""内亚"等因素，如在研究蒙古族史、元史，满族史、清史时强调"世界"或"北亚""内亚"意识，论述内亚史与中国史的关系，其意在消解历史上的华夷关系，淡化各民族的向心力，及古代中原王朝对周边民族或国家的巨大影响。有的研究意在解构古代中原王朝与周边民族的朝贡关系，而构建所谓东亚的国际关系，在民族史研究中渗透不正确的意识形态的气息。学术界要注意利用优良的历史资源，客观认识传统的民族史观及民族史记述模式的成因，在研究中形成中国的学术话语。同时，还要注重民族史研究成果的普及工作，这是中国民族史研究的新领域。

参考文献

古籍文献

（汉）孔国安传，（唐）孔颖达正义，黄怀信整理：《尚书正义》，上海古籍出版社 2007 年版。

周振甫：《诗经译注》，中华书局 2002 年版。

（战国）左丘明撰，（西晋）杜预集解：《左传（春秋经传集解）》，上海古籍出版社 1997 年版。

徐元诰撰，王树民、沈长云点校：《国语集解》，中华书局 2002 年版。

张清常、王延栋：《战国策笺注》，南开大学出版社 1993 年版。

（汉）郑玄注，（唐）孔颖达正义，吕友仁整理：《礼记正义》，上海古籍出版社 2008 年版。

（清）王先谦撰，沈啸寰、王星贤点校：《荀子集解》，中华书局 1988 年版。

刘尚慈译注：《春秋公羊传译注》，中华书局 2010 年版。

杨伯峻编著：《孟子译注》，中华书局 1960 年版。

许维遹撰，梁运华整理：《吕氏春秋集释》，中华书局 2009 年版。

黎翔凤撰，梁运华整理：《管子校注》，中华书局 2004 年版。

黄怀信、张懋镕、田旭东：《逸周书汇校集注》，上海古籍出版社 1995 年版。

（西汉）司马迁：《史记》，中华书局 1959 年版。

（东汉）班固：《汉书》，中华书局 1962 年版。

刘文典撰，冯逸、乔华点校：《淮南鸿烈集解》，中华书局 1989 年版。

（汉）董仲舒著，（清）凌曙注：《春秋繁露》，中华书局 1975 年版。

（汉）桓宽撰，王利器校注：《盐铁论校注》，天津古籍出版社 1983

年版。

黄晖：《论衡校释》，中华书局1990年版。

（东汉）应劭撰，王利器校注：《风俗通义校注》，中华书局1981年版。

（西晋）常璩撰，刘琳校注：《华阳国志校注》，巴蜀书社1984年版。

（西晋）陈寿：《三国志》，中华书局1982年版。

（南朝宋）范晔：《后汉书》，中华书局1965年版。

（南朝梁）沈约：《宋书》，中华书局1974年版。

（南朝梁）萧子显：《南齐书》，中华书局1972年版。

（北齐）魏收：《魏书》，中华书局1974年版。

（唐）姚思廉：《梁书》，中华书局1973年版。

（唐）姚思廉：《陈书》，中华书局1972年版。

（唐）李延寿：《南史》，中华书局1975年版。

（唐）李延寿：《北史》，中华书局1974年版。

（唐）李百药：《北齐书》，中华书局1972年版。

（唐）令狐德棻等：《周书》，中华书局1971年版。

（唐）魏徵等：《隋书》，中华书局1973年版。

（唐）房玄龄等：《晋书》，中华书局1974年版。

（唐）杜佑撰，王文锦等点校：《通典》，中华书局1988年版。

（唐）李泰等著，贺次君辑校：《括地志辑校》，中华书局1980年版。

（唐）樊绰撰，向达校注：《蛮书校注》，中华书局1962年版。

（唐）玄奘、辩机原著，季羡林等校注：《大唐西域记校注》，中华书局1985年版。

（唐）刘知幾撰，（清）浦起龙通释，王煦华整理：《史通通释》，上海古籍出版社2009年版。

（五代）刘昫等：《旧唐书》，中华书局1975年版。

（北宋）欧阳修、宋祁等：《新唐书》，中华书局1975年版。

（北宋）薛居正等：《旧五代史》，中华书局1976年版。

（北宋）欧阳修：《新五代史》，中华书局1974年版。

（宋）王钦若等编纂，周勋初等校订：《册府元龟》，凤凰出版社2006年版。

（宋）乐史著，王文楚等点校：《太平寰宇记》，中华书局2008年版。

（宋）叶隆礼撰，贾敬颜、林荣贵点校：《契丹国志》，上海古籍出版社

1985年版。

（北宋）宇文懋昭撰，崔文印校证：《大金国志校证》，中华书局1986年版。

（北宋）洪皓撰，翟立伟标注：《松漠纪闻》，吉林文史出版社1986年版。

（清）徐松辑：《宋会要辑稿》，中华书局1957年版。

（南宋）郑樵：《通志》（三卷本），中华书局1987年版。

（南宋）徐梦莘：《三朝北盟会编》，上海古籍出版社影印本1987年版。

（南宋）孟珙：《蒙鞑备录》，中华书局1985年版。

（南宋）彭大雅：《黑鞑事略》，中华书局1985年版。

（元）脱脱等：《宋史》，中华书局1977年版。

（元）脱脱等：《辽史》，中华书局1974年版。

（元）脱脱等：《金史》，中华书局1975年版。

（元）马端临：《文献通考》，上海师范大学古籍研究所、华东师范大学古籍研究所点校，中华书局2011年版。

（元）耶律楚材、周致中：《西游录 异域志》，中华书局1981年版。

（元）李志常撰，党宝海译注：《长春真人西游记》，河北人民出版社2001年版。

（元）陶宗仪：《南村辍耕录》，中华书局1959年版。

（元）郭松年、李京撰，王叔武校注：《大理行记校注 云南志略辑校》，云南民族出版社1986年版。

（明）宋濂等：《元史》，中华书局1976年版。

（明）严从简：《殊域周咨录》，中华书局1993年版。

（明）萧大亨著，崔春华校注：《夷俗记校注》，辽宁大学出版社1987年版。

（明）陈诚：《西域行程记西域番国志》，中华书局1991年版。

（明）罗曰褧：《咸宾录》，中华书局1983年版。

（明）李贤等：《大明一统志》，三秦出版社1990年版。

（明）瞿九思：《万历武功录》，中华书局影印本，1962年版。

（明）郑晓：《皇明四夷考》，《吾学编》，北京图书馆古籍珍本丛刊第12册，书目文献出版社1988年版。

（明）何乔远：《名山藏》，福建人民出版社2010年版。

参考文献 513

（明）郭子章：《黔记》，北京图书馆古籍珍本丛刊第 43 册，书目文献出版社 1988 年版。

（明）钱古训撰，江应梁校注：《百夷传校注》，云南人民出版社 1980 年版。

（明）李应魁：《肃镇华夷志》，高启安、邰惠莉点校，甘肃人民出版社 2006 年版。

薄音湖、王雄编辑点校：《明代蒙古汉籍史料汇编》（第 1—7 辑），内蒙古大学出版社 2006—2011 年版。

（清）张廷玉等：《明史》，中华书局 1974 年版。

（清）阿桂等撰：《满洲源流考》，孙文良、陆玉华点校，辽宁民族出版社 1988 年版。

（清）祁韵士：《皇朝藩部要略》，文海出版社影印本 1965 年版。

（清）祁韵士等：《蒙古回部王公表传》，包文汉等整理，内蒙古大学出版社 1998 年版。

（清）穆彰阿等：《大清一统志》，上海古籍出版社 2008 年版。

（清）钟兴麟、王豪、韩慧校注：《西域图志》，新疆人民出版社 2002 年版。

（清）袁大化、王树枏纂：《新疆图志》，上海古籍出版社 1992 年版。

（清）松筠等：《钦定新疆识略》，文海出版社影印本 1965 年版。

（清）弘昼等编纂：《八旗满洲氏族通谱》，辽海出版社 2007 年版。

（清）段汝霖撰，伍新福点校：《楚南苗志》，岳麓书社 2008 年版。

（清）毛奇龄：《蛮司合志》，《中国少数民族古籍集成》第 2 册，四川民族出版社影印本 2002 年版。

（清）陆次云：《峒溪纤志》，《中国少数民族古籍集成》第 83 册，四川民族出版社影印本 2002 年版。

（清）梁份著，赵盛世、王子贞、陈希夷校注：《秦边纪略》，青海人民出版社 1987 年版。

（清）汪廷楷、祁韵士撰：《西陲总统事略》，中国书店影印本 2010 年版。

（清）傅恒纂：《皇清贡职图》，辽沈书社影印本 1991 年版。

（清）何秋涛：《朔方备乘》，《续修四库全书》第 740—742 册，光绪七年刻本。

赵尔巽等：《清史稿》，中华书局 1977 年版。
王桐龄：《中国史》，北京文化学社 1926 年版。
常乃惪：《中华民族小史》，爱文书局 1928 年版。
张其昀：《中国民族志》，商务印书馆 1929 年版。
蒙文通：《古族甄微》，商务印书馆 1933 年版。
吕思勉：《中国民族演进史》，中国文化服务社 1934 年版。
王桐龄：《中国民族史》，北京文化学社 1934 年版。
吕思勉：《中国民族史》，世界书局 1934 年版。
郭维屏：《中华民族发展史》，四川学生集中训练总队 1936 年版。
林惠祥：《中国民族史》，商务印书馆 1936 年版。
王国维：《观堂集林》，商务印书馆 1940 年版。
俞剑华：《中华民族史》，国民出版社 1944 年版。
吕振羽：《中国民族简史》，光华书店 1948 年版。
范文澜：《中国通史简编》，新华书店 1948 年版。
孙中山：《孙中山全集》，中华书局 1981 年版。
宋教仁：《宋教仁集》，中华书局 1981 年版。
章太炎：《章太炎全集》，上海人民出版社 1984 年版。
康有为：《康有为全集》，上海古籍出版社 1987 年版。
梁启超：《饮冰室合集》，中华书局 1989 年版。
刘师培：《刘申叔遗书》，凤凰出版社 1997 年版。
道润梯步译：《蒙古秘史》，内蒙古人民出版社 1978 年版。
萨囊·彻辰著，道润梯步译校：《蒙古源流》，内蒙古人民出版社 1980 年版。
米尔扎·穆罕默德·海达尔著，新疆社会科学院民族研究所译：《中亚蒙兀儿史——拉失德史》，新疆人民出版社 1983 年版。
乌力吉图校注：《黄史》，北京出版社 1983 年版。
达仓宗巴·班觉桑布著，陈庆英译：《汉藏史集》，西藏人民出版社 1986 年版。
巴卧·祖拉陈瓦著，黄颢、周润年译：《贤者喜宴》，民族出版社 1986 年版。
智观巴·贡却乎丹巴饶吉著，吴均等译：《安多政教史》，甘肃民族出版社 1987 年版。

蔡巴·贡噶多吉著，东嘎·洛桑赤列校注，陈庆英、周润年译：《红史》，西藏人民出版社1988年版。

毕节地区彝文翻译组：《西南彝志》，贵州民族出版社1988年版。

布顿·仁钦朱著，郭和卿译：《布顿佛教史》，中国藏学出版社1989年版。

萨迦·索南坚赞撰，刘立千译注：《西藏王统记》，民族出版社2000年版。

阿旺贡噶索南著，陈庆英、高禾福、周润年译注：《萨迦世系史》，西藏人民出版社2002年版。

王明贵、王显编译：《彝族源流》，民族出版社2005年版。

朱风、贾敬颜译：《蒙古黄金史纲》，内蒙古人民出版社2007年版。

今人著作
专著
白寿彝：《中国史学史》，上海人民出版社1986年版。

［美］巴菲尔德：《危险的边疆——游牧帝国与中国》，袁剑译，江苏人民出版社2011年版。

包文汉、乔吉编著：《蒙文历史文献概述》，内蒙古人民出版社1994年版。

［美］本尼迪克特·安德森：《想象的共同体——民族主义的起源与散布》，吴叡人译，上海人民出版社2011年版。

陈高华编：《元代维吾尔哈剌鲁资料辑录》，新疆人民出版社1986年版。

陈得芝：《蒙元史研究导论》，南京大学出版社2012年版。

陈连开主编：《中国民族史纲要》，中国财政经济出版社1999年版。

池万兴：《司马迁民族思想研究》，上海古籍出版社2013年版。

崔明德：《两汉民族关系思想史》，人民出版社2007年版。

崔明德、马晓丽：《隋唐民族关系思想史》，人民出版社2010年版。

达力扎布主编：《中国民族史研究60年》，中央民族大学出版社2010年版。

［美］狄宇宙：《古代中国与其强邻》，贺严、高书文译，中国社会科学出版社2010年版。

［日］渡边信一郎：《中国古代的王权与天下秩序——从日中比较史的

视角出发》,徐冲译,中华书局2008年版。

樊文礼:《儒家民族思想研究——先秦至隋唐》,齐鲁书社2011年版。

方国瑜:《云南史料目录概说》(全三册),中华书局1984年版。

[美]费正清:《中国的世界秩序——传统中国的对外关系》,杜继东译,中国社会科学出版社2010年版。

费孝通主编:《中华民族多元一体格局》(修订本),中央民族学院出版社1989年版。

冯大真主编:《〈维吾尔人〉等三本书问题讨论会论文集》,新疆人民出版社1992年版。

高凯军:《通古斯族系的兴起》(第二版),中华书局2012年版。

高翠莲:《清末民国时期中华民族自觉进程研究》,中央民族大学出版社2007年版。

高明士:《天下秩序与文化圈的探索——以东亚古代的政治与教育为中心》,上海古籍出版社2008年版。

葛兆光:《宅兹中国——重建有关"中国"的历史论述》,中华书局2011年版。

葛兆光:《何为中国——疆域、民族、文化与历史》,牛津大学出版社2014年版。

耿世民:《古代突厥文碑铭研究》,中央民族大学出版社2005年版。

郭丽萍:《绝域与绝学:清代中叶西北史地学研究》,生活·读书·新知三联书店2007年版。

郭平梁、刘戈:《回鹘史指南》,新疆人民出版社1995年版。

郝时远:《类族辨物——民族与族群概念之中西对话》,中国社会科学出版社2013年版。

侯德仁:《清代西北边疆史地学》,群言出版社2006年版。

湖南省少数民族古籍办公室编:《湖南地方志少数民族史料》(上、下),岳麓书社1991年版。

黄光学、施联朱主编:《中国的民族识别:56个民族的来历》,民族出版社2005年版。

黄丽生:《论〈阿勒坦汗传〉的撰史意识》,台北县蒙藏委员会1997年版。

江应梁主编:《中国民族史》,民族出版社1990年版。

［美］拉铁摩尔：《中国的亚洲内陆边疆》，江苏人民出版社 2010 年版。

刘凤云、刘文鹏编：《清朝的国家认同——"新清史"研究与争鸣》，中国人民大学出版社 2010 年版。

林冠群：《唐代吐蕃历史与文化论集》，中国藏学出版社 2007 年版。

吕文利：《历史书写与藩部政治——〈皇朝藩部要略〉研究》，黑龙江教育出版社 2009 年版。

林庆彰：《从华夷到中西——清代春秋学华夷观研究》，花木兰文化出版社 2009 年版。

李峰：《西周的灭亡——中国早期国家的地理和政治危机》，徐峰译，汤惠生校，上海古籍出版社 2007 年版。

李国栋：《民国时期的民族问题与民国政府的民族政策研究》，民族出版社 2009 年版。

李济：《中国民族的形成》，上海人民出版社 2008 年版。

留金锁：《13—17 世纪蒙古历史编纂学》，内蒙古人民出版社 1979 年版。

刘祥学：《明朝民族政策演变史》，民族出版社 2006 年版。

刘正寅、扎洛、方素梅主编：《族际认知——文献中的他者》，社会科学文献出版社 2009 年版。

马戎：《中国民族史和中华共同文化》，社会科学文献出版社 2012 年版。

［俄］马·伊·戈尔曼：《西方的蒙古史研究》，陈弘法译，内蒙古教育出版社 1992 年版。

孟凡云：《〈万历武功录〉研究——以蒙古人物传记为中心》，中央民族大学出版社 2008 年版。

裴芹：《〈古今图书集成〉研究》，北京图书馆出版社 2001 年版。

彭丰文：《两晋时期国家认同研究》，民族出版社 2009 年版。

彭丰文：《先秦两汉时期民族观念与国家认同研究》，中国社会科学出版社 2016 年版。

祁庆富、史晖：《清代少数民族图册研究》，中央民族大学出版社 2012 年版。

瞿林东主编：《中国少数民族史学研究》，北京图书馆出版社 2008 年版。

瞿林东：《中国史学史纲》，北京出版社 1999 年版，北京师范大学出版社 2010 年版。

史金波、黄润华：《中国历代民族古文字文献探幽》，中华书局 2008 年版。

［日］松本真澄：《中国民族政策之研究——以清末至 1945 年的"民族论"为中心》，鲁忠慧译，民族出版社 2003 年版。

苏日娜编：《百年蒙古学综目》，中央民族大学出版社 2013 年版。

孙静：《"满洲"民族共同体形成历程》，辽宁民族出版社 2008 年版。

孙林：《藏族史学发展史纲要》，中国藏学出版社 2006 年版。

滕绍箴：《明代女真与满洲文史论集》，辽宁民族出版社 2012 年版。

田晓岫：《中华民族发展史》，华夏出版社 2001 年版。

王汎森：《章太炎的思想》，上海人民出版社 2012 年版。

王柯：《民族与国家——中国多民族统一国家思想的系谱》，冯谊光译，中国社会科学出版社 2001 年版。

王明珂：《华夏边缘：历史记忆与族群认同》（增订本），浙江人民出版社 2013 年版。

王明珂：《英雄祖先与弟兄民族：根基历史的文本与情境》，中华书局 2009 年版。

王铭铭：《超越"新战国"：吴文藻、费孝通的中华民族理论》，生活·读书·新知三联书店 2012 年版。

王铭铭主编：《民族、文明与新世界》，世界图书出版公司 2010 年版。

王璞：《藏族史学思想论纲》，中国社会科学出版社 2008 年版。

王文光：《中国古代的民族识别》，云南大学出版社 1997 年版。

王文杰主编：《中国民族史论著总目（1874—1992）》，陕西人民教育出版社 1995 年版。

王玉哲：《中华民族早期源流》，天津古籍出版社 2010 年版。

王钟翰主编：《中国民族史》，中国社会科学出版社 1994 年版。

乌兰：《〈蒙古源流〉研究》，辽宁民族出版社 2000 年版。

乌兰：《卫拉特蒙古文献及史学——以托忒文历史文献研究为中心》，社会科学文献出版社 2012 年版。

乌兰：《元朝秘史（校勘本）》，中华书局 2012 年版。

吴永章：《中国南方民族史志要籍题解》，民族出版社 2002 年版。

希都日古：《17 世纪蒙古编年史与蒙古文文书档案研究》，辽宁民族出版社 2006 年版。

萧君和主编:《中华民族史》,黑龙江教育出版社 2001 年版。

谢贵安:《中国史学史》,武汉大学出版社 2012 年版。

许倬云:《我者与他者:中国历史上的内外分际》,生活·读书·新知三联书店 2010 年版。

姚大力:《北方民族史十论》,广西师范大学出版社 2007 年版。

阎崇年:《20 世纪世界满学著作提要》,民族出版社 2003 年版。

尤中:《中华民族发展史》,云南出版集团公司 2012 年版。

余太山主编:《西域通史》,中州古籍出版社 2003 年版。

余太山:《两汉魏晋南北朝正史西域传研究》(上、下),中华书局 2013 年版。

于秀情:《明朝经营百夷研究》,中央民族大学出版社 2010 年版。

张博泉:《中华一体的历史轨迹》,辽宁人民出版社 1995 年版。

张纯德、朱琚元、白兴发:《彝文古籍与西南边疆历史》,社会科学文献出版社 2013 年版。

张公瑾、黄建明主编:《中国民族古籍研究 60 年》,中央民族大学出版社 2010 年版。

张全海:《世系谱牒与族群认同》,世界图书出版公司 2010 年版。

张云:《唐代吐蕃史与西北民族史研究》,中国藏学出版社 2004 年版。

张永江:《清代藩部研究——以政治变迁为中心》,黑龙江教育出版社 2001 年版。

朱德普:《泐史研究》,云南人民出版社 1993 年版。

论文 (部分)

包文汉:《蒙古王公表传纂修考》,《满族研究》1998 年第 2 期。

蔡瑞霞:《试论汉民族的形成与民族史的撰述》,《中州学刊》2002 年第 2 期。

陈长琦、周群:《〈十六国春秋〉散佚考略》,《学术研究》2005 年第 7 期。

陈连开:《中国·华夷·蕃汉·中华·中华民族——一个内在联系发展被认识的过程》,载《中华民族多元一体格局》,中央民族学院出版社 1989 年版。

陈连开:《中国民族史研究的基本特点和发展三阶段》,《西北民族研究》1993 年第 2 期。

陈连开：《20 世纪汉民族研究概述》，《西南民族学院学报》（哲学社会科学版）1998 年 6 期。

陈其泰：《儒家公羊学派夷夏观及其影响》，《史学集刊》2008 年第 3 期。

定宜庄、胡鸿保：《从族谱编纂看满族的民族认同》，《民族研究》2001 年第 6 期。

东人达：《中国彝族古代史学概述》，《史学理论研究》1995 年第 2 期。

东人达：《彝文古籍与彝族史学理论评述》，《史学史研究》2005 年第 1 期。

董文武：《魏晋南北朝时期的民族史撰述与民族一统、同祖同源观》，《河北学刊》2007 年第 6 期。

范祖锜：《近年来汉民族研究述要》，《云南社会科学》1993 年第 1 期。

方素梅：《最近十余年的中国民族史研究》，《民族研究》2005 年第 2 期。

方国瑜：《李京〈云南志略〉概说》，《社会科学战线》1981 年第 2 期。

冯天瑜：《"中国"、"中华民族"语义的历史生成》，《河南大学学报》2012 年第 6 期。

关志国：《论中国古代史籍对四夷的体系化记述模式》，《史学集刊》2014 年第 5 期。

郭康松：《辽朝夷夏观的演变》，《中国史研究》2001 年第 2 期。

郭素美：《朝鲜建国以来的渤海国史研究》，《学习与探索》2007 年第 3 期。

韩锦春、李毅夫：《汉文"民族"一词的出现及其初期使用情况》，《民族研究》1984 年第 2 期。

郝时远：《先秦文献中的"族"与"族类"观》，《民族研究》2004 年第 2 期。

郝时远：《中文"民族"一词源流考辨》，《民族研究》2004 年第 6 期。

何新华：《"天下观"：一种建构世界秩序的区域性经验》，《二十一世纪》第 32 期，2004 年 11 月。

胡起望：《邝露和他的〈赤雅〉》，《民族研究》1981 年第 2 期。

胡阳全：《近年来国内汉民族研究综述》，《中国史研究动态》2001 年第

4 期。

胡阳全：《近二十年国内汉民族研究综述》，《广西右江民族师专学报》2000 年第 2 期。

黄兴涛：《现代"中华民族"观念形成的历史考察——兼论辛亥革命与中华民族认同之关系》，《浙江社会科学》2002 年第 1 期。

纪书：《新中国开创了中国民族史研究的新局面》，《中央民族学院学报》1984 年第 3 期。

贾丛江：《新时期中国民族史研究之我见》，《新疆社科论坛》2002 年第 4 期。

姜维公：《从传统民族观与正史体例来看正史四夷传的部落前史兼论族源族属问题》，《东北史地》2006 年第 6 期。

金恩晖：《谈新发现的一部吉林省的地方志——〈打牲乌拉志典全书〉》，《社会科学战线》1979 年第 4 期。

李传印：《魏晋南北朝时期历史撰述与现实政治》，《南都学刊》2004 年第 1 期。

李鸿宾：《〈徙戎论〉的命运与"天下一家"的格局》，《河北学刊》2005 年第 3 期。

李鸣：《少数民族法制史研究的回顾与思考》，《民族研究》2011 年第 1 期。

李银兵、黄治国：《〈蛮书〉及其史料价值》，《大理学院学报》2008 年第 3 期。

李珍：《范晔的民族思想略论》，《山西师范大学学报》（社会科学版）2006 年第 2 期。

李珍：《试论辽宋夏金时期的民族史观》，《史学月刊》2002 年第 2 期。

李珍：《元代民族史观的时代特点》，《云南民族学院学报》（哲学社会科学版）2001 年第 4 期。

李宗勋：《韩国的高句丽研究及其史观：以高句丽归属问题为中心》，《史学集刊》2004 年第 4 期。

黎同柏：《翔实权威的吐蕃史译注大作——评〈贤者喜宴——吐蕃史译注〉》，《四川民族学院学报》2012 年第 2 期。

黎小龙、徐难于：《"五方之民"格局与大一统国家民族地理观的形成》，《民族研究》2008 年第 6 期。

林士铉：《从〈蒙古王公表传〉到〈清史稿〉藩部世表、列传》，载陈捷先、成崇德、李纪祥主编《清史论集》（下），人民出版社 2006 年版。

刘冰清、赵杨：《雪球成于学术裒原中——徐杰舜汉民族研究述评》，《民族论坛》2012 年第 8 期。

刘浦江：《德运之争与辽金王朝的正统性问题》，《中国社会科学》2004 年第 2 期。

罗贤佑：《中国民族史研究二十年》，《民族研究》1998 年第 5 期。

罗贤佑：《20 世纪中国蒙古史研究述略》，《民族研究》2000 年第 3 期。

罗志田：《先秦的五服制与古代的天下中国观》，载罗志田著《民族主义与近代中国思想》，东大图书公司 1999 年版。

马戎：《如何认识"民族"和"中华民族"——回顾 1939 年关于"中华民族是一个"的讨论》，《中南民族大学学报》2012 年第 5 期。

孟古托力：《辽人"汉契一体"的中华观念述论》，载《辽金史论集》第 5 辑，文津出版社 1991 年版。

潘先林：《20 世纪 50 年代以来中国近代民族史研究述要》，《学术探索》2007 年第 4 期。

邱敏：《〈十六国春秋〉史料来源述考》，《西北第二民族学院学报》（哲学社会科学版）1991 年第 1 期。

瞿林东：《中国史学上的早期民族观和民族史观》，《学习和探索》2008 年第 2 期。

任怀国：《试论崔鸿的史学贡献——兼论〈十六国春秋〉的价值》，《潍坊学院学报》2002 年第 5 期。

沈长云：《论黄帝作为华夏民族祖先地位的确立》，《天津社会科学》1995 年第 2 期。

沈松侨：《我以我血荐轩辕——黄帝神话与晚清的国族建构》，《台湾社会研究季刊》1997 年第 28 期。

史金波：《蒙、元时期党项上层人物的活动》，《民族史论丛》，中华书局 1987 年版。

史金波：《中国民族史学的社会功能》，《民族研究》1990 年第 1 期。

史金波：《中国民族史研究四十年的重要贡献》，《云南社会科学》1990 年第 2 期。

史金波：《论少数民族近、现代史研究》，《云南社会科学》1991 年

6 期。

史金波、关志国：《中国近现代民族史学史刍议》，《云南社会科学》2016 年第 1 期。

宋德金：《辽朝正统观念的形成与发展》，《传统文化与现代化》1996 年第 1 期。

孙福海：《〈卫藏通志〉的编撰与流传》，《西藏民族学院学报》（哲学社会科学版）2008 年第 6 期。

孙江：《拉克伯里"中国文明西来说"在东亚的传布与文本之比较》，《历史研究》2010 年第 1 期。

孙林、张月芬：《藏族传统史学的体系及其史学观念的总体特征》，《中国藏学》1998 年第 3 期。

孙林：《元明时期西藏的综合体史书的所反映的历史观念和笔法》，《西藏大学学报》（汉文版）2006 年第 1 期。

孙隆基：《清季民族主义与黄帝崇拜之发明》，《历史研究》2000 年第 3 期。

孙秋云：《费孝通"中华民族多元一体格局"理论之我见》，《中南民族大学学报》（人文社会科学版）2006 年第 2 期。

唐嘉弘：《春秋时期的戎狄蛮夷》，《民族论丛》1984 年总第 2 辑。

唐启翠：《"五方之民"叙事中的空间模式再探——以〈礼记·王制〉为中心》，《湘潭大学学报》（哲学社会科学版）2008 年第 6 期。

陶绪：《章太炎民族主义的思想渊源》，《中州学刊》1999 年第 5 期。

田余庆：《〈代歌〉、〈代记〉和北魏国史——国史之狱的史学史考察》，《历史研究》2001 年第 1 期。

童书业：《夷蛮戎狄与东南西北》，载《童书业著作集》第 2 卷，中华书局 2008 年版。

王春霞：《"排满"革命与国史重建》，《二十一世纪》（网络版）2004 年 10 月号，总第 31 期。

王家祯、张钧：《略谈〈山中闻见录〉的史料价值》，《图书馆学研究》1985 年第 2 期。

王明珂：《论攀附——近代炎黄子孙国族建构的古代基础》，《中央研究院历史语言研究所集刊》第 73 本第 3 分册，2002 年 9 月。

王启龙：《二十世纪上半叶藏族史研究的回顾》，《甘肃民族研究》2002

年第 1 期。

王叔武：《〈南夷书〉笺注并考异》，《云南民族学院学报》2004 年第 3 期。

王薇：《〈十六国春秋〉考略》，《古籍整理研究学刊》1993 年第 3 期。

王文光、段红云：《民国时期的中国民族史研究及民族史学科的发展》，《广西民族大学学报》（哲学社会科学版）2008 年第 6 期。

王先明、付燕鸿：《从"华夷"到"中西"话语的演变——〈瀛寰志略〉与近代民族观念的孕育》，《学术研究》2010 年第 9 期。

王雄、薄音湖：《明代蒙古史汉籍史料述略》，载《蒙古史论文选集》第四辑，呼和浩特市蒙古语文历史学会编印，1983 年。

王志刚：《北朝民族史撰述的发展》，《史学史研究》2007 年第 1 期。

王钟翰：《中国民族史研究五十年》，载《清史余考》，辽宁大学出版社 2001 年版。

汪增相：《明清正史民族史撰述与统一多民族国家的定型》，《求是学刊》2012 年第 2 期。

汪高鑫：《论汉代公羊学的大一统思想》，《安徽大学学报》（哲学社会科学版）2006 年第 5 期。

汪高鑫：《两汉正史民族史撰述与统一多民族国家的巩固》，《求是学刊》2012 年第 2 期。

魏良弢：《沙·马合木·楚剌思〈编年史〉》，《民族研究》，1987 年第 1 期。

吾斯曼江·亚库甫：《察合台文史学名著〈伊米德史〉〈安宁史〉及其史料来源》，《兰州学刊》2009 年第 6 期。

吾斯曼江·亚库甫：《维吾尔族历史记述的体裁与风格》，《史学史研究》2008 年第 3 期。

吾斯曼江·亚库甫：《回鹘碑文的史学价值》，《史学史研究》2009 年第 4 期。

吴凤霞：《宋元正史民族史撰述与统一多民族国家的发展》，《求是学刊》2012 年第 2 期。

吴光超：《维吾尔族的一本重要的近代史著作——评〈伊米德史〉》，《新疆社科论坛》1999 年第 2 期。

吴广伟：《论魏晋南北朝时期的民族史学——民族史撰述中的历史文化

认同》,《和田师范专科学校学报》2010 年第 2 期。

吴漫:《"明人宋史撰述"研究之回顾与前瞻》,《淮北煤炭师范学院学报》(哲学社会科学版) 2007 年第 5 期。

吴漫:《明代宋史学者关于历史文化认同的思想历程》,《云南民族大学学报》(哲学社会科学版) 2008 年第 6 期。

吴漫:《明代宋史撰述兴起的学术因缘探究》,《甘肃社会科学》2012 年第 3 期。

邢剑鸿:《略论〈伊米德史〉史学体裁体例兼其史料》,《伊犁师范学院学报》(社会科学版) 2007 年第 4 期。

许殿才:《〈汉书〉中的民族史撰述》,《史学史研究》2009 年第 2 期。

许殿才:《魏晋南北朝隋唐正史民族史撰述与统一多民族国家的整合》,《求是学刊》2012 年第 2 期。

徐杰舜:《21 世纪中国民族史研究走向分析》,《宁夏社会科学》1996 年第 6 期。

徐杰舜、韦小鹏:《"中华民族多元一体格局"理论研究述评》,《民族研究》2008 年第 2 期。

阎崇东:《浅探司马迁在中国民族史上的作用和贡献》,《内蒙古师大学报》(哲学社会科学版) 1997 年第 3 期。

杨志强:《从"苗"到"苗族"——论近代民族集团形成的"他者性"问题》,《西南民族大学学报》(人文社会科学版) 2010 年第 6 期。

姚大力:《论拓跋鲜卑部的早期历史》,《复旦学报》2005 年第 2 期。

于逢春:《华夷衍变与大一统思想框架的构筑——以〈史记〉有关记述为中心》,《中国边疆史地研究》2007 年第 2 期。

曾黎梅:《刘师培与中国民族史研究——以〈中国民族志〉为中心》,《楚雄师范学院学报》2010 年第 7 期。

张崇根:《民族史研究刍议》,《中国史研究动态》1989 年第 4 期。

张德寿:《拓拔鲜卑统治者的心态与崔浩国史之狱》,《云南师范大学学报》2002 年第 3 期。

张莉《〈魏书〉在民族史撰述上的成就》,《山西大学学报》(哲学社会科学版) 2005 年第 4 期。

张文德:《王宗载及其〈四夷馆考〉》,《中国边疆史地研究》2000 年第

3 期。

张越：《中国近代史学中的民族史研究与撰述》，《郑州大学学报》（哲学社会科学版）2008 年第 3 期。

张正明、张乃华：《论孙中山的民族主义》，《民族研究》1981 年第 6 期。

赵永春：《试论辽人的"中国"观》，《文史哲》2010 年第 3 期。

赵永春：《从复数"中国"到单数"中国"——试论统一多民族中国及其疆域的形成》，《中国边疆史地研究》2011 年第 3 期。

钟焓：《民族史研究中的"他者"视角——跨语际交流、历史记忆与华夷秩序语境下的回回形象》，《历史研究》2008 年第 1 期。

朱政惠：《吕振羽〈中国民族简史〉的史学思想》，《历史教学问题》1989 年第 3 期。

后　记

这部《中国民族史学史纲要》从立意到完成前后历经 20 多个春秋，其间虽因其他项目的交叉叠加而时续时停，但此事始终萦绕于怀，未敢轻言放弃。幸有志国博士加盟，共同合作，方能完成此项重任，了却心头一桩宏愿，免有遗珠之憾。

此书完稿后，于 2015 年 12 月召开《中国民族史学史纲要》结项会，诚邀十多位同行专家参加。出席会议的专家有北京师范大学瞿林东教授、首都师范大学李华瑞教授、《历史研究》杂志宋德金编审、国家图书馆黄润华研究馆员、中央民族大学梁庭旺教授、白振生教授、李桂枝教授、达力扎布教授、张铁山教授，中国社会科学院民族研究所白翠琴研究员、罗贤佑研究员和彭丰文、周峰等专家。实际上这也是一次中国民族史学史的专家研讨会。专家们在肯定书稿的同时，发表了很多中肯、建设性的意见和建议，高见迭出，使我们受益匪浅。此后我们一方面根据专家们的建议进行修订，一方面又请一些专家审阅书稿。宁夏大学陈育宁教授、河南大学李振宏教授等对书稿都提出宝贵意见。陈育宁教授还欣然命笔，为本书作序，使本书增色不少。对各朝代少数民族史学记述部分，又征求了一些熟悉民族文字文献和民族史的专家，如黄润华研究馆员、张铁山教授、朱崇先教授等的意见。在此书付梓之时，我和志国博士对上述各位专家的帮助和贡献表示衷心的感谢。

书中所用图版，一部分是作者搜集拍摄；部分少数民族古籍图版引自我和黄润华先生合著的《中国历代民族在文字文献探幽》，以及我参与编著的《国家珍贵古籍名录图录》；一些汉文善本书的书影则是由国家图书馆古籍馆善本部协助复制。在此对国家图书馆古籍馆善本部的同仁表示诚挚谢意。

当这部《中国民族史学史纲要》在 2016 年夏季告蒇之时，我所在的民族学与人类学研究所将此书稿申报为中国社会科学院哲学社会科学创新工程学术出版计划，经院评审得到批准。中国社会科学出版社当即表示希望负责出版此书。我们对民族学与人类学研究所的大力支持和中国社会科学出版社的热情出版，以及编辑任明、乔继堂先生的认真、负责地编校表示衷心感谢。

史金波

2017 年 6 月 26 日　于北京南十里居寓所